Dunkerque
132
Calais
Gent
Antwerpen
BELGIEN
BRÜSSEL
Nach Dortmund
Nach Hamburg
Köln
Bonn
Aachen
Namur
Lüttich
Mons
Frankfurt
Nach Nürnberg
Lille
132
Abbeville
Amiens
134
Cambrai 129
Compiègne
131
Laon
Rouen
143
Seine
Reims
100
PARIS
53
Fontainebleau 71
Sens
127
Troyes
124
Epinal
115
Strasbourg
Colmar 112
Nach München
Orléans
170
Loire
Gien
200
Auxerre
265
Langres
123
Mulhouse
113
Blois
172
Vierzon
192
Dijon 93
Belfort
120
Basel
Zürich
Besançon
277
BERN
SCHWEIZ
Bourges
200
Nevers
210
Beaune
271
Autun
221
Chalon
221
Lausanne
Argenton
193
Montluçon
204
Vichy
212
Mâcon
221
Genf
241
Chamonix
Clermont-Ferrand
204
Limoges
193
Lyon
80
St-Etienne
285
Mailand
Grenoble
234
Turin
Nach Parma
Aurillac
207
St-Flour
206
Le Puy
213
Valence
223
Briançon
243
ITALIEN
Cahors
196
Rodez
206
Rhône
Sisteron
234
Genua
Millau
215
Uzès
227
Orange
224
Albi
208
Nîmes
228
Avignon
225
Menton 254
MONACO 253
Castres
209
Montpellier
301
Arles
230
Aix-en-Provence
299
Cannes
248
Nizza 251
Carcassonne
209
Béziers
216
Narbonne
217
Marseille
75
Toulon
245
St-Tropez
246
Golfe du Lion
LIGURISCHES MEER
Perpignan 217
Le Perthus 218
Bourg-Madame
210
Cerbère 218
Nach Barcelona
7 132
6 127
8 132
6B 129
6A 128
2C 148
6C 129
9 137
10 140
3 104
4C 113
27 258
28 263
4B 112
4D 116
14 169
5B 126
5A 122
4C 113
29 268
5 121
21 219
30 277
20 210
29 268
31 284
23 234
24 240
19 200
32 290
32 290
21 219
22 227
33 297
25 244
20 120

*Dieser Reiseführer wird Ihr zuverlässiger Begleiter für den nächsten Urlaub sein * Er wird Ihnen gute Dienste leisten * Denn er beschreibt, was schön und wichtig ist * Mit Sternchen ist markiert, was Sie sich ansehen sollten. Sachkenner trugen die Fülle wichtiger Informationen zusammen * Damit erhalten Sie wertvolle Planungshilfen * Sie finden Busverbindungen, Flugrouten, Schiffahrtslinien, Ortsbeschreibungen und Tips für unvergeßliche Ausflüge * Seine Vorzüge: viele Fotos, umfassende Information für alles Wissenswerte, knapp, klar und übersichtlich * Ein Reiseführer von eindeutig hohem Gebrauchsnutzen, da seine Informationen auf dem aktuellen Stand beruhen. **

DER GROSSE POLYGLOTT

FRANKREICH

Mit 64 Abbildungen und
71 Karten in Farbe und Schwarzweiß

POLYGLOTT-VERLAG MÜNCHEN

15. Auflage · 1982/83

Druck: Druckhaus Langenscheidt, Berlin
Printed in Germany / 1/2+11/12–Bu. / 3–10 Cn. VII. Zn.
ISBN 3-493-60025-9

VORWORT

Frankreich ist nicht nur eines der landschaftlich schönsten Länder Europas, es ist auch die Drehscheibe der europäischen Kultur. Hier, wo Kelten, Romanen und Germanen zu einem Volk geworden sind, mischten sich auch die Kulturen der Mittelmeerwelt und Mitteleuropas, und von hier aus strahlten sie in neuen Formen wieder aus. Die Römer bauten in Südfrankreich Bauten, die oft prunkvoller als zuhause in Italien waren. Im Mittelalter waren die Feudalherren Frankreichs und ihre Kultur das bewunderte Vorbild der europäischen Ritterschaft. Zur Zeit Ludwigs XIV., und noch lange nachher, mußte ein Edelmann von Welt Paris und den französischen Hof kennen. Seit Beginn der Moderne erhielten Kunst und Literatur nicht nur Europas immer wieder neue Anregungen aus Frankreich.

So ist auch heutzutage eine Reise nach Frankreich nie bloß eine Reise ins pulsierende Paris, zu den weiten Stränden der atlantischen Küste, durch die Weinhügel Burgunds oder zu den sonnenverwöhnten Buchten am Mittelmeer. Eine Frankreichreise ist immer auch eine Fahrt in die Vergangenheit und in die Gegenwart der europäischen Kultur.

Dieser Reiseführer soll den Weg zu den landschaftlichen Schönheiten Frankreichs, zu seinen kulturellen Denkmälern, zu seinen Erholungsorten zeigen. Nach reisetechnischen Hinweisen, einer Landeskunde, Überblicken über die Geschichte und die Kunstgeschichte wird als erste Stadt Paris vorgestellt. Die Hauptstadt wird ausreichend dargestellt (wenn auch nicht in dem Umfang, wie es der nur Paris gewidmete Große Polyglott-Reiseführer „Paris" tut), denn Paris ist das Herz Frankreichs. Dann folgen Beschreibungen der anderen wichtigen großen Städte des Landes.

Die 35 Routen durch Frankreich wurden so ausgewählt, daß sie dem Reisenden alles, was zwischen Rhein, Ärmelkanal, Atlantik, Pyrenäen und der Mittelmeerküste sehenswert ist, erschließen.

In den „Speziellen Praktischen Hinweisen" stehen schließlich wichtige Angaben über Informationsmöglichkeiten, Verkehrsverbindungen, Unterkunft und Verpflegung in allen besprochenen Orten. Ein Register am Schluß des Bandes hilft dem Benutzer beim Nachschlagen.

DIE POLYGLOTT-REDAKTION

Herausgeber:	Die Polyglott-Redaktion
Verfasser:	Paul Gnuva und Angélique Blanche (Kapitel „Gastronomischer Reiseführer“)
Karten und Pläne:	Karl Rothballer, Veronika Hummel
Illustrationen:	Katharina Zsivkovics, Margit Rein
Umschlag:	Prof. Richard Blank
Fotos:	(3) Bavaria, (1) Expression-Foto, (1) Institut für Auslandsbeziehungen, (5) Mauritius, (2) Roebild, (1) V-Dia-Verlag, (3) „France“.
Wir danken:	Dem Französischen Fremdenverkehrsamt in Frankfurt/Main für die bereitwillig erteilten Hinweise.
Zuschriften:	Ergänzende Anregungen, für die wir jederzeit dankbar sind, bitten wir zu richten an: Polyglott-Verlag, Redaktion, Postfach 401120, 8 München 40. Alle Angaben (ohne Gewähr) nach dem Stand Dezember 1981.

Wertung der Sehenswürdigkeiten

*** kennzeichnen Sehenswürdigkeiten ersten Ranges. Sie wurden nach einem strengen Maßstab im Vergleich mit gleichzubewertenden Sehenswürdigkeiten Europas ausgewählt.

** kennzeichnen bedeutende Landschaften, Orte, Gebäude oder Kunstwerke. Diese Klassifizierung ist am beschriebenen Gebiet orientiert. **-Sehenswürdigkeiten lohnen gegebenenfalls einen Umweg.

* kennzeichnet sehenswerte Objekte. Diese sind durchaus beachtlich, denn auch die in diesem Buch beschriebenen Orte, Landschaften, Gebäude und Kunstwerke, die nicht mit Sternen gekennzeichnet sind, stellen bereits eine relative Auswahl dar.

Zeichenerklärung

Flugverbindungen
Eisenbahnverbindungen
Autobusverbindungen
Schiffsverbindungen
Bergbahnen

***: Sehr komfortables Hotel
**: Hotel mit gutem Komfort
*: Hotel mit mittlerem Komfort (s. auch S. 28)

Jugendherbergen   Campingplätze

Die in eckigen Klammern gesetzten Ziffern oder Buchstaben decken sich mit den auf den Plänen eingezeichneten Ziffern oder Buchstaben.

Kilometerangaben hinter Ortsnamen zeigen die Entfernung vom Beginn der jeweiligen Route aus an.

INHALTSVERZEICHNIS

Aussprache des Französischen:

ai, *ais* und *ei* wie ä in lästig (pal*ais*, Madel*ei*ne)

au wie o in Moral (p*au*me)

e am Wortende meist stumm (porte)

eu wie ö in Lösung (li*eu*)

oi und *ois* wie ua in Qualle (B*ois*)

ou wie u in nur (L*ou*vre)

u wie ü in amüsieren (Cl*u*ny)

amps, *an*, *en* durch die Nase gesprochenes a (ch*amps*, V*en*dôme)

ain, *aint* durch die Nase gesprochenes ä (S*aint*-Germ*ain*)

on, *ont* durch die Nase gesprochenes o (M*ont*martre, Panthé*on*)

c vor a, o, u wie k (*c*our), vor e, i, y wie s (*c*imetière)

ç wie s (fran*ç*ais)

ch wie sch in Schule (*ch*apelle)

g vor a, o, u wie g in Graben (Vert-*G*alant), vor e, i, y wie g in Genie (Concier*g*erie)

ge vor a, o, u wie g in Genie (oran*ge*ade)

gu vor e, i, y wie g in Garten (*gu*ide)

gn wie nj (Co*gn*ac)

h ist stumm

ll manchmal wie j in jeder (Chanti*lly*); *aill* wie aj (Ch*ail*lot)

Klimatabelle

	Temperaturwerte (°C)											
Brest	Jan.	Feb.	März	April	Mai	Juni	Juli	Aug.	Sept.	Okt.	Nov.	Dez.
Luft max.	8,6	8,8	11,6	13,0	15,4	18,1	19,4	19,7	18,2	15,2	11,5	9,4
min.	3,7	3,3	4,7	5,7	8,0	10,6	12,0	12,4	11,4	8,7	6,3	4,3
Wasser	10,0	10,0	10,0	10,0	12,0	14,0	15,0	16,0	15,0	14,0	13,0	11,0
Sonnenstd. pro Tag	2,3	3,4	4,7	6,6	7,6	7,3	7,0	6,8	5,5	4,0	2,4	1,8
Paris												
Luft max.	6,0	7,4	12,2	15,8	19,7	22,9	24,6	24,0	21,1	15,6	10,0	6,6
min.	0,9	1,3	3,6	6,3	9,5	12,7	14,5	14,3	11,9	7,9	4,5	2,0
Sonnenstd. pro Tag	2,0	2,9	4,9	6,6	7,3	7,3	7,3	6,9	6,0	4,0	2,1	1,5
Nice (Nizza)												
Luft max.	12,5	13,3	14,8	17,1	20,4	23,9	26,5	26,6	24,8	20,7	16,5	13,2
min.	4,2	4,6	6,7	9,0	12,5	16,0	18,2	18,0	16,3	12,0	8,0	5,0
Wasser	13,0	12,0	13,0	14,0	16,0	20,0	22,0	23,0	21,0	19,0	16,0	14,0
Sonnenstd. pro Tag	5,0	5,8	6,3	8,0	9,1	10,4	11,9	10,6	8,5	6,7	4,9	4,5
Ajaccio (Korsika)												
Luft max.	13,0	13,6	15,5	17,6	20,9	24,9	27,4	27,9	25,8	21,8	17,5	14,5
min.	3,1	3,9	5,2	7,1	10,2	13,6	15,5	15,6	14,5	10,9	7,0	4,2
Wasser	13,0	13,0	13,0	14,0	16,0	20,0	22,0	23,0	22,0	20,0	17,0	15,0
Sonnenstd. pro Tag	4,2	4,9	6,3	7,8	9,5	11,1	12,2	10,9	8,9	6,5	4,8	3,8

ALLGEMEINE PRAKTISCHE HINWEISE

Es folgt hier zunächst ein alphabetisches Stichwörterverzeichnis. Erfordert ein Stichwort nur eine kurze Erläuterung, wird sie in diesem Verzeichnis gegeben: sonst wird auf die Seite hingewiesen, auf der das Stichwort behandelt wird.

Anreise. Zwischen Frankreich und der Bundesrepublik, Österreich und der Schweiz bestehen ausgezeichnete Verkehrsverbindungen jeder Art. Wer mit dem *Wagen* anreist, bedient sich einer der Routen, die wir unter den Nummern 1–8 auf den Seiten 98 bis 137 beschrieben haben. Die Eisenbahnverbindungen sind engmaschig und führen dank der hohen Zuggeschwindigkeiten schnell zum Ziel; Informationen über Ermäßigungen, Autoreisezüge, die Einrichtung „Bahn und Auto", die Kombination von Bahn und Bus finden Sie auf Seite 24ff. Anreise mit dem *Flugzeug* (s. S. 26ff.) ist zweckmäßig, wenn das Ziel Paris, Marseille, Lyon, Toulouse, Bordeaux, Lille oder Korsika ist; sonst ist meist Umsteigen in Paris auf die Flüge der Air-Inter (s. S. 27) nötig.

Apotheken haben nicht nur am Sonntag, sondern häufig auch am Montagvormittag geschlossen. Die nächste diensthabende Apotheke ist angeschlagen. In Notfällen weiß das Polizeirevier „Commissariat de Police"· Rat.

Auskünfte. Über alle mit einer Frankreichreise zusammenhängenden Fragen geben erschöpfende Auskunft

in der Bundesrepublik Deutschland:

Französisches Fremdenverkehrsamt, Direktion: 6 *Frankfurt*, Westendstraße 47; Auskunftsstellen: 4 *Düsseldorf*, Berliner Allee 26, Tel. (0211) 80376, und 6 *Frankfurt*, Kaiserstraße 12, Tel. (0611) 752029.

in der Schweiz:

Französisches Verkehrsbüro, Direktion: 8022 *Zürich*, Bahnhofstraße 16; Tel. (01) 2113085; Auskunftsstelle: 1200 *Genf*, 3, rue du Mont-Blanc, Tel. (022) 328610.

in Österreich:

1030 Wien, Landstraße Hauptstraße 2, Tel. (0222) 757062.

Sie versenden auch Broschürenmaterial, Karten und Pläne, Gesamt-, Provinz- und Ortsprospekte, Hotellisten, Material über Camping, Sport, Automobilismus, Verkehrsverbindungen. Spezialinformationen über *Eisenbahnen* s. S. 23, *Camping* s. S. 28.

Jugendherbergen s. S. 28.

Für Detailfragen kann man sich an die örtlichen Verkehrsvereine „Syndicat d'Initiative" bzw. Verkehrsamt „Office de Tourisme" wenden, die in nahezu jedem Ort des Landes bestehen.

Autobahnen s. S. 18.

Autofährverbindungen mit dem Schiff bestehen nach *England* von Boulogne, Calais, Cherbourg, Dieppe, Dunkerque, Le Havre; nach *Irland* von Le Havre und Cherbourg; nach *Korsika* von Marseille, Nice und Toulon; nach *Alicante*, den *Balearen* und *Barcelona* von Marseille; nach *Tunis*, *Algier*, *Oran*, *Tanger* und *Casablanca* von Marseille.

Automobilclubs

a) *Touring Club de France* (TCF): 75737 Paris Cedex 15; 6–8 rue Firmin Gillot, Tel. 5322215. Geschäftsstellen in zahlreichen Städten.

b) *Automobile Club de France* (ACF): 75008 Paris; 6, place de la Concorde, Tel. 2653470; Telegrammadresse: Autoclub Paris 123; FS 20.927 Federauto-Paris. Angeschlossene Clubs in 50 Städten.

Autopapiere

Autofahrer benötigen den nationalen Führerschein, den nationalen Kraftfahrzeugschein und das Nationalitätszeichen „D", „A", „CH" an der Rückseite des Fahrzeugs. Die Internationale grüne Versicherungskarte wird nicht verlangt, es ist jedoch empfehlenswert, sie mitzuführen.

Zolldokumente sind nur noch für alle Außenbordmotoren unter 92 ccm erforderlich und werden beim ADAC ausgestellt.

Bedienungs- und Trinkgelder

Sofern in Restaurants und Cafés der Kassenzettel nicht „Service compris" (Bedienung eingeschlossen) vermerkt ist, wird ein Trinkgeld von 15% erwartet. In Frankreich bekommen die Platzanweiserinnen in den Kinos und Theatern auch ein Trinkgeld.

Briefmarken siehe unter „Postgebühren".

Camping s. S. 28.

Devisenvorschriften

Fremd- und Landeswährung kann in beliebiger Höhe eingeführt, Landeswährung nur bis zu 5000 FF ausgeführt werden.

Diplomatische Vertretungen

der Bundesrepublik in Frankreich:

Paris
Botschaft: F-75008 Paris; 13/15, avenue Franklin D. Roosevelt, Tel. (00331) 3593351, 2561790
Rechts- und Konsularabteilung: F-75116 Paris; 34, avenue d'Jéna

Bordeaux
Generalkonsulat: F-33200 Bordeaux-Caudéran; 377 boulevard du Président Wilson, Tel. (003356) 086020

Boulogne-sur-Mer
Honorarkonsulat: F-62200 Boulogne-sur-Mer; 7–11, rue de Verdun, Tel. (003321) 339233

Brest
Honorarkonsulat: F-29200 Brest; 10, rue Alain Fournier, Tel. (003398) 443559

Dunkerque (Dünkirchen)
Honorarkonsulat: F-59140 Dunkerque Cedex; 6, rue de Beaumont, Tel. (003320) 659913

Le Havre
Honorarkonsulat: F-76600 Le Havre; 7bis, rue Maréchal Galliéni, Tel. (003335) 211021

Lille
Generalkonsulat: F-59046 Lille; 22, place du Maréchal Leclerc, Tel. (003320) 938463
Lyon
Generalkonsulat: F-69458 Lyon Cedex 3; 33, boulevard des Belges, Tel. (003378) 245473
Marseille
Generalkonsulat: F-13295 Marseille Cedex 2; 338, avenue du Prado, Tel. (003391) 776090, 770898
Nancy
Generalkonsulat: F-54000 Nancy; 15, rue de Buthégnémont, Tel. (003383) 961243
Nantes
Honorarkonsulat: F-44000 Nantes; 49, quai de la Fosse, Tel. (003340) 730656
Nice (Nizza)
Honorarkonsulat: F-06000 Nice Cedex; „Le Beethoven", 44, rue Rossini, Tel. (003393) 873526
Perpignan
Honorarkonsulat: F-6600 Perpignan; 12, boulevard Wilson, Tel. (003368) 511549, 511976
Rouen
Honorarkonsulat: F-7600 Rouen; 22, rue Mustel, Tel. (003335) 884488
Strasbourg (Straßburg)
Außenstelle von Nancy: F-67000 Strasbourg; 15, rue des Francs Bourgeois, Tel. (003388) 326186
Toulouse
Honorarkonsulat: F-3100 Toulouse; 24, rue de Metz, Tel. (003361) vormittags 523556, nachmittags 526492

Diplomatische Vertretungen
Österreichs in Frankreich:
Paris
Botschaft: F-75007 Paris; 6, rue Fabert, Tel. (00331) 5559566
Generalkonsulat: F-75008 Paris; 139, rue du Faubourg Saint-Honoré, Tel. (00331) 5611943, 5635723
Bordeaux
Konsulat: F-33300 Bordeaux; 86, cours Balguerie-Stuttenberg, Tel. (003356) 485757
Lille
Konsulat: F-59000 Lille; 196, rue Nationale, Tel. (003320) 528073
Lyon
Konsulat: F-69006 Lyon; 17, boulevard des Belges, Tel. (00337) 8932186
Marseille
Konsulat: F-13005 Marseille; 111, rue Saint-Cécile, Tel. (003391) 799121
Nice (Nizza)
Konsulat: F-06000 Nice; 6, rue Rothschild, Tel. (003393) 851875
Strasbourg (Straßburg)
F-67000 Strasbourg; 20, avenue de la Paix, Tel. (003388) 351394, 366404

Diplomatische Vertretungen
der Schweiz in Frankreich:
Paris
Botschaft: F-75007 Paris; 142, rue de Grenelle, Tel. (00331) 5503446
Annecy
Konsulat: F-74002 Annecy Cedex; 25, rue Royale, Tel. (003350) 511882
Besançon
Konsulat: F-25013 Besançon; 15bis, avenue Fontaine Argent, Tel. (003381) 801883
Bordeaux
Generalkonsulat: F-33080 Bordeaux Cedex; 14, cours Xavier Arnozan, Tel. (003356) 521865/66

Dijon
Konsulat: F-21000 Dijon; 6, rue Rameau, Tel. (003380) 321259

Le Havre
Konsulat: F-76050 Le Havre Cedex; 124, bd de Strasbourg, Tel. (003335) 422709

Lille
Konsulat: F-59043 Lille Cedex; 28, place de la Gare, Tel. (003320) 064607

Lyon
Generalkonsulat: F-69453 Lyon Cedex 3; 8, rue Godefroy, Tel. (00337) 8935134

Marseille
Generalkonsulat: F-13291 Marseille Cedex 2; 7, rue d'Arcole, Tel. (003391) 533665

Mulhouse (Mühlhausen)
Konsulat: F-68050 Mulhouse Cedex; 19a, rue du Sauvage, Tel. (003389) 453212

Nice (Nizza)
Konsulat: F-06000 Nice; 4, avenue Georges Clemenceau, Tel. (003393) 888509

Strasbourg (Straßburg)
Konsulat: F-67083 Strasbourg; 7, rue Schiller, Tel. (003388) 350070

Einreisepapiere siehe unter „Autopapiere" und „Paß, Visum".

Fahrtvorschläge. Reisen nach Frankreich werden aus den unterschiedlichsten Gründen unternommen, wenn auch Erholung in einem Seebad oder Kurort, Sportausübung im Sommer und Winter, oder Kulturbedürfnis im Vordergrund stehen.
Für alle Zielsetzungen hat das Land mit seinen vielen Naturschönheiten und zahlreichen Kunstdenkmälern in allen Provinzen Außerordentliches zu bieten. Wir bitten Sie daher, durch die Lektüre unserer Landschaftsbeschreibungen (s. S. 36ff.) einen Überblick zu gewinnen und sich dann unseres Routennetzes zu bedienen.

Feiertage sind in Frankreich: der 1. Januar, der Ostermontag, der 1. Mai, der Tag Christi Himmelfahrt, der Pfingstmontag, der 14. Juli (Nationalfeiertag), der 15. August, 1. November, 11. November (Waffenstillstand 1918), der 25. Dezember. Im Elsaß wird auch am Karfreitag und am 26. Dezember nicht gearbeitet.

Geld

Währungseinheit ist der Franc (FF), der in 100 Centimes (c) zerfällt. Im Umlauf sind *Münzen* zu 10, 5, 2, 1 FF und zu 50, 20, 10 und 5 c. An *Banknoten* gibt es 500, 100, 50 und 10 FF.

Die 10-FF-Scheine werden nach und nach zugunsten der 10-FF-Münzen aus dem Verkehr gezogen. Es gibt zwei Arten von 10-FF-Scheinen: alte und neue. Beide sind noch gültig.

Wechselkurs: Die Tageskurse erfährt man bei der Bank oder aus den Tageszeitungen.

Umtauschmöglichkeit besteht bei sämtlichen Bankniederlassungen, Grenz-, Bahnhofs- und Flugplatz-Wechselstellen, in vielen Reisebüros, Verkehrsämtern und Hotels.
Auf *Reiseschecks* werden ausländischen Touristen in großen Geschäften Rabatte von 15 bis 20 Prozent gewährt.

Geschäftszeiten sind sehr unterschiedlich. Während die meisten Geschäfte über die Mittagszeit (13–15 Uhr) schließen, sind sie (im Süden auch wieder länger als im Norden) bis in den Abend geöffnet. Lebensmittel- und Tabakläden sind meist auch an Sonntagen vormittags geöffnet, in den Seebädern, Kurorten und Wintersportzentren auch die übrigen Geschäfte. Die Warenhäuser halten werktags (auch an Samstagen) bis 18 Uhr offen, sind aber (ähnlich wie die Banken) meist montags geschlossen; häufig folgen kleinere Geschäfte diesem Beispiel. In Paris sind die Grands Magasins auch montags ganztägig geöffnet.

Grenzübergänge
Alle wichtigen Grenzübergänge zwischen Belgien, Luxemburg, der Bundesrepublik, der Schweiz, Italien, Spanien und Frankreich sind Tag und Nacht geöffnet.

Heilbäder. Ihre Zahl beträgt über 100; dazu kommen noch die 10 Küstenorte mit Meerwasserkuren (Thalassotherapie). Auskünfte erteilen die französischen Fremdenverkehrsbüros (Adresse siehe unter Auskünfte).

Hotels, 18000 von ihnen sind klassifiziert und damit preisgebunden. Über ihre Einteilung in Kategorien s. S. 28.

Hunde und Katzen
Unter folgenden Voraussetzungen dürfen Hunde und Katzen nach Frankreich mitgenommen werden:
a) entweder muß ein amtstierärztliches Gesundheitszeugnis (frühestens 5 Tage vor der Abfahrt ausgestellt) vorliegen, das bescheinigt, daß das Tier aus einem seit 3 Jahren tollwutfreien Land stammt und sich seit mindestens 6 Monaten oder seit der Geburt dort aufgehalten hat (Beglaubigung der französischen Botschaft ist notwendig).
b) oder es muß ein Impfzeugnis gegen Tollwut vorhanden sein (Impfung mindestens 30 Tage vor Grenzübertritt bzw. nicht älter als 1 Jahr).

Informationen vgl. „Auskünfte".

Jugendherbergen s. S. 28.

Kleidung entsprechend der Jahreszeit. Es bestehen keine Vorschriften.

Motels gibt es noch nicht sehr viele, weil das Angebot an Hotels und Restaurants an oder nahe den großen Straßen reichlich und der Umfang des Autobahnnetzes noch gering ist.

Museen gibt es fast in jeder Stadt; viele von ihnen sind sehr sehenswert, manche sogar einzigartig – Hinweise darauf finden Sie in unseren Stadt- und Routen-Beschreibungen. Die Öffnungszeiten sind unterschiedlich, meistens aber von 9–12 und 14–17 Uhr, außer dienstags. In vielen Museen kann man Tonbandgeräte mit Erklärungen in fremden Sprachen erhalten; manchenorts werden diese Erklärungen auch über Lautsprecher abgespielt, oder man bekommt eine Tafel in die Hand gedrückt. Die Eintrittspreise sind meist niedrig.

Nationalfarben. Blau-weiß-rot bilden die dreifarbige „Tricolore".

Nationalparks sind in mehreren gering besiedelten Landesteilen – Alpen, Pyrenäen, Atlantikküste, Ardèche, Camargue – zum Schutz der Pflanzen- und Tierwelt angelegt.

Netzspannung. 220 Volt Wechselstrom, selten noch 110 Volt.

Paß, Visum. Der gültige Reisepaß bzw. Personalausweis ist zur Einreise als Besucher oder um in Frankreich eine Arbeit aufzunehmen für Staatsangehörige aus EG-Staaten ausreichend.

Deutsche, Österreicher und Schweizer, die sich länger als drei Monate in Frankreich aufhalten, gelten nicht mehr als Touristen. Sie benötigen eine Aufenthaltserlaubnis, die beim zuständigen franz. Polizeikommissariat oder Gemeindeamt beantragt werden muß.

Postämter

Die 13500 Postämter und 5000 Hilfsstellen sind in Frankreich durch die Buchstaben PTT (von „Administration des Postes, Télégraphes et Téléphones") oder zuweilen auch mit P et T (von „Ministère des Postes et Télécommunications") gekennzeichnet. Sie sind von 8 bis 19 Uhr geöffnet, auf dem Land von 8 bis 12 und 14 bis 18.30 Uhr; samstags nur bis 16 Uhr.

Postgebühren

Frankreich – Bundesrepublik Deutschland

Postkarte: FF 1,40; Brief: FF 1,60.

Frankreich – Schweiz/Österreich
Postkarte: 1,80 FF; Brief: 2,30 FF.

Briefmarken sind außer in Postämtern in den amtlichen Tabakbüros (s. S. 17) erhältlich.

Postreiseschecks. Die Deutsche Bundespost hat mit Frankreich einen Postreisescheckdienst aufgenommen. Der Höchstbetrag für ein Reisescheckheft ist 4000 FF. Einzelschecks zu 50, 100, 200 oder 400 FF können bei jedem französischen Postamt eingelöst werden.

Reisezeit. Das Klima Frankreichs ist milder als in Ländern ähnlicher Breitengrade (42. bis 51. Breitengrad); kein Ort des Landes ist mehr als 500 km von der Küste entfernt. So besitzt Frankreich für jede Jahreszeit geeignete Reisegebiete.

Besonders empfehlenswert sind

im Frühling: das Elsaß, die Normandie mit ihrer Apfelbaumblüte, die Schlösser der Loire, die Provence, die Baskische Küste, die Riviera und Korsika;

im Sommer: alle Landesteile

im Herbst: Elsaß, Bordeaux, Burgund und die Loire-Lande mit ihren Weinlesen sowie alle südlichen Provinzen;

im Winter: die Alpen und Pyrenäen mit ihren Wintersportgebieten, die milde Riviera und die Küsten Korsikas.

Seebäder. An den 3120 km langen Küsten Frankreichs (Ärmelkanal, Atlantik, Mittelmeer) gibt es rund 350 größere Seebäder; Sie finden sie nach Lage und Eigenart in unseren Routen beschrieben.

Spielkasinos gibt es in Frankreich zahlreicher als anderswo; fast jedes Seebad und jeder Kurort, selbst mittlerer Bedeutung, ist damit ausgestattet. Das bekannteste ist nach wie vor das Casino von Monte Carlo in Monaco.

Sport s. S. 41.

Straßenhilfsdienst s. S. 23.

Tabakwaren kauft man im „Bureau de Tabac“, das traditionsgemäß durch ein rotes Aushängeschild in Form einer stilisierten Kautabakrolle gekennzeichnet ist. Preise siehe unter „Richtpreise“.

Telefon

Ein normales Ortsgespräch kostet in Frankreich 50 c.
Vorwahl BRD 19–49
Vorwahl Österreich 19–43
Vorwahl Schweiz 19–41
Zuerst die 19 wählen – Freizeichen abwarten – danach die weiteren Nummern für das entsprechende Heimatland, die Ortsvorwahl (ohne Null) und den Teilnehmer rufen.

Unterkunft s. S. 28.

Veranstaltungen. Über die Fülle der Musik-, Opern-, Tanz-, Theater- und Film-Festspiele, der Folklore-, Winzer- und Karneval-Feste, der Sportveranstaltungen und Autorennen, der Wallfahrten, Wirtschaftsmessen, „Salons“ und Kunstausstellungen und vor allem die mancherorts sehr eindrucksvollen Klang- und Licht-Schauspiele „Son et Lumière“ (wobei bedeutende Bauwerke, prächtig angestrahlt, den Hintergrund für historische Schauspiele mit Musik abgeben) unterrichtet ein *Veranstaltungskalender*, den das Französische Generalkommissariat für den Fremdenverkehr alljährlich erscheinen läßt; er ist bei den unter „Auskünfte“ genannten Stellen und in vielen Reisebüros erhältlich. Besondere Informationsschriften (z. B. „Pariser Luft“, Stadtmagazin in deutscher Sprache, erhältlich an allen Kiosken und in vielen Hotels).

Verkehrsvorschriften s. S. 19.

Visum siehe unter „Paß“.

Wintersportorte. Die meisten der französischen Wintersportorte – es gibt deren 40 große und an die 100 kleinere – sind erst nach dem Zweiten Weltkrieg, zum Teil sogar erst in den letzten Jahren entstanden; weitere befinden sich im Ausbau. Man hat dabei (nicht nur in der architektonischen Anlage) einen neuen Stil gefunden, der sie vor allem für die junge Generation sehr attraktiv macht. Besonderen Wert hat man auf den Bau von Liften aller Art gelegt und dabei sowohl in der Zahl wie in ihrem Verbund zu Netzen die meisten der „alten“ mitteleuropäischen Wintersportorte übertroffen. Wie beim Aufbau der neuen Ferienzentren an der Küste der Provinz Languedoc, so zeichnet sich auch hier, vor allem in Savoyen, die Tendenz ab, Massen zu konzentrieren und ihnen Sport- und Unterhaltungsmöglichkeiten in großem Umfang anzubieten.

Zeit. In Frankreich gilt die Mitteleuropäische Zeit (MEZ) mit Sommerzeit. Ende März bis Ende September wird die Uhr gegenüber der mitteleuropäischen Zeit um eine Stunde vorgestellt.

Zoll. Die Bestimmungen werden im allgemeinen großzügig gehandhabt. Bei der Rückfahrt sind „Reiseandenken“ ohne Wertbeschränkung zollfrei; für Antiquitäten und Werke lebender Künstler bedarf man allerdings der französischen Ausfuhrgenehmigung.

Reisen nach und in Frankreich

DAS STRASSENNETZ

Das Straßennetz Frankreichs ist außerordentlich dicht (1,2 km pro km²; insgesamt 700000 km) und so gepflegt, daß auch Nebenstraßen in abgelegenen Gebieten meist gut befahrbar sind. Das Autobahnnetz wird ständig erweitert. Derzeit sind ca. 5600 km ausgebaut. Die Autobahn ist gebührenpflichtig.

Autobahngebühren – einige Preisbeispiele:

A/B	Bezeichnung der Autobahn	km	Kat. 1	Kat. 2	Kat. 3	Kat. 4	Kat. 5
	Autoroute du Nord						
A 1	Roissy St Witz (Paris) – Lille	213	29,00	43,50	43,50	55,00	17,50
A 2	Roissy St Witz (Paris) – Hordain (Valenciennes – belg. Grenze)	216	29,50	44,00	44,00	56,00	18,00
A 26	Roissy St Witz (Paris) – Lillers (Calais)	202	36,00	54,00	54,00	70,00	21,50
	Autoroute de l'Est						
	Paris – Strasbourg (A 4, A 32 + A 34)	470	108,50	163,50	163,50	218,00	102,50
A 4	Paris – Metz	316	80,00	120,00	120,00	160,00	80,00
	Paris – Reims	137	33,00	49,50	49,50	66,00	33,00
	Reims – Metz	178	47,00	70,50	70,50	94,00	47,00
	Metz – Strasbourg (A 32 + A 34)	160	28,50	43,50	43,50	58,00	17,00
	Autoroute de Normandie						
A 13	Mantes (Paris) – Caen	225	31,50	45,00	45,00	59,00	31,50
	Autoroutes du Sud de la France						
	Paris – Marseille (A 6 + A 7)	779	120,00	182,50	193,50	244,00	72,00
	Paris – Le Perthus (span. Grenze; A 6 + A 7 + A 9 + B 9)	929	171,50	263,00	274,00	317,00	103,00
	Paris – Ital. Grenze (A 6 + A 7 + A 8)	986	182,50	271,50	285,50	369,00	108,50
A 6	**Autoroute Paris-Rhein-Rhône**						
	Paris – Fleury	50	gratis	gratis	gratis	gratis	gratis
	Paris – Lyon	456	70,00	105,00	116,00	144,00	42,00
	Paris – Beaune	306	44,00	68,50	76,00	98,00	26,50
	Beaune – Lyon	150	25,50	37,00	40,50	44,00	15,00
A 37	Beaune – Dijon	41	7,00	11,50	14,00	17,00	4,50
	La Provençale						
	Salon – Aix		4,50	4,50	4,50	9,00	2,00
A 7	Lyon – Aix	295	54,50	82,00	82,00	109,00	32,00
A 8	Aix – Ital. Grenze	218	58,00	87,50	87,50	116,00	34,50
B 52	Pont de l'Etoile (Marseille) – Toulon	46,8	19,50	29,00	29,00	39,00	12,00
	Autoroute Alpine						
A 41	Grenoble – Chambéry	98	33,00	49,50	49,50	66,00	33,00
A 48	Lyon – Grenoble	103	27,50	41,00	41,00	55,00	27,50
	Lyon – Annecy Nord	133	48,00	72,00	72,00	96,00	48,00
	Lyon – Scentrier (Autoroute Blanche)		60,00	90,00	90,00	120,00	60,00

Kategorie 1: Pkws, deren Höhe, an der vorderen Achse gemessen, 1,30 Meter nicht überschreitet. Motorräder-Beiwagen.

Kategorie 2: Fahrzeuge der Kategorie 1 mit Anhänger.

Kategorie 3: Fahrzeuge mit 2 Achsen, deren Höhe, an der vorderen Achse gemessen, 1,30 Meter überschreitet, z.B. VW-Bus.
Kategorie 4: Fahrzeuge mit 3 und mehr Achsen, deren Höhe an der vorderen Achse gemessen, 1,30 Meter überschreitet. Reisebusse.
Kategorie 5: Motorräder mit und ohne Beiwagen.

Preise pro Fahrt in FF angegeben. Stand: Herbst 1981. Es ist empfehlenswert, französisches Geld mitzunehmen, da bei den Gebührenstationen nur Francs angenommen werden.

Die Beschilderung der Straßen mit richtungsweisenden und Gefahr voraussagenden Tafeln ist gut und „vernünftig"; man bemüht sich, nicht in den Fehler lästiger Gängelung zu verfallen. Die Verkehrsschilder sind auf Seite 22 abgebildet.

Straßenverstopfungen großen Umfangs treten wie bei uns zu Ferienbeginn auf, vor allem am 1. August, an dem traditionsgemäß halb Paris die Stadt verläßt und sich in die Ferienorte über ganz Frankreich ergießt (60% haben sich irgendwo eingemietet oder campen, 40% fahren zu Verwandten aufs Land); man tut also gut daran, die ersten Augusttage an einem ruhigen Ort zu verbringen oder – in Paris, das dann fast ganz den ausländischen Touristen gehört.

VERKEHRSVORSCHRIFTEN

In Frankreich gelten im wesentlichen dieselben Verkehrsvorschriften und -zeichen wie in der Bundesrepublik, in Österreich, und in der Schweiz.

Besonderheiten sind:

Auf freier Strecke bevorrechtigte Straßen verlieren im Durchgangsverkehr durch Ortschaften ihre Vorfahrtberechtigung. In Frankreich hat grundsätzlich Vorfahrt, wer von rechts kommt, auch im Kreisverkehr, sofern nicht ein Vorfahrtzeichen diese Bestimmung aufhebt.

Die Straßenbahn hat immer Vorfahrt, auf schmalen Bergstraßen das bergauffahrende Fahrzeug.

Überholen (Rechtsverkehr) kurz vor und an Kreuzungen und Einmündungen ist verboten. Straßenbahnen müssen rechts überholt werden.

Hupen ist in geschlossenen Ortschaften nur im Notfall erlaubt. Nachts darf auch auf freier Strecke nicht gehupt werden.

Auf gut beleuchteten Straßen darf nur mit Standlicht gefahren werden.

Parken: Außerhalb von Ortschaften darf nicht auf der Fahrbahn geparkt werden, sondern nur auf dem nicht befestigten Fahrbahnrand. Rot-gelbe oder rot-weiße Streifen an den Randsteinen bedeuten Parkverbot. Straßenzüge, in denen abwechselnd je eine Monatshälfte auf einer Straßenseite Parkverbot besteht, sind durch Schilder gekennzeichnet.

In *„Blauen Zonen"* (Zones bleues) darf nur mit Parkscheiben von 9–12.30 und von 14.30–19 Uhr 1 Stunde geparkt werden. Parkscheiben („Disque de contrôle") geben die Verkehrsbüros und Polizeireviere aus. Nachts und an Sonn- und Feiertagen gilt die Zeitbeschränkung nicht.

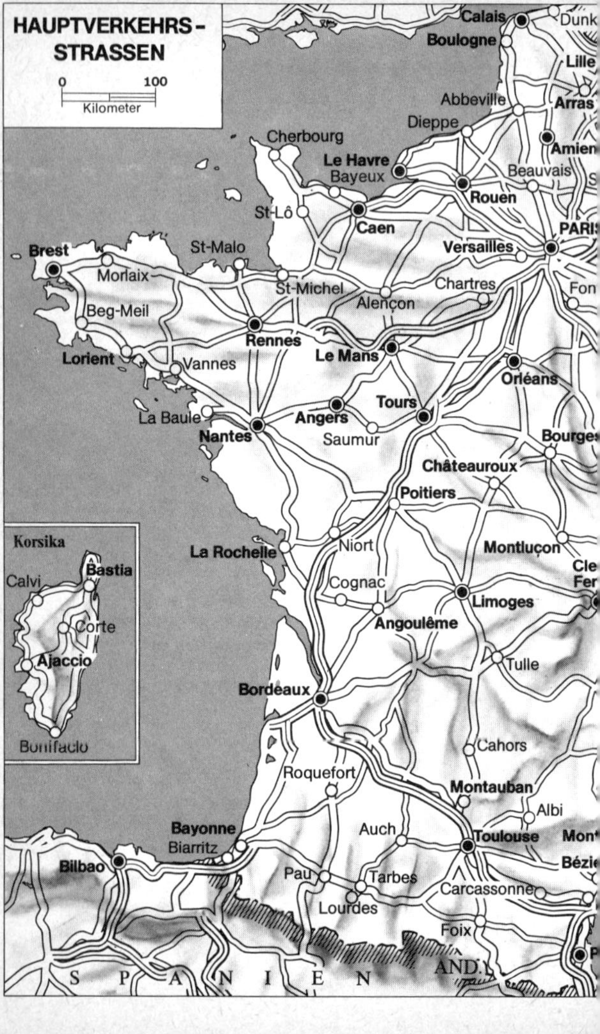
HAUPTVERKEHRS-
STRASSEN
0
100
Kilometer
Calais
Boulogne
Lille
Abbeville
Arras
Dieppe
Cherbourg
Le Havre
Bayeux
Beauvais
Rouen
St-Lô
Caen
Versailles
Brest
St-Malo
Morlaix
St-Michel
Chartres
Alençon
Beg-Meil
Rennes
Le Mans
Lorient
Vannes
Orléans
Tours
Angers
La Baule
Nantes
Saumur
Châteauroux
Poitiers
Korsika
Calvi
Bastia
Corte
Ajaccio
Bonifacio
La Rochelle
Niort
Montluçon
Cognac
Limoges
Angoulême
Tulle
Bordeaux
Cahors
Roquefort
Montauban
Albi
Bayonne
Biarritz
Auch
Toulouse
Bilbao
Pau
Tarbes
Carcassonne
Lourdes
Foix
S P A N I E N
AND.

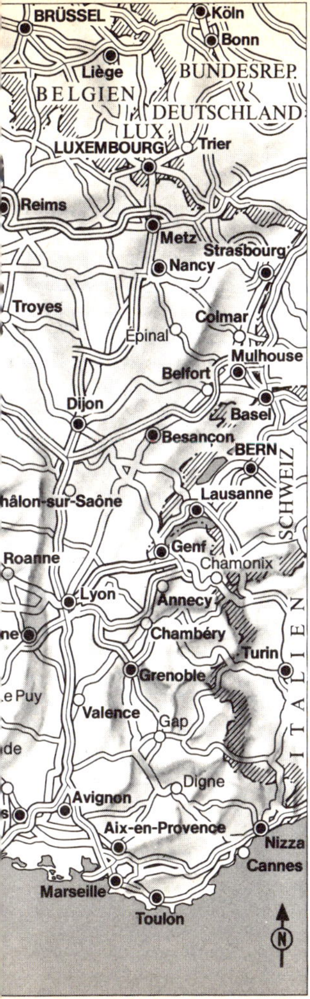

Geschwindigkeitsbeschränkungen. Auf Autobahnen beträgt die zulässige Höchstgeschwindigkeit 130 km/h, auf Schnellstraßen 110 km/h, auf Landstraßen 90 km/h und in Ortschaften 60 km/h. Wer seinen Führerschein noch kein Jahr besitzt, darf nicht schneller als 90 km/h fahren; bei Übertretungen werden Geldstrafen bis zu 350 FF verhängt.

Warntafeln, deren Wortsinn Sie kennen müssen, sind:
„Au pas" = Schritt-Tempo, „Chantier" = Baustelle, „Danger (de mort)" = (Lebens)Gefahr, „Gravier" und „Gravillon" = Rollsplitt, „Halte" = Halt, „Limitation de vitesse" = Geschwindigkeitsbeschränkung, „Passage interdit" = Durchfahrt verboten, „Passage protégé" = Kreuzung mit Vorfahrt, „Priorité à droite" = Rechts hat Vorfahrt, „Ralentir" = Langsam fahren, „Sens unique" = Einbahnstraße, „Travaux" = Straßenarbeiten, „Virage (dangereux)" = (gefährliche) Kurve, „Voie unique" = einspurig.

Verkehrsunfall. Polizeiliche Aufnahme durch die Gendarmerie erfolgt nur, wenn Personen zu Schaden kamen. Bei Sachschäden ist über den nächsten Bürgermeister ein „Huissier" (bei den Gerichten zugelassener Sachverständiger) herbeizurufen. In jedem Fall selbst notieren: Datum, Uhrzeit, genauer Unfallort (km bzw. Gemeinde, Straßenkreuzung usw.), Kennzeichen der Fahrzeuge, Namen und Anschriften der Fahrzeugeigentümer, Versicherung mit Police-Nummer. Wenn irgend möglich, sollte man Zeugen notieren (im Idealfall sich deren Aussage

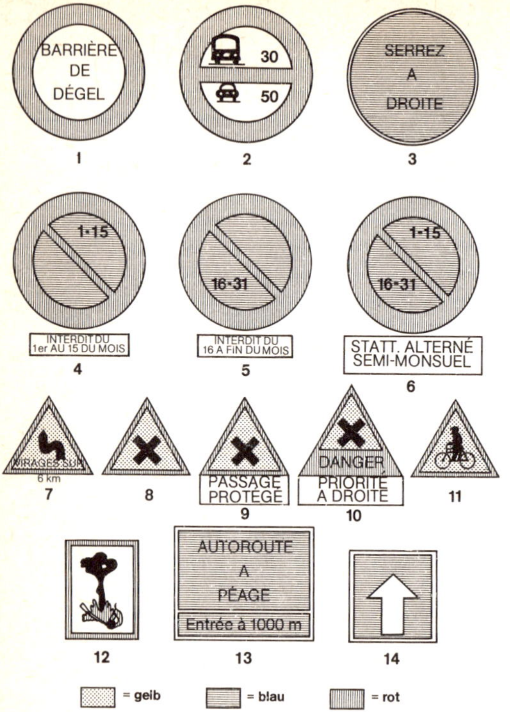

1. Verbot wegen Frostaufbruchs
2. Geschwindigkeitsbeschränkung für Fahrzeuge über 3,5 t, für andere Fahrzeuge
3. Ganz rechts fahren
4. Parkverbot vom 1.-15.des Monats auf Seiten mit geraden Hausnummern
5. Parkverbot vom 16. bis Ende des Monats auf Seiten mit ungeraden Hausnummern
6. Halbmonatlich wechselndes Parkverbot
7. Kurvenreiche Strecke über 6 km
8. Kreuzung! Rechts hat Vorfahrt
9. Kreuzung! Querstraße muß warten
10. Gefahr! Kreuzung: Rechts hat Vorfahrt
11. Fahrradweg mündet ein
12. Feuersgefahr
13. Gebührenpflichtige Autobahn
14. Einbahnstraße

gleich schriftlich an Ort und Stelle geben lassen) und Foto-Aufnahmen machen.

Der *Hilfs- und Abschleppdienst* ist gut organisiert. Auf den Hauptverkehrsstraßen sind in Abständen von etwa 4 km Notrufsäulen aufgestellt, die mit der Polizei verbunden sind. Der Straßenhilfsdienst „Touring Secours" oder „Secours Routier" und die beiden französischen Automobilclubs (s. S. 12) sind bei Unfällen behilflich („Secours Routier": Tel. Paris 5021450, Amiens 921073, Caen 936870, Chambéry 332090, Dijon 415393, Grenoble 914311, Le Havre 427220, Lille 544959, Lyon 378500, Marseille 501477, Metz 691239, Mulhouse/Colmar 462908, Nancy 351552, Rouen 719357, St-Etienne 328565, Straßburg 326081, Toulouse 623483.

Ein *Straßeninformationsdienst* der Tag und Nacht Auskunft über Bauarbeiten, Schnee- und Eisverhältnisse gibt, ist telefonisch zu erreichen in Paris 553-05-29, Annecy 45-09-12, Bordeaux 52-67-72, Clermont-Ferrand 93-81-81, Limoges 32-71-22, Nîmes 67-31-68, Roubaix 73-46-54, Straßburg 35-31-64.

DAS BAHNNETZ

Die französische Staatsbahn (Société Nationale des Chemins de Fer = SNCF) verfügt über ein Schienennetz von 30000 km Länge. Ihre Züge gehören zu den schnellsten der Welt. Besonders schnelle und für Touristen wichtige Züge sind:

TEE 1 „Le Mistral" Paris–Nice (1087 km) 9 Stunden, Durchschnitt 120 km/h

Rapide 185 „Le Lyonnais" Paris–Lyon (512 km) 3¾ Std., Durchschnitt 139 km/h

TEE 65 „L'Arbalète" Paris–Zürich 5½ Stunden, Durchschnitt 120 km/h

TEE 43 „Parsifal" Paris–Hamburg 6½ Std.

TEE 41 „Molière" Paris–Köln 4 Std.

Rapide 5 „La Puerta del Sol" Paris–Madrid (Nachtzug)

Rapide 7 „Le Drapeau" und TEE 5 „L'Etendard" Paris–Bordeaux 4½ Std., Durchschnitt 137 km/h

TEE 75/77 „Le Capitole" Paris–Toulouse 6 Std., Durchschnitt 118 km/h

TEE GC „Catalan-Talgo" Genf–Barcelona 10 Std.

Alle TEE- und Eilzüge sind zuschlagspflichtig. Platzkarten für Hin- und Rückreise erhält man bereits zwei Monate im voraus (auch ohne Fahrkarte). Für TEE-Züge im internationalen Verkehr müssen die Plätze im allgemeinen vorbestellt werden. Dabei gilt der TEE-Zuschlag zugleich als Platzkarte.

Ermäßigungen:

1. *Touristenfahrkarten* (billets touristiques). Bei einer Mindestentfernung von 1500 km (Rückfahrt eingeschlossen) und einem Mindestaufenthalt von 5 Tagen erhält man 20% Ermäßigung.

2. *Familienermäßigung*. Mindestbeteiligung drei Personen. Sie gilt sowohl für Hin- und Rückfahrt als auch für Rundreisen (keine Kilometerbegrenzung). Zwei Personen zahlen den vollen

Plan S. 24/25

Preis, jede weitere Person erhält eine Ermäßigung von 75%, Kinder zahlen die Hälfte des ermäßigten Fahrpreises.

Seniorenermäßigung
Inhaber eines Senioren-Passes A oder B erhalten eine Fahrpreisermäßigung von 30% für die Hin- und Rückfahrt, wenn die Fahrkarte in der Bundesrepublik Deutschland gekauft wird.

Die 30% Fahrpreisermäßigung „carte vermeil" (ausgenommen Pariser Vorortsverkehr) ist auch in Frankreich erhältlich. Geltungsdauer: 1 Jahr, Preis der Berechtigungskarte: 35 FF.

France Vacances
Diese Netzkarte für alle Eisenbahnstrecken der SNCF hat eine unterschiedliche Geltungsdauer. Sie wird entweder für insgesamt 7 oder 15 Tage oder maximal einen Monat ausgestellt. Eine Mindest- oder Maximalentfernung gibt es nicht. Es empfiehlt sich, die Reservierungen vorzunehmen.

Billet de séjour
Die Ermäßigung beträgt 25% auf den normalen Fahrpreis. Für die Benutzung des Tickets gelten folgende Bestimmungen: Die Reisenden müssen eine Strecke von mindestens 100 km (einschließlich Rückfahrt) in Frankreich zurücklegen, die Hin- und Rückreise müssen an einem Dienstag, Mittwoch, Donnerstag oder Samstag angetreten werden und der Mindestaufenthalt in Frankreich ist auf fünf volle Tage festgelegt.

Auskünfte erteilen die auf Seite 11 angegebenen Stellen sowie die *Generalvertretung der französischen Eisenbahnen in Deutschland*, 6 Frankfurt/Main, Rüster-

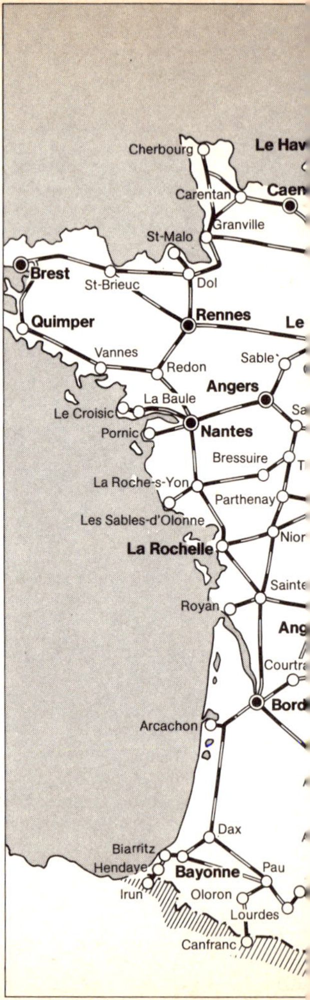

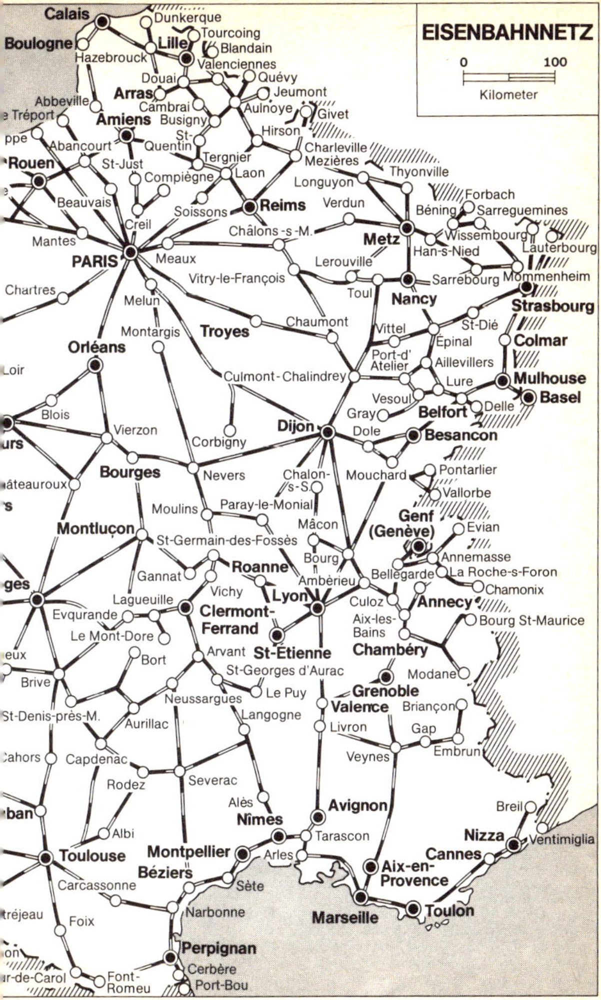
EISENBAHNNETZ
0
100
Kilometer
Calais
Dunkerque
Boulogne
Lille
Tourcoing
Blandain
Hazebrouck
Valenciennes
Douai
Quévy
Arras
Jeumont
Abbeville
Cambrai
Aulnoye
Givet
Tréport
Amiens
Busigny
St-Quentin
Hirson
Abancourt
Charleville Mezières
Rouen
St-Just
Tergnier
Laon
Thyonville
Compiègne
Longuyon
Forbach
Beauvais
Soissons
Reims
Verdun
Béning
Sarreguemines
Creil
Châlons-s-M.
Wissembourg
Mantes
Metz
Han-s-Nied
Lauterbourg
PARIS
Meaux
Lerouville
Vitry-le-François
Toul
Nancy
Sarrebourg
Mommenheim
Chartres
Melun
Strasbourg
Montargis
Troyes
Chaumont
Vittel
St-Dié
Orléans
Épinal
Colmar
Port-d'Atelier
Aillevillers
Loir
Culmont-Chalindrey
Lure
Mulhouse
Vesoul
Basel
Blois
Gray
Belfort
Delle
Vierzon
Corbigny
Dijon
Dole
Besancon
Bourges
Nevers
Chalon-s-S.
Mouchard
Pontarlier
âteauroux
Vallorbe
Moulins
Paray-le-Monial
Genf (Genève)
Mâcon
Evian
Montluçon
St-Germain-des-Fossès
Bourg
Annemasse
Roanne
Ambérieu
Bellegarde
La Roche-s-Foron
Gannat
Vichy
Lyon
Chamonix
Lagueuille
Culoz
Annecy
Evqurande
Clermont-Ferrand
Aix-les-Bains
Bourg St-Maurice
Le Mont-Dore
Arvant
St-Etienne
Chambéry
Bort
St-Georges d'Aurac
Modane
Brive
Neussargues
Le Puy
Grenoble
Valence
Briançon
St-Denis-près-M.
Aurillac
Langogne
Livron
Gap
Cahors
Capdenac
Veynes
Embrun
Rodez
Severac
Alès
Avignon
Breil
Nîmes
Albi
Tarascon
Nizza
Ventimiglia
Toulouse
Montpellier
Arles
Cannes
Béziers
Aix-en-Provence
Sète
Carcassonne
Marseille
Toulon
Narbonne
Foix
Perpignan
Cerbère
Font-Romeu
Port-Bou

str. 11, Tel. 0611/728444; in *Österreich*, Wien 1, Opernring 1, Tel. 572406; in der *Schweiz*, Bern, Effingerstr. 31, Telefon 251101.

Autobuslinien

werden von der französischen Staatsbahn (SNCF) und zahlreichen privaten Unternehmen betrieben; es gibt Überland-Buslinien (u.a. Europa-Busse), Rundfahrdienste durch die wichtigsten Fremdenverkehrsgebiete und Ausflugslinien von den wichtigsten Städten aus.

Autoreisezüge

Die Autoreisezüge von Deutschland nach Frankreich verkehren auf folgenden Strecken:

Hamburg – Hannover – Neu Isenburg (Frankfurt) nach *Avignon*

Hamburg – Hannover – Karlsruhe nach *Narbonne*

Düsseldorf – Köln – Neu Isenburg (Frankfurt) – Saarbrücken nach *Biarritz*

Düsseldorf – Köln – Neu Isenburg (Frankfurt) nach *Narbonne*

Düsseldorf – Köln – Neu Isenburg (Frankfurt) nach *Fréjus/St-Raphael*

Karlsruhe nach *Avignon*

Kassel – Neu Isenburg (Frankfurt) – Karlsruhe nach *Narbonne*

Saarbrücken nach *Nice*

München – Karlsruhe nach *Narbonne*

München nach *Paris*

Auto am Bahnhof („Train + Auto")

heißt ein anderer kombinierter Dienst der SNCF; der Reisende steigt in 137 französischen Städten aus dem Zug und findet am Bahnhofsplatz das vorbestellte Selbstfahrer-Mietauto vor.

Fahrrad am Bahnhof (Train et Vèlo)

An rund 120 Bahnhöfen in Frankreich kann man sich gegen Vorlage des Personalausweises und Hinterlegung einer Kaution ein Fahrrad leihen.

Der Mietpreis beträgt pro Tag 18,— FF.

Auskünfte erteilt die Generalvertretung der Französischen Eisenbahn (SNCF), Rüsterstr. 11, 6 Frankfurt a.M. 1.

DAS FLUGNETZ

Anreise

Bundesrepublik Deutschland

Linienmaschinen der Deutschen Lufthansa fliegen im Direktflug Paris (Flughafen Orly) von Düsseldorf, Frankfurt/M., Hamburg, Hannover, Köln, München und Stuttgart an.

Von einigen der genannten Städte verkehren während der Woche mehrmals täglich die Maschinen.

Österreich

Austrian Airlines fliegt täglich die Route Wien–Paris.

Schweiz

Die Swiss Air fliegt Paris von den Flughäfen Basel und Zürich täglich im Direktflug an.

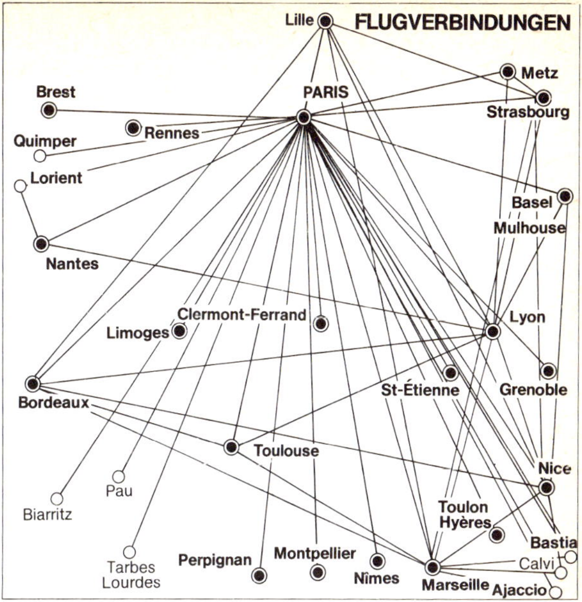

Über verbilligte Angebote, wie Wochenendflüge, IT-Flüge und organisierte Städteflüge, erteilen die Reisebüros Auskunft.

Innerfranzösische Flugverbindungen

Für den Frankreich-Reisenden ist – trotz der schnellen Züge – das binnenfranzösische Flugnetz interessant. Air France, Air Inter und eine Reihe weiterer kleiner Fluggesellschaften fliegen regelmäßig die 30 innerfranzösischen Flughäfen an. Wenn auch die meisten Flüge vom Großflughafen Paris-Orly oder Roissy/Charles-de-Gaulle ausgehen, so bestehen während der Sommerzeit z. B. Direktverbindungen zwischen den Städten Lille–Lyon, Lille–Marseille, Lille–Nice, Lille–Bordeaux, Bordeaux–Lyon, Lyon–Marseille, Bordeaux–Marseille, Nice–Tarbes, Marseille und Calvi, um nur einige zu nennen.

Auskünfte über diese innerfranzösischen Flugverbindungen erteilen die Büros der Air France.

Unterkunft

Hotels

Dem Fremdenverkehr stehen in Frankreich rund 1 Mio. Zimmer mit 1,5 Mio. Betten zur Verfügung. Über 18000 Hotels unterliegen der Kontrolle des „Ministère de la Jeunesse, des Sports et des Loisirs. Die Klassifizierung besteht aus fünf Kategorien. Ein sechseckiges blaues Schild am Eingang des Hotels informiert mit den entsprechenden Sternen über den zu erwartenden Komfort.

- ****L: Luxushotel ersten Ranges
- ****: Luxushotel
- ***: Sehr komfortables Hotel
- **: Hotel mit gutem Komfort
- *: Hotel mit mittlerem Komfort

Wenn bei dem Hotelpreis der Vermerk „tout compris" nicht eindeutig hervorgehoben ist, muß mit einem Bedienungszuschlag von 15% und vielen Taxen – bis zu etwa 10% – gerechnet werden. Noch ein Hinweis: Einzelzimmer sind selten billiger als Doppelzimmer. Viele dieser Hotels bieten während der Vor- und Nachsaison Preisermäßigungen an.

Zu den Sterne-Hotels kommen etwa 3200 „Logis de France" und „Auberges de Vacances". Es handelt sich hierbei um modernisierte Häuser mit einfacher Ausstattung (1 und 2 Sterne), die abseits der Hauptreisegebiete liegen.

Empfehlenswert sind auch die „Relais de Tourisme". In diesen kleinen Hotels wird eine exquisite französische Küche geboten.

Besonders preiswert sind die Hotels der Vereinigung „Logis de France et Auberges Rurales" (Kennzeichen: Kamin im grünen Wappen). Auskunft Fédération Nationale des Logis de France; 25, rue Jean Mermoz, F-75008 Paris.

Daneben gibt es überall nichtklassifizierte Hotels (erst das Zimmer zeigen lassen und den Preis erfragen), Ferienhäuser, Wohnungen und manchmal auch Privatzimmer.

Auskünfte und die neuesten Hotelverzeichnisse erhält man bei den örtlichen Verkehrsvereinen „Syndicat d'Initiative" bzw. „Office de Tourisme" sowie den französischen Verkehrsbüros im Heimatland (Adressen im Kapitel „Allgemeine Praktische Hinweise", Seite 11).

Camping-Caravaning

Die 4000 Plätze sind in vier Kategorien unterteilt. Eine Reservierung während der Hauptsaison ist ratsam. Freies Zelten ist nur in abgelegenen Gebieten möglich. Campingplatz-Verzeichnisse sind außer über den ADAC bei den Französischen Verkehrsbüros (Adresse s. unter Auskunftsstellen im Kapitel „Praktische Hinweise") und dem Touring Club de France (TCF) (s. im Kapitel „Reisewege") zu erhalten.

Jugendherbergen

Es gibt ungefähr 400 Jugendherbergen in Frankreich. Ausländer müssen den internationalen Jugendherbergsausweis vorlegen.

Auskünfte und Jugendherbergs-Verzeichnisse sind bei der Fédération Unie des Auberges de Jeunesse; 6, rue Mesnil, F-75116 Paris zu erhalten.

LANDES- UND VOLKSKUNDE

Frankreich bedeckt, die Insel Korsika eingeschlossen, 547026 km², ist also mehr als doppelt so groß wie die Bundesrepublik Deutschland. Das festländische Frankreich hat lange natürliche Grenzen: im Norden den Ärmelkanal, im Westen den Atlantik; im Südwesten verläuft die Grenze auf dem Kamm der Pyrenäen; der Süden wird vom Mittelmeer begrenzt, der Südosten vom Kamm der Westalpen; im Osten folgt der Jura als Grenzgebirge, dann der Oberrhein als Grenzfluß. Weniger ausgeprägt ist nur der Grenzverlauf im Nordosten vom östlichsten Punkt Frankreichs, Lauterburg im Elsaß, bis zum nördlichsten bei Dünkirchen – also gegenüber der Pfalz und dem Saarland, Luxemburg und Belgien. Frankreichs Meeresküsten sind 3120 km lang, seine Landgrenzen nur 2170 km. Die günstige geographische Lage hat viel zur Entwicklung des Landes beigetragen.

Landesnatur

Außer den beiden Hochgebirgen, den Westalpen im Südosten und den Pyrenäen im Südwesten, ist Frankreich Hügelland und Tiefland. Das Mittelgebirge des Massif Central mit seinen Vulkankuppen erhebt sich im Südteil, Jura und Vogesen liegen im Osten; die Normandie und die Bretagne weisen nur niedrige Rumpfgebirge auf. Ausgedehnte Tieflandbecken sind das Pariser oder Seine-Becken, das Aquitanische oder Garonne-Becken im Südwesten und die Rhône-Furche mit der Küstenebene des Languedoc im Süden; da die sie trennenden Hügelketten nicht hoch sind, war eine frühzeitige Verbindung durch Kanäle möglich. Die Küsten sind teils buchtenreich und hochfelsig, teils Schwemmlandschaften mit großen Strandteichen. Von den vier großen Strömen münden die Seine in den Kanal, die Loire und die Garonne in den Atlantik, die Rhône in das Mittelmeer.

Klima

In seiner nördlichen Hälfte hat Frankreich ozeanisches Klima, ist also milde und feucht; die Temperaturschwankungen in Sommer und Winter sind geringer als in Mitteleuropa. Der südliche Teil gehört bereits zur mittelmeerischen Klimazone mit Sommern, die heiß und trocken sind, und Wintern, in denen manchmal Schnee fällt, der jedoch selten liegen bleibt (s. S. 10).

Bevölkerung

Der Nationalstaat Frankreich wird von 53,2 Millionen Franzosen bewohnt und kennt keine „Minderheiten", wenn auch in Randgebieten Baskisch (Pyrenäen), Katalanisch (Roussillon), Italienisch (Korsika und um Menton), Deutsch (Elsaß), Flämisch (um Dünkirchen) und Bretonisch (in der West-Bretagne) gesprochen wird. Das allen gemeinsame Französisch ist eine romanische Sprache, die aus dem Latein entstand und in der sich nur wenige keltisch-gallische Wortstämme erhielten; eine Abart ist die provençalische Langue d'oc (s.S. 197), die zwar in ständigem Rückgang begriffen, aber doch noch Umgangssprache von etwa 3 Millionen ist.

Die Unterschiede zwischen Nord- und Südfranzosen sind beträchtlich und nicht nur auf Aussehen und Temperament beschränkt. Die Religionszugehörigkeit ist überwiegend römisch-katholisch; aber der Gallikanismus, der sich frühzeitig weitgehende Unabhängigkeit vom päpstlichen Rom sicherte, ist vor allem in den Städten häufig nur noch Lippenbekenntnis; freidenkerische Strömungen (Diderot, Voltaire) nahmen von Frankreich ihren Ausgang. Intelligenz und Bildungsstand sind überdurchschnittlich hoch.

Landwirtschaft

Frankreich ist das größte Agrarland Westeuropas; der Umbau seiner Landwirtschaft verlief so erfolgreich, daß es heute 20% seiner Produktion exportiert. An erster Stelle steht der Weizenanbau (17,4 Millionen Tonnen);

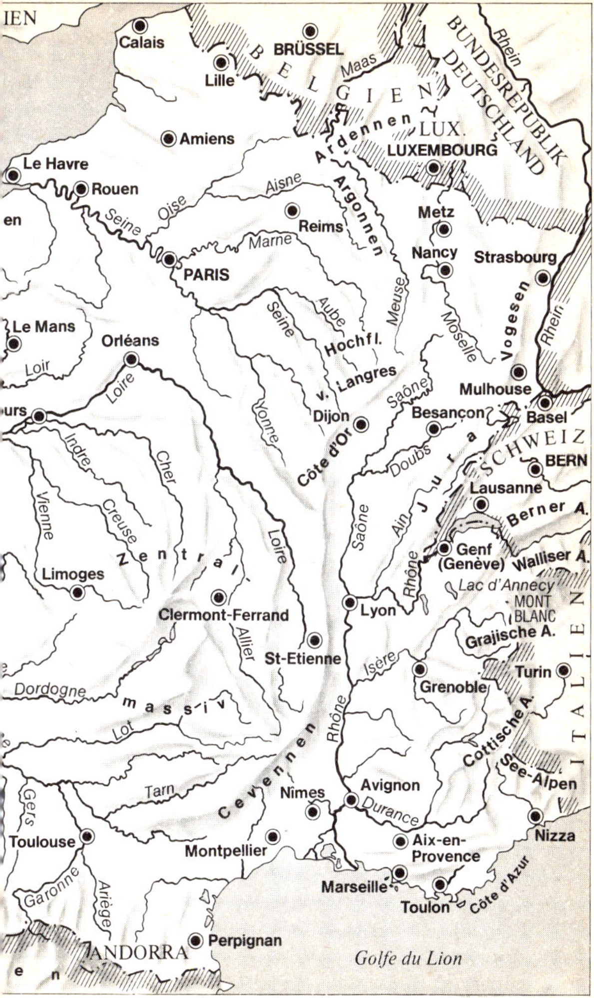
IEN
Calais
BRÜSSEL
Lille
BELGIEN
Maas
BUNDESREPUBLIK DEUTSCHLAND
Rhein
Ardennen
LUX.
LUXEMBOURG
Amiens
Le Havre
Rouen
Aisne
Oise
Seine
Argonnen
Metz
Reims
Marne
Nancy
Strasbourg
PARIS
Meuse
Aube
Seine
Moselle
Vogesen
Rhein
Le Mans
Orléans
Hochfl.
v. Langres
Loir
Loire
Mulhouse
Saône
Basel
Dijon
Besançon
Yonne
Jura
SCHWEIZ
BERN
Indre
Cher
Côte d'Or
Doubs
Lausanne
Vienne
Creuse
Saône
Ain
Berner A.
Loire
Genf (Genève)
Walliser A.
Zentralmassiv
Rhône
Lac d'Annecy
Limoges
MONT BLANC
Clermont-Ferrand
Lyon
ITALIEN
Allier
Grajische A.
St-Etienne
Isère
Turin
Grenoble
Dordogne
Rhône
Cottische A.
Lot
Cevennen
See-Alpen
Tarn
Avignon
Nîmes
Durance
Gers
Nizza
Toulouse
Montpellier
Aix-en-Provence
Garonne
Ariège
Marseille
Toulon
Côte d'Azur
ANDORRA
Perpignan
Golfe du Lion

ihm folgen Hafer und Gerste; großen Aufschwung nimmt die Maisproduktion Aquitaniens. Kartoffeln kommen überwiegend aus der Bretagne, Zuckerrüben aus Nordfrankreich. Gemüse und Obst wachsen in allen Regionen, ebenso Wein, dessen Anbaugrenze weit nördlich verläuft – mit einer Ernte von rund 60 Millionen Hektolitern jährlich und 547 offiziell unterschiedenen „Lagen" ist Frankreich der größte Weinlieferant der Welt; daneben werden 20 Millionen hl Apfelwein hergestellt und 13 Millionen hl Bier gebraut. In der Rinderzucht (Milcherzeugung: 226 Millionen hl) nimmt Frankreich den ersten Rang in Europa ein; während die Zucht von Arbeitspferden zurückgeht, nimmt die von Rassepferden zu. Regionale Spezialitäten sind die Schafzucht auf den Causses (s. S. 214) und in den Südalpen mit ihrer Käse- (Roquefort) und Wolle-Erzeugung; die Maulbeerzucht südlich von Lyon; der Reisanbau in der Camargue (1 Million dz); die Blumenzucht im Raum um Grasse; dazu die Hühner von Bresse, die Gänse des Elsaß und des Périgord.

Wälder ziehen sich zwar von Lothringen bis zu den Landes, können aber den Holzbedarf nicht decken; die intensiv betriebene Aufforstung erleidet immer wieder Rückschläge durch Waldbrände, vor allem in Südfrankreich.

Hochseefischerei wird von vielen Häfen der Kanal- und Atlantikküste betrieben: Boulogne landet 120000 t, Lorient 36000 t, Concarneau 25000 t, Fécamp 22000 t – trotzdem muß Fisch importiert werden; ein bedeutender Exportartikel sind dagegen die in Parcs gezüchteten Austern und Muscheln (87000 t).

Bodenschätze

Die Eisenerzlager Lothringens (mit noch kaum angegriffenen Reserven im Anjou und in der Normandie) sichern Frankreich den 3. Platz in der Weltrangliste; sie werden durch Kohlenlager im Norden ergänzt, die aber nicht mehr ausreichen. In der Stahlerzeugung steht Frankreich an 6. Stelle in der Welt. Erdöl wird in Parentis in den Landes und in Pechelbronn im Elsaß gefördert. Die seit 1945 ausgebeuteten Erdgaslager von Lacq im Vorland der Pyrenäen decken fast den Gesamtbedarf Frankreichs und ermöglichen nebenbei den Export von Schwefel.

Die Wasserkräfte sind, vor allem in den Alpen und an der Rhône, aber auch im Massif Central und den Pyrenäen gut, im ganzen aber erst zur Hälfte genutzt; die Stromerzeugung wird durch Wärmekraftwerke und den Bau von Atomkraftwerken ständig gesteigert; mit der Nutzung von Ebbe und Flut für die Energieerzeugung wird experimentiert (s.S. 158), ebenso mit der Nutzung der Sonnenstrahlung (s.S. 311); das Verbundnetz ist sehr gut ausgebaut. Uraniumlager in der Vendée, Kalilager im Elsaß und Jura, Steinsalzlager im Elsaß und in Aquitanien und die Bauxitlager in der Provence, die Frankreich zum viertgrößten Aluminiumproduzenten der Welt machen, runden die reichen Bodenschätze Frankreichs ab.

Zu den Bodenschätzen zählen schließlich auch die zahlreichen Mineralquellen: Frankreich besitzt über 100 Heilbäder, von denen Vichy (s.S. 212), Evian (s.S. 240), Aix-les-Bains (s.S. 232), Vittel (s.S. 115), Luchon (s.S. 312), Dax (s.S. 295) weltberühmt sind. Eine französische Spezialität sind die Meerwasserkuren; Anstalten für sie sogenannte „Thalassotherapie" gibt es am Kanal (4), am Atlantik (2) und am Mittelmeer (4).

Industrie

An erster Stelle steht die Eisen- und Stahlindustrie mit dem unverhältnismäßig hohen Anteil von 30%; sie ist in den Räumen um Lille – Charleville, Saint-Avold – Sarreguemines, Saint-Etienne – Le Creusot und Paris konzentriert, mit Schwerpunkt in Lothringen. Den zweitgrößten Anteil hat die seit dem Mittelalter blühende Textilindustrie mit 14%; Mittelpunkt für Wolle ist Roubaix-Tourcoing, für Baumwolle Rouen und Mulhouse, für Seide und Kunstseide Lyon. Unter den metallverarbeitenden Industrien spielt der Kraftfahrzeugbau eine große Rolle (Renault 32%, Simca (jetzt Chrysler-France) 26%, Citroën 22%, Peugeot 16%); daneben der Flugzeugbau („Caravelle", Hubschrauber) und die Schiffswerften. Die chemische Industrie, mit einem Anteil von 10%, hat in Frankreich sogar einen „wohlriechenden" Zweig zu entwickeln vermocht – sie hält eine Art Weltmonopol in der Herstellung hochwertiger Parfums. Eine weitere französische Spezialität ist die Mode-Industrie in Paris.

Die bei weitem größte Industriestadt Frankreichs ist Paris, in dessen Großraum mit rund 8,5 Millionen über ein Sechstel aller Franzosen lebt; diese Industriezusammenballung nimmt immer noch zu – trotz aller Bemühungen um „décentralisation".

Das Wasserstraßennetz

Große wirtschaftliche Bedeutung hat in Frankreich das Wasserstraßennetz. Ein Großteil der Massentransporte (rund 65 Mill. t) findet auf Kanälen statt. Die Länge dieses Netzes – vor der Revolution von 1789 besaß Frankreich rund 1000 km, der Rest wurde meist zwischen 1820–1860 erbaut – beträgt 4800 km; die Zahl der Schub- und Schleppkähne 10500. Hauptadern des Wasserverkehrs sind die *Seine* (Paris schlägt 13 Mill. t um, Rouen 3 Mill. t), die über die *Oise* und den *Canal de Saint-Quentin* mit Belgien und über die *Marne* und den *Canal de la Marne au Rhin* mit der Bundesrepublik verbunden ist; der *Rhein* und die *Rhône*. Da das Kanalnetz durch geringe Wassertiefe und zahlreiche Schleusen den modernen Ansprüchen nicht mehr genügt, wird es seit dem Ersten Weltkrieg durch 3 Großunternehmungen verbessert: die Kanalisation der *Mosel*, den

Bau des 215 km langen *Grand Canal d'Alsace* neben dem Oberrhein (Straßburg schlägt 6 Mill. t um), den Ausbau der *Rhône* zum Großschiffahrtsweg und zur Nutzung zur Energieerzeugung (2200 Mill. kWh pro Jahr).

Staatsform

Nach der Verfassung der Fünften Republik vom 28. 9. 1958 – Erste Republik 1792–1804, Zweite 1848–52, Dritte 1871–1940, Vierte 1946–58 – hat Frankreich die Regierungsform des Präsidialsystems: das vom Volk und nicht mehr von den beiden Häusern des Parlaments – der Nationalversammlung (Assemblée Nationale) und dem Rat der Republik (Conseil de la République) – gewählte Staatsoberhaupt, der Präsident der Republik, hat beträchtliche Handlungsfreiheit. Der Regierungschef, der Ministerpräsident, wird vom Staatspräsidenten ernannt, kann aber von ihm nicht mehr entlassen werden.

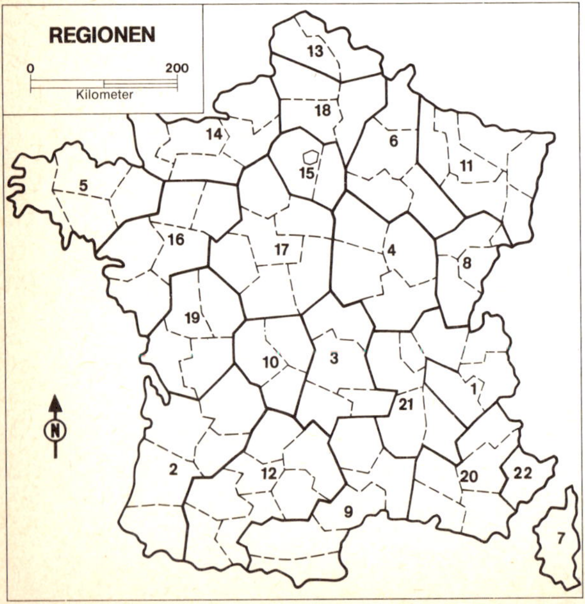

Verwaltung

Unter dem Ancien Régime war Frankreich in 34 Provinzen eingeteilt. Die Französische Revolution brachte 1789 eine Aufteilung in 90 Départements, denen ein vom Präsidenten der Republik eingesetzter Präfekt vorsteht; nach unten gliedern sich die Départements in Arrondissements, diese wieder in Cantons; die unterste Stufe bilden die Communes, die Gemeinden. Diese Gliederung hat sich so gut bewährt, daß 170 Jahre lang kaum etwas an ihr geändert wurde. Städtische und industrielle Entwicklungen machten nur hier und dort eine neuerliche Teilung notwendig, so daß gegenwärtig 95 Départements bestehen. Da sich die straffe Zentralisierung in Paris und die Lenkung aller Dinge von der Hauptstadt aus bei der Entwicklung der modernen Industriegesellschaft als nicht mehr zweckmäßig erwies, wurden am 5. Juli 1972 die Départements in 22 Regionen (Régions de défense) neu und sinnvoll zusammengefaßt. Sie heißen:

1 Isère, Savoie, Haute-Savoie.

2 Aquitaine – Dordogne, Gironde, Landes, Lot-et-Garonne, Pyrénées-Atlantiques.

3 Auvergne – Allier, Cantal, Haute-Loire, Puy-de-Dôme.

4 Bourgogne – Côte-d'Or, Nièvre, Saône-et-Loire, Yonne.

5 Bretagne – Côtes-du-Nord, Finistère, Ille-et-Vilaine, Morbihan.

6 Champagne-Ardennes – Ardennes, Aube, Marne, Haute-Marne.

7 Corse – Corse.

8 Franche-Comté – Doubs, Haute-Saône, Jura, Territoire de Belfort.

9 Languedoc-Roussillon – Aude, Gard, Hérault, Lozère, Pyrénées-Orientales.

10 Limousin – Corrèze, Creuse, Haute-Vienne.

11 Lorraine-Vosges-Alsace – Meurthe-et-Moselle, Meuse, Moselle, Bas-Rhin, Haut-Rhin, Vosges.

12 Midi-Pyrénées – Ariège, Aveyron, Haute-Garonne, Gers, Lot, Hautes-Pyrénées, Tarn, Tarn-et-Garonne.

13 Nord – Pas-de-Calais.

14 Normandie – Calvados, Eure, Manche, Orne, Seine-Maritime.

15 Paris et Région Parisienne – Paris, Essonne, Hauts-de-Seine, Seine-Saint-Denis, Val-de-Marne, Val-d'Oise, Seine-et-Marne, Yvelines.

16 Pays de la Loire – Loire-Atlantique, Maine-et-Loire, Mayenne, Sarthe, Vendée.

17 Val de Loire-Centre – Cher, Eure-et-Loir, Indre, Indre-et-Loire, Loire-et-Cher, Loiret.

18 Picardie – Aisne, Oise, Somme.

19 Poitou-Charentes – Charente, Charente-Maritime, Deux-Sèvres, Vienne.

20 Provence – Côte d'Azur – Alpes du Sud – Alpes de Haute-Provence, Hautes-Alpes, Bouches-du-Rhône, Var, Vaucluse.

21 Rhône-Loire – Ain, Ardèche, Drôme, Loire, Rhône.

22 Riviéra – Côte d'Azur – Alpes-Maritimes.

Die Landschaften Frankreichs

Groß-Paris, auf dessen 1100 Quadratkilometern Fläche rund 10 Millionen Menschen leben, ist in jedem Sinne die Hauptstadt des Landes (s. S. 53).

Ile de France ist eine wie ein breiter Gürtel um Paris liegende, von Flüssen durchzogene Parklandschaft mit großem Reichtum an Kunstdenkmälern. Zu ihren ganz großen Sehenswürdigkeiten zählen die Schlösser *Versailles* (s. S. 73) und *Fontainebleau* (s. S. 71) sowie die *Kathedrale von Chartres* (s. S. 156).

Nordfrankreich-Picardie ist Flachland, das nach Norden und Westen vom Ärmelkanal begrenzt wird. Es ist ein Gebiet intensiver landwirtschaftlicher Nutzung (41% des franz. Weizens, 92% der Zuckerrüben) und eines der großen Industriegebiete (Kohle [„Le Pays Noir"], Metallverarbeitung, Textilien). Das Museum in *Lille* (s. S. 132), die Kathedralen von *Amiens* (s. S. 134), *Soissons* (s. S. 128) und *Laon* (s. S. 128), *Calais* mit dem berühmten Rodin-Denkmal (s. S. 139) und Seebäder wie *Berck-Plage* (s. S. 139) oder *Le Touquet* (s. S. 139) sind besonders sehenswert.

Die Normandie, zu beiden Seiten des Unterlaufs der *Seine*, ist ein Land der Viehzucht und der Apfelbäume (auch des Apfelweins „*Cidre*" und des Apfelschnapses „*Calvados*"); *Rouen* an der Seine ist der größte Flußhafen Frankreichs. Die Küste, zum Teil mit hohen Felsabbrüchen wie bei *Étretat* (s. S. 147), zum Teil mit flachen Stränden wie *Omaha-Beach* (s. S. 152) und *Utah-Beach* (s. S. 152) ist von großen Häfen wie *Le Havre* (s. S. 146) und *Cherbourg* (s. S. 152) und berühmten Seebädern gesäumt wie *Le Tréport* (s. S. 148), *Dieppe* (s. S. 148) und *Deauville* (s. S. 149). Zu den großen Sehenswürdigkeiten der Normandie gehören die einzigartige Kirchenburg *Mont Saint-Michel*, (s. S. 155), die Kathedralen von *Caen* (s. S. 150), *Lisieux* (s. S. 149) und *Rouen* (s. S. 143), die Bildteppiche von *Bayeux* (s. S. 151) und die Seine-Brücke von *Tancarville* (s. S. 146).

Die Bretagne umfaßt, als Halbinsel in den Atlantik vorspringend, den äußersten Nordwesten Frankreichs. Sie ist ein Land der Gegensätze, das sowohl *La Baule* (s. S. 169), *Carnac* (s. S. 164), *Brest* (s. S. 162) oder das Gezeiten-Kraftwerk bei *Dinan* (s. S. 158) einschließt.

Val de Loire. In diesem Raum sind nicht weniger als 11 Départements nördlich und südlich der Loire zusammengefaßt – er reicht von *Orléans* (s. S. 170) bis zu den großen Häfen *Nantes* (s. S. 168) und *Saint-Nazaire* (s. S. 169) an der Loire-Mündung, Herzstücke sind die Landschaften *Touraine* (der Garten Frankreichs) und *Anjou*. Wir nennen nur: *Amboise* (s. S. 175), *Angers* (s. S. 167), *Azay-le-Rideau* (s. S. 179), *Blois* (s. S. 172), *Bourges* (s. S. 200), *Chambord* (s. S. 173), *Chenonceaux* (s. S. 176), *Cheverny* (s. S. 173), *Chinon* (s. S. 179), *Fontevrault* (s. S. 178), *Langeais* (s. S. 177), *Saint-Benoît* (s. S. 171), *Saumur* (s. S. 178), *Tours* (s. S. 175), *Villandry* (s. S. 180) und als

Gegensatz dazu die modernen *Atomkraftwerke* (s. S. 178).

Poitou-Charentes. Den Ruhm dieser westlichen Landschaft machen ihre Austern, ihre Butter und ihr Cognac aus *Cognac* (s. S. 275) ebenso aus wie die romanischen Kirchen in *Poitiers* (s. S. 181) und *Saintes* (s. S. 276), die Wehrtürme des alten Hugenotten-Hafens *La Rochelle* (s. S. 183), das moderne Seebad *Royan* (s. S. 187) und die weiten Strände der Insel *Oléron* (s. S. 187).

Limousin, das sich östlich anschließt, ist ein liebliches Bauernland, in dem „Alt-Frankreich" noch lebendig ist; in ihm liegt die Porzellanstadt *Limoges* (s. S. 193) und die Bildteppichstadt *Aubusson* (s. S. 274).

Aquitanien, im äußersten Südwesten Frankreichs beiderseits der Garonne gelegen, ist wieder ein Großraum voller landschaftlicher Gegensätze. Im Inneren das Waldhügelland der Dordogne mit den vorgeschichtlichen Malereien der *Höhle von Lascaux* (s. S. 282), das Trüffelland Périgord, die südfranzösischen Landschaften Gascogne und Béarn. In Küstennähe das Anbaugebiet der Bordeaux-Weine rings um die interessante Stadt *Bordeaux* (s. S. 84), das Becken von *Arcachon* (s. S. 190) und die weiten Heideflächen und Wälder der *Landes*. Die endlosen Strände der *Silberküste* und die malerische *Côte Basque* um das große Seebad *Biarritz* (s. S. 191). In den Westpyrenäen das folkloristisch reizvolle Baskenland und die supermoderne Erdgas-Stadt *Lacq* (s. S. 309).

Midi-Pyrenäen. Dieses Gebiet aus 8 Departements reicht vom Südwestteil des Massif Central über die Garonne-Senke hinweg bis zum Hochgebirge, das im *Pic du Midi de Bigorre* (s. S. 313) gipfelt, in dessen Nähe der *Felsenzirkus von Gavarnie* (s. S. 314) und der *Wallfahrtsort Lourdes* (s. S. 308) liegen. Besonders besuchenswerte Orte sind *Toulouse* (s. S. 197), die Hauptstadt des „Midi", des französischen Südens, *Albi* mit seiner Kirchenfestung (s. S. 208), das Heilbad *Luchon* mit dem Wintersportort *Superbagnères* (s. S. 312), der Zwergstaat *Andorra* (s. S. 312); im äußersten Nordosten die Käsestadt *Roquefort* (s. S. 216) und die wilden Schluchten „*Gorges du Tarn*" (s. S. 214).

Champagne-Ardennen, im Nordosten Frankreichs, besteht aus dem Waldgebirge der Ardennen an der französisch-belgischen Grenze mit dem Maastal und dem Argonner Wald, und den Kalkflächen der Champagne, dem „Mutterland" des Champagners, dessen „Hauptstädte" *Reims* und *Épernay* (s. S. 103) sind. Kunststädte sind *Troyes* (s. S. 124), *Provins* (s. S. 125) und vor allem *Reims* mit seiner Kathedrale (s. S. 100).

Alsace (Elsass) besteht aus dem von Norden nach Süden verlaufenden Waldgebirge der Vogesen und der ihm östlich vorgelagerten Oberrheinischen Ebene. Zu Land- und Forstwirtschaft und der alten Textilindustrie in *Mühlhausen* (Mulhouse; s. S. 113) ist durch die Kali- und Steinsalzlager eine beträchtliche chemische Industrie gekommen; in der Ebene entstand als einer der europäischen Großschiffahrtswege der 215 km lange *Grand Canal d'Alsace*, der neben dem Rhein herführt. Hauptsehenswürdigkeiten sind: das *Straßburger Münster* (s. S. 90), das Museum „Unterlinden" in *Colmar* mit dem Isenheimer Altar (s. S. 112), die *Weinstraße* mit dem reizenden *Riquewihr* (s. S. 118) und die *Vogesen-Hochstraße* (s. S. 119).

Lorraine (Lothringen) ist ein Land weiter Plateaus zwischen Maas und Mosel im Westen und den Nordausläufern der Vogesen. Vor allem durch seine Eisenerz (Minette)-Lager ist der östliche Teil zu einer der großen Industrielandschaften Frankreichs geworden; aus seinen hochmodernen Werken kommen zwei Drittel des französischen Stahls. *Metz* (s. S. 105), *Lunéville* (s. S. 109) und *Verdun* (s. S. 106) erzählen von Kriegszeiten, *Domrémy* (s. S. 116) ist Geburtsort der Jungfrau von Orléans. *Nancy* (s. S. 109) besitzt in der Place Stanislas eine der köstlichsten Rokoko-Schöpfungen. Berühmt sind die Mineralwasser von *Vittel* (s. S. 115) und *Contrexéville* (s. S. 116).

Bourgogne (Burgund) ist das Kernland jenes mächtigen Herzogtums, das im Spätmittelalter das glanzvollste Europas war. Kunstdenkmäler von hohem Rang sind die alte Hauptstadt *Dijon* (s. S. 93), das Hospital in *Beaune* (s. S. 271), die Kathedrale von *Auxerre* (s. S. 265), die Basilika von *Vézelay* (s. S. 220), die Kirche Brou bei *Bourg-en-Bresse* (s. S. 279) und – die Burgunderweinstraße *Côte d'Or* (s. S. 97).

Auvergne heißt das Mittelstück des Massif Central. Charakteristisch für diese Landschaft sind die Kraterkuppen ihrer längst erloschenen Vulkane wie der *Puy de Dôme* (s. S. 205) und der *Puy de Sancy* (s. S. 281); die vielen Seen, die Kette der Heilbäder mit dem weltberühmten *Vichy* (s. S. 212), die eigenartigen Städte *Clermont-Ferrand* (s. S. 204) und *Le Puy* (s. S. 213); im Süden liegen die rauhen Hochflächen der „*Causses*" (s. S. 214).

Franche-Comté. Die historische „Freigrafschaft" zieht sich längs der Schweizer Grenze zwischen den Südvogesen und dem Waldgebirge des Jura hin, dessen Spezialitäten Uhren- und Holzindustrie sowie die Herstellung des Gruyèrekäses „Le Comté" sind. Am Eingang der „Burgundischen Pforte" liegt die Sperrfestung *Belfort* (s. S. 121), nahebei die von Le Corbusier erbaute Wallfahrtskirche von *Ronchamp* (s. S. 121).

Vallée du Rhône ist als Furche zwischen dem Massif Central und den Alpen der Verbindungsraum zwischen Burgund und der Provence; die Provinz wurde aus 5 Départements geschaffen, um der Industrie-Zusammenballung im Dreieck *Saint-Étienne* (s. S. 285) – *Le Creusot* (s. S. 221) – *Lyon* (s. S. 80) und der Bedeutung von Lyon als der drittgrößten Stadt Frankreichs gerecht zu werden.

Savoyen-Dauphiné sind Alpen-Provinzen an der Grenze mit Italien. In ihren Hochgebirgen liegt Europas „höchstes" Berg- und Wintersportgebiet mit Orten, die zum Teil erst in den letzten Jahren „aus der Retorte" entstanden oder noch entstehen. Imposant sind die Talsperren wie die von *Tignes* (s. S. 242). Die *Route des Grandes-Alpes* (s. S. 240) führt über die höchsten

Pässe; eine Straße von historischer Bedeutung ist die *Route Napoléon* von Grenoble nach Nice (s. S. 237). Große Sehenswürdigkeiten sind *Chamonix* mit seinen Gletschern und der kühnen Seilbahn auf die Aiguille du Midi und über die Vallée Blanche angesichts des Montblanc (s. S. 241), der *See* von *Annecy* (s. S. 232), die *Kirche von Assy* (s. S. 240), *Grenoble*, das seine Modernität den Olympischen Winterspielen 1968 verdankt (s. S. 234), und die großartigen hochalpinen Landschaften mit ihren tiefen Schluchten, den *Gorges*.

Languedoc-Roussillon gehört zu den Landschaften des Südens; der Raum umfaßt im wesentlichen den Küstenstreifen am Mittelmeer vom Weststrand des Rhône-Deltas bis zum Ostteil der Pyrenäen. An den langen Sandstränden befindet sich eine „zweite Riviera"; von den 5 entstandenen, bzw. noch im Entstehen befindlichen Ferienzentren ist *La Grande-Motte* (s. S. 229) nahe Montpellier am weitesten fortgeschritten. Die berühmteste Stadt dieses Landstrichs ist die unversehrt erhaltene mittelalterliche Festung *Carcassonne* (s. S. 209). Die kleine Landschaft Roussillon mit der Hauptstadt *Perpignan* (s. S. 217) und der hübschen *Côte Vermeille* (s. S. 218) geht in die Ost-Pyrenäen über, die im Umkreis von *Mont-Louis* (s. S. 311) besonders eindrucksvoll sind; an der Zufahrtstraße nach *Andorra* (s. S. 312) von Osten her liegt eines der modernsten Werke der Energieerzeugung, der „Sonnenofen" von *Odeillo* (s. S. 311).

Die Provence ist die Landschaft beiderseits des Unterlaufs der Rhône; im Osten reicht sie weit über *Aix-en-Provence* (s. S. 299), die alte Hauptstadt, und *Marseille*, die zweitgrößte Stadt Frankreichs, hinaus. Die Provence vermittelt das Erlebnis griechischer Lichtfülle auf französischem Boden und weist eine Fülle großer Sehenswürdigkeiten auf: die Großkraftwerke der Rhône bei *Montélimar* (s. S. 223), das römische Theater in *Orange* (s. S. 224), den Papstpalast in *Avignon* (s. S. 225). die römischen Arenen von *Nîmes* (s. S. 228) und *Arles* (s. S. 230), den besterhaltenen römischen Aquaedukt *Pont du Gard* (s. S. 227), das Burgschloß von *Tarascon* (s. S. 231), die Ruinenstadt *Les Baux* (s. S. 231), die Sumpflandschaft der *Camargue* mit der mittelalterlichen Seefestung *Aigues-Mortes* (s. S. 229).

Die Riviera, die in Frankreich „Côte d'Azur" genannt wird, ist eine der räumlich kleinsten, aber bekanntesten Landschaften Frankreichs; sie liegt im Osten der Provence am Abfall der Seealpen in das Mittelmeer. Der nach Italien zu immer schmäler werdende Küstenstreifen ist gleich begünstigt durch Schönheit der Landschaft, Milde des Klimas, subtropische Vegetation und unbeschwerte Lebensart; Orte wie *Saint-Tropez* (s. S. 246), *Cannes* (s. S. 248), *Nice* (s. S. 251) und *Monte Carlo* (s. S. 253) machen die Riviera zu einer der berühmtesten Erholungslandschaften der Welt. Im Hinterland liegen die Blumen- und Parfümstadt *Grasse* (s. S. 238), die durch Picasso bekannt gewordene Töpferstadt *Vallauris* (s. S. 249) und *Vence* mit der Matisse-Kapelle (s. S. 251). Berühmte

„*Gorges*" der Seealpen sind die Schluchten des *Verdon* (s. S. 238) und des *Cians* (s. S. 244).

Korsika. Frankreichs große Mittelmeerinsel liegt 180 km südlich der Festlandküste zwischen dem Ligurischen und dem Tyrrhrenischen Meer; ihre größten Städte sind *Ajaccio* (s. S. 255). *Bastia* (s. S. 256) und *Calvi* (s. S. 257).

Speisen und Getränke

Die französische Küche ist zwar weltberühmt, aber man muß sie zu finden wissen. Wie „Hôtels de Tourisme", so gibt es auch mit „Sternangabe" gekennzeichnete „*Restaurants de Tourisme*": 4 Sterne bedeuten: Luxusrestaurant, 3 Sterne: ausgezeichnet, 2 Sterne: sehr gut, 1 Stern: gut. Jedes dieser Restaurants bietet ein beim Eingang angeschlagenes, preiswertes „*Menu touristique*" an, das aus Vorspeise, Hauptgericht mit Beilage, Käse oder Dessert besteht. Diese Restaurants müssen auch mindestens 3 „Küchenspezialitäten" haben, von denen eine im Menu erscheint. Neben den Restaurants gibt es die „*Rôtisseries*" (Grillstuben) und „*Brasseries*" (Bierstuben).

Ein französisches Essen braucht gute Weile; man muß mindestens 1 Stunde dafür rechnen. Schneller geht es in den zum Teil ausgezeichneten Bahnhofrestaurants „*Buffet de Gare*", wo es immer ein einfaches, aber gutes Tellergericht „repas autour d'un plat" gibt, und in den mit dem Schild „*Les Routiers*" gekennzeichneten Restaurants an den großen Landstraßen, wo die Fernlastfahrer (les routiers), die wenig Zeit haben, speisen: herzhaft und billig. In den Städten haben sich Selbstbedienungsrestaurants eingebürgert, kurz „*self*" genannt, und „*snack bars*" nach amerikanischer Art.

Gegessen wird in Frankreich zwischen 12–14 Uhr (Déjeuner) und zwischen 19–21 Uhr (Dîner). Das Frühstück nehmen die Franzosen häufig im Stehen in einem Café ein; sie begnügen sich mit einem „Café-crème" (mit viel Milch) und zwei Hörnchen (Croissants) oder einem Butterbrot.

Jede französische Landschaft hat ihre Spezialitäten; die Liste – angefangen von den Austern über die Bouillabaisse, die Marseiller Fischsuppe, bis zur Zwiebelsuppe – ist so endlos wie die Weinliste: mit einem „vin ordinaire", einem „gewöhnlichen", aber immer „sauberen" Wein, ist man gut bedient und mit einem „petit vin de pays" lernt man die Geschmacksunterschiede der verschiedenen Landschaften kennen (vergessen Sie das „petit" nicht, denn unter „vin de pays" versteht man bereits einen mit Herkunftsbezeichnung ausgezeichneten und entsprechend teueren Flaschenwein).

Kleine Eigentümlichkeiten sind: Außer in snack bars und selfs wird Brot nicht berechnet. Unter „légumes", das wörtlich übersetzt „Gemüse" heißt, versteht man auch Kartoffeln, Nudeln oder Reis. Salat ist in Frankreich nicht Beilage, sondern wird nach dem Hauptgericht allein verzehrt. Es gibt 340 verschiedene Käsesorten. Kaffee ist bei Franzosen Abschluß des Mittags- und Abendmahls – eine Pause am Nachmittag mit Kaffee und Kuchen ist kaum bekannt. In nicht überlaufenen Restaurants machen sich Wirt oder Kellner ein Vergnügen daraus, Sie zu beraten – der „chef“ oder die „patronne“ sind stolz auf ihre Kochkunst und Weinkenntnis. (Siehe auch den „Gastronomischen Reiseführer“ auf den Seiten 316 bis 336.)

Sport in Frankreich

Für den Ausländer am auffälligsten ist die Begeisterung der Franzosen für das seit 1903 in rund 20 Etappen durchgeführte Straßenrennen der Radfahrer, die „Tour de France“; sie setzt die ganze Nation in Bewegung und blockiert Straßen für Stunden. Kaum geringer ist die Vorliebe für Pferderennen (Paris hat allein 4 Rennbahnen) und Autorennen (die 24 Stunden von Le Mans, der Grand Prix de Pau, die Rallye de Monte Carlo). Daneben blühen aber auch recht geruhsame Sportarten: das Angeln (eine französische Flußlandschaft in Stadt oder Land ohne Angler ist undenkbar), die Jagd (mangels Beute mündet sie bald in ein Picnic) und – das Boule-Spiel auf dem kleinsten Dorfplatz. Ansonsten regiert König Fußball und neben ihm die dem französischen Temperament sehr entgegenkommenden Mannschaftsspiele Rugby und Basket-Ball. Bei 350 Seebädern versteht sich jede Art Wassersport (mit Vorzug Unterwasserjagd und Wasserskilauf), zu dem auch für die motorverliebten Franzosen die „Außenborder“ zählen; fast überall ist Gelegenheit zum Reitsport und zum Tennis zu finden. Hervorragend sind die Leistungen der Franzosen im alpinen Skilauf. Und ein Franzose, Pierre de Coubertin, erweckte die Olympischen Spiele im Jahre 1896 zu neuem Leben.

GESCHICHTE

Französische Geschichte ist auf weite Strecken Weltgeschichte. Die Ausprägung des Nationalstaats und das ihm innewohnende Verlangen nach Abrundung, der Gedanke absoluter königlicher Zentralgewalt, die Ideen der Freiheit, Gleichheit und Brüderlichkeit sind in Frankreich entstanden und wurden dort erstmals geformt. Gestalten wie die *Jungfrau von Orleans*, *Ludwig der Vierzehnte*, *Napoleon*, *Danton* und *Robespierre* sind jedermann vertraut.

Gallien und Rom

Caesar rückt Gallien ins Licht der Geschichte; von 58–51 v. Chr. erobert er das von Kelten bewohnte Land, zerschlägt das letzte Aufgebot des *Vercingetorix* und leitet dann jene glückliche Verschmelzung ein, die als das Lateinische im französischen Wesen fortwirkt. Die gallorömische Verwaltung hat bis in die zweite Hälfte des 5. Jahrhunderts Bestand.

Das Frankenreich

Germanenstämme marschieren ein. Sieger bleiben schließlich die Franken, die die Westgoten um Tolosa (= Toulouse) und die Burgunder an der Rhône unterwerfen und in der Schlacht bei Soissons (486) den letzten Rest römischer Herrschaft vernichten; 496 nimmt *Chlodwig I.* in Reims die Taufe an und setzt damit den Grundstein zum katholischen Königtum. Sein Geschlecht der *Merowinger* entartet allmählich zu „Faulenzerkönigen" und überläßt die Machtausübung Hausmeiern: *Karl Martell*, Sohn Pippins des Mittleren, macht Weltgeschichte, als er bei Poitiers (732) den Vormarsch der Araber aus Spanien aufhält; *Pippin der Kleine* setzt die Merowinger ab – 751 salbt ihn der Papst in Saint-Denis, wofür der neue König nach Rom eilt, die Langobarden verjagt und mit der „Pippinschen Schenkung" den Grund für den späteren Kirchenstaat legt; unter *Karl dem Großen* (768–814), nach dem das Geschlecht rückwirkend Karolinger genannt wird und den die Franzosen (als „Charlemagne") wie die Deutschen zu ihren großen Männern zählen, wird das Frankenreich zum germanischen Großreich.

Karolinger und Capetinger

Das Reich zerfällt durch Bruderkrieg und Teilung. Im Westen entsteht Francien, und durch die nochmalige Teilung Lotharingiens, bei der 870 Flandern, Verdun, Toul, Burgund und die

Provence zu Frankreich kommen, entsteht jene unselige Grenze, um die ein Jahrtausend lang gerungen wird. Im Norden fallen plündernd die Normannen ein; da sie nicht zu vertreiben sind, erhalten sie 911 die Normandie zum Lehen; die Assimilationskraft Frankreichs bewährt sich – sie werden zu guten Franzosen. 987 werden die erschlafften *Karolinger* von den *Capetingern* abgelöst. Machtgeschwächten Königen stehen unzähmbare Vasallen gegenüber – einer von ihnen, Wilhelm, der Herzog der Normandie, erobert sich 1066 England, wird Engländer mit großem Landbesitz in Frankreich. Entlastung erfährt das Königtum durch die *Kreuzzüge* ab 1096: Frankreichs Ritter verströmen Kraft und Blut im Heiligen Land, während die Könige in erstarkenden Städten ein Gegengewicht gegen die abgelenkten Teilfürsten schaffen.

Die blutige Geburt des Nationalstaats

Die feurige Französin Leonore läßt sich von *Ludwig VII.* scheiden und heiratet Henry Plantagenet, 1154 König von England – zur Normandie und Anjou, seinen Stammsitzen, bringt sie ihr Erbe Aquitanien ein; halb Frankreich wird englisch. Aber wenigstens der *Katharer* (=*Albigenser*) können sich Frankreichs katholische Könige entledigen: die in der religiös exaltierten Zeit wie ein Feuerbrand um sich greifende Sekte wird in einem Kreuzzug gegen eigenes Land 1109–29 ausgerottet. Das Blutvergießen nimmt kein Ende. Englische Ansprüche auf den französischen Thron führen zum *Hundertjährigen Krieg* (1339–1453, dem *Jeanne d'Arc*, die *Jungfrau von Orleans*, 1429 die Wende bringt; mit ihr kommt eine völlig neue Kraft ins Kräftespiel: es entsteht ein französisches Nationalgefühl, der Begriff „la patrie". Mit der Vertreibung der Engländer, die schließlich nur noch Calais halten, erstarkt auch das Königtum. Das Krongut 1481 um Anjou, Maine und die Provence, 1482 um Burgund und die Picardie erweiternd, rundet *Ludwig XI.* Frankreich zum Nationalstaat ab.

Auf dem Wege zur Großmacht

Großmacht ist, wer sich der Angelegenheiten der Kleinen ungebeten annimmt. *Karl VIII.* erheiratet 1491 mit der Bretagne auch Ansprüche auf Mailand und Neapel. Außer Verlusten und „Ruhm" bringen Frankreichs Könige die Renaissance von ihren Italien-Feldzügen nachhause – nicht nur Kunst, sondern auch machiavellistische Einsichten in Politik. *Franz I.* fühlt sich stark genug, um sich 1519 um die deutsche Kaiserkrone zu bewerben, und bietet in vier Kriegen Kaiser *Karl dem Fünften* die Stirn – ein katholischer König ohne Scheu im Bunde mit den Türken: die Kreuzzug-Ideale sind vergessen, zur Erreichung nationaler Interessen wird jedes Mittel recht.

Der skrupellose Aufstieg Frank[illegible] reichs zur Großmacht [illegible] unaufhaltsam, al[illegible] Selbstzerfleisch[illegible]

Religionskriege beginnt, mit dem Höhepunkt des Gemetzels in der Bartholomäusnacht (1572) und dem bis zur Blutarmut führenden Aderlaß durch die Massenauswanderung von Hugenotten nach der Aufhebung des „Edikts von Nantes“ (1685). Inzwischen sind die *Valois* ausgestorben und die *Bourbonen*, eine andere Seitenlinie der Capetinger, auf den Thron gekommen. Geduldig haben *Heinrich IV.* (1589–1610) mit seinem Freund *Sully*, und *Ludwig XIII.* (1640–43), der seinen Minister *Kardinal Richelieu* (1624–42) nur widerwillig erträgt, an der Machtvollkommenheit des Königtums und an der Entmachtung des Hochadels gearbeitet. Ihr strahlender Erbe ist

Ludwig XIV.

(1643–1715), in dem sich die absolute Herrschaft des Übermenschen- und Gottesgnadentums so ausprägt, daß sich die Höflinge bei der Wandlung nicht mehr vor dem Altar, sondern vor dem König verneigen. Alle Potentaten Europas ahmen den Stil des „Sonnenkönigs“, um den sich die Welt dreht, nach – und ruinieren sich und ihre Völker mit Prachtentfaltung und Persönlichkeitskult, die selbst das reiche Frankreich, das durch die erste staatlich gelenkte Volkswirtschaft, den Merkantilismus (gefördert durch Colbert) großen Aufschwung in Handel und Industrie erfuhr, an den Bettelstab bringen. Um Land und Ruhm zu mehren, beginnt Ludwig XIV. endlose Raubkriege gegen Habsburg, bei denen 1688 die Pfalz verwüstet wird; die Kriege bringen kleine Landgewinne und ungeheure Blutverluste.

Ludwig XV.

Ludwig der Vierzehnte sitzt 62 Jahre auf dem Thron; sein Urenkel Ludwig der Fünfzehnte (1715–74) bringt es auf 59 Jahre – zu lange, um nicht Langeweile aufkommen zu lassen. Der Glanz des Gottkönigtums bröckelt durch Mißwirtschaft, Sittenlosigkeit und Kriege, die nur um des Prestigegewinns geführt werden, langsam ab; dem Gewinn von Lothringen und dem Kauf von Korsika steht der in seiner Bedeutung nicht erkannte Verlust der amerikanischen Kolonien gegenüber. Als *Ludwig der Sechzehnte* (1774–92), ein wohlmeinender, aber schwacher Mann, den Thron besteigt, ist es für halbherzige Reformen schon zu spät: Aufgestaute Gegenkräfte und kühne, revolutionäre Ideen entladen sich in einer Eruption, die die Welt erschüttert.

Die Französische Revolution

…det zwar in einer …ft aber mit der … Feudalsystems …us die Vor- … politische …n Zeit – mit ihr beginnt der noch oft gehemmte, aber unaufhaltsame Siegeszug der Demokratie; seither bestimmt sie in wechselnden Formen, aber bis heute unzerstörbarem Kern das politische

Leben der Völker oder beeinflußt es doch mit ihren nach wie vor gültigen Gedanken und Forderungen.

Die französische Revolution wickelt sich in drei Phasen, mit zunehmender Radikalisierung, ab. In der ersten Phase, die am 5. 5. 1789 mit der Eröffnung der Generalstände beginnt, müht man sich um eine moderne Verfassung; ein vergeblicher Fluchtversuch des Königs (Juni 1791) und Drohungen aus Österreich und Preußen führen zur Erstürmung der Tuilerien (10. 8. 1792) und zum Sturz des Königtums. Inzwischen sind die Feudalrechte und die Abgabe des „Zehnten“ aufgehoben, die allgemeinen Menschenrechte erklärt, die geistlichen Güter verstaatlicht, der Adel abgeschafft, der König gefangengesetzt. Die zweite Phase bringt den Verteidigungskrieg nach allen Seiten, die Ausrufung der Republik, die Hinrichtung des Königs; mit der Ausmerzung der Gemäßigten, der *Girondisten* (2. 6. 1793), geht sie in die dritte Phase über, in die Schreckensherrschaft; die Diktatur des Wohlfahrtsausschusses der *Jakobiner* endet mit der Guillotinierung *Robespierres* und seiner Anhänger (27. 7. 1794).

Ein fünfköpfiges Direktorium versucht von 1795–99, Ordnung in den Staat, die Finanzen, die Wirtschaft zu bringen; Feldzüge, die Frankreich bis zu seinen „natürlichen Grenzen“ an Rhein und Alpen ausdehnen und die Revolutionsideen in den Nachbarländern durchsetzen sollen, sorgen für Ablenkung. Sie geben einem jungen korsischen General Gelegenheit zur Entfaltung atemberaubenden Feldherrngenies – *Napoleon Buonapartes* italienischer Feldzug (1796/97) setzt mit seiner Kette brillanter Operationen Europa in Staunen; dann wählt er als spektakulären Schauplatz Ägypten (1798/99). Schwere Niederlagen Frankreichs im Zweiten Koalitionskrieg bringen den jungen General zur rechten Stunde nach Paris zurück – am 9. 11. 1799 stürzt er das Direktorium und tritt als Erster Konsul an die Spitze des Staates.

Napoleon (1769–1821)

Durch den Sieg von Marengo (14. 6. 1800) stellt er die Lage wieder her, sichert das linke Rheinufer, die Satelliten-Republiken, Belgien und große Teile Italiens durch die Friedensschlüsse von Lunéville (1801) und Amiens (1802). Im Inneren schafft er eine neue, straff zentralisierte Verwaltung und stellt die revolutionären Errungenschaften sicher, soweit sie realistisch waren. Er schafft den „Code civil“, die Bank von Frankreich, stiftet die Ehrenlegion, organisiert das Bildungswesen, das den Begabten jede Laufbahn eröffnet – unter seinen Händen entsteht der damals fortschrittlichste Staat der Welt. Es sind Frankreichs glücklichste Jahre, die auch nicht enden, als sich Napoleon 1804 die Kaiserkrone aufsetzt und seine imperialistische Politik beginnt. In wenigen Jahren erobert er sich ein Großreich, das von Rom bis Hamburg, von Brest bis zur Bucht von Kotor reicht. Als er 1812 in Rußland einmarschiert und in einem harten Winter seine „Grande Armée“ verliert, hat er den

Kulminationspunkt seiner Macht überschritten. Eine neuerliche Koalition schlägt ihn 1813 in Deutschland, 1814 in Frankreich. Aus seiner Verbannung auf die Insel Elba kehrt er 1815 nochmals nach Frankreich zurück, erliegt aber nach den berühmten „hundert Tagen" der gegen ihn aufgebotenen Übermacht bei Waterloo. 1821 stirbt er auf Sankt Helena – der größte Mann seines Jahrhunderts, ein Franzose.

Die Restauration

Auf dem Wiener Kongreß gelingt es Talleyrand, Frankreich den Besitzstand von 1792 zu erhalten. Der Versuch der „Ultras", unter den zurückgekehrten Bourbonenkönigen *Ludwig XVIII.* und *Karl X.* das Rad der Geschichte zurückzudrehen und liberale Verfassungsbestimmungen wie Pressefreiheit und Wahlrecht wieder zu beseitigen, führt zur Juli-Revolution von 1830. Es gelingt ihr zwar nicht, die Republik durchzusetzen, aber an die Stelle des letzten Bourbonen, der nach England flieht, tritt der „Bürgerkönig" *Louis-Philippe* (1830–48). Unter ihm beginnt die Eroberung Algeriens und der Aufschwung des wirtschaftlich orientierten Bürgertums; ein neuer, sich unterdrückt fühlender Stand entsteht in der Arbeiterschaft, die sich dem Sozialismus zuwendet. Als Louis-Philippe das allgemeine Wahlrecht verweigert, wird er von der Februar-Revolution des Jahres 1848, die auf viele europäische Staaten übergreift, hinweggefegt. Aber auch die Zweite Republik erweist sich als wenig haltbar.

Napoleon III.

Aus Angst vor radikalen Strömungen wird ein Neffe Napoleons I., *Louis Napoléon*, zum Staatspräsidenten und nach einem Staatsstreich 1852 zum Kaiser gewählt. Unter ihm nimmt Frankreich eine erstaunliche Entwicklung: Seine Wirtschaft wird führend; durch die Teilnahme am Krimkrieg (1854–56) gewinnt es seine Großmachtstellung zurück, durch den Sieg über Österreich in Oberitalien (1859) erhält es Savoyen und Nizza, weite Gebiete Südostasiens werden (1859–67) französischer Kolonialbesitz. Da bricht Napoleon III. den Deutsch-Französischen Krieg vom Zaun; am 2. 9. 1870 muß er in Sedan kapitulieren; der Krieg geht verloren.

Die Dritte Republik

überwindet die Niederlage rasch, wenn sie auch den Verlust von Elsaß-Lothringen nie verschmerzt. Zur wirtschaftlichen Blüte, die sich in den Weltausstellungen von 1878, 1889 (Eiffelturm) und 1900 ausdrückt, tritt schnelle koloniale Expansion: 1879–94 weite Teile Zentralafrikas, 1881 Tunis, 1859 Indochina, 1896 Madagaskar, 1904 Marokko gegen deutschen Widerspruch, was Frankreich verstärkt in die „Entente cordiale" mit England und Rußland treibt.

Die beiden Weltkriege

werden auch auf französischem Boden geführt und bringen dem Land schwere Zerstörungen und hohe Verluste; aber beide Male erholt sich Frankreich verhältnismäßig rasch. Riesige Soldatenfriedhöfe erinnern im Norden des Landes an den Stellungskrieg der Jahre 1914–18, die Bunker der Maginot-Linie, die sich als wirkungslos erwiesen, an sein Sicherheitsbedürfnis, das längst stärker geworden war als seine Angriffslust. Die Dritte Republik übersteht den Ersten Weltkrieg und geht erst im Zweiten mit dem Vichy-Regime, nach dem Waffenstillstand von 1940, zugrunde.

Im Zweiten Weltkrieg leidet das Land weniger unter dem schnellen Vormarsch des Jahres 1940 als unter der Besetzung und der durch heftige Bombardierungen vorbereiteten Invasion, in der fast alle Hafenstädte des französischen Nordens und weite Landstriche von der Normandie bis zu den Ardennen schwer zerstört werden.

Die Vierte und Fünfte Republik

Die Vierte Republik der Jahre 1946–58 hat nicht nur mit den Schwierigkeiten des Wiederaufbaus zu kämpfen, sondern leidet auch unter einer Vielzahl von Parteien, deren ständige Umgruppierung zu zahlreichen Regierungswechseln, ja zur Lähmung der politischen Aktionsfähigkeit führt. Sie wird 1958 von der Fünften Republik abgelöst, die ihre Prägung durch *General de Gaulle* erhält. Ihm gelingt es, in einer durch die Entstehung von zwei Supermächten veränderten Welt Frankreich wieder zu einer Macht zu machen, deren Gewicht – zumindest in Europa – ihrem alten Rang entspricht; er liquidiert den nordafrikanischen Kolonialbesitz, führt die hoffentlich endgültige Aussöhnung mit Deutschland herbei und schafft durch ambitionierte Unternehmen die Voraussetzungen für die Entstehung einer modernen Industrienation. Auch nach seinem Abtreten (1968) und Tod (1970) bleibt Frankreich dem im Gaullismus zusammengefaßten Ideengut und den vom „General" gesetzten Zielen treu – jeder Besucher Frankreichs sollte sich darüber im klaren sein, daß ein Aufbau Europas, wie immer es aussehen mag, ohne dieses Land, das ihm in seiner langen Geschichte so viele Impulse gab, nicht denkbar ist – die „Grande Nation" ist noch immer eine große Nation.

De Gaulles Nachfolger als Staatspräsident, Georges Pompidou, versuchte, das Land im Geiste des Generals durch die schwierige Zeit zu steuern. Er starb Anfang April 1974; sein Nachfolger wurde Giscard d'Estaing.

Im Mai 1981 wird der Rechtsanwalt François Mitterrand zum neuen Staatspräsidenten gewählt. Der Sieg der Sozialisten stellt den größten politischen Umbruch in Frankreich seit der Gründung der Fünften Republik dar.

KUNSTGESCHICHTE

Seit dem Beginn der Gotik hat kein Volk die Kunst so kontinuierlich bis in die Gegenwart befruchtet wie das französische; Stile wie Louis Quatorze oder Louis Quince, das Empire oder den Impressionismus hat es ganz allein geschaffen. Wir müssen uns bei diesem Überblick auf die Zeugnisse der Baukunst, der Bildhauerei und der Malerei beschränken; die weiten Gebiete der Sprache, die durch Jahrhunderte Weltsprache war wie vordem nur das Latein, der Sprachpflege durch die Académie Française, der Literatur, der Philosophie, der Wissenschaft würden jeden Rahmen sprengen.

Vorgeschichte und Antike

Erste Kunstausübung auf französischem Boden reicht in nicht datierbare Zeit zurück. Das gilt für die Höhlenmalereien im Raum südöstlich von Périgueux bei Les Eyzies (s. S. 282) wie für die einzigartigen Steinmirakel der Dolmen und Menhire bei Carnac (s. S. 164) in der Bretagne. Aus keltisch-vorrömischer Zeit gibt es reiche Grabfunde wie den Schatz von Vix (s. S. 264). Sehr zahlreich und eindrucksvoll sind die römischen Reste auf gallischem Boden, vor allem in der Provence: das Theater in Orange (s. S. 224), die Arenen von Nîmes (s. S. 228) und Arles (s. S. 230), der vollkommen erhaltene Aquaedukt Pont du Gard (s. S. 227), der Tempel zu Nîmes (s. S. 228), der Ehrenbogen in Orange (s. S. 224), die Trophée des Alpes in La Turbie (s. S. 297), Thermen und Brücken, Mosaiken und Sarkophage, Marmor- und Bronze-Statuen.

Der romanische Stil

Aus den Zeiten der Merowinger und Karolinger ist wenig erhalten und nichts, was typisch französisch wäre. Eigentliche französische Kunst beginnt erst im 11. Jahrhundert, nun allerdings in stürmischer Entwicklung. Das Land wird überzogen mit Burgen und Abteien wie Fontevrault (s. S. 178) und Saint-Benoît (s. S. 171) an der Loire; in den Städten entstehen romanische Kirchen mit gewaltigen Vierungstürmen und Chören, für die Umgang und Kapellenkranz charakteristisch sind: St. Nectaire (Auvergne) (s. S. 206), Notre-Dame-du-Port in Clermont-Ferrand (s. S. 204), Notre-Dame-la-Grande in Poitiers (s. S. 181). Herrliche Kreuzgänge wie Saint-Trophime in Arles (s. S. 230), Portale wie von Saint-Gilles-du-Gard (s. S. 230) und eine Überfülle einfallsreicher Säulenkapitelle sind ebenso

Zeugen hochentwickelter Kunst wie die ersten bemalten Glasfenster und die Wandteppiche von Bayeux (s. S. 151).

Der gotische Stil

Was wir Gotik nennen, wird von den Franzosen „style français“ genannt, womit ein Anspruch auf Urheberschaft und Entwicklung geltend gemacht wird. In großartiger Begeisterung und beispiellosem Baueifer entstehen ab 1150, von der Ile de France sich ausbreitend, die Kathedralen, die den Ruhm des mittelalterlichen Frankreichs bilden: frühgotisch in Sens (s. S. 127), Senlis (s. S. 131), Noyon (s. S. 130), Laon (s. S. 128), Paris (s. S. 62); hochgotisch als wahre Kirchengebirge in Chartres (s. S. 156), Reims (s. S. 100), Amiens (s. S. 134), Bourges (s. S. 200) und der Torso von Beauvais (s. S. 138). Die gewaltigen Gehäuse, die allein schon als Baumasse Wunderwerke sind, werden verschönt mit reich skulptierten, abwechslungsreichen Fassaden, mit Türmen, die stumpf bekrönt sind und meist der Spitzen entbehren, mit fast 50 Meter hohen Chören, und mit bemalten Fenstern von unvergleichlicher Leuchtkraft – in Chartres überwältigend durch ihre Fülle, in der Sainte Chapelle zu Paris gar als Füllwände eines Spitzengerüstes verwandt. Statuen wie die Engel von Reims (s. S. 100) und Grabmäler wie die der Herzöge von Burgund in Dijon (s. S. 95) und in der Kirche Brou bei Bourg-en-Bresse (s. S. 279) sind prachtvolle Ausarbeitungen eines vollendeten Stils.
Nicht minder eindrucksvoll zeigt sich die französische Gotik in weltlichen Bauten: in den grandiosen, wunderbar erhaltenen Stadtburgen von Aigues-Mortes (s. S. 229) und Carcassonne (s. S. 209), im Papstpalast zu Avignon (s. S. 225), in der Burg von Villeneuve (s. S. 227), dem Burgschloß des Königs René zu Tarascon (s. S. 231) oder dem Schloß Chinon (s. S. 179), im Hôtel Jacques Coeur in Bourges (s. S. 200), dem Hospital in Beaune (s. S. 271), in Justizpalästen und Rathäusern, in Brücken wie der von drei Türmen bewehrten zu Cahors. Da sich die Malerei, aus der frommen Miniatur erwachsen, noch auf Altartafeln beschränkt, werden die Wände der repräsentativen Gebäude, aber auch die Chorumgänge der Kirchen mit Bildteppichen behängt – berühmt ist die Teppichfolge der Apokalypse in Angers (s. S. 167).

Die Renaissance

Sie war im Grunde alles, was die Könige Karl VIII. und Franz I. von ihren übermütigen Italien-Zügen nach Hause brachten; aber sie hat das französische Leben völlig verändert. In wenigen Jahrzehnten eines Baueifers, wie er seit dem Bau der gotischen Kathedralen nicht mehr vorkam, entstehen die herrlichen Loire-Schlösser der Touraine; entweder ganz im neuen Stil wie Chambord (s. S. 173), Chenonceaux (s. S. 176), Azay-le-Rideau (s. S. 179) oder als neue Flügel an älteren Schloßbauten wie in

Amboise (s.S. 175) oder Blois (s.S. 172) oder wenigstens das Innere festlich aufhellend wie in Chaumont (s.S. 172) und Langeais (s.S. 177). Weite Wildparks gehören dazu oder kunstvoll beschnittene Gärten wie in Villandry (s.S. 180). In solcher Umgebung werden Feste gefeiert, das Leben wird freier und leichter, man entdeckt die Schönheit der Linie und der Dekoration – nicht nur bei den Damen. Als geschlossene Anlagen entstehen die Place des Vosges (s.S. 69) in Paris, der Innenhof des Louvre (s. S. 55), Fontainebleau (s.S. 71). Die bedeutendsten Renaissance-Künstler unter den Bildhauern sind Ligier Richier und Jean Goujon, unter den Malern Jean und François Clouet.

Der Barock

Ab 1550 schlagen Frankreichs Künstler eine neue Richtung ein; sie orientieren sich an dem von Palladio wieder zum Leben erweckten Stil der Spätantike und schaffen Bauten von einer vornehm-kühlen Distanziertheit: den klassizistischen Stil. Aus ihm entwickelt sich, dem Bedürfnis nach Würde und Prachtentfaltung Rechnung tragend, aber stets Maß und Klarheit wahrend, der französische Barock, dessen Höhepunkt in die Regierungszeit Ludwigs des Vierzehnten fällt. Der Stil „Louis Quatorze" ist ganz auf Repräsentation bedacht; schließlich rafft er alle verfügbaren Künstler zum Bau von Versailles zusammen, das ja nicht nur ein Palast von gewaltigen Ausmaßen und schier endlosen Fronten ist, sondern mit den Wasserbecken, Wasserspielen und Bildwerken der Parkanlagen von *Le Nôtre* auch die Landschaft in die Architektur einbezieht – hineinbefiehlt. Als geschlossene Einheit entsteht in Paris die Place Vendôme (s.S. 60). Unter den Malern ragen Nicolas Poussin und Claude Lorrain hervor, während Jacques Callot die Schattenseiten dieser Zeit, ihr Kriegselend, mit dem Zeichenstift festhält.

Das Rokoko

Beim Tode Ludwigs des Vierzehnten geht ein Aufatmen auch durch die Kunst; man ist des schweren Prunkes gründlich überdrüssig. Schon die kurze Régence, die Regentschaft vor dem Regierungsantritt Ludwigs des Fünfzehnten, bringt eine Entlüftung. Der schwere Stuck der Decken macht feinen Décors Platz, die kriegerischen Kartuschen weichen solchen mit Waffen der Liebe: Bogen und Köcher Amors, von Pfeilen durchbohrten Herzen. Im übrigen ist das nach dem Wort Rocaille (Muschel) benannte Rokoko in Frankreich ein Stil der Innendekoration, der sich nach außen kaum je in Szene setzt – am schönsten auf der Place Stanislas (s.S. 110) in Nancy. Der Stil Louis Quince, der ab 1750 auch an exotischen Motiven – den turqueries und chinoiseries – Gefallen findet, ist gekennzeichnet durch überreichliche Verwendung von Spiegeln und Porzellan, durch Gobelins und zierliche Möbel; seine Devise ist: Anmut und Eleganz. Ein genaues Abbild von Lebensstil und Lebensart haben die Maler uns überliefert: Jean-Antoine Watteau, François Boucher, Honoré Fragonard. Unter der Regierung Ludwigs des Sechzehnten ist der Höhepunkt des Rokoko schon überschritten; erneute Hinwendung zum Klassizismus und Streben nach Einfachheit bringen zopfige Girlanden, nach denen man den Stil Louis Seize auch „Zopfstil" nennt. Immerhin haben es drei französische Könige fertiggebracht, deutlich unterscheidbare Stilarten zu schaffen – was für ihre Macht und für ihr Kunstverständnis spricht.

Das Empire

Wieder ist es ein einziger Mann, der nach den Revolutionswirren die Maßstäbe setzt. Napoleon fühlt sich als römischer Kaiser und kehrt darum zu römischer Größe und Strenge zurück. Antikisierende Säulenfronten entstehen und Triumphbögen – der Arc du Carrousel im Vorhof des Louvre und der gewaltige auf der Place de l'Etoile, die Kirche Madeleine und das Panthéon. In der Innendekoration werden die Möbel geradlinig und mit Sphinx- und Adler-Beschlägen versehen. Stilbildender Maler ist Jacques-Louis David; sein Schüler Jean-Dominique Ingres.

Die Romantik

Der Kriegslärm der Napoleonjahre ist den Künsten, es sei denn der Schlachtenmalerei, wenig günstig; aber auch nicht die Engstirnigkeit und das Ruhebedürfnis der folgenden Bürgerzeit. In der Romantik greifen die Architekten auf die Gotik zurück und zeigen dabei keine glückliche Hand; den Bildhauern fehlen die großen Motive; nur in der romantischen Malerei tauchen drei große Namen auf: Théodore Géricault, Eugène Delacroix und der stillere Landschaftsmaler Camille Corot.

Realismus und Impressionismus

Weder in der Baukunst noch in der Bildhauerei bringt Frankreich zunächst Werke hervor, die die Welt erregen; fast scheint es, als seien die schöpferischen Kräfte geschwunden. In der Architektur bleibt man zwar auf der Höhe des Geschmacks, aber nicht ohne Pathetik: Notre-Dame-de-la-Garde über Marseille (s. S. 76) und Sacré-Coeur auf dem Montmartre (s. S. 70) mangeln der Inbrunst früherer Kirchenbauten, die Große Oper in Paris (s. S. 60) und das Casino in Monte-Carlo geraten Charles Garnier allzu üppig; von dem 1899 für die Weltausstellung als einer der ersten großen Eisenkonstruktionen errichteten Eiffelturm geht allerdings Zukunftweisendes aus – mit seinen 300 m beginnen die Superlative der Hochbauten. Unter den Bildhauern erreichen nach François Rude mit seinen stürmisch bewegten Gruppen erst Auguste Rodin wieder Weltgeltung und nach ihm Antoine Bourdelle und Aristide Maillol. In überwältigender Fülle aber tritt die Malerei auf, Stilrichtung um Stilrichtung in immer schnellerer Folge gebärend; die Ismen jagen und überschneiden sich: Realismus, Impressionismus, Pleinairismus, Pointillismus, in unserem Jahrhundert dann Fauvismus, Kubismus, Expressionismus, Futurismus, Surrealismus – wir müssen uns darauf beschränken, die bedeutendsten Namen nach ihrem Geburtsjahr aufzuzählen: Gustave Courbet (1819–77), Camille Pissarro (1830–1903), Edouard Manet (1832–83) Edgar Degas (1834–1917), Paul Cézanne (1839–1906), Alfred Sisley (1839–99), Claude Monet (1840–1926), Auguste Renoir (1841–1919), Paul Gauguin (1848–1903), der Holländer Vincent van Gogh (1853–90), Georges Seurat (1859–91), Paul Signac (1863–1935), Henri de Toulouse-Lautrec (1864–1901), Pierre Bonnard (1867–1947), Henri Matisse (1869–1954), Georges Rouault (1871–1958), Maurice de Vlaminck (1876–1958), der Einzelgänger Henri Rousseau (1877–1910), Raoul Dufy (1877–1953), André Derain (1880–1954), Fernand Léger (1881–1955), Georges Braque (1881–1963), Maurice Utrillo (1883–1955), der Italiener Amedeo Modigliani (1884–1920).

Die Gegenwart

In der Malerei wirken übermächtig Ausländer fort, die längst zu Franzosen wurden: der Spanier Pablo Picasso (1881–1973), der wie kein anderer der Kunst unseres Jahrhunderts Ausdruck gab, und der Russe Marc Chagall (geb. 1887); von den Bildhauern starben der Rumäne Constantin Brancusi 1957, der Schweizer Alberto Giacommetti 1966; die alte französiche Bildteppichkunst wurde neu belebt durch Jean Lurçat. Die stärksten Impulse gehen aber nun wieder von der französischen Architektur aus: diese Renaissance setzt mit den Eisen- und Glaskonstruktionen von Tony Garnier ein und setzt sich über Auguste Perret, der nach dem Zweiten Weltkrieg Le Havre (s. S. 146) neu erbaute, Eugène Freyssinet, dessen Brücken und Flugzeughangars Aufsehen erregten, und Maurice Novarina mit seiner Kirche von Assy (s. S. 240) fort; am nachwirkendsten wird wohl das Schaffen des Westschweizers Le Corbusier (1887–1965) bleiben, von dem in Marseille die Cité Radieuse (s. S. 78) und in Ronchamp bei Belfort eine mit allen Traditionen brechende Wallfahrtskirche erbaut wurde. Die große Aufgabe der Gegenwart ist der Bau von Satellitenstädten, ein besonders interessantes Experiment der Bau der Erdgas-Stadt Lacq (s. S. 309) bei Pau.

*

Kunst in ihren verschiedensten Erscheinungsformen hat Frankreich zu einem Reiseland gemacht, das Kunstfreunden ein Erlebnis vermittelt, wie kaum ein anderes Land. Die verbreitete Meinung, alles Sehenswerte sei in Paris konzentriert, trifft nicht zu – auch die Regionen sind überaus reich an Kunstschätzen.

***PARIS

Paris ist eine weitläufige Stadt; die Entfernung zwischen ihren Sehenswürdigkeiten ist beträchtlich (Luftlinie Arc de Triomphe – Place de la Bastille fast 7 km, Sacré Coeur – Montparnasse über 5,5 km). Die Orientierung ist dagegen nicht schwierig: man hält sich an den Lauf der Seine und an die großen Achsen der Avenuen und Boulevards. Bevor man sich Einzelbesichtigungen zuwendet, sollte man eine *Rundfahrt* machen – sei es mit dem eigenen Wagen, einem Taxi, einem offiziellen Rundfahrt-Bus oder mit der Métro; eine Route dafür schlägt unser Plan (s.S. 54/55) vor. Man gewinnt auf diese Weise einen ersten Überblick, den Rundgänge aufgrund unserer Beschreibungen einzelner Viertel vertiefen, und einen starken Eindruck von den vielfältigen Aspekten und der Atmosphäre dieser Stadt. Ob man mehr an großartigen Baudenkmälern oder Museen, an eleganten Geschäften oder Vergnügungsstätten interessiert ist – die magnetische Anziehungskraft von Paris beruht darauf, jedem Geschmack in einer für die Stadt typischen Art gerecht zu werden.

GESCHICHTE

52 v. Chr. erobert Julius Caesars Unterfeldherr Labienus die gallische Wasserfeste *Lutuhezi* auf der heutigen Ile de la Cité. In der Kaiserzeit entwickelt sie sich unter dem Namen *Lutetia Parisiorum* zu einer Handelsstadt, die sich nach Süden bis zum heutigen Panthéon ausdehnt. 360 wird hier Julius Apostata zum Kaiser ausgerufen; die Stadt heißt nun *Parisia*. Die Legende erzählt, daß Paris durch die Gebete der Nonne Genoveva (422–512) vom Hunneneinfall verschont blieb – als Sainte Geneviève ist sie seitdem Schutzpatronin der Stadt. 508 macht der Merowingerkönig Chlodwig I. Paris zur Hauptstadt seines Frankenreiches. Die Karolinger halten sich lieber in Aachen auf; dreimal wird Paris von den Normannen geplündert.

Um die Jahrtausendwende wird Paris wieder Hauptstadt: Unter den Capetingern dehnt sie sich auf das rechte Seine-Ufer aus. Das Siegel der Flußkaufleute wird zum Stadtwappen; es zeigt einen frühen Kauffahrer mit der Inschrift „Fluctuat nec mergitur" (Es schwimmt und wird nie untergehen). 1190–1210 entsteht eine Ringmauer um Paris, in dem schon 100000 Menschen leben; die hölzernen Brücken werden durch steinerne ersetzt.

Im 13. Jh. gründet Ludwig IX. der Heilige, geistliche Schulen, von denen die *Sorbonne* zum Kern der Universität wird – hier beginnt die geistige Unruhe, die seitdem ein Charakteristikum von Paris bleibt; 1358 erlebt die Stadt ihre erste Revolution. 1370 machen 200000 Einwohner erweiterte Stadtmauern nötig. 1572 ist Paris Schauplatz der Hugenotten-Morde in der Bartholomäusnacht. König *Heinrich IV.* belagert es zweimal vergebens; erst nach seinem Übertritt zum katholischen Glauben – „Paris ist eine Messe wert" – kann er in seine Hauptstadt einziehen; mit ihm, der in ihren Gassen ermordet wird, beginnt der Aufstieg der Stadt von einer großen zur bedeutenden und schließlich weltbedeutenden Metropole.

Um die Mitte des 17. Jh. zählt Paris 500000 Einwohner; immer stärker wird es zur Stätte der Bildung und Stilprägung – die „Kavalierstour", die Bildungsreise nach Paris, wird für jeden Europäer von Rang unerläßlich.

Der Glanz des Sonnenkönigtums und der Ausbruch der Französischen Revolution, die 1789 mit dem Sturm auf die Bastille beginnt, wendet Paris die Aufmerksamkeit der ganzen Welt zu. Unter Napoleon I. ist es unbestritten die Hauptstadt Europas.

Allein unter dem Bürgerkönig *Louis Philippe* (1830–48) werden 100 Millionen Goldfranken in die Stadt verbaut. Ab 1853 macht Baron *Haussmann* (1809–91) Paris aus einer noch weithin mittelalterlichen Stadt zur modernsten der Welt – mit der Schaffung der Großen Boulevards, mit den Luft (und Schußfeld) schaffenden Durchbrüchen von Norden nach Süden, der Anlage von 20 großen Plätzen, der Eingemeindung von vielen Vororten: 1860 zählt Paris 1,5 Millionen Einwohner. Nach dem düsteren Zwischenspiel des Commune-Aufstandes 1871 wird Paris zur glanzvollen „Ville Lumière", zur Stadt des Lichts und der Lichter; seine Weltgeltung unterstreichen die Weltausstellungen von 1855, 1867, 1878, 1889 und 1900; außerdem wird es Stadt der Künstler. 1937 legt Paris, das nun 2,7 Millionen zählt, zur Weltausstellung ein neues Kleid an; die Zahl der Großbauten reißt seitdem nicht ab. Im heutigen Groß-Paris leben rund 8,5 Millionen Menschen auf einem Ballungsraum von 1100 Quadratkilometern – ein Sechstel aller Franzosen.

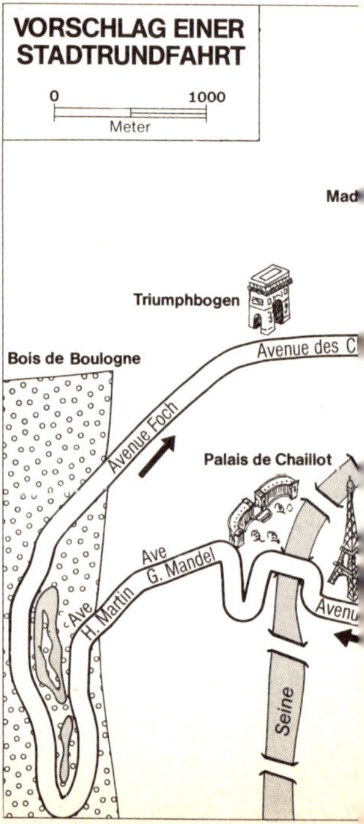

Weg 1: ***Louvre – *Tuileriengärten – **Place de la Concorde

(Métro: *Louvre-Palais Royal-Tuileries-Concorde*)

Der ***Louvre* [1], an dem Jahrhunderte (16.–19. Jh.) bauten, ist der größte Palast der Welt. Sein ältester und großartigster Teil liegt im Osten um die *Cour Carrée;* besonders beachtenswert ist die **Colonnade* der Ostfassade und die dem quadratischen Innenhof zugewandte **Fassade des Südwestflügels*. An der Seine entlang zieht sich der lange

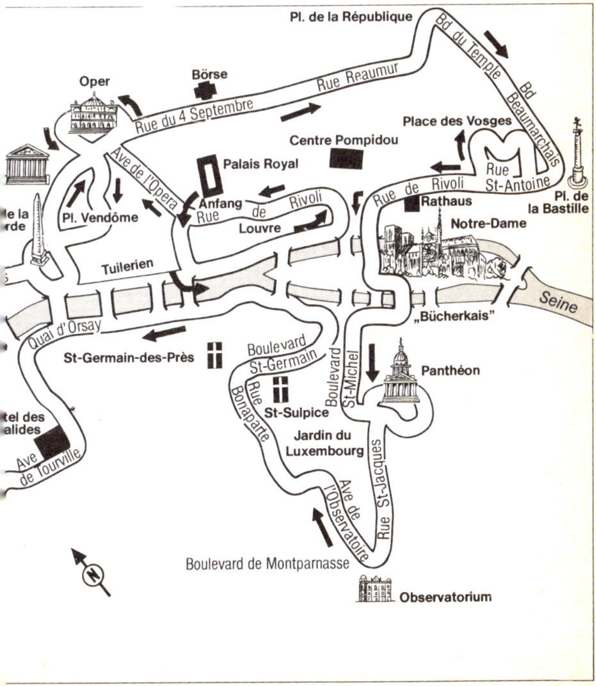

Flügelbau der „*Galerie du Bord de l'Eau*“. Hinter dieser Wasserfront liegt die *Place du Carrousel* mit dem kleinen Triumphbogen „*Arc du Carrousel*“, den Napoleon I. 1806 bis 1808 zur Verherrlichung seiner Siege über Österreich (1805) errichten ließ. Von hier bietet sich ein einzigartiger *Fernblick* nach Westen bis zum Arc de Triomphe.

Die ****Sammlungen des Louvre* umfassen 6 Abteilungen, von denen die der griechischen und römischen Altertümer, der Skulpturen und der Gemälde besonders sehenswert sind. Weltbekannte Hauptstücke der ersten Abteilung sind die ***Nike von Samothrake* und die ****Venus von Milo*, der dritten Abteilung die ****Mona Lisa* von Leonardo da Vinci. In dem herrlichen Saal *„Galerie d'Apollon“ (Dekoration von Le Brun, Deckenmalerei von Delacroix) sind die französischen Kronjuwelen mit dem 137 karätigen Diamanten „Régent“ ausgestellt. Die Fülle der 200000 Katalognummern, vor allem aber die Qualität der Schaustücke machen den Louvre zu einem der reichsten Museen der Welt.

Westlich des kleinen Triumphbogens liegen die *Tuileriengärten* [2], eine Anlage (17. Jh.) des großen Gartenarchitekten Le Nôtre. Sie gehörten zum Tuilerienpalast, der während des Commune-Aufstands 1871 niedergebrannt und nicht wiederaufgebaut wurde. Die Gartenanlagen enden in einer Terrasse, die zur Place de la Concorde absteigt; hier stehen die bekannten *„*Geflügelten Pferde*“. Rechts in der Nordwestecke der Tuileriengärten liegt das ehemalige Ballspielhaus, nach dem das dort untergebrachte ***Impressionistenmuseum* den Namen „*Jeu de Paume*“ hat; seine Hauptstücke sind die 1863 stark umstrittenen Manet-Bilder **„*Frühstück im Freien*“ und **„*Olympia*“.

Die *Place de la Concorde* [3] ist ihrer Größe (84000 qm), ihrer Gestaltung, vor allem aber ihrer Lage wegen der schönste Platz von Paris. Er wurde unter Ludwig XV. im 18. Jh. angelegt. Etwa an der Stelle, an der heute die Statue „Brest“ steht, stand während der Französischen Revolution der nach seinem Konstrukteur, dem Arzt Dr. Guillotin, benannte Hinrichtungsapparat: die Guillotine. Die endgültige Formung der Platzes erfolgte 1854. In der Mitte erhebt sich seit 1836 der **Obelisk von Luxor*, ein Monolith aus Rosengranit, 3200 Jahre alt, 230 t schwer, zwischen zwei Springbrunnen; in weitem Oval stehen acht Frauenstatuen als Sinnbilder der größten Städte Frankreichs. Großartig sind die städtebaulichen **Perspektiven* nach allen vier Seiten: nach Norden durch die Rue Royale auf die Kirche *Madeleine*, nach Osten durch die Tuilerien auf den *Louvre*, nach Süden über die Concorde-Brücke auf das *Palais Bourbon*, nach Westen durch die Champs-Élysées, deren Eingang durch die *„*Rosse von Marly*“ markiert ist, auf den *Arc de Triomphe*.

Weg 2: *Champs-Elysées – **Arc de Triomphe

(Métro: *Franklin D. Roosevelt* und *Étoile*)

Die 1900 m lange Prachtstraße **Champs-Élysées* entstand aus einer Allee, die 1709 in der Verlängerung der Achse der Tuileriengärten angelegt wurde. Während des Zweiten Kaiserreichs war sie die Fahr- und Reitpromenade der Großen Welt. Heute hat sie nur noch in ihrem Anfangsteil zwischen der *Place de la Concorde* und dem *Rond Point*, an dem sie von zwei großen Straßenzügen gekreuzt wird, parkartigen Charakter. Seitlich rechts im Hintergrund liegt das *Palais de l'Élysée*, seit 1873 Wohnsitz des Präsidenten der Republik. Das Stück zwischen dem *Rond Point* und der *Place de l'Étoile* ist gesäumt von Verwaltungsgebäuden großer Unternehmen, Kinos, eleganten Cafés und Geschäften; eine Augenweide bieten die Auto-Salons.

Die **Place de l'Étoile* [4], seit Dezember 1970 offiziell „Place Charles-de-Gaulle", leitet ihren Namen von den 12 breiten Straßen ab, die sternförmig von ihr ausgehen. In ihrer Mitte erhebt sich der ***Arc de Triomphe*. 1806 wurde er von Napoleon I. zum Ruhm seiner Truppen nach dem Vorbild des Konstantinbogens in Rom begonnen; als er 1836 vollendet dastand, war er doppelt so groß geraten: 54 m hoch und 45 m breit. 1840 wurde der Sarkophag Napoleons durch seine hohe Wölbung gefahren, 1920 wurde die Flamme entzündet, die seitdem auf dem *Grab des „Unbekannten Soldaten"* (Soldat inconnu) brennt. Von den 10 riesigen Skulpturen ist besonders bemerkenswert (auf der den Champs-Élysées abgewandten Seite) der „Auszug der Armee 1792" von Rude, genannt „La Marseillaise".

Arc de Triomphe

Die Fortsetzung der Champs-Élysées ist die Avenue de la Grande Armée, die zum modernen Viertel *Porte Maillot* führt. Hier erhebt sich das Palais de Congrès (1974; Aérogare der Flughäfen Orly, Charles-de-Gaulle und Le Bourget), überragt von der Tour du Concorde (Aussichtsrestaurant).

Weg 3: **Palais d'Art Moderne – **Palais de Chaillot – **Eiffelturm – *UNESCO

(Métro: *Trocadéro* und *Champ de Mars*, auch *la Motte-Picquet*)

Von der *Place de l'Étoile* erreicht man durch die *Avenue d'Iéna* die sie kreuzende *Avenue du Président-Wilson*. In deren Nr. 13, einem für die Weltausstellung 1937 aufgeführten Bau, ist das Palais d'Art Moderne, das ***Nationalmuseum für moderne Kunst* [5], mit hervorragenden Werken zeitgenössischer Künstler. Unweit westlich liegt der *Trocadéro-Platz*. An ihm erhebt sich das ebenfalls für die Weltausstellung 1937 neu erbaute ***Palais de Chaillot* [6] – zwei weitausgreifende, bogenförmige Flügelbauten öffnen sich zur Seine; von der Terrasse zwischen ihnen hat man einen prächtigen Blick auf das Marsfeld mit dem Eiffelturm. Das Palais de Chaillot enthält 4 Museen: das *Marine-Museum*, das ausgezeichnete Völkerkundemuseum ***Musée de l'Homme*, das ***Museum der französischen Kunstdenkmäler*, das mit Abgüssen und Kopien einen Überblick über die großartigsten Skulpturen und Wandmalereien in allen Teilen Frankreichs gibt, und ein **Volkskunstmuseum*.

Man steigt nun durch die *Trocadéro-Gärten* zur Seine ab, die man auf dem *Pont d'Iéna* überquert. Am Brückenkopf beginnt das *Marsfeld* „Champ de Mars", das jahrhundertelang ein Exerzierplatz war. Hier erhebt sich der für die Weltausstellung 1889 von dem Ingenieur Eiffel errichtete ***Eiffelturm* [7] als eine ingeniöse Konstruktion, die bis 1931 mit ihren 300 m das höchste Bauwerk der Welt (vordem das Ulmer Münster) war und erstaunlich leicht ist – es wiegt nur 7500 t. Die 3 Plattformen in 57 m, 115 m und 274 m Höhe sind über Aufzüge zugänglich. Selbst bei starkem Sturmwind schwingt die Spitze nie mehr als 12 cm aus. 1916 wurden vom Eiffelturm die ersten transozeanischen Funkverbindungen hergestellt; heute dient er als Fernsehturm. An (des Dunstes wegen seltenen) klaren Tagen reicht die Weite des Rundblicks bis zu 80, 90 km.

Unter den 4 Pfeilern, die ein Quadrat von 130 m Seitenlänge bilden, geht man durch die Anlagen des Marsfeldes auf die **École Militaire* [8] zu – die Militärakademie, die auch Napoleon I. ab 1784 besuchte; sie gehört zu den schönsten Pariser Bauten des 18. Jh. Hinter ihr liegt das in Form eines Ypsilon 1955–58 errichtete **Haus der UNESCO* [9], der Organisation der Vereinten Nationen für Erziehung, Wissenschaft und Kultur; sein künstlerischer Schmuck stammt von Meistern wie *Picasso*, *Tamayo*, *Moore*, *Calder*, *Miró*.

Weg 4: **Hôtel des Invalides – *Palais Bourbon

(Métro: *Invalides* und *Chambre des Députés*)

Vom UNESCO-Haus kann man durch die *Avenue de Lowendal* die *Avenue de Tourville* erreichen, an der der gewaltige schöngegliederte Baukomplex des *Hôtel des Invalides* [10] liegt. In der Mitte der von Ludwig XIV. 1671–76 für 7000 Kriegsinvaliden aufgeführten Gebäude erhebt sich der 1679–1706 erbaute ***Invalidendom* mit seiner hohen Kuppel (Spitze 105 m). Unter der Kuppel liegt die offene runde Krypta mit dem ***Sarkophag Napoleons* aus rotem karelischen Porphyr. 12 riesige Figuren am Säulenumgang sind Sinnbilder der Siege des Kaisers von 1797–1815. In den Seitenkapellen ruhen Napoleons Brüder: *Joseph*, König von Neapel, und *Jérôme*, König von Westfalen; weiter sein Sohn, der *Herzog von Reichstatt*, und mehrere *Marschälle* Frankreichs.

In den beiden Seitenflügeln des Innenhofs ist das **Musée de l'Armée* untergebracht, das wohl größte Kriegsmuseum der Welt.

An der Ostseite des Gebäudekomplexes verläuft der *Boulevard des Invalides*, von dem nach Osten die *Rue de Varenne* abzweigt. In ihr liegt (Nr. 77) das *Hôtel Biron* [11] mit dem sehr sehenswerten ***Musée Rodin;* es enthält viele Hauptwerke des großen Bildhauers (1840–1917).

Geht man vom *Invalidendom* durch die *Esplanade des Invalides* zur *Seine*, so stößt man auf den reichgeschmückten **Pont Alexandre III.* [12], der in einem 109 m weiten Bogen den Fluß überspannt. Statt die Brücke zu überschreiten, geht man rechts den *Quai d'Orsay* entlang. An ihm liegen der Bahnhof *Gare d'Orsay*, in dem auch ein

Sarkophag Napoleons

Aérogare, Sammelplatz für die Flugreisenden, untergebracht ist; dann der Bau des kurz „*Quai d'Orsay*" genannten *Außenministeriums*, vor dem ein Denkmal für den Staatsmann *Aristide Briand* (1862–1932) steht; schließlich das **Palais Bourbon* [13], das Haus der Abgeordnetenkammer (Chambre des Députés); seine *Fassade* (1807) in Form einer griechischen Säulenhalle bildet das *Gegenstück* zur Fassade der *Madeleine-Kirche* jenseits der Seine: eine großartige städtebauliche Perspektive.

Weg: 5 **Grands Boulevards – **Place Vendôme – *Palais Royal

(Métro: *Madeleine-Opéra* und *Palais Royal*)

Von der Place de la Concorde führt die *Rue Royale* auf die *Madeleine* [14] zu. 1806 wurde sie von Napoleon als Ruhmeshalle für die „Grande Armée“ in Form eines griechischen Tempels errichtet und erst 1842 zur Kirche geweiht. Ihre **Fassade* wird von einem Säulengang aus 52 korinthischen Säulen von 20 m Höhe gebildet. Hier beginnen die ***Großen Boulevards*, die sich in 4,9 km Länge *bis zum Bastille-Platz* um die ganze Innenstadt hinziehen. Sie entstanden an Stelle der alten Stadtbefestigungen und erhielten ihr heutiges Aussehen durch den Präfekten *Haussmann* im 19. Jh.

Die ersten beiden Abschnitte – der **Boulevard de la Madeleine* und der *Boulevard des Capucines* – sind die elegantesten: Restaurants und Hotels, Cafés und Luxusgeschäfte drängen sich aneinander; an der linken Ecke des Opernplatzes liegt das berühmte **Café de la Paix*. Beherrscht wird die **Place de l'Opéra* [15] von dem riesigen, 1862–75 von dem Architekten Charles Garnier (der auch das Casino von Monte Carlo schuf) erbauten **Opernhaus* mit 2158 Plätzen. Im nur bei Aufführungen zugänglichen Inneren ist die 1964 von *Marc Chagall* neu bemalte **Decke des Zuschauerraums* bemerkenswert sowie das pompöse **Treppenhaus*.

Die Kette der Boulevards setzt sich fort im *Boulevard des Italiens* und im *Boulevard Montmartre*.

Biegt man aber an der *Place de l'Opéra* nach rechts ab, so gelangt man in die breite Prachtstraße **Rue de l'Opéra*. Von ihr zweigt wiederum halbrechts die

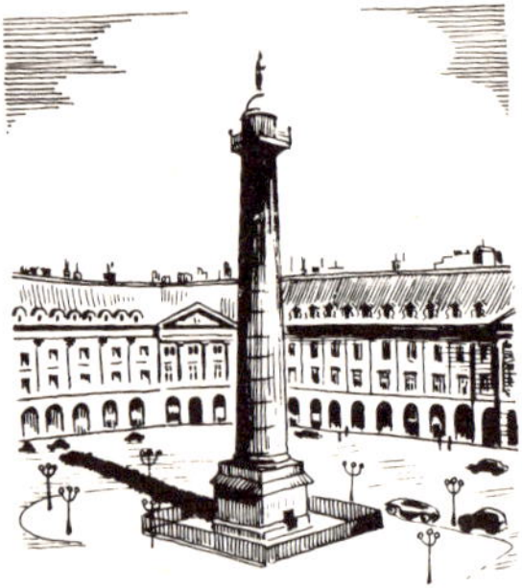

Place Vendôme

elegante **Rue de la Paix* ab, die zur ***Place Vendôme* [16] führt, einer der großartigsten und geschlossensten Platzanlagen des „Grand Siècle“, des Jahrhunderts Ludwigs des Vierzehnten. In der Mitte des mit einheitlichen Fassaden 1702–20 erbauten Platzes erhob sich bis zur Französischen Revolution ein Reiterstandbild des Sonnenkönigs. Napoleon ließ an seiner Stelle die 43 m hohe **Säule von Austerlitz* errichten – um ihren Steinkern schlingt sich ein aus

1200 Beutekanonen gegossenes Bronzeband mit Schlachtenszenen; die Säule wird bekrönt von einer Statue Napoleons I. als römischer Imperator.
Die Fortsetzung der *Rue de la Paix* jenseits des Platzes ist die *Rue Castiglione*, die bald von der **Rue Saint-Honoré* gekreuzt wird. Hier liegen seit Jahrhunderten die eleganten Modegeschäfte und -Ateliers. Folgt man der Rue Saint-Honoré nach Osten, so kommt man auf die nahe dem Louvre gelegene *Place du Théâtre-Français*, auf die auch die von der Oper herführende *Rue de l'Opéra* einmündet. An diesem Platz liegt das *Théâtre Français* (1786–90), der Sitz der *Comédie Française*, die die französischen Klassiker pflegt und unter François Talma einen eigenen Aufführungsstil entwickelte. Im Foyer steht die bekannte Voltaire-Büste von Houdon. Nordöstlich des Theaters erstreckt sich das **Palais Royal* [17], das Kardinal Richelieu von 1629 bis 1634 erbauen ließ und dann seinem König, Ludwig XIII., vermachte; später bewohnten den Palast die Orléans – Herzog Philippe I. d'Orléans, der Bruder Ludwigs XIV., feierte hier seine tollen Feste.

Dahinter lagen bis 1969 die *Hallen (Halles)*, die „Bauch von Paris" genannten Markthallen. Ihre Geschichte läßt sich bis 1110 zurückverfolgen. Zwischen der Kirche St-Eustache und dem riesigen Kunst- und Kulturzentrum *Centre Pompidou* liegt das *Forum des Halles* (Einkaufszentrum, Treffpunkt und Fußgängerzone mit den Boutiquen namhafter Pariser Modeschöpfer und eine Reihe von Restaurants).

Weg 6: *Les Quais — Pont Neuf — **Ile de la Cité

(Métro: *Pont Neuf – Cité*)

Besonders reizvoll ist ein Spaziergang entlang den **Seine-Quais* vor allem im Abschnitt beiderseits der Seine-Insel **Ile de la Cité*, wo binnen 2000 m 14 Brücken über den Fluß führen; auf den Kaimauern haben die *„bouquinistes"* die Deckel ihrer Holzkästen aufgeklappt, die mit antiquarischen Büchern gefüllt sind; Vogel- und Tierhändler bieten ihre Ware an; überall stehen und sitzen Angler.

Am Louvre beginnt der *Quai du Louvre*. Von ihm führt der *Pont des Arts* [18] über die Seine und bietet dabei, vor allem nach Südosten, einen der schönsten **Blicke*. Die Brücke führt auf das *Palais de l'Institut* zu, dem Sitz der fünf Akademien, von denen die 1635 von Richelieu begründete *Académie Française* die berühmteste ist – ihre jeweils 40 Mitglieder, die „die Unsterblichen" genannt werden, sorgen für die Reinheit der französischen Sprache. Über den *Quai de Conti* gelangt man zum südlichen Ende des *Pont Neuf*, der, trotz seines Namens „Neue Brücke", die älteste (1587–1604) Brücke von Paris ist und mit

329 m zugleich seine längste. Über ihren Südteil gelangt man auf die *Ile de la Cité*, den ältesten Stadtteil (s. S. 53). Links an ihrer Westspitze erhebt sich ein Reiterstandbild Heinrichs IV., rechts der gewaltige Komplex des **Justizpalastes* [19] mit Bauteilen, die bis in das 13. Jh. zurückgehen; damals entstand als Kern des heutigen Baus die Königsburg Ludwigs IX. des

Die Chimären von Notre-Dame

Heiligen. Die beiden interessantesten Teile des Justizpalastes, dessen Baumasse aus der Wende vom 18. zum 19. Jh. stammt, sind die **Conciergerie* und die ***Sainte-Chapelle*.

Der Eingang zur **Conciergerie* liegt auf der Nordseite am *Quai de l'Horloge* und ist von den zwei Rundtürmen (14. Jh.) – *Tour de César* und *Tour d'Argent* – flankiert. Ursprünglich Wohnung des königlichen Hausmeisters, wurde die Conciergerie nach dem Umzug König Karls V. in den Louvre zum Staatsgefängnis und während der Französischen Revolution zum überfüllten Wartezimmer auf das Schafott. Man zeigt unter anderem die Zellen, in denen Königin *Marie-Antoinette*, *Charlotte Corday* (die den Revolutionsführer *Marat* im Bad erstach), der Dichter *André Chénier* und später auch *Danton* und *Robespierre* ihre Hinrichtung erwarteten; man sieht die schönen Säle **Salle des Gens d'Armes* und *Salle des Gardes*, und die alte *Palastküche* mit mächtigen Kaminen.

Zur ***Sainte-Chapelle* kommt man von dem Hof aus, der nach dem Brauch der Gerichtsbeamten, dort einen Maibaum aufzustellen, „*Cour du Mai*" heißt. Die „*Heilige Kapelle*" wurde 1245–48 für Ludwig IX. den Heiligen errichtet und stellt einen Höhepunkt der französischen Gotik dar; ihre 22 m hohen Wände sind nahezu völlig in 15 riesige Glasfenster aufgelöst, deren berühmte Glasmalereien aus der Bauzeit weit über tausend biblische Szenen darstellen.

An der Südseite des Justizpalastes führt der allen Krimi-Freunden vertraute „*Quai des Orfèvres*" entlang. Durch die *Rue de Lutèce* und die *Rue de la Cité* gelangt man an der Polizeipräfektur vorüber zur *Place du Parvis Notre-Dame* und steht vor der herrlichen frühgotischen ***Fassade* der *Kathedrale* ***Notre-Dame* [20]. Über den 3 Portalen, von denen das linke, das „*Portal der Jungfrau*", besonders bemerkenswert ist, läuft als breites Band die „*Königsgalerie*" mit den Figuren von 28 biblischen Königen. Über der *Fensterrose*, der größten und schönsten des 13. Jh., verläuft als zweites Querband die zierliche „*Bogengalerie*“; auf ihr hocken die „*Chimären*“, Wasserspeier in Form von Ungeheuern und Dämonen, und glotzen auf die Stadt. Die beiden 69 m hohen *Türme* enden stumpf; zwischen ihnen ist die schlanke Spitze des 90 m hoch aufragenden *Dachreiters* sichtbar. Geht man links um Notre-Dame herum, so kommt man zu dem prächtigen *Domhofportal* und schließlich zur **Apsis* mit ihren Strebebögen, die eine Spannweite von 15 m haben. Im Inneren sind besonders beachtenswert die beiden **Fensterrosen des Querschiffs*, die **Flach-Reliefs* der Chor-Einfriedung und, am ersten rechten Chorpfeiler, die **Marienstatue Notre-Dame de Paris* aus dem 14. Jahrhundert.

Weg 7: *Quartier Latin

(Métro: *Saint-Michel* und *Cardinal Lemoine*)

Der *Boulevard Saint-Michel* bildet die Achse des Studentenviertels, das *Quartier Latin* heißt, nach dem Latein, das bis 1798 Universitätssprache war.

Unweit östlich des Boulevard liegt die spätgotische Kirche *Saint-Séverin* [21]; besonders bemerkenswert sind der doppelte **Chorumgang* und die **Glasmalereien*. In der Nähe liegt das **Hôtel de Cluny* [22], das sich die Äbte von Cluny (s. S. 222) in Burgund 1485–90 als Stadtpalais in Paris erbauten, der einzige große spätgotische Wohnbau, der erhalten blieb; seine Dachfenster tragen hohe Ziergiebel, Zinnenmauer und Türme sind Dekoration. Das *Hôtel* birgt das *Musée de Cluny*, eine großartige *Sammlung mittelalterlicher Kunst*, deren Hauptstück der Bildteppich **„*Die Dame mit dem Einhorn*“ (Anfang 16. Jh.) ist. Auf dem Grund des Hôtel de Cluny sind *römische Thermen* ausgegraben worden; dabei fand man eine **Säule*, die dem Kaiser Tiberius von den Pariser Schiffern gewidmet worden war; sie ist die älteste Skulptur von Paris (1. Jh.).

Geht man zum *Boulevard Saint-Michel* zurück und auf ihm nach Süden, so sieht man links bald die **Sorbonne* [23]; der heutige Bau stammt von 1885–1900, aber die Anfänge der berühmten Universität reichen bis 1253 zurück; die Kirche der Sorbonne birgt das Grabdenkmal (1694) des um die Entwicklung der Sorbonne besonders verdienten Kardinals *Richelieu*. Bereits im 13. Jh. zählte die Sorbonne 15000 Studenten aus allen Ländern; heute sind mehr als 60000 eingeschrieben.

Unweit der Sorbonne führt die *Rue Soufflot* zum [24] **Panthéon* (1757–1789); ursprünglich Kirche der hl. Genoveva, wurde sie 1791 in einen Ehrentempel für große Franzosen umgewandelt, für den sich die Bezeichnung Pantheon – ein allen Göttern geweihter Tempel – einbürgerte. Der riesigen Kuppel (Laterne 117 m) ist eine griechische Säulenhalle vorgelagert. Im Inne-

ren fallen die **Wandgemälde* mit Szenen aus dem Leben der hl. Genoveva auf. In der Krypta ruhen 60 berühmte Franzosen, darunter *Voltaire*, *Rousseau*, *Zola*, *Victor Hugo* und der Erbauer der Kirche, *Soufflot*.
Östlich neben dem Panthéon liegt die Kirche **Saint-Étienne-du-Mont* [25]. Ihre eigenartige **Renaissance-Fassade* hat drei übereinanderliegende Giebel, der spätgotische *Chor* wird von dem in jeder Kunstgeschichte erwähnten ***Marmorlettner* (1604) abgeschlossen. Durch die *Rue de Clovis* kommt man zur Métro-Station *Cardinal Lemoine*.

Weg 8: *Saint-Germain-des-Prés — *Luxembourg — *Montparnasse

(Métro: *Saint-Germain-des-Prés* und *Vavin*)

Der *Boulevard Saint-Germain* verdankt seinen Ruf den Existenzialisten (Anhängern der Philosophie *Sartres*), die seine Cafés und Kellerlokale zu ihren Stammquartieren machten. Gegenüber der Métro-Station liegt die älteste Kirche von Paris (990–1021), **Saint-Germain-des-Prés* [26]; ihr romanischer *Turm* ist einer der ältesten Frankreichs. Nordöstlich der Kirche ist die *Abtwohnung* der einst mächtigen Abtei erhalten und ein *Gewirr* malerischer *alter Gassen*.

Gegenüber der Kirche führt vom *Boulevard Saint-Germain* die *Rue des Ciseaux* nach Süden; durch sie und die *Rue des Canettes* kommt man zur barocken Kirche **Saint-Sulpice* [27], die wegen ihrer **Orgel* berühmt ist und wegen der **Fresken von Delacroix* in der ersten rechten Seitenkapelle des Chors. Nun geht man die *Rue Saint-Sulpice* nach Osten und biegt nach Süden in die *Rue de Tournon* um, die auf das *Palais du Luxembourg* [28] zuführt. *Maria von Medici*, die Gattin Heinrichs IV., ließ es 1615–20 im Stil ihrer toskanischen Heimat errichten und gab 1621 *Rubens* den Auftrag, dafür 24 große Gemälde mit Szenen aus ihrem Leben zu schaffen (sie hängen heute in der Medici-Galerie des Louvre). Der Palast dient jetzt dem „*Rat der Republik*" (Conseil de la République), also dem „Oberhaus" des französichen Parlaments, als Sitz. Berühmt ist der **Garten* als einer der schönsten und stimmungsvollsten von Paris; mit Ausnahme des italienischen Brunnens *Fontaine de Médicis* ist er im streng geometrischen „Französischen Stil" gehalten.

In der Verlängerung der durch Wasserbassins betonten Achse des „*Jardin du Luxembourg*" führt die breite Kastanienallee *Avenue de l'Observatoire* mit dem „*Brunnen der vier Weltteile*" (der fünfte fiel der Symmetrie zum Opfer) zur Kreuzung mit dem *Boulevard Montparnasse*, auf den man beim **Standbild des Mar-*

Eine der schönsten und berühmtesten gotischen Kathedralen Frankreichs ist Notre-Dame auf der Ile de la Cité genannten Seine-Insel in Paris.

PARIS (INNENSTADT)

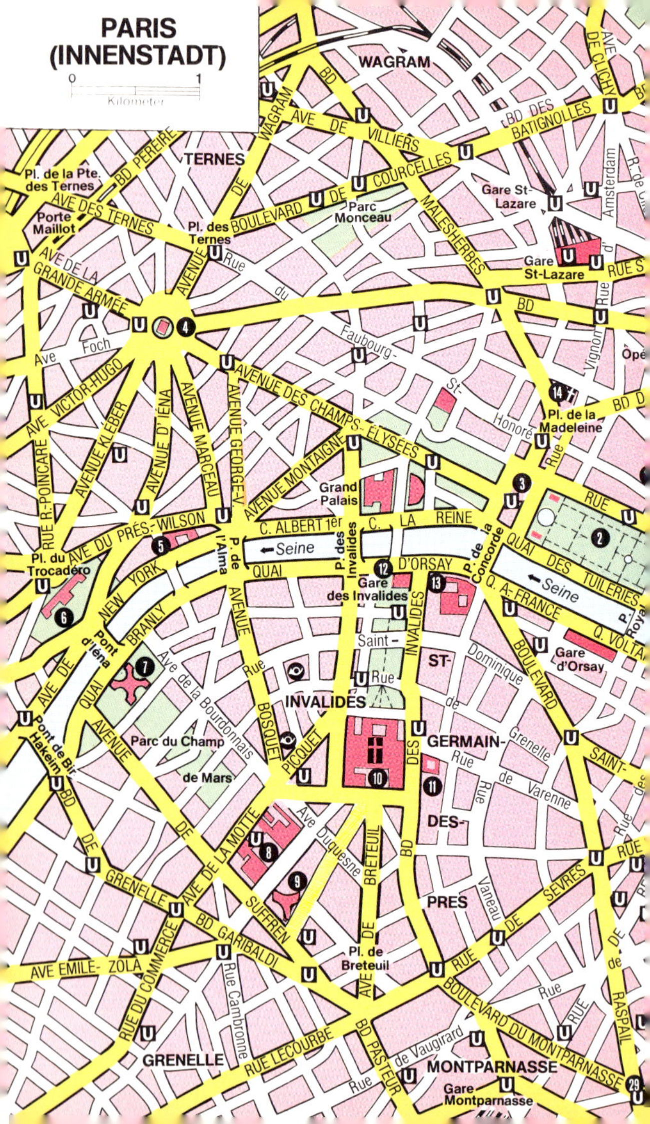

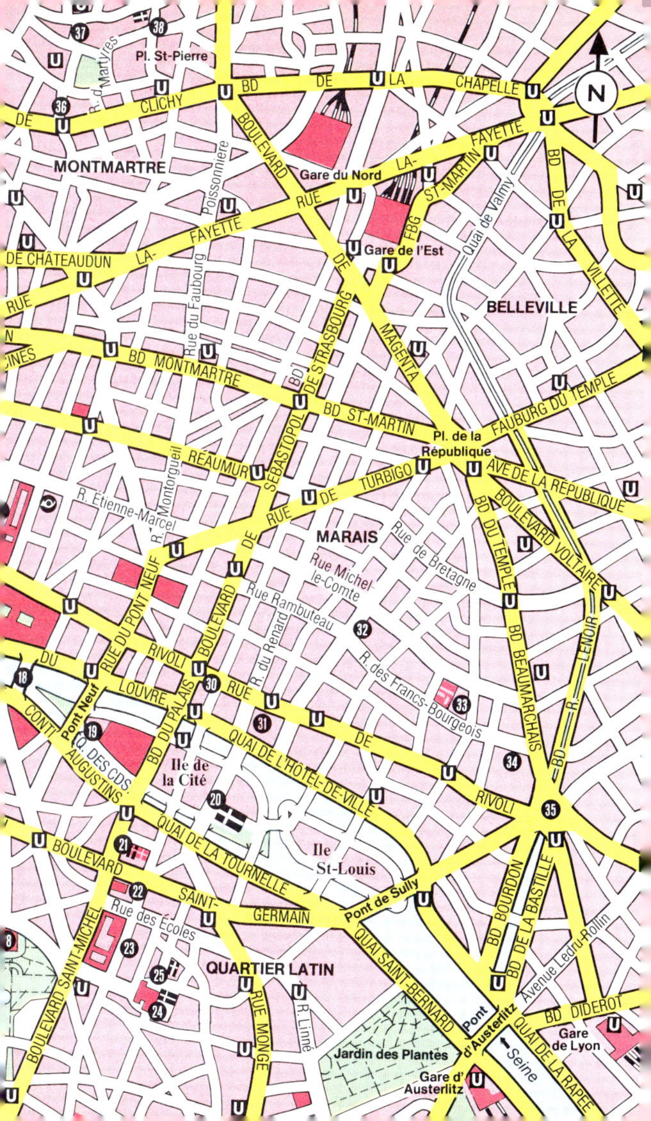

N
Pl. St-Pierre
R. d. Martyres
BD DE CLICHY
BD DE LA CHAPELLE
MONTMARTRE
Gare du Nord
Rue du Faubourg Poissonniere
RUE LA-FAYETTE
RUE DE CHÂTEAUDUN
BOULEVARD DE MAGENTA
FBG ST-MARTIN
Gare de l'Est
Quai de Valmy
BD DE LA VILLETTE
BELLEVILLE
BD DE STRASBOURG
BD MONTMARTRE
BD ST-MARTIN
Pl. de la République
FAUBURG DU TEMPLE
REAUMUR
BD SEBASTOPOL
RUE DE TURBIGO
AVE DE LA RÉPUBLIQUE
BOULEVARD VOLTAIRE
R. Etienne-Marcel
R. Montorgueil
MARAIS
Rue de Bretagne
Rue Michel-le-Comte
Rue Rambuteau
R. du Renard
R. des Francs-Bourgeois
BD DU TEMPLE
BD BEAUMARCHAIS
BD R. LENOIR
RUE DU PONT NEUF
BOULEVARD DU PALAIS
RUE DE RIVOLI
DU LOUVRE
Pont Neuf
CONTI
Q. DES GDS AUGUSTINS
Ile de la Cité
QUAI DE L'HÔTEL-DE-VILLE
QUAI DE LA TOURNELLE
Ile St-Louis
Pont de Sully
BOULEVARD SAINT-GERMAIN
Rue des Écoles
BOULEVARD SAINT-MICHEL
QUARTIER LATIN
RUE MONGE
R. Linné
QUAI SAINT-BERNARD
Pont d'Austerlitz
BD BOURDON
BD DE LA BASTILLE
Avenue Ledru-Rollin
BD DIDEROT
Gare de Lyon
QUAI DE LA RAPEE
Seine
Jardin des Plantes
Gare d'Austerlitz
18
19
20
21
22
23
24
25
30
31
32
33
34
35
36
37
38

Eine der berühmtesten Straßen der Welt sind die Champs-Elysées in Paris. Sie zieht sich von der Place de la Concorde zum Arc de Triomphe.

Versailles bei Paris ist das größte und prunkvollste Schloß, das jemals erbaut wurde. Großartig sind die Gartenanlagen mit ihren Wasserkünsten.

schalls Ney (von Rude) nach Westen einbiegt. Er führt zu der aus zahllosen Romanen bekannten Straßenkreuzung *Carrefour Raspail* [29], die einmal das Herz des Bohème-Viertels *Montparnasse* war; hier steht das *Balzac-Denkmal* von *Rodin*, hier liegen die Künstlercafés *Le Dôme*, *La Coupole*, *La Rotonde* – die Stimmung der Oper „Bohème" ist allerdings einem unsentimental-lautstarken Nachtleben gewichen.

Weg 9: *Tour Saint-Jacques – *Place de la Bastille

(Métro: *Châtelet* und *Bastille*)

Nördlich der *Ile de la Cité* liegt am rechten Seine-Ufer die *Place du Châtelet* mit einem *Brunnen*, der an die Siege Napoleons in Ägypten erinnert, und zwei *Theatern*, dem „*Sarah Bernhardt*" (nach der großen Schauspielerin) und dem „*Châtelet*" (mit 3600 Plätzen das größte von Paris). An der Nordostecke erhebt sich das zierliche Bauwerk der *Tour Saint-Jacques* [30], des letzten Restes einer 1797 abgerissenen Kirche; der 52 m hohe Turm wurde 1508–22 errichtet. Durch die *Rue de Rivoli* gelangt man zum **Hôtel de Ville* [31]. Ein erstes Rathaus auf Pfählen stand hier bereits 1357, das erste steinerne erbaute Franz I.; 1789 wurde es nach dem Sturm auf die Bastille Sitz des Revolutionskommitees; Robespierre übte hier seine Schreckensherrschaft aus; unter dem Ersten und Dritten Napoleon erweitert, brannte es 1871 während der Pariser Commune nieder. Die gegenwärtige Fassung stammt von 1874–82; an der Vorderfront zählt man 136 Statuen bedeutender Pariser Bürger.

Vom Vorplatz des Rathauses geht man durch die *Rue du Temple* nach Norden bis zur Kreuzung mit der *Rue des Francs-Bourgeois*, in die man nach rechts einbiegt. In ihr liegen (Nr. 60) die **Archives Nationales* [32], die mit ihren 6000000 Dokumenten als das größte historische Archiv der Welt gelten, in den miteinander verbundenen Adelspalästen *Hôtel de Soubise* (1705–09) und *Hôtel de Rohan* (1705–08). Weiter in der *Rue des Francs-Bourgeois* kommt man an den Palästen (Nr. 31) *Hôtel d'Albret* und (Nr. 25) *Hôtel Lamoignon* vorbei und erreicht das 1655–61 erbaute *Hôtel Carnavalet* [33]; in seinem Museum **Musée Carnavalet* (Eingang: 23, Rue de Sévigné) wird in 79 Sälen die Entwicklung von Paris vom 15.–19. Jh. gezeigt.

Nun führt die *Rue des Francs-Bourgeois* weiter zur **Place des Vosges* [34], einem stillen Rechteck, das von Häusern mit Arkadengängen und steilen Dächern (16./18. Jh.) umstanden ist; in der Mitte erhebt sich das Reiterstandbild Ludwigs XIII., ein Geschenk Richelieus an seinen König. Früher war dieses Feld Turnierplatz. Im Mittelpavillon der Südseite wohnte zeitweilig *Heinrich IV.*, in Nr. 7 sein Minister *Sully*, in Nr. 21 *Richelieu*, in Nr. 6 der Dichter *Victor Hugo*.

Durch die *Rue de Birague* und die *Rue Saint-Antoine* gelangt man zur **Place de la Bastille* [35], auf der die 1369–82 von König Karl V. als Teil der Stadtbefestigung errichtete *Zwingburg* stand. Später als Staatsgefängnis dienend, wurde sie am 14. Juli 1789 (der seitdem Nationalfeiertag ist) vom Volk gestürmt und 1790 abgebrochen; ihr Grundriß ist an der Westseite des Platzes im Pflaster durch weiße Steine markiert. Auf dem Platz steht die 47 m hohe, 1831–40 errichtete **Juli-Säule* zum Andenken an die Gefallenen der Juli-Revolution 1830; über der Plattform, zu der man auf 238 Stufen hinaufsteigen kann, erhebt sich eine allegorische Figur, die Statue der Freiheit.

Weg 10: **Montmartre

(Métro: *Pigalle* und *Blanche*)

Das Viertel *Montmartre* zieht sich im Norden der Innenstadt einen Hügel *(La Butte)* hinauf zur Kirche *Sacré-Cœur*. Es ist als Künstler-, vor allem aber als Vergnügungsviertel bekannt; man besucht es nicht bedeutender Baudenkmäler wegen, sondern seiner eigenartigen Stimmung halber. An der **Place Pigalle* [36] drängen sich Restaurants, Cafés, Kinos und Vergnügungsetablissements aller Art; biegt man aber vom *Boulevard de Clichy* nach links in die *Rue des Martyres* ab, so kommt man in ein altertümliches Viertel mit engen Gassen und steilen Treppen. Wer nicht gerne aufwärts steigt, kann nach rechts in die *Rue Antoinette* abbiegen, die zur *Place Saint-Pierre* führt; sie liegt am Fuß der großen Treppenanlage unterhalb der Terrasse von Sacré-Cœur; daneben führt eine *Standseilbahn* (Funiculaire) bequem zur Höhe.

Reizvoller ist es, in einem Bogen nach links zu Fuß zu gehen: Man biegt von der *Rue des Martyres* nach links in die *Rue des Abbesses*, kommt an *Saint-Jean-de-Montmartre* vorbei, der 1904 errichteten ersten Kirche aus Eisenbeton, und geht dann nach rechts die *Rue Ravignan* aufwärts; links liegt der kleine Platz *Emile-Goudeau*, an dem das berühmte „*Bateau Lavoir*" stand, in dem *Picasso* und *van Dongen* als junge Maler wohnten. Die Rue Ravignan endet an der *Place J.-B.-Clément*. Ein Bild von Alt-Montmartre bietet die ** Kreuzung* [37] der *Rue Norvins* mit der *Rue Saint-Rustique* und der *Rue des Saules*. Die *Rue Norvins* führt zu dem tagsüber stillen, abends aber höchst lebendigen baumbestandenen Gemeindeplatz **Place du Tertre*, in dessen Umkreis zahlreiche Kunstgalerien liegen. Ganz nahebei liegt *Saint-Pierre*, die drittälteste Kirche von Paris (Baubeginn 1134). Daneben erhebt sich, 100 m über der Seine, großmächtig (100:50 m) die *Basilika *Sacré-Cœur* [38], eines der Wahrzeichen von Paris; in Erfüllung eines „nationalen Gelübdes" wurde sie 1873–1915 in einem romanisch-byzantinischen Mischstil erbaut. Im 94 m hohen

Turm hängt „*La Savoyarde*", mit 19 t eine der gewichtigsten Glocken der Erde; vom Kirchen-

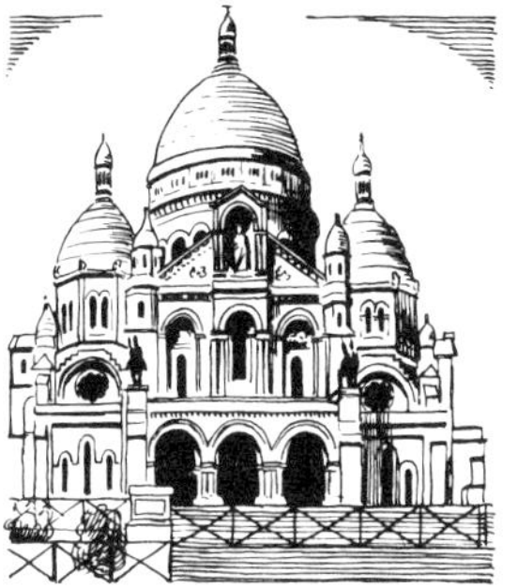

Sacré-Cœur

vorplatz oder von der Kuppel hat man einen herrlichen** *Blick* über Paris.

Der Abstieg führt durch die enge malerische *Rue Saint-Rustique* und die *Rue des Saules*, an deren Ende das alte *Maler-Lokal „*Lapin Agile*" (Zum flinken Kaninchen) und *La Vigne*, der letzte der einst zahlreichen Weinberge von Montmartre, liegt. Durch die *Rue Saint-Vincent* und die *Rue Girardon* kommt man zum „*Moulin de la Galette*", einem aus zwei alten Windmühlen entstandenen Lokal.

Von hier führt die *Rue Lepic*, in deren Nr. 54 *van Gogh* wohnte und in deren unterem Ende ein sehenswerter Obst- und Gemüsemarkt abgehalten wird, zum **Friedhof von Montmartre* [39], in dem *Stendhal* und die *Brüder Goncourt*, *Berlioz* und *Offenbach*, *Heinrich Heine*, *Giraudoux* und *Sacha Guitry* ruhen. Die *Rue Lepic* mündet auf die *Place Blanche* [40] mit dem vor allem durch den Maler *Toulouse-Lautrec* bekannt gewordenen, an seiner Windmühle kenntlichen Lokal „*Moulin Rouge*".

Die Umgebung von Paris

Die vier bedeutendsten Sehenswürdigkeiten sind: Schloß **Fontainebleau im Südosten, die Basilika **Saint-Denis im Norden, die Schlösser **Malmaison und **Saint-Germain-en-Laye im Nordwesten und Schloß ***Versailles im Südwesten.

**FONTAINEBLEAU

Die Stadt *Fontainebleau* (22000 Einw.) liegt 60 km von Paris und ist über die Autoroute du Sud und die Nationalstraßen 5 und 7 schnell erreichbar. Das große, um mehrere Höfe geordnete ***Schloß* liegt am Südrand der Stadt. Man betritt es durch den Hof, der *Cour du Cheval Blanc* (Hof des weißen Pferdes) oder auch *Cour des Adieux* (Abschiedshof) genannt wird, seit Napoleon hier am 20. April 1814 nach seiner ersten Abdankung Abschied von der Garde nahm.

Im Schloß, an dem von *Franz I.* bis *Ludwig XV.* gebaut wurde, sind besonders interessant die ***Großen Prunkgemächer:* der *Festsaal*, die *Galerie Franz des Ersten*, die *königliche Treppe* und der *Kronratssaal;* in den *Privat-*

räumen Napoleons werden viele Erinnerungsstücke gezeigt. Bemerkenswert sind auch der „*Garten der Diana*" und der „*Brunnenhof*", der sich auf den „*Karpfenteich*" öffnet. Schloß und Stadt Fontainebleau liegen in dem 25000 ha großen ***Wald von Fontainebleau;* Heinrich IV. ließ zur Erleichterung der Jagd 37 km lange Fahrwege anlegen; heute dient diese „*Route Ronde*" als Ausflugstraße zu den schönsten Stellen des Waldes, der fast zur Hälfte aus Eichen besteht. An seiner Nordwestecke liegt das Dorf *Barbizon*, das als Wohnsitz von Malern wie *Corot* und *Millet* eine Rolle in der Kunstgeschichte spielte – von hier ging die „intime Landschaft" aus.

**SAINT-DENIS

Die Stadt (110000 Einw.) mit bedeutenden Industrien liegt nur 11 km nördlich von Paris; sie ist

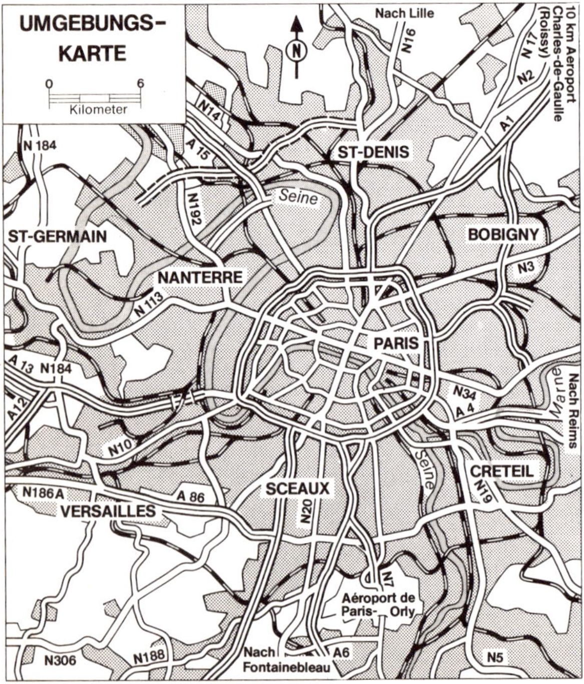

über die N 1 oder A 1, mit der Bahn vom Gare du Nord und mit der Métro (bis Hotel de Ville) leicht erreichbar. Ihre große Sehenswürdigkeit ist die **Basilika Saint-Denis*, die Grabkirche französischer Könige aus 13 Jahrhunderten – von *Chlodwig I.* (gest. 511) bis *Ludwig XVIII.* (gest. 1824). Der Merowingerkönig *Dagobert I.* begründete im 7. Jh. die *Abtei* am Grab des auf dem Montmartre hingerichteten Heiligen *Dionysius*. Die erste Klosterkirche, 1137–40 von dem bedeutenden Abt *Suger* errichtet, war die Keimzelle der französischen Gotik; ihre gegenwärtige Form erhielt die große (108:39:29 m) Basilika 1243–81 unter *Ludwig IX. dem Heiligen*. Die ***Königsgräber* liegen im Querschiff und in der romanischen Krypta. Die *Grabplastiken* sind eine Musterkarte der Stilentwicklung: von den schlichten liegenden Figuren des Mittelalters bis zu den umfangreichen und immer üppiger dekorierten Mausoleen der Renaissance und des Barock.

**MALMAISON UND **SAINT-GERMAIN-EN-LAYE

Die beiden Schlösser liegen 16 bzw. 23 km von Paris an der N 13 (RER-Station). Schloß *Malmaison* wurde um die Mitte des 17. Jh. erbaut und 1799 von *Joséphine de Beauharnais* drei Jahre nach ihrer Eheschließung mit Napoleon erworben. Während seines Konsulats hatte *Napoleon* hier seinen Wohnsitz – man sagt, es seien seine glücklichsten Jahre gewesen; ein Museum bewahrt Andenken an diese Zeit.

Saint-Germain-en-Laye (50000 Einw.) ist ein eleganter Villenvorort von Paris. Das * **Schloß* stammt in der gegenwärtigen Form aus der Zeit *Franz I.; Ludwig XV.* fügte außerdem *Pavillons* hinzu und die herrliche 2,4 km lange *Terrasse* hoch über der Seine, von der man bis nach Paris sieht. Im Schloß Saint-Germain-en-Laye wurden die Könige *Heinrich II.*, *Karl IX.* und *Ludwig XIV.* geboren; *Ludwig XIII.* ist hier gestorben. Ein Kleinod gotischer Baukunst ist die **Schloßkapelle* (1230–38), eine Vorläuferin der Pariser Sainte-Chapelle. Das Schloß enthält auch ein *Altertumsmuseum*.

***VERSAILLES

Versailles (100000 Einw.) liegt 21 km von Paris an der Nationalstraße 10 und an der Autoroute A 13. Das ****Schloß* und seine ****Gärten* sind eine der ganz großen Sehenswürdigkeiten Frankreichs. Drei große Avenuen führen strahlenförmig auf die *Place d'Armes*, den weiten Schloßplatz; zwischen diesen Straßen liegen die *Marställe* für 2500 Pferde und 200 Kutschen, die *Wohngebäude* für Tausende von Dienern und die *Salle du Jeu de Paume* (das Ballspielhaus von 1686), die zum Jagdschloß Ludwigs XIII. gehörte. Dieser kleine Bau wurde zur Kernzelle des größten und prunkvollsten Schlosses, das jemals erbaut wurde (nur in der Ausdehnung des umbauten Raumes wird es vom Louvre übertroffen): seine Errichtung unter Ludwig XIV. dauerte 49 Jahre (1661–1710), beschäftigte 30000 Menschen und 6000 Pferde und kostete an die 500 Millionen Goldfranken.

Der riesigen Anlage – die Gartenfront des Schloßes hat eine Länge von 580 m – sind *drei Höfe* vorgelagert: Durch ein mit Bourbonenlilien prächtig geschmücktes Gitter betritt man zunächst den von zwei freistehenden Seitenflügeln eingefaßten *Ministerhof*, dann den engeren *Königshof* (Cour Royal) mit einem Reiterstandbild Ludwigs des Vierzehnten, und schließlich den wiederum engeren *Marmorhof* (Cour de Marbre), wo sich auch der Eingang zur Schloßbesichtigung befindet. Besonders bemerkenswert sind die ***Grands Appartements*, eine Folge von sechs reich dekorierten Repräsentationsräumen, und der weltberühmte ***Spiegelsaal* (Galerie des Glaces, 73:10.5:13 m); den 17 Fenstern, die sich zu den Gärten öffnen, entsprechen 17 hohe, in der damaligen Zeit sehr kostbare Spiegel; in diesem Saal wurde 1871 das Deutsche Kaiserreich proklamiert und 1919 der Friedensvertrag von Versailles unterzeichnet. Unter den *„*Petits Appartements*", den höchst geräumigen Privatgemächern, ragt das genau in der Schloßmitte liegende ***Schlafzimmer des Königs* hervor, die „Chambre du Roi", mit dem Prunkbett hinter der Balustrade; hier fand das komplizierte Zeremoniell des „Lever et Coucher du Roi" statt – der Hofadel riß sich um Verrichtungen beim Aufstehen und Schlafengehen der Majestät. Sehenswert sind auch der *Rokokoschreibtisch Ludwigs XV.* als eines der schönsten jemals gefertigten Möbelstücke (um 1765), das *Schlafzimmer der Königin Marie-Antoinette*, durch dessen Tapetentür sie vor dem Volkssturm flüchtete, die 120 m lange, mit Gemälden und Feldherrnbüsten geschmückte **Schlachtengalerie*, die **Kapelle* und das **Theater*.

Nicht weniger schön und großartig als das Schloß sind die ****Gartenanlagen*, die sich 950 m nach Westen ausdehnen; Le Nôtre schuf sie mit Wasserbekken und Springbrunnen, breiten Alleen und gestutzten Bosketten, Hunderten von Statuen und Vasen, und kleinen Überraschungen wie die Zeit sie liebte. Von der breiten Terrasse vor der Gartenfassade steigt man über Marmortreppen zu den Gärten hinab, deren große Schaustücke das *Bassin de Neptune*, das *Bassin de Latone* und der *Grand Canal* sind. Am 1. und 3. Sonntag jedes Sommermonats laufen die ***Wasserspiele* (16.30–18 Uhr).

In der Nordwestecke des Schloßparks liegen die beiden Lustschlösser **Grand Trianon* (1678–88 von Ludwig XIV. in rosa und weißem Marmor für *Frau von Maintenon* erbaut) und **Petit Trianon*, das Ludwig XV. 1766–68 für die *Gräfin Dubarry* errichten ließ und das später Lieblingsaufenthalt der Königin *Marie-Antoinette* wurde, die sich nahebei den *Hameau*, eine Dorfimitation für Schäferspiele, schuf.

*

Rückfahrt von Versailles auf der Avenue de Paris entweder nach *Sèvres* (berühmte **Porzellanmanufaktur*) oder auf der N186 nach *Sceaux* (Schloßpark von Le Nôtre, 1677, und *Musée de l'Ile-de-France* im Schloß). Von hier auf der N 20 in 11 km nach Paris zurück.

*MARSEILLE

Marseille hat mit Vororten knapp 1 Million Einwohner und ist Frankreichs größter Handelshafen am Mittelmeer; über ihn führt der Güteraustausch des Landes mit Nordafrika und mit Süd- und Ostasien (die zeitweilige Schließung des Suez-Kanals hat Marseille empfindlich getroffen). Mit dem französischen Binnenland ist der Hafen durch den *Marseille-Rhône-Kanal* verbunden. Die Stadt, schön an einer weiten Bucht des *Golfe du Lion* gelegen, baut sich amphitheatralisch an den Hängen kahler Kalkberge empor. Auf einem 160 m hohen Felsen thront die Kirche *Notre-Dame-de-la-Garde;* sie erblickt der vom Meer her Kommende zuerst, wodurch sie zum Wahrzeichen der Stadt wurde.

GESCHICHTE

Marseille ist die älteste Stadt auf französischem Boden. Schon im 8. Jh. v. Chr. legten phönizische Kaufleute hier an. Die Stadt aber gründeten um 600 v. Chr. aus Phokäa in Kleinasien hersegelnde Griechen. Aus Massalia wurde Massilia, als die zum Schutz gegen den Kelteneinfall gerufenen Römer im 2. Jh. v. Chr. kamen und gleich auch Teile des Hinterlandes besetzten – sie nannten das eroberte Gebiet *provincia*, woraus später „*Provence*" wurde. Anfangs des 6. Jh. fiel Marseille an die Westgoten, dann an die Franken, schließlich an das burgundische Königreich Arelat. Als Nachschubhafen für die Kreuzzüge überstand die Stadt Zerstörung durch die Sarazenen und wurde wohlhabend. 1481 kam Marseille mit der Provence an die französische Krone. 1524 war ihr Heldenjahr; sie leistete kaiserlichen Truppen erbitterten Widerstand. Unter Colbert (1619–83), dem Wirtschafts- und Marineminister Ludwigs XIV., gedieh sie prächtig, nur die furchtbare Pest von 1720 brachte einen Rückschlag. Im 19. Jh. begann Marseilles große Zeit mit dem Übergreifen Frankreichs auf Nordafrika und der Eröffnung des Suezkanals – in einem Jahrhundert hat sich die Zahl ihrer Einwohner verfünffacht.

SEHENSWÜRDIGKEITEN

Der Verkehrsknotenpunkt von Marseille ist die Kreuzung der berühmten Allee-Prachtstraße

La Canebière [1] mit dem *Cours Belsunce* und dem *Cours Saint-Louis*. Die Canebière läuft geradewegs auf die Keimzelle der Hafenstadt zu, auf den

***Vieux Port** [2], wo sie auf den belebten *Quai des Belges* mündet. Der „Alte Hafen" bildet ein längliches Rechteck, dessen schmale Ausfahrt durch zwei Forts aus dem 17. Jh. – *Saint-Nicolas* links und *Saint-Jean* rechts – gesichert ist.
Geht man rechts um den Vieux Port herum, so findet man auf dem *Quai du Port* als einziges

Gebäude, das dem Abbruch (1943) des zwar malerischen, aber unhygienischen und berüchtigten Hafenviertels entging, den Barockbau des Rathauses (1663–1683), des

Hôtel de Ville [3]. Erhalten blieb auch an der Ecke, wo beim Fort Saint-Jean der Quai du Port in den Quai de la Tourette biegt, die alte Kirche *Saint-Laurent*. Dazwischen aber und dahinter ist ein modernes Wohnviertel mit übereinander gestaffelten Blocks entstanden.

Am *Quai de la Tourette* und dem sich anschließenden *Quai de la Joliette* liegen sich zwei Baukomplexe gegenüber: auf einer Terrasse die

Neue Kathedrale [4], 1852–93 in einem Mischstil erbaut, wobei Lagen weißen und schwarzgrünen Kalksteins miteinander abwechseln. Marseille rühmt sich des größten Kirchenbaus im 19. Jahrhundert: 5 m länger als der Kölner Dom. Neben der Neuen steht die *Alte Kathedrale*, ein romanisch-provençalischer Bau aus dem 12./13. Jh.; im linken Querschiff wurde 1481 von Francesco Laurana eine Renaissance-Kapelle eingebaut, die *Chapelle Saint-Lazare*. Von der Westterrasse hat man einen interessanten Blick auf den *Neuen Hafen* und den modernen, 1953 fertiggestellten Hafenbahnhof

***Gare Maritime de la Joliette** [5] mit seinem lebhaften Passagierverkehr. Am Nordende der Gare Maritime führt der *Boulevard des Dames* zum

Triumphbogen [6] von 1832, dessen Skulpturen Szenen aus den Kämpfen Frankreichs unter der Ersten Republik und dem Ersten Kaiserreich darstellen. Am

Bahnhof Saint-Charles [7] vorbei findet man zum *Boulevard de la Libération*, in dem sich die Canebière fortsetzt; er führt zum *Palais Longchamp*, in dessem linken Flügel das

Musée des Beaux-Arts [8] untergebracht ist. Zwei Leckerbissen für Kunstfreunde sind: der **Saal Daumier* im oberen Stockwerk mit zahlreichen Portrait-Büsten und Lithographien des berühmten, 1808 in Marseille geborenen Karikaturisten; und drei Säle im unteren Stockwerk mit *Werken des großen und ungebärdigen Marseiller Bildhauers *Pierre Puget* (1622–94), eines erstaunlich vielseitigen Künstlers.

Zurück zum Vieux Port. Geht man vom Quai des Belges rechts um das Hafenbecken herum, so findet man ziemlich am Ende des

Quai de Rive Neuve [9] den Aufgang und die Autoauffahrt zur

Basilique Notre-Dame-de-la-Garde [10], die Stadt und Meer beherrscht – ihr 45 m hoher Glockenturm ist mit einer vergoldeten Marienfigur bekrönt. Die Kirche wurde 1853–64 anstelle einer Wallfahrtskapelle aus dem Jahr 1214 erbaut. Ihre Terrasse bietet den schönsten ***Ausblick* auf Marseille und sein Hinterland, auf den Hafen und die Werften, auf Cap Croisette im Süden und die Halbinsel Estaque im Nordwesten, auf das Meer und die Inseln, unter denen Château d'If (s. S. 78) die berühmteste ist.

Geht man, statt links zur Basilika abzuzweigen, geradeaus auf dem

Quai de Rive Neuve weiter, so kommt man kurz vor dem Fort Saint-Nicolas (hier Einfahrt zum Straßentunnel unter dem Vieux Port) zur Kirche

Saint-Victor [11]. Sie ist nach dem römischen Offizier benannt, der hier den Märtyrertod starb (3. Jh.); ihre Souterrains sind Reste einer Abtei aus dem 5. Jh.; die Gewölbe ihrer Schiffe zeigen eine eigenartige Mischung aus spätromanischen und frühgotischen Stilelementen.

Am *Fort Saint-Nicolas* vorbei kommt man zum

Parc du Pharo [12] mit schönem Blick auf Stadt und Hafen. Das *Denkmal* erinnert an die „Helden des Meeres"; das ursprünglich für Napoleon III. errichtete Schloß ist heute Sitz der medizinischen und pharmazeutischen Fakultät, daneben steht das Institut für Tropenkrankheiten. Südöstlich davon beginnt die

***Promenade de Corniche** [13] (Corniche Prés. J. F. Kennedy). Sie folgt der Küste 9 km lang bis zum *Cap Croisette* und bietet stets neue Ausblicke auf das Meer und die Inseln. Nach rund 5 km erreicht die Promenade die *Plage du Prado* mit Bädern, Cafés und Restaurants. Hier führt die breite

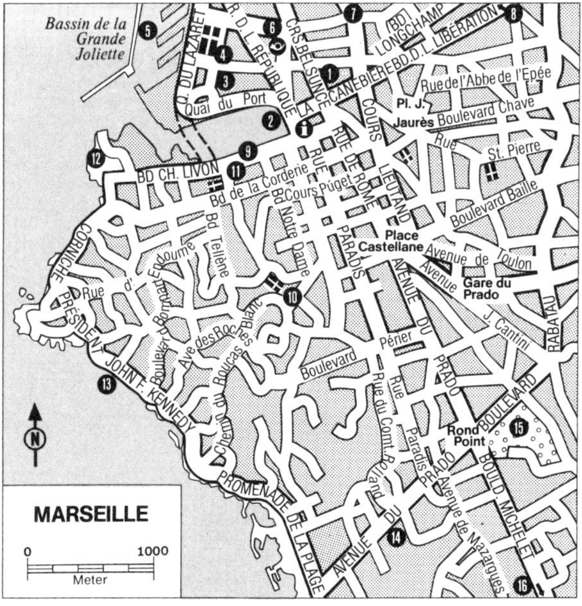

Avenue du Prado [14] vom Meer weg nach Nordosten, vorbei am *Parc Borély*, in dessen Schloß (1778) das reiche **Archäologische Museum* untergebracht ist. Jenseits des Rond Point beginnt der

Parc Amable Chanot [15], der zwei interessante Museen enthält: das *Musèe du Vieux-Marseille* mit Zeugnissen einer $2^1/_2$tausendjährigen Geschichte und das Marine- und Kolonialmuseum, *Musée de la Marine et de la France d'Outre-Mer*. Vom Rond Point sind es noch $1^1/_2$ km stadtauswärts zu einer Sehenswürdigkeit moderner Architektur:

***La Cité Radieuse** [16]. Als *Le Corbusier* in den Jahren 1947–52 seine „Strahlende Stadt" als einen 17stöckigen Wohnkoloß auf Betonpfeilern errichtete, war das Bauwerk eine Weltsensation.

UMGEBUNG

Marseille bietet Gelegenheit zu einer ganzen Reihe lohnender Unternehmungen, deren Ausgangspunkte entweder der Quai des Belges oder die Canebière sind.

Neben einer Hafenrundfahrt sollte man vor allem den Motorboot-Ausflug (30 Minuten Überfahrt) zum

***Château d'If** machen, das seine Berühmtheit dem populären französischen Schriftsteller *Alexandre Dumas* (Vater) verdankt; es diente ihm als Hauptschauplatz seines zwölfbändigen Romans „*Der Graf von Monte Christo*". 1524 von Franz I. zum Schutz Marseilles gegen die Spanier erbaut, diente es später als seiner feuchten Verließe wegen gefürchtetes *Staatsgefängnis*. Neben der kleinen Felseninsel, die Château d'If trägt, liegen die größeren Inseln *Ratonneau* und *Pomègues*. Sie sind durch einen Damm verbunden, der den *Port du Frioul* schützt, die von Seeleuten gefürchtete Quarantäne-Station.

An Meisterleistungen der Technik Interessierte sollten sich einen anderen Motorboot-Ausflug nicht entgehen lassen – nämlich zum

****Tunnel du Rove.** Durch ihn wird der *Marseille-Rhône-Kanal* in die Lagune *Etang de Berre* geleitet. Der Tunnel, der die Hügel der *Chaîne de l'Estaque* unterfährt, ist 7,27 km lang; er hat eine Profilhöhe von 14,5 m mit 4,5 m Tiefgang; seine Breite beträgt 22 m. Mit diesen Maßen gehört der 1911–27 als Endstück des Kanals geschaffene Tunnel zu den größten Bauwerken seiner Art in der Welt. Der Kanal von Marseille zur Rhône bei *Arles* hat eine Gesamtlänge von 81 km. Der Gedanke war nicht neu: gut die Hälfte der Strecke, nämlich den Abschnitt zwischen Arles und Port de Bouc schafften bereits die Römer, als sie 104 v. Chr. durch die Steinwüste *Crau* die „*Fossae Marianae*" gruben – der noch im Ausbau begriffene Industriehafen der Provence *Port de Fos* greift den alten Namen wieder auf.

Les Calanques sind die fjordartigen Einschnitte in der Felsenküste des *Massif de Puget* südlich von Marseille. Man macht den Halbtagsausflug am besten mit dem Schiff. Besonders eindrucksvoll ist das *Cap Morgiou*, das zwischen *Calanque de Sormiou* und *Calanque de Morgiou* vorspringt. Weitere Calanques (Port-Minou, Port-Pin, En-Vau) liegen südwestlich von *Cassis* (s. S. 245).

Eine Fahrt (27 km) nach *Carry-le-Rouet* an der Südküste der

Halbinsel Estaque führt zunächst an den Hafenanlagen entlang und am Eingang des Rove-Tunnels vorbei; dann steigt die Straße ständig an, bis sie ab *Le Rove* in 200 m Höhe auf dem *Kamm der Estaque* entlangzieht; durch ein wildes Tal fährt man hinunter zu den Badeorten *Rouet-Plage* und *Carry-le-Rouet*. Die Rückfahrt sollte man auf den Spätnachmittag legen, wenn die Sonne schon tief im Westen steht: Marseille ist dann bei der Talfahrt wunderbar beleuchtet.

*LYON

Lyon hat mit Vororten knapp 1,2 Millionen Einwohner. Sein Kern erstreckt sich in der Mitte einer rund 5000 m langen und über 600 m breiten Halbinsel zwischen der schon mächtigen *Rhône* im Osten und der *Saône* im Westen, die sich an der Südspitze der Halbinsel vereinigen. Im Norden wird die flache Halbinsel, die durch Anschwemmung entstand, von den steilen Hügeln der *Croix-Rousse* abgeschlossen; ein Tunnel ermöglicht der großen Straße Genf–Clermont-Ferrand die Umgehung der Altstadt.

Lyon ist das Zentrum der französischen Textilindustrie. Italiener brachten im 15. Jh. die Kenntnis der Herstellung von Seidenstoffen in die Stadt – im 17. und 18. Jh. war „*Lyoner Seide*" in ganz Europa berühmt. Die Erfindung des Mechanischen Webstuhls durch *Jacquard* 1802 brachte den Übergang von der Manufaktur zur Fabrik und eine sprunghafte Vergrößerung des Wirtschaftsvolumens. Heute liegt das Schwergewicht der Lyoner Textilindustrie, die sich in jedem Frühjahr auf der Lyoner Mustermesse zur Schau stellt, nicht mehr auf der Seide, sondern auf der Kunstfaser.

GESCHICHTE

Die strategische Lage der Halbinsel und die gute Möglichkeit, die sie für Rundumverteidigung bot, gaben den Römern Anlaß, hier im Jahre 43 v. Chr. die Kolonie *Lugdunum* zu begründen: so konnte Lyon 1958 die Zweitausendjahrfeier seiner Stadtgründung begehen. Unter den römischen Kaisern war Lugdunum Hauptstadt der Provinz Gallia Lugdunensis, mit Tempeln, Theatern und Bädern prachtvoll ausgestattet. Im 2. Jh. wurde sie Kernzelle des Christentums in Gallien – Erzbischöfe haben die Stadt jahrhundertelang beherrscht und ihren Charakter geprägt. 843 kam Lyon durch den Vertrag von Verdun an Burgund, mit ihm 1032 an das Heilige Römische Reich. 1312 von Philipp dem Schönen erobert, fiel Lyon an Frankreich und wurde eine mächtige Gewerbe- und Handelsstadt; 1506 entstand zu Lyon die erste Börse auf französischem Boden. Gemäßigt und königstreu gesinnt, erwies sich Lyon während der Französischen Revolution als widerspenstig; Paris schickte Truppen, die weite Teile der Stadt zerstörten; als die Guillotine nicht mehr nachkam, griff man zu Kartätschen; 6000 Bürger wurden hingerichtet. Napoleon ließ Lyon großzügig wiederaufbauen.

SEHENSWÜRDIGKEITEN

Herzstück der Stadt und zugleich ihr schönster Platz ist die weite **Place Bellecour** [1], 1647 angelegt und mit einem *Reiterstand-*

bild Ludwigs des Vierzehnten geschmückt; an der Südostecke des Platzes erhebt sich ein *Glockenturm* von 1665 nahe der *Hauptpost* von 1938; von der Nordostecke führen die beiden Hauptgeschäftsstraßen Lyons nach Norden, die

Rue de la République und die **Rue Président-Herriot.** [2]. Schlendert man die letztere entlang – *Herriot* war langjähriger Bürgermeister Lyons und zweimal Ministerpräsident der 3. Republik – so findet man nach etwa 750 m an der linken Seite die

Église Saint-Nizier [3]. Der spätgotische Bau aus dem 15. Jh. mit einem Renaissance-Portal aus dem 16. Jh. steht an der Stelle des ersten Lyoner Gotteshauses; unter dem Chor liegt eine Krypta aus dem 6. Jh. mit modernen Mosaiken. Etwa 250 m weiter nördlich mündet die Straße in die

Place des Terreaux. Sie hat ihren Namen von den Erdmassen, mit denen der römische Kanal zugeschüttet wurde, der Rhône und Saône verband. Die Figuren des Brunnens symbolisieren die dem Meer zueilenden Flüsse. An der Südseite des Platzes liegt das

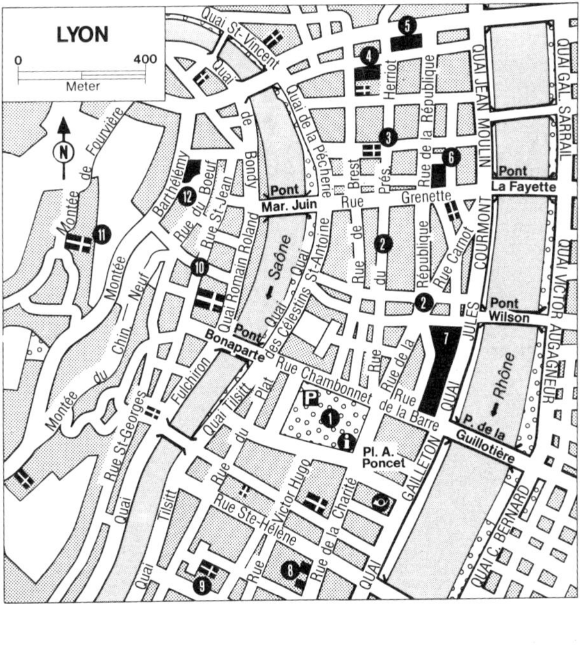

Musée Municipal des Beaux-Arts [4]. Das Kunstmuseum enthält viele beachtliche Skulpturen und eine reiche Gemäldesammlung. An der Ostseite liegt das

***Hôtel de Ville** [5], eines der schönsten Rathäuser Frankreichs. Der aus der Mitte des 17. Jh. stammende Bau enthält zwei durch einen graziösen Zwischenbau getrennte *Höfe* und ist von einem Beffroi überragt, einem *Wachtturm*, dessen Sturmglocke längst durch ein hübsches Glockenspiel ersetzt ist; im Giebelfeld der Hauptfassade reitet Henri Quatre, König Heinrich IV. Geht man nun die Rue de la République nach Süden zurück, so stößt man bald auf den mächtigen Bau (1855–60) des

Palais du Commerce et de la Bourse [6]. Vor seinem Portal wurde 1894 Staatspräsident *Carnot* ermordet. Südlich der Börse, die in ihrer Monumentalität die Bedeutung des Handels für Lyon zum Ausdruck bringt, liegt die Kirche (Wende des 14. zum 15. Jh.)

Saint-Bonaventure. Der in Lyon gestorbene Toskaner *Bonaventura* (1221–74) war als Ordensgeneral der Erneuerer des Franziskanerordens und ein berühmter Kirchenlehrer. Von hier sind es nur ein paar Schritte zu den Quais der Rhône, über die ein Dutzend Brücken führen. Flußaufwärts liegt der prächtige *Parc de la Tête d'Or* mit einem hübschen *See*, *Zoologischem* und *Botanischem Garten* und dem *Messepalast*. Wendet man sich südwärts, so geht man bald an einer prachtvollen, 325 m langen **Fassade* entlang, die *Soufflot*, der das Pariser Panthéon baute, entwarf; ihre Bauzeit betrug ein Jahrhundert (1741–1842). Die gewaltige Front ziert die Flußseite des

Hôtel-Dieu [7], des weitläufigen historischen Krankenhauses; sehenswert sind der *Ehrenhof* aus dem 17. Jh. und die reizende *Kapelle* von 1645.

Von der Südostecke der Place Bellecour führt die Rue de la Charité zu zwei nebeneinanderliegenden *Museen* [8]: das

Musée des Arts Décoratifs ist ein beachtenswertes *Kunstgewerbemuseum*, das Lyoner Möbel, Wandteppiche der Lyoner Gobelin-Manufaktur (und aus Flandern) sowie Fayencen enthält. Einzigartig auf der Welt aber und für Lyon besonders typisch ist das

****Musée Historique des Tissus,** das Museum der *Geschichte der Stoffe*. Hier gewinnt man einen lückenlosen Überblick über die Entwicklung der Webkunst aller Länder und Zeiten und sieht eine unvergleichliche Sammlung von Stoffen aller Art, von Seiden, Samten und Brokaten, von Stickereien und Teppichen. Fast auf gleicher Höhe, aber mehr der Saône zu, liegt die *Place Ampère* mit einem Denkmal für den großen Physiker (1775–1836), einen Sohn Lyons. Von hier sind es wenige Meter zu der Kirche

***Saint-Martin-d'Ainay** [9], einem an der Stelle eines römischen Tempels errichteten romanischen Bau aus dem frühen 12. Jahrhundert mit vier antiken Säulen unter der schönen Kuppel, mit einem Mosaikfußboden im Chor und einem Glockenturm, der einen eigenartigen Fries aufweist. Nun geht man am *Quai*

Tilsitt die Saône aufwärts, überquert den Fluß auf dem *Pont Bonaparte* und erreicht hinter einer Häusergruppe die

Cathédrale Saint-Jean [10]. Vier Jahrhunderte haben an ihr gebaut. So ist das Querschiff mit der astronomischen Uhr von 1598 romanisch, die Apsis romanisch-burgundisch mit gotischem Gewölbe, das reich mit mittelalterlichen Glasmalereien geschmückte Hauptschiff frühgotisch, die Fassade spätgotisch mit einer Fensterrose von 1393.

Schon von der Tilsiter Brücke aus sieht man hinter den flachbedachten Turmstümpfen von Saint-Jean die 175 m hoch über der Stadt gelegene *Wallfahrtskirche*

Basilique Notre-Dame-de-Fourvière [11]. Der in der Gründerzeit aufgeführte Bau enthält starke Vergoldung, viel Malerei und riesige Mosaiken. Herrlich ist der **Ausblick vom Nordostturm*, der auch als Sternwarte dient, auf die Stadt Lyon und ihre Umgebung. Im Norden von Fourvière ragt der 1893 erbaute, 85 m hohe *Metallturm* auf, der heute als Fernsehturm dient; nahe im Süden liegen die beiden *römischen Theater*, von denen das große mit über 100 m Durchmesser sommerlichen Freilichtaufführungen dient.

Zu Füßen der die Stadt beherrschenden, mit einer Standseilbahn (Talstation nahe Saint-Jean) erreichbaren Kirche von Fourvière breitet sich das mit Häusern aus dem 15.–17. Jh. bestückte und sorgsam restaurierte *alte Stadtviertel*

Quartier Saint-Jean [12] aus, das nicht nur wegen des *Musée Historique de Lyon* und des Puppentheatermuseums *Musée de la Marionette* einen Rundgang lohnt; besonders interessante Häuser weist die *Rue Saint-Jean* auf.

UMGEBUNG

Charbonnières-les-Bains (10 km westlich): ein hübsches *Thermalbad* mit Kasino, Kurpark und Rennplatz.

Ile-Barbe (6 km nördlich); eine *Flußinsel* der Saône.

Rochetaillée (12 km nördlich): Schloß mit Automobilmuseum.

Pérouges (36 km an der Straße nach Genf): Ein Dorf, in dem man sich im 16. Jahrhundert glaubt, mit befestigter Kirche, und guterhaltenen Häusern aus dem 16. und 17. Jahrhundert.

Chaponost (5 km) mit den Resten eines römischen Aquädukts, der sich gegen Westen etwa sechs Kilometer lang hinzieht.

Gebiet von Dombs, das „Land der tausend Seen“ (26 km).

*BORDEAUX

Bordeaux hat mit Vororten 600000 Einwohner. Obgleich rund 100 km vom Meer gelegen, mit dem es die *Garonne* und, nach deren Vereinigung mit der *Dordogne*, die lange schmale Trichtermündung der *Gironde* verbindet, ist es der größte Hafen des Landes am Atlantik und die Hauptstadt des Weins, der von hier nach allen Ländern der Erde verschifft wird. Bordeaux ist seit altersher eine reiche Handelsstadt und von außerordentlicher Schönheit der Lage, der Plätze und der Bauten aus den verschiedensten Jahrhunderten. Der französische Schriftsteller *Victor Hugo*, kein Bordelaiser, hat sie als eine Mischung aus *Versailles* und *Antwerpen* charakterisiert.

GESCHICHTE

Bordeaux ist eine römische Gründung und war als *Burdigala* die Hauptstadt der Provinz *Aquitanien.* 412 kam es an die Westgoten, 507 an die Franken. Dreihundert Jahre lang stand Bordeaux unter englischer Herrschaft (1152 bis 1453), während der die Weinausfuhr, die bereits im 4. Jh. begonnen hatte, beträchtlichen Aufschwung nahm. So kehrte die Stadt am Ende des Hundertjährigen Krieges unwillig in den Schoß Frankreichs zurück. – König Karl VII. ließ in ihr zwei Zwingburgen (Château du Hâ und Château Trompette) erbauen, um ihrer sicher zu sein. Aber Bordeaux wollte sich mit der königlichen Zentralgewalt und der Beschneidung seiner Privilegien nicht abfinden: 1548 unternahm es einen Aufstand, der schonungslos unterdrückt wurde, und Ludwig XIV. mußte gleich zweimal Truppen schicken, 1653 und 1675. Dank umsichtiger und einsichtiger Intendanten kam Bordeaux im 18. Jh. zu hoher Blüte. Rückschläge brachten die Revolution, in der die Stadt girondistisch-gemäßigt gesinnt war und dafür blutig bezahlen mußte, und das Erste Kaiserreich, in dem seinen Schiffen der Atlantik verschlossen blieb. Erst während der Restauration setzte ein neuerlicher wirtschaftlicher Aufschwung ein, der bis heute anhält. In drei Kriegen – 1870, 1914, 1940 – war Bordeaux Zufluchtsort und provisorischer Sitz der französischen Regierung.

SEHENSWÜRDIGKEITEN

Das Herz Bordeauxs, 400 m vom Ufer der Garonne, ist die *Place de la Comédie;* an ihr steht das ****Grand-Théâtre** [1], von dem Kenner sagen, es sei das schönste der Welt. Es wurde 1773–80 von dem Architekten *Victor Louis* erbaut; seiner Hauptfassade ist eine Kolonnade aus 12 korinthischen Säulen vorgesetzt; sie trägt eine Balustrade mit Statuen von 12 Musen und Göttinnen. Unweit nördlich breitet sich Europas weitester Platz:

Place des Quinconces [2]. Er umfaßt 12 ha. Seine Ostterrasse schmücken zwei hohe Säulen mit Schiffsschnäbeln; von hier hat man einen schönen Blick auf die breit dahinfließende Garonne und die Hafenanlagen in ihrem Bogen. In der abgerundeten Westseite erhebt sich das *Monument des Girondins*, an den beiden Längsseiten hat Bordeaux zwei großen Söhnen Standbilder gesetzt: dem Philosophen *Montaigne* (1533–92) und dem Schriftsteller *Montesquieu* (1689–1755). Wenige Häuserblocks trennen die Nordwestecke des 1818–1828 angelegten Platzes vom

Jardin Public [3], einem Park mit See und Botanischem Garten. Man schlägt nun einen weiten Bogen und kommt zum

Palais Gallien [4], den Resten eines römischen Amphitheaters aus dem 3. Jh.; ein Zugang mit hohen gemauerten Bogen blieb erhalten. Noch weiter ab von der Garonne (fast 1,5 km, woraus die Größe der Stadt schon im Altertum und im Mittelalter ersichtlich ist) liegt eine Kirche, an der Jahrhunderte bauten:

***Saint-Seurin** [5]. Die Vorhalle entstammt dem 11. Jh., Teile des Chors dem 12., ein Figurenportal dem 13. Jh.; die beiden

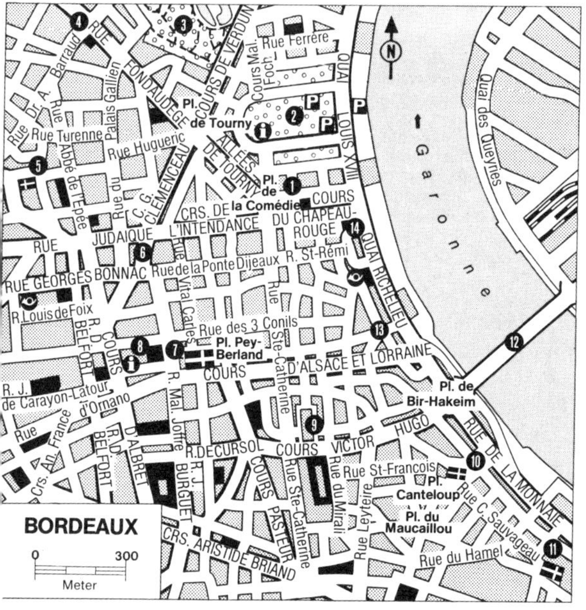

romanischen Glockentürme tragen Aufbauten aus dem 16. und 18. Jh.; die Fassade wurde 1831 hinzugefügt. In der Krypta stehen Marmorsarkophage aus dem 6. Jh. Südöstlich altstadteinwärts liegt die

Place Gambetta [6], der belebteste Platz Bordeaux', von Häusern im Stil Ludwigs XV. umstanden. Weiter südöstlich ragen die 81 m hohen, ungewöhnlich schlanken Turmspitzen der Hauptkirche auf, der

Cathédrale Saint-André [7]. Ihr Langhaus mit schlichter Fassade geht auf das 12. Jh. zurück, der Chor und die beiden Querschiffe mit ihren reichen Fassaden wurden im 15. Jh. hinzugefügt; bemerkenswert ist der plastische Schmuck der **Porte Royale* an der Nordseite. Freistehend erhebt sich neben dem Chor der 1440–66 erbaute Glockenturm **Tour Pey-Berland;* das 19. Jahrhundert bekrönte ihn mit einer vergoldeten Marienstatue. Der Kathedrale gegenüber liegt im Westen das *Rathaus*, ehemals erzbischöfliches Palais (1772–81), dahinter der *Jardin de la Mairie*, der von zwei Galerien gesäumt ist. Die südliche beherbergt das *Musée d'Aquitaine*, das „Heimatmuseum" der Provinz, die nördliche das *Kunstmuseum*

***Musée des Beaux-Arts** [8], dessen Prachtstück die *„*Löwenjagd*" von *Eugène Delacroix* ist; interessant ist auch die reiche Sammlung von *Arbeiten des in Bordeaux geborenen Malers *Albert Marquet* (1875–1947). Man hält sich nun weiter südöstlich und findet nahe dem *Grand-Marché* das wuchtige, 41 m hohe

***Tor Grosse-Cloche** [9] mit zwei Öffnungen: einer für den Stadtverkehr und einer, zwei Stockwerke darüber, für die freischwingende Glocke; der Torbau stammt aus dem 13.–15. Jh. Nun kommt man, fast am Ende des Bogens, immer näher an die Garonne und findet die

Église Saint-Michel [10], einen dreischiffigen Bau aus dem 14.–16. Jh. Frei davor steht als höchstes Bauwerk Südfrankreichs der 109 m hohe Glockenturm

***Tour Saint-Michel,** 1472–92 erbaut. Sein Fundament birgt die Mumiengruft, *Caveau des Momies*, mit 70 seit 1810 wohlerhaltenen Leichnamen. Noch ein Stück weiter südöstlich liegt die romanische

Église Sainte-Croix [11] mit interessanter, von zwei Turmstümpfen gerahmter Fassade. Nach 200 m ist man am Ufer der Garonne und sieht vom Quai auf den jenseitigen Vorort *La Bastide* mit seiner modernen Wohnstadt *Cité de la Benauge* und auf die berühmte, über 17 Bogen geführte Steinbrücke

***Pont de Pierre** [12]. Sie ist 501 m lang und wurde in den Jahren 1810–22 erbaut. Nördlich der Brücke findet man, nahe dem Quai de la Douane, die

****Porte de Cailhau** [13], das schönste alte Tor von Bordeaux. Der gedrungene, leicht vorgewölbte Bau aus dem Jahr 1495 ist mit seinen vier unregelmäßigen kegelförmigen Turmhauben 34 m hoch.

Noch etwas weiter nördlich am Ufer der Garonne liegt der schönste, von Bauten des 18

Jahrhunderts gerahmte Platz der Stadt mit den für sie so wichtigen Gebäuden des *Zollamts* und der *Börse:* die

****Place de la Bourse** [14]. Ihr Mittelpavillon enthält das **Musée de la Marine* mit Schiffsmodellen des 17.–19. Jahrhunderts, Gallionsfiguren, alten Admiralitätskarten, Stichen (darunter auch solchen von Jacques Callot, s. S. 110) und Seestücken.

UMGEBUNG

Ausflüge von Bordeaux führen zwangsläufig in Seebäder oder in Weinorte mit weltberühmten Namen.

Während gewöhnlich Weine nach dem Großraum ihres Wachstums bezeichnet werden, wie Champagner oder Burgunder, tragen die Weine des *Bordelais* den Namen ihrer Herzstadt: „*Bordeaux*". Zur vertieften Kenntnis bieten sich zwei Fahrten an. Die erste führt ins

***Haut-Médoc,** 50 km nach Norden. Dieses Gebiet gehört zu den an Boden und Klima besonders bevorzugten Weinlandschaften Frankreichs – 130000 ha sind hier von Weinbergen bedeckt. Das Anbaugebiet des *Médoc* zieht sich 80 km lang und 10–20 km breit am Westufer der Gironde hin; *Haut-Médoc* macht nur seinen südlichen, also Bordeaux nächstgelegenen Teil aus. Erste Station nach knapp 30 km ist *Margaux;* seine Weinberge bringen den „Roi du Médoc" hervor, einen wahrhaft königlichen Wein. 18 km weiter folgt *Saint-Julien* mit dem „*Château-Beychevelle*". Dann kommt *Pauillac* mit Lagen, deren Namensnennung allein die Weinkenner berauscht: *Château-Latour*, **Château-Mouton-Rothschild* mit einem originellen *Weinmuseum*, und *Château-Lafite-Rothschild.*

Schließlich, immer die breite Gironde vor Augen, *Saint-Estèphe*, wo das Gebiet Haut-Médoc mit seinen großen, starken, feinen und eleganten Weinen zu Ende geht.

Die zweite Fahrt führt zunächst in knapp 40 km über Libourne nach

***Saint-Émilion,** das nicht nur ein berühmter Weinort, sondern auch eines der interessantesten Städtchen Frankreichs ist. Ein großer Teil seiner Wälle aus dem 13. Jh. blieb erhalten. Die Stiftskirche *Église Collégiale* hat einen stimmungsvollen gotischen Kreuzgang. Auf der *Place des Créneaux* erhebt sich ein freistehender, 67 m hoher Glockenturm. Die große Sehenswürdigkeit aber ist die **unterirdische Kirche*, die das 12. Jahrhundert in den Kalkstein höhlte: 40 m lang, 20 m breit, 16 m hoch, die *Église Monolithe;* in ihr ruhten während des Zweiten Weltkriegs die unersetzlichen Glasmalereien von Chartres. Von Saint-Emilion geht die Rundfahrt 65 km lang durch das Weinbaugebiet „*Entre-deux-Mers*" nach

***Cadillac** mit dem mächtigen, 1598–1615 erbauten *Schloß* der Herzöge von Épernon. Die Rückfahrt (35 km) nach Bordeaux folgt stets dem rechten Ufer der Garonne.

Unter den Seebädern hat **Soulac-sur-Mer* nahe der Gironde-Mündung die Merkwürdigkeit einer Kirche, die seit dem

12. Jahrhundert zweimal verlorenging: *Notre-Dame-de-la-Fin-des-Terres* (Unsere liebe Frau vom Ende der Welt) wurde von Wanderdünen begraben und schließlich vergessen; 1860 fanden sie Ausgräber wieder.

Ebenso in den Dünen und vor den riesigen Kiefernwäldern der *Landes* liegt das neue Seebad *Lacanau-Océan*.

Das Austern-Bad **Arcachon* schließlich siehe R 19 S. 190.

Reizvoll ist auch eine Fahrt (123 km) bis *Talmont* mit der romanischen Kirche St-Radegonde hoch über der Gironde und zurück an der Gironde entlang über *Mortagne* (unterirdische Eremitage aus der Zeit der Jakobswallfahrer) und *Blaye* mit einer Vauban-Festung (17. Jh.) mit großartigem Ausblick.

16.9.87

**STRASBOURG (STRASSBURG)

Straßburg (626000 Einw. mit Vororten) ist der wirtschaftliche und kulturelle Mittelpunkt des Elsaß und ein internationaler Verkehrsknotenpunkt. Ein großer Teil der Reisenden aus der Bundesrepublik, Österreich und der Schweiz fährt über die *Europabrücke* bei Kehl und durch Straßburg nach Frankreich ein. Bis ins 20. Jahrhundert hinein stets zwischen Deutschland und Frankreich umstritten, spielt die Stadt sei 1949 als *Sitz des Europarats* eine Vermittlerrolle, auf der viele Hoffnungen ruhen. Straßburg liegt auf einer Insel, die von den beiden Armen des Flusses Ill umfaßt wird; im Mittelalter dienten sie der Stadt als natürlicher Wassergraben.

GESCHICHTE

Wo sich zwei uralte Straßen kreuzten, legten die Römer 15 v. Chr. ein befestigtes Lager an, das sie *Argentoratum* nannten und zum Standquartier der 8. Legion machten. In den Stürmen der Völkerwanderung fiel Straßburg schließlich an die Alemannen, die sich 496 den Franken unterwerfen mußten. In der Zeit der Merowinger-Könige erhielt die Ansiedlung den Namen Strateburgum, Burg an den Straßen, und wurde Bischofsstadt. Im Bruderzwist der Enkel Karls des Großen schworen sich Ludwig der Deutsche und Karl der Kahle Treueide; diese „*Straßburger Eide*" sind der älteste gemeinsame Text des Althochdeutschen und Altfranzösischen. Ab 855 gehört Straßburg zum Heiligen Römischen Reich, bei dem es acht Jahrhunderte bleibt. Im Laufe des 13. Jh. schütteln die Bürger das bischöfliche Joch ab, 1262 wird Straßburg Freie Reichsstadt. 1681 wird sie von Ludwig dem Vierzehnten annektiert. Sie ist bis 1870 französisch und kapituliert erst nach 50tägiger Belagerung. Ab 1918 ist sie bis auf die Jahre 1940–44 wieder französisch. Seit 1949 ist Straßburg Sitz des Europarats und eine blühende Handels- und Hafenstadt – von ihrem großen Rheinhafen zweigen der Rhein-Marne-Kanal nach Norden und der Rhein-Rhône-Kanal nach Süden ab.

SEHENSWÜRDIGKEITEN

Verkehrsmittelpunkt ist der nach dem berühmten General der Französischen Revolution *Jean Baptiste Kléber*, einem Sohn Straßburgs, benannte Platz

Place Kléber [1]; das Grab des 1800 in Kairo Ermordeten liegt unter dem Denkmal. An der Südostecke des Platzes beginnt die alte Ladenstraße

Rue des Grandes Arcades [2]; ihr deutscher Name „*An den Gewerbslauben*" drückt ihren Charakter besser aus. Sie mündet auf die *Place Gutenberg* – *Johannes Gutenberg*, der Erfinder des Buchdrucks, lebte von 1434–44 in Straßburg. Wiederum an der Südostecke des Platzes öffnet sich nach links eine kurze Straße, die Krämergasse *Rue Mercière* – im Ausschnitt der Häuserschlucht erhebt sich, überraschend und überwältigend, eine hohe Fassade mit einem riesigen (13,5 m Durchmesser) *Rosenfenster, das

****Münster** [3]. Es zählt zu den schönsten Domen deutscher Gotik. Im 12. Jh. werden der Chor und das nördliche Querschiff er-

Straßburger Münster

baut, noch in romanischem Stil. Das 13. Jh. fügt das südliche Querschiff und das Langhaus mit seinem 32 m hohen Mittelschiff in gotischem Stil hinzu. Der Bau der herrlichen **Westfassade und der beiden Türme bis zur Plattform in 66 m Höhe dauert von 1277 bis 1365; die Reihe seiner Baumeister beginnt mit Erwin von Steinbach. Ulrich von Ensingen führt 1399–1419 den Nordturm bis zur zweiten Plattform hoch, Johann Hültz aus Köln setzt 1420–39 den durchbrochenen Helm darauf: 142 Meter hoch.

Im Einzelnen sollte man genau betrachten:

An der Westfassade die herrliche **Rose und den ***Skulpturenschmuck der drei Portale*, der im wesentlichen aus dem 14. Jh. stammt: Die Gewändefiguren des Mittelportals stellen *Propheten* dar, die des linken Portals *Tugenden und Laster;* am rechten Portal **die Klugen und die Törichten Jungfrauen*, Werke von großer Ausdruckskraft. Das ***Portal des südlichen Querschiffs* zeigt in den Bogenfeldreliefs über dem Türsturz den *Tod* und die *Krönung Mariae* und die hochberühmten Figuren der Christlichen Kirche und des Judentums – *Ecclesia und Synagoge.*

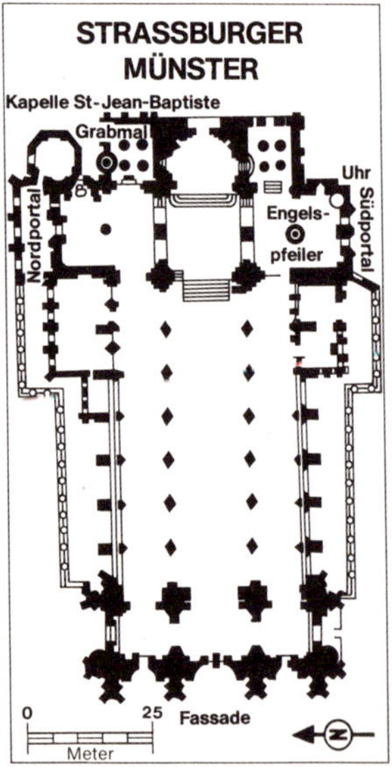

Im Inneren des Münsters die **Glasmalereien* aus dem 13. u. 14. Jh., die spätgotische, statuettengeschmückte *Kanzel* von 1485, den *„*Engelspfeiler*“ mit den posauneblasenden Engeln des Weltgerichts und – die *astronomische Uhr* von 1571, die täglich um 12.30 Uhr zahlreiche Figuren in Bewegung setzt.

Die *Turmbesteigung* belohnt an klaren Tagen mit einem herrlichen **Blick* auf die Stadt, das Elsaß, die Vogesen und den Schwarzwald aus 106 m Höhe.

Am Domplatz, vor der Westseite des Münsters, steht das **Kammerzell-Haus* (1467–1589), das schönste Fachwerkhaus Straßburgs.

Vor der Südseite des Münsters liegt der *Schloßplatz*

Place du Château [4] mit dem 1730–42 erbauten *Château des Rohans* – das Haus Rohan stellte Straßburg mehrere Kardinal-Bischöfe –, das neben den Rokoko-Prunkgemächern auch eine *Gemäldegalerie* (Musée des Beaux-Arts) mit besonderer Betonung der oberrheinischen Kunst enthält. An der Südwestecke des Platzes liegt das „*Frauenhaus*“ (nach Unserer lieben Frau, der das Münster geweiht ist) genannte

Maison de l'Oeuvre Notre-Dame, das aus einem gotischen (1347) und einem Renaissance-Teil (16. Jh.) besteht und seit 1349 Sitz der *Dombauhütte* ist; hier kann man im **Frauenhaus-Museum* die Originale der Plastiken – darunter Ecclesia und Synagoge (s. S. 90) – sehen, die man vom Münster abnahm, um sie nicht länger der Luftverschmutzung auszusetzen.

Dahinter ein romantischer alter Platz: Der *Ferkelmarkt* (Place

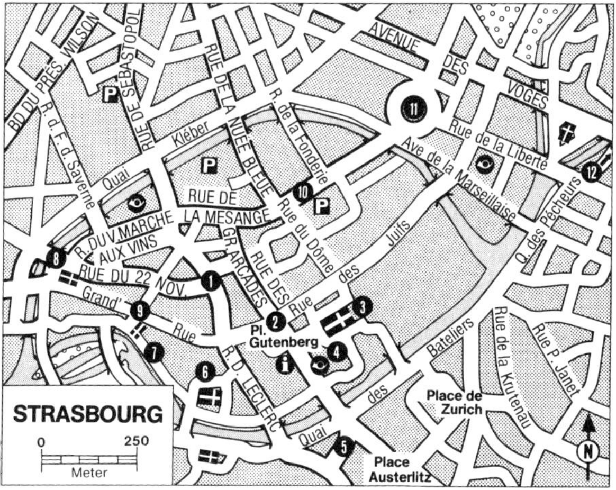

du Marché-aux-Cochons-de-Lait). Noch etwas weiter im Südwesten die *Große Metzig* (Grande Boucherie), 1586–88 als Fleischmarkt erbaut. Hier geht es nun über die *Rabenbrücke*, unter der die *Ill* fließt, zum

Place du Corbeau [5], dem *Rabenmarkt*. An ihm steht das *Gasthaus zum Raben*, Quartier vieler berühmter (1740 Friedrich der Große) Leute. Nahebei beherbergt ein Bürgerhaus aus dem 17. Jahrhundert das *Elsässische Museum* mit Volkskunst, Möbeln, Hausrat, Trachten. Die nächste Brücke über die Ill führt zu

Saint-Thomas [6], einer romanisch-gotischen Hallenkirche, in der anstelle des Hochaltars das **Grabmal* des französischen Marschalls *Moritz von Sachsen* steht, ein Werk von *Jean-Baptiste Pigalle* (1756); Moritz war der Sohn Augusts des Starken und der Aurora von Königsmarck. Durch die *Rue de la Monnaie* (Münzgasse) und die Rue *des Dentelles* (Spitzengasse) geht es nordwestlich zur

Rue du Bain-aux-Plantes [7]; die Pflanzbad-Gasse führt durch das alte *Gerberviertel mit vielen Fachwerkhäusern; besonders hübsch ist die Gruppe *Klein-Frankreich* (Petite-France). Vom *Quai de la Petite-France* führen vier „*Gedeckte Brücken*" (Ponts Couverts) über die vier Arme der Ill; hier stehen auch noch vier Türme der mittelalterlichen Befestigungsanlagen.

Nun wendet man sich nach Norden und findet an dem Straßenzug, der vom Bahnhof in die Altstadt führt, die Kirche zum Alten Peter

Saint-Pierre-le-Vieux [8]; sie wurde 1681 in eine katholische und in eine evangelische Kirche geteilt, wobei die Katholiken ihren Teil 1867 neu erbauten. Von St. Peter geht man durch die *Lange Gasse*, die

Grand' Rue [9], in der noch viele alte Häuser erhalten blieben, zum *Gutenberg-Platz* zurück.

Neben Alt-Straßburg gibt es das Neue, das vor allem nach Nordosten wuchs und wächst; dorthin weist die Achse des großen, langgestreckten Platzes

Place Broglie [10], der von stattlichen Gebäuden aus dem 18. Jh. umstanden ist, darunter dem *Rathaus* (1730) und dem *Zweibrücker Hof* (1755); den Abschluß des Platzes bildet das 1825 erbaute *Stadttheater*. Dahinter führt die *Theaterbrücke* über den *Falschwallkanal* auf den weiten Empfangsplatz der *Neustadt*, die

Place de la République [11] mit repräsentativen Bauten, darunter dem *Palais du Rhin*, das 1883–89 in Neurenaissance für den deutschen Kaiser errichtet wurde. Nach Osten führt von hier die *Rue de la Liberté* über die beiden Arme der Ill auf die *Place de l'Université*, hinter dem die Gebäude der 1884 errichteten *Universität* liegen. Von hier zweigt die

Allée de la Robertsau [12] nach Nordosten ab, die an dem Stadtpark der **Orangerie* (1806) vorbei zu dem 1950 erbauten **Europahaus* (Maison de l'Europe) führt, dem Sitz des Europarats.

**DIJON

Dijon (157 000 Einw.) ist als Hauptstadt des spätmittelalterlichen Herzogtums Burgund eine der interessantesten Kunststädte Frankreichs. Außer einer ausgezeichneten Küche und herrlichen Weinen – Dijon ist Haupthandelsplatz des „Burgunders" – hat sie den Vorteil, daß ihre großen Sehenswürdigkeiten in einem Rechteck von nur 800 m Länge und 250 m Breite beisammen liegen: Kunstgenuß der kurzen Wege.

GESCHICHTE

Aus dem römischen Militärlager *Castrum Divionensis* an der Straße Lyon–Mainz wurde allmählich ein Städtchen, das sich 1015 die Herzöge aus dem Geschlecht der *Capetinger* zum Sitz wählten. Nach dem Brand, der Dijon 1137 völlig einäscherte, ließ sie Herzog *Hugues II.* vergrößert wieder aufbauen; man zählte elf Stadttore.

Als die Capetinger ausstarben, folgten ihnen Herzöge aus der Seitenlinie der *Valois*. Unter ihnen erlebte Burgund ein Jahrhundert (1364–1477) glanzvollsten Aufstiegs und höchster kultureller Blüte. Die Reihe dieser Herzöge, die sich stolz ‚*Grands Ducs d'Occident*', ‚Großherzöge des Abendlandes", nannten, beginnt mit

Philipp dem Kühnen (1364–1404). Den Beinamen erwirbt er sich schon als Vierzehnjähriger in der Schlacht bei *Poitiers* 1356 gegen die Engländer. Seit 1364 Herzog von Burgund, wird er 1369 durch seine Heirat mit *Margarete von Flandern*, der reichsten Erbin Europas, zum mächtigsten Fürsten der Christenheit. Ihm folgt, klug das Erbe mehrend,

Johann Ohnefurcht (1404–1410). Sein Tod – er wird auf der Brücke von Montereau von der Begleitung des Dauphin, des späteren Königs *Karl VII.*, erschlagen – hat für Frankreich schwerwiegende Folgen; auf das Loch in Johanns Schädeldecke deutend, sagte man später: „Durch dieses Loch kamen die Engländer ins Land". Denn

Philipp der Gute (1419–1467) nahm Rache für den Tod seines Vaters, indem er sich England zuwandte. Unter ihm erreichte Burgund seine größte Ausdehnung: Zum *Kernland* zwischen *Loire* und *Jura* gehören an Besitzungen im Norden große Teile von *Holland*, ganz *Belgien*, *Luxemburg*, *Flandern*, das *Artois* und die *Picardie*. Er hält Hof in einem Stil, den ganz Europa bestaunt, und erweist sich als Freund der schönen Künste. Seine Regierungszeit dauert 48 Jahre. Ihm folgt

Karl der Kühne (1467–1477), ein von Ehrgeiz und Ruhmsucht zerfressener Mann; er will das Herzogtum Lothringen erobern, um die Besitzungen Burgunds im Süden und im Norden territorial zu verbinden und ein geschlossenes Reich daraus zu machen. Dafür führt er unaufhörlich Krieg und fällt schließlich bei der Belagerung von Nancy (s. S. 109).

Frankreichs König *Ludwig XI.* nutzt die Stunde und bemächtigt sich Burgunds; Dijon wird zur Provinzstadt.

SEHENSWÜRDIGKEITEN

Der verkehrsreichste Platz Dijons, zwischen Bahnhof und Altstadt, ist die

Place Darcy [1]. Ihren Abschluß bildet ein *Triumphbogen* von 1788, hinter dem die *Rue de la Liberté* beginnt, die Hauptschlagader Dijons. Sie führt zur

Place de la Libération [2]. Einer der Baumeister von Versailles, *Jules Hardouin-Mansart*, hat 1682 die Aufgabe, dem *Herzoglichen Palast* einen weiten halbkreisförmigen Platz vorzulegen, schön gelöst. *Kolonnaden* bilden das Gegenstück zum *Ehrenhof* des

Palais des Ducs de Bourgogne [3], dessen mittelalterliche Teile Hardouin-Mansart mit seinem Barockbau verschmolz. Die Gebäude um die *Cour d'Honneur* entstanden 1686–1701, die des Westflügels um die *Cour de Flore* erst 1783–87. Aus dem mittelalterlichen Schloß der „Großen Vier", das Karl der Kühne unvollendet hinterlassen hatte, sind noch erhalten: die *Tour de Bar*, der Turm (14. Jh.) im *Cour de Bar* genannten Hof, an den sich die hübsche Treppe *Escalier de Bellegarde* (1614) anlehnt; die *Tour de Philippe le Bon* hinter dem Mitteltrakt des Ehrenhofes; die *Salle des Gardes* und die *Gewölbe*, die heute in das

****Musée des Beaux-Arts** [4] einbezogen sind. Das Museum (seit 1799) zählt zu den reichsten Frankreichs. Sein Eingang liegt an der Ostseite des Palastkomplexes auf der *Place de la Sainte-Chapelle* – die Kapelle selbst wurde 1803 zerstört.

Das Erdgeschoß enthält in mittelalterlichen Gewölben die

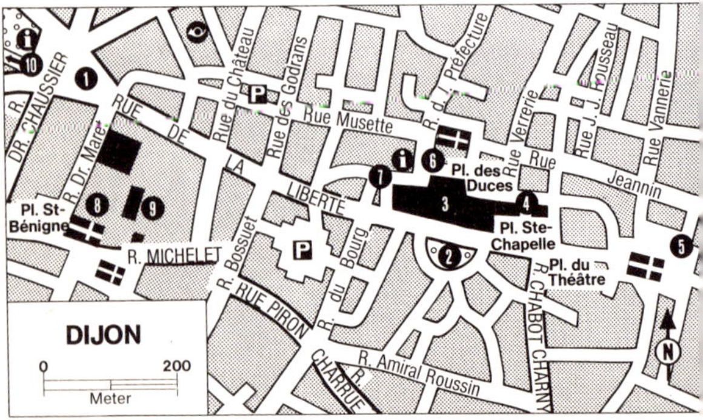

Skulpturensammlung; besonders bemerkenswert davon sind: *Werke des niederländischen, in Dijon gestorbenen Bildhauers *Claus Sluter* (Saal B), des in Dijon geborenen *François Rude* (Hauptwerk: die Hochrelief-gruppe der Marseillaise am Arc de Triomphe in Paris) (Saal A) und des burgundischen Tierbildhauers *François Pompon* (Saal K). In Saal C findet sich die 12 mal 12 m große herzogliche **Palastküche* (um 1435) mit 6 riesigen Herden, deren Rauchabzüge zu einem einzigen Kamin zusammenlaufen.

Im Obergeschoß findet man eine *Gemäldegalerie* in 22 Sälen mit Werken italienischer, französischer, flämischer und deutscher Meister. Besonders bemerkenswert ist in Saal 13 die „*Anbetung durch die Hirten*" von dem *Meister von Flémalle*, und in Saal 16/17 die in Frankreich einzigartige *Sammlung Dard* mit Werken deutscher und schweizer Meister. Zwischen den Sälen 13 und 14 geht man in den einzigen noch bestehenden Raum der herzoglichen Gemächer – in den *Saal der Wachen* (*Salle des Gardes*). Hier sind die weltberühmten ***Grabdenkmäler* aufgestellt, die sich früher in der *Chartreuse de Champmol* vor den Toren

Die Grabmäler von Dijon

Dijons befanden. 1384 hatte Philipp der Kühne das Kloster gegründet und als Grabstätte für sich und seine Nachkommen bestimmt; gleichzeitig hatte er bei dem Bildhauer *Jean de Marville* sein **Grabdenkmal in Auftrag gegeben. Jean de Marville starb über dem Werk, *Claus Sluter* und sein Neffe *Claus de*

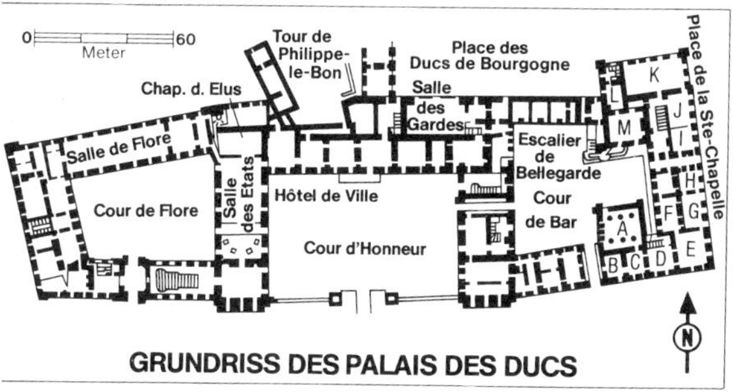

Werve setzten es fort, nach 27 Jahren war es endlich vollendet. Von zwei Engeln bewacht, ruht der in Stein gehauene Philipp auf einer Platte, unter der Arkaden eine Art Kreuzgang bilden; in ihm formieren 41 „Pleurants" – Bürgermädchen und Hofdamen, Mönche und Ritter – den Trauerzug. Diese Figuren der „Weinenden" sind von äußerster Lebensnähe und Lebensfülle – unerschöpflich.

Obgleich sich das **Grabmal Johanns Ohnefurcht* und seiner Gemahlin *Margarete von Baiern* genau an dieses Vorbild hielt, geriet es nicht gleich beseelt. Der Gardesaal enthält noch zwei bemerkenswerte *Altartafeln* (1390–99) von *Jacques de Baerze*.

Knapp 200 m im Osten des Museums liegt die Kirche

Saint-Michel [5]. Während ihrer Bauzeit (1499–1529) änderte sich der Stil: Schiffe und Chor sind spätgotisch, die **Fassade* – eine der edelsten Frankreichs – reine Renaissance; der Wandel ging so tief, daß bei den Skulpturen der Fassade neben gotisch-christlichen Motiven renaissancehaft-heidnische auftauchen: Venus, Herkules, Apollo und sogar Leda mit dem Schwan.

Nördlich hinter dem Herzogspalast liegt eine andere berühmte Kirche, die, 1229–40 errichtet, als vollkommenstes Bauwerk burgundischer Frühgotik gilt:

Notre-Dame [6]. Ihre herrliche ***Fassade* zeigt über den Eingängen zur Vorhalle zwei lange Bogenreihen mit zarten Säulen; die Vertikale wird unterteilt durch drei breite Friese, aus denen **Wasserspeier* vorspringen – der Beschauer glaubt sich von diesen grotesken Figuren angestarrt. Zwei überschlanke Türme fassen das Ganze elegant zusammen. Der rechte der hinter der Fassade verborgenen Turmstümpfe trägt die **Uhr*, die Philipp der Kühne 1382 als Beutestück aus *Courtrai* in *Flandern* mitbrachte. Auch das *Innere* von Notre-Dame ist schwerelos und harmonisch; bemerkenswert sind auch die *bemalten Glasfenster* aus dem 13. Jh., eine „*Schwarze Madonna*" aus dem 11. Jh. und ein *Wandteppich*, auf dem die beiden Befreiungen Dijons dargestellt sind – 1513 und 1944.

Nur ein paar Schritte sind es von Notre-Dame zur

Rue des Forges [7] mit vielen alten Patrizier- und Adelshäusern, unter denen *Hôtel Chambellan* (1490) Nr. 34 (mit dem *Syndicat d'Initiative*), *Maison Milsand* (1561) Nr. 38, *Hôtel Aubriot* (13. Jh.) Nr. 40 (mit einem *Museum burgundischer Volkskunst*), *Hôtel Morel-Sauvegrain* (15. Jh.) Nr. 52–56 und *Hôtel Rochefort* (15./16. Jh.) Nr. 56 (im Hof) hervorragen.

Die Rue des Forges mündet auf den Platz, der nach dem nahebei geborenen Bildhauer *François Rude* (1784–1855) (s. S. 95) benannt ist; man überquert die *Rue de la Liberté* und findet südwestlich die *Benediktinerkirche*

Cathédrale Saint-Bénigne [8], in der der heilige Märtyrer *Benignus* (der Gütige) seit dem 3. Jh. begraben liegt. Der gotische Bau enthält als Rest einer vorausgegangenen Basilika eine rund **Krypta*, deren Säulen Kapitelle aus vorromanischer Zeit tragen. – Nordöstlich der Kirche liegt da

Musée Archéologique [9] im ehemaligen Abteigebäude mit gallo-römischen Funden, Resten aus der alten Basilika Saint-Bénigne und einer **Christusbüste* von *Claus Sluter*, die zum Mosesbrunnen (s. unten) gehörte.

Außerhalb der Altstadt, 1 km *westlich von Place Darcy*, liegt das *Grabkloster* der Valois-Herzöge, die

Chartreuse de Champmol [10]. Die 1384–94 errichtete Kartause wurde 1793 zerstört und dient seit 1843 als Irrenanstalt. Erhalten blieb das **Portal*, dessen Figurenschmuck (Claus Sluter 1389–1394) eine höfische Szene zeigt: Der Himmelskönigin Maria werden der Herzog Philipp der Kühne vom Hl. Johannes und seine Gemahlin Margarete von Flandern von der Hl. Katharina vorgestellt – ein Vorgang, in dem sich Stolz und Demut vermischen. Die große Sehenswürdigkeit aber (im Hof unter einem Schutzdach) ist der

***Mosesbrunnen* (1395–1404 von *Claus Sluter*). Ursprünglich eine Art Kalvarienberg und stark bemalt, ist er heute ein Fragment, dessen 6 ungemein naturalistische Propheten-Figuren gleichwohl höchst eindrucksvoll sind, vor allem die des *Moses*, die manche Kunstgelehrte über den Moses des Michelangelo stellen.

UMGEBUNG

Der hübscheste Ausflug (60 bzw. 92 km) führt nach Süden in die *Weinberge der Côte d'Or* und zur *Mutterabtei der Zisterzienser, Citeaux*. Die „*Weinstraße*" führt 1 km westlich der großen Straße Dijon–Lyon her.

Die „*Route des Grands Crus*" berührt zahlreiche Orte, die „Großen Weinen" den Namen gaben. Schon in *Chenôve* finden sich im *Clos du Roi* zwei Keltern aus dem 13. Jh.; in *Fixin* steht ein *Denkmal* von *François Rude* „*Napoleon erwacht zur Unsterblichkeit*" – der alte Kommandeur der kaiserlichen Garden, *Noisot*, ließ es zum Zeichen ungebrochener Treue 1846 im Park seines Gutes errichten; in *Gevrey-Chambertin* wächst der „*Champ de Bertin*", der Lieblingswein Napoleons I. Das wohl berühmteste Weingut aber ist *Clos de Vougeot* – auf dem Rückmarsch von Italien befahl Oberst *Bisson* seinem Regiment, vor ihm die Gewehre zu präsentieren; das von der Abtei Citeaux im 12. Jh. erbaute und in der Renaissance erneuerte Schloß ist heute Sitz der „*Chevaliers de Tastevin*", des „Ordens der Weinschmekker".

Bei Vougeot mündet die „Weinstraße" in die N 74 und folgt ihr 3 km bis *Nuits-Saint-Georges*, dem Hauptort der nördlichen „Goldküste", Côte d'Or.

Von hier kann man nach *Beaune* mit seinem mittelalterlichen Altersheim *Hôtel-Dieu* (s. S. 271) fahren oder gleich 13 km nach Osten zur *Abbaye de Citeaux*, wo man sich zwischen modernen Bauten auf einer kulturgeschichtlich hochbedeutsamen Stelle befindet: Von hier breitete sich der 1098 gegründete *Zisterzienser-Orden* aus, der im Spätmittelalter an die 1600 Klöster umfaßte.

35 ROUTEN DURCH FRANKREICH

Um ganz Frankreich (soweit das einem Reiseführer von 400 Seiten möglich ist) zu erfassen, haben wir ein Gitterwerk von 35 Routen geschaffen, die zu allem führen, was zur Kenntnis Frankreichs unerläßlich ist. Das Gitterwerk ermöglicht es dem Benutzer dieses Reiseführers, sich eine Fahrt durch Frankreich selbst zusammenzustellen und unsere Routenvorschläge nach seinen Bedürfnissen zu kombinieren; zu diesem Zweck sind alle Kreuzungen und Anschlüsse unserer Routen auf den Karten und im Text deutlich gemacht.

Unsere Routen 1–8 beschreiben zunächst die Anfahrten nach Paris.

Route 1: Lüttich – Reims – Paris (402 km)

Wer aus dem Rheinland nach Frankreich fährt (oder wessen Anreiseweg über das Rheinland führt), wird die *Autobahn bis Aachen* nützen. Von dort führt eine deutsch-belgische Autobahn (53,5 km) nach *Lüttich* (Liège)-Nord, wo zwei Straßen nach Reims zur Wahl stehen; die eine führt durch das landschaftlich schöne *Maastal*, die andere, schnellere, über die *Ardennen.*

Route 1a: Lüttich – Namur – Givet – Rocroi – Rethel (223 km)
Nach der Ausfahrt aus *Lüttich* über den *Quai de Rome* fährt man auf der N 17 am linken (nördlichen) Ufer der *Maas* entlang. In *Huy*, einem reizvoll an der Mündung des *Hoyoux* in die Maas gelegenem Städtchen, wechselt man über die Maasbrücke (schöner Blick) auf die rechte Uferseite. Kurz vor Namur taucht nahe dem Ort *Marche-les-Dames* an den Steilhängen des linken Ufers der *Rocher Royal* auf, an dem der Belgierkönig Albert I. 1934 tödlich verunglückte. *Namur* war eine oft umkämpfte Festungsstadt; hier biegt die N 17, der Maas folgend, aus der Westrichtung nach Süden um. Man fährt nun, wieder auf dem linken Ufer, das Maastal bis Dinant aufwärts, wobei man an malerischen Felspartien und Ruinen vorüberkommt.

In *Dinant*, das durch einen ungewöhnlichen Kirchturm und die 100 m über der Maas liegende Zitadelle auffällt, kann man die Maas verlassen und nach *Bouillon* fahren, wo noch heute die Stammburg des Kreuzfahrers Gottfried von Bouillon (11. Jh.) steht, um dort auf unsere andere Route Lüttich–Rethel zu stoßen.

Die Hauptstraße nach Paris aber folgt weiter dem Maastal, in dem sie kurz vor *Givet* die französiche Grenze überschreitet. Kurz dahinter liegt in der 10 km langen Maasschleife von *Chooz*, die man abschneidet, eine *Centrale Nucléaire* mit einem Atomreaktor.

Der nächste größere Ort ist *Fumay* in einer großen Windung der Maas, an der man das Maastal verläßt, um über *Rocroi* und *Signy-l'Abbaye* nach *Rethel* zu fahren.

Umweg: Fumay – Charleville-Mezières – Rethel (30 km mehr)

Diese landschaftlich besonders schöne Strecke folgt weiter der sich zwischen hohen Steilufern durchwindenden Maas, die bei *Revin* einen fast geschlossenen Kreis bildet. Der Höhepunkt liegt vor *Laifour*, wo die Steilwand der **Dames de Meuse* 250 m hoch aufsteigt. Über *Monthermé* führt die Straße dann, abseits der Maas, nach *Charleville*, einer 1606 planmäßig um die *Place Ducale* angelegten Stadt; sie ist der Geburtsort des Dichters *Arthur Rimbaud* und diente im Ersten Weltkrieg als deutsches „*Großes Hauptquartier*“. Charleville bildet eine Doppelstadt mit *Mezières*, einer alten, fast ganz von der Maas umflossenen Festung. Von hier führt die N 51 über *Poix-Terron* nach *Rethel.*

Route 1b: Lüttich – Sedan – Rethel

Die Fahrt durch das *Waldhügelland* der *Ardennen* führt von Lüttich über *Tinlot* und *Marche-en-Famelle* in das landschaftlich reizvolle Gebiet von *Rochefort* (Tropfsteinhöhle und Abstecher 6 km) zu der berühmten **Tropfsteinhöhle von Han-sur-Lesse*) und weiter über *Transinne* nach *Bouillon* (s. S. 98) kurz vor der französischen Grenze. Von hier sind es 14 km nach *Sedan*, dem Schauplatz der Kapitulation *Napoleons III.* am 2. 9. 1870. Von Sedan fährt man unter südlicher

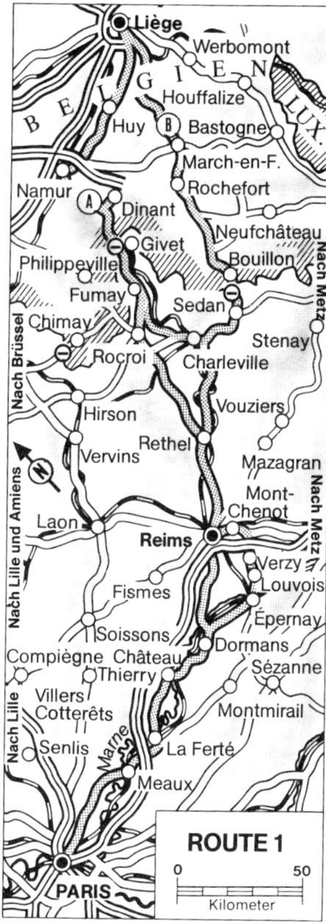

Umgehung von Charleville-Mezières über *Poix-Terron* nach *Rethel* (N 51).

Von *Rethel*, an der *Aisne* und damit am Ostrand des *Seine-Beckens* gelegen, führen die ab Lüttich getrennt laufenden und nun wieder vereinigten Routen a und b auf der N 51 in einer 38 km langen Geraden nach

***Reims** (200000 Einw.). Die schon im römischen Gallien bedeutende Stadt sah 496 die Taufe des Merowinger-Königs *Chlodwig* I.; in Erinnerung daran wurden fast alle französischen Könige zu Reims gesalbt und gekrönt.

Die berühmteste dieser Zeremonien ist die Salbung *Karls VII.* 1429 in Gegenwart der *Jungfrau von Orléans*; ihr **Reiterstandbild* (1896 von *Dubois*) steht auf dem Platz vor der

***Cathédrale Notre-Dame.* Von 1211 bis 1294 erbaut, gehört sie zu den ganz großen gotischen

Kathedrale in Reims

Kirchen Frankreichs. Im Ersten Weltkrieg schwer beschädigt, wurde ihre Restaurierung knapp vor Ausbruch des Zweiten abgeschlossen. Als die schönste der reifen Gotik gilt die ***Westfassade*, die sich in drei Stockwerken aufbaut: über den *drei Portalen* die *Rose* (12 m Durchmesser); darüber die *Königsgalerie*, die von den stumpfen 83 m hohen Türmen überragt ist. Besonders beachtenswert ist der ***Figurenschmuck des Mittelportals* und der „*lächelnde Engel*" links von der Tür des linken Portals, der zärtlich „*Le Sourire de Reims*" genannt wird. Im 38 m hohen Inneren fällt die Fülle der *Statuen* an der Westwand auf – es sind deren 120. Der *Domschatz* birgt den *Königsschmuck*.

Nahe der Kathedrale liegt das **Musée des Beaux-Arts*, in dem man nicht übersehen sollte: die **Bildteppiche* aus dem 15. Jh., aus dem Leben Chlodwigs erzählend, die 13 **Portraits* deutscher Fürsten des 16. Jh. von *Lukas Cranach dem Älteren und dem Jüngeren*, und die einzigartigen **„*Toiles peintes*", bemalte Leinwandbahnen, mit denen, ähnlich unseren Prozessionstüchern, bei den Krönungsfeierlichkeiten die Mauern behängt wurden.

Ansonsten sollte man in Reims noch besichtigen: Im Norden der Altstadt die **Porte de Mars*, ein römischer *Triumphbogen* aus dem 2. Jh., der im Mittelalter als Stadttor diente; im Süden der Altstadt die romanisch-frühgotische *Abteikirche Saint-Rem* mit dem Grab des *Heiligen*

Kraftvoll wie der Menschenschlag, de sie erbaute, ragen die Kathedrale der Normandie auf — die von Coutances ist besonders eindrucksvol

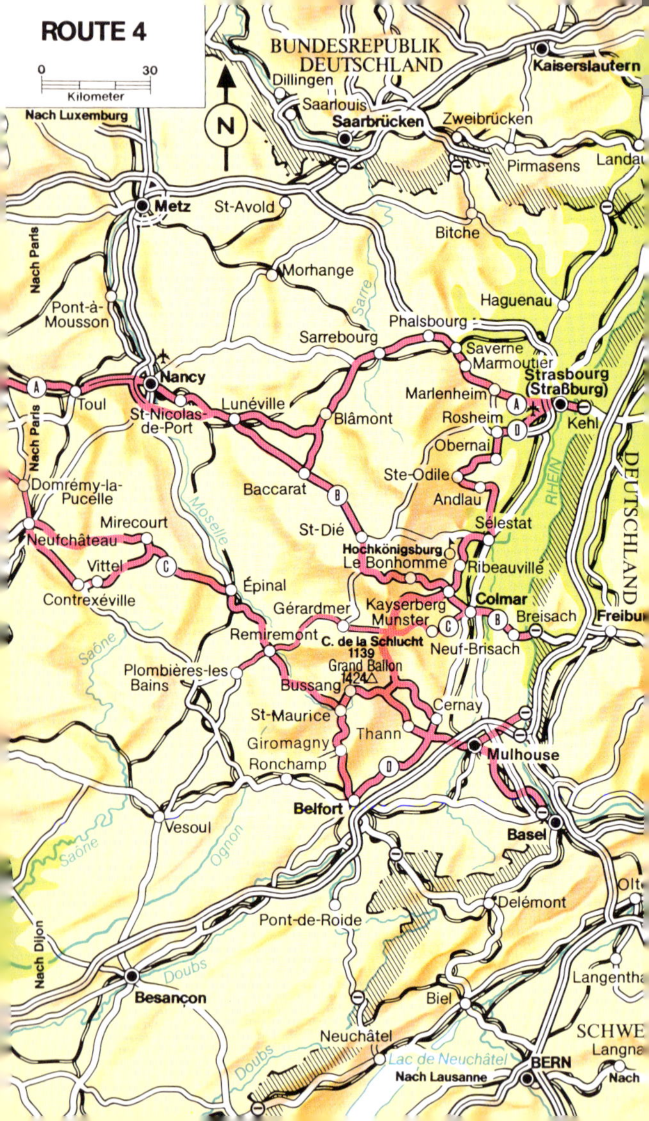

ROUTE 4
0
30
Kilometer
N
Nach Luxemburg
BUNDESREPUBLIK
DEUTSCHLAND
Dillingen
Saarlouis
Saarbrücken
Zweibrücken
Kaiserslautern
Pirmasens
Landau
Metz
St-Avold
Bitche
Nach Paris
Morhange
Sarre
Haguenau
Pont-à-
Mousson
Phalsbourg
Sarrebourg
Saverne
Marmoutier
Strasbourg
(Straßburg)
Nancy
Toul
Marlenheim
Kehl
St-Nicolas-
de-Port
Lunéville
Blâmont
Rosheim
Obernai
Nach Paris
Ste-Odile
Andlau
Baccarat
RHEIN
DEUTSCHLAND
Domrémy-la-
Pucelle
Moselle
Mirecourt
St-Dié
Sélestat
Neufchâteau
Hochkönigsburg
Le Bonhomme
Ribeauvillé
Vittel
Épinal
Contrexéville
Colmar
Gérardmer
Kayserberg
Munster
Breisach
Freiburg
Remiremont
C. de la Schlucht
1139
Neuf-Brisach
Saône
Plombières-les
Bains
Grand Ballon
1424
Bussang
Cernay
St-Maurice
Thann
Giromagny
Ronchamp
Mulhouse
Belfort
Vesoul
Basel
Ognon
Saône
Delémont
Pont-de-Roide
Nach Dijon
Doubs
Langenthal
Besançon
Biel
Neuchâtel
SCHWE
Langna
Lac de Neuchâtel
Doubs
BERN
Nach Lausanne
Nach

Remigius (5. Jh.) und im Osten davon die zweistöckig in den weichen Kreideboden gehöhlten, 18 km langen *Caves à Champagne*, die Kellereien der berühmten Sektmarke *Pommery*.

Ausflüge führen nach Nordwesten auf die *Schlachtfelder des Ersten Weltkriegs*, vor allem zum *Chemin des Dames*, nördlich der Aisne, und südöstlich in das *Weinland des „Champagner“* (s. unten).

Die *direkte Straße* von Reims nach Paris führt über *Chambrecy*, mit mehreren Kriegerfriedhöfen, und durch die Hochebene des *Tardenois*, um dann im Tal *der Semoigne* zur *Marne* abzusteigen, wo sie kurz vor *Dormans* auf die N3 stößt.

Umweg: Verzy – Épernay – Dormans (43 km mehr)

Der lohnende Umweg führt durch das *Weinland des Champagners* und dessen zweite *Hauptstadt Épernay*. Man fährt von Reims zunächst 11 km südlich bis *Mont-Chenot*, am Rand des waldbedeckten Höhenzugs *Montagne de Reims*, den man östlich umgeht. Man kommt durch die Winzerdörfchen *Mailly Champagne und Verzenay*, deren Champagnerlagen berühmt sind. In *Verzy* biegt man nach Südwesten und fährt durch den Wald nach *Louvois* mit dem Schloßpark des berühmten Kriegsministers Ludwig XIV., Marquis de Louvois. *Ay* mit seinen ausgezeichneten Champagnerweinen ist schon ein Vorort von *Épernay*, dessen Sehenswürdigkeiten das *Champagnermuseum* in der *Avenue de Champagne* und die ausgedehnten (50 km) *Kellereien* der Markenfirmen *Moët et Chandon* und *Mercier* sind. Von Épernay führt die N 3 am linken Marne-Ufer entlang in 25 km nach Dormans.

Von Dormans führt die Straße nach Paris immer nahe der, hier 1918 stark umkämpften, *Marne* durch eine schöne Gegend nach *Château-Thierry*, dem Geburtsort des Fabeldichters *La Fontaine* (1621–95), mit der *Promenade du Château*.

Nun wird die Straße, die über *La Ferté-sous-Jouarre* nach *Meaux* führt, eintönig. Nördlich von Meaux, nur 45 km vor Paris, kam in den ersten Septembertagen 1914 der deutsche Vormarsch zum Stehen. 6 km westlich von Meaux erhebt sich links das *Denkmal* für den *Marschall Gallieni* – in Tausenden von Pariser Taxis führte er frische Truppen an die Front und brachte so die Wende. Bei *Villeparisis*, 30 km vor Paris, endet das freie Land. In Paris fährt man durch die *Porte de Pantin* ein.

Route 2: Luxemburg — Reims — Paris (344 km)

Wählt man als Ausgangspunkt der Fahrt nach Paris die Stadt *Luxemburg* (*Autobahn bis Koblenz*, dann das *Moseltal* aufwärts über *Trier*), so überschreitet man die französische

Grenze 7 km vor *Longwy*, einer Industriestadt mit der kleinen, von dem berühmten Festungsbaumeister *Vauban* (1633–1707) erbauten Festung *Longwy-Haut*. Die Straße führt dann kurvenreich über *Longuyon* nach *Montmédy*, dessen auf einem 100 m hohen Felsen gelegene Oberstadt ebenfalls von *Vauban* zur Festung ausgebaut wurde. Bei *Stenay* kreuzt man die *Maas* und fährt durch den Engpaß von *La Croix-aux-Bois* nach *Vouziers* an der *Aisne*. Kurz vor Reims fährt man zwischen zwei im Ersten Weltkrieg hart umkämpfen *Forts* durch: *Witry* im Norden und *Nogent-l'Abbesse* im Süden. Den Abschnitt Reims–Paris (152 km) findet man in Route 1 auf Seite 103 beschrieben.

Route 3: Saarbrücken – Verdun – Paris (408 km)

Wer über die Autobahn bis *Saarbrücken* anfährt, erreicht die französische Grenze und damit die N 3 gleich hinter der Stadt; die Straße führt zunächst durch die Industriestädte des *Lothringischen Kohlenreviers Forbach* und *Saint-Avold* nach

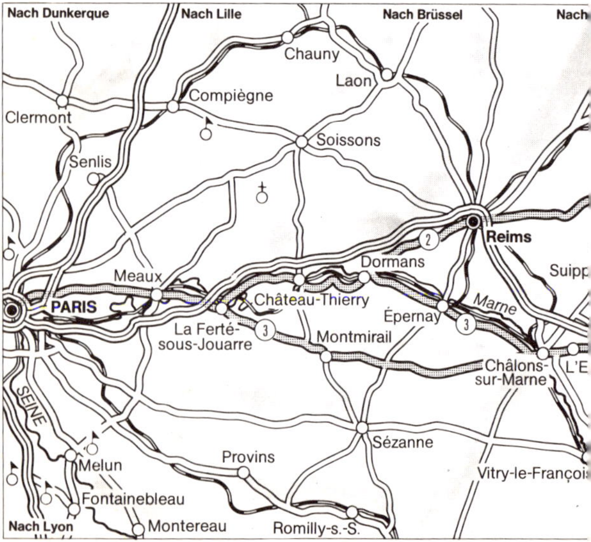

Metz (220000 Einw.), heute Industriestadt, vormals Festung.

Schon in gallisch-römischer Zeit bedeutend, war sie später Hauptstadt des merowingischen Reiches; dann freie Reichsstadt des Heiligen Römischen Reiches. 1552 kam sie zu Frankreich, 1870 nach der Kapitulation *Bazaines* mit 180000 Mann zu Deutschland, 1919 wieder zu Frankreich. Zeugen dieser wechselvollen Geschichte gibt es genug: die Mauern von *Saint-Pierre-aux-Nonnains*, nahe der **Esplanade*, mit ihrem schönen Blick von den *Terrassen* auf die *Mosel*, reichen ins 4. Jh. zurück.

Die gotische *Cathédrale Saint-Étienne* (1240–1516) erstaunt durch die Höhe (47 m!) ihres **Mittelschiffs* und ihres *Chores* und die Leuchtkraft ihrer Glasmalereien. *Saint-Vincent*, gotisch barock, und die moderne Kirche *Sainte-Thérèse* (1954). Viele alte Häuser wie das *Hôtel Saint-Livier* auf dem höchsten Punkt der Stadt aus dem 12. und der *Stadtspeicher* aus dem 15. Jh.

Zur Erinnerung an die Festungszeit schließlich die *Porte des Allemands*; das wuchtige „Deutsche Tor" deckte mit seinen Vorwerken aus dem 13. u. 15. Jh. den Übergang über die *Seille*.

Die N 3 steigt nun mit schönen Rückblicken auf Metz an und führt durch eine Reihe von Orten, deren Namen durch Schlachten im Deutsch-Französ-

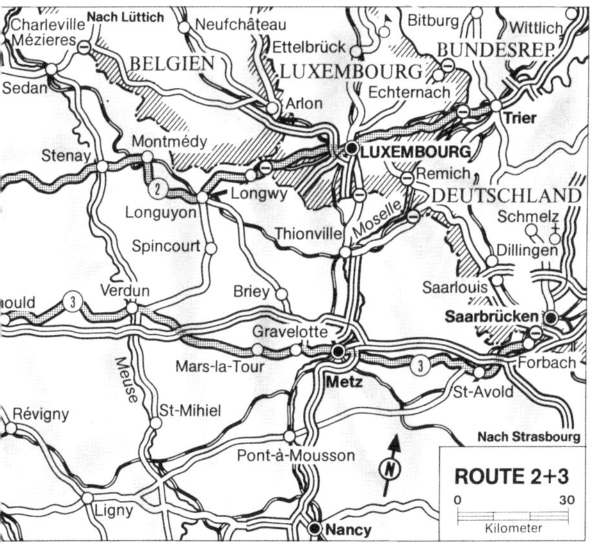

sischen Krieg 1870/71 bekannt wurden: *Gravelotte*, *Vionville*, *Mars-la-Tour*. Es folgen die Hochebene von *Woëvre*, im Ersten Weltkrieg schwer umkämpft, und die *Côtes de Meuse*, die Maashöhen, die schon zum Befestigungsring von Verdun gehören.

Verdun (35000 Einw.) ist durch den Ersten Weltkrieg zum Inbegriff hartnäckigen Blutvergießens geworden. Das andere Ereignis, das den Namen der Stadt in die Geschichtsbücher brachte, war der „Vertrag von Verdun", durch den 843 das karolingische Kaiserreich Karls des Großen unter die drei Söhne Ludwigs des Frommen aufgeteilt wurde. Seit 1552 französisch, wurde Verdun nach 1870 als Ersatz für das an Deutschland verlorene Metz zur Festung ausgebaut. Sie hielt bis auf Einbrüche in den Gürtel der vorgelagerten Forts allen deutschen Offensiven vom Februar bis Juli 1916 stand. Man sollte nicht versäumen, wenigstens eine der Rundfahrten zu machen, die auf die *Schlachtfelder* führen.

Abstecher nach Douaumont: 31 km

Die Fahrt führt zunächst zum *Fort de Vaux*; dann, an vielen Erinnerungsmalen vorbei, zum **Grand Ossuaire de Douaumont*, dem Ehrenmal am Nationalfriedhof. Eine 150 m lange Galerie mit 46 Grüften, deren jede einen Abschnitt des Schlachtfeldes versinnbildlicht, wird von einem 45 m hohen Turm überragt; das Gräberfeld davor zählt mehr als 15000 Kreuze. 1 km weiter liegt **Fort Douaumont*, das den Rundblick über das ganze Schlachtfeld erlaubt, und nahebei der „*Bajonettgraben*" – ein Schützengraben, in dem eine ganze Infanterieabteilung verschüttet wurde; man fand die Stelle an den aus dem Boden ragenden Bajonettspitzen und beließ das Massengrab wie es war. Auf dem linken Maasufer sieht man die Anhöhe *Mort-Homme (Toter Mann)*.

In Verdun selbst sind zu beachten: das *Monument à la Victoire et aux Soldats de Verdun*, das Denkmal zur Erinnerung an den Sieg und die Soldaten von Verdun; die romanische *Cathédrale Notre Dame* (1048–83) mit spätgotischem Kreuzgang; die *Zitadelle* mit ihren unterirdischen Gewölben; das *Museum* im Renaissancebau der *Princerie* und das *Rathaus* (1623) mit einem *Kriegsmuseum*.

Durch die Vorstadt *Glorieux* fährt man nun aufwärts in die weite Waldhügellandschaft der *Argonnen*, deren höchsten Punkt man in *Clermont-en-Argonne* erreicht; durch den Engpaß der *Islettes* senkt sich dann die Straße – dieser Abschnitt ist landschaftlich besonders schön – langsam ins Tal der *Aisne* nach

Sainte-Menehould. Im alten *Posthaus* (jetzt Gendarmerie) der im 18. Jh. hübsch erbauten Unterstadt wurde *Ludwig der Sechzehnte* auf seiner Flucht vor der Revolution 1791 erkannt und Stunden später im nordöstlich gelegenen *Varennes* verhaftet; er wurde nach Paris zurückgebracht und dort hingerichtet.

8 km westlich von Sainte-Menehould zweigt nach Nordwesten eine Straße nach *Reims* ab; fährt man 3 km auf ihr, so kommt man zu dem Dorf *Valmy*, bei dem das

französische Revolutionsheer aus jungen Freiwilligen 1792 die preußische Armee besiegte; *Goethe*, der bei der berühmten *Kanonade* zusah, tat hier am Abend den Ausspruch: „Von hier und heute geht eine neue Epoche der Weltgeschichte aus, und Ihr könnt sagen, Ihr seid dabei gewesen.“

Die N 3 nach Paris führt von dieser Abzweigung weiter nach Westen in Richtung Châlons. Knapp 10 km davor steht im Dorf *L'Épine* am Straßenrand die Wallfahrtskirche **Notre-Dame-de-l'Épine*, die Dornenkirche. Der große gotische Bau (1410–1529) beherrscht die Ebene der *Champagne*. Er hat eine schöne *Fassade* und einen prächtigen *Lettner* mit einer wundertätigen Marienstatue. In

Châlons-sur-Marne (61 000 Einwohner) sind sehenswert: Die *Cathédrale Saint-Etienne* (13. Jh.) mit einer *Krypta* aus dem 11. Jh., einem romanischen **Chorturm* aus dem 12. Jh. und herrlichen *Glasmalereien* (13.–16. Jh.), und die viertürmige Kirche *Notre-Dame-en-Vaux* aus dem 13. Jahrhundert mit prachtvollen *Fenstern* (16. Jh.). Ein *Triumphbogen* (1770) erinnert daran, daß die Österreicherin *Marie-Antoinette* auf der Fahrt zu ihrer Hochzeit mit Ludwig XVI. in Paris hier durchkam; das 1940 gänzlich zerstörte Viertel südlich der Kathedrale wurde sehr modern wieder aufgebaut.

Am *Ortsausgang* von Châlons-sur-Marne kann man entweder auf der N 3 über *Épernay–Dormans* weiterfahren (Sie finden diese Strecke in unserer R 1 auf Seite 103 beschrieben) oder die weiter südlich verlaufende Route auf der N 33 über *Montmirail* nehmen, die 10 km kürzer ist und, weil verkehrsärmer, schneller befahren werden kann. Beide Straßen treffen in *La Ferté* wieder zusammen.

An der N 33, die in langen Geraden dahinführt, findet man östlich und westlich von *Montmirail* wiederum Schlachtfelder: *Napoleon I.* schlug hier 1814 drei Schlachten in vier Tagen gegen die Alliierten, in denen er Sieger blieb, und genau ein Jahrhundert später, 1914, fanden hier die schweren Kämpfe der *Marneschlacht* statt. Den Streckenabschnitt von *La Ferté-sous-Jouarre* bis *Paris* finden Sie in unserer R 1 auf Seite 103 beschrieben.

Route 4: Durch die Vogesen

Die *Vogesen* sind ein *Waldgebirge* wie der ihnen gegenüberliegende *Schwarzwald;* an ihrem Ostrand erstreckt sich die *oberrheinische* Ebene mit vielen alten Städten wie *Straßburg* oder *Colmar*, Städtchen wie *Obernai* oder *Riquewihr*, Burgen wie der *Hohkönigsburg* und Klöstern wie *Sainte-Odile*. Von Norden nach Süden zieht die „*Vogesenstraße*“ von Straßburg bis Colmar als „*elsässische Weinstraße*“ entlang den Ausläufern, von Colmar bis

Belfort auf den Höhen als „*Kammstraße*“; wir beschreiben den Verlauf dieser Strecke, die ungewöhnlich reich an kulturhistorischen und landschaftlichen Schönheiten ist, in unserer Route 4d. Sie wird von drei Straßen gekreuzt, die alle durch *Lothringen*, das nordwestliche Nachbarland des Elsaß, nach *Paris* führen, sei es über *Nancy*, sei es über *Épinal*; ihre Streckenführung finden Sie in den Routen 4a–4c. Dieses Straßengerüst erlaubt den leichten Wechsel von einer Route zur anderen und damit den vollkommenen Genuß einer der schönsten Landschaften Frankreichs.

Route 4a: Straßburg—Nancy—Paris (460 km)

Man verläßt die *Autobahn Karlsruhe–Basel* an der Abfahrt *Appenweier* und erreicht 11 km westlich *Kehl;* über die *Europa-Brücke* geht es (6 km) nach

Strasbourg (Straßburg), der Hauptstadt des Elsaß mit der großen Sehenswürdigkeit des ***Münsters*. Eine ausführliche Beschreibung der Stadt finden Sie auf den Seiten 89 bis 92.

Von Straßburg führt die N 4 zunächst 20 km durch die Rheinebene nach *Marlenheim* am Rand der Vogesen. Der durch seinen Rotwein bekannte Ort soll die Heimat des Nibelungenhelden *Hagen* sein. Über *Marmoutier* (Maursmünster) mit seiner alten, eine romanische Fassade aus dem 12. Jh. aufweisenden *St.-Maurus-Kirche* führt die N 4 dann nach

Saverne (Zabern). Die kleine Stadt, im Mittelalter Hauptort des *Wasgaus*, liegt am Eingang der *Zaberner Senke*, des von der *Zorn* durchflossenen *Passes* zwischen den *Mittleren Vogesen* und den *Nordvogesen;* zwischen roten Kalksteinfelsen laufen der Fluß und der Rhein-Marne-Kanal, die Bahn und die Straße nebeneinander her. In *Zabern*, das seinen Namen von dem römischen „*Tres Tabernae*“ (Zu den drei Wirtshäusern) ableitet, steht ein **Schloß*, das Kardinal *Louis René de Rohan*, Bischof von Straßburg, kurz vor 1789 errichten ließ – seine majestätische Hauptfassade ist dem Schloßpark zugekehrt.

Westlich Zabern führt die Straße den *Col de Saverne*, die **Zaberner Steige*, hinauf, durch Wald, mit schönen Rückblicken auf die oberrheinische Ebene. Jenseits des Scheitelpunktes (410 m) bezeichnet eine Brunnen-Pyramide die *Grenze* zwischen *Elsaß* und *Lothringen*. Nun geht es ständig leicht fallend über die wellige *lothringische Hochebene* nach

Phalsbourg (Pfalzburg); die alte Festung auf einem 330 m hohen Plateau sperrte die Straße nach Nancy.

Über *Sarrebourg* (*Saarburg*) zieht die N 4 zur kleinen Festung *Blâmont* mit fünf Türmen einer Burgruine.

4 km hinter Blâmont kann man, statt direkt in 30 km nach Lunéville zu fahren, einen Umweg machen.

Umweg über Baccarat (14 km mehr)

Baccarat (7000 Einw.), am Westrand der Vogesen, ist eine berühmte Stätte der Herstellung von Servicen, Karaffen, Flacons, Vasen, Pokalen aus Bleiglas. Seit 1764 besteht hier eine Glashütte, aus der im frühen 19. Jh. die *Kristallerie* wurde – sie nannte ihre Erzeugnisse, von der prächtige Exemplare im „*Kristallmuseum*“ ausgestellt sind, nach ihrer exklusiven Kundschaft stolz „*Kristall der Päpste, Kaiser und Könige*“; inzwischen hat sich die Kundschaft demokratisiert und der Stil der Produkte vereinfacht und geglättet.

Lunéville (29000 Einw.) ist bekannt durch den „*Frieden von Lunéville*“ von 1801 zwischen Frankreich und Österreich, der die Französischen Revolutionskriege abschloß; durch ihn erhielt Frankreich das linke Rheinufer. Die alte Stadt hat sich im wesentlichen das Aussehen bewahrt, das sie im 18. Jh. unter den letzten lothringischen Herzögen erhielt. Sehenswert ist das *Schloß* und sein **Park* mit der *Promenade des Bosquets*, der *Lauben-Promenade*.

12 km vor Nancy liegt *Saint-Nicolas-de-Port*. Seine **Wallfahrtskirche des heiligen Nikolaus* hat eine spätgotische *Fassade*, die in zwei Türmen mit Hauben aus dem 17. Jh. endet, und eine kühn konstruierte *Vierung;* die Kirche ist den Lothringern besonders teuer, weil ihr Heldenmädchen *Jeanne d'Arc*, die Jungfrau von Orléans, darin betete.

Man kann Saint-Nicolas-de-Port und Nancy auf einer *Schnellstraße* von 27 km Länge umfahren, die als „N 4 *bis*“ 10 km westlich von Lunéville geradeaus weiterführt, während die N 4 in eine Rechtskurve geht. Dann würde man aber *eine der großen Sehenswürdigkeiten Frankreichs* rechts liegen lassen, die *Place Stanislas* in

Nancy (250000 Einw.). Die im 11. Jh. gegründete Stadt war der Sitz der Herzöge von Lothringen, die einander von 1049 bis 1735 folgten und ihr Land nach allen Seiten verteidigen mußten; vor allem die Burgunder waren auf seinen Besitz erpicht, weil Lothringen trennend zwischen ihren Ländern im Süden und Norden lag (s. Dijon S. 93); *Karl der Kühne* fiel 1477 vor Nancy. 1735 ereignete sich ein merkwürdiges Fürsten-Revirement. Herzog von Lothringen war damals *Franz III. Stephan*; ihn sollte und wollte *Maria*

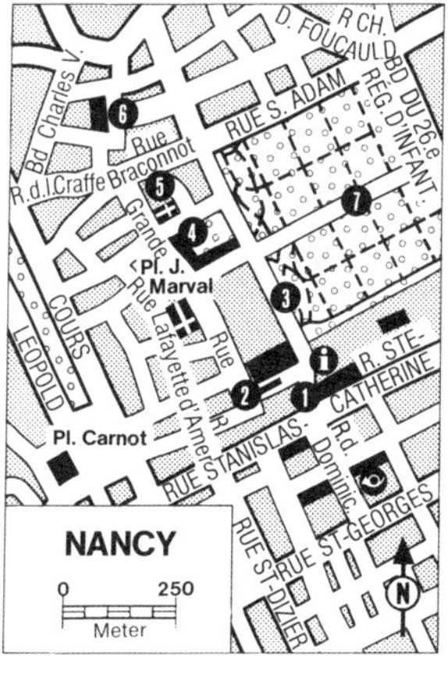

Theresia heiraten, die Tochter *Kaisers Karl VI.* Dann gab es einen abgesetzten König von Polen, *Stanislaw Leszczynski;* er hatte das Glück, der Schwiegervater von Frankreichs *König Ludwig XV.* zu sein. Nun wurde ein „Wechsel-den-Thron-Arrangement" getroffen: Kaiser Karl VI. gibt Lothringen, das Teil des Heiligen Römischen Reiches ist, an Frankreich preis. Herzog Franz von Lothringen wird Großherzog von Toskana (der bisherige wird mit Sizilien entschädigt). Auf den nun freien Herzogstuhl in Nancy setzt Ludwig XV. den 58jährigen Ex-König von Polen, Stanislas; nach seinem Tode soll Lothringen an die französische Krone fallen. Stanislas läßt Ludwig lange warten – er wird 89 Jahre alt; da er nichts anderes zu tun hat, baut er mit Lust und Liebe und – Geschmack; ihm verdanken Nancy und Europa ein *Wunderwerk städtebaulicher Harmonie und Eleganz*, die

****Place Stanislas** [1]. Fein von dem Architekten *Emmanuel Héré* ausgewogen, umstehen den Stanislaus-Platz (125 : 106 m) streng symmetrisch vier größere und zwei kleinere Gebäude; den südlichen Abschluß bildet das breitgelagerte *Hôtel de Ville*, das Rathaus. Seinen eigentlichen Charme aber gewinnt der von 1752 bis 1760 geschaffene Platz durch die herrlichen ***Gittertore* (und Balkone) aus vergoldetem Schmiedeeisen, die der Kunstschlosser *Jean Lamour* schuf. Hinter den beiden nördlichen Pavillons erhebt sich der

Triumphbogen [2], mit dem Stanislas 1757 Ludwig XV. schmeichelte. Die Errichtung dieses Bauwerkes erforderte nun eine Neugestaltung des anschließenden, langgestreckten (293 m) Platzes

Place de la Carrière [3], des einstigen Turnierplatzes. Héré gibt ihm 1751–53 einen nördlichen Abschluß im *Palais du Gouvernement*, dem als Ehrenhof ein **Kolonnaden-Oval* mit vasengeschmückter Balustrade vorgelegt ist – eine Lösung von hinreißender Eleganz. Verläßt man diesen noblen Rokoko-Hof auf der Westseite, so tritt man in eine andere, viel düsterere Welt; gleich an der Ecke beginnt das mittelalterliche Nancy mit dem *Herzogpalast*

Palais Ducal [4]. Hier haben die „echten" Lothringer schwerblütig gebaut. Das wird schon an dem spätgotischen **Portal* des herrisch-abweisenden Baus (15./16. Jh.) sichtbar, in dem nun das prächtige **Musée historique Lorrain* untergebracht ist mit der 55 m langen **Hirschgalerie* und, als einzigartigem Höhepunkt, dem nahezu vollständigen ***Lebenswerk* des Zeichners *Jacques Callot* (1592–1635), der Kriegsnot und Elend seiner Zeit in erschütternden Blättern festhielt. Neben dem Palast liegt die *Grabkirche der Lothringer Herzöge*, die Franziskanerkirche

Église des Cordeliers [5]. Das schönste der *Grabmäler ist das der Herzogin *Philippa von Geldern*, das *Ligier Richier* um 1550 schuf. Noch ein paar Schritte weiter – die Entfernung vom Place Stanislas beträgt nur 750 m – liegt die

Porte de la Craffe [6], ein wuchtiges *Reststück der mittelalterlichen Befestigung* vom Ende des

14. Jahrhunderts; an diesem Stadttor ist neben der Distel Nancys das *Lothringer Kreuz* mit dem Doppelbalken angebracht, das *General de Gaulle* zu neuen Ehren brachte. Den Rückweg wählt man durch den

Parc de la Pépinière [7], einen schön angelegten Park, in dem ein Denkmal von *Rodin* an den lothringischen Maler *Claude Lorrain* (1600–1682) erinnert.

Die Straße nach Paris führt von Nancy in langen Geraden durch Wald zu der alten Bischofsstadt und Festung

Toul (18000 Einw.). Seine Kathedrale *Saint-Etienne* hat eine herrliche **Fassade* aus der Zeit der Spätgotik (1460–96); in Frankreich heißt dieser Stil „*Flamboyant*" nach der flammenförmigen Ornamentik seines Maßwerks. Im gleichen Stil ist der feierliche **Kreuzgang von Saint-Gengoult* erbaut.

Der nächste größere Ort an der N 4 ist *Ligny-en-Barrois.* Hier bietet sich ein Umweg an: statt direkt nach Saint-Dizier kann man über Bar-le-Duc fahren (N 66 + N 401).

Umweg über Bar-le-Duc (8 km mehr)

Bar-le-Duc (22000 Einw.) war Hauptstadt des alten *Herzogtums von Bar*, das sich Frankreich in zwei weit auseinanderliegenden Etappen einverleibte: 1301 und 1766. Hier begann 1916 jene Nachschubstraße, die später „*Voie sacrée*" getauft wurde und auf der immer neue französische Regimenter in die „Hölle von Verdun" marschierten. Zu dieser Erinnerung paßt die berühmte *Statue* in der *Kirche Saint-Pierre:* das **„*Skelett*" von *Ligier Richier.* Der *Prinz von Orange* hatte vor seinem Tod den Wunsch geäußert, auf seinem Grabmal so dargestellt zu werden, wie er drei Jahre nach seiner Grablegung aussehen würde: der Bildhauer schuf ein Werk von grauenvollem Realismus aus ockergrau-leichenfarbenem Stein.

Über *Saint-Dizier*, eine lebhafte Industriestadt, *Vitry-le-François*, das von dem französischen König *François I.* planmäßig angelegt wurde, und *Sézanne* geht es nun zügig auf der N 4 nach Westen. Erst *Rozay-en-Brie*, 52 km vor Paris, weist wieder eine Sehenswürdigkeit auf: das 2 km südlich gelegene *Château de la Grange-Bléneau*, eine schöne Festung aus dem 14. Jh.; hier verbrachte der Freiheitskämpfer *La Fayette* – ein französischer Marquis, der den Nordamerikanern als General in ihrem Unabhängigkeitskrieg gegen England diente – seinen Lebensabend von 1802 bis 1834.

Ab *Point de Joinville*, wo man die *Marne* vor ihrer Mündung in die Seine überquert, fährt man auf der neuen Autobahn, die über dem einstigen Kanal Saint-Maurice angelegt ist, in *Paris* ein: zur *Porte de Bercy* und dann die Quais des rechten Seine-Ufers entlang.

Route 4b: Colmar – Nancy – Paris (443 km)

Diese Variante nimmt *Colmar* zum Ausgangspunkt, führt mitten durch die *Vogesen* und mündet bei *Lunéville* in die N 4 ein, deren Verlauf wir in unserer R 4a ausführlich beschreiben. Colmar erreicht man am schnellsten, indem man auf der Autobahn Karlsruhe–Basel bis zur *Abfahrt Freiburg-Süd* fährt; von dort sind es 15 km bis *Breisach*, wo man den *Rhein* überschreitet und über *Neuf-Brisach* (23 km) nach

Colmar (Kolmar; 70000 Einw.) fährt. Die Stadt liegt am Ostrand der Vogesen, die die Franzosen *Vosges* nennen. Colmar ist aus einem karolingischen Königsgut des 9. Jh. entstanden, das *Columbarium* = Taubenschlag geheißen haben soll. 1226 wurde es, damals schon der bedeutendste Handelsplatz im Oberelsaß, freie Reichsstadt. Im 17. Jh. wird Colmar französisch und bleibt es mit Ausnahme der Jahre 1870–1919.

Obzwar Colmar die Geburtsstadt des Malers *Martin Schongauer* ist, denkt man bei ihrer Nennung an *Matthias Grünewald*, dessen Hauptwerk – der

****Isenheimer Altar** (1510–15) – im *Museum Unterlinden* zu sehen ist. Der freistehende Altar, den Kunstkenner als *das größte und erschütterndste Werk deutscher Malerei der Spätgotik* bezeichnen, besteht aus mehreren Tafeln, deren Höhepunkt wohl die **„*Kreuzigung Christi*" ist. Grünewald, der Jahre seines Lebens in Colmar verbrachte, schuf den Altar für das ehemalige *Kloster Isenheim* nahe *Guebwiller* (Gebweiler), 25 km südlich von Colmar.

Neben diesem weltberühmten Bildwerk enthält der zum Museum gewordene Kirchenraum des ehemaligen Dominikanerinnenklosters noch eine reiche Sammlung altdeutscher Meister. Das bedeutendste Bild von Martin Schongauer *„*Maria im Rosenhag*" ist in *St. Martin* zu sehen.

Colmar besitzt noch viele alte Häuser, von denen das **Pfisterhaus* von 1537 (an der Ecke Rue des Marchands/Rue Mercière) und das **Kopfhaus* (*Maison des Têtes*, in der Rue des Têtes), ein Renaissancebau von 1607, die allerschönsten sind.

Pfisterhaus in Colmar

Ausflüge von Colmar, vor allem zu den malerischen Städtchen

an der „Weinstraße", siehe R 4d (Vogesenstraße) S. 116.

Von Colmar führt die N 415 zunächst in den Geburtsort des großen Theologen, Arztes, Musikers und Trägers des Friedensnobelpreises *Albert Schweitzer:*

Kaysersberg (16000 Einw.) mit seiner *befestigten Brücke* von 1511, seinem *Renaissance-Rathaus* von 1521, der *Kirche* (12.–15. Jh.), die einen **Schnitzaltar* (1584) von *Johann Bongartz* aus Colmar birgt, und seinem Wein. Mit schönen Rückblicken auf das Städtchen und den runden *Bergfried*, den Rest der Hohenstaufenburg Friedrichs II., die Kaysersberg den Namen gab, geht es nun im engen *Tal der Weiss* aufwärts, von 250 auf 949 m, bis der

Col du Bonhomme erreicht ist, der *Diedolshauser Paß* auf der Kammhöhe. Nach links führt die herrliche ***Vogesen-Kammstraße* ab, die *Route des Crêtes* (s. R 4d S. 119). Die N 415 läuft geradeaus weiter und senkt sich in großen Windungen durch Weideland und Tannenwald ins Tal der *Meurthe* nach

Saint-Dié (28000 Einw.), einer von bewaldeten Höhen umgebenen, schon lothringischen Stadt. Im 2. Weltkrieg schwer zerstört, wurde sie vor allem entlang der Hauptstraße **Rue Thiers* so wiederaufgebaut wie *Héré*, der große Architekt Nancys, sie 1757 gestaltet hatte; beachtenswert sind die *Kathedrale*, die romanische Kapelle *Notre-Dame-de-Galilée* (12. Jh.) und der gotische *Kreuzgang* (14. Jh.).

Von *Saint-Dié* führt die N 59 im *Tal der Meurthe* weiter abwärts über *Raon l'Etape* und die Kristallstadt *Baccarat* (s. R 4a S. 109) nach *Lunéville*, wo sie in die N 4 mündet. Die Weiterfahrt nach Paris finden Sie auf den Seiten 109 bis 111 beschrieben.

Von *Colmar* nach *Paris* kann man auch über *Épinal* fahren. Diese landschaftlich besonders schöne Strecke *durch die Vogesen über Col de la Schlucht und Gérardmer* finden Sie im Zug unserer R 4c beschrieben (s. S. 115).

Route 4c: Mulhouse – Epinal – Paris (477 km)

Diese Route kann auch von *Colmar* aus benutzt werden; die Anfahrt von dort her über *Col de la Schlucht* und *Gérardmer* beschreiben wir bei *Remiremont*, wo sie in unsere Route 4c einmündet (s. S. 115).

Ausgangspunkt der R 4c ist die Stadt

Mulhouse (Mühlhausen; 150000 Einw.) im Oberelsaß, die man von *Basel* (31 km) und von der *Abfahrt Müllheim der Autobahn Karlsruhe–Basel* (19 km) erreicht. Die bedeutende Industriestadt, deren Spezialität die Herstellung von Woll- und Baumwollstoffen, bedrucktem Leinen und Musselin ist, war seit dem 13. Jh. eine freie Reichsstadt, die sich im Bündnis mit den benachbarten Schweizer Kantonen ihre Unabhängigkeit bis zum Ende des 18. Jh. bewahren konnte; 1798 stimmte sie für die Vereinigung mit Frankreich. Interessant ist das *Musée de l'impression sur étoffes*, das **Stoffmustermuseum* nahe dem Bahnhof.

Col de la Schlucht

Die N 66 (E 44) führt zunächst 21 km durch die oberrheinische Ebene, stets die Vogesen vor Augen, nach

Thann (9000 Einw.) am Eingang des *Thur-Tals*. Im **St. Theobaldsmünster* (Collégiale Saint-Thiébaut) besitzt es das bedeutendste Bauwerk der Gotik im Elsaß nach dem Straßburger Münster. Der 76 m hohe *Turm*, der an das Freiburger Münster erinnert, wurde 1519 vollendet, die Kirche 1332–1498 erbaut. Betrachtenswert sind das **Hauptportal* und das *nördliche* **Seitenportal*, im Innern das ***Chorgestühl* und die **Fenster*. Über der Stadt liegt die Ruine der von Turenne gesprengten *Engelsburg*. Besonderen Ruf hat der *Wein von Thann;* die berühmteste Lage heißt „*Rangen*".

Die N 66 zieht nun das *Thur-Tal* aufwärts, das sich vor dem *Col de Bussang* zu einer schönen Felsen- und Waldschlucht verengt; die *Bussanger Höhe* (734 m) wird in einem 250 m langen *Tunnel* unterfahren. 2 km östlich des Dorfes Bussang entspringt die *Mosel*, die die N 66 von nun an begleitet; zunächst über *Saint-Maurice-sur-Moselle* und das Weberstädtchen *Le Thillot* nach

Remiremont (12000 Einw.). Die alte Stadt mit ihrer arkadengesäumten *Grand' Rue* (heute Rue Charles-de-Gaulle) hat geschichtliche Bedeutung als Sitz (auf dem nahen *Saint-Mont*) eines berühmten hochadeligen Damenstifts, dessen Äbtissin im Heiligen Römischen Reich fürstlichen Rang genoß.

In Remiremont mündet die von Colmar durch die Vogesen herführende Straße N 417.

Variante: Colmar–Gérardmer–Remiremont (80 km)

Von Colmar führt die N 417 durch das Tal der Fecht nach *Munster* (19 km). Weit reizvoller ist die doppelt so lange Fahrt über *Turckheim*, *Les Trois Épis* und *Hohrodberg*. *Turckheim* ist ein altes Weinstädtchen mit malerischem Ortsbild. Dann steigt die Straße kurvenreich durch Tannenwald zum 450 m höher gelegenen Wallfahrtsort *Les Trois Épis* mit einer Kirche aus dem 17. Jahrhundert auf; von „*Drei Ähren*" hat man einen weiten **Blick* über die Rheinebene auf den Schwarzwald. Nun führt die Straße unter dem *Großen Hohnack* (976 m) vorüber zur Straßenteilung *Bären-*

stall, wo man links über den Luftkurort *Hohrodberg* abfährt nach

Munster (16000 Einw.). Das Städtchen verdankt seinen Namen dem 1790 aufgehobenen Kloster *Gregorienmünster* und gab ihn dem *Munster-Käse.*

Nun geht es im *Münstertal* aufwärts, wobei sich die landschaftliche Schönheit bis zur Großartigkeit steigert, zum Paß auf der Vogesen-Kammhöhe

***Col de la Schlucht** (1139 m). Südlich des Passes liegt ganz nahe der *Hohneck* (1361 m, Sesselbahn, *Rundblick), der dritthöchste Gipfel der Vogesen. Die N 417 kreuzt die *Vogesen-Kammstraße Route des Crêtes* (s. 4d S. 119) und führt zum *Waldsee*

***Lac de Longemer,** um sich dann durch Wälder nach

Gérardmer (11000 Einw.) zu senken. Mit seinem *See* ist der Ort als *Sommerfrische* viel besucht, vor allem aber ist er als *Hauptwintersportort der Vogesen* bekannt. Die N 417 führt nun über Le Tholy abwärts zum *Moseltal* und erreicht, am Fuß des *Saint-Mont* (s. S. 114) vorbei, *Remiremont* und damit die Strecke Mulhouse–Paris.

Nur 14 km südwestlich von Remiremont liegt

Plombières-les-Bains (4000 Einwohner), ein schon den Römern bekanntes und seit dem späten Mittelalter nach seiner Wiederentdeckung von Fürsten und Königen vielbesuchtes *Heilbad* mit 27 Quellen; das *Hallenschwimmbad aus dem 18. Jahrhundert* wurde 1935 modernisiert; der *Kurpark* geht in die herrlichen Wälder über, von denen der Kurort umschlossen ist.

Von Remiremont führt die N 57 im *Moseltal* nach

Épinal (42000 Einw.). Die Stadt entstand um ein im 13. Jh. begründetes adeliges *Damenstift* herum und lebt heute von der Verarbeitung von *Baumwolle.* In ganz Frankreich bekannt wurde sie aber durch ihre *Bilderbogen* (das deutsche Gegenstück dazu sind die Neuruppiner und Münchener Bilderbogen). Épinal hat in seinem originellen *Musée international de l'Imagerie,* dem ***Bilderbogenmuseum,* gesammelt, was sich an den naiven Vorläufern unserer Illustrierten und auch der comic-strips nur finden ließ.

Von Épinal führt die N 166 nun aus den Hoch-Vogesen hinaus und von der Mosel weg nach

Mirecourt (10000 Einw.), wohin Italiener im 17 Jh. das Kunsthandwerk des Saiteninstrumentenbaus brachten; seine *steinernen Markthallen* datieren von 1617.

Man kann nun auf der N 166 direkt nach *Neufchâteau* fahren (40 km) oder den lohnenden Umweg (60 km) über *Vittel* machen.

Umweg über Vittel (20 km mehr)

****Vittel** (7000 Einw.) ist ein schön gelegenes Heilbad, das vor allem durch sein *Tafelwasser* bekannt ist – man kann von einer Besuchergalerie aus zusehen, wie die Flaschen abgefüllt und etikettiert werden: rund 200000 in der Stunde. Der **Kurpark* ist 25 ha groß; Kasino, Golfplatz und Rennplatz entsprechen dem

Ruf Vittels, das *eleganteste Bad der Vogesen* zu sein. 5 km weiter südwestlich liegt das Bad

Contrexéville (5000 Einw.) mit ähnlichen Quellen. Von hier führt die N 164 durch Hügelland nach

Neufchâteau (10000 Einw.). Die alte Stadt auf einer Anhöhe über der *Maas* war im Mittelalter ständiges Streitobjekt zwischen den *Herzögen von Lothringen* und den *Grafen von Champagne;* da sie sich am Aufstand „*La Jacquerie*" beteiligte, ließ *Richelieu* das Schloß und seine Wälle schleifen. In der Oberstadt haben sich hübsche alte Häuser erhalten, darunter das *Renaissance-Rathaus* von 1597 mit einer schönen **Treppe*.

10 km weiter nördlich liegt an der N 164 *im Maastal* das zum *nationalen Wallfahrtsort* gewordene Dörfchen

Domrémy-la-Pucelle (350 Einw.). Es kündigt sich schon 1½ km vorher an durch die links gelegene *Basilique du Bois-Chenu,* die 1881–1926 an der Stelle erbaut wurde, an der die *Jungfrau (Pucelle)* von *Orléans* = *Jeanne d'Arc* die „Stimmen" hörte, die ihr befahlen, fromm und gut zu sein und Frankreich zu retten. In *Domrémy* wird nahe der Kirche das Haus gezeigt, in dem das Bauernmädchen irgendwann zwischen 1410 und 1412 geboren wurde (genau datiert hingegen ist ihr Sterbetag: 30. 5. 1431 in Rouen (s. S. 143)). Das *Geburtshaus* der französischen Nationalheldin ist von rührender Schlichtheit.

Auf der D 966 geht es nun zügig über *Gondrecourt-le-Château* nach *Ligny-en-Barrois,* wo unsere Route 4c in die Route 4a (Straßburg–Nancy–Paris) mündet (s. S. 111).

Route 4d: Die Vogesenstraße (244–311 km)

Diese Route, die von *Straßburg* nach *Belfort* führt und dabei viele Umwege zu den schönsten Plätzen der südlichen Vogesen macht, erlaubt nach Belieben Abkürzungen oder Kombinationen mit den sie kreuzenden Routen 4b und 4c. Sie ist als *Bummelfahrt* durch das Elsaß gedacht.

Unsere 4d hält sich im Abschnitt bis Colmar meist am Ostrand der Vogesen, im Abschnitt bis Belfort auf den Höhen.

Man verläßt *Straßburg* in südwestlicher Richtung und fährt auf der N 392 21 km durch die Oberrheinische Ebene bis zur *Kreuzung* mit der N 422 vor *Dorlisheim;* dort biegt man links auf die N 422 ein. Bereits nach 4 km liegt rechts das Weindorf

***Rosheim** (3500 Einw.) mit der romanischen **Peter- und Paulskirche* (12. Jh.), der ein achteckiger Vierungsturm (14. Jh.) aufsitzt. Das *„Heidenhaus*" (12. Jh.) am Westende der Grande Rue gilt als das *älteste Haus des Elsaß.* Nach weiteren 4 km kommt

***Obernai** (Oberehnheim; 8500 Einw.), ein besonders typisches elsässisches Städtchen. Auf und an seinem ******Marktplatz*, der sein Aussehen seit vier Jahrhunderten unverändert bewahrt hat, sind versammelt: der prächtige sechsläufige *„*Sechseimerbrunnen*" (1579), das **Rathaus* (1523) und dahinter der gotische *Kapellenturm*, die **Kornhalle* (1554), in der ein hübsches *Heimatmuseum* untergebracht ist; auf dem First sitzt ein Storchennest (die Störche, die früher im Elsaß zahlreich waren, bleiben leider immer mehr aus). Obernai, das bis ins 7. Jahrhundert zurückgeht, gilt als Geburtsort der *Heiligen Odilia*, einer blindgeborenen Herzogstochter.

Man kann nun die Fahrt an den Ausläufern der Vogesen entlang über *Barr* nach *Sélestat* fortsetzen (23 km) oder den höchst *reizvollen Umweg* (50 km) über *Sainte-Odile – Le Hohwald – Andlau* wählen.

Über den kleinen Ort *Klingenthal*, der seit altersher für seine Schwerter und Degen bekannt ist, fährt man auf der N 426 in 15 km durch Wald auf den

****Mont Sainte-Odile** (Odilienberg). Das 1546 völlig niedergebrannte und von Prämonstratensern wieder aufgebaute Kloster wurde von der durch Salbung sehend gewordenen *Heiligen Odilie*, der Schutzpatronin des Elsaß, im 7. Jh. gegründet. Von der 750 m hoch gelegenen Terrasse hat man einen weiten ***Blick* auf die oberrheinische Ebene und den Schwarzwald. Der Odilienberg diente seit vorgeschichtlicher Zeit als *Fluchtburg;* noch heute sieht man Reste der „*Heidenmauer*" (2 bis 3 m hoch und 2 m dick), die seinen Gipfel umzog.

Von *Sainte-Odile* fährt man auf der N 426 durch *herrliche* **Wälder* weiter und erreicht nach 10 km die Sommerfrische *Le Hohwald*, wo man auf die N 425 überwechselt und durch eine **Waldschlucht* in 8 km nach

Andlau (2000 Einw.) hinunterfährt; beachtenswert ist die romanische *Kirche*, vor allem die **Skulpturen* in der Vorhalle und am Portal. Von Andlau fährt man, nun wieder in der Ebene, 17 km bis

Sélestat (Schlettstadt; 18 000 Einw.). In der altertümlichen Altstadt sind von Bedeutung: die romanische Kirche **Sainte-Foy* (12. Jh.) mit ihrem 43 m hohen Vierungsturm, das *Münster St. Georg* (13.–15. Jh.) mit der südlichen Fensterrose (14. Jh.) und einer Renaissance-Kanzel von 1552, das *Stadthaus* der Abtei Ebersmunster mit einem *Renaissance-Portal* aus dem 16. Jh. und die alte *Kornhalle*, die jetzt als **Stadtbibliothek* dient; ihr größter Schatz ist die über 2000 Handschriften und Bücher umfassende Bibliothek des Humanisten *Beatus Rhenanus* (1485–1547) – die einzige Gelehrtenbibliothek aus jener Zeit, die uns geschlossen überkommen ist. Von Sélestat fährt man zur

****Hohkönigsburg** (Haut-Koenigsbourg; 12,5 km) hinauf. Diese größte Burg des Elsaß gehörte im 12. Jh. den *Hohenstaufen*, wurde oft zerstört und immer wieder, noch größer und mächtiger, aufgebaut; als Ruine kam sie schließlich in den Besitz der Stadt *Sélestat*, die sie 1899

Kaiser Wilhelm II. zum Geschenk machte; der ließ sie denn auch von 1900–1908 auf Reichskosten großzügig restaurieren, so daß sie heute eine vollkommene Vorstellung von der Wucht und Größe einer spätmittelalterlichen Burg gibt. Von dem 750 m hohen Burgfelsen hat man einen umfassenden ***Fernblick* bis hinüber zum Kaiserstuhl.

Der nächste Ort an unserer Vogesenstraße ist

Ribeauvillé (Rappoltsweiler; 5000 Einw.). Das von 3 Burgruinen überragte, durch seinen Wein berühmte Städtchen besitzt noch zahlreiche alte Häuser, von denen das **Ave-Maria-Haus* (auch „*Pfifferhus*" genannt) in der *Grand' Rue* besonders hübsch ist. Nur 5 km südlich liegt das reizende

****Riquewihr** (Reichenweier; 2000 Einw.), ein mauerumgürtetes Weinstädtchen, das sich sein ***Ortsbild* unverändert aus dem 16. Jahrhundert bewahrt hat. Zwischen den *Tortürmen* – der „*Dolder*" steht seit dem 13. Jh. – geht man durch die mit Wein-

Ribeauvillé: Pfifferhus

schenken bestückte Hauptstraße – an manchen Tagen erinnert der Betrieb auf ihr an die Drosselgasse in Rüdesheim.

Von *Riquewihr* kann man in 11 km in die schöne und

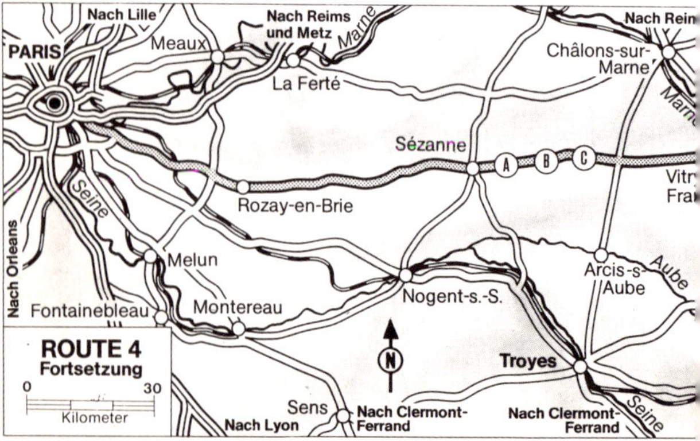

sehr sehenswerte Stadt *Colmar* (s. S. 112) fahren oder, um einen letzten Ausläufer der Vogesen herum, direkt in 11 km nach *Kaysersberg* (s. S. 113), wo man die „*elsässische Weinstraße*" endgültig verläßt und auf unsere R 4b stößt. Die Auffahrt *von Kaysersberg auf den Col du Bonhomme* haben wir auf Seite 113 geschildert.

Am *Col du Bonhomme* beginnt die ***Vogesen-Kammstraße „Route des Crêtes*". Sie hält sich stets an der Westseite des Kammes, weil sie im Ersten Weltkrieg als französische Militärstraße angelegt wurde und gegen Einsicht und direkten Beschuß geschützt sein sollte.

5 km südlich des Col du Bonhomme führt beim *Col du Luschpach* eine *Stichstraße* links abwärts und nach 5 km zu zwei *Vogesenseen*, dem **Lac Blanc* (Weißer See in 1054 m Höhe, 20 ha) und dem **Lac Noir* (Schwarzer See in 950 m Höhe, 14 ha).

16 km südlich des Col du Calvaire kreuzt die Kammstraße beim **Col de la Schlucht* die Straße von *Colmar* nach *Gérardmer*, die wir als Zufahrt zu unserer R 4c auf Seite 114 beschrieben haben.

Der ***Abschnitt der Kammstraße* von *Col de la Schlucht* bis zum *Grand Ballon* (Großer Belchen) – 30 km – ist landschaftlich besonders schön. Unter ständigen Ausblicken schwingt die Straße in weiten Bögen über die Matten – zunächst nahe dem Gipfel des *Hohneck* (1361 m) vorüber nach *Le Markstein*, Sommerfrische und Wintersportplatz in 1200 m Höhe; hier biegt die Route des Crêtes, ständig dem Kamm folgend, fast nach Osten und erreicht dann nach 7 km den *Grand Ballon* (Großer Belchen), der mit 1424 m der *höchste Gipfel der Vogesen* ist; man kann ihn von der Straße auf einem *Fußweg* in 15 Minuten besteigen. Nun senkt sich die Straße 6 km zum *Col Amic*

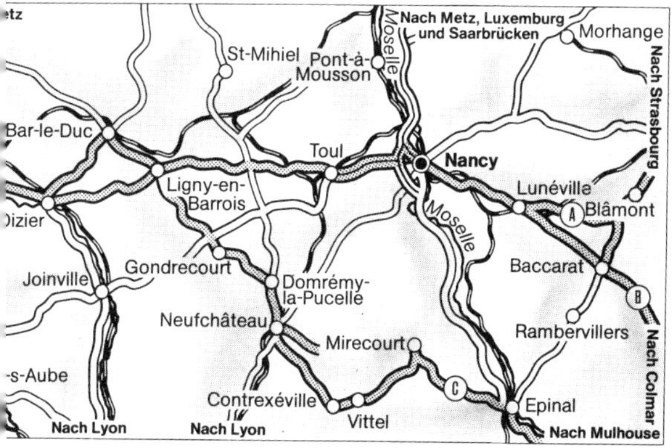

(825 m) und teilt sich: beide Arme führen nach Belfort. Der östliche über den Hartmanns*weilerkopf* und *Cernay* (Beschreibung der Strecke unter a), der westliche über *Bussang* und den *Ballon d'Alsace* (Beschreibung der Strecke unter b).

a) über den Hartmannsweilerkopf und Cernay nach Belfort (58 km)

Bei der Straßenteilung am *Col Amic* führt die Route des Crêtes geradeaus weiter und steigt erneut an. Nach 5 km liegt links das *Nationaldenkmal* am *Vieil Armand* oder *Hartmannsweilerkopf*, dem im Ersten Weltkrieg am heftigsten umkämpften Gebiet des Elsaß. Von den 60000 Gefallenen blieb rund ein Fünftel unbekannt; ihre Gebeine sind in der *Krypta* des Ehrenmals beigesetzt, während die namentlich bekannten Toten auf den Soldatenfriedhöfen ringsum ruhen. Steigt man (20') zum *Gipfel* (956 m) auf, so sind heute noch Schützengräben und Granattrichter zu erkennen. Nun senkt sich die Kammstraße ständig, bis sie in *Cernay*, einem in beiden Kriegen schwer beschädigten Industrieort, ihr Ende findet und in die N 83 mündet. Auf ihr erreicht man auf fast ebener Fahrt in 35 km *Belfort* (s. S. 121) und damit Anschluß an unsere R 5 Basel–Belfort–Troyes–Paris.

b) über Bussang und den Ballon d'Alsace nach Belfort (77 km)

Diese Route führt bei der Straßenteilung am *Col Amic* in einer Rechtskurve weg und steigt in 10 km in das *Thur-Tal* ab, das sie 3 km nordwestlich von *Thann* (s. S. 114) erreicht und dabei in unsere R 4c Mulhouse–Paris einmündet. Beide Routen verlaufen gleich bis *Saint-Maurice-sur-Moselle*, südwestlich von *Bussang*, auf der N 66. In Saint-Maurice aber biegt man scharf nach links auf die N 465 ein, die zunächst durch Wald, dann über freies Weideland in knapp 10 km zum *Grand Ballon d'Alsace* (Elsässer Belchen) aufsteigt. Von der Paßhöhe kann man in 30 Minuten den Gipfel (1250 m) ersteigen, der einen weiten **Rundblick* bietet. Am Paß, der eine Wasserscheide zwischen der Nordsee und dem Mittelmeer bildet, steht ein **Denkmal*, das den französischen Minensuchern (Monument à la mémoire des Démineurs) errichtet ist und seiner realistischen Gestaltung wegen lange im Gedächtnis bleibt.

Statt über Bussang kann man ab Bitschwiller über die *Route Joffre und den Ballon d'Alsace fahren (70 km).

Die N 465 steigt nun mit großartigen *Ausblicken nach Süden in Serpentinen ab und verläuft dann flacher bis *Giromagny* (3200 Einw.); hier führt rechts eine Straße nach *Ronchamp* (mit der berühmten Wallfahrtskirche von Le Corbusier), das an unserer R 5 liegt (s. S. 121). Von *Giromagny* sind es noch 12 km bis *Belfort* (s. S. 121) mit Anschluß an unsere R 5 Basel–Belfort–Troyes–Paris.

Zum Vergleich: Die kürzeste Verbindung zwischen Straßburg und Belfort auf der N 83 über Colmar mißt 137 km.

Route 5: Belfort – Troyes – Paris (425 km)

Belfort (65000 Einw.), das von *Basel* über *Altkirch* in 65 km, von der *Autobahn-Abfahrt Müllheim* über *Mulhouse* in 69 km zu erreichen ist, hat Frankreich mehr Generäle geboren als jede andere Stadt: 20 in einem Jahrhundert. Das mag mit seiner Eigenschaft als *Festung* zusammenhängen – seit altersher sperrte hier eine Burg die *Burgundische Pforte*, die etwa 30 km breite *Senke* zwischen den *Vogesen* im Norden und dem *Jura* im Süden. Die *Trouée de Belfort* auf der *Wasserscheide* (350 m) *Rhein–Rhône* ist eine alte *Völker- und Heerstraße*. Dieses „Loch von Belfort" verstopfte für Jahrhunderte der berühmte Festungsbaumeister *Vauban* (1633–1707), nachdem Belfort 1648 an Frankreich gekommen war; er leistete so geniale Arbeit, daß die Festung, trotz ständiger Verbesserung der Belagerungsartillerie, noch 1870 uneinnehmbar war – obwohl schließlich 200 schwere Geschütze auf sie feuerten, hielt sie 103 Tage aus und kapitulierte erst nach dem Abschluß des Waffenstillstandes. Der tapfere Widerstand hat sich für Belfort zweifach gelohnt: Bismarck verzichtete darauf, es zu annektieren, und so kamen viele Elsässer in die „freie Stadt" und legten den Grundstein für ihre industrielle Entwicklung – in einem Jahrhundert hat sich ihre Einwohnerzahl mehr als versechsfacht. Und sie verdankt ihm die Sehenswürdigkeit *„*Le Lion de Belfort*", den 22 m langen und 11 m hohen, grimmigen Löwen; *Frédéric-Auguste Bartholdi*, der Schöpfer der Freiheitsstatue in New York, schlug ihn 1878 aus rotem Sandstein. Von der Plattform zu seinen Füßen hat man einen schönen **Blick* auf die Stadt und die Vogesen.

Man verläßt Belfort nach Westen auf der N 19 und erreicht nach 22 km

Ronchamp. Der Name des Industriestädtchens ist weltbekannt

Notre-Dame-du-Haut

geworden durch die ***Wallfahrtskirche* (1 km rechts ab) *Notre-Dame-du-Haut* (Unsere liebe Frau von der Höhe), die 1955 ungeheueres Aufsehen erregte: *Le Corbusier* schuf hier ein eigenwilliges, mit allen Traditionen des Kirchenbaus radikal brechendes Gebäude aus Eisenbeton, das zugleich an frühchristliche Katakombenkirchen und an die Großbunker des Zweiten Weltkriegs erinnert.

Die N 19 führt nun über *Lure* an *Vesoul* vorbei, wobei die Stadt 1 km links liegen bleibt.

Vesoul (25 000 Einw.) hat sich im Umkreis der *Place du Grand-Puits* einige *gotische Häuser* bewahrt und wird von dem Bergkegel *Colline de la Motte* überragt, von dem man einen weiten **Blick* auf die Vogesen und den Jura hat.

Die N 19 führt weiter durch schönes weiches Hügelland und überschreitet bei *Port-sur-Saône* den Fluß auf einer *Brücke* aus dem 18. Jh. Dann folgt

Combeaufontaine, wo man zwischen zwei Strecken wählen muß: Geradeaus führt die N 19 über *Langres* nach *Paris* weiter, links geht die Straße nach der interessanten Stadt *Dijon* (s. S. 93) ab, von der aus man die *Autobahn nach Paris* erreicht. Wir beschreiben beide Routen unter a) und b).

a) über Langres–Troyes nach Paris (338 km)

Die N 19 führt von *Combeaufontaine* über das wellige *Plateau von Langres* nach der Stadt

Langres (13000 Einw.), deren alte Wälle von der N 19 umfahren werden. Die Stadt liegt 470 m hoch auf einer nach Norden vorgeschobenen *Zunge des Plateaus von Langres* zwischen den Tälern der *Marne* und der *Bonnelle* und bildet nahezu ein *Rechteck* von 1100 m Länge und 450 m Breite. Zuerst sollte man die *Promenade des Remparts* machen, den ***Rundgang auf den Wällen* mit ihren „sechs Toren und sieben Türmen"; die interessantesten sind die monumentale **Porte des Moulins*, das Mühlentor von 1647, an dem die N 19 vorbeiführt; rechts daneben *Tour Saint-Fergeux* aus dem 15. Jh.; an der Nordseite *Tour de Longe-Porte* von 1604 und *Tour Saint-Jean* von 1538; an der Nordwestecke *Tour du Petit-Saut* (16. Jh.); an der Westseite die in die Mauern verbaute *Porte Gallo-Romaine* aus dem 2. Jahrhundert und schließlich an der Südwestecke die **Doppeltürme „de Navarre"* (1519) mit einer Mauerstärke von 6 m *und „d'Orval"*. Im Stadtinneren findet sich neben schönen *Renaissance-Häusern* das *Geburtshaus* des Philosophen und ersten Enzyklopädisten *Denis Diderot* (1713–1784) und die **Cathédrale Saint-Mammès* (1141–1194), die den Übergang von der burgundi-

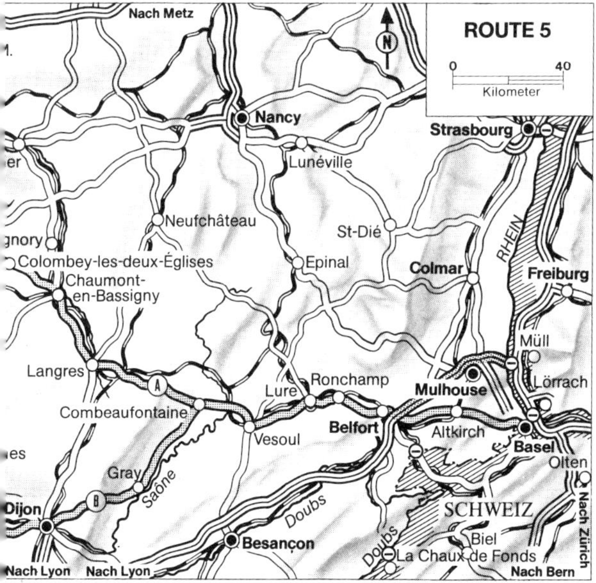

schen Romanik zur frühen Gotik zeigt; die Fassade wurde erst 1758 vorgesetzt.

Die N 19 führt nun am linken Ufer der *Marne* nach

Chaumont-en-Bassigny (30000 Einwohner). Die alte Stadt, die im 10. Jh. um eine Burg erbaut wurde, liegt auf einem Rücken zwischen dem Tal der *Marne* und dem Tal der *Suize*, das von einem imposanten **Eisenbahnviadukt* überspannt wird – das 650 m lange und 50 m hohe Bauwerk ist dreistöckig und zählt 50 Bogen. Die Stadt ist berühmt für die Herstellung von Luxushandschuhen. Beachtenswert ist die Kirche **Saint-Jean* mit einem Langschiff aus dem 13. und einem Querschiff aus dem 16. Jh.

Kunstfreunde können von Chaumont einen *Abstecher* von 20 km nach Norden machen, wo im Marne-Tal der kleine Ort *Vignory* (480 Einw.) liegt: seine Kirche ***Saint-Étienne*, von 1030 bis 1049 erbaut, ist eine der reinsten Ausformungen der flachgedeckten, dreischiffigen Säulenbasilika der Frühromanik und in jeder Kunstgeschichte erwähnt.

Die N 19 zieht von Chaumont weiter nach Nordwesten. Sie führt durch den Ort *Colombey-les-Deux-Églises*, der als Wohnsitz des *Generals de Gaulle* weltbekannt wurde; seit November 1970 liegt er auf dem Dorffriedhof begraben (1972 errichtetes Denkmal in Form eines 45 m hohen Lothringer Kreuzes). Die N 19 führt nach *Bar-sur-Aube* weiter, dann an den steilen Hängen des *Aube-Tals* entlang und überquert den Fluß bei *Dolancourt*; es folgt *Vendeuvre* mit einer reich ausgestatteten Renaissance-Kirche aus dem 16. Jh. und der mit Seen durchsetzte Wald *Forêt d'Orient*. Kurz danach die Stadt

***Troyes** (82000 Einw.). Von den Römern zur Deckung eines

Glasfenster in der Kathedrale

Übergangs über die Seine angelegt, erlangt es im 10. Jh. Bedeutung als Hauptstadt der mächtigen *Grafen von Champagne*; sie lassen Kirchen und Hospitäler bauen und im 12. Jh. den *Jahrmarkt* abhalten, der bald in ganz Europa bekannt ist und Troyes zu einer bedeutenden *Handelsstadt* macht. Im 16. Jh. bereits wird es *Industriestadt* durch seine *Wollmützenmacher* und *Wollstrumpfwirker*.

Die Reihe seiner Sehenswürdigkeiten beginnt mit der *Cathédrale Saint-Pierre-et-Saint-Paul*. Berühmt sind ihre *farbigen* **Fenster*, die im Chor aus dem 13. u. 14., im Schiff aus dem 15. u. 16. Jh. stammen. Die Basilika **Saint-Urbain* ließ Papst Urban IV. 1262–86 in seiner Geburtsstadt errichten; sie ist eines der ersten Beispiele für den

Wagemut, mit dem die Baumeister der Gotik die Fensterflächen immer mehr vergrößerten, bis das Mauerwerk schließlich auf ein tragendes Skelett reduziert war; auch ihre **Glasmalereien* stammen aus dem 13. Jh. Geschichtliche Bedeutung hat **Saint-Jean* mit einem Schiff aus dem 14. und einem Renaissance-Chor aus dem 16. Jh.; hier fand 1420 die *Trauung* der *Cathérine von Frankreich* mit *Heinrich V. von England* statt, die dessen Anspruch auf den französischen Thron besiegelte.

Im Umkreis dieser Kirche gibt es alte Gassen und Häuser wie die **Ruelle des Chats*, das Katzengäßchen, oder die **Tourelle de l'Orfèvre*. Die Kirche *Sainte-Madeleine* hat einen herrlichen spätgotischen **Lettner*, *Saint-Nicolas* **Glasfenster* in Graumalerei aus dem 16. Jh. und die eigenartige *„*Chapelle du Calvaire*" im Kirchenschiff; *Saint-Pantaléon* endlich quillt wie ein Museum über von Altären und **Statuen* der Renaissance. Ende des 15. und im 16. Jh. blühte in Troyes eine *Kunstschule* eigener Prägung.

Die N 19 folgt nun dem Lauf der *Seine* auf dem linken Ufer bis *Nogent-sur-Seine*, wo sie den Fluß überschreitet und – nach einem schönen *Rückblick bei *Croix-de-Fer* – zu einer Stadt führt, die sich viel Mittelalterliches bewahrte:

***Provins** (13000 Einw.). Während ihrer Blütezeit als Messe- und Handelsstadt vom 11.–13. Jh. soll ihre Einwohnerzahl 80000 betragen haben; sie galt als die *dritte Stadt Frankreichs* nach *Paris* und *Rouen*. Wegen der Verlängerung der Arbeitszeit von elf auf zwölf Stunden brach 1279 ein blutiger *Aufstand* der Weber-, Färber- und Gerbergesellen aus, der die Galgen füllte und den Niedergang der Stadt einleitete. Vor allem in der hochgelegenen *Oberstadt* von Provins stammt noch vieles aus dem 12. Jahrhundert: die mit Türmen und Toren wohlerhaltene **Stadtmauer*, der Zehntspeicher **Grange aux Dîmes* mit schönen Gewölben, der 44 m hohe Wachtturm ***Tour de César* mit einem herrlichen gotischen Saal; sein Pyramidendach erhielt der Donjon erst im 16. Jahrhundert.

Die N 19 zieht nun in langen Geraden nach Westen. Links von ihr liegen (4 km Umweg) *Saint-Loup-de-Naud* mit einer *romanischen* **Kirche* des 12. Jh., deren ***Portal* ein berühmtes Beispiel der damaligen Pariser Bildhauerkunst ist, und (1 km Stichstraße) *Rampillon* mit einer *frühgotischen* **Kirche* (13. Jh.), deren **Portal* ebenfalls kunstgeschichtliche Bedeutung hat.

Ab *Nangis* führt die N 19 zügig nach Paris. An ihr liegt noch (29 km vor Paris) die kleine Stadt

Brie-Comte-Robert mit *gotischen Arkaden* in der *Rue des Halles* und einer *Kirche* (13./14. Jh.) mit sehr schönen alten **Glasmalereien* und (21 km vor Paris)

***Château de Gros-Bois** aus dem 17. Jh., Schauplatz glänzender Feste im ersten Jahrzehnt des 19. Jh. Es gehörte *Alexandre Berthier*, der es als *Generalstabschef* (1805–14) *Napoléons I.* zum Marschall von Frankreich, Fürsten von Wagram und Schwiegersohn des Königs von Bayern brachte. Das Schloß ist voll kostbarer **Empiremöbel* und zahlloser Erinnerungsstücke an den Kaiser und seinen Waffengefährten; es besitzt auch eine Schlachtengalerie.

Die Einfahrt nach *Paris* erfolgt über die *Porte de Bercy* und die *Quais* des rechten Seine-Ufers.

b) Über Dijon nach Paris (488 km)

Die von *Combeaufontaine* (siehe S. 122) nach Süden ausschwingende N 70 ermöglicht den Besuch der sehr sehenswerten Stadt ***Dijon* (s. S. 93). 45 km westlich Dijon erreicht man die *Autoroute A 6* und fährt auf ihr schnell in 300 km nach Paris.

Die Strecke führt von *Combeaufontaine* auf der N 70 zunächst in 40 km zu der hübsch an der Saône gelegenen Landstadt *Gray* und weiter durch Waldhügelland über *Mirebeau* in 48 km nach Dijon. Von dort fährt man über *Sombernon* in 45 km nach *Pouilly-en-Auxois*, der Auffahrt zur Autobahn Paris.

Wer es nicht so eilig hat, sollte die alte, mit Sehenswürdigkeiten reich bestückte N 5 nach Paris benutzen, deren Verlauf über Tonnerre und Sens wir nun beschreiben.

Von *Dijon* bis *Sombernon* sind die N 5 und die Autobahnzufahrt auf einer landschaftlich reizvollen Strecke von 29 km identisch. Nach ihrer Trennung führt die N 5 am *Staubecken von Grosbois* entlang, das den *Canal de Bourgogne* speist; dann über *Vitteaux* nach *Les Laumes*.

Umweg über Flavigny und Alésia (15 km)

4 km vor *Les Laumes* zweigt nach rechts die D 9 ab, auf der man in 5 km nach *Flavigny-sur-Ozerain* hinauffährt, einem mauerbewehrten, altertümlichen und für seine Anisbonbons bekannten Dörfchen in herrlicher Höhenlage. Von dort fährt man auf der D 103 nach *Alise-Sainte-Reine* unterhalb des **Plateau d'Alésia* auf dem *Mont Auxois*. Hier oben befand sich das befestigte *Lager der Gallier*, mit dessen erfolgreicher Belagerung *Julius Cäsar* im Jahre 52 v. Chr. die Unterwerfung ihres Führers *Vercingetorix* erzwang; eine *Kolossalstatue* dieses Widerstandskämpfers erinnert ebenso an den *Gallischen Krieg* wie die *Ausgrabungen* der *gallo-römischen Stadt*. Die Abfahrt führt nach *Les Laumes*, wo man die N 5 wieder erreicht.

10 km weiter bietet sich von der N 5 kurz vor *Montbard* erneut ein Abstecher nach Osten an:

Abstecher zur Abtei von Fontenay (7 km hin u. zurück)

Mit seiner *Kirche* (1130–47), dem *Kapitelhaus*, dem *Arbeitssaal* und dem wuchtigen **Kreuzgang* ist Fontenay die besterhaltene und eindruckvollste ***Zisterzienser-Abtei* der französischen Romanik.

Von *Montbard*, Sitz von Stahlwerken und Geburtsort des großen Naturforschers *Buffon* (1707–88), verläuft die N 5 im Tal der *Brenne* abwärts über *Ancy-le-Franc* mit einem **Renaissance-Schloß* von 1555, dessen *Dekoration wohl erhalten ist, nach

Tonnerre (6500 Einw.). In dem Weinhandelsstädtchen – südwestlich liegt das Anbaugebiet der berühmten herb-trockenen Weißweine „*Chablis*“, die man vor allem zu Austern trinkt – hat sich das *Hospital* erhalten mit dem 1293 erbauten, 101 m langen, von einer gewaltigen Tonnendecke aus Eichendauben überwölbten **Krankensaal;* und an der **Fosse Dionne*, einer Quelle, steht noch das *Waschhaus* aus dem 16. Jh.

Abstecher nach Tanlay (17 km hin u. zurück)

Das von *François de Coligny*, dem Bruder des in der Bartholomäusnacht (24. 8. 1572) ermordeten Hugenottenführers Admiral Gaspard de Coligny, um 1560 erbaute Schloß ist eine großzügige Anlage, die das *große Renaissance-Schloß*, ein *kleines Schloß* von 1610 und einen 530 m langen *Kanal* im Park umfaßt. Bemerkenswert sind die **Fresken*, die *Damen und Herren des Hofstaats* der *Katharina Medici* als olympische Götter *in klassischer Nacktheit* zeigen.

Über das hübsch gelegene Städtchen *Saint-Florentin*, den *Wald von Othe* und *Le Petit-Villars*, wo die Straße von Troyes (siehe S. 124) einkreuzt, erreicht die N 5 die Stadt

Sens (30000 Einw.) an der *Yonne*. Sehenswert ist die **Kathedrale*, eine der frühesten gotischen Frankreichs (1130–1160). Ihr dreischiffiges Innere erhält farbiges Licht durch **Fenster*, deren älteste bis ins 12. Jh. zurückreichen. Der **Kirchenschatz* ist besonders reich.

Auf den letzten 111 km folgt die N 5 dem Tal der *Yonne*, die bei *Montereau-faut-Yonne* in die *Seine* mündet, durchquert dann Wald und Stadt *Fontainebleau*, wobei sie an dem berühmten **Schloß (s. S. 71) vorbeiführt, um über *Melun* bei *Villeneuve-Saint-Georges* den Rand von *Groß-Paris* (Porte de Bercy) zu erreichen.

Route 6: Brüssel – Mons – Paris

Wer aus Nordwestdeutschland nach Paris fährt, wird die Route über *Brüssel* wählen. Von der Hauptstadt Belgiens erreicht man auf der Straße N 7 oder auf der Autoroute nach einer Fahrt von 57 km die Industriestadt *Mons*, den Mittelpunkt des Kohlenreviers *Borinage*. Von hier kann man drei verschiedene Wege nach Paris einschlagen: Man kann die „klassische" Route benutzen, die als Nationalstraße N 2 über *Laon* und *Soissons* führt – unsere 6a. Man kann von Mons nach Westen *über Valenciennes* und *Cambrai* fahren und so auf dem kürzesten Weg die Autobahn Lille–Paris erreichen – unsere 6b. Und man kann zwischen beiden *über Saint-Quentin–Compiègne* nach Paris fahren und damit die kunst- und kulturhistorisch interessanteste Strecke wählen – unsere 6c. Der landschaftliche Reiz – durch Industrielandschaften und weite Ebenen – ist gering, mancher Ort am Straßenrand aber bietet Sehenswertes und Merkwürdiges.

Plan S. 130

Route 6a: Mons — Laon — Paris (242 km)

Die Grenzstationen liegen nur 12 km südsüdwestlich von *Mons: Bois-Bourdon* auf belgischer und *Bettignies* auf französischer Seite 6 km dahinter liegt an der N 2 die ehemalige Festung und heutige Industriestadt

Maubeuge (40000 Einw.). Im 2. Weltkrieg schwer beschädigt, wurde sie – in manchen Teilen beispielhaft – wieder aufgebaut; als schönstes der alten Festungstore hat sie sich die *Porte de Mons* bewahrt.

Durch langgestreckte Dörfer führt die N 2 dann über *Avesnes*, das auch einmal Festung war, und *La Capelle* nach *Vervins*. 36 km weiter liegt auf einem Hügel etwa 100 m über der Ebene von weither sichtbar

***Laon** (32000 Einw.) mit der frühgotischen ***Kathedrale Notre-Dame* (1160–1225). Im 13. Jh. galt sie als die schönste Kirche des Abendlandes; den Kathedralen von Paris, Reims und Chartres diente sie als Vorbild. Die Türme der Fassade sind 56 m, die Türme des Querschiffes 60 m hoch; im **Inneren* sind vor allem die **drei Fenster im Chor und die **Rose* beachtenswert (13. Jh.). 34 km weiter südöstlich liegt eine andere alte Bischofsstadt:

Soissons (30000 Einw.). Ehemals Hauptstadt des Keltenstammes der Suessionen, dann römisch, wurde sie 511 unter dem Merowinger Chlodwig Hauptstadt von Westfranken und damit zur Wiege der französischen Monarchie. Sehenswert sind die frühgotische **Kathedrale* aus dem 13. Jh. mit interessanter Architektur des Querschiffes und dem Rubensbild „Anbetung der Hirten", und *Saint-Jean-des-Vignes* an der Ausfahrt nach Paris: von der Abteikirche blieb nur die **Fassade* zwischen zwei ungleich hohen Türmen (13./14. Jh.), ein großer *Kreuzgang* aus dem 14. Jh. und ein kleiner aus der Renaissance, und das *Haus der Äbte*.

Von Soissons führt die N 2 zu dem fast ganz von den Wäldern des großen *Forêt de Retz* umschlossenen

Villers-Cotterêts (9500 Einw.). Die Geburtsstadt des bekannten Schriftstellers *Alexandre Dumas Père* (1802–70) besitzt ein heute als Altersheim dienendes *Renaissance-Schloß* (1532) mit einem sehenswerten **Treppenhaus*.

Von hier führt die N 2 in langen Geraden nach *Paris*, das man, am Flughafen *Le Bourget* vorbei, bei der *Porte de la Villette* erreicht.

Route 6b: Mons—Cambrai—Paris (251 km)

Bei dieser kürzesten und schnellsten Route nach Paris fährt man von *Mons* auf der Straße Nr. 22 nach Westen und erreicht nach 22 km die belgische Grenzstation *Quiévrain*; an der französischen Grenzstation *Blanc-Misseron* beginnen die N 29 und die Autoroute A 2, die nach

Valenciennes (48000 Einw.) führen, einer Industriestadt im Steinkohlenbecken der *Schelde (Escaut)*; früher war Valenciennes durch seine *Spitzen berühmt* – ein Kunsthandwerk, das wieder aufzuleben beginnt. Die Stadt ist Geburtsort des Malers *Jean-Antoine Watteau* (1684–1721) und des Bildhauers *Jean-Baptiste Carpeaux* (1827–75) – das Denkmal für Watteau auf dem Square Watteau wurde von Carpeaux geformt, dessen **Lebenswerk* an 500 Skizzen, Bildern und Skulpturen im *Musée des Beaux-Arts* zu studieren ist.

Die N 29 führt nun durch die Ebene der Picardie nach

Cambrai (40000 Einw.). Die alte Stadt wurde im 15. Jh. hochberühmt durch die Erfindung des durchsichtigen Leinengewebes *Batist*, das die Engländer heute noch „*cambric*" nennen, und im 16. Jh. durch den „*Damenfrieden*" von 1529 zwischen *König Franz I.* und *Kaiser Karl V.* Die Stadt wird beherrscht von dem 76 m hohen Glockenturm der Kirche *Saint-Géry*, die einen *Renaissance-Lettner von 1545 und eine *„Grablegung" von Rubens enthält.

Von *Cambrai* kann man in 27 km schnurgerader Fahrt auf der N 29 den *Anschluß der Autobahn Lille–Paris vor Bapaume* erreichen und auf ihr in 158 km schneller Fahrt Paris. Oder man fährt von *Cambrai* nach *Péronne* (37 km) und erreicht von dort nach 13 km die Autobahn.

Péronne (10000 Einw.) liegt an der Somme und war im 1. Weltkrieg Eckpfeiler der deutschen Front während der an Menschen und Material äußerst verlustreichen *Somme-Schlacht* von 1916.

Route 6c: Mons — Compiègne — Paris (245 km)

Diese Route verläuft zunächst gleich mit der in R 6a beschriebenen (s. S. 128), führt also über *Maubeuge* und *Avesnes* nach Süden. In *La Capelle* aber verläßt man die N 2 und fährt auf der N 30 über

Guise an der Oise mit einer *Backstein-Zitadelle aus dem 16. Jahrhundert nach

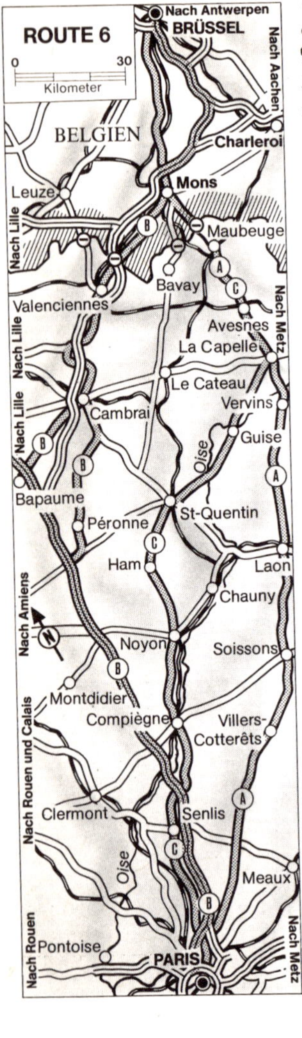

***Saint-Quentin** (75000 Einw.). die Stadt entwickelte sich aus einer Wallfahrt zum Grab des Märtyrers *Quintinus* (3./4. Jh.) und war im Mittelalter eine berühmte *Weberstadt*. Vor ihren Mauern fand 1557 eine Schlacht statt, in der die Spanier siegten – auf das bei dieser Gelegenheit abgelegte Gelübde hin ließ *Philipp II.* das Klosterschloß *El Escorial* bei Madrid erbauen. Saint-Quentin hat ein *Rathaus* mit prachtvoller gotischer **Fassade* (1509), im Turm hängen 37 Glocken. In der *Kollegiatskirche Saint-Quentin* (13./ 15. Jh. liegen in einer Krypta (9. Jh.) die Gebeine des Heiligen und seiner Gefährten; neben den großen Ausmaßen (113 m lang, 40 m hoch) fällt die Trennung der Querschiffe durch einen doppelten Chorumgang auf. Für Liebhaber gibt es 87 Pastell-Portraits von *Quentin de la Tour* (1704–88) im *Musée Lécuyer* und in der Bibliothek das *Musée d'Entomologie*, eine der größten *Schmetterlingssammlungen* Europas. Saint-Quentin, schon 1871 Schlachtort, wurde im 1. Weltkrieg hart umkämpft und dabei arg zerstört. 20 km weiter an der N 30 liegt ein Städtchen, das *Napoléon III.* bekannt machte:

Ham (4300 Einw.). In einem Schloß aus dem 15. Jh., das in Ruinen liegt, wurde der spätere Kaiser nach zwei Putschversuchen von 1840–46 in Haft gehalten; dann gelang ihm die Flucht nach England.

Wiederum nach 20 km, aber nun auf der N 32, gelangt man nach

***Noyon** (15000 Einw.). Die alte Stadt, Geburtsort des Reformators *Johannes Calvin* (1509–64 besitzt in der *Kathedrale* ***Notre*

Dame ein besonders schönes Beispiel frühgotischer Bauweise (12./13. Jh.); interessant sind die Abrundungen der **Querschiffe*, die unter Einbeziehung der Turmsockel gebildete weite **Vorhalle*, der anschließende **Kapitelsaal*, der gotische **Kreuzgang* und die **Buchhandlung* aus der Zeit Ludwigs XII. (frühes 16. Jh.)

Die N 32 führt nun am Nordufer der *Oise* in 24 km nach

***Compiègne** (45000 Einw.) am Nordwestrand des 14500 ha umfassenden *Waldes von Compiègne*. Auf einer 5 km vom Stadtrand entfernten *Waldlichtung* wurde am 11. 11. 1918 der *Waffenstillstand* abgeschlossen, der dem 1. Weltkrieg ein Ende setzte; eine Nachbildung des Salonwagens von Marschall *Foch* erinnert daran. Das Original wurde im 2. Weltkrieg zerstört, nachdem es noch dem Abschluß des Waffenstillstandes nach dem Frankreich-Feldzug am 22. 6. 1940 gedient hatte.

Neben dieser „melancholischen" Sehenswürdigkeit gibt es die Festliche des **Schlosses*, das 1751 bis 1788 für *Ludwig XV.* und seinen Hofstaat errichtet wurde und – in Verbindung mit den Jagden im Park – Schauplatz glänzender Feste bis zur Zeit *Napoleons III.* war; hier fanden auch die ersten Begegnungen zwischen *Ludwig XVI.* und *Marie Antoinette* (1770) und *Napoleon I.* und *Marie-Louise* (1810) statt. Man kann die mit kostbaren Möbeln und Wandteppichen aus dem 18. Jh. geschmückten Zimmerfluchten und Säle besichtigen, außerdem das sehenswerte **Musée de la Voiture et du Tourisme* mit Reise- und Prunkwagen und ersten Automobilen. *Compiègne*, das seinen Namen von dem gallo-römischen, den Übergang über die Oise deckenden Kastell *Compendium* ableitet, sah noch ein historisches Ereignis vor seinen Mauern: durch eine zu früh hochgehende Zugbrücke abgeschnitten, fiel hier 1430 *Jeannne d'Arc*, die Jungfrau von Orléans, in burgundisch-englische *Gefangenschaft*.

Ein lohnender Umweg (14 km) geht nach dem Schloß **Pierrefonds*; nach weiteren 17 km zur romanischen Kirche Morienval und über Champlieu (römische und gallische Ausgrabungen) zur N 32 zurück.

Die N 32 führt nun in 32 km nach

***Senlis** (15000 Einw.). Aus einer gallo-römischen Umwallung entwickelte sich schon im 3. Jh. eine *Bischofsstadt*, die früh an den Bau einer gotischen Kathedrale ging: **Notre-Dame* wurde von 1155–1191 erbaut (und im 16. Jh. um das Querschiff ergänzt – früheste und späteste Gotik in einem Raum), 1240 erhält der rechte Turm seine herrliche ***Spitze*; beachtenswert ist das *Hauptportal mit **Darstellungen aus dem Marienleben*. Im Umkreis der Kathedrale gibt es noch viele *alte Häuser*, vor allem in der *Rue du Châtel* und der *Rue de la Treille* (gallo-romanische Mauer).

Von *Senlis* sind es noch 44 km bis nach *Paris*, die man entweder auf der N 17 oder auf der von Lille herkommenden Autobahn A 1 zurücklegt (Einfahrt bei der *Porte de la Villette* bzw. der *Porte de la Chapelle*).

Links von der Autobahn liegt in *Roissy-en-France* der neue Pariser Großflughafen *Charles de Gaulle*.

Route 7: Gent – Lille – Paris (283 km)

In *Courtrai* (flämisch *Kortrijk*) laufen die Straßen von *Gent* (N 14 = E 3; 44 km) und von *Brügge* (N 71; 43 km) zusammen. 10 km weiter auf der N 14 wird die *belgisch-französische Grenze* überschritten und schon befindet man sich im Stadtgebiet von

Tourcoing (110000 Einw.), das zusammen mit dem südlich anschließenden *Roubaix* (125000 Einw.) eine *Textil-Großstadt* bildet: vier Fünftel der in Frankreich produzierten oder importierten Wolle werden hier verarbeitet. Wiederum fast schon mit diesen beiden Städten zusammengewachsen ist

Lille (1 Mill. Einw.). Ehemals *Hauptstadt des französischen Flandern*, später starke *Festung*, die mehrere Belagerungen aushielt, ist Lille heute die *wichtigste Industrie- und Handelsstadt Nordostfrankreichs*. Ganz in der Gegenwart lebend, hat sich die Stadt wenig von ihrer Vergangenheit bewahrt: die **Alte Börse* von 1652 als schönes Beispiel flämischer Architektur und die **Zitadelle* des Festungsbaumeisters *Vauban* (17. Jh.). Eine Sehenswürdigkeit von Rang ist die **Gemäldesammlung* im *Palais des Beaux-Arts*, eine der reichsten und vielseitigsten des Landes. An modernen Bauten imponieren vor allem das riesige **Rathaus* (1925–33) mit einem 106 m hohen Turm und die **Cité hospitalière*, das wohl umfänglichste Krankenhausviertel Europas. Lille ist Geburtsstadt des *Generals de Gaulle* (1890).

Zur Fahrt nach Paris benutzt man natürlich die Autobahn „*Autoroute du Nord*“, die in 219 km kreuzungsfreier Fahrt zum Ziel führt.

Route 8: Dunkerque – Paris (274 km)

Die letzte Zufahrtstrecke nach Paris, die wir beschreiben, führt von der äußeren Nordostecke Frankreichs am Ärmelkanal genau nach Süden: *Dunkerque* und *Paris* liegen auf dem *Nullmeridian* von *Greenwich*. Dabei kann man zwischen 2 *Routen* wählen: die eine sucht auf kürzestem Wege Anschluß an die *Autoroute du Nord*, die sie bei *Armentières* erreicht; die andere folgt der alten *Nationalstraße N 16* über *Amiens* mit seiner berühmten **Kathedrale.

Ausgangspunkt ist die nördlichste Stadt Frankreichs, wo die Küstenstraße von Belgien her, die Fähre vom englischen Dover herüber und vier Kanäle der Picardie zusammentreffen:

Dunkerque (164000 Einw.). Die im 2. Weltkrieg fast völlig zer-

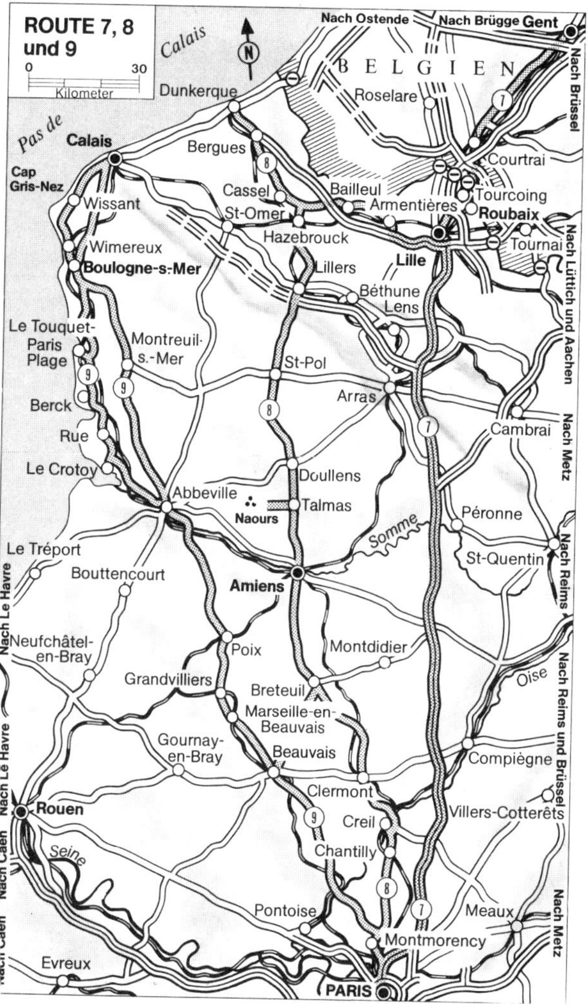
ROUTE 7, 8 und 9
0
30
Kilometer
Pas de Calais
N
Nach Ostende
Nach Brügge
Gent
Nach Brüssel
BELGIEN
Dunkerque
Roselare
Calais
Bergues
Courtrai
Cap Gris-Nez
Cassel
Bailleul
Tourcoing
Wissant
St-Omer
Armentières
Roubaix
Hazebrouck
Tournai
Wimereux
Lillers
Lille
Boulogne-s-Mer
Béthune
Nach Lüttich und Aachen
Lens
Le Touquet-Paris Plage
Montreuil-s.-Mer
St-Pol
Arras
Berck
Cambrai
Rue
Nach Metz
Le Crotoy
Doullens
Abbeville
Talmas
Naours
Péronne
Somme
Le Tréport
St-Quentin
Nach Reims
Bouttencourt
Amiens
Nach Le Havre
Neufchâtel-en-Bray
Poix
Montdidier
Grandvilliers
Breteuil
Oise
Nach Reims und Brüssel
Marseille-en-Beauvais
Gournay-en-Bray
Beauvais
Compiègne
Nach Le Havre
Clermont
Rouen
Villers-Cotterêts
Creil
Nach Caen
Seine
Chantilly
Pontoise
Meaux
Nach Metz
Montmorency
Nach Caen
Evreux
PARIS

störte Stadt ist modern und zweckmäßig wiederaufgebaut und hat ihre Vorkriegseinwohnerzahl von 37000 bereits weit überschritten. Dunkerque, der Heimatort des französischen Seehelden *Jean Bart* (1651–1702) hat seinen Namen (dt. Dünkirchen) von der Kirche in den Dünen *Notre-Dame-des-Dunes* (16. Jh.), die nordöstlich an der Straße zum Seebad *Malo-les Bains* liegt; Malo hat eine 2 km lange Deichpromenade „*Digue de Mer*" entlang dem *Sandstrand*, der sich weiter nach Belgien zieht.

Die Fahrt auf der N 16 führt zunächst in 9 km nach

Bergues (5000 Einw.), das den Charakter einer *flämischen Kleinstadt* aus dem 17./18. Jh. hat wie auch das 18 km weiter an der N 16 gelegene

Cassel (2900 Einw.). Das Städtchen liegt auf einem 175 m hohen Hügel, der sich aus der weiten Ebene der Picardie erhebt – der *Ausblick von der *Schloßpromenade* reicht bis *Dünkirchen* und *Gent*.

6 km südöstlich von Cassel macht die N 16 eine scharfe Rechtskurve:

Wer erst jetzt die Autobahn anstrebt, fährt geradeaus weiter auf der N 42 nach *Bailleul* (14000 Einw.), eine für ihr *flandrisches Leinen* und ihre *Spitzen* bekannte Stadt, und von dort nach der *Textilindustriestadt Armentières* (28500 Einw.) mit der Auffahrt auf die *Autobahn* über *Lille* nach *Paris* (238 km).

Die N 16 erreicht von dieser Abzweigung über *Hazebrouck* die Stadt *Lillers* (9300 Einw.) mit einer interessanten Kirche, die ein berühmtes **Holz-Kruzifix* aus dem 17. Jh. enthält. Dann zieht sie über *Saint-Pol-sur-Ternoise* und *Doullens* weiter nach *Talmas*, wo es eine Merkwürdigkeit zu besichtigen gibt: 3 km westlich bei *Naours* liegt eine 35 m tief in den Kreideboden gehöhlte „*Flucht-Stadt*", die im 9. Jh. als Versteck vor den Normannen angelegt wurde.

16 km weiter südlich auf der N 16 kommt

***Amiens** (128000 Einw.) mit der *Kathedrale* ***Notre-Dame*, die die räumlich größte aller Kirchen Frankreichs ist und als die vollkommenste der Gotik gilt. Ihre Ausmaße sind gewaltig: Die Schiffslänge beträgt 145 m bei einer Schlußsteinhöhe von 42 m, die Rose mißt 13,5 m im Durchmesser, der Vierungsturm steigt 113 m hoch auf. Von 1220–70 erbaut, blieb sie von jeglichem Stilwechsel während ihrer Bauzeit verschont; ihr Auf- und Grundriß diente dem Kölner Dom als Vorbild. Schönster Teil der ***Westfassade* sind die zu einer Einheit verschmolzenen *drei* ***Portale* mit ihrem reichen Figurenschmuck, darunter dem **„*Beau Dieu*", dem „schöner Gott" – Christus am Mittelpfeiler des Hauptportals.

Einzigartig ist das ***Kirchenschiff* mit seiner feierlichen Weite und den Durchblicken zwischen den hochstämmigen Säulen. Aber man sollte auch das ***Chorgestühl* aus dem frühen 16. Jh. beachten, das als schönste Frankreichs gerühmt wird, und die **Eisengitter* aus dem 18. Jh. und schließlich die ***Vierge Dorée*, die oft kopierte, von Engeln umschwebte *Golden*

Mont-Saint-Michel ist die dem Erzengel Michael geweihte einzigartige Kirchenburg auf einem hohen Felsen im Wattenmeer des Ärmelkanals.

La Rochelle mit seinen mittelalterlichen Türmen am Hafen war einer der Hauptstützpunkte der Hugenotten in den blutigen Religionskriegen.

Das größte aller Loire-Schlösser ist das Jagdschloß Chambord mit seinem bizarren Dach; den Park umgibt eine 32 Kilometer lange Mauer.

Eines der schönsten Loire-Schlösser ist das quer über den Fluß Cher gebaute Chenonceaux, einst Schauplatz prächtiger Renaissance-Feste.

Madonna am Mittelpfeiler des Querschiff-Südportals.

Neben dieser Kathedrale, die zu den ganz großen Sehenswürdigkeiten Frankreichs zählt, besitzt Amiens im **Musée de Picardie* noch eine beachtliche *Gemäldesammlung*, deren Prunkstücke die *15 Bilder* (15./16. Jh.) *von Puy Notre-Dame d'Amiens* sind, einer frommen Bruderschaft, die Wettbewerbe unter den Dichtern und Malern veranstaltete.

Die N 16 zieht nun nach *Breteuil* im reizvollen Tal der *Noye*, wo eine Wahl zu treffen ist; man kann von hier südwestlich nach *Beauvais* mit seiner großen ***Kathedrale* fahren (s. S. 138) und weiter auf der N 1 (s. unten) nach Paris; oder man fährt auf der N 16 weiter nach Süden und gelangt über *Clermont* an der *Brèche* und *Creil* an der *Oise* nach

***Chantilly** (12000 Einw.). Der Name der hübschen kleinen Stadt ist bekannt durch die Schlagsahne „*Crème Chantilly*" und den Wald „*Forêt Chantilly*"; weiter durch die Pferderennen, deren Bahn vor den **Grandes Écuries* liegt, den großen, im 18. Jh. stilvoll erbauten Stallungen der Fürsten von *Bourbon-Condé* für 240 Pferde, über 400 Hetzhunde, und deren menschliches Pflegepersonal; vor allem aber durch das *Musée Condé* im *Schloß Chantilly*, das aus dem *Petit Château* von 1560 und dem *Grand Château* (1876–82) mit den dazugehörigen noblen Parkanlagen besteht – Musterbeispiel für den Wohnstil eines Grandseigneur des 19. Jahrhunderts. Das *Museum* enthält in den prächtig geschmückten Räumen der beiden Schlösser als besondere Kostbarkeiten **Bilder von Raffael und Filippino Lippi* (um 1457–1504) und ***40 Miniaturen* des großen französischen Malers *Jean Fouquet* (1420–80) für das *Gebetbuch der Herzöge von Berry*.

Schon am Stadtrand von Paris liegt an der N 16 das prachtvolle *Renaissance-*Schloß von Écouen* (1530–51), das dem Orden der *Ehrenlegion* als Heim dient.

Die Einfahrt nach Paris erfolgt über *Saint-Denis* mit seiner berühmten ***Kirche*, die die Keimzelle der französischen Gotik und die Grabkirche fast aller französischen Könige war (s.S. 72) und die *Porte de la Chapelle*.

Route 9: Paris – Boulogne – Calais (275 km)

Diese Route führt auf der Nationalstraße N 1 über *Beauvais* mit seiner großen *Kathedrale* und *Abbeville* zu den *Seebädern* und *Hafenstädten* des nördlichen Teils der französischen *Kanalküste*.

Man verläßt Paris über die *Porte de la Chapelle* und die *Avenue Président-Wilson*. Nach 11 km kommt

Saint-Denis (110000 Einw.) mit seiner **Eglise Abbatiale*, der Abtei-Kirche, von der die französische Gotik ihren Ausgang nahm und in der fast alle französischen Könige begraben liegen (s.S. 72). Man kann Saint-

Denis aber auch östlich umgehen und auf der N 1, die Oise nahe *Beaumont-sur-Oise* überquerend, durch die *Ile de France* in 66 km nach

***Beauvais** (55000 Einw.) fahren. Die ***Kathedrale Saint-Pierre*, deren Bau mit dem Chor begann, war als größte Kirche der Christenheit geplant. Aber die Konstruktion war allzu kühn – 1284 stürzte ein Teil des Chores ein; man brauchte 40 Jahre, um den Schaden zu beheben, dann kam der Hundertjährige Krieg. So steht die Kathedrale als ein riesiger Torso in der Stadt: nur der *Chor* – mit 48 m der höchste, der je gebaut wurde – ist vollendet (1324) und das *Querschiff*, das 1549 hinzugefügt wurde. Der Ehrgeiz der Bürger von Beauvais führte zu einer neuen Katastrophe: sie setzten auf die Vierung einen Turm, der als höchstes Bauwerk der damaligen Welt – man schrieb 1569 – 153 m emporragte; vier Jahre später stürzte auch er ein. Trotz allem Mißgeschick ist der Eindruck dieser „Unvollendeten" gewaltig. An Details sind beachtenswert: die vielen **Bildteppiche* aus der 1664 von *Colbert* gegründeten Gobelin-Manufaktur, die berühmte **astronomische Uhr* von 1866 mit 90000 Einzelteilen (auch sie eine „größte der Welt"), die von *Jean le Pot* um 1550 geschnitzten **Türflügel des Südportals* und die **Basse-Oeuvre*, die an das Querschiff angelehnte, ursprüngliche Kathedrale aus dem 10. Jahrhundert.

Die N 1 führt von *Beauvais* über *Marseille-en-Beauvaisis* und *Grandvilliers* nach 44 km in das schön gelegene *Poix*, um dann über das eintönige *pikardische Plateau* in 42 km den Umschlaghafen am Unterlauf der *Somme* zu erreichen:

Abbeville (30000 Einw.). Die im 2. Weltkrieg schwer zerstörte und modern wieder aufgebaute Stadt besitzt außer dem an der Straße von Paris gelegenen **Schloß Bagatelle* (18. Jh.) die Kirche *Saint-Vulfran* (15. Jh.) mit einer schönen spätgotischen **Fassade*.

Von Abbeville kann man auf zwei Straßen weiter nach Norden fahren:

Wer es eilig hat, wird die *im Landesinneren* führende N 1 weiterbenutzen, auf der man über *Montreuil-sur-Mer*, eine ehemalige Festung, die 17 km vom Meer abliegt, in 80 km welliger und ziemlich reizloser Fahrt *Boulogne-sur-Mer* (s. S. 139) erreicht und von dort, wiederum durch das Landesinnere, in 34 km *Calais* (s. S. 139).

Wer sich Zeit lassen kann, wird mit Gewinn die aussichts- und abwechslungsreiche *Küstenstraße* wählen. Sie führt als N 40a nach Nordwesten aus *Abbeville* heraus, begleitet den *Canal de la Somme*, der Abbeville mit der *Baie de Somme*, der Trichtermündung des Flusses, verbindet und biegt vor dem kleinen *Seebad Le Crotoy* (1 km) rechts ab nach

Rue (3000 Einw.) mit der schönen spätgotischen *Chapelle du Saint-Esprit* (15./16. Jh.). Als N 40 führt die Straße nun weiter nach Norden und erreicht nach 19 km den ersten der großen Badeorte am *Pas de Calais*, den wir „*Straße von Dover*" nennen:

Berck (20000 Einw.). Hier beginnt der feine **Sandstrand*, der sich 14 km lang bis *Le Touquet* hinaufzieht, hier liegt das große **Hôpital Maritime* der Stadt Paris.

Kleiner, aber mondäner ist das 18 km weiter an der N 40 gelegene Seebad

***Le Touquet-Paris-Plage** (5000 Einw.; im Sommer 60000), das eleganteste zwischen *Dünkirchen* und *Le Havre*. Die schachbrettförmig angelegte Stadt liegt auf einer in die *Trichtermündung der Canche* ragenden Landspitze. Zu seiner reichen Ausstattung gehört auch eine 2 km lange *Deichpromenade*, ein *Wald* für Spaziergänge, und ein *Flugplatz* (Flugfähre nach England 20').

Die N 40 führt nun über den Fischereihafen *Etaples* an der Mündung der Canche nach 39 km an dem Seebad *Hardelot-Plage* (2 km links) vorbei nach

Boulogne-sur-Mer (55000 Einw.). Der Name dieses bedeutendsten *Fischereihafens* Frankreichs, der Heimat einer *Spezialflotte für den Heringsfang* ist, wurde weltbekannt, als *Napoleon I.* hier ab 1803 in dem berühmt gewordenen „*Lager von Boulogne*" die *Invasionsarmee* versammelte, von deren Bedrohung sich England durch *Nelsons Seesieg bei Trafalgar* 1805 befreite. Neben dem modernen *Hafen* ist die von mächtigen **Wällen* aus dem 13. Jh. umgebene *Oberstadt* sehenswert und das *Museum* mit einer hochgeschätzten **Sammlung griechischer Vasen*.

Die ***Küstenstraße* von *Boulogne-sur-Mer* nach *Calais* (N 40) bildet den *landschaftlichen Höhepunkt* dieser Route; sie ist mit 42 km nur 8 km länger als die direkte Straße N 1. Gleich bei der Ausfahrt aus Boulogne sieht man rechts die 53 m hohe *Colonne de la Grande Armée*, die Gedenksäule an das Invasionslager; dann steigt die Straße zu *den *Felsklippen* auf. Man kommt durch die kleinen Badeorte *Wimereux*, *Ambleteuse* mit dem alten *Fort Vauban*, und *Audresselles*. 2 km dahinter zweigt links eine 3,5 km lange Stichstraße zum *Cap Gris-Nez* mit einem 24 m hohen Leuchtturm ab – von hier hat man einen herrlichen ***Blick* auf die *Bucht von Wissant* und den *Ärmelkanal*; an klaren Tagen kann man die *Kreidefelsen von Dover* erkennen. Die Straße steigt nun nach *Wissant* mit seinem kilometerlangen Sandstrand ab; hier lag der antike Hafen *Portus Itius*, von dem die *Legionen Julius Caesars* in den Jahren 55 und 54 v. Chr. nach England übersetzten. 6 km hinter Wissant kommt die 133 m hohe, aussichtsreiche Kreidefelsnase ***Cap Blanc-Nez*. Dann senkt sich die N 40 endgültig nach *Sangatte*, wo die *Klippenlandschaft des Boulonais* in die *flandrische Ebene* übergeht. Stets am Meeresufer entlang und am Denkmal für *Blériot* vorbei, dem von hier aus 1909 die *erste Kanalüberquerung mit dem Flugzeug* gelang, fährt man 10 km weiter nach

Calais (80000 Einw.). Die England am nächsten liegende (und daher für den Fährverkehr zur Insel besonders wichtige) Stadt Frankreichs, ist seit dem 13. Jh. ein bedeutender Hafen; seitdem steht der Wachturm *Tour de Guet*. 1347 ereignete sich jene Episode, an die seit 1895 das weltberühmte **Denkmal „*Die Bürger von Calais*“ von *Auguste Rodin* (1840–1917) auf dem Rathausvorplatz erinnert: nach elf-

Rodins „Bürger von Calais“

monatiger Belagerung durch die Engländer mußten sich angesehene Bürger der Seefestung als Geiseln in die Gewalt *Eduards III.* begeben – das ergreifende Monument schildert ihren Auszug. Von da ab blieb Calais in zweihundertjähriger englischer Gefangenschaft, bis es 1558 als letzter Stützpunkt Englands auf dem Festland durch einen kühnen Handstreich des *François de Guise* zum Mutterland zurückkehrte. Der 1848 erbaute, 51 m hohe *Leuchtturm* gewährt einen Überblick über die nach den schweren Zerstörungen des 2. Weltkriegs modern wiederaufgebaute Stadt und den fast ganz auf den Passagierverkehr mit England abgestellten Hafen.

Von *Calais* kann man auf der N 40 in 36 km nach *Dunkerque* (Dünkirchen; s. S. 132) weiterfahren und von dort über die nahe Grenze an die *belgische Küste*.

Route 10: Paris – Rouen – Le Havre – Le Tréport (230 – 312 km)

Diese Fahrt in die *Normandie* führt zunächst in deren alte Hauptstadt *Rouen*, die „*Stadt der Gotik*“. Von dort strahlen drei Straßen aus: nach Westen zu dem großen Seehafen *Le Havre*, nach Nordwesten zur Kreideküste bei *Fécamp*, nach Norden zum Küstenstrich *Dieppe – Le Tréport*.

Nach Rouen gelangt man von Paris aus auf 3 Straßen. 1. auf der Autobahn, 2. auf der direkten N 14 und – am schönsten, aber auch am zeitraubendsten – 3. durch das anmutige Tal der Seine.

1. Von Paris nach Rouen auf der Autobahn (138 km)

Man verläßt Paris entweder über die *Porte Maillot* und fährt durch den *Bois de Boulogne* oder über die *Porte de Saint-Cloud*. In *Saint-Cloud*, wo die beiden Ausfallstraßen zusammentreffen, überquert man die *Seine*. Unmittelbar danach beginnt die *Autoroute de l'Ouest*, die bald durch einen 832 m langen *Tunnel* führt, in weitem Bogen durch den *Wald von Marly* zieht, sich mehrmals der in großen Schleifen dahinkurvenden *Seine* nähert und schließlich nahe *Louviers* in die N 13 mündet: auf ihr überschreitet man über den technisch interessanten, 410 m langen *Pont-de-l'Arche* die Seine, schneidet einen großen Bogen ab und fährt die letzten 10 km bis *Rouen* am rechten Ufer entlang. Man kann auch bis *Rouvray* auf der A 13 bleiben und auf der N 840 zur Stadtmitte fahren.

2. Von Paris nach Rouen über die N 14 (123 km)

Die recht eintönige Straße führt über die *Porte de Clignancourt* nordöstlich aus Paris heraus nach *Pontoise*. Die nächsten Orientierungspunkte sind *Magny-en-Vexin* und *Ecouis*. Über *Fleury-sur-Andelle* geht es nach *Rouen*.

3. Von Paris nach Rouen durch das Seine-Tal

Die im folgenden beschriebene Strecke kann beträchtlich verkürzt werden, wenn man *in Vernon nicht die Seine* überschreitet, sondern sich an die N 13 *bis* hält; man versäumt dann allerdings den landschaftlich schönsten Teil des Seine-Tals um Les Andelys.

Man verläßt Paris wie unter 1. und fährt auf der *Autoroute de l'Ouest* bis zur Abfahrt nach

Mantes-la-Jolie (29000 Einw.). Die Kirche **Notre-Dame* (12./13. Jh.) ist die kleine Schwester von Notre-Dame in Paris; beachtenswert ist der reiche Skulpturenschmuck der **Portale* und im Inneren die **Chapelle de Navarre* (14. Jh.); die nahe der Kirche gelegene *Porte aux Prêtres* und die *Tour St-Maclou* sind die malerischen Reste der alten Befestigungen der Seine-Stadt.

Man fährt nun auf der N 13 am linken Seine-Ufer nach Westen. Schon nach 6 km kommt *Rosny-sur-Seine*, der Geburtsort (1559) des späteren *Herzogs von Sully*, des berühmten Ministers Königs *Heinrich IV.*; Sully ließ sich hier 1595–1610 ein schönes Schloß erbauen. Eine Seine-Schleife abschneidend, kommt man über *Bonnières*, wo man die N 13 verläßt und auf der N 13 *bis* dicht am linken Seine-Ufer entlangfährt, zu der alten Stadt

Vernon (23000 Einw.). Neben der Kirche **Notre-Dame* (13./14. Jh.) mit ihrer reichen Fassade steht als letzter Überrest einer Stadtburg ein Turm aus dem 12. Jh., die **Tour des Archives*; bei der Fahrt über die 250 m lange Brücke sieht man flußabwärts die **Ruinen der alten Brücke* und das **Château des Tourelles*, den im 12. Jh. zu ihrem Schutz erbauten Brückenturm. Die Fahrt führt nun auf der N 313 mit schönen **Ausblicken* am *rechten Seine-Ufer* hin und dann durch den *Wald von Andelys*, an dessen Nordrand sich ein schöner **Blick* bietet: auf das hier von hohen *Kreidefelsen* gesäumte *Seine-Tal*, auf die **Ruine* der 1197 von dem englischen König *Richard Löwenherz* zur Sperrung des Seine-Tals errichteten Burg **Château Gaillard* und auf das Städtchen **Les Andelys*, Geburtsort des großen Malers *Nicolas Poussin* (1594–1665). Die N 313 führt nun im Seine-Tal weiter, schneidet einen Bogen ab, überquert den Fluß und erreicht die N 13

ROUTE 10
0
30
Kilometer
Der Kanal
Nach Lille
Nach Metz
Compiégne
Nach Reims
Meaux
Nach Metz
Nach Strasbourg
Nach Lyon
Corbeil
Roye
Noyon
Senlis
PARIS
Versailles
Nach Le Mans und Bordeaux
Creil
Oise
Pontoise
Amiens
Breteuil
Beauvais
Gournay-en-Bray
Magny-en-Vexin
Mantes-la-Jolie
Rambouillet
Poix
Bonnières
Rosny-s-S.
Dreux
Nach Calais
Bouttencourt
Neufchâtel-en-Bray
Fleury-s-Andelle
Les Andelys
Seine
Vernon
Ecouis
Evreux
Nach Brest
Eu
Clères
Rouen
Louviers
Mers-les-Bains
Le-Tréport
Barentin
Canteleu
Elbeuf
Dieppe
Duclair
Bernay
Lillebonne
Jumièges
Yvetot
Caudebec
Tancarville
Pont-Audemer
Nach Le Mans
Fauville-en C.
Valliquerville
Bolbec
Honfleur
Lisieux
Fécamp
Yport
Étretat
Harfleur
Le Havre
Dieppe
Cabourg
Caen
Nach Le Mans
Nach Nantes
Nach Cherbourg

bis. Über ihren Verlauf bis Rouen s. S. 141.

Schöner fährt man *am rechten Seine-Ufer* weiter, wobei man erst die D 19, dann die N 321 benutzt. Landschaftlicher Höhepunkt ist der *Steilabfall* der *Côte des Deux-Amants* bei *Amfreville*, wo die Seine-Schiffahrt in einem *Kanal* mit einer *Großschleuse* ein felsiges Stück Flußbett umgeht.

Die Strecke auf dem rechten Seine-Ufer von Vernon nach Rouen ist 83 km lang.

***Rouen** (140000 Einw.). Um einen Überblick über die Stadt zu erhalten, fährt man 5 km auf der südöstlich gelegenen **Corniche de Rouen* zur ***Côte Sainte-Cathérine* hoch, von wo man einen herrlichen *Blick* auf die Seine-Schleife und Rouen mit seinen gotischen Türmen hat, die seltsam mit dem Wald der Hafenkräne kontrastieren.

Rouen, 130 km vor der Mündung der Seine in den Ärmelkanal gelegen, ist der viertgrößte *Hafen* Frankreichs nach Marseille, Le Havre und Dunkerque, wobei es durch die Nähe von Paris (auf dem Wasserweg 220 km) begünstigt wird. Außerdem ist es eine bedeutende *Industriestadt*, vor allem für Textilien. Hier wurden um 1730 die bunten Baumwollstoffe erfunden, die ‚*Rouenneries*" genannt werden.

GESCHICHTE

Die Römer nannten die Stadt *Rotomagus*. 876 kamen *Normannen* zum Raubzug nach Rouen; ihr Anführer *Rollon* ließ sich taufen und begründete hier 911 das *Herzogtum Normandie*. Seit sich der Normannenherzog *Wilhelm der Eroberer* zum König von England machte, gehörte Rouen zu England, bis 1204 und wieder während des Hundertjährigen Krieges von 1419–1449.

Rouen: Kathedrale

In diese Zeit fällt der *Prozeß* gegen *Jeanne d'Arc*, die Jungfrau von Orleans, und ihre *Verbrennung* am 30. Mai 1431 auf dem Alten Markt. Nach der Rückkehr zu Frankreich erlebte Rouen sein *goldenes Jahrhundert*: seine Stoffe werden berühmt, die Schiffe seiner Kaufleute fahren zu allen Küsten, 1550 findet hier die erste „Kolonialausstellung" statt. In den Religionskriegen zerfleischt sich die Stadt; nach der Aufhebung des Edikts von Nantes 1685 zieht mehr als die Hälfte ihrer Bürger aus. Erst im Lauf des 18. Jahrhunderts gelangt sie durch ihre *Stoffe* und ihre berühmten *Fayencen* (16. bis 18. Jh.) zu neuer Blüte. Im Juni 1940 wird Rouen durch einen riesigen Flächenbrand und 1944 durch Bombenangriffe zerstört, aber bereits 1949 erreicht sein Hafen wieder den Vorkriegsumschlag. Seitdem entwickelt sich die Stadt unaufhörlich: ihre Region zählt heute bereits 330000 Bewohner. Berühmte Söhne Rouens sind der Dramatiker *Pierre Corneille* (1606–1684), der Maler *Théodore Géricault* (1791–1824) und der Schriftsteller *Gustave Flaubert* (1821–1880).

SEHENSWÜRDIGKEITEN

Die wichtigsten liegen in einem Rechteck von 1000:600 m beisammen. Man beginnt den Rundgang am

Vieux-Marché [1], dem Alten Markt; eine **Mosaikplatte* (z. Zt. große Umbauten) bezeichnet die Stelle des Scheiterhaufens, auf dem Jeanne d'Arc lebendig verbrannt wurde. Wenige Schritte südlich davon steht das

Hôtel de Bourgtheroulde [2] mit einem **Innenhof*, in dem sich Spätgotik und Renaissance reizvoll vermischen (1501–37). Östlich des Marktes erhebt sich das

Palais de Justice [3], ein Meisterbau der Gotik (1508–09) mit der prachtvollen, 66 m langen **Fassade des Ehrenhofs*. Ihr gegenüber führt die *Rue Thouret* zur belebten *Rue du Gros-Horloge*. Rechts steht der

Gros-Horloge [4]. An den *Glokkenturm* von 1389 wurde 1525 ein *Renaissance-Bogen* quer über die Straße angebaut, damit sich die Bürger nicht länger nach der *Stadtuhr von* 1447 den Hals verrenken mußten. Links liegt die

****Cathédrale Notre-Dame** [5], eine der großen gotischen Kirchen Frankreichs. 1201 begonnen, 1530 vollendet, zeigt sie in ihren Bauteilen die ganze Entwicklung von der frühen bis zur späten Gotik. Die herrliche ***Hauptfassade* im Flammenstil der Spätgotik wird von *zwei ungleichen Türmen* flankiert: Der 82 m hohe linke Turm stammt

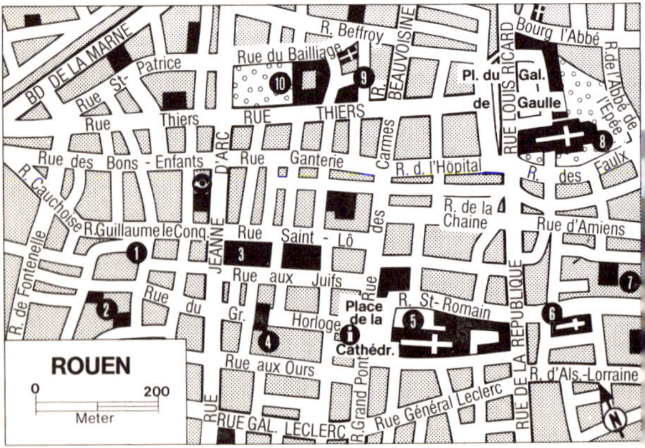

aus dem 13. Jh.; in ihm hängt die mächtige (9500 kg) *Glocke „Jeanne d'Arc"*. Der 77 m hohe *prächtige rechte Turm wurde 1485–1507 hinzugefügt; unter seiner zierlichen achteckigen Krone hängt ein *Glockenspiel* (58 Glocken). Der *Vierungsturm ist mit seiner 151 m aufragenden Spitze der *höchste Kirchturm Frankreichs*. Am nördlichen Seitenportal findet sich innen die berühmte spätgotische **„*Treppe der Buchhändler*"; weiter beachtenswert ist die 51 m hohe **Laterne* über der Vierung des riesigen Querschiffs und die Kapelle mit den **Grabmälern der Kardinäle d'Amboise*. Hinter der Kathedrale liegt

****Saint-Maclou** [6], eine Kirche (1437–1581) im reinsten spätgotischen Stil; ihr hoher *Vierungsturm* wurde erst 1688 aufgesetzt. Nordöstlich hinter ihr liegt der **Fachwerkbau* des

Aître de Saint-Maclou [7], der einen Friedhof umschloß – in diesem Haus wurden die Bürger zusammengetragen, die durch die Pest angesteckt worden waren.

Nördlich davon liegt wiederum ein *Meisterwerk der Gotik* aus dem 14. und 15. Jahrhundert, die Kirche

****Saint-Ouen** [8] mit einem 82 m hohen, die beiden Spitztürme noch überragenden **Vierungsturm*, der seiner Zinnenbekrönung wegen „*Krone der Normandie*" genannt wird. Das ***Innere* gehört zum Schönsten und Geschlossensten, das die Gotik hervorbrachte.

Von Saint-Ouen geht man schräg über die *Place de Gaulle* in die *Rue Thiers*, wo man nebeneinander *zwei bedeutende Museen* findet: das

Musée Le Secq des Tournelles [9] mit einer einzigartigen Sammlung von ***Kunstschmiedearbeiten* und das

Musée des Beaux-Arts [10], das neben einer ansehnlichen *Gemäldesammlung* die ganze Stilentwicklung der weltberühmten ***Fayencen von Rouen* zeigt.

Route 10a: Rouen – Le Havre (88/92 km)

Für diese Strecke bieten sich zwei Straßen an: die N 13 *bis*, die einen nach Norden gewölbten Bogen macht, und die N 182, die immer wieder die Seine berührt (außerdem seit kurzem die A 13).

1. Rouen – Le Havre über die N 13 bis (88 km)

Man verläßt Rouen nach Nordwesten und steigt zur Hochfläche an. Bei einem 505 m langen *Backstein-Eisenbahnviadukt* liegt die Stadt

Barentin (10500 Einw.), die viele *Standbilder* besitzt, besonders von *Bourdelle* (1861–1929), aber auch den *„Gehenden" von *Rodin*. 18 km weiter liegt

Yvetot (12000 Einw.) mit der interessanten modernen **Kirche*

Saint-Pierre, deren Wände aus riesigen *Glasgemälden von Max Ingrand* bestehen. In

Valliquerville findet man (2 km südwestlich) die 1000jährige *„*Eiche von Allouville*“, in deren Stamm zwei Kapellen gehöhlt sind. Es folgt

Bolbec (13000 Einw.), wo nach Nordwesten eine Straße (25 km) nach **Étretat* (s. S. 147) mit seinen ***Kreidefelsen* abzweigt und schließlich

Harfleur mit dem schönen, 83 m hohen spätgotischen **Spitzturm* der Kirche *Saint-Martin*, als Vorort von

Le Havre (225000 Einw.). An der 9 km breiten Mündung der Seine gelegen, ist die erst 1517 von *Franz I.* geschaffene Stadt, die im 2. Weltkrieg zu vier Fünfteln zerstört wurde, Frankreichs zweitgrößter Hafen nach Marseille, aber sein größter Überseehafen: eine **Rundfahrt* durch die hochmodernen, weitläufigen Anlagen ist lohnend. Da die „*Straße von Dover*“ für Tanker über 400000 t zu seicht wird, hat Le Havre 1971 mit dem Bau eines Supertanker-Ölhafens begonnen; er wird eine Tiefe von 30 m haben und durch eine gigantische Mole gegen Strömungen geschützt. Der Neubau der Stadt ist im wesentlichen das Werk des Architekten *Auguste Perret*: er schuf mit der *Place de l'Hôtel-de-Ville* einen der weitesten (243:192 m) Plätze Europas; er legte als Achse die breit zum offenen Meer führende *Avenue Foch* an; er baute die hochragende (Turm 106 m) Eisenbetonkirche **Saint-Joséph*. Sehr sehenswert ist das ganz aus Metall und Glas errichtete **Nouveau Musée des Beaux-Arts*, dessen Stärke Impressionisten sind; die Sammlung enthält allein etwa 250 Bilder von *Eugène Boudin* (1824–1898), 65 von *Raoul Dufy* (1877–1953).

2. Rouen – Le Havre über die N 182 (92 km)

Man verläßt Rouen nach Westen über die *Seine-Quais* und fährt in Kehren mit schönen **Rückblicken* nach *Canteleu* hinauf, (links **Kirche St-Martin de Boscherville*, 11. Jh.) und kommt vor *Duclair* wieder an den Strom, der ab Rouen für seegängige Schiffe befahrbar ist und zwischen hohen weißen Felsen dahinfließt. Beim nächsten Abschneider führt eine Stichstraße 3 km nach Süden zu den ***Ruinen* (11. Jh.) der *Abtei von Jumièges*. Die N 182 folgt nun dem rechten Ufer bis

Caudebec-en-Caux (2900 Einw.), bis wohin die Flutwelle des Atlantik reicht; in der Kirche **Notre-Dame* (1425–1539) besitzt es ein *spätgotisches Meisterwerk*, das Heinrich IV. als „die schönste Kapelle meines Königreichs“ bezeichnete. Über eine Hochfläche geht es nach

Lillebonne (11000 Einw.). Das Städtchen war in caesarischer Zeit als *Juliobona* ein großer *Hafen* mit 25000 Einwohnern, woran Reste eines kleinen **Amphitheaters* erinnern; in der *Burg*, von der noch ein **Donjon* (13. Jh.) steht, versammelte 1066 *Wilhelm der Eroberer* seine Barone vor der Invasion Englands.

Die N 182 steigt nun nach **Tancarville** ab mit der Felsenburg *Château de Tancarville* und der gewaltigen ***Brücke von Tancarville*: 1959 vollendet, überspannt sie in 1410 m Länge die Seine 47 m über deren Höchststand; die beiden Pfeiler der Hängebrücke sind 128 m hoch.

Danach führt die Straße am *Canal de Tancarville* entlang an riesigen Ölraffinerien vorbei nach Le Havre (s. S. 146),

Jenseits der sich ständig verbreiternden Seine-Mündung liegt das malerische (die dominierenden Farben sind Graublau und Dunkelrot) Hafenstädtchen ***Honfleur* (9600 Einw.). Die Geburtsstadt *Boudins* (1824 bis 1898) war jahrzehntelang *Künstlerkolonie*. Seine Schiffbauer errichteten (Ende 15. Jh.) Kirche und Glockenturm von *Sainte-Cathérine* ganz aus Holz. Außer dem *Museum für normannische Volkskunst* besitzt Honfleur in der 90 m über der Seine-Mündung gelegenen ***Côte de Grace* einen herrlichen *Aussichtspunkt*.

Route 10b: Rouen—Fécamp—Étretat (69/86 km)

Diese Route durch die *Landschaft Pays-de-Caux*, ein Bauernland mit Feldern und Viehweiden, folgt der in unserer R 10 a unter Nr. 1 auf S. 145/146 beschriebenen Straße Rouen–Le Havre bis *Valliquerville*, wo sie von der „N 13 *bis*" nach rechts abzweigt und in 33 km über *Fauville-en-Caux* zum schönsten Teil der normannischen Kreideküste führt. Hauptort ist

Fécamp (24000 Einw.). Die zwischen zwei steilen weißen Klippen gelegene Stadt ist *Fischereihafen* (Kabeljaufang vor Neufundland und Island) und *Seebad*. Ihre Wallfahrtskirche **Sainte-Trinité* (1175–1220) ist ein *frühgotischer* Bau der normannischen Schule mit schöner *Renaissance-Ausstattung*. Zum **Musée de la Bénédictine* gehört eine alte Brennerei (Distillerie) – hier braute 1510 ein Mönch aus aromatischen Kräutern, die auf den Klippen wachsen, jenen Likör, der als **„*Benediktiner*" weltbekannt wurde.

Über das kleine *Seebad Yport* führt eine 20 km lange *Küstenstraße* zum landschaftlichen Höhepunkt dieser Küste, zum *Seebad*

***Étretat** (1600 Einw.). Es liegt zwischen hohen weißen Klippen, den ***Falaises*: im Norden die **Falaise d'Amont*, ein 80 m hoher Kreidefelsen, auf dem als 24 m hoher Pfeil das *Denkmal* (1962) für die Flieger *Nungesser* und *Coli* aufragt, die 1927 beim Versuch der ersten Atlantik-Überquerung in der Ost-West-Richtung spurlos verschwanden. Westlich der Stadt liegt die berühmte ***Falaise d'Aval* mit den Naturbögen *„*Porte d'Aval*" und **„*Manneporte*" und dem 80 m hohen frei im Meer stehenden Felsen *„*Aiguille d'Étretat*".

Route 10c: Rouen–Dieppe–Le Tréport (58/88 km)

Man verläßt Rouen nach Norden; die eintönige Fahrt auf der N 27 über die Hochfläche des Plateaus, (in *Clères* ist ein Automobilmuseum zu sehen), das schließlich in einer hohen Steilküste zum Meer abfällt, endet in

Dieppe (45000 Einw.), das in einer Bucht der Steilküste liegt; es ist ein bedeutender *Hafen* für die Fischerei und für den Verkehr nach England und – das *älteste Seebad Frankreichs*. Im 16. Jh. war es Heimathafen der gefürchteten Kaperflotte des *Jean Fango*; zwei seiner Kapitäne, die Brüder *Parmentier*, haben erstmals den noch heute lustvoll geübten Brauch der *Äquatortaufe* eingeführt. Am Rand der Westklippe steht das malerische **Schloß* (14.–17. Jh.) mit einem *Museum*, dessen besondere Schaustücke ***Diepper Elfenbeinschnitzereien* sind.
30 km nordöstlich liegt der alte *Fischerhafen*

Le Tréport (7000 Einw.), der in *Mers-les-Bains* am Fuß der Steilküste ein vielbesuchtes *Seebad* besitzt. Eine *Seilbahn* führt auf den 100 m hohen Kalvarienberg „*Calvaire des Terrasses*" mit weitem *Blick über Küste und Meer. Dort kann man auch die „*Kahlburg*" besichtigen, ein im Zuge des *Atlantikwalls* in den Fels gehöhltes großes *Befestigungswerk*. 4 km von Le Tréport liegt die alte Stadt

Eu (8500 Einw.) mit der Kollegiatskirche **Saint-Laurent* (1186–1280); in der Krypta befinden sich schöne **Grabmäler* der Grafen von Eu aus dem Hause Artois (14./15. Jh.).

*

Die Küstenorte sind untereinander durch die N 40 (Le Havre-Etretat 29 km, Etretat-Fécamp 17 km) und die N 25 (Fécamp-Dieppe 64 km, Dieppe-Le Tréport 30 km) verbunden.

Route 11: Paris – Caen – Cherbourg (341 km)

Auf dieser Fahrt in den westlichen Teil der Normandie benutzt man (bis Caen, 223 km) die *Autoroute de l'Ouest* (s. R. 10, 1, S. 140). Südlich von Vernon verläßt man die Autobahn und fährt auf der N 13 nach Westen weiter. Genau 100 km von Paris entfernt liegt die Stadt

***Evreux** (50000 Einw.). Ihre **Kathedrale Notre-Dame*, die zusammen mit dem *Uhrturm* (15. Jh.) den Stadtbrand vom Juni 1940 überstand, ist langsam gewachsen: das *Langhaus* (110 m)

stammt aus dem 12., der *Chor* aus dem 13., die *Seitenkapellen* aus dem 14., das *Querschiff* aus dem 15., die *Fassaden* aus dem 16. und der linke *Turm* aus dem 17. Jahrhundert; und jedes dieser Jahrhunderte hat auch zu den herrlichen ***Fenstern* beigesteuert. Einen anderen Schatz besitzt die Kirche *Saint-Taurin* in dem ***Taurinus-Schrein*, der, als Miniaturkapelle gestaltet, eine der schönsten Goldschmiedearbeiten des Mittelalters ist.

Die N 13 führt nun zügig, aber ziemlich eintönig in 72 km nach *Lisieux*. Lohnender ist der

Umweg über Conches und Bernay (10 km mehr)

Man verläßt *Evreux* im Südwesten und kommt auf der N 830 nach 18 km zu dem hübschen Städtchen

Conches-en-Ouche (3900 Einw.) mit der für ihre **Renaissance-Glasmalereien* bekannten Kirche *Sainte-Foy*. Von dort fährt man auf der D 140 über *Beaumesnil* mit seinem prächtigen *Schloß* in 34 km nach

Bernay (12000 Einw.), wo man von der **Promenade des Monts* schöne Blicke auf eine sehr französische Landschaft hat. Die N 834 führt in 8 km zur N 13 zurück.

*

Lisieux (27000 Einw.), das Einfallstor zur normannischen Landschaft *Calvados*, ist der berühmteste *Wallfahrtsort* Frankreichs nach Lourdes. Verehrt wird die *heilige Therese vom Kinde Jesu* (1873–97). Mehr als die weithin sichtbare kuppelgekrönte *Bassilika* (1937) spricht den Kunstfreund die mächtige strenge **Kathedrale Saint-Pierre* (1... Jh.) an, die die Bombenangri... von 1944 überstand.

Von *Lisieux* kann man auf der N 13 in 46 km nach *Caen* fahren; wer Zeit hat, sollte den 23 km längeren Weg über die *Küstenstraße* mit dem bekannten *Seebad Deauville-Trouville* wählen.

Umweg: Von Lisieux über Deauville nach Caen (71 km)

Man verläßt *Lisieux* nach Norden und fährt auf der N 179 durch das anmutige **Tal der Touques* in 17 km nach *Pont-l'Evêque*, einem für seinen *Käse* bekannten Städtchen. Von hier kann man auf der N 834 in 11 km direkt oder auf der N 179 erst 16 km nördlich nach dem malerischen ***Honfleur* (s. S. 147) und dann, nach Südwesten zurückbiegend, auf der Küstenstraße „*Corniche Normande*" in 15 km nach

****Deauville-Trouville** (6000 + 7200 Einw.) fahren, dem elegantesten Seebad der Normandie (und dem mondänsten der Welt in den „Goldenen Zwanzigern"). Der Doppelort besteht aus dem gewachsenen *Fischerhafen* Trouville und dem mit allem Raffinement künstlich angelegten *Seebad* Deauville: 3 km langer feinsandiger Strand, 2 Casinos, 2 Pferderennbahnen, Radrennbahn, Yachthafen und Flugplatz. An der **Promenade des Planches* in Deauville mit ihren Blumenterrassen beginnt die

Côte Fleurie, wie die Küstenstraße genannt wird, die die von Honfleur herführende Corniche Normande nach Südwesten (in Richtung Caen) fortsetzt. An ihr folgen: *Bénerville et Blon-*

mit flachem Sand- … ür Kinder ideal ist, … ur-Mer. Dann kurvt … um die Felsen der … res und erreicht neuen … d bei *Houlgate*. Es folgt … es-sur-Mer, in dessen längst versandetem Hafen *Wilhelm der Eroberer* die Schiffe zu seiner England-Invasion zusammenzog, und schließlich das Seebad *Cabourg*, dessen Straßen fächerförmig vom Casino ausstrahlen. Houlgate und Cabourg erlebten ihre große Zeit im Zweiten Kaiserreich unter *Napoleon III.* Von Cabourg fährt man 24 km nach

***Caen** (135000 Einw.). Die Altstadt von Caen erlitt bei den zweimonatigen Kämpfen des Sommers 1944 schwere Verluste; die beiden bedeutendsten Kirchen, die sich an den Rändern der Altstadt gegenüberliegen, blieben verschont. Sie verdanken ihre Entstehung dem Anstoß, den Papst Leo IX. an der Verbindung *Wilhelm des Eroberers* mit seiner „blutsverwandten" Groß-Cousine *Mathilde von Flandern* nahm: um die drohende Exkommunikation abzuwenden, erbaute Wilhelm die *Abbaye aux Hommes* mit der Kirche **Saint-Étienne*, Mathilde die *Abbaye aux Dames* mit der **Église de la Trinité*. Beide Kirchen wurden zu Leitbauten des normannischen Stils, der sich vor allem in England weiterentwickelte. **Saint-Etienne* ist ein mächtiger romanischer Bau (115 m lang, 24 m hoch) von großer Wucht und Strenge, der im frühgotischen 13. Jh. um den Chor und die Turmspitzen ergänzt wurde. **La Trinité* ist mit seinen drei quadratischen Türmen zum Wahrzeichen von Caen geworden, obgleich der prächtige **Glockenturm* von *Saint-Pierre* (1308) in der Stadtmitte 75 m hoch aufragt. Von ihm führt eine Allee zur *Festung*, die Wilhelm der Eroberer anlegen ließ und von der man einen **Blick* über die Stadt im Süden, die großen Bauten der Universität im Norden und auf die Industriewerke hat – Caen verarbeitet das Eisenerz der *Basse-Normandie*.

Von *Caen* fährt man auf der N 13 in 27 km nach *Bayeux*; interessanter ist der *Umweg*

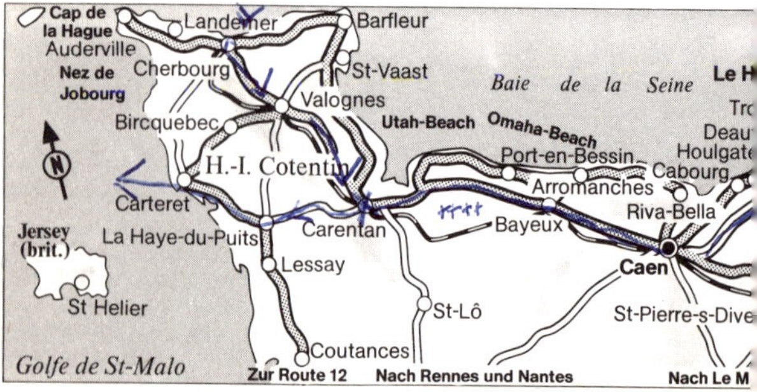

(55 km) entlang den ***Invasionsstränden* der *Côte du Calvados.*

Nach 14 km auf der N 814 a erreicht man die Küste bei *Riva-Bella*; von hier verlaufen nach Nordwesten die Strände, an denen am 6. Juni 1944 englische Divisionen landeten: *Sword Beach*, *Juno Beach* und *Gold Beach*, an der das kleine Seebad *Arromanches-les-Bains* liegt; es wurde weltbekannt durch den *künstlichen Hafen „Port Winston“*, der vor seinem Strand durch die Versenkung von riesigen Betonkästen entstand und bis zu 9000 Tonnen Kriegsmaterial täglich anhäufte. Bunkerreste und Friedhöfe, Denkmäler und Gedenktafeln erinnern noch heute an das verlustreiche Landeunternehmen. Von *Courseulles-sur-Mer* führt eine Stichstraße (D 170) zu dem 7 km südlich gelegenen ***Renaissance-Schloß Fontaine-Henry*, und (4 km) zur romanischen Kirche *Thaon.*

Von Arromanches führt die N 814 b in 10 km nach

Bayeux (15000 Einw.), das eine *einzigartige Sehenswürdigkeit* besitzt: im *Musée de la Reine Mathilde* ist der weltberühmte ***„Wandteppich von Bayeux“* ausgestellt – ein Leinwandstreifen von 50 cm Höhe und 70 m Länge, auf den *58 Szenen von der Eroberung Englands*

Teppich von Bayeux (Ausschnitt)

durch die Normannen (1066) gestickt sind, der „erste Dokumentarfilm“. Über dem Teppich sollte man aber die ***Cathédrale Notre-Dame* nicht übersehen; sie gehört zu den schönsten Frankreichs. Schiff und Fassadentürme sind *romanisch* (11. Jh.), die 75 m hohen Turm-

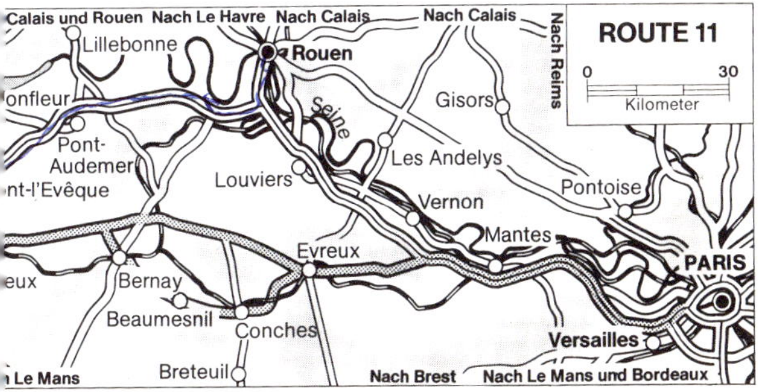

spitzen *gotisch* (13. Jh.), der 75 m hohe Vierungsturm *spätgotisch* (15. Jh.); dennoch herrscht Harmonie.

Von *Bayeux* führt die N 13 in 42 km direkt nach *Carentan* an der Basis der *Halbinsel Cotentin*; aber wieder ist die Fahrt über die *Küstenstraße* (58 km) weit vorzuziehen. Man fährt auf der D 6 (9 km) zu dem kleinen Fischerhafen *Port-en-Bessin* und biegt auf die N 814 nach Westen. Hier beginnt „*Omaha-Beach*", wo 1944 die 1. amerikanische Division landete und die schwersten Verluste des „D-Day" erlitt – der Soldatenfriedhof zählt 9385 Marmorkreuze. Omaha-Beach reicht bis zur erbittert umkämpften felsigen *Pointe du Hoc*, die noch heute Schlachtfeldcharakter hat. Von dem kleinen Fischerhafen und Seebad *Grandcamp-les-Bains* führt die N 814 nach Süden auf die N 13. In saftigem Weideland liegen die beiden großen normannischen Buttermärkte *Isigny-sur-Mer* und (11 km weiter) *Carentan*.

Von Carentan führen *zwei Straßen nach Cherbourg:*

1. Die N 13 über *Sainte-Mère-Église*, wo in der Nacht vom 5./6. Juni 1944 14000 Amerikaner aus der Luft landeten, und *Valognes* nach 53 km.

2. Die Küstenstraße über *Utah-Beach* nach *Barfleur* (55 km), der sich die N 801 nach *Cherbourg* anschließt (27 km), als interessantere Strecke.

Umweg: Utah-Beach–Barfleur–Cherbourg (82 km)

Die *Küstenstraße* zweigt 3,5 km nördlich Carentan von der N 13 rechts ab und führt nach 15 km zum *Monument de la Madeleine*, einem zum Siegesdenkmal umgestalteten Bunker des Atlantikwalls. Hier beginnt *Utah-Beach*, wo am 6. 6. 1944 die 4. amerikanische Division landete; sie zieht sich bis *Dunes-de-Varreville*, wo ein Schiffsbug aus rosa Granit an die Landung der französischen Befreiungsarmee am 1. 8. 1944 erinnert. Über *Quinéville* und *Quettehou* zieht die Küstenstraße dann nach

Saint-Vaast-la Hougue (2500 Einwohner), malerischer *Fischerhafen* und *Seebad*, berühmt durch die *Seeschlacht von* 1692 vor seiner Reede. Die Insel *Tatihou* (1 km östlich) trägt eine alte *Zitadelle* und einen *Wachtturm* aus dem 17. Jh.; das *Fort de la Hougue*, das *Vauban* auf einer Insel im Süden erbaute, ist jetzt über einen 1 km langen *Deich*, an dem die „*Grande Plage*" liegt, zu Fuß zu erreichen.

10 km weiter liegt zwischen Felsen am *Nordostende der Halbinsel Cotentin* der kleine Hafen

Barfleur (900 Einw.). Ein Ausflug von 4 km führt zum **Phare de Gattville*, der mit 71 m einer der höchsten Leuchttürme Frankreichs ist. Vom Gipfel der *Pointe de Barfleur* hat man einen weiten **Blick* auf die *Ostküste von Cotentin* und die *Côte du Calvados* (s. S. 151). Von Barfleur führt die N 801 in 27 km nach

Cherbourg (45000 Einw.). *Vauban* erkannte als erster die seestrategische Lage des Platzes. Aber es dauerte von 1776 bis 1835, bis es in zähem Kampf mit den Strömungen und Stürmen des Meeres gelang, eine *künstliche Insel* aufzuschütten, von der aus man *Wellenbrecher* bauen konnte – der von *Napoleon I.* befohlene Kriegshafen konnte erst von *Napoleon III.* eingeweiht werden. Während der Invasion 1944 richteten die Alliierten den völlig zerstörten und verminten Hafen in Rekordzeit soweit wieder her, daß er als Hauptnachschubhafen dienen konnte; hier stieg „*Pluto*“ an Land, die Pipe-line-under-the-ocean von der *Insel Wight* her. Das *Fort du Roule* über der Stadt, eines der stärksten Bollwerke des Atlantikwalls, enthält jetzt das *Musée de la Guerre et de la Libération*. Heute ist Cherbourg Kriegs- und Transatlantikhafen.

Rundfahrt um die Halbinsel La Hague (70 km):

Man fährt westnordwestlich auf der D 45 über *Landemer* und *Gréville* nach *Auderville*, wo eine Stichstraße (1 km) mit *Tiefblikken* auf die gegen die Steilküste schäumende *Brandung* zum kleinen *Seenothafen* **Goury* mit berühmter Rettungsstation und Felsklippenleuchtturm hinunterführt, biegt nach Süden auf der D 401 zur **Baie d'Ecalgrain* und fährt in *Dannery* rechts auf der Stichstraße D 202 (1,5 km) zum *Nez de Jobourg*, einem 180 m hohen Granitkap mit herrlichem ***Blick* auf die wilde *Küste* und die *normannischen Inseln*. Rückfahrt auf der N 801 am *Atomkraftwerk La Hague* vorbei über *Beaumont*.

*

Route von Cherbourg zum Anschluß an R 12

N 804 bis *Barneville–Carteret* (38 km); N 803 bis *La Haye-du-Puits* (20 km); N 800 bis *Lessay* (8 km); D 2 bis *Coutances* (Kathedrale) (21 km); N 171 bis *Granville* (29 km); N 173 bis *Avranches* (26 km); N 176 bis *Pontorson* (22 km; Anschluß an R 12; siehe „Abstecher von *Fougères* zum *Mont-Saint-Michel*“ auf Seite 154).

Route 12: Paris – Bretagne

Von *Paris* nach *Rennes*, der Schlüsselstadt der Bretagne, führen *zwei Straßen*. An jeder liegt ein „Wunder Frankreichs“. Die nördliche erlaubt den Abstecher zum *Klosterberg* ***Mont-Saint-Michel*, die südliche den Besuch der ***Kathedrale von Chartres*.

Route 12a: Paris–Rennes (344/361 km)

1. Über Fourgères mit Abstecher zum Mont-Saint-Michel (344 km)
Man verläßt Paris über die *Autoroute de l'Ouest* (s. S. 140) und nimmt beim *Autobahnkreuz Rocquencourt* die linke Abzweigung; nach 6 km zweigt rechts die N 12 ab. Sie führt an

Houdan mit seinem mächtigen **Wachtturm* (12. Jh.) und der *Renaissance-Chorhaube* der Kirche vorüber nach – 84 km vor Paris – der Stadt

Dreux (38000 Einw.) mit einem **Wachtturm* (16. Jh.) und, auf einer Anhöhe, der *Chapelle Royale Saint-Louis* mit *Grabmälern* des Hauses Orléans und *Fenstern* aus Sèvres.

Die N 12 zieht weiter nach Westen, um bei dem reizenden alten Städtchen *Verneuil-sur-Avre* und seiner schönen Kirche Notre-Dame nach Südwesten umzubiegen. Nördlich von *Mortagne* hat man nach beiden Seiten schöne **Ausblicke* ins Hügelland *Haut-Perche*. 12 km westlich von

Alençon (34000 Einw.), das in der Mitte einer fruchtbaren Ebene liegt und für seine **Spitzen*, die „*Points d'Alençon*", bekannt ist, kommt wieder ein *landschaftlich besonders schönes Straßenstück nördlich der hügeligen Wälder. Über *Mayenne* führt die N 12 dann in langen Geraden in die *Schuh-Stadt*

Fougères (30000 Einw.) – jeder zehnte Schuh in Frankreich stammt von hier. Sehenswert ist das mit 13 Türmen, darunter dem 30 m hohen *Melusinenturm*, bewehrte **Château* (12.–15. Jh.), das bis 1532 dem Herzogtum Bretagne als Grenzfestung diente. Von Fougères sind es noch 47 km nach *Rennes* (s. S. 157) – genau 47 km aber auch nach Norden zum *Mont-Saint-Michel*.

Abstecher zum Mont-Saint-Michel oder (unter nördlicher Umgehung von Rennes)

Umweg: Mont-Saint-Michel–Dol–Dinan (Anschluß an R 12b s. S. 158).

Von *Fougères* fährt man auf der N 155 bis *Antrain*, dann auf der N 176 über *Pontorson* – das wie der Klosterberg gerade noch zur *Normandie* gehört – zum

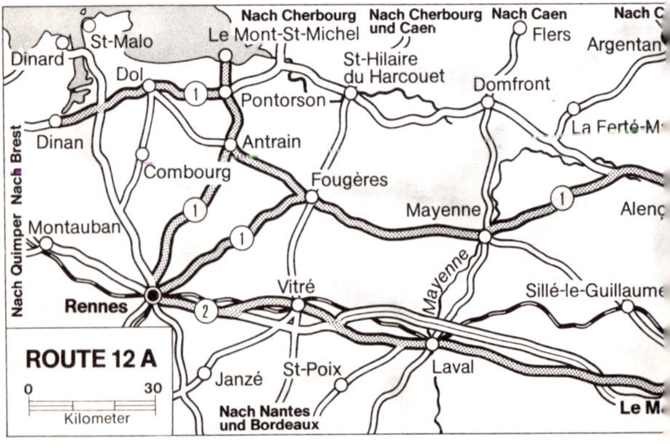

***__Mont-Saint-Michel,__ einer der größten Sehenswürdigkeiten Frankreichs. Die auf einem 78 m hohen Felsen im Wattenmeer errichtete, dem Erzengel Michael geweihte *Kirchenburg* ist trotz des 1,8 km langen Dammes, der die Insel mit dem Festland verbindet, zu Zeiten der starken Neumond- und Vollmondfluten nur mit Barken erreichbar. Anfänge klösterlicher Besiedlung gehen bis ins 8. Jh. zurück, im 10. bestand schon die Kapelle *Saint-Michel-au-Péril-de-la-Mer*. Das heutige Bild der Abtei mit der 150 m aufragenden Turmspitze der in der Mitte thronenden Michaelskirche, mit den aus weit hergeholten Granitblöcken gefügten Stützmauern der Abteigebäude und den Toren und Wällen formte sich vom 13. bis zum 16. Jahrhundert.

Zwischen Devotionalienständen geht man die enge *Grande-Rue* des Dörfchens empor zum Eingang, den drei hintereinanderliegende *Tore* sichern. Der schönste Teil der Anlage ist der nördliche dreigeschossige Trakt– mit der *Aumônerie*, dem Schlafsaal für arme Pilger, und den Vorratskellern im untersten, mit dem Empfangssaal für angesehene Gäste („*Salle des Hôtes*") und dem vierschiffigen Kapitelsaal *„*Salle des Chevaliers*" im mittleren, mit dem *Refektorium* und dem **Kreuzgang* im obersten Geschoß; er wird seit seiner Bauzeit (1211–1228) „*La Merveille*", das „Wunderwerk" genannt. Ein Strebepfeiler der Abteikirche stützt die kunstvolle *„*Spitzen-Treppe*" zu einer Galerie auf dem Chordach, von der man aus 120 m Höhe einen weiten Blick* hat. Aber was Mont-Saint-Michel *unvergleichlich* macht, sind nicht Einzelheiten, sondern die *grandiose Gesamtwirkung*.

Man fährt zurück nach *Pontorson*. Von dort kann man in 57 km Fahrt nach Süden *Rennes* (siehe S. 157) erreichen oder nach

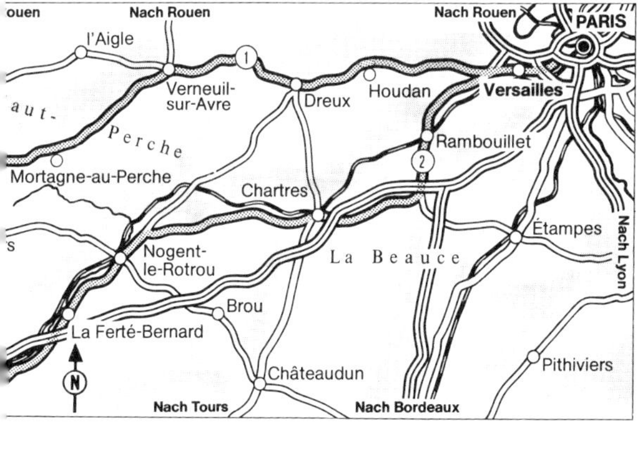

Westen zur „Smaragdküste“ *Côte d'Emeraude* fahren: Die N 176 führt nach 19 km nach

Dol (5000 Einw.), das von der *Kathedrale* **Saint-Samson* (13. Jh.) überragt wird und nahebei einen der schönsten Menhire (9 m hoch) der Bretagne (s. S. 48) stehen hat, und in 25 km nach

Dinan (18000 Einw.). Die Stadt über der *Rance* ist von mittelalterlichen Mauern umgeben und besitzt romantische alte *Gassen*, ein schönes *Burgschloß* mit einem mächtigen, oval geformten **Donjon* von 34 m Höhe (14. Jh.), die Kirche *Saint-Sauveur* mit romanischen, gotischen und Renaissance-Bauteilen und einem 57 m hohen *Turm* (1557), dessen *Spitze* in *Fachwerk* aufgesetzt ist (1779); auf der *Place du Guesclin* fand einer jener Zweikämpfe statt, die in ritterlichen Zeiten eine Entscheidungsschlacht vorwegnahmen – der Sieg des berühmten *Connetable du Guesclin* über den englischen Heerführer brachte vereinbarungsgemäß die Aufhebung der Belagerung. In Dinan findet man Anschluß an den „Umweg 1 entlang der Nordküste der Bretagne“, den wir im Zuge unserer R 12b ab Seite 158 beschreiben.

2. Paris–Rennes über Chartres (361 km)

Auch auf dieser südlichen Route erfolgt die Ausfahrt zweckmäßig über die *Autoroute de l'Ouest* (s. S. 140) und deren *Zweig nach Südwesten* am *Autobahnkreuz Rocquencourt* (s. S. 153); die Autobahn geht in die schnelle N 10 über, umfährt

Rambouillet (24000 Einw.), dessen auf einen schönen, von breiten Kanälen durchzogenen **Park* blickendes **Schloß* (18.Jh) dem französischen Staatspräsidenten als *Sommerresidenz* und Staatsbesuchen als *Gästehaus* dient, und macht bei *Ablis* einen Knick nach Westen. Auf der Fahrt über die ebene *Kornkammer La Beauce* sieht man schon von fern die Türme von

***Chartres** (44000 Einw.), der stilreinsten ****Kathedrale* Frankreichs; von ihr sind alle anderen Sehenswürdigkeiten der alten Stadt überschattet, die ihren Namen vom Keltenstamm der *Carnuten* hat und ein frühes Bollwerk der Christenheit war. Der Bau der *gewaltigen* (130 m lang, 33 m breit, 37 m hoch, Nordturm 115 m) *Kathedrale* am Ort einer heidnischen Brunnen-Kultstätte, eines römischen Tempels und vier voraufgegangener, durch Brand vernichteter Kirchen war um 1260 abgeschlossen. Die beiden *Türme* – der **Südturm* mit seinem steinernen Spitzhelm, der **Nordturm* mit einem formenreichen, gotischen Steinhelm – flankieren die **Westfassade* mit ihrer großen **Rose* und dem ***Königsportal*, das herrlichen frühgotischen *Figurenschmuck* aufweist; nicht minder beachtenswert sind die **Nord-* und *Südportale*. Im Innern ist man überwältigt von der Fülle (2500 qm) und Leuchtkraft der weltberühmten ***Fenster* (12./13. Jh.), unter denen die **drei der Hauptfassade* und das des südlichen Chorumgangs – **Notre-Dame-de-la-Belle-Verrière* („Unsere liebe Frau vom schönen Fenster“) – eine lichte Tönung von Blau zeigen, die man „*Blau von Chartres*“ nennt.

Dem zum Teil noch zerstörten, gotischen **Chorumgang* mit 41 Reliefszenen aus dem Leben Christi und Mariä wurden weitgehend Renaissance-Teile eingefügt. Im *Langschiff* liegt das „*Labyrinth*“ (294 m lang), das die Gläubigen auf den Knien durchmaßen; in der riesigen *Krypta* wird das Gnadenbild „*Notre-Dame-de-sous-terre*“ verehrt. Einen besonders schönen *Blick auf die Kathedrale und die Altstadt hat man von den *Brücken* über die *Eure*.

Von Chartres führt die N 23 weiter nach Westen, über die Ebene *La Beauce* und den welligen grünen Landstrich *Petit-Perche*, nach dem schönen alten

Nogent-le-Rotrou (12500 Einw.) mit dem *Château Saint-Jean* aus dem 12. Jahrhundert. Von hier verläuft die N 23 im *Tal der Huisne* bis

La Ferté-Bernard (9200 Einw.) mit der Kirche *Notre-Dame-des-Marais*, die einen bemerkenswerten **Renaissance-Chor* besitzt, mit *Markthallen* von 1536 und schönen alten Häusern in der *Rue d'Huisne* und der *Rue Carnot*.

34 km weiter auf der N 23 (214 km von Paris) liegt

Le Mans (155000 Einw.), dessen Namen mit dem „24-Stunden-Rennen“ auf dem 3 km südlich gelegenen *Autodrome* verbunden ist. In der *Altstadt* über der *Sarthe* ist vor allem sehenswert die **Cathédrale Saint-Julien* mit ihren **Portalen* und **Fenstern* und dem ***Chor* (1217–54), der einer der schönsten seiner Art ist; im nördlichen Kreuzarm liegt das **Grabmal der Königin Berengara*, der Gemahlin von *Richard Löwenherz*, in der Taufkapelle das *Grabmal von Karl IV. von Anjou*. Auf ihrer zur Sarthe abfallenden Westseite hat sich die Altstadt noch die gallisch-römische **Ringmauer* (3. Jh.) mit 10 Türmen bewahrt. Die Neustadt ist stark industrialisiert.

Neuerdings ändert sich die Straßen-Nummer: Man fährt auf der N 157 weiter nach Westen, überquert zahlreiche Flüsse, findet in der ländlichen Kirche von *Bonchamp* die Seltenheit einer *schmiedeeisernen Kanzel* und kommt (289 km von Paris) zu der Stadt

Laval (55000 Einw.) an der *Mayenne*, mit dem aus romanischer Zeit stammenden **Alten Schloß*. 35 km weiter beginnt die Bretagne mit der alten Grenzfestung.

Vitré (13000 Einw.). Drei wuchtige Türme umstehen an den Ecken das schön restaurierte **Château* (14./15. Jh.) auf einem Hügelvorsprung über der *Vilaine*. Nochmals 35 km weiter liegt die Verwaltungshauptstadt der Bretagne, die alte Hauptstadt des Herzogtums,

Rennes (210000 Einw.). Da ein siebentägiger Brand 1720 die Altstadt zerstörte, zeigt sie sich in kühler französischer Klassik. Die hervorragenden Bauten sind das **Rathaus* (1734) von *Gabriel*, dem Architekten Ludwigs XV., und der *Justizpalast* (1618–54), dessen **„*Grand' Chambre*“ ein Gesamtkunstwerk ist, das aus der bemalten *Holzdecke* (1656–60), vergoldeter *Täfelung* der Wände (1660) und *Wandteppichen*, die die Geschichte der Bretagne (20. Jh.) wiedergeben, besteht. Das **Musée des Beaux-Arts* hat eine beachtliche Sammlung von Franzosen, Italienern und Niederländern. Eine Sehenswürdigkeit anderer Art ist das große *Citroën-Werk* im *Vorort La Janais*. Rennes ist *Ausgangspunkt* unserer Routen 12b nach *Brest* und 12c nach *Quimper*.

Route 12b: Rennes – Brest (245 km)

Die direkte Verbindung stellt die Nationalstraße N 12 her, die auch die Zufahrtstraße zur nordbretonischen Küste ist. Für uns bildet sie das Gerüst, um drei Umwege über die Küstenstraßen an ihr aufzuhängen. Da diese Umwege jeweils zur N 12 zurückführen, beschreiben wir den Verlauf der direkten Strecke abschnittweise.

Rennes–Saint-Brieuc via N 12 (99 km)

An der N 12, die von Rennes bis Saint-Brieuc nordwestlich verläuft, liegen bei km 31 rechts die Ruinen des Schlosses *Montauban* (14./15. Jh.); bei km 53 durchfährt man *Broons* mit dem *Schloß La Motte*; 13 km nach der alten Stadt *Lamballe* mündet bei *Saint-René* die *Umweg-*Strecke 1 (s. unten) in die N 12, die 10 km weiter *Saint-Brieuc* (58000 Einw.) erreicht, nur 5 km von der See entfernt.

Umweg 1: Von Rennes über Saint-Malo und die Smaragd-Küste nach Saint-Brieuc (190 km)

Man fährt von Rennes auf der N 137 in *Richtung Saint-Malo*, biegt aber nach genau 40 km bei *La Coudraye* nach Westen auf die N 794 ein, auf der man nach 11 km nach *Dinan* (s. S. 156) kommt. Dann fährt man auf der N 166 nochmals nach Norden. 22 km nach Dinan (und 3 km vor dem Seebad Dinard, s. S. 160) zweigt rechts die N 168 ab – sie führt über die mit 6 Durchlaß-Toren 10:15 m bestückte Sperrmauer des ersten ***Gezeiten-Kraftwerks der Welt*: die „*Usine marémotrice*“ nutzt den Unterschied des Wasserstandes bei Ebbe und Flut, der in der *Trichtermündung der Rance* einer der größten der Erde ist und *innerhalb 6 Stunden 14 m* (*!*) betragen kann. Jenseits der 730 m langen Staumauer liegt die alte *Hafenstadt* und *Seefestung*

Saint-Servan, die heute ein *Vorort* von *Saint-Malo* ist. Auf einer enghalsigen Halbinsel liegt das **Fort de la Cité* (1759), das zu einer Festung des Atlantikwalls umgebaut wurde; darum herum zieht sich die aussichtsreiche Promenade ***Corniche d'Aleth.*

***Saint-Malo** (50000 Einw.). Die berühmte Seestadt, die noch ihren alten ***Umwallungsgürtel* besitzt und deren *Altstadtgassen* nach den Bränden von 1944 im alten Stil wiederaufgebaut wurden, besaß eine *Flotte* äußerst wendiger Schiffe, deren *Korsarenstreiche* im 17. u. 18. Jh. vor allem die englische Marine erbitterte; aber *drei Belagerungen* (1693, 1695 und 1758) blieben vergeblich. Die vier größten „*Malouins*“ sind *Cartier*, der 1534 den St. Lorenz-Strom entdeckte und damit Kanada, die Korsaren-

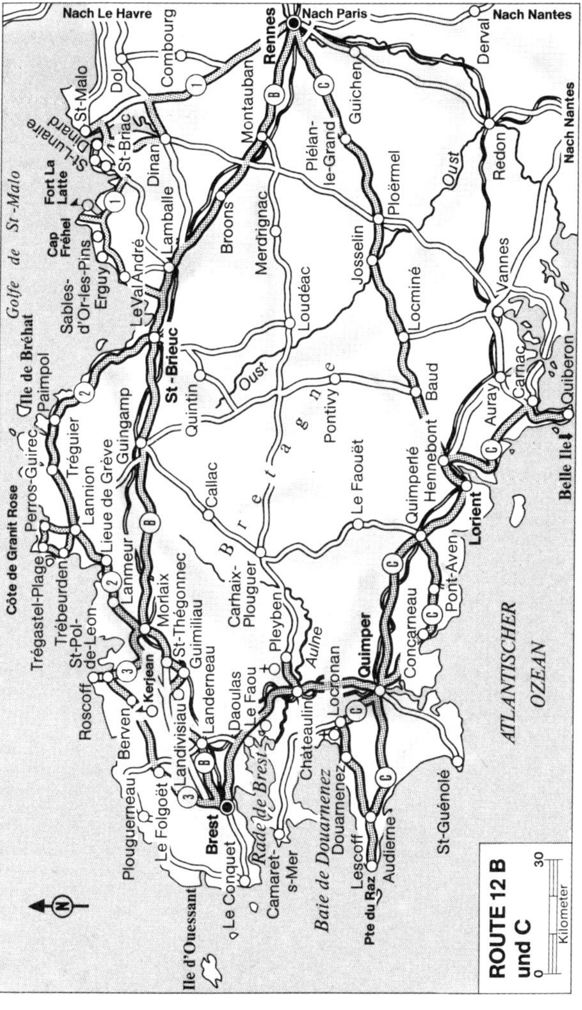
ROUTE 12 B
und C
0
30
Kilometer
Nach Le Havre
Nach Paris
Nach Nantes
Nach Nantes
Rennes
Combourg
Dol
St-Malo
Dinard
St-Lunaire
St-Briac
Dinan
Fort La Latte
Cap Fréhel
Golfe de St-Malo
Sables-d'Or-les-Pins
Erguy
Le Val André
Lamballe
Broons
Montauban
Merdrignac
Loudéac
Plélan-le-Grand
Guichen
Derval
Ploërmel
Josselin
Locminé
Redon
Oust
Vannes
Carnac
Quiberon
Belle Ile
Auray
Baud
Pontivy
Hennebont
Lorient
Quimperlé
Le Faouët
Pont-Aven
Concarneau
Quimper
Locronan
Châteaulin
Pleyben
Aulne
Carhaix-Plouguer
Callac
Bretagne
Quintin
St-Brieuc
Ile de Bréhat
Paimpol
Tréguier
Guingamp
Perros-Guirec
Côte de Granit Rose
Trégastel-Plage
Trébeurden
Lannion
Lieue de Grève
Lanmeur
Morlaix
St-Pol-de-Léon
Roscoff
St-Thégonnec
Guimiliau
Landerneau
Landivisiau
Kerjean
Berven
Plouguerneau
Le Folgoët
Brest
Le Conquet
Ile d'Ouessant
Daoulas
Le Faou
Rade de Brest
Camaret-s-Mer
Baie de Douarnenez
Douarnenez
Audierne
Lescoff
Pte du Raz
St-Guénolé
ATLANTISCHER OZEAN

Kapitäne *Dugay-Trouin* (1673–1736) und *Surcouf* (1773–1827) und der Dichter und Staatsmann *Chateaubriand* (1768–1848). Der Rundgang auf den Festungsmauern führt zu dem 4türmigen mächtigen **Château*(14./15. Jh.); im *Turm Quic-en-Groigne* ist ein originelles **Museum* untergebracht, das Szenen der Stadtgeschichte in Wachsfiguren zeigt.

Über den Ortsteil *Paramé*, ein Seebad, dessen Strand an den von Saint-Malo anschließt, kann man 14 km östlich, *Cancale* besuchen: Fischerhafen mit bei Ebbe sichtbaren Austernbänken – die Austern von Cancale sind berühmt – und Seebad an der Bucht des Mont-Saint-Michel, in die als schöner *Aussichtspunkt 5 km nördlich die *Pointe du Grouin* hineinragt. Schließlich kann man von Saint-Malo mit Schiff oder Flugzeug bequem die *anglo-normannischen Inseln* erreichen – *die Kanalinseln Jersey, Guernsey und Sercq*.

Saint-Malo gegenüber, an der Rance-Mündung, liegt

***Dinard** (11000 Einw.), ist mit La Baule (s. S. 169) das größte Seebad der Bretagne. Das warme Seeklima und die geschützte Lage erlauben das Gedeihen südlicher Vegetation. Seine *Grande Plage* im Norden ist durch die **Promenade du Clair de Lune* mit der *Plage du Prieuré* im Osten verbunden.

Über die *Badeorte* der stark gegliederten Smaragdküste – *Saint-Lunaire, Saint-Briac, Saint-Cast* (6 km von Matignon) – führt die N 786 nach *Saint-Aide*, wo man den kleinen *Umweg* zum *Fort La Latte* – einer auf einem Felsvorsprung fast ganz vom Meer umspülten *Seefestung* (13.–17. Jh.) mit schöner **Aussicht* – und zum ***Cap Fréhel* machen sollte. Hier bietet sich *eines der schönsten Landschaftsbilder der bretonischen Küste* und von der 57 m hohen, roten Klippe ein herrlicher *Rundblick*. Das Licht des Leuchtturms reicht über 110 km weit.

Hinter den *Seebädern Sables-d'Or-les-Pins, Erquy* und *Le Val André* wendet sich die N 786 von der Küste ab und erreicht die N 12; 10 km weiter nordwestlich liegt *Saint-Brieuc* (s. S. 158).

Saint-Brieuc–Morlaix via N 12 (86 km)

Die direkte Straße N 12 führt *durch das Hinterland der bretonischen Nordküste*, die hier den Namen „*Côte de Granit Rose*“ trägt, so daß man das Meer nicht zu sehen bekommt. Die einzige interessante Stadt auf dieser Strecke ist *Guingamp* (12000 Einwohner), die erste auf der Strecke Paris–Brest, in der *bretonisch gesprochen* wird; ihre *Kirche* **Notre-Dame-de-Bon-Secours* ist auf der linken Seite gotisch, auf der rechten Renaissance, eine Folge des Einsturzes des Südturms. Dieser Streckenabschnitt endet in

Morlaix (25000 Einw.). Über der Stadt, in einem Engtal vor der fjordartigen 15 km langen Bucht „*Rivière de Morlaix*“, führt in 58 m Höhe ein 285 m langer *Eisenbahn-Viadukt* (1861); hübsch sind die vielen *alten Häuser* in der *Grand' Rue* und der *Rue du Mûr*.

Umweg 2: Von Saint-Brieuc über die Côte de Granit Rose nach Morlaix (119/154 km)

Die Fahrt *entlang der Granitküste* führt von *Saint-Brieuc* auf der N 786 zunächst nordwestlich an dem kleinen Hafen *Binic* und dem aufstrebenden Seebad *Saint-Quay-Portrieux* vorbei durch die schöne *Heidelandschaft um Plouha* nach

Paimpol (20000 Einw.). Der Hafen, von dem früher zahlreiche Schoner auf Kabeljaufang ausliefen, ist durch den Roman „*Islandfischer*" des Marineoffizier-Schriftstellers *Pierre Loti* (1850–1923) bekannt geworden. Ein interessanter Ausflug führt zur

***Ile de Bréhat:** man fährt 6 km zur **Pointe de l'Arcouest*, wo man zur **Insel der roten Granitfelsen* übersetzt; ihre geduckten Häuser wenden den West- und Nordstürmen den Rücken zu, die kleinen Felder sind durch Steinmauern geschützt. Vom *Phare du Paon* an der Nordspitze hat man einen schönen **Blick* auf die hier rosafarbenen Felsen der zerrissenen Küste und den Schwarm von Inselchen und Riffen ringsum. Auf der Rückfahrt kann man den *Friedhof von Ploubazlanec* besuchen mit der *Mauer*, auf der die Namen der im Meer Verschollenen eingetragen werden.

Von *Paimpol* wendet sich die N 786 nach Westen, überquert die *Mündung des Flusses Trieux* und gelangt nach

Tréguier (3600 Einw.), einer alten Bischofsstadt mit der Granit-Kathedrale **Saint-Tugdual* (14./15. Jh.) und schönem **Kreuzgang;* Tréguier ist Geburtsort des volkstümlichen bretonischen Heiligen, *Saint-Yves* (13. Jh.) und des Religionsphilosophen *Ernest Renan* (1823–92).

18 km weiter westlich liegt die altbretonische Stadt

Lannion (18000 Einw.), Ausgangspunkt einer Fahrt zu den **Schlössern im Léguer-Tal* (32 km) und der

****Rundfahrt über die Corniche Bretonne (Umweg 35 km):**

An dieser Nordschleife liegt, 12 km von *Lannion*, das Fischerhafen-Seebad *Perros-Guirec*, wo die prachtvolle Ausblicke bietende ***Corniche Bretonne* beginnt. An der 13 km langen *Panorama-Straße* liegen zwischen roten Felsen die Seebäder *Ploumanac'h* und *Trégastel-Plage*, dann links der Straße *Dolmen* und *Menhire*. Über das *„*Riesenohr*" von *Pleumeur-Bodou* in seinem „*Radome*", der weißen Schutzkugel von 50 m Durchmesser – es handelt sich um die *Telstar-Station für das transatlantische Fernsehen* – kehrt man nach 10 km nach *Lannion* zurück.

Ab Lannion verläuft die N 786 nach Südwesten. Ab *Saint-Michel-en Grève* fährt man 5 km an der schönen Bucht **Lieue de Grève* entlang, an deren Ende rechts die aussichtsreiche **Corniche de l'Armorique* abzweigt, die bei *Lanmeur* wieder in die N 786 einmündet (Umweg 7 km). Von hier sind es noch 13 km bis *Morlaix* (s. S. 160).

Morlaix – Brest via N 12 (60 km)

Die direkte N 12 schneidet den ganzen Nordwestzipfel der Bretagne ab. Sie führt zunächst nach 13 km nach

Saint-Thégonnec (2900 Einw.) mit einer kunstgeschichtlichen Sehenswürdigkeit ersten Ranges: sein Kirchenbezirk, ***Enclos paroissial*, gilt als der schönste in der ganzen Bretagne. In der Ummauerung, die man durch ein wuchtiges *Renaissance-*Triumphtor* (1587) betritt, finden sich: die *Kirche* mit einer

Saint-Thégonnec

kuppelüberwölbten **Turmvorhalle* (1610) und einer reich geschnitzten **Kanzel* (1685), der *Glockenturm* (1563), das üppig dekorierte *Beinhaus* (1677) mit einer geschnitzten *Heilig-Grab-Gruppe* in der Krypta und der ****Calvaire* (1610), die Darstellung einer außerordentlich figurenreichen Kreuzigungsgruppe.

Statt in 10 km auf der N 12 nach *Landivisiau* sollte man südlich über *Guimiliau* fahren (Umweg 5 km mehr), dessen ***Enclos paroissial* dem von *Saint-Thégonnec* nur wenig nachsteht – sein ***Calvaire* zeigt unter dem Kreuz über 200 Figuren, von bäuerlichen Steinmetzen 1581 bis 1588 aus Granit gemeißelt.

Landivisiau (9000 Einw.) ist eine bretonische Landstadt, deren Rinder- und Pferdemärkte weit über die Bretagne hinaus Bedeutung haben. Durch eine schöne Landschaft im Tal des *Elorn* abwärts fahrend, kommt man nach *Landerneau*; von hier sind es noch 20 km nach

Brest (175000 Einw.). Der nach Toulon größte *Kriegshafen* Frankreichs ist berühmt für seine *Reede*: das reichgegliederte natürliche Hafenbecken von 15000 ha ist nur durch den 1800 m breiten Flaschenhals des „*Goulet de Brest*" zugänglich. Im 2. Weltkrieg diente der *Laninol-Hafen* von Brest als einer der drei deutschen U-Boot-Stützpunkte an der bretonischen Westküste – vor allem dem 320 m langen, durch eine 5 m dicke Betonplatte geschützten *U-Boot-Bunker* galten die 165 Luftangriffe, die zusammen mit den Sprengungen beim Abzug der Deutschen im September 1944 Brest fast völlig zerstörten. Der Wiederaufbau geschah in modernen Formen. Der auffällige Bau ist der **Pont Mobile de Recouvrance* über die Mündung des Flusses Penfeld, die *größte Hubbrücke Europas* – das 87 m lange Mittelstück wird zwischen vier 64 m hohen Pfeilern gehoben und gesenkt. Von der auf den Wällen *Vauban* in Terrassen angelegten **Promenade Cours Dajot* hat man einen schönen *Blick über die *Reede*.

Ein interessanter *Schiffsausflug* führt in $1^1/_2$ Stunden nach dem kleinen Hummer- und Langustenhafen *Le Conquet* an der *Westspitze der Bretagne*, in 3 Stunden zur *Ile d'Ouessant* mit ihrer wildzerrissenen ***Klippenlandschaft* am Nordwestrand und dem Leuchtturm **Phare du Créac'h*, der zusammen mit dem englischen von *Landsend* rund 30000 Schiffen im Jahr die Einfahrt in den Ärmel-Kanal weist.

Umweg 3: Von Morlaix über Saint-Pol/Roscoff und Le Folgoët nach Brest (90 km)

Von Morlaix führt die N 169 zunächst am Westufer des „*Rivière de Morlaix*“ (s. S. 160) entlang und erreicht, den Fluß *Pencé* überquerend, nach 23 km den Hauptmarkt der fruchtbaren *Landschaft Léon:*

Saint-Pol-de-Léon (9000 Einw.) mit einer schönen zweitürmigen **Kathedrale* und dem prächtigen 77 m hohen gotischen ***Vierungsturm* (15. Jh.) der *Chapelle du Kreisker*. 5 km weiter nördlich liegt

Roscoff (4800 Einw.), Hafen für Großkrebse u. Frühgemüse, Seebad und heilklimatischer Kurort.

Von Saint-Pol führt die N 788 südwestlich nach

Berven mit seinem oft nachgebildeten **Glockenturm* (1537). Nach 2 km zweigt links die D 30 ab, die (3 km) zum

Château de Kerjean führt, dem schönsten **Renaissanceschloß* der Bretagne (1560–90); es ist noch von *Gräben* und starken *Mauern* umgeben und voller schöner altbretonischer *Möbel.*

Ein interessanter Ort an der N 788 ist noch

Le Folgoët (2400 Einw.), Ort einer der großen *Wallfahrten* der Bretagne, des „*grand pardon*“ am 8. September. Die *Kirche* (1419) hat einen schönen **Glockenturm* und einen spätgotischen **Lettner*, der so fein skulptiert ist, daß die Arbeit wie „Granitspitze“ wirkt; unter dem Hochaltar entspringt die Quelle, die den *Brunnen an der Kirchenrückwand* speist.

Von hier aus führt die N 788 in 26 km nach *Brest* (s. S. 162).

*

Die *Strecke Brest – Le Faou – Châteaulin – Quimper*, die wir in umgekehrter Richtung auf der Seite 166 beschreiben, stellt die *Verbindung* zwischen unseren Routen 12 b (*Nordbretagne*) und 12 c (*Südbretagne*) her, so daß sich die Möglichkeit einer die ganze Bretagne umfassenden *Rundfahrt* ergibt.

Route 12c: Rennes – Lorient – Quimper (214 km)

Fahrten durch die südliche Bretagne sind nicht so reich an Sehenswertem wie die Fahrt durch den Norden; aber sie führen durch interessante Teile des Landesinneren und enden schließlich an der Westküste, die an landschaftlicher Schönheit der Nordküste nicht nachsteht.

Man fährt von *Rennes* auf der N 24 westsüdwestlich in 60 km nach Ploërmel, wobei man von km 34–41 am Südrand des großen *Waldes von Paimpont* entlangfährt – „Merlins Zauberwald“ in den Rittersagen. In **Ploërmel** (7200 Einw.) sieht man neben vielen alten Häusern die

Kirche *Saint-Armel* mit **Grabmälern der Herzöge Jean II. und Jean III. von Rohan* und dem wegen seiner *burlesken Szenen* bekannten **Nordportal.*

12 km westlich liegt am *Brest-Nantes-Kanal*, den *Napoleon I.* anlegen ließ, weil die Küstenschiffahrt von englischen Schiffen bedroht war,

Josselin (3000 Einw.) mit dem türmestarrenden ***Stammschloß der Rohan*, eines der berühmtesten Geschlechter Frankreichs; nach außen zeigt es sich als Festung (1370–80), sein **Innenhof* (1490–1505) aber ist von spätgotischer Pracht und Eleganz.

Von *Josselin* führt die N 24 in 73 km über *Locminé, Baud* und *Hennebont* nach *Lorient*; wer eilig *Quimper* zustrebt, kann Lorient links liegen lassen und von *Hennebont* direkt über *Quimperlé* fahren.

Lorient (72000 Einw.). Die *Hafenstadt* verdankt ihre Entstehung der ständigen Bedrohung von Le Havre am Kanal durch die Engländer; so suchte *Colbert* einen geschützten Platz für die reichbeladen aus *Ostindien* zurückkehrenden Kauffahrer und fand ihn an der gemeinsamen Mündung der Flüsse *Scorff* und *Blavet* in den Atlantik. Aus dem Handelshafen wurde unter Napoleon I. ein Kriegshafen. Seit dem Wiederaufbau der in den Jahren 1944/45 zu 85 Prozent zerstörten Stadt hat Lorient in seinem *Port de Kéroman* auch den modernsten *Fischerhafen* Frankreichs. Nahe dessen beiden Becken liegt die *Base sous-marine*, Heimathafen der französischen Atom-Unterseeboote; sie nutzen die drei *Riesenbunker* des größten deutschen *U-Boot-Stützpunkts* im 2. Weltkrieg.

Lorient bietet Gelegenheit zu einem *außerordentlich interessanten*

Abstecher nach **Carnac und über *Quiberon zur **Belle-Ile: (hin und zurück 104 km)

Man fährt von *Lorient* über den *Pont du Bonhomme*, der den Fluß Blavet überbrückt, 34 km nach

****Carnac** (4100 Einw.). Beiderseits der Zufahrtsstraße zu dem kleinen Seebad, vor allem aber

Menhire bei Carnac

im Nordwesten, breiten sich auf der Heide die „Alignements" aus, weite Felder, die mit aufrecht gestellten Natursteinen – es sind 2935 – übersät sind Megalithen, bis zu 20 m hoch und 7000 Zentner schwer. Diese Steine – man nennt sie *Menhire* (kelt.: lange Steine) – sind in Reihen zu 11, zu 10 und zu 1[illegible] angeordnet – der Sinn dieser Gruppierung ist *nicht enträtselt* ja man weiß nicht einmal, wie sie zu ihrem Standort bewegt und aufgerichtet wurden. Ein Teil von ihnen ist bearbeitet, weist Ritzzeichnungen auf – Symbole, Gesichtszüge, Außer den Menhiren gibt es *Dolmen* (kelt.: Tisch aus Stein), die als *Totenhäuser* dienten: über Tragsteinen liegt der Deckstein – der größte ist 2 m dick, 7 m lang und 4 m breit. Schließlich ist da ein aufgeschütteter Hügel, 120 m lang und 12 m hoch, der *Tumulus Saint-Michel* – Tumulus nennt die Wissenschaft ein Hügelgrab mit einer Grabkammer. Im *prähistorischen Museum* sind die Funde zusammengetragen; man nimmt an, daß die Menhire, Dolmen und Tumuli von Carnac, die sich bis **Locmariaquer* fortsetzen, aus dem 2. bis 3. Jahrtausend v. Chr. stammen.

Von *Carnac* fährt man in 18 km über eine schmale *Landenge* nach dem *Sardinenhafen und Seebad*

Quiberon (4900 Einw.), an dessen Westseite sich eine von der Brandung ausgehöhlte *Wildküste* hinzieht. Von Quiberon setzen *Schiffe* in einer Stunde zu der 16 km vor der bretonischen Westküste liegenden

****Belle-Ile** (3500 Einw.) über. *Hauptort* der 17 km langen, 5–10 km breiten Insel ist der malerische, von einer Zitadelle überragte Hafen *Le Palais*, *Hauptsehenswürdigkeit* aber die wildzerrissene Felsensteilküste **Côte Sauvage* am Westrand – mit den Felsenpyramiden **Aiguilles de Port-Coton*, zwischen denen das Meer brodelt und schäumt, mit der *Pointe des Poulains*, die einen weiten **Ausblick* bietet, und dem *Naturwunder* der **„*Grotte de l'Apothicairerie*" – die Nester der Kormorane (Scharben) in den Felshöhlungen erinnern an die Gefäßreihen auf den Regalen einer Apotheke.

Die *direkte* Straße von *Lorient* nach *Quimper* ist die N 165, die in 68 km über *Quimperlé* führt. Interessanter aber ist der küstennahe

Umweg über Pont-Aven und Concarneau (5 km mehr):

Hinter dem *Flugplatz* von Lorient links abzweigend, kommt man nach 29 km zur Mündungsbucht des *Bélon* mit berühmter **Austernzucht*; 9 km weiter liegt

Pont-Aven (3800 Einw.), ein landschaftlich hübsches, seit *Paul Gauguin* (1848–1903) von Malern vielbesuchtes Städtchen. 14 km weiter kommt

Concarneau (19 500 Einw.), Frankreichs größter Hafen für den *Thunfischfang*. Mitten im Hafenbecken liegt auf einer *Insel* die mit Granitmauern im 15. Jh. befestigte und durch Vauban im 17. Jh. verstärkte **Ville-Close*, die Altstadt mit engen Gassen. Von hier fährt man 23 km auf der N 783 nach

Quimper (62000 Einw.), der alten Hauptstadt der Cornouaille, bekannt für ihre Fayencen und Spitzen. Die beiden 76 m hohen **Türme* der gotischen *Kathedrale* überragen die Stadt, die im *Musée Départemental Bréton* eine *Sammlung bretonischer Volkskunst* besitzt und *Ausgangsort* ist für eine *großartige*

Rundfahrt über Audierne – Pointe du Raz – Douarnenez (114 km)

Man fährt von *Quimper* auf der N 784 westlich zu dem hübsch

 Plan S. 159

gelegenen *Fischerhafen Audierne* und von dort in 15 km zur

****Pointe du Raz** am *äußersten Westende* der südlichen *Finistère*

An der Pointe du Raz

(wie der ganze in den Atlantik vorspringende Westzipfel der Bretagne genannt wird). Von diesem *Felsenkap*, das zu den *herrlichsten Landschaften Frankreichs* gehört, sieht man, wie das Land in einer Reihe von Klippen ins Meer absteigt – untergeht. Um die *Baie des Trépassés*, die Bucht der Hingeschiedenen, herum kann man in 3 km zur ***Pointe du Van* fahren, die noch ursprünglicher ist, aber an Weite des *Rundblicks der Pointe du Raz nachsteht. Nun fährt man 15 km *zurück nach Audierne* und auf der N 165 weiter über *Pont-Croix* mit einem schönen 67 m hohen *Glockenturm* in 22 km nach

Douarnenez (20500 Einw.), dem größten Sardinenhafen Frankreichs. Über die D 7 geht es dann mit schönen Ausblicken nach **Locronan* (800 Einw,) mit einem hübschen, von Renaissance-Häusern umstandenen **Marktplatz* und einer **Kirche* (15.Jh.) mit bemoostem *Glockenturm*. Über die D 63 kehrt man in 17 km nach *Quimper* zurück.

Von der R 12c zur R 12b [Quimper – Brest] (79 km)

Die Straße *Quimper – Brest verbindet* unsere Routen 12 c und 12 b, so daß man von Rennes aus eine geschlossene *Rundfahrt* durch die ganze Bretagne machen kann. Die Strecke führt durch „Hinterland" zunächst auf der N 170 nach 28 km nach *Châteaulin*, wo ein kurzer *Abstecher* sehr *anzuraten* ist:

Abstecher nach Pleyben (20 km hin und zurück):

Pleyben (4500 Einw.) hat einen berühmten *Enclos paroissal* („Umschlossenen Kirchenbezirk") mit einem kuppelgekrönten *Renaissance-Glockenturm* und dem imposantesten aller bretonischen ***Calvaires* – die figurenreiche Kreuzigungsgruppe ist dem *Triumphbogen* aufgesetzt.

Von *Châteaulin* führt die N 17[illegible] über *Le Faou*, das im hinterste[illegible] Winkel der *Reede von Brest* (s. S. 162) liegt, nach *Daoulas*, wo ma[illegible] nach links auf die zweispuri[illegible] ausgebaute D 33 übergeht. Kur[illegible] vor Brest lohnt sich der *Abstecher* (1,5 km) nach *Plougaste[illegible] Daoulas*, wo man einen schöne[illegible] **Calvaire* mit etwa 150 Figure[illegible] findet. Die D 33 führt auf di[illegible] 900 m lange Brücke **Po[illegible] Albert-Louppe*, deren drei Boge[illegible] je 186 m Spannweite haben; au[illegible] ihr überquert man die *Mündun[illegible]* des Flusses *Elorn* und fährt i[illegible] *Brest* ein.

Route 13: Paris – Angers – Nantes (392 km)

Diese Route führt von Paris nach Südwesten über *Rambouillet* mit einem **Schloß*, das als Sommerresidenz des französischen Staatspräsidenten und Gästehaus für Staatsbesuche dient, und über *Chartres* mit der herrlichen, vor allem wegen der Fülle ihrer ***Glasmalereien* berühmten ***Kathedrale* nach dem durch sein *24-Stunden-Rennen* bekannten *Le Mans*. Sie finden den Streckenabschnitt Paris–Le Mans in unserer R 12 a auf den Seiten 156/157 ausführlich beschrieben.

Von *Le Mans* führt nun die N 23 – der *Circuit automobile*, auf dem alljährlich das große Rennen gefahren wird, bleibt links liegen – weiter über *La Flèche* und *Durtal* mit einem *Schloß* (16./17. Jh.) nach

*Angers (143000 Einw.). Die alte Hauptstadt der mächtigen Grafen von Anjou hatte schon im Mittelalter 30000 Einwohner; sie liegt am Fluß *Maine*, 8 km vor seiner Mündung in die *Loire*. Abenteuerlich wie die Geschichte der Anjous, die in England das *Königshaus Plantagenet* begründeten und auf dem *Thron des Königreichs Neapel* saßen, ist auch die Geschichte Angers, das mal zu England, mal zu Neapel gehörte und erst 1481 endgültig zu Frankreich kam. Neben der **Cathédrale Saint-Maurice*, in der sich die Entwicklung der *Kunstglaserei* an Fenstern vom 12. bis zum 16. Jh. verfolgen läßt, ist die große Sehenswürdigkeit das gewaltige ***Château* – eine von 1228–38 erbaute *Feudalburg* hinter 30 m breiten und 11 m tief in den Fels gehauenen *Gräben*; die um das unregelmäßige Fünfeck laufende, 950 m lange *Ringmauer* ist durch *17 dicke Rundtürme* verstärkt, deren Stümpfe heute noch 40 bis 50 m hoch sind. Im fast leeren *Burginneren* ist eine 107 m lange *Glashalle* erbaut für einen der kostbarsten Schätze *mittelalterlicher Wandteppichknüpferei* – der Bischof von Angers erwarb 1843 70 Teppiche (von ursprünglich 90) für bare 300 Francs. Sie gehörten zu der 1375–1380 von *Nicolas Bataille* in Paris geknüpften Folge ***Tenture de l'Apocalypse* und bedecken eine Fläche von 168 m Länge und 5 m Höhe.

Von *Angers* nach *Nantes* führen zwei Straßen:

a) Die direkte N 23 führt über das hübsche Renaissance-Schloß **Château de Serrant*, über das an der Loire gelegene *Ancenis* und über *Oudon* – mit einem schönen achteckigen **Wachtturm* (15. Jh.) – nach Nantes (89 km).

b) *Reizvoller* und *aussichtsreicher*, wenn auch um 15 km länger, ist die *Straße*, die *am linken Loire-Ufer* entlangführt. Man fährt aus *Angers* 8 km auf der N 161 nach Süden, durchquert auf *sieben Brücken* über Loire-Arme die auf Flußinseln erbaute Stadt *Les-Ponts-de-Cé*, und kommt rechts auf der N 751 über die **Corniche Angevine*, das

Weinstädtchen *Chalonnes*, das Dorf *Saint-Florent*, und über *Champtoceaux* mit besonders schönem **Blick* auf den Strom nach Nantes (104 km).

***Nantes** (375000 Einw.), 47 km vor der Mündung der Loire ins Meer, ist der sechstgrößte *Handelshafen* Frankreichs und eine bedeutende *Industriestadt*. Aus der gallo-römischen Stadt *Namnetes* wurde zeitweilig (im Rennen mit Rennes) die *Hauptstadt des Herzogtums Bretagne*. Hier wurde von Henri IV. 1598 das berühmte „*Edikt von Nantes*" unterzeichnet, das für fast ein Jahrhundert die Rechte der französischen Protestanten sicherte. Vom 16.–18. Jh. beruhte die Wohlhabenheit der Stadt auf einem anrüchigen *Überseegeschäft*: ihre Händler kauften *Negersklaven* an der Küste von Guinea, brachten sie zu den Antillen und tauschten *Rohrzucker* dafür ein, der in Nantes raffiniert wurde; *Voltaire* war mit 5000 Livres dabei.

Die gotische *Cathédrale Saint-Pierre-et-Saint-Paul* hat ein hohes (37,5 m) und lichtes ***Mittelschiff* aus weißem *Kalktuff*, der von Saumur die Loire herabgeflößt wurde. Im südlichen Kreuzarm steht das ***Grabmal des Herzogs Franz II.*, ein Meisterwerk der Renaissance (1502–1507) von *Michel Colombe*; die lieblich-strenge Figur der *Justitia* mit dem Richtschwert trägt die Züge der Herzogin *Anne von Bretagne*, die nacheinander zwei französische Könige heiratete, *Karl VIII.* und *Ludwig XII.* Im nördlichen Kreuzarm steht das Grabmal (1879) **Cénotaphe de Lamoricière* – der in Nantes geborene General war einer der Männer, die Nordafrika für Frankreich eroberten. Die Kathedrale brannte 1972 ab und wird wieder aufgebaut.

Eine zweite Sehenswürdigkeit ist das *Palais Ducal*, das von *Franz II.* 1466 begonnene *Herzogschloß* mit drei gewaltigen *Türmen* an der *Westfassade*. Im weiten *Innenhof* liegt der *Brunnen*, von einer schmiedeeisernen Herzogskrone überwölbt, und dahinter der Treppenturm **Tour de la Couronne d'Or*, der vier feinverzierte Loggien trägt. Das spätgotische „*Grand Logis*" daneben enthält das **Kunstgewerbemuseum* und der über Eck stehende Bau des „*Grand Gouvernement*" das sehenswerte **Museum bretonischer Volkskunst*.

Abstecher zur Küste nach La Baule (76 km)

Man fährt von *Nantes* auf der N 165 33 km bis zur Kreuzung nahe *Savenay*, wo man nach links auf die N 771 abbiegt und am Südrand des *Sumpflandes von Brière* entlang nach 28 km zu dem Hafen in der Loire-Mündung

Saint-Nazaire (70000 Einw.) kommt. Der beherrschende Bau des Hafengebiets mit vielen *Werften* ist neben dem 350 m langen und 50 m breiten **Schleusenkanal „Forme-Ecluse"* die *Base sous-marine*, der 300 m lange und 125 m breite **Riesenbunker* des deutschen Unterseeboot-Stützpunkts im 2. Weltkrieg.

Von *Saint-Nazaire* führt die doppelspurige D 92 nach 11 km zum Seebad *Pornichet* am Anfang des 8 km langen, feinsandigen und bogenförmigen Strandes von

****La Baule** (16000 Einw.), des neben Biarritz und Royan größten und mondänsten Seebades an der französischen Atlantikküste. Den Strand entlang zieht sich ein *Deich*, dessen Krone als *Promenade* dient. Vom *Casino* bis zum *Parcours* und dem Pinienwäldchen *Bois d'Amour* besitzt La Baule alle erdenklichen Einrichtungen für Sport und Unterhaltung.

Von La Baule kann man über *Le Pouliguen*, ein kleines Seebad am Ende des Strandbogens, auf der *Panorama-Straße* D 45 die „*Grande Côte*" entlangfahren, wobei man vom 60 m hohen *Glockenturm* in *Batz-sur-Mer* einen besonders weiten **Rundblick* hat; die D 45 umrundet die *Pointe du Croisic* und führt zu dem kleinen Sardinenfischerhafen *Le Croisic* – von einem aus Ballastsand abgewrackter Segelschiffe aufgeschütteten Hügel sieht man in die **Marais Salants* hinein, die *Salzsümpfe* mit ihren *Austern- und Muschelzuchten* und zahlreichen *Salinen*. Auf einem Damm führt die N 774 durch sie hindurch und 3 km weiter nach *Guérande*, einem Städtchen, das sich seine **Umwallung* aus dem 15. Jh. mit zehn Türmen und vier Toren vollständig bewahrt hat. Von hier führt die D 92 in 6 km nach *La Baule* zurück.

Route 14: Paris – Orléans (Loire-Schlösser)

Die Routen 14 und 15 führen in den „*Garten Frankreichs*", wie man die Täler der *Loire* und ihrer Nebenflüsse *Cher*, *Indre* und *Vienne* nennt. In dieser grünen und reichen, von Weinbergen und Gemüsegärten überquellenden, heiteren Landschaft gibt es eine auf der Welt einzigartige Fülle von Schlössern – vom einfachen Wohn- und Wachtturm bis zum prunkvollen Lustschloß, von grauen Burgen des Mittelalters bis zu prächtigen Bauten der Renaissance und des Barock und eleganten der französischen Klassik. Man kann nur die allerschönsten und interessantesten besuchen, ohne verwirrt oder ermüdet zu werden. Wir haben unsere *Rundfahrten in Schleifen* von zwei Standorten aus angelegt: *von Orléans und von Tours aus*. Da ihre Nahtstellen genau bezeichnet sind, können sie ohne Mühe nach Belieben zu einer großen Rundfahrt verbunden werden.

Paris–Orléans (115 km)

Man verläßt *Paris* über die *Porte d'Orléans* und fährt auf der N 20 nach Süden oder man benutzt die *Autoroute du Sud*, deren Abzweigung nach Orléans sich bald mit der N 20 vereinigt. Links bleibt *Longjumeau* liegen, wenig später das allen Sportfreunden bekannte *Autodrome von Monthléry*. In *Arpajon* sind **Fachwerk-Markthallen* aus dem 17. Jh. zu sehen, in *Etampes* die Kirche *Notre-Dame-du-Fort* mit dem schönen **Südportal* und dem eleganten 62 m hohen **Glockenturm;* außerdem die *Tour Guinette*, ein Wachtturm (1140) auf dem Grundriß eines vierblättrigen Kleeblatts. Dann zieht die N 20 zügig auf der *Hochebene der Beauce* nach *Artenay*, wo eine Straße (52 km) von *Chartres* (s. S. 156) her einmündet. Von hier sind es noch 20 km zu der am nördlichsten Punkt des Loire-Laufes gelegenen alten Königsstadt

Orléans (209000 Einw.), berühmt durch *Jeanne d'Arc*, die sie am 8. Mai 1429 von der Belagerung durch die Engländer befreite und seither die „*Jungfrau von Orléans*" heißt, besitzt eine gotische Kathedrale *Sainte-Croix* (1278–1829), ein *Rathaus* (16. Jh.) und das *Musée des Beaux-Arts* mit reichen Sammlungen von *Portraits* und *Pastellbildern*

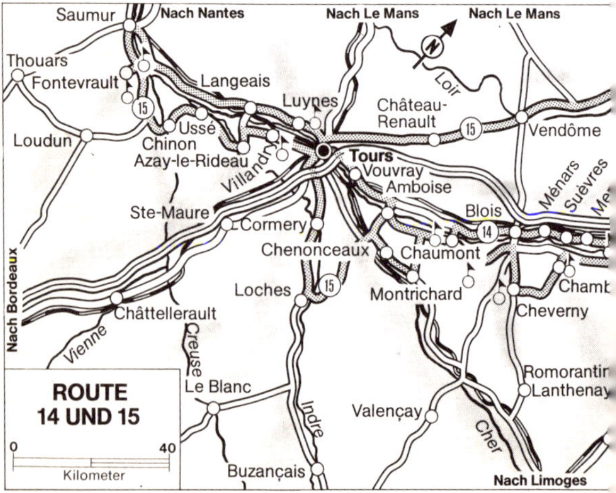

Schlösserfahrt von Orléans nach Südosten (80/88 km)

Man verläßt Orléans nach Osten und fährt über *Châteauneuf*, von dessen Schloß aus dem 17. Jh. nur noch vier Pavillons und der Park mit berühmten Rhododendren erhalten ist, und *Germigny-des Près* (älteste karolingische Kirche Frankreichs, 806) nach

***Saint-Benoît** (28 km). Hier war der Sitz der uralten *Benediktinerabtei Fleury*, hierher wurden die *Reliquien des hl. Benedikt* nach der Zerstörung von *Monte Cassino* durch die Langobarden (660) gebracht. Die **Basilika* (1067–1208) mit ihrem ***Portalturm* und dem ***Chor* gehört zu den schönsten romanischen Bauten Frankreichs. 8 km weiter fährt man über die Loire nach

***Sully.** Die mächtige *mittelalterliche* ***Burg* mit vier *Ecktürmen*, die den viereckigen *Donjon* aus dem 14. Jh. flankieren, gehörte seit 1602 dem großen Minister Heinrichs IV., dem *Herzog von Sully*; vordem war, 1429, die *Jungfrau von Orléans* hier, um Karl VII. zur Krönung in Reims zu überreden, später, 1716, *Voltaire* (1694–1778), der, aus Paris verbannt, hier seine kecken Theaterstücke aufführen ließ. Sehenswert ist der *Saal* des 2. Obergeschoßes – ihn überspannt ein schweres **Gebälk*, das noch nach 600 Jahren ohne Sprung und Wurmstich ist. Sully ließ sich neben dem Donjon einen bequemen *Renaissance-Pavillon* errichten; hier diktierte er vier Sekretären seine Lebenserinnerungen – täglich ab 3 Uhr morgens. Man kehrt nun *auf dem gleichen Weg* (36 km) oder *auf dem linken Loire-Ufer* über *Tigy* (44 km) nach *Orléans* zurück.

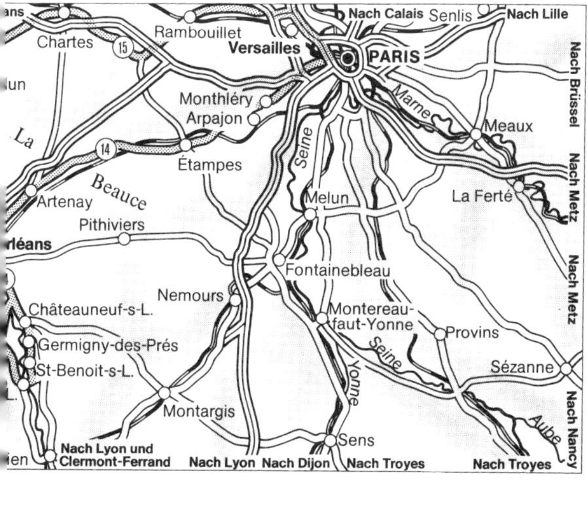

Schlösserfahrt von Orléans nach Südwesten (158 km)

Diese zweite Schleife bringt mit *Blois*, *Chaumont*, *Cheverny* und *Chambord vier Höhepunkte*.

Man verläßt *Orléans* nach Westen und fährt auf der N 152 am *rechten Loire-Ufer* entlang. In *Beaugency* sieht man eine malerische, jahrhundertealte *Loire-Brücke* und einen mächtigen **Wehrturm* aus dem 11. Jh. 8 km weiter liegt, schräg gegenüber dem *Atomkraftwerk* auf der anderen Flußseite *Château d'Avaray* mit schönen *Gärten* über der Loire; dann folgt *Suèvres* mit einem **Glockenturm* aus dem 10. Jh.; nun führt die N 152 durch den *Park von Ménars* zu dem hoheitsvollen **Schloß*, das sich *Madame de Pompadour*, die Favoritin *Ludwigs XV.*, mit zur Loire absteigenden **Parkterrassen* erbauen ließ. Und schließlich eine Strassengabel, deren *rechter Arm* zum *Schloß von Blois* führt.

***Blois** (50000 Einw.) wird ganz von seinem hochgelegenen, in vier Jahrhunderten erbauten

Blois: Treppenturm

***Königsschloß* beherrscht. Um einen weiten *Innenhof* errichteten die mächtigen *Grafen von Blois* den gotischen Saalbau (Salle des États) am Nordosteck im 13. Jh., König *Ludwig XII.* den Ostflügel 1498–1503 im Stil der Spätgotik, König *Franz I.* den Renaissance-Nordwestflügel 1515–24 und der Bruder König Ludwigs *XIII.*, *Gaston d'Orléans*, den unvollendet gebliebenen Südwestflügel 1635–38 im Stil der späten Renaissance; die spätgotische *Chapelle Saint-Calais* schließt das unregelmäßige Geviert. Der prächtigste Teil ist der von Franz I.: seiner **Hoffassade* ist der berühmte achteckige, mit dre Achteln in den Hof vorspringende ***Treppenturm* eingefügt Im Inneren dieses Bauteils liegen im 1. Stock die Gemächer die *Katharina von Medici* bewohnte; hinter den 237 geschnitzten Füllungen der Täfelung ihres Kabinetts verbergen sich **Geheimschränke* zur Aufbewahrung von Staatsakten Schmuckstücken und – Giften Im 2. Stock liegen die Räume, in denen am 23. September 158 ihr Sohn König *Heinrich III* den allzu mächtig gewordenen *Herzog von Guise* umbringen ließ. Von der **Loggien-Fassade* des Baues Franz'I. mit der langen Reihe als Fabeltiere gestalteter *Wasserspeier* hat man einen schönen **Blick über Blois*

Man fährt nun auf der N 152 am rechten Ufer 16 km Loire-abwärts und über die Brücke zum Schloß

****Chaumont,** zu dem man durch einen **Park* mit hundertjährigen *Zedern* hinaufgeht. Seine Westseite mit dicken **Türmen* hat noch wehrhaften Charakter sein Nordflügel wurde 1740 abgebrochen, um den Innenhof mit einer **Terrasse auf die Loire* zu öffnen. *Katharina von Medici* erwarb das Schloß, und damals wurde eine Geheimtreppe von ihren Gemächern zur Turmbehausung des Sterndeuters *Ruggieri* eingebaut, mit dem sie die Zukunft beriet. Als sie nach dem Tode ihres Mannes *Heinrich II.* 1559 Regentin wurde, zwang sie dessen bis dahin höchst einflußreiche Maîtresse *Diana de Poitiers* (1499–1566), das köstliche *Schloß Chenonceaux* (s. S. 176) gegen das strenge Chaumont zu tauschen; Diana blieb nur kurze Zeit und zog sich dann von der Loire an die Eure, auf ihr Schloß *Anet* zurück. Eine andere vom Hof Verbannte – diesmal Napoleons I. – war die Schriftstellerin *Madame de Staël* (Tochter des ehemaligen Finanzministers *Jacques Necker*) die hier 1810 ihr Buch „*De l'Allemagne*" beendete, in dem sie Deutschland als „*Volk der Dichter und Denker*" darstellte. Sehenswert sind die luxuriösen **Stallungen* aus der Equipagenzeit (19. Jh.) mit einem schönen *Colombier* (Taubenhaus) im Hof.

*

Anschluß an R 15 (Loire-Schlösser um Tours):
Fährt man von *Chaumont* auf der N 751 am linken Loire-Ufer 17 km flußabwärts, so kommt man nach *Amboise* und gewinnt *Anschluß an unsere R 15*; ebenso auf der Fahrt (18 km) von Chaumont nach dem südlich gelegenen *Montrichard*.

*

Von *Chaumont* fährt man über kleine Landstraßen der Beschilderung nach zu dem 25 km östlich gelegenen Schloß

****Cheverny.** Dieser elegant-hochmütige *Herrensitz* entstand 1634 *in klassischem Stil* und ist heute noch im Besitz von Nachkommen des Erbauers *Hurault, Grafen von Cheverny*. Die Raumfluchten bewahrten die **Dekoration* und das **Mobiliar* des 17. Jahrhunderts, in dem man noch lieber steif-vornehm als lässig-bequem saß. Im großen *Schloßpark* gibt es ein *Jagdmuseum* mit rund 2000 Hirschgeweihen und den *Zwinger* für die *Meute* der 70 Hunde für die Fuchsjagd.

Über die D 102 nach *Bracieux* und die D 112, die durch den von einer 32 km langen Mauer umgebenen *Park* (5500 ha) mit seiner Staatsjagd führt, gelangt man zum größten und großartigsten aller Loire-Schlösser:

****Chambord.** Auf einer Grundfläche von 156:117 m enthält es 440 Räume – der königliche Hofstaat war zahlreich. *Franz I.* begann 1519 mit dem Bau, der nie als Residenz, sondern nur für kurze *Jagdaufenthalte* gedacht war; immerhin imponierte er damit *Kaiser Karl V.* 1539 bei einem Staatsempfang. Auch später stand das riesige Schloß meist leer: *Ludwig XIV.* war in seiner langen Regierungszeit (1643–1715) nur neunmal hier. Erst als *Ludwig XV.* das Schloß als königlichen Dank für den Sieg bei Fontenoy dem *Marschall Moritz von Sachsen* schenkte, wurde es lebendig; dieser brachte seine zwei Reiterregimenter mit und ließ sie auf dem Parterre vor dem Schloß exerzieren.

Auffällig ist das **Dach des Mitteltraktes*; es ist mit Laternen, Giebeln, Türmchen und

Kaminen so überladen, daß sie *eine kleine Stadt für sich* bilden – in ihrem Winkelwerk fanden lauschige *Feste* statt und von den Balustraden sahen die Damen den großen *Hofjagden* zu. Ein architektonisches Kunststück, wie es die Renaissance liebte, ist das doppelläufige, von einer prachtvollen Laterne gekrönte **Treppenhaus* – Auf- und Absteigende begegneten sich nicht, was der Leichtlebigkeit des Hofes Rechnung trug. Das in vielen Schlössern veranstaltete Spektakel aus Musik, Rezitativ und farbigem Licht, *„*Son et Lumière*" ist vor der Kulisse dieses Schlosses besonders eindrucksvoll – seine Türme und Türmchen spiegeln sich in den stillen Wassern des Flusses Cosson.

Zur Rückfahrt nach Orléans benutzt man die D 112, die nach 10 km in die N 751 einmündet; von hier sind es noch 34 km am linken Ufer der Loire entlang.

Route 15: Paris – Tours (Loire-Schlösser)

Diese Route führt über **Chartres* mit seiner herrlichen, vor allem durch die Fülle ihrer farbigen Fenster berühmten ***Kathedrale* zu den Höhepunkten der Schlösser ***Amboise*, ***Chenonceaux*, ***Ussé*. ***Azay-le-Rideau* und ***Villandry*.

Man verläßt *Paris* über die *Autoroute de l'Ouest* – Sie finden die Beschreibung der Strecke und der Kathedrale von Chartres auf Seite 156.

Von *Chartres*, wo man über die N 154 in 52 km nach *Artenay* (s.S. 170) Anschluß an unsere R 14 Paris–Orléans gewinnen kann, führt die N 10 in langen Geraden über die *Hochebene der Beauce* in 44 km nach

Châteaudun (17000 Einw.). Die nach dem Brand von 1723 planvoll wieder aufgebaute Stadt liegt auf einem *Plateau über dem Loir*. Am Steilabfall ragen die gewaltigen **Stützmauern* auf, die das **Schloß* tragen, mit einem runden, 46 m hohen **Wachtturm* (12. Jh.), der **gotischen* und der **Renaissance-Treppe* und der spätgotischen, statuenreichen *Sainte-Chapelle*.

39 km weiter auf der N 10 liegt am *Loir*, der sich in mehrere *Arme* zerteilt, auf *Flußinseln* die Stadt

Vendôme (18000 Einw.) mit den Ruinen eines Schlosses und der *Église de la Trinité*; sie hat eine schöne spätgotische *Fassade* und einen freistehenden 75 m hohen *Glockenturm*.

Von *Vendôme* führt die N 157 in 32 km nach *Blois* (s.S. 172), einem günstigen Ausgangspunkt für den Besuch der Schlösser ***Chambord* (s.S. 173), ***Cheverny* (s.S. 173) und ***Chaumont* (s.S. 172).

Die N 10 aber führt über die seit altersher für ihr *Leder* bekannte Stadt *Château-Renault* in 55 km nach

***Tours** (250000 Einw.), Hauptstadt der schönen und fruchtbaren Landschaft *Touraine* und bedeutende Industriestadt. Die gallo-römische *Urbs Turonum* wurde im 3. Jh. durch den *Heiligen Gatien* christlich und holte sich im 4. Jh. den *Heiligen Martin* – als römischer Soldat hatte er seinen Mantel mit einem frierenden Bettler geteilt – zum *Bischof*; er gründete die *Abtei Marmoutier* (s. unten); nach seinem Tode wurde *Martin* zum französischen *Nationalheiligen* und *Tours* zu einem der großen *Wallfahrtsziele*. 573 wurde *Gregor von Tours* Bischof, der erste der großen französischen *Geschichtsschreiber*. Unter Karl dem Grossen wurde der Gelehrte *Alcuin* Abt von Marmoutier, das zu einer der reichsten Abteien Europas geworden war, mit Liegenschaften in vielen Ländern und mehr als 20000 Leibeigenen. Im 15./16. Jh. war Tours eine reiche *Weber-Stadt* für *Seiden* und *golddurchwirkte Stoffe*.

Man orientiert sich am *Pont Wilson*, der alten *Steinbrücke über die Loire* (1765–69); von ihr führt die *Rue Nationale* nach Süden zur *Place Jean-Jaurès*, dem Mittelpunkt der Stadt. Östlich der Rue Nationale liegt die **Cathédrale Saint-Gatien*, deren *Chor frühgotisch*, *Schiff hochgotisch* und *Fassade spätgotisch* ist; die beiden 69 und 70 m hohen *Türme* tragen *Renaissance-Kuppeln*; besonders schön sind ihre **farbigen Fenster* (13.–15. Jh.). Neben der Kirche liegt der reizende Kreuzgang **Cloître de la Psallette* (16. Jh.) und auf der anderen Seite das *Musée des Beaux-Arts* im ehemaligen Bischofspalast (17./18. Jh.) mit zwei Hauptwerken *Mantegnas*. Westlich der Rue Nationale liegt zwischen dem *Quai du Pont-Neuf* und dem *Uhrturm „Vieux Tours“* die Altstadt um die malerische **Place Plumereau* mit Häusern, die zum Teil aus dem 15. Jahrhundert stammen.

Schlösserfahrt von Tours nach Osten (105 km)

Man fährt in *Tours* über die *Loire* und an derem *rechten Ufer* auf der N 152 aufwärts. Dabei erblickt man am Stadtrand das **Portail de la Grosse*, den befestigten Zugang (13. Jh.) zur *Abtei Marmoutier*, von der sonst nur die in den Fels gehöhlten Mönchszellen aus dem 4.–6. Jh. blieben. 6 km weiter liegt links

Vouvray inmitten der Lagen des *bekanntesten Weißweins der Touraine*. Das *Denkmal* stellt eine Figur der Weltliteratur dar: den von dem in Tours geborenen Schriftsteller *Honoré de Balzac* geschaffenen *„Handlungsreisenden Gaudissart“*. 15 km weiter hat man einen herrlichen **Blick* auf das am jenseitigen Uferhang thronende Schloß

****Amboise,** eines der schönsten an der Loire. Neben dem gewaltigen Rundturm ***Tour des Minimes* erhebt sich die stolze spätgotische Fassade des ***Logis du Roi*. Von dem Schloß, das etwa viermal so groß wie heute war und unter dem hier aufgewachsenen *Franz I.* glänzende Feste sah, sind außerdem noch erhalten: die ***Chapelle Saint-Hubert*, ein Juwel der Gotik, mit dem berühmten ***Hubertus-Relief* über dem Portal und der **Hurtault-Turm* mit 4,30 m starken Mauern. Im *Tour des Minimes* (21 m Durchmesser) zeigt man die um eine 9 m starke Spindel angelegte stufenlose *Treppe*, die man *hinaufritt* – *Kaiser Karl V.* durchlebte hier bange Minuten, als bei seinem Empfang durch *König Franz I.* Fackeln einen Wandteppich in Brand setzten und er in der fensterlosen Spirale fast erstickte. Vor dem eleganten *Festsaal* im Obergeschoß des *Logis du Roi* läuft der „*Balkon der Verschwörer*" entlang: von seinem Geländer baumelten 1560 die Leichen gehängter Protestanten – 12 Jahre vor der Bartholomäusnacht. Mit diesem Vorfall begann der Verfall des nun gemiedenen Schlosses; große Teile wurden 1818 abgerissen. 400 m vom Schloß entfernt liegt der *Herrensitz* **Clos-Lucé* – in ihm starb 1519 der Universal-Künstler *Leonardo da Vinci*, den Franz I. an seinen Hof gerufen hatte, im Alter von 76 Jahren.

Durch den *Forêt d'Amboise*, das Jagdrevier vieler französischer Könige, geht es nun auf der D 31 an der 40 m hohen **Pagode von Chanteloup* (1775–78) vorbei nach Süden; nach 9 km wendet man sich in *La Croix-en-Touraine* nach Osten und erreicht auf der N 76 nach 6 km die **Platanen-Allee*-Zufahrt zu Schloß

****Chenonceaux.** Die Baugeschichte dieses herrlichen *Renaissance-Schlosses*, das sich in einer sanften Landschaft *quer über den Fluß Cher* erstreckt, ist mit *drei Frauen* verbunden. Da *Thomas Bohier* als Schatzkämmerer dreier Könige immer abwesend war, leitete seine Frau *Cathérine Briçonnet* den Bau des eigentlichen ***Schlosses* (1513–21), wodurch Stolz mit Anmut verbunden wurde. *Diane de Poitiers* (s. S. 173), die Geliebte König Heinrichs II., erhielt das Schloß bei dessen Thronbesteigung zum Geschenk; sie fügte dem Wohnbau die ***Brücke*

Schloß Chenonceaux

über den Cher hinzu und ließ der ***Großen Garten* anlegen. Di dritte war *Katharina di Medici* die nach dem Tode ihres Gemahls Heinrich II. die Rivalin zwang, Schloß *Chenonceaux* gegen Schloß *Chaumont* (s. S. 172 zu tauschen; sie baute die ***Galerie* auf der Brücke und fügt der Anlage den ***zweiten Garte* hinzu. Die *Feste*, die in und un Schloß Chenonceaux gefeier wurden, waren in Geschmack Aufwand und Frivolität unvergleichlich – die „*douceur d vivre*", der süße Genuß des Lebens, kam zu voller Entfaltung Einen Abglanz davon vermittelt das nächtliche akustisch optische Spiel „*Son et Lumière*" das vor diesem einzigartige Schloß ein besonderes Erlebni ist.

*

Von *Chenonceaux* findet ma über *Montrichard* in 28 km b *Schloß Chaumont* (s. S. 17

Anschluß an unsere R 14: „Loire-Schlösser um Orléans".

*

Zur Fortsetzung der „*Schlösserfahrt von Tours nach Osten*" fährt man 6 km nach *La Croix* zurück und von dort auf der D 31 nach Süden; nach 25 km kommt man zu einer der *sehenswertesten Kleinstädte Frankreichs*:

****Loches** (6500 Einw.). Hier findet man kein heiteres Renaissance-Schloß, sondern eine strenge *mittelalterliche Burgstadt*, deren Türme den französischen Königen jahrhundertelang als *Staatsgefängnis* dienten. Man betritt die von einer 2 km langen Wehrmauer umzogene „*Cité*" auf dem flachen Hügel durch die schwer befestigte **Porte Royale* (13. Jh.). Halblinks liegt die Kirche **Saint-Ours* (12. Jh.), zwischen deren beiden Türmen zwei hohle *Pyramiden* auffallen – diese Dachkonstruktion des Schiffes ist einmalig und wurde nirgends wiederholt. Ganz im Norden liegt das Schloß **Logis Royaux;* ein Turm birgt das Grab der schönen *Agnès Sorel*, der Geliebten Karls VII. – zwei Engel stützen das Haupt der Liegenden. Am Südende der Cité, dem am schwersten zu verteidigenden Abschnitt der Anlage, erhebt sich der mächtige **Donjon* (11. Jh.), flankiert vom **Runden Turm* und vom *Martelet-Turm*. Darin befinden sich die **Verliese*, zum Teil drei Stockwerke tief unter der Erde; die beiden berühmtesten Gefangenen waren *Ludovico Moro*, Herzog von Mailand, der acht Jahre, und der *Kardinal de la Balue*, der elf Jahre hier verbrachte; letzterer in einem Käfig, in dem man nur sitzen und liegen konnte – als er noch an der Macht war, hatte er diese grausame Art der Haftverschärfungselbsterfunden. Nach der Finsternis der Kerker kann man in einer halben Stunde auf der *Sohle des Berggrabens* um die eindrucksvolle *vieltürmige Befestigung* herumgehen.

Von *Loches* fährt man auf der N 143 in 35 km über *Cormery* nach *Tours* zurück.

Schlösserfahrt von Tours nach Westen (148 km)

Man verläßt *Tours* über die *Loire-Brücke* und fährt auf der N 152 am rechten Ufer *flußabwärts*. Bei km 10 sieht man auf einem Hügel **Schloß Luynes*, einen stolzen, von vier dicken Türmen flankierten Bau aus dem 13. Jahrhundert. 23 km von Tours liegt mitten in dem Städtchen *Langeais* das *Schloß*

****Langeais.** Äußerlich wirkt es mit den drei dicken **Türmen* und dem umlaufenden Kranz von 270 *Pechnasen* unter dem 135 m langen **Wehrgang* wie eine spätmittelalterliche Burg – Langeais wurde ja auch 1465–69 als *Grenzfestung* der *Touraine* gegen die *Bretagne* erbaut. Aber schon 1491 verlor es diese Aufgabe: die Hochzeit König *Karls VIII.* mit der Erbin *Anne de Bretagne* fand in seinem Saal statt. Schloß Langeais ist im Stil des 15. Jh. eingerichtet – seine ***Gemächer* mit den gotischen *Möbeln* und *Wandteppichen* vermitteln eine Vorstellung vom herrschaftlichen Leben vor 500 Jahren. Beachtenswert ist der **Kamin* im *Saal der Schloßwache* – seine Haube stellt eine Burg mit ihren Verteidigern dar. Zwischen dem

Schloß und dem *Donjon aus dem 10. Jh.*, der als der älteste Frankreichs gilt, erstreckt sich ein prächtiger **Garten.*

Angesichts des *Atomkraftwerks*, das 21 km von Langeais flußabwärts am linken Ufer liegt, ist eine Wahl zu treffen. Man kann über die Brücke in 13 km direkt zur Festung *Chinon* fahren und so die Fahrt unter Weglassung von *Saumur* und *Fontevrault* beträchtlich (um 43 km) verkürzen. Entschließt man sich für den längeren Weg, so fährt man auf der N 152 am *rechten* Loire-Ufer weiter und kommt nach 19 km zur *Stadt*

***Saumur** (36000 Einw.), die auf der linken Flußseite liegt und bekannt ist für ihren Wein, ihre Kavallerieschule und ihre Devotionalien-Industrie. In zwei Kirchen finden sich besonders schöne ** *Wandbehänge* aus dem 15. u. 16. Jh., in *Saint-Pierre* nahe der Loire und in **Notre-Dame-de-Nantilly* südlich des Schlosses (beide 12. Jh. mit Zufügungen des 15./16. Jh.); besonders unter den 27 Wandteppichen der letzteren gibt es köstliche Stücke. Das hochgelegene, von vier Türmen flankierte **Schloß*, von dessen *Wachtturm* man einen weiten **Rundblick* hat, ist Rest einer gotischen Burg, die mit ihrer Vielzahl von Türmen und Türmchen einen fantastischen Anblick geboten haben muß; im heutigen Zustand wirkt es als Kreuzung zwischen Ritterburg und Renaissance-Schloß. Es beherbergt ein **Kunstgewerbemuseum* und das **Musée du Cheval*, das ganz dem Pferd und seiner Beherrschung durch den Reiter gewidmet ist.

Von *Saumur* fährt man nun am *linken Loire-Ufer* 11 km *flußaufwärts* und folgt der Biegung der N 147 nach Süden: 5 km flußab liegt die interessante *Abtei*

***Fontevrault**. Sie wurde um 1100 als *Orden* gegründet und vor allem durch ihr *Damenstift*, in dem hochadelige Frauen dem

Fontevrault: Küchenhaus

weltlichen Leben entsagten, reich und berühmt. Besonders die *Anjou-Plantagenets* (s. S. 43) überschütteten die Abtei, deren Äbtissin auch dem Männerkloster vorstand, mit Gaben und erwählten die schöne romanische **Abteikirche* (12. Jh.) zu ihrer Grabkirche: König *Heinrich II. von England* mit seiner Gemahlin *Eleonore von Aquitanien*, ihr Sohn *Richard Löwenherz* und *Isabelle de l'Angoulême*, die dritte Frau ihres anderen Sohnes *Johann Ohneland*, liegen hier begraben; ihre *Statuen* sind von hoher Würde. An die Kirche schließt sich ein **Kreuzgang*, aus dem man nach Osten den *Kapitelsaal* mit Fresken aus dem

16. Jh., nach Süden das weiträumige *Refektorium* betritt. Ihm sinnvoll angebaut ist das ****Küchenhaus** – eine einzigartige Sehenswürdigkeit. Von außen als *Kuppelbau* mit vielen Schmucktürmchen – den Kaminen – wirkend, weist es innen 5 Herde für offene Feuerung und 20 Kamine auf – Rauchabzug und Belüftung sind klug durchdacht und bis ins kleinste Detail kunstvoll ausgeführt: die ganze Anlage stammt aus dem 12. Jahrhundert!

Man fährt nun die 5 km an die *Loire* zurück und weiter auf der N 751 nach Südosten, und zwar am linken Ufer der hier in die Loire mündenden *Vienne* 16 km aufwärts; schon von weither sieht man die Türme und Mauern der 400 m langen Festungsruine

****Chinon.** Die Anlage, deren Wucht noch heute starken Eindruck macht, besteht aus drei Teilen: dem *Fort Saint-Georges* (12. Jh.) im Osten; dem *Château du Milieu* (11./12. Jh.) in der Mitte mit dem 35 m hohen *Uhrturm*, dessen 5 m starke Mauern ein *Jungfrau-von-Orléans-Museum* enthalten, und den *Südwällen*, von denen man schöne **Ausblicke* auf *Alt-Chinon* und das *Vienne-Tal* hat; dem *Château du Coudray* (13. Jh.) im Osten mit dem **Donjon*, in dem Jeanne d'Arc wohnte, bevor sie am 9. März 1429 ihrem Dauphin vorgestellt wurde. Zwei mächtige **Ecktürme* schließen die Burg nach Westen ab. Im alten Chinon zieht sich am Fuß des Burgbergs die *Rue Voltaire* entlang bis zum malerischen **Grand Carroi*, dem bis heute kaum veränderten Mittelpunkt der mittelalterlichen Stadt.

Von *Chinon* fährt man entweder auf der N 751 schnurgerade 21 km durch den *Wald von Chinon* zum Schloß *Azay-le-Rideau*, wobei *Schloß Ussé* links liegen bleibt, oder über die N 749 in 12 km fast an die Loire, um dort vor dem *Atomkraftwerk Avoine-Chinon* mit seiner 55 m hohen Hohlkugel rechts abzubiegen und auf der D 7 in 11 km zum „*Dornröschenschloß*"

***Ussé** zu gelangen. Aus schneeweißem Stein erbaut und mit zahlreichen Türmchen bestückt, macht der an sich massige Bau aus der 2. Hälfte des 15. Jh. vor dem Hintergrund des einen Hang bedeckenden grünen Waldes von Chinon einen verspielt-märchenhaften Eindruck – es klingt glaubhaft, daß der Märchendichter *Charles Perrault* (1628–1703) Ussé zum Vorbild für seine „*La belle au bois dormant*" „(Dornröschen") nahm. Späte Gotik und Renaissance bilden hier ein harmonisches Ganzes. Im Schloß zeigt man eine besonders schöne **Chambre du Roi* aus dem 18. Jh. – die Schloßherren hielten immer einen Raum bereit, um den König im Falle seines Erscheinens würdig empfangen zu können. Zur *Indre* steigen *Blumenterrassen* ab, im *Park* steht eine reizende **Schloßkapelle* (1520–1538) mit vollkommen erhaltener *Renaissance-Ausstattung.

Weiter auf der D 7 und dann auf der D 17 geht es aussichtsreich *am linken Ufer der Indre* entlang in 14 km zum Schloß

****Azay-le-Rideau,** das man in der Begeisterung über seine herrliche Lage *auf einer Insel der Indre* das „*Nest des Eisvogels*"

genannt hat. In der Renaissance verwandelten sich die Burgen in Schlösser – Azay ist ein anschauliches Beispiel dafür: aus Wehrtürmen wurden Ziertürme, aus dem umlaufenden Wehrgang ein vorspringendes Dachgeschoß, aus den Wassergräben Teiche. Wieder ist die Eleganz und Harmonie dieses entzückenden Bauwerks wie in Chenonceaux (s.S. 176) einer Frau zu danken: da *Gilles Berthelot* mit seinen Spekulationen beschäftigt war, leitete seine Frau *Philippe Lesbahy* die Bauarbeiten der Jahre 1518–29; es gelang ihr ein *vollkommenes Kunstwerk*. Heute ist Schloß Azay mit Mobiliar und Wandteppichen der

Azay-le-Rideau

Renaissance ein geschmackvolles *Museum. Von *Azay* fährt man erst ein Stück am *rechten Indre-Ufer* flußabwärts, dann nach Norden und schließlich nach Nordosten abbiegend auf der D 57 und der D 7 in insgesamt 15 km zum *Schloß*

****Villandry.** In den dreiflügeligen Bau, dessen **Ehrenhof* sich auf das Cher- und Loire-Tal öffnet, ist ein dicker viereckiger *Wachtturm* aus dem 14. Jh. einbezogen; das Schloß enthält eine **Gemäldegalerie* mit Goyas und Zurbaráns. Die große Sehenswürdigkeit von Villandry sind aber die ***Schloßgärten* – ganz im Stil des 16. Jahrhunderts, haben sie in Frankreich nicht ihresgleichen.

In drei *Terrassen* steigen sie vom *Wassergarten* mit seinem großen Bassin über den *Ziergarten* zum *Gemüsegarten* ab. *Buchsbaumhecken*, die jede Woche nachgeschnitten werden, fassen die Blumenbeete in vielfältigen geometrischen Formen ein, ja versuchen sogar, in kunstvollen Verschlingungen und Verschnörkelungen die vier Arten der Liebe darzustellen: die zärtliche und die tragische, die Liebelei und die Liebesraserei. Selbst die Kohlköpfe im Gemüsegarten bilden geometrische Figuren.

Von Villandry fährt man am linken Cher-Ufer 17 km nach Tours zurück.

*

Ein sehenswertes, aber etwas abseits liegendes (55 km südlich von Blois, 77 km ostsüdöstlich von Tours) Schloß ist * *Valencay*. Um 1540 als zweiflügeliger *Renaissancebau* mit ersten Anklängen des klassischen Stils erbaut, erwarb es 1805 *Talleyrand*, Bischof und Revolutionär, Außenminister Napoleons I. und Ludwigs XVIII., und gab dort fürstliche Feste. Der **Park* ist von Pfauen, Schwänen und Flamingos belebt.

Route 16: Paris – La Rochelle – Royan

Diese Route nach Westfrankreich führt durch die Landschaft *Poitou* zur *Atlantikküste* zwischen dem Hafen *La Rochelle* und dem Seebad *Royan*. Die Anfahrt erfolgt über *Chartres* mit seiner berühmten Kathedrale und *Tours*, von wo aus man leicht einige der schönsten *Loire-Schlösser* besuchen kann.

Man verläßt *Paris* zweckmäßig über die *Autoroute de l'Ouest* (s.S. 140) und deren *Abzweigung nach Südwesten* beim *Autobahnkreuz Rocquencourt* (s.S. 153); kurz danach geht die Autobahn in die schnelle N 10 über (oder auf der A 11 bis Chartres). Man umfährt *Rambouillet* mit dem **Schloß*, das dem französischen Staatspräsidenten als Sommerresidenz und Staatsbesuchen als Gästehaus dient (s. S. 156) und fährt über die fruchtbare Ebene der *Beauce* nach **Chartres* mit seiner herrlichen, vor allem für die Fülle ihrer Glasmalereien berühmten ***Kathedrale* (s. S. 156).

Von *Chartres* führt die N 10 über *Châteaudun* und *Vendôme* (s.S. 174) nach *Tours* – eine ausführliche Beschreibung der Stadt und der Loire-Schlösser, die man von ihr aus unschwer erreichen kann, finden Sie auf den Seiten 175 bis 180.

Tours liegt 231 km südwestlich von Paris. Von hier aus kann man auf zwei Strecken nach *La Rochelle* fahren: Auf der großen N 10 über *Poitiers* (unsere R 16 a) und auf einer weiter westlich führenden über *Fontenay-le-Comte* (unsere R 16 b).

Route 16a: Tours – La Rochelle über Poitiers (239 km)

Von *Tours*, das am Südufer der Loire liegt, führt die N 10 in südwestlicher Richtung; sie überquert am südlichen Stadtrand von Tours den *Cher* und 10 km weiter bei *Montbazon* mit seinem riesigen rechteckigen **Wachtturm* (12. Jh.) die *Indre;* über *Sainte-Maure* und *Châtellerault* erreicht sie, 333 km von Paris, die alte Hauptstadt von Poitou: **Poitiers** (92000 Einw.), bekannt durch die nach ihr benannte *Schlacht*, in der *Karl Martell*, der Großvater Karls des Großen, 732 die Invasion der Araber aus Spanien zum Stehen brachte. Die auf einem Felsplateau von den Flüssen *Clain* und *Boivre* umflossene Stadt enthält kunstgeschichtlich interessante *frühromanische Kirchen:* In der Stadtmitte **Notre-Dame-la-Grande* (11./12. Jh.) mit einer bewundernswerten, reichgeschmückten *******Fassade*, die von

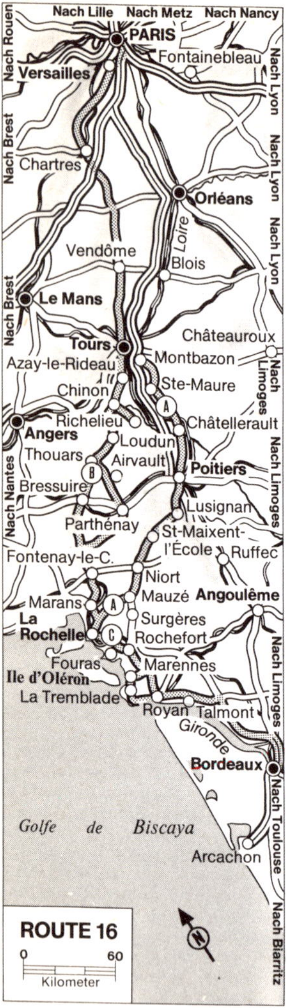

Plan S. 182

zwei Glockentürmen flankiert wird; im Süden der Altstadt die siebenschiffige Kirche **Saint-Hilaire-le-Grand* (11./12. Jh.), im Osten das ***Baptistère Saint-Jean*, die Taufkapelle aus dem 4. Jahrhundert, die wohl das älteste christliche Baudenkmal Frankreichs ist, die große **Cathédrale Saint-Pierre* und die Kirche **Sainte-Radegonde* mit dem Grab (in der Krypta) der thüringischen Herzogstochter *Radegund*, die zur Schutzheiligen von Poitiers wurde. An weltlichen Bauten ist besonders interessant der *Justizpalast* in der Stadtmitte, in dem sich Teile des alten herzoglichen Palastes erhalten haben, vor allem die **Grande Salle* (47:17 m) mit der herrlichen Fensterwand über drei Kaminen, und der *Donjon.*

7 km südlich von Poitiers zweigt von der N 10, die über Angoulême nach Bordeaux führt, rechts die N 11 ab. Auf ihr erreicht man nach 17 km das Städtchen *Lusignan* – die altfranzösische Sage erzählt, daß hier die Fee *Melusine* zur Stammutter der Grafen Lusignan wurde, die in der Zeit der Kreuzzüge in Jerusalem und auf Zypern regierten. 26 km weiter westlich liegt *Saint-Maixent-l'École* mit einer schönen spätgotischen Abteikirche, die Bauteile aus dem 11. und 13. Jh. einbezog. 23 km weiter liegt

Niort (65000 Einw.), die Geburtsstadt der Françoise d'Aubigné, die zur Geliebten und später zur heimlichen Gemahlin Ludwigs des Vierzehnten wurde und als *Marquise de Maintenon* in die Geschichte einging. Die Stadt hat ein originelles dreieckiges **Rathaus* im Renaissancestil, einen **Donjon*, der aus zwei riesigen Türmen besteht (12./13. Jh.), und einen eleganten 76 m hohen **Glockenturm*. 11 km weiter westlich ist *Coulon* Ausgangspunkt hübscher *Bootsfahrten* auf den von Laub überwölbten Kanälen des *Marais Poitevin*, eines Poldergebietes zwischen Niort und dem Meer.

23 km südwestlich von Niort zweigt bei *Mauzé* von der N 11, die in 37 km über die Butterstadt *Surgères* nach *Rochefort* (s. S. 186) führt, rechts die N 22 ab; nach 40 km ist man in

La Rochelle (80000 Einw.), vom 14.–18. Jh. eine der größten Seestädte Frankreichs; hier schifften sich die Gründer Montreals ein und viele Auswanderer, die in Kanada siedeln wollten; hier kamen die Handelsschiffe an, die Gewürze, Rohrzucker, Kakao und Kaffee brachten. La Rochelle war aber auch einer der *Hauptstützpunkte der Hugenotten* in den Religionskriegen; das führte 1573 zu einer halbjährigen Belagerung, der die Stadt dank englischer Versorgung standhielt. Als *Kardinal Richelieu* 1627 zur zweiten Belagerung ansetzte, war ihm klar, daß er die Seestadt von den Zufuhren aus England abschneiden mußte; ungeachtet der schweren Herbst- und Winterstürme ließ er einen *Deich* quer über die Bucht aufschütten und hungerte La Rochelle aus – als er nach 15 Monaten am 30. 10. 1628 in die Stadt einzog, lebten von 28000 Bewohnern nur noch 5000. Durch die Aufhebung des *Edikts von Nantes* (1683; s. S. 168) und den *Verlust Kanadas* (1763) ging die Bedeutung der Stadt stark zurück. Heute ist sie wieder ein lebhafter Hafen, der aber nicht tief genug für große Schiffe ist; so wird der Überseeverkehr im neu angelegten, durch die vorgelagerte flache *Insel Ré* (Fähre) gut geschützten *Vorhafen La Pallice* abgewickelt.

Unter den Sehenswürdigkeiten steht vornean der **Alte Hafen* mit seinen malerischen Türmen: **Tour Saint-Nicolas*, ein mächtiger fünfeckiger Donjon aus dem 14. Jh., dessen vier Türme von einem fünften, dem Wächterturm, überragt werden. Ihm gegenüber liegt die **Tour de la Chaîne*, der ihren Namen die Kette gab, mit der im Mittelalter die enge Hafeneinfahrt nachts verschlossen wurde. Der schönste Turm ist die ***Tour de la Lanterne* (1445–68), ein runder Turm, dessen Mauern an der Basis 6 m stark sind; er trägt eine hohe achteckige Spitze, in deren Laterne ein Leuchtfeuer brannte; von einem Balkon hat man einen weiten **Blick* auf die *Stadt*, den *Hafen* und die 30 km lange *Insel Ré*; bei Ebbe kann man die Reste von Richelieus Dammbau erkennen.

Vom *Alten Hafen* betritt man die Stadt durch die gotische **Porte de la Grosse-Horloge* (13. Jh.; der Aufbau und die Ausschmükkung stammen aus dem 17. Jh.). Man wendet sich nach rechts und kommt zum **Rathaus*, einem reichen Renaissance-Bau (1595–1606) mit schöner **Hof-Fassade;* vor dem Rathaus diente eine zierliche Mauer mit Zinnen der Verteidigung des Eingangs. Von der Nordostecke des Rathauses zieht die *Rue des Merciers* nach Nordosten mit alten **Arkadenhäusern.*

Route 16b: Tours – La Rochelle über Fontenay-le-Comte (239 km)

Diese (ohne Umwege) um keinen Kilometer längere Strecke führt zwar über kleinere Straßen, dafür aber durch *reizvolle Landschaften* und an vielen *interessanten Schlössern und Städten* vorbei.

Von *Tours* führt die N 751 in 23 km nach *Azay-le-Rideau* mit seinem herrlichen ***Renaissance-Schloß* (s.S. 179); man kann aber auch (Umweg: 9 km) nach Azay über *Villandry* fahren und dort die berühmten ***Schloßgärten* (s.S. 180) sehen. Von Azay fährt man auf der N 751 schnurgerade 21 km nach *Chinon* mit den großartigen Ruinen der ***Stadtburg* (s. S. 179).

Die drei so bequem am Straßenrand liegenden „Loire-Schlösser" sind ein guter Auftakt für die Weiterfahrt: man fährt nach *Chinon* noch 5 km auf der N 751 und biegt dann nach links in die N 759 ein, von der man auf einem Hügel *Schloß Coudray* sieht, das der französisch-belgische Dichter *Maurice Maeterlinck* (1862–1949) bewohnte. Im Tal des *Negron* aufwärts kommt man – 28 km von Chinon – nach *Loudun*.

Von *Loudun* kann man auf zwei Strecken nach *Fontenay-le-Comte* gelangen:

über *Thouars* und *Bressuire* nach 107 km,

über *Airvault* und *Parthénay* nach 112 km.

Die *erste Strecke* führt von Loudon auf der N 759 nach Westen; bei *Pas-de-Jeu* lohnt sich ein kleiner Umweg von 3 km über

Oiron, wo neben der bescheidenen Ortschaft ein prächtiges **Renaissance-Schloß* steht, das sich die *Gouffiers*, Kammerherren und Oberstallmeister der französischen Könige seit Karl VII., im 16. u. 17. Jh. erbauten; besonders schön ist die *Galerie des Fêtes* mit 14 *Fresken* von *Noël Jallier* (1549) und einem *Plafond* aus 1760 bemalten und vergoldeten Kassetten. In der *Stiftskirche*, mit reichgeschmücktem **Portal*, eigens für die Schloßherrschaft, sind vier **Grabmäler* der Familie Gouffier beachtenswert.

Insgesamt 25 km von Loudun liegt die Stadt

Thouars (14000 Einw.) hübsch auf einem Plateau über dem gewundenen *Thouet*. Am Südende der Stadt erhebt sich über einer engen Flußschleife das *Schloß* (17. Jh.) und davor die reizende **Chapelle St-Médard* in einem Mischstil aus Spätgotik und Renaissance. Bei der Ausfahrt aus Thouars muß man sich ganz rechts halten, um auf der N 138 *ter* weiterzufahren, über die man nach 29 km die Landstadt

Bressuire (16000 Einw.) erreicht mit einem 56 m hohen *Renaissance-Glockenturm* und malerischen *Ruinen* eines Schlosses, dessen doppelte Umwallung 48 Türme aufwies.

Bei der Weiterfahrt auf der N 138 *ter* nach Südwesten hat man nach 25 km von dem hochgelegenen *Saint-Pierre-du-Chemin* eine weite **Aussicht.* 21 km weiter zweigt links eine Straße ab – es lohnt der

Abstecher nach Mervent (4 km), das mitten im **Eichen- und Kastanienwald von Vouvant* an einem *See* liegt, den die aufgestaute *Vendée* bildet: diese Waldlandschaft gilt als die schönste zwischen Loire und Gironde.

Fontenay-le-Comte (17000 Einwohner) hat seinen Namen von dem hübschen Renaissance-Brunnen **Fontaine des Quatre-Tias* (1542) und besitzt vor allem in der *Rue du Pont-aux-Chèvres* schöne **alte Häuser* (No. 3, 6, 9, 14) und einen 83 m hohen **Glockenturm* (1700); etwas außerhalb liegt das reizende **Renaissance-Schlößchen Terre-Neuve.*

*

Die *zweite Strecke* führt südlich von *Loudun* nach *Fontenay-le-Comte.* Nach 5,5 km auf der N 147 zweigt man rechts nach *Moncontour* ab, wo auf einem Hügel ein riesiger **Wachtturm* aus dem 12. Jh. steht. In dem 4 km weiter gelegenen Dörfchen *Saint-Jouin-de-Marnes* findet man eine bedeutende romanische **Abteikirche* (12./13. Jh.). Nun geht es auf der D 46 schnurgerade 9 km nach

Airvault (3000 Einw.) mit der romanischen **Abteikirche Saint-Pierre*, die wegen ihrer wuchtigen *Vorhalle* und der von den *Säulenkapitellen* glotzenden Ungeheuer kunstgeschichtlichen Rang hat. Der kleine Ort ist ebenso altertümlich wie das benachbarte (5 km) *Saint-Loup*, in dem die *Gouffiers* (s. oben) ein befestigtes Schloß aus dem 15. Jh. um ein elegantes **Schloß* im klassischen Stil des frühen 17. Jh. ergänzten. In weiteren 5 km nach Westsüdwest erreicht man die N 138 und auf ihr, 14 km südlich,

Parthénay (13500 Einw.), in einer außerordentlich malerischen Landschaft, die berühmt ist für ihre Reinetten, ihre zarten Gänse und ihre großen Rindermärkte. Den Eingang zur Altstadt bilden **Pont et Port Saint-Jacques*, die schmale Brücke und das befestigte Tor; von hier führt die noch heute mittelalterlich anmutende **Rue de la Vaux-Saint-Jacques* zur geschleiften, aber auch noch in diesem Zustand mächtigen **Zitadelle*, die hoch über einer Schleife des *Thouet* liegt – Parthénay war eine der stärksten *Festungen* des Poitou, außerdem *Etappenort* für die mittelalterlichen *Wallfahrer*, die aus ganz Europa kamen, um in die spanische Stadt *Santiago de Compostela* zu pilgern, dem Heiligtum des Apostels Jakob – Saint Jacques.

Von Parthénay fährt man auf der „N 148 bis" 24 km nach Westen, bis man auf die N 138 *ter* stößt; biegt man hier links ab, so erreicht man nach 22 km *Fontenay-le-Comte* (siehe links).

Von *Fontenay-le-Comte* führt die N 138 *ter* und (ab 2 km nördlich der Landstadt *Marans*) die N 137 in 49 km, den **Marais Poitevin* durchquerend, nach *La Rochelle* (s.S. 183). Dieser Abschnitt ist besonders interessant, weil er durch den ehemaligen *Golf von Poitou* (40:32 km) führt – mit Hilfe holländischer Deichbauer, die Henri IV. herbeiholte, wurde der von unzähligen Kanälen durchzogene „Marais" dem Meer abgerungen.

Route 16c: La Rochelle – Royan (68/97 km)

Man verläßt La Rochelle nach Südsüdosten auf der N 137. Nach 12 km kommt man an dem 15 km westlich gelegenen Seebad *Châtelaillon-Plage* vorüber; bei km 21,5 von La Rochelle zweigt rechts eine Straße ab:

Abstecher nach Fouras und zur Ile d'Aix (8 km)

Fouras (4500 Einw.) ist ein kleines Seebad mit einem **Donjon* aus dem 15. Jh., um den *Vauban* im 17. Jh. einen *dreifachen Mauerring* legte, und mit einer *Plage*, die sich beiderseits der **Pointe de la Fumée* hinzieht. Von dieser Spitze kann man zur kleinen, nur 3 km entfernten **Insel Aix* übersetzen, einer *Wallfahrtsstätte für Napoleon-Verehrer*. Hier verbrachte der Kaiser vom 12. bis 15. Juli 1815 seine letzten Tage auf französischem Boden, hier stieg er an Bord des englischen Schiffes *Bellerophon*, das ihn nach Sankt Helena brachte. Ein sehenswertes **Museum* in der *Maison de l'Empereur*, das von einem Urenkel eines Ordonanzoffiziers Napoleons eingerichtet wurde, erinnert daran.

Von der Abzweigstelle sind es noch 9 km bis

Rochefort (35000 Einw.). Stadt und Hafen – 15 km oberhalb der Mündung der *Charente* – wurden planmäßig von *Colbert* im 17. Jh. angelegt. 1671 zählte Rochefort bereits 20000 Einwohner in Holzhäusern – Intendant *Bégon*, der die *Begonie* nach Europa brachte, ließ sie abreißen und neu in Stein aufführen; in den Werften und im Arsenal waren zeitweise 10000 Mann beschäftigt. Eine zweite Blüte erlebte Rochefort im 19. Jh. durch den Handel mit den Kolonien – das **Geburtshaus* des Marineoffiziers und Schriftstellers *Pierre Loti* (1850–1923), der vor allem durch Romane, die in Indochina spielen, berühmt wurde, quillt über von exotischen Mitbringseln. Interessant ist auch das **Marine-Museum* mit vielen Modellen von Segelschiffen und ersten Dampfern, die auf den Werften von Rochefort entstanden.

Von *Rochefort* kann man auf der N 733 in 40 km direkt nach *Royan* fahren. Reizvoller ist die um 29 km längere Strecke über *Marennes* und die Halbinsel *Arvert*.

Man verläßt Rochefort nach Süden über die neue **Brücke Pont du Martrou*, die die breite *Charente Maritime* überspannt – ihr 92 m langes Mittelstück kann um 28 m gehoben werden – und wendet sich rechts nach *Soubise*. Dort biegt man links auf die

D 3 ab, auf der man eine *Polderlandschaft mit vielen Kanälen* durchfährt; an der Straße liegt *Moeze* mit einem Hosiannah-Kreuz aus dem 15./16. Jh. und der inzwischen 3 km vom Meer abgelegene verlandete Seehafen *Brouage*: eine gestorbene Stadt, deren ***Umwallung* aus dem 17. Jh. unversehrt blieb. 7 km weiter liegt

Marennes (4400 Einw.) am Nordwestrand der breiten *Seudre-Mündung* – sie ist ein riesiger Zuchtpark für die berühmten **Marennes-Austern*. Das Städtchen, das von einem schönen 78 m hohen *Glockenturm* aus dem 15. Jh. überragt wird, ist Ausgangspunkt für einen interessanten

Abstecher zur Ile d'Oléron (12–38 km)

Zu dieser nach Korsika größten Insel Frankreichs – 30 km lang, 6 km breit, 15000 Einwohner, Weinbau, Salzgewinnung, Austernzucht – fährt man hinter *Bourcefranc* (mit der Rarität eines *Austernmuseums*) auf dem erst 1969 fertiggestellten 3 km langen **Pont d'Oléron*; rechts bleibt das malerische, unter Ludwig XIV. entstandene *Fort du Chapus* liegen.

Die flache, von bis zu 30 m hohen Dünen gesäumte Insel mit vielen Badestränden hat drei Städtchen: an der Ostküste *Le Château-d'Oléron* (3200 Einw.) mit einer vom Meer umspülten **Zitadelle* (1630), in der Inselmitte *Saint-Pierre-d'Oléron* (4000 Einw.) mit einer 20 m hohen **Totenleuchte* (*Lanterne des Morts*) aus dem 13. Jh. auf dem Marktplatz, und an der Südostspitze *Saint-Trojan-les-Bains* (1900 Einw.), ein hübsches, von Föhrenwald umgebenes Seebad.

Zur Weiterfahrt von *Marennes* nach *Royan* benutzt man die *Autofähre* über die breite *Mündung der Seudre*. Am jenseitigen Ufer liegt *La Tremblade*, wo man nach rechts auf die D 25 einbiegt; sie führt zum Seebad *Ronce-les-Bains* und um die Nordspitze der *Halbinsel Arvert* herum – 25 km durch den **Wald von Coubre*, der die **Wildküste* säumt, mit ständigen **Ausblicken* auf das hier stets bewegte, oft stürmische Meer. Beim Seebad *Saint-Palais-sur-Mer* beginnt dann der Küstenstreifen, der den attraktiven Namen „*Côte de Beauté*" trägt und sich bis zur breiten *Mündung der Gironde* hinzieht; in seiner Mitte liegt, in weitem Bogen um die **Grande Conche*

***Royan** (21000 Einw.), das mit *La Baule* (s. S. 169) und *Biarritz* (s. S. 191) *größte Seebad* der französischen *Atlantikküste*. Seine Modernität verdankt es dem Wiederaufbau, den die fast völlige Zerstörung durch Luftangriffe im April 1945 notwendig machte. Besonders eindrucksvoll ist *Le Front de mer* am Nordende des 2 km langen, sehr breiten Sandstrandes, eine geschlossene Gebäudefront mit Läden und Wohnungen; dahinter ragt die kühngeformte Stahlbeton-Kirche **Notre-Dame* auf. Nahe dem belebten Bootshafen liegt der Rundbau des *Casinos* und noch weiter westlich das *Palais des Congrès*, eine Halle für 2000 Kongreßteilnehmer mit einer Fassade aus Glas. Natürlich verfügt Royan über alle erdenklichen Einrichtungen für Unterhaltung und Sport.

Von *Royan* nach *Bordeaux*, wo man Anschluß an unsere Routen 17, 29 und 30 gewinnt, fährt man auf der aussichtsreichen D 145 stets am Nordufer der bis zu 14 km breiten *Gironde* entlang; sie bietet bald *Strände*, bald *Uferfelsen* mit *Höhlen* und in **Talmont* (15 km vor Royan) ein reizendes *Dorf* mit der malerischen, romanischen Kirche **Sainte-Radegonde*. 37 km von Royan mündet die D 145 in die N 730, die nahe *Mirambeau* auf die von *Rochefort* über *Saintes* herführende N 137 stößt. Auf ihr fährt man in insgesamt 122 km nach *Bordeaux* (s.S. 84).

Route 17: Paris – Bordeaux – Biarritz (749 km)

Der durchgehende Straßenzug ist die N 10. Sie führt zunächst von *Paris* über *Rambouillet* mit einem **Schloß*, das dem französischen Staatspräsidenten als Sommerresidenz und Staatsbesuchen als Gästehaus dient, nach *Chartres* mit seiner herrlichen, vor allem wegen der Fülle ihrer Buntglasfenster berühmten ***Kathedrale*. Sie finden den Streckenabschnitt Paris–Chartres (96 km) in unserer R 12 a (Anfahrt in die Bretagne) auf Seite 156 beschrieben.

Der nächste Streckenabschnitt reicht von *Chartres* bis *Tours* (139 km) und führt über *Châteaudun* und *Vendôme*. Die Beschreibung der Strecke, der alten Stadt **Tours* und der von ihr aus leicht erreichbaren ***Loire-Schlösser* finden Sie in unserer R 15 (Fahrt zu den Loire-Schlössern um Tours) auf den Seiten 174 bis 180. In Tours stößt unsere aus Deutschland über Nancy heranführende Ost-West-Route 27 (s.S. 258 ff.) auf die N 10.

Im dritten Abschnitt führt die N 10 von *Tours* nach *Poitiers* (103 km). Wieder müssen wir Sie bitten, die Beschreibung dieser Strecke und der Stadt Poitiers bei unserer R 16 (Fahrt in das Poitou) auf den Seiten 181 f. nachzulesen. In Poitiers wird die N 10 von unserer Ost-West-Route 28 (Von Nancy über Bourges an die Atlantikküste s.S. 263 ff.) gekreuzt.

Von Poitiers (333 km von Paris) führt die N 10 zügig und gut ausgebaut nach 108 km über Ruffec nach

***Angoulême** (95000 Einw.). Man kann die Stadt auf der Rue de Bordeaux umgehen; aber die Auffahrt lohnt schon durch die herrlichen *Ausblicke* von der ***Promenade des Remparts*, die sich um die halbe Altstadt herumzieht – Angoulême liegt 100 m hoch auf einem Plateau über den Flüssen *Charente* und *Anguienne*. Die romanische Kathedrale *Saint-Pierre* (12. Jh.) hat eine bemerkenswerte ***Fassade* mit einem figurenreichen (über 70) *Jüngsten Gericht*. In Angoulême wird die N 10 von unserer Ost-West-Route 29 (Von Belfort über Dijon zur Atlantikküste s.S. 268) gekreuzt.

Abstecher nach Cognac (42 km)

Man fährt auf der N 141 durch eine schöne Landschaft nach Westen und kommt schließlich durch das Weinbaugebiet „*Grande Champagne*", dessen Weine zu dem berühmten *Branntwein* **Cognac* gebrannt werden. Man kann die *Kellereien* weltberühmter Marken (Martell, Hennessy) besuchen, auch die von Otard im ehemaligen *Schloß der Valois*, in dem 1494 *Franz I.* geboren wurde (vgl. auch S. 275).

Von Angoulême führt die N 10 in 116 km über die Hügelstadt *Barbezieux* und *Saint-André-de-Cubzac* nach *Cubzac-les-Ponts* (15 km vor Bordeaux); hier überquert sie auf einem von *Eiffel*, dem Erbauer des Eiffel-Turms, 1882 konstruierten **Viadukt* (Mittelstück 552 m, Gesamtlänge 1046 m) die *Dordogne* und führt dann durch das große Anbaugebiet der Bordeaux-Weine *„*Entre-Deux-Mers*", das im Winkel zwischen der *Dordogne* und der *Garonne* liegt – die beiden Flüsse vereinigen sich 25 km nördlich von Bordeaux zur *Gironde*.

Eine ausführliche Beschreibung der großen und interessanten Stadt ***Bordeaux* finden Sie in unserem „Stadtbild" auf den Seiten 84ff. In Bordeaux, dessen Entfernung von Paris 566 km beträgt, endet auch unsere Ost-West-Route R 30, die von Belfort über Lyon heranführt (s. S. 277 ff.).

Zur Weiterfahrt von *Bordeaux* nach *Bayonne* bieten sich zwei Straßen an:

1. *die direkte Straße* N 10 (175 km), die in langen Geraden durch die riesigen, immer wieder von Waldbränden – dem von

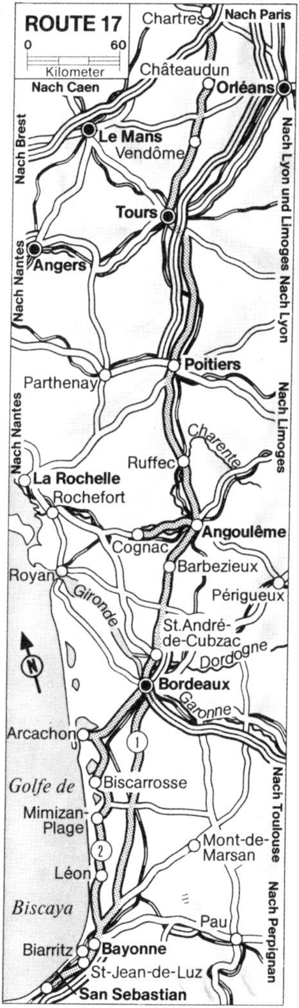

1949 fielen 130000 ha Forst und 80 Löscharbeiter zum Opfer – verheerten *Wälder der Landes* führt. Früher ein unfruchtbarer, kaum bewohnter, sumpfiger und ungesunder Landstrich, in dem sich die Hirten hoher Stelzen bedienten, sind die *Landes* durch Bepflanzung der Dünen, die sie an weiterer Wanderschaft hinderte, durch Entwässerung und Aufforstung zu einer blühenden (Viehzucht und Holzwirtschaft) Landschaft geworden. Die Fahrt auf der N 10 verläuft zwar schnell, aber eintönig.

2. die *„*Route des Lacs de la Côte d'Argent*", die Straße über die Binnenseen der *Silberküste* (235 km); auf der um 60 km längeren Fahrt wird man durch viele interessante Eindrücke belohnt:

Man verläßt Bordeaux in westlicher Richtung und erreicht über die N 650 schnell nach 60 km

***Arcachon** (20000 Einw.). Sowohl Badeort wie Winteraufenthalt, gliedert sich die Stadt in die *Ville d'Été*, die Sommerstadt längs des 5 km langen Sandstrands, und die *Ville d'Hiver*, die Winterstadt im Schutz der Dünen. Arcachon liegt nicht am Meer, sondern am Südrand des 155 qkm großen *Bassin d'Arcachon*, das durch eine 3 km breite Enge mit dem Meer verbunden ist. Berühmt ist seine **Austernzucht*, deren Bänke vor allem um die *Vogelinsel* liegen – Jahresproduktion 20000 t.

Von Arcachon wählt man zur Weiterfahrt die D 112, die zunächst dicht an der *Côte d' Argent* entlangführt. Nach 7 km kommt das elegante Seebad *Pilat-Plage* am Fuß der mit 115 m höchsten *Düne* Europas. Bei *Biscarosse-Plage* wendet sich die Straße, deren Nummer häufig wechselt, landeinwärts zum **Petit Étang de Biscarosse*, einem der schönsten Binnenseen der *Landes*. 9 km weiter liegt *Parentis-en-Born*, dessen 27 *Bohrtürme zum Teil im Wasser eines großen Étang stehen – hier werden 85% des Öls aus französischem Boden gefördert und damit immerhin 6% des Gesamtbedarfs gedeckt. Über *Mimizan*, dessen Strand 6 km westlich liegt, führt die Straße nach *Léon* – die *Bootfahrt* auf dem **Courant d'Huchet* gilt als der hübscheste Ausflug in den *Landes*. 31 km südlich folgt die schöne Gegend um **Hossegor* am *Golfe de Gascogne* mit den ersten Häusern in baskischer Bauweise; von der *Plage de l'Océan* sieht man bereits *Biarritz* im Südwesten. 7 km weiter mündet die Straße in die N 10, auf der man nach 13 km die *Hauptstadt des französischen Baskenlandes*, des französischen *Navarra*, erreicht:

Bayonne (47000 Einw.). Die Stadt im äußersten Südwesten Frankreichs hat zweifache Be-Bedeutung: als *Straßenknotenpunkt* – hier treffen die Straßen von *Paris* (unsere R 17), von *Toulouse* (unsere R 32, s. S. 290) und von *Perpignan* (unsere R 34 s.S. 305) zusammen; und als *Industriehafen* – hier endet ein Strang der *Erdgasleitung von Lacq* (s. S. 309); als Nebenprodukt bei der Benzinsynthese werden hier mehr als 1 Million t *Schwefel* verschifft. Früher lag die Bedeutung Bayonnes in der Kontrolle der *West-Pyrenäen-Pässe*; aus der Zeit Vaubans stammen die Befestigungen, die bis auf die *Zitadelle* (1674–79) in *Promenaden* umgewandelt sind.

Über die *Adour-Brücke Pont Saint-Esprit* und die *Nive-Brücke Pont Mayou* kommt man zum Hauptplatz, der *Place de la Liberté*. Von hier führt die malerische, von Laubengängen gesäumte **Rue du Port-Neuf* zur **Cathédrale Sainte-Marie* (13.–16. Jh.) und dem anschließenden **Kreuzgang* (14. Jh.). Jenseits der Nive liegt das ***Musée Basque*, eines der interessantesten Heimatmuseen Frankreichs mit sehr lebendiger Darstellung der *Folklore des Baskenlandes*. Sehenswert ist auch die *Kunstsammlung* des Malers Bonnat im **Musée Bonnat* nahe dem *Adour*.

Von *Bayonne* bis *Hendaye* erstreckt sich über 40 km die Felsenküste *Côte Basque* am Golf von Biscaya. Ihr Hauptort – auf der direkten Straße von Bayonne 8 km, auf der aussichtsreichen über die Adour-Mündung und die Küste 13 km – ist das nach *La Baule* (s.S. 169) und *Royan* (s.S. 187) größte *Seebad* der französischen Atlantikküste

***Biarritz** (28000 Einw.). Es verdankt seine Entstehung der Gräfin *Montijo*, die seit 1838 mit ihrer Tochter *Eugénie* hierher zur Sommerfrische kam. Eugénie heiratete *Napoleon III.* und brachte 1854 den Kaiser mit. Er baute die *Villa Eugénie* – und über Nacht war das Fischerdörfchen berühmt und Treffpunkt der Großen Welt. Die **Grande Plage* zieht sich nordöstlich bis zum *Leuchtturm* auf der *Pointe Saint-Martin*. Vom *Fischerhafen* führt ein Tunnel zum Felsen **Rocher de la Vierge* mitten im Meer; darüber liegt das **Musée de la Mer* mit Aquarium. Im Westen liegen die Felsenbucht des *Vieux-Port* und **La Perspective*, eine Promenade mit Blick auf die baskische Küste und die fernen Berge Spaniens; ihr schließt sich der zweite Strand, *Plage des Basques*, an. Die Küstenstraße führt nun über kleinere Badeorte nach 15 km abwechslungsreicher Strecke nach

***Saint-Jean-de-Luz** (17000 Einw.). Der Badeort ist jüngeren Datums, der Hafen jedoch geht ins 11. Jh. zurück – seine Bucht ist der einzige Einschlupf in die 150 km lange *Küste der Landes* bis zum Bassin d'Arcachon hinauf. Der große Tag des kleinen Ortes war der 9. 6. 1660: *Ludwig XIV.* heiratete hier die Infantin von Spanien *Marie-Thérèse*. Heute ist Saint-Jean-de-Luz neben seiner Eigenschaft als mondänes *Seebad* ein bedeutender *Fischerhafen*, vor allem für den Fang von Thunfisch. Im Nachbarort *Ciboure* (bask. Zubiburu) steht das Geburtshaus des großen französischen Komponisten *Maurice Ravel* (1875–1937). Im Hinterland führt eine Zahnradbahn auf die 900 m hohe *La Rhûne*, den schönsten **Aussichtspunkt* des Baskenlandes. Schließlich liegt Saint-Jean-de-Luz am Westende der „*Pyrenäenstraße*" (R 35 s.S. 309).

Von *Saint-Jean-de-Luz* nach *Hendaye* hat man wieder die Wahl zwischen zwei Straßen:

1. die N 10 führt in 11 km nach *Hendaye*, dem jenseits des Flus-

ses *Bidassoa* die spanische Grenzstation *Irún* (18 km bis *San Sebastián*) gegenüberliegt.

2. die aussichtsreiche *„*Route de la Corniche Basque*" führt an der Felsenküste entlang und benötigt 16 km bis zum mondänen Seebad *Hendaye-Plage* und dem Städtchen *Hendaye;* auf der *Fasaneninsel im Grenzfluß* fanden Treffen zwischen Königen, Austauschaktionen von Gefangenen und Empfänge für spanische Prinzessinnen statt, die französische Könige heiraten durften oder mußten.

Route 18: Paris – Limoges – Toulouse (684 km)

Diese Route, deren landschaftliche Schönheit sich ständig steigert, führt von Paris nach Süden über Toulouse zur spanischen Grenze, von wo es noch 176 km nach Barcelona sind. Man durchfährt die Landschaft *Sologne*, das *Berry* und das *Limousin*, dann ein Karstland mit Grotten und interessanten alten Städten und gelangt schließlich über *Toulouse* in die *Pyrenäen*. Die durchgehende Straße bis zur spanischen Grenze ist die 861 km lange N 20.

Der erste Routenabschnitt reicht von *Paris* bis *Orléans* (115 km). Die Beschreibung der Strecke und der von Orléans aus leicht erreichbaren ***Loire-Schlösser* finden Sie in unserer R 14 (Fahrt zu den Loire-Schlössern um Orléans) auf den Seiten 169ff. In Orléans wird die N 20 von unserer Ost-West-Route 27 (Nancy-Nantes s. S. 258) gekreuzt.

Im zweiten Abschnitt von *Orléans* bis *Vierzon* (79 km) führt die N 20 meist in langen Geraden durch die Ebene der *Sologne*; das im 19. Jh. trockengelegte Sumpfgebiet enthält noch zahlreiche kleine *Seen* und *Teiche*. 5 km nach dem Überschreiten der *Loire* bei der Ausfahrt aus Orléans überquert man das Flüßchen *Loiret* bei *Olivet;* links der Straße ist eine *Universitätsstadt* im Entstehen, die für 40000 Einwohner geplant ist. *Lamotte-Beuvron* im gleichnamigen Wald ist ein *Sammelplatz für Jäger;* die Sologne ist eines der wenigen Gebiete Frankreichs, die noch wildreich sind. 14 km südöstlich *Salbris* liegt das *radioastronomische Forschungszentrum* von *Nancay* mit großen Sonnenspiegeln. *Vierzon* (34500 Einw.) ist eine *Industriestadt* am Nordufer des *Cher*, der 80 km westlich von *Schloß* ***Chenonceaux* (vgl. S. 176) überbrückt wird.

Im dritten Abschnitt von *Vierzon* nach *Argenton-sur-Creuse* (87 km) durchzieht die N 20 in Geraden, die bis zu 30 km lang sein können, die *Landschaft Berry*. 2 km vor Châteauroux durchfährt man den altertümlichen kleinen Ort *Déols;* sein romanischer **Glockenturm* aus dem 10. Jh. ist letzter Rest einer bedeutenden, 917 gegründeten Abtei; in der Krypta der Pfarrkirche (12.–16. Jh.) steht das

Grabmal von Saint-Ludre, ein schöner Sarkophag aus dem 5. Jh. In *Châteauroux* (51 000 Einw.; 251 km von Paris) wird die N 20 von unserer Ost-West-Route 28 (Nancy–La Rochelle s. S. 263) gekreuzt.

30 km südwestlich durchquert die N 20 erst das hübsche **Tal der Bouzanne* und dann das Städtchen *Argenton-sur-Creuse* (6900 Einw.), von dessen *Alter Brücke* man einen reizenden **Blick auf die alten Häuser* hat, die die Creuse säumen. Die N 20 zieht weiter durch die wellige *Ebene von Berry* und erreicht schließlich erste Ausläufer des *Massif Central*. 38 km südlich von Argenton lohnt sich bei der *Kreuzung Ruffec* ein

Umweg über La Souterraine (9 km mehr).

In der kleinen Stadt (5300 Einw.) steht eine romanisch-gotische **Kirche* (12./13. Jh.), die auf den in der Krypta noch erkennbaren Fundamenten eines gallo-römischen Heiligtums errichtet wurde; Rückfahrt zur N 20 über die N 142.

Die Strecke wird nun windungs- und aussichtsreicher, besonders entlang der Hügelkette *Monts d'Ambazac*; dann steigt die N 20 zum *Tal der Vienne* ab und erreicht die alte Hauptstadt der Landschaft *Limousin:*

***Limoges** (165 000 Einw.). Seit 1768 besonders reines Kaolin beim nahen Saint-Yrieix gefunden wurde, ist sie zur *Stadt der Porzellanfabriken* geworden – aus ihr kommt etwa die Hälfte der französischen Produktion; zu ihren Porzellanmalern gehörte in seiner Jugend der spätere Impressionist *Auguste Re-*

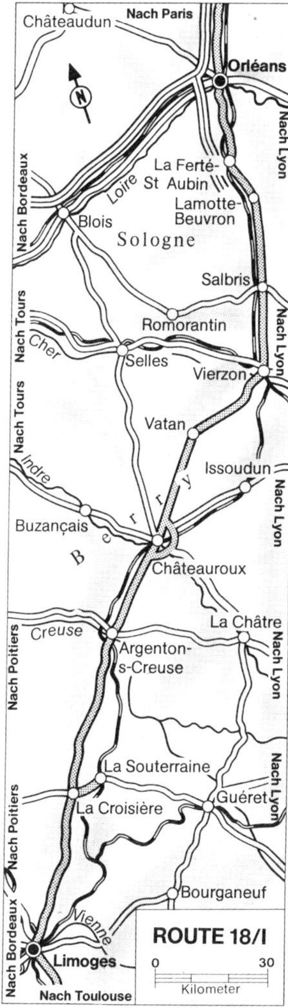

noir (1841–1919), der berühmteste Sohn der Stadt. Seit Merowingerzeiten, vor allem aber im Mittelalter, ab dem 12. Jh., als seine Meister eine neue Technik entwickelten, war Limoges berühmt durch seine *Emailkunstwerke.* Das nach dem Sammler benannte **Musée national Adrien-Dubouché* an der *Place du Champ de Foire* ist primär dem Porzellan gewidmet, das **Musée municipal* im bischöflichen Palast dem Email – es enthält über 300 köstliche Arbeiten aus Limoges vom 12. Jh. bis heute. Zwei alte Brücken über die Vienne sind noch erhalten: *Pont Saint-Martial* aus dem 12. Jh. und der in acht Bogen über den Fluß führende **Pont Saint-Étienne* aus dem 13. Jh. Vom Quai steigt man durch die schönen **Terrassengärten* der bischöflichen Residenz (Jardins de l'Évêché) hinauf zur **Cathédrale Saint-Étienne* (13., 16., 19. Jh.). Besonders beachtenswert ist das **Portal Saint-Jean* am nördlichen Querschiff und im eindrucksvollen Inneren der **Lettner* (1535) und drei **Bischofsgrabmäler* (14. u. 16. Jh.) im Chor.

Der 4. Streckenabschnitt *Argenton-sur-Creuse – Limoges* ist 93 km lang. In Limoges wird die N 20 von unserer Ost-West-Route 29 (Belfort–Royan) s. S. 268) gekreuzt.

Der nächste (5.) Streckenabschnitt reicht von *Limoges* bis *Brive* (93 km). Die nun kurvenreiche N 20 führt durch *schöne *Landschaften,* wechselt, ansteigend, vom Flußgebiet der *Loire* zu dem der *Dordogne* über und bietet, in das *Tal der Vézère* absteigend, einen schönen Blick auf **Uzerche** (3800 Einw.). Die türmereiche, auf einem fast völlig von der Vézère umflossenen steilen Hügel gelegene Stadt hat allen Belagerungen widerstanden, was sein Wappenspruch „*non polluta*" – die Unbefleckte – stolz bestätigt. Selbst die romanische Kirche *Saint-Pierre* (12./13. Jh.) mit dem schönen **Glockenturm* (12. Jh.) war befestigt – ein Turm flankiert noch heute ihren Eingang; von ihrer Terrasse **Esplanade de la Lunade* hat man einen hübschen Ausblick.

Abstecher zum Schloß Pompadour (21 km)

4 km südlich von Uzerche führt von der N 20 die D 3 nach Westen zu dem Dorf *Vigeois* am Eingang der nur von der Eisenbahn durchzogenen Schlucht **Gorges de la Vézère.* Von hier führt die D 7 16 km weiter nach Westen zu dem **Schloß Pompadour,* das *Ludwig XV.* seiner Maîtresse *Antoinette Poisson* unter gleichzeitiger Verleihung des Titels *Marquise de Pompadour* 1745 überließ. Der majestätische Bau aus dem 15. Jh. dient jetzt dem 1761 von Ludwig XV. gegründeten **Gestüt,* das die Wiege der angloarabischen Vollblüter ist.

Die N 20 zieht weiter südwärts über das malerische *Donzenac* mit Kirche (12. Jh.), Glockenturm (13. Jh.) und alten Häusern nach

Brive-La Gaillarde (54000 Einw.). Sehenswert sind die romanische Kirche *Saint-Martin* (11. Jh.), das **Musée Ernest Rupin* mit vielseitig interessanter Sammlung und der schöne Renaissancebau des **Hôtel de Labenche.* In Brive wird die N 20 von unserer Ost-West-

Route 30 (Belfort–Bordeaux s. S. 277) gekreuzt.

Brive bietet Gelegenheit, mit einer Anfahrt von nur 38 km eine *außerordentliche Sehenswürdigkeit* zu besuchen – die *Grotte de Lascaux* mit den weltberühmten vorgeschichtlichen ***Höhlenmalereien*, · deren Beschreibung Sie auf der Seite 282 finden. Die Anfahrt von Brive folgt dem Lauf der *Vézère* über die Straßen N 89 und N 704 nach Westen bis *Montignac*.

Gleich zu Beginn des nächsten (6.) Abschnitts *Brive–Cahors* (106 km) liegt ein *Wallfahrtsort*: *Grottes de Saint-Antoine* – in die zu Kapellen verwandelten Höhlen soll sich *Antonius von Padua* zur Meditation zurückgezogen haben. 4 km weiter führt ein Fußweg zu den *Grottes de Lamouraux*, die im Mittelalter als Zufluchtstätte dienten. 10 km weiter beginnt bei *Cressenac* eine landschaftlich besonders reizvolle Strecke – die 17 km bis

Souillac (4350 Einw.). Das über ler *Dordogne* gelegene Städt:hen hat eine sehenswerte ronanische **Kirche* (12. Jh.). Höhlenfreunde finden in den !2,5 km südöstlich gelegenen, in ʼorgeschichtlicher Zeit bewohnen **Grottes de Lacave* weite Hallen mit schönen Tropfsteinɔildungen.

Südlich von Souillac steigt die N 20 in Kehren mit Rückblicken auf das Dordogne-Tal zum argen Kalkplateau der *Causse le Gramat* an. Bei *Payrac* lohnt ehr ein

ıbstecher nach **Roc-Amadour 20 km)

ɔie landschaftlich schöne N 673 ihrt in vielen Windungen nach

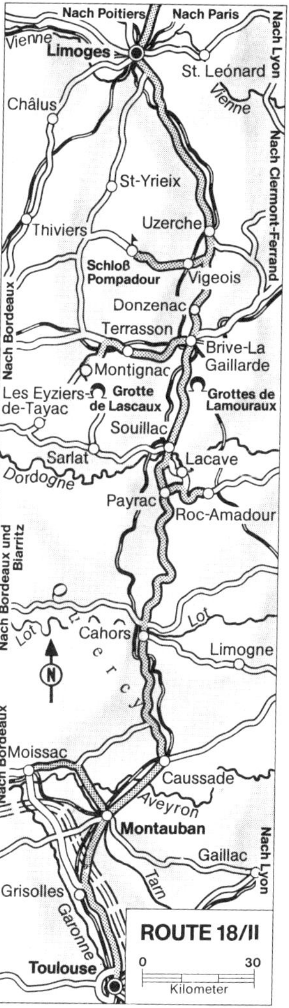

Plan S. 195

Osten zu dem vor allem im Mittelalter hochberühmten Wallfahrtsort ***Roc-Amadour*. Das malerische Dorf liegt in der engen Schlucht des *Alzou* am Fuß einer 120 m hohen Felswand und besteht nur aus einer einzigen *Häuserzeile* mit *vier befestigten Toren.*

Von hier führt die Treppe *Grand Escalier*, die *Via Sancta* der Pilger, in 216 Stufen zur *Cité religieuse*, die auf einem Felsenabsatz liegt und aus der *Basilika Saint-Sauveur*, der *Unterkirche Saint-Amadour* und mehreren *Kapellen* besteht. Wer der heilige *Amadour* war, ist umstritten; seit dem 15. Jh. verehrt man in ihm den *Zöllner Zachäus*, Schüler Christi und Ehemann der heiligen Veronika. Von der *Cité religieuse* führt ein *Kreuzweg* zum *Schloß* (14. Jh.) auf der Felsenkante, das heute als Priesterwohnung dient.

Von *Payrac* verläuft die N 20 windungsreich, aber immer durch eine Landschaft von großem Reiz, weiter nach Süden – man befindet sich hier bereits auf der Höhe von *Bordeaux* und *Valence* und fährt in die südfranzösische Landschaft *Languedoc* ein. 3 km südlich von *Saint-Pierre-Lafeuille* zweigt von der N 20 links die V 10 ab, die ebenfalls nach Cahors führt – eine **Panoramastraße* mit herrlichen **Aussichten* auf das *Lot-Tal* und einem ebenso überraschenden wie großartigen ***Blick* auf die in einer Flußschlinge liegende, nach Norden durch einen Befestigungswall, die *Anciens Remparts*, geschützte Stadt

***Cahors** (22000 Einw.). Das römische *Divona Cadurcorum* wurde im 13. Jahrhundert zu einer der bedeutendsten *Handelsstädte* Frankreichs mit Verbindungen bis Skandinavien und

Festungsbrücke in Cahors

zum Vorderen Orient; sie wa so wohlhabend, daß sie als *Geld-verleiherin* an Könige und Päpst auftrat. Papst Johannes XXII (1244–1334), einem Sohn de Stadt, verdankt die **Cathé-drale Saint-Étienne* (12./13. Jh. die Ausmalung des Chors un der beiden Kuppeln; das ***Bo-genfeld* des *Nordportals* mit de „*Auferstehung*" ist ein berühm-tes romanisches Kunstwer (1135). Originell ist die drei-türmige **Festungsbrücke Pon Valentré* über den *Lot* (14. Jh. In Cahors wird die N 20 vo unserer Ost-West-Route 3 (Genf–Bayonne s. S. 284) ge-kreuzt.

Der siebente Abschnitt reich von *Cahors* bis *Toulouse* (11 km); die N 20 durchzieht di fruchtbare *Landschaft Querc* und führt im breiten Tal de *Lère* abwärts nach

Montauban (49000 Einw.). Die drei Hauptsehenswürdigkeiten liegen nur 300 m auseinander: Die **Doppelarkaden*, die die *Place Nationale* umziehen, und die **Tarn-Brücke Pont Vieux* (14. Jh.) sind in roten Backsteinen aufgeführt. Am rechten Brückenkopf liegt das ***Musée Ingres* mit über 4000 **Zeichnungen des großen *Malers* (1780–1867), in dem sich die französische Klassik vollendete; das Erdgeschoß enthält *Werke des Bildhauers *Bourdelle* (1861–1929), der wie Ingres in Montauban geboren wurde.

Ein Umweg (31 km) führt nach **Moissac* an der Garonne. Im 506 gegründeten Kloster ist ein großartiger **Kreuzgang aus dem 11. Jahrhundert zu sehen, beachtenswert sind auch das Portal der Kirche und das Museum.

22 km weiter nimmt die N 20 im sehr breiten *Tal der Garonne* die von Bordeaux aus Nordwesten heranführende N 113 auf und erreicht, stets neben dem *Kanal*, der die hier noch nicht schiffbare Garonne begleitet, nach 28 km die viertgrößte Stadt Frankreichs, den wirtschaftlichen und kulturellen Mittelpunkt des Midi, des französischen Südens,

***Toulouse** 400000 Einw.; wenn die Satellitenstadt *Mirail* fertiggestellt ist, werden es fast 500000 sein). Die Stadt liegt, verkehrstechnisch begünstigt, inmitten der großen *Senke*, die das *Massif Central* von den *Pyrenäen* trennt und das *Mittelmeer* mit dem *Atlantik* verbindet. Das Schwergewicht ihrer Industrien bilden Chemie und Flugzeugbau.

GESCHICHTE

Toulouse ist schon ein fester Platz der keltisch-ligurischen Bevölkerung vor der Einnahme (106 v. Chr.) durch die Römer; sie machten *Tolosa* zur Hauptstadt der Provinz *Gallia Narbonensis*. Von 419–506 Hauptstadt des *Westgotenreichs*, wird es vom 9.–13. Jahrhundert unter den *Grafen von Toulouse* zum kultiviertesten und prächtigsten Hof Europas. 1209 bis 1229 ist es Basis des *Kreuzzugs*, mit dem Papst *Innozenz III.* die Sekte der *Albigenser* – Albi liegt nur 56 km nordwestlich – vernichtet; als geistiges Bollwerk gründet Papst *Gregor IX.* 1229 die Universität. Im 14. Jh. entsteht in Toulouse die erste literarische Gesellschaft Europas – zur Pflege der „*langue d'oc*", der Sprache der Südfranzosen (sie gebrauchen das Wörtchen „oc" für „ja", die Nordfranzosen dagegen „oïl", aus dem „oui" wurde). In den folgenden Jahrhunderten entwickelt sich Toulouse zur großen Stadt des Midi – seine Bauten entstehen nicht aus Naturstein, sondern aus *Backstein*, was der Altstadt im Laufe des Tages von rosa bis rot wechselnden Schimmer gibt. Nach dem 1. Weltkrieg wird Toulouse zur *Wiege der kommerziellen Luftfahrt*: 1919 wird die erste Flugpostlinie nach *Marokko* eingerichtet, 1925 wird sie bis *Dakar* verlängert, 1930 bis *Südamerika*; zu den Piloten zählte der Dichter *Saint-Exupéry*.

SEHENSWÜRDIGKEITEN

Den Mittelpunkt der Stadt bildet die

Place du Capitole [1] mit dem *Rathaus* (1753), in dessen *Innen-*

hof (frühes 17. Jh.) 1632 die berühmte Hinrichtung des *Herzogs von Montmorency* stattfand; im letzten Aufbegehren des Hochadels gegen die königliche Zentralgewalt hatte er die Waffen gegen *Ludwig XIII.* und den allmächtigen Kardinal *Richelieu* erhoben. Von hier führt die *Rue du Taur* nach Norden zur

****Église Saint-Sernin** [2], der größten und wichtigsten romanischen Kirche Frankreichs und – der an Reliquien reichsten. *Saint-Sernin*, Apostel der Languedoc und erster Bischof von Toulouse, erlitt um 250 den Märtyrertod – er wurde von einem Stier (taurus) zu Tode geschleift. Der gewaltige Backsteinbau aus einem fünfschiffigen **Langhaus* (115 m) und einem dreischiffigen **Querhaus* (67 m) wurde 1060 begonnen und im Laufe des 13. Jh. vollendet. Über der Vierung erhebt sich in 6 Geschossen der 65 m aufragende **Turm*; um die Apsis sind neun Kapellen gereiht. Unter den Portalen ist vor allem die **Porte Miègeville* mit ihren herrlichen Skulpturen berühmt.

Im Inneren, das für die Aufnahme riesiger Wallfahrerscharen und die Entfaltung höchsten Kirchpomps mit Prozessionen berechnet ist, sind besonders bemerkenswert die **sieben Marmorreliefs* im Chorumgang, das **Chorgitter* und das **Chorgestühl* aus später Renaissance (1670).

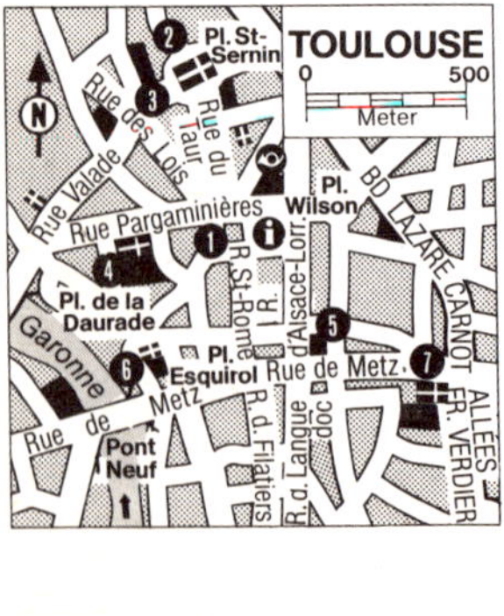

Dem Hauptportal von Saint-Sernin gegenüber liegt das

***Musée Saint-Raymond** [3] mit einer sehenswerten Sammlung angewandter Kunst von frühgeschichtlicher Zeit bis zur Renaissance im schönen Bau (1523) des alten *Collège Saint-Raymond.*

Westlich der Place du Capitole liegt die

****Église des Jacobins** [4]; die zweischiffige *Dominikanerkirche* (1230–1385), um die in der Höhe ein **Wehrgang* läuft und neben der ein schöner **Glockenturm* steht, ist ein Meisterwerk der Gotik des Midi.

Im Süden der Place du Capitole liegt das reiche

****Musée des Augustins** [5] im alten *Augustinerkloster* mit zwei **Kreuzgängen*; vor allem seine **Skulpturensammlung* von frühchristlicher Zeit bis zum Mittelalter ist sehenswert. Zwischen diesem Museum und der Garonne liegt als *schönstes weltliches Bauwerk* der Stadt das

****Hotel d'Assézat** [6], 1555 bis 1557 – im Stil der Renaissance – für einen reichen Waid-Händler erbaut; *Waid* ist eine mittelmeerische Kreuzblütlerstaude mit der man – bis zur Erfindung des *Indigo* – Stoffe blau färbte.

Östlich des Musée des Augustins erhebt sich die

***Cathédrale Saint-Étienne** [7]. Das große Werk ist durch die lange Bauzeit (11.–17. Jh.) und Mangel an Geldmitteln, wodurch die Verwirklichung der ursprünglichen Pläne unmöglich gemacht wurde, in sehenswerter Weise mißglückt: nordfranzösischer und südfranzösischer Stil der Gotik stimmen nicht zueinander, die Achse des Langschiffs steht schräg zur Achse des Chors.

In Toulouse wird die N 20 von unseren Ost-West-Routen 32 (Genf–Bayonne s.S. 290) und 33 (Menton–Toulouse s.S. 297) gekreuzt bzw. getroffen.

Von Toulouse zur spanischen Grenze und nach Andorra

Von Toulouse kann man die Fahrt nach Süden auf der N 20 bis zur spanischen Grenze bei *Bourg-Madame* (180 km) und von dort nach *Barcelona* (176 km) fortsetzen. Erst im *Garonne-Tal* und dann im immer enger und gebirgiger werdenden *Tal der Ariège* aufwärts, kommt man zu der malerischen Pyrenäenstadt

***Foix** (380 m; 10000 Einw.). Über ihr, auf einem mächtigen Felsen das **Schloß* mit drei *Türmen* – der freistehende **Rundturm* aus dem 15. Jh. ragt 42 m hoch auf. Ein Ausflug von 5 km nach Nordosten führt zu dem ***Unterirdischen Fluß von Labouiche*, den man mit einem Kahn befahren kann. In Foix wird die N 20 von unserer Ost-West-Route 34 (Perpignan–Bayonne s.S. 305) gekreuzt.

Die N 20 folgt weiter dem Ariège-Tal, das sich zu *Défilés* zwischen grottendurchsetzten Kalksteinwänden verengt; an den *Ruinen des Schlosses Verdun* vorüber, erreicht sie das schon den Römern bekannte

***Ax-les-Thermes** (720 m; 2000 Einw.), ein berühmtes Thermalbad mit 60 Quellen von 18° bis 78°. Eine eigenartige Sehenswürdigkeit ist ein jetzt als öffentliches Waschhaus benutztes Heißwasserbecken auf der *Place du Breilh* – es ist das „*Bassin des Ladres*", das Ludwig der Heilige im 13. Jh. für Kreuzfahrer errichten ließ, die sich im Heiligen Land den *Aussatz* geholt hatten.

Die Landschaft wird immer wilder und die N 20 steigt immer stärker an – in *l'Hospitalet* ist man bereits 1436 m hoch. Danach geht es in Kehren aufwärts bis zur Abzweigung der Straße nach **Andorra* (s.S. 312), um schließlich den 1915 m hohen Paß *Col de Puymorens* zu überklettern, die Wasserscheide zwischen *Garonne und Ebro*, um nun ständig bis *Ur* (1206 m), abzufallen, wo man auf die von Osten herkommende *Pyrenäenstraße* (s. R 35 S. 309) stößt. 4 km weiter liegt die Grenzstation *Bourg-Madame* – beim gegenüberliegenden spanischen Grenzort *Puigcerda* beginnt die N 152, die nach *Barcelona* (176 km) und die C 1313, die über *Lerida* (184 km) nach *Zaragoza* führt.

Route 19: Paris–Bourges–Carcassonne (770/870 km)

Diese Route von Paris nach dem Süden vermittelt vor allem landschaftliche Erlebnisse, in **Bourges* mit seiner ***Kathedrale*, **Albi* mit seiner ***Wehrkirche* und *Carcassonne* mit seiner einzigartigen ***Burgstadt*; aber es gibt dort auch Bauwerke von höchstem Rang. Aus der *Ile de France* führt die Route durch die Landschaften *Orléanais*, *Berry*, *Bourbonnais*, *Auvergne* und *Languedoc*, aus dem *Pariser Becken* durch das *Massif Central* zum *Vorland der Pyrenäen*.

Der erste Streckenabschnitt führt von *Paris* nach *Bourges* (226 km). Man kann von Paris auf der N 7 über ***Fontainebleau* (berühmtes *Schloß*, s. S. 71) nach *Nemours* fahren (75 km) oder die *Autoroute du Sud* bis *Nemours* (83 km) benutzen. Von dem alten Städtchen *Nemours* ab, im *Tal des Loing*, führt die N 7 stets neben dem *Fluß* und dem *Canal du Loing* (der mit seinen Fortsetzungen, dem Kanal von Orléans und dem Kanal von Briare, die *Seine* mit der *Loire* verbindet) nach 33 km nach

Montargis (55000 Einw.). Gegenüber der **Eglise de la Madeleine* mit dem hohen Chor (12. u. 15./16. Jh.) liegt die erste „*Pralinenfabrik*" – im 17. Jh. erfand der Leibkoch des Herzogs von Plessis-Praslin ein Naschwerk aus gebrannten Mandeln, die „*praslines*" genannt wurden, und eröffnete damit eine „Manufaktur". In Montargis wird die N 7 von unserer Ost-West-Route 27 (Nancy-Nantes s. S. 258) gekreuzt.

Durch eine Ideallandschaft für Jäger und Fischer fährt man auf der N 7 weiter nach Süden. Bei *Nogent* kann man einen Abstecher (9 km) zur Schloßruine *Châtillon-Coligny* machen, wo der in der Bartholomäus-Nacht (1572) ermordete Hugenottenführer Admiral *Gaspard de Coligny* geboren wurde und begraben liegt. 6,5 km weiter südlich verläßt man die N 7 und fährt rechts auf der N 140 14 km nach

Gien (15000 Einw.) an der *Loire*. In der für ihre Steingutwaren bekannten Stadt gibt es die interessant wiederaufgebaute (1954) Kirche **Sainte-Jeanne-d'Arc* und ein *Schloß*, in dem ein sehenswertes **Jagd- und Falknerei-Museum* untergebracht ist. Von Gien kann man einen Abstecher (23 km) zu dem mittelalterlichen *Loire-Schloß* **Sully* (s. S. 171) machen.

Die N 140 überschreitet auf dem *Vieux-Pont* mit schönem **Rückblick* auf Gien die *Loire* und führt dann in langen Geraden 74 km durch den Ostteil des im 19. Jh. trockengelegten Sumpfgebietes der *Sologne*. Schon von weither sieht man die Türme der Kathedrale von

***Bourges** (83000 Einw.). Aus einer Siedlung des Keltenstammes der Bituriger wurde eine römische Verwaltungsstadt. Seine große Zeit erlebte Bourges im

Vor den schweren Stürmen, wie sie oft um Cap Finisterre toben, ducken sich die kleinen, aus Feldsteinen gemauerten Bauernhäuser der Bretagne.

Im sonnendurchtränkten »Midi« liegt dieses typische Dorf zwischen blühenden Obstbäumen, heuduftenden Wiesen und den karstigen Felsen.

Nach Lyon
Villeneuve-lès-Avignon
Avignon
Uzès
Remoulins
Châteaurer
Gard
Pont du Gard
Gard
Rhône
Monagnette
Réunis
Tarascon
La Calmette
Béaucaire
Les Baux
Redessan
Nîmes
Fontvieille
Bellegarde
Montmajour
Sète
Nach Montpellier
Vistre
a
Arles
St-Gilles
Rhône
Vauvert
Rhône
Albaron
Camargue
Aimargues
du
Etg. de Scamandre
Canal
Nach Toulouse
Lune
Petit Rhône
Etang de Vaccares
Vidourle
Etg. du Charnier
Aigues-Mortes
La Grande-Motte
Le Grau-du-Roi
Saintes-Maries-de-la-Mer
N
ROUTE 22
0
10
Kilometer
MITTELMEER

Mittelalter als *Hauptstadt des Herzogtums Berry*. Im Hundertjährigen Krieg bildete es den Kern des den französischen Königen noch verbliebenen Gebiets, weshalb die Engländer von *Karl VII.* spöttisch als dem „*König von Bourges*" sprachen. Die große Sehenswürdigkeit ist die ***Cathédrale Saint-Étienne*, eine der großartigsten gotischen Kirchen Frankreichs und dank ihrer kurzen Bauzeit (1200–1260) eine ihrer geschlossensten. Ihr Schiff ist 118 m lang und 37 m hoch. Berühmt sind die 5 ***Portale* der 55 m breiten Westfassade zwischen den beiden Türmen, deren linker nach seinem Einsturz 1506 im alten Stil wiederaufgebaut wurde. Am *Mittelportal* ist das *Jüngste Gericht* besonders bemerkenswert; darüber die herrliche **Rose*. Das fünfschiffige Innere enthält *farbglühende Fenster* (12.–15. Jh.), vor allem im Chor.

Einer der schönsten weltlichen Bauten der französischen Gotik ist das ***Hôtel Jacques-Coeur*, das sich der Bankier Karls VII. zwischen 1443 und 1451 für 100000 Golddukaten errichten ließ; in den Laubengängen um den Ehrenhof, in dem die Geschäfte abgewickelt wurden, sind jetzt romanische und gotische **Skulpturen* aufgestellt. Sehenswert ist auch das nahe **Musée du Berry* mit reichen römischen Funden im Renaissance-Bau des *Hôtel Cujas* (1515). In Bourges wird die N 140 von unserer Ost-West-Route 28 (Nancy-La Rochelle, s. S. 263) gekreuzt.

Der nächste Abschnitt unserer Route reicht von *Bourges* bis *Montluçon* (93 km). Schnurge-

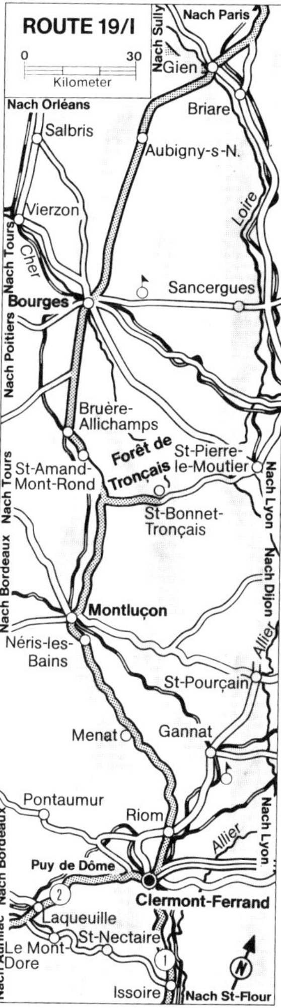

rade führt die N 140 und ab Levet die N 144 nach Süden bis

Bruère-Allichamps, wo ein römischer Meilenstein den „*Mittelpunkt Frankreichs*" bezeichnen soll. Hier kann man den kleinen Umweg (1 km) über **Noirlac* mit wohlerhaltenen Bauten (12.–15. Jh.) der alten *Zisterzienser-Abtei* machen oder (6 km Umweg) nach Osten über das prächtige **Château de Meillant* (Spätgotik-Frührenaissance) und dann durch Wald nach

Saint-Amand-Mont-Rond (15000 Einw.) fahren, wo die Ebene des *Pariser Beckens* in die Ausläufer des *Massif Central* übergeht und man von *Berry* in das *Bourbonnais* überwechselt. Die N 144 folgt nun dem rechten Ufer des *Cher*. 9 km von Saint-Amand kann man einen Abstecher (2 km) zum **Château Ainay-le-Vieil* machen, dessen neuntürmige Befestigung aus dem 14. Jh. stammt, und 5 km weiter, diesmal nach Osten, einen

Abstecher in den *Foret de Tronçais (14/18 km).

In dem herrlichen **Eichenwald* mit jahrhundertealten Bäumen liegen um *Saint-Bonnet-Tronçais* kleine *Waldseen*, in denen man baden kann.

*

35 km südlich der Abzweigung nach Tronçais liegt die Industriestadt

Montluçon (60000 Einw.) mit guterhaltenem Altstadtkern. Hier wird die N 144 von unserer Ost-West-Route 29 (Belfort-Royan, s. S. 268) gekreuzt.

Der dritte Streckenabschnitt reicht von *Montluçon* nach *Clermont-Ferrand* (90 km). Wieder wechselt die Straßennummer: es ist jetzt die N 143, die in nur 7,5 km zu dem bereits von den Römern benutzten Kurort

Néris-les-Bains (3400 Einw.) führt; drei der römischen Badebecken im *Parc des Eaux-Chaudes* werden heute noch benutzt; über dem Kurviertel liegt das alte Städtchen. Néris-les-Bains ist nur ein Vorläufer: im Südosten zwischen *Vichy* und den *Monts Dore* liegen die Heilbäder zu Dutzenden.

Die N 143 führt nun durch die Hügellandschaft der *Collines de Combrailles* nach *Menat* mit einer schönen romanischen **Kirche*, wo sie das heitere *Sioule-Tal* überquert und dann bis 640 m ansteigt; beim Eintritt in die Landschaft *Auvergne* hat man weite **Vorausblicke* auf die vulkanischen Berge *Monts Dômes* (s. S. 205). Schließlich mündet die N 143 in die N 9 bei

Riom (20000 Einw.). Die alte auvergnatische Stadt hat sich viele Bauten aus dem Mittelalter und der Renaissance bewahrt (*Volkskundemuseum*); am interessantesten aber ist wegen ihrer **Säulenkapitelle* und **Reliquiare* die **Kirche* des Nachbarortes (3 km) *Mozac*.

Von Riom führt die N 9 in 15 km zur alten *Hauptstadt der Auvergne*, die zur großen Industriestadt Mittelfrankreichs wurde:

Clermont-Ferrand (400 m 170000 Einw.). Mittelpunkt de Stadt ist die weite *Place de Jaude* Nordwestlich davon liegen in *Alt-Clermont* die beiden Haupt sehenswürdigkeiten: die gotisch *Kathedrale* und 400 m dahinte die romanische Kirche *Notre Dame-du-Port*. Unweit des Nord endes der Place de Jaude führ rechts die **Rue des Gras* zu

Kathedrale hinauf; hier (und in der Parallelgasse *Rue des Chaussetiers*) haben sich **sehr alte Häuser* erhalten: Nr. 14, 22, 34; vom Geburtshaus des großen

Notre-Dame-du-Port: Portal

französischen Denkers *Blaise Pascal* (1623–62) allerdings zeugt nur noch eine Platte im Pflaster. Die **Cathédrale Notre-Dame*, im 13./14. Jh. aus dem dunklen Vulkangestein der Gegend erbaut, besitzt neben der eindrucksvollen **Westfassade* herrliche ***Fenster* aus dem 13. Jh. Ein Jahrhundert älter ist **Notre-Dame-du-Port*, ein Musterbeispiel romanischer Baukunst in der Auvergne, mit besonders schönem von 4 Kapellen umringten ***Chor* und berühmten ***Kapitellen.* Im Winkel zwischen den beiden Kirchen liegt die *Place de la Poterne* mit dem prächtigen *Renaissance-Brunnen *Fontaine d'Amboise*. In Clermont-Ferrand wird unsere Route Paris–Carcassonne von unserer Ost-West Route 30 (Belfort-Bordeaux, s.S.277) gekreuzt.

Abstecher zum **Puy de Dôme (15 km)

Man kann von *Clermont-Ferrand* (400 m) über *La Baraque* (783 m) auf der N 141 a oder über den eleganten Kurort **Royat* mit der interessanten romanischen **Kirchenfestung Saint-Leger* auf der D 68 zur Straßenkreuzung *La Font-de-l'Arbre* (9 km) fahren. Kurz dahinter beginnt die 6 km lange **Privatstraße* zum ***Puy de Dôme*, einem längst erloschenen Vulkan, der mit 1465 m die rund 60 anderen Vulkane der *Monts Dômes* überragt. Vom Gipfelplateau, das in römischer Zeit einen großen *Merkurtempel* trug, hat man einen weiten ***Rundblick* nach allen Seiten, vor allem aber in die *Krater der Nachbarberge.*

*

Der vierte Streckenabschnitt reicht von *Clermont-Ferrand* bis *Rodez* (229/281 km); man kann zwischen zwei Straßen wählen, die beide sehr reizvoll sind: die östliche führt über *Saint-Flour*, die westliche über *Aurillac.*

1. nach Rodez über Saint-Flour (229 km)

Man verläßt *Clermont-Ferrand* nach Südosten auf der N 9, die von *Coudes* durch eine herrliche **Flußlandschaft* von 11 km Länge führt bis

Issoire (17000 Einw.). Die Kirche ***Saint-Paul* – größer als Notre-Dame-du-Port in Clermont-Ferrand – ist ein berühmtes Beispiel für die romanische Baukunst der Auvergnaten im 12. Jh. Issoire bietet Gelegenheit zu einer schönen Fahrt in das *Herz des Massif Central*:

Abstecher über Saint-Nectaire nach Le Mont-Dore (51 km)

Man fährt auf der N 496 durch das sich zur Schlucht verengende *Tal der Couze* aufwärts in einer geologisch interessanten *Basaltlandschaft* bis zum *Kurbad Saint-Nectaire;* 2 km dahinter liegt das *Dorf Saint-Nectaire* mit einer schönen romanisch-auvergnatischen **Kirche*, die berühmte ***Kapitelle* und einen sehenswerten **Kirchenschatz* besitzt. 5 km weiter liegt *Murol* mit einem halbverfallenen **Schloß*, von dessen Wachtturm man einen schönen Blick auf die vulkanische Landschaft hat. Weiter an der Couze aufwärts fährt man am **Lac de Chambon* entlang, überschreitet dann den *Col de la Croix-Morand* (1399 m) und steigt mit schönen Ausblicken zum Sommerkurort und Wintersportplatz **Le Mont Dore* (1055 m) ab. Zur Krönung der Fahrt kann man mit der Seilbahn auf den beherrschenden Berg des Massif Central, den **Puy de Sancy* (1886 m) fahren – mit dem weitesten ***Rundblick* Mittelfrankreichs.

Von *Issoire* fährt man das breite *Allier-Tal* aufwärts, dann durch die *Gorges de l'Alagnon* nach *Massiac*, wo die N 9 zu einem Hochplateau ansteigt. Dort liegt die altertümliche Stadt

Saint-Flour (900 m; 8700 Einw.) auf einem 100 m steil zum Fluß *Lander* abfallenden Plateau. Hier wird unsere Route Paris–Carcassonne von unserer Ost-West-Route 31 (Genf–Bayonne s.S. 284) gekreuzt.

Von Saint-Flour fährt man nicht auf der N 9 weiter, die nach *Béziers* und *Nîmes* führt, sondern auf der N 121 über die Basalthügel-Hochebene *La Planèze*, um schließlich durch die *Schlucht des Remontalou* zu dem schon von den Römern frequentierten Heilbad

Chaudes-Aigues (758 m; 1400 Einw.) zu kommen. Die 32 heißen Quellen (52–82°) mit einem Ausstoß von 15000 hl pro Tag, dienen nicht nur der Kur, sondern von altersher auch der Warmwasserversorgung und Beheizung des Städtchens.

Die N 121 führt nun am Westrand des *Aubrac* entlang, eines Gebirges, in dem Weidewirtschaft betrieben und der berühmte **Aubrac-Käse* hergestellt wird; das Dorf *Laguiole* ist der Vieh- und Käsemarkt des Gebietes. In *Espalion* im *Tal des Lot* kommen unsere beiden Straßen wieder zusammen und laufen gemeinsam die 32 km bis zu der 120 m hoch über dem Fluß *Aveyron* gelegenen alten Hauptstadt der *Rouergue*

Rodez (28000 Einw.) mit einem herrlichen 87 m hohen *Glokkenturm neben der Kathedrale Notre-Dame.

2. nach Rodez über Aurillac (281 km)

Man verläßt *Clermont-Ferrand* (400 m) nach Westen auf der N 141 A über *La Baraque* und *La Font-de-l'Arbre*, wo man den Abstecher (6 km) auf den ***Puy-de-Dôme* (s.S. 205) machen sollte; dann fährt man über den *Col de la Moréno* (1065 m) durch das Vulkangebiet der *Monts Dômes*. Bei *Les Quatre-Routes* wählt man die N 89 und folgt ihr bis *Laqueuille*, wo man von der N 89, die nach *Brive* (s.S. 194) weiterführt, auf die N 122 „umsteigt". Man überquert die *Dor-*

dogne, steigt zu einer Hochfläche auf und trifft nach 30 km wieder auf die *Dordogne* bei

Bort-les-Orgues (430 m; 5300 Einw.), das seinen Namen von den wie *Orgelpfeifen* aufragenden, 80–100 m hohen *Basaltsäulen* hat. Das am Fuß der riesigen (120 m hohen, 390 m langen, an der Basis 80 m dicken) *Staumauer*, die das Wasser der *Dordogne* in einem *See* speichert, gelegene *Kraftwerk* hat eine Jahresleistung von 350 Millionen Kilowattstunden.

Von Bort führt die N 122, an den Ruinen des *Château de Charlus* vorbei und das schöne *Tal der Sumène* überquerend, nach dem aus schwarzer Lava erbauten

Mauriac (722 m; 4300 Einw.) mit einer der schönsten romanischen Kirchen der Haut-Auvergne, der Basilika **Notre-Dame-des-Miracles*.

Im weiteren Verlauf führt die N 122 sehr wellig und kurvenreich am Westrand der *Monts du Cantal* entlang, den Resten eines einzigen gewaltigen Vulkans, der am Ende der Tertiärzeit wohl an die 3000 m hoch war – die Erosion der Gletscher und Bäche hat ihn abgetragen. Nun ist er Weideland und Großproduzent der „*Cantal*" und „*Bleu d'Auvergne*" benannten Käsesorten. An der Straßenkreuzung *Les 4 Routes*, 16 km südlich von Mauriac, lohnt der *Abstecher* (7 km) nach *Salers* (951 m; 600 Einw.) mit seiner köstlichen, noch völlig mittelalterlichen **Grand'Place*. Die Fahrt am Cantal entlang endet in

Aurillac (622 m; 37000 Einw.). Die *Hauptstadt der Haut-Auver-*

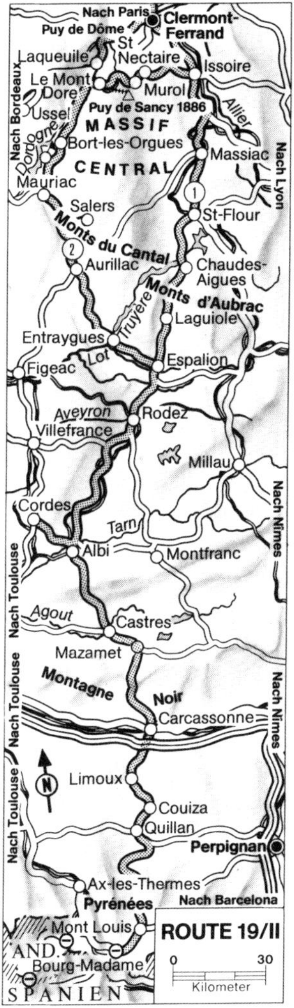

gne erwuchs um die *Abtei Saint-Geraud*, aus der der gelehrte, auf maurischen Schulen gebildete *Gerbert* hervorging, der als *Sylvester II.* der erste Papst französischer Nationalität wurde (999–1003). In Aurillac wird unsere Nord-Süd-Route von unserer Ost-West-Route 31 (Genf–Bayonne s. S. 284) gekreuzt. Von hier führt die aussichtsreiche Kammstraße **Route des Crêtes* nach Nordosten ins *Cantal.*

Von Aurillac führt die N 120 über eine Hochebene mit Wald und Weiden nach 49 km nach

Entraygues (240 m; 1500 Einw.) am Zusammenfluß der *Truyère*, über die eine gotische **Brücke* (13. Jh.) führt, mit dem *Lot.* In der **Rue Basse* am alten Schloß glaubt man sich noch im Mittelalter. Die tiefe Lage und der schon spürbare Süden erlauben den Anbau ausgezeichneten Weins.

Durch die *Gorges du Lot* erreicht man nach 27 km *Espalion*, wo die Weststrecke mit der Oststrecke zusammentrifft und gemeinsam mit ihr nach *Rodez* (s. S. 206) führt.

Der fünfte Streckenabschnitt reicht von *Rodez* bis *Albi* (79 km). Auf der N 88 fährt man über die Hochebene der *Rouergue*, dann ins Tal des *Viaur* mit dem 460 m langen und 115 m hohen *Eisenbahnviadukt *Pont de Tanus* (1897–1902); südlich der Industriestadt *Carmaux* gelangt man in das breite *Tal der Tarn* und fährt über den *Pont du 22 Août* mit dem berühmten **Blick auf Albi* in die Stadt.

***Albi** (51000 Einw.) wird beherrscht von der mächtigen, in rotem Backstein aufgeführten Baugruppe der *Kathedrale* und des *Palais de la Berbie*, in dem das **Musée Toulouse-Lautrec* un-

Albi

tergebracht ist – der Maler (1864–1901) wurde bei Albi geboren. Beide Bauwerke sind *Festungen* aus der Zeit nach den *Albigensern.* Diese waren eine, auch *Katharer* (die Reinen) genannte, streng asketische Sekte, die im 11. Jh. auftrat und sich wie ein Waldbrand über Südfrankreich verbreitete; von der katholischen Kirche als Ketzer angesehen, rief Papst *Innozenz III.* zu einem Kreuzzug auf, in dem die Albigenser von 1209–29 unter blutigen Greueln vernichtet wurden. Erst nach dem Sieg des Katholizismus entstand die ***Cathédrale Sainte-Cécile* (1282–1390) als unvergleichliche *Kirchenfestung* und schönster Bau der Gotik in Südfrankreich. 41 m ragen die *Wehrmauern* mit den hochangesetzten Fenstern auf, 78 m der *Turm*, der erst im 15. Jh. vollendet wurde. Dem

Südportal wurde 1535 eine hohe reiche Vorhalle vorgesetzt, der **„*Baldachin*". Im Inneren ist vor allem der herrliche ***Lettner* (um 1500) bemerkenswert und die reich skulptierten ***Chorschranken* mit Propheten und Engeln.

In Albi wird unsere Nord-Süd-Route von unserer Ost-West-Route 32 (Genf-Bayonne s. S. 290) gekreuzt; von Albi nach Toulouse sind es auf der N 88 noch 76 km.

Von Albi lohnt sehr der

Abstecher nach Cordes (25 km)

Im *Nordwesten von Albi* gelegen, hat sich die kleine (1200 Einw.), im 13. Jh. gegründete, auf einem Hügel gelegene Stadt ihr *mittelalterliches Aussehen* in einem Maße bewahrt, wie man es sonst in Südfrankreich nur selten findet. Die Stadtmauer ist noch auf weite Strecken erhalten, in der Hauptstraße stehen einige Häuser aus dem 14. Jahrhundert.

*

Der sechste Routenabschnitt reicht von *Albi* bis *Carcassone* (107 km). Man verläßt Albi nach Süden und fährt auf der N 118 durch die fruchtbare *Ebene des Assou* in 42 km zügig nach

Castres (43000 Einw.). Die Industriestadt, in der der Sozialist *Jean Jaurès* (1859–1915) geboren wurde, besitzt in dem zum *Rathaus* umgewandelten Bischofspalast ein **Goya-Museum* mit bedeutenden Werken des spanischen Malers (1746–1828). Der Zug der N 118 wird für 18 km von der N 112 unterbrochen, setzt sich aber hinter der Industriestadt *Mazamet* (20000 Einw.), die sich auf die Schur von Schaffellen mit angeschlossenen Spinnereien und Gerbereien spezialisiert hat, fort; sie führt durch die *Montagne Noire* und dann im *Dure-Tal* abwärts in 47 km nach

****Carcassonne** (46500 Einw.). Die von weither sichtbare hochgelegene Burgstadt, die **„*Cité*", ist eine der ganz großen Sehenswürdigkeiten Frankreichs und die großartigste mittelalterliche Befestigungsanlage in Europa. Der *innere Mauerring* ist 1287 m lang und ist zum Teil von den Westgoten im 6. Jh. erbaut; der *äußere Mauerring* ist 1672 m lang. Die riesige Burg, die unter *Ludwig dem Heiligen* (um 1250) erbaut und von *Philipp dem Kühnen* (um 1280) noch verstärkt wurde, ist mit 54 *Türmen* bestückt. Die *„*Porte Narbonnaise*" ist mit dem sie flankierenden *Tour du Trésau* eine Festung für sich, ebenso das an die innere Ringmauer gelehnte **Château Comtal*, das Grafenschloß aus dem 12. Jh. Aus dem Gewirr der engen Gassen in der Cité ragt die Kirche **Saint-Nazaire* auf; das Schiff ist romanisch, Querhaus und Chor sind gotisch. Der ***Rundgang auf den Mauern* gehört zu den bleibenden Reiseerlebnissen. In Carcassonne wird unsere Nord-Süd-Route von unserer Ost-West-Route 33 (Menton-Toulouse s.S. 297) gekreuzt.

Von *Carcassonne* kann man die Fahrt nach Süden fortsetzen *in die Pyrenäen* (und nach Spanien). Dieser letzte Abschnitt reicht von *Carcassonne* bis *Bourg-Madame* (138 km). Man fährt auf der N 118 im zunächst noch breiten *Tal der Aude* aufwärts; über *Limoux* und *Alet*, wo die

Landschaft gebirgig wird, erreicht man

Quillan (290 m; 6000 Einw.); hier kreuzt unsere Ost-West-Route 34 (Perpignan–Bayonne, s. S. 305).

Durch den 600 m tiefen **Défilé de Pierre-Lys* und die *Gorges de Saint-Georges* steigt die N 118 zum Oberlauf der Aude auf – das Staubecken *Barrage de Puyvalador* liegt mit 1384 m schon im *Hochgebirge*. Über *Formiguères* (1506 m) und den Pyrenäenpaß *Col de la Quillane* (1714 m) kommt man schließlich nach

Mont-Louis (1600 m; 800 Einw.). Aus dem 1681 gegründeten *festen Platz*, der die *Zugänge* aus Spanien zum *Languedoc* und zum *Roussillon* beherrschte, ist ein *Höhenluftkurort* und *Wintersportplatz* geworden. Hier trifft die N 118 auf die von Osten, vom Mittelmeer her, kommende „*Pyrenäenstraße*", unsere R 35 (s. S. 309). Ihrem Verlauf nach Westen (s. S. 311) folgt man nun bis zur *Grenzstation Bourg-Madame*.

Route 20: Paris–Vichy–Perpignan (919 km)

Diese Route stellt eine besonders schöne, abseits der Hauptverkehrsstraßen führende Verbindung zwischen Paris und Südfrankreich dar; an ihrem Zug liegen interessante Städte und Bäder, Kunstwerke und Naturschönheiten. Sie hat keine durchgehende Nationalstraße zum Gerüst und folgt nicht unbedingt dem kürzesten Weg, wohl aber dem die meisten Eindrücke versprechenden.

Der erste Streckenabschnitt führt von *Paris* bis *Nevers* (237 km). Die schnellste Anfahrt führt – wie bei unserer R 19 – über die *Autoroute du Sud* bis *Nemours* und dann auf der N 7 nach Süden (s.S. 200). Während man aber auf der R 19 6,5 km südlich von Nogent die N 7 verläßt, bleibt man nun auf ihr und erreicht die *Loire* bei

Briare (5600 Einw.; 150 km von Paris), dessen Sehenswürdigkeit der 640 m lange, 1890 erbaute **Pont-Canal* ist – über ihn ist der von Norden kommende, 1604–24 angelegte *Canal de Briare* mit dem *Loire-Seitenkanal* verbunden. Dieser Seitenkanal auf dem linken und die N 7 auf dem rechten Ufer begleiten die nicht schiffbare Loire nun flußaufwärts, also nach Süden. In *Bonny-sur-Loire* wird die N 7 von unserer Ost-West-Route 28 (Nancy–Bourges–La Rochelle s.S. 263) getroffen und bis *Cosne-sur-Loire* begleitet. Die N 7 folgt weiter der Loire über den Weinort *Pouilly-sur-Loire* und über *La Charité-sur-Loire*, das sich um die Benediktinerabtei entwickelte, deren Kirche **Sainte-Croix* (12. Jh.) noch als Ruine eindrucksvoll ist. Über das Mineralbad *Pougues-les-Eaux* führt die N 7 schließlich nach

Nevers (49000 Einw.). Bei der Einfahrt in die Stadt liegt südöstlich der *Porte de Paris* die wuchtige romanische Kirche **Saint-Étienne* (1063–97), im Zentrum an der *Place Ducale* das ehemalige **Palais Ducal* (15./16. Jh.) und die **Cathédrale Saint-Cyr et Sainte-Juliette*, ein prächtiger, überwiegend gotischer Bau (12.–16. Jh.); dahinter das **Musée Blandin* mit einer schönen **Sammlung von Fayencen*, für deren Herstellung Nevers seit dem 16. Jh. berühmt ist, und der elegante Torturm **Porte du Croux* (14. Jh.).

Der zweite Abschnitt führt von *Nevers* nach *Vichy* (111 km). Man fährt (**Rückblick* auf Nevers) über die schöne **Loire-Brücke* (18. Jh.) und dann südlich durch erste Ausläufer des *Massif Central* über *Saint-Pierre-le-Moûtier* am *Allier* entlang zur Hauptstadt des *Bourbonnais*, des früheren Herzogtums von Bourbon,

Moulins (43000 Einw.). Die im 19. Jahrhundert vollendete *Kathedrale* mit zwei 95 m hohen Türmen hat einen alten gotischen **Chor* (1468–1507) mit schönen **Fenstern* aus der Bauzeit; gleichzeitig entstand auch das berühmte **Triptychon* des „Meisters von Moulins" in der Sakristei. Im Renaissancebau *Pavillon d'Anne de Beaujeu* werden **Fayencen aus Moulins* gezeigt und die kostbare **„Bibel von Souvigny"* aus dem 12. Jh. In Moulins wird unsere Nord-Süd-Route von unserer Ost-West-Route 29 (Belfort-Royan s.S. 268) gekreuzt.

Auf der N 7 fährt man nun noch 30 km nach Süden, um hinter

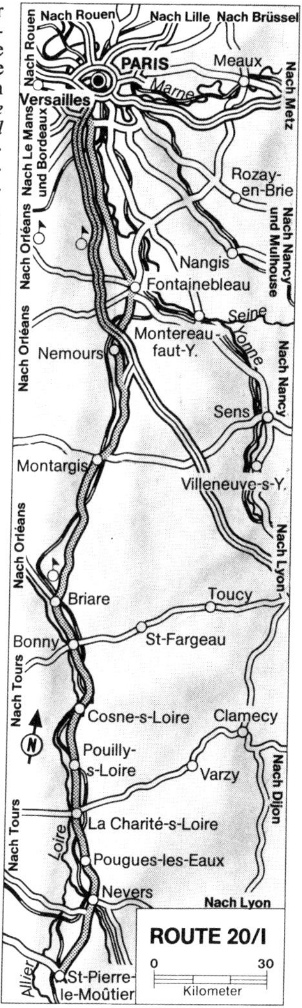

Varennes-sur-Allier rechts auf die N 493 abzubiegen, die in 27 km zum größten und elegantesten Heilbad Frankreichs führt, dem weltbekannten

***Vichy** (263 m; 36000 Einw.). Die am Nordrand der Auvergne gelegene Stadt war im 2. Weltkrieg Sitz der französischen Regierung unter Marschall *Pétain*. Mittelpunkt des Badelebens ist der **Parc des Sources* mit den *Wandelhallen*, dem *Grand Casino*, dem *Theater* und dem *Pavillon des Sources*, in dem die vier wichtigsten Quellen sprudeln – „Vichy" ist auch eines der bekanntesten *Tafelwasser* Frankreichs. Am Parkrand liegt das **Grand Établissement Thermal*, die größte Bäderanlage in Europa. Am Allier ziehen sich die von Napoleon III. angelegten *Parcs d'Allier* entlang; seit 1963 ist der Fluß zu einem 2,2 km langen *See* gestaut, dem **Lac d'Allier*.

Der dritte Streckenabschnitt reicht von *Vichy* bis *Le Puy* (166 km) und führt durch herrliche Landschaften. Man fährt auf der N 106 in 36 km zunächst nach

Thiers (436 m; 19000 Einw.), das malerisch über der *Durolle-Schlucht* liegt und seit den Kreuzzügen für seine *Stahlmesser* berühmt ist. Von der **Terrasse du Rempart* sieht man bis zu den *Monts Dore* und *Monts Dômes* (s. S. 205). Unweit davon liegen in der Altstadt Gassen mit *Fachwerkhäusern*, die bis ins 15. Jh. zurückreichen – das schönste ist das **Maison du Pirou*.

In Thiers wird unsere Nord-Süd-Route von unserer Ost-West-Route 30 (Belfort-Bordeaux s. S. 277) gekreuzt.

Die N 106 führt nun im *Dore-Tal* aufwärts und durch die **Gorges de la Dore* in 55 km nach

Ambert (530 m; 8000 Einw.), das vom 14.–17. Jh. für sein *handgeschöpftes Papier* bekannt war; von den 300 *Mühlen* ist noch eine einzige in Betrieb – im **Moulin Richard-de-Bas* im *Val de Laga* (5 km) kann man zusehen, wie mit jahrhunderte alten Geräten Papier hergestellt wird. 13 km weiter findet sich in

Arlanc (2500 Einw.) ein **Museum für Spitzen* – diese Handarbeit bildet noch heute einen Nebenerwerb der Gegend.

Landschaftlich besonders schön sind die folgenden 17 km, in denen die N 106 nun in Kehren zum *Granit-Plateau der Auvergne* aufsteigt, auf dem

La Chaise-Dieu (1083 m, 1200 Einw.) liegt – der Name bedeutet nicht „Gottesstuhl", sondern „*Gotteshaus*" von *Casa Dei*. Von der Mitte des 11. Jh. bis zur Französischen Revolution blühte hier eine *Benediktiner-Abtei*, von der Reste eines schönen gotischen **Kreuzgangs* und die berühmte **Abteikirche Saint-Robert* erhalten sind. Im *Chor*, der fast zwei Drittel des im 14. Jh. erbauten Kirchenraums einnimmt, bildet das herrliche **Gestühl* (14. Jh.) aus 144 eichengeschnitzten Sitzen ein offenes Viereck, in dessen Mitte das *Grabmal* des aus der Abtei hervorgegangenen Papstes *Clemens VI.* liegt und dessen Wände mit köstlichen ***Wandteppichen* aus *Brüssel* und *Arras* vom Anfang des 16. Jh. behängt sind. An der *linken Außenwand de*

Chors ist auf einem dreiteiligen *Riesenfresko* von 26 m Länge und 2 m Höhe ein unvergeßlicher ***Totentanz* (*Danse macabre*) dargestellt.

Die N 106 zieht nun über eine wiesen- und waldreiche Hochebene. Bei *Bellevue-la-Montagne* beginnt eine 11 km lange Abfahrt im Bogen um den erloschenen Vulkan **Peyramont* nach *Saint-Paulien*; 4 km weiter geht die N 106 in der von Clermont-Ferrand (s. S. 204) herkommenden N 102 auf; 5 km weiter ragt links auf einem Basalt-Plateau ein mächtiger Turm auf – letzter Rest der *Burg von Polignac*; in der Antike stand hier ein weithin strahlender *Apollo-Tempel*, berühmt für die Orakelsprüche seiner Priester. Dann tauchen im Vordergrund die frei aus der Ebene aufragenden *Felskegel* auf: auf dem spitzen eine *Kirche*, auf dem massigen eine *Kolossalstatue der Muttergottes*; diese Hügel bestimmen das einzigartige ***Stadtbild* von

Le Puy (625 m; 32000 Einw.). Die Stadt verdankt ihren Aufstieg der *Schwarzen Madonna*, die *Ludwig IX. der Heilige* von seinem ersten Kreuzzug mitbrachte und die zum Ziel einer im Mittelalter hochbedeutenden, aber auch heute noch geübten *Wallfahrt* wurde. Le Puy blieb Marienstadt – die 16 m hohe *Notre-Dame-de-France*, die 1860 aus 213 Beutekanonen des Krimkriegs gegossen wurde, auf dem *Rocher Corneille* bezeugt es. Auf halber Höhe dieses Felsens liegt die in der 2. Hälfte des 12. Jh. erbaute ***Cathédrale Notre-Dame du Puy*, eine romanische Kirche mit 8 Kuppeln – als der Platz nicht mehr ausreichte, führte

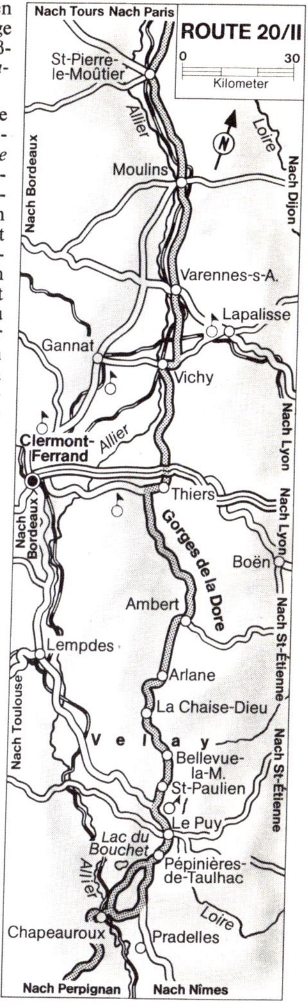

man hohe *Gewölbe* auf, die die westlichen Joche und die Vorhalle stützen. Von der Stadt führt eine breite *Freitreppe* zur **Westfassade* aus farbigem vulkanischem Gestein empor. Die „Vierge noire", die Schwarze Jungfrau, steht auf dem Hochaltar. Im Norden schließt sich ein schöner *Kreuzgang* mit romanischem **Gitter* (12. Jh.) an.

Im Norden der Stadt liegt auf einer 85 m aufragenden *Felsnadel* die **Chapelle Saint-Michel d'Aiguilhe* (11. Jh.), zu der man auf einem spiralförmig in den Fels gehauenen Weg von 265 Stufen aufsteigt.

In Le Puy wird unsere Nord-Süd-Route von unserer Ost-West-Route 31 (Genf-Bayonne s.S. 284) gekreuzt.

Der nächste Abschnitt reicht von *Le Puy* nach *Mende* (92 km). Man verläßt Le Puy auf der N 88, die zu dem 1100 m hochgelegenen Basalt-Plateau *Planèze du Velay* aufsteigt. Nach 5 km hat man von *Pépinière de Taulhac* einen schönen **Blick* über die weite Landschaft und auf – die junge *Loire*, die 30 Kilometer südlich entspringt. In *Montagnac* kann man auf der N 88 in 25 km nach *Chapeauroux* fahren oder auf dem

Umweg über den Lac du Boucher (24 km mehr).

Man fährt dazu auf der D 33 bis *Cayres* (6 km), weiter auf der D 31. 2 km südlich von Cayres zweigt links eine Stichstraße (1,5 km) zum **Lac du Boucher* ab, einem kreisrunden *Kratersee* in 1208 m Höhe, der völlig umwaldet ist. Dann fährt man auf der D 31 nach *Chapeauroux*, wo die Eisenbahn das *Tal des Allier* auf einem *Viadukt* von 28 Bogen überquert. Von hier geht es im Tal des *Flüßchens Chapeauroux* nach

Châteauneuf-de-Randon (1290 m; 550 Einw.), dem größten Markt des Viehzucht treibenden Gebietes; Die N 88, die 2 km weiter unsere von Grenoble kommende Ost-West-Route 32 (Genf–Bayonne s.S. 290) aufnimmt, führt nun südwestlich an den *Lot*, den sie beim Engpaß *Col de la Tourette* erreicht. Sie kommt, den Lauf des Lot folgend, in 9 km nach

Mende (735 m; 12500 Einw.). Die Stadt liegt unter den 300 m hohen Steilhängen des *Causse de Mende*. Ihre **Cathédrale Notre-Dame* wurde von dem aus der Gegend stammenden Papst *Urban V.* 1369 begonnen und im 15. Jh. vollendet. 1579 sprengten die Hugenotten ihre Pfeiler und zerstörten auch die Glocke, die „*La Non Pareille*" (die Unvergleichliche) hieß und, 20 t schwer, die größte der damaligen Christenheit gewesen sein soll – ihr 2,15 m langer *Schwengel* wird heute noch gezeigt. Von 1599 bis 1620 wurde Notre-Dame dann getreu der alten Kathedrale wieder aufgebaut. Aus dem 14. Jh. besitzt Mende im **Pont Notre-Dame* noch eine schmale Brücke über den Lot.

Der folgende Abschnitt von *Mende* bis *Millau* (101 km) führt durch eine der ganz großen Naturschönheiten Frankreichs durch den 35 km langen, tief zwischen den *Causses* (Kalkplateaus) *de Sauveterre* und *de Méjean* eingeschnittenen *Cañon* der ***Tarnschluchten* „*Gorges du Tarn*".

Von Mende fährt man zunächst 7,5 km im malerischen *Lot-Tal* abwärts und biegt dann nach Süden auf die N 586 ab, auf der man 21 km über die wüstenhafte *Causse de Sauveterre* fährt. In *Sainte-Enimie* wählt man die N 107 *bis*, die im 30–500 m breiten Talgrund des Tarn zwischen 400–600 m hohen Felswänden entlangführt. Die Höhepunkte sind: das **Château de la Caze*, ein als Hotel umgebautes Burgschloß aus dem 15. Jh.; *La Malène*, ein Dörfchen am Eingang der eigentlichen Gorges; ***Les Détroits*, die 1 km lange Enge, in der der Tarn zwischen senkrechten Felswänden dahinfließt und die Straße öfter in Tunnels verläuft; **Le Pas de Souci*, wo der Tarn unter den Trümmern eines riesigen Felssturzes fast verschwindet; **Les Vignes*, ein Weinort mit in Terrassen angelegten Rebgärten. Auf einer Panoramastraße (13 km) kann man zum **Point Sublime* hinauffahren, einem 860 m hohen Felsen mit dem schönsten ***Blick auf die Gorges*. Das Tarntal verbreitert sich dann allmählich und führt über Le Rozier nach

Millau (380 m; 25000 Einw.), einer altertümlichen Stadt, seit dem Mittelalter berühmt für ihre Handschuhe aus Schafleder und heute noch Leder-Stadt mit großen Gerbereien und Handschuhfabriken.

Der sechste Abschnitt reicht von *Millau* bis *Béziers* (123 km) und führt auf der N 9 von der *Auvergne* in das *Languedoc*. Gleich am Beginn kann man zwischen zwei Straßen wählen: Man kann entweder auf der N 9 in 20 km

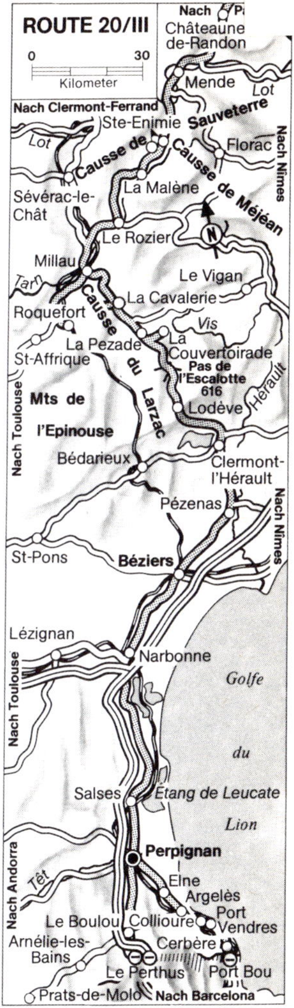

nach *La Cavalerie* fahren oder oder auf dem lohnenden

Umweg über Roquefort (28 km)

Man fährt auf der N 592 südwestlich 17 km bis *Saint-Romede Cernon*, von dort auf der N 99 4 km südlich bis zur linken Abzweigung (3 km) nach

***Roquefort-sur-Soulzon** (630 m; 1500 Einw.), wo in mächtigen **Felsgewölben*, die in mehreren Stockwerken übereinander liegen, der berühmte, aus der Milch von 800000 *Causses-Schafen* hergestellte ***Roquefort-Käse* reift, seinen Geschmack und sein blaugeädertes Aussehen erhält – Jahresproduktion um 16000 Tonnen. Nach der *Käsefabrik-Besichtigung* fährt man nach *Saint-Rome* zurück und von dort auf der N 99 17 km nach Osten bis zu dem an der N 9 liegenden kleinen Ort *La Cavalerie* – er hat seinen Namen von einer verschwundenen Komturei der *Chevaliers de Saint-Jean de Jérusalem*, die wir *Johanniter* nennen. Die N 9 führt nun südwestlich über die weite, hügelige und steinige Hochebene des *Causse du Larzac* (800 m), des mit 1030 qkm größten der Causses. In *La Pezade* empfiehlt sich der

Umweg über **La Couvertoirade (4 km)

Man fährt auf der D 185 4 km nach Nordosten und findet ein äußerst malerisches, hinter seiner mit Türmen bestückten *Ringmauer* verstecktes *Dorf*, in dem sich seit 400 Jahren nichts verändert hat. Die D 142 nach Süden führt auf die N 9 zurück.

Über *Le Caylar*, am Fuß gezackter Felsen, geht es zum **Pas de l'Escalotte* (616 m) – man überschritt diese Stelle früher auf Leitern. Während der schönen Abfahrt ins *Tal der Lergue* verändert sich plötzlich die Landschaft und nimmt mittelmeerischen Charakter an, mit *Weinbergen*, *Oliven* und *Maulbeerbäumen*.

Lodève (175 m; 8000 Einw.) ist eine alte Bischofsstadt, die von Ludwig XIII. bis Ludwig XVI. die französischen Armeen mit Uniformstoffen versorgte – aus der Wolle der Causse-Schafe. Über den gotischen *Pont de Montifort* kommt man zur befestigten *Ancienne Cathédrale Saint-Fulcran* (13. Jh.) mit Kreuzgang.

Durch eine Landschaft aus rotem Sandstein führt die N 9 nun über *Clermont-l'Hérault* in das *Tal des Hérault* und folgt ihm bis

Pézenas (11000 Einw.). Die Stadt hat sich zahlreiche alte Herrenhäuser bewahrt. Die schönsten sind **Hôtel de Lacoste* (15. Jh.), **Hôtel d'Alfonce* (17. Jh.) und *Hôtel de Malibran* (18. Jh.); auch das *Ghetto* aus dem 14. Jh. blieb erhalten. Ein Ausflug (21 km) führt zum Felsendorf **St-Guilhem-le-désert* mit seiner Klosterkirche.

In Pézenas trifft unsere Nord-Süd-Route auf unsere Ost-West-Route 33 (Menton–Toulouse s.S. 297).

23 km weiter an der gut ausgebauten N 9 liegt

Béziers (90000 Einw.), der Hauptort des Handels mit *Languedoc-Weinen*. Mittelpunkt, Corso und Achse der Stadt bilden die breiten, 600 m langen *Allées Paul-Riquet* – dieser Sohn *Bé-*

ziers ist der Schöpfer des 1666–1680 erbauten *Canal des Deux Mers*, der das Mittelmeer mit dem Atlantik verbindet; auf der Weiterfahrt führt die N 9 2 km südwestlich von Béziers über die 312 m lange **Schleusentreppe Ecluses de Fonséranes*.

Damit ist der letzte Abschnitt begonnen, der von *Béziers* bis *Perpignan* reicht (89 km). 27 km südwestlich von Béziers (auch Autobahn A 9) liegt die wichtige Stadt

Narbonne (45000 Einw.). Die römische Gründung *Narbo Martius* entwickelte sich zu einem bedeutenden Seehafen und zur Provinzhauptstadt der „*Narbonensis*". Im 5. Jh. war sie im Besitz der Westgoten, von 719–759 im Besitz der aus Spanien vorgedrungenen Araber. Im 14. Jh. versandet ihr Hafen – Narbonne liegt jetzt 4 km vom *Étang de Bages et de Sigean* ab, der zum Binnensee gewordenen einstigen Meeresbucht. Nahe dem *Canal de la Robine*, der die Stadt durchquert und 20 km südlich ins Meer mündet, liegt das **Palais des Archevêques*, der mit 3 *Türmen* (13./14. Jh.) befestigte erzbischöfliche Palast, in den das Rathaus eingebaut wurde und der 3 Museen beherbergt, von denen das **Musée régional de l'Histoire de l'Homme* mit der *prähistorischen Sammlung* und *antiken Funden* besonders interessant ist. Hinter dem Palais liegt die **Cathédrale Saint-Just*, die nur aus einem allerdings riesigen und in seiner Höhe von 40 m nur von ein paar nordfranzösischen Kirchen übertroffenen, gotischen ***Chor* (1272–1310) besteht.

Die N 9 führt nun nach Süden an *Strandseen* entlang. Am *Étang de Leucate* (36 km von Narbonne) ist auf dem Sandstreifen, der den Binnensee vom Meer trennt, die **Station Leucate-Barcarès* entstanden, ein Ferienzentrum, das 75000 Gäste aufnehmen kann und zwei Häfen für je 1500 Segel- und Motorboote besitzt.

Bei *Salses* kommt man am **Château fort* vorbei, das die Spanier 1497 zur Verteidigung des Zugangs zum Roussillon erbauten, ein interessantes *Festungswerk* mit bis zu 12 m starken Mauern. Von hier führt die N 9 in einer 16 km langen Geraden (Umgehungsstraße ausgebaut) nach

***Perpignan** (120000 Einw.). Die *Hauptstadt des Roussillon* gehörte vom Ende des 12. Jh. bis zur Mitte des 17. Jh. zum *Königreich Aragón*. Im Mittelalter war sie eine berühmte *Färberstadt* – die auf der Ebene von Roussillon besonders gut gedeihende *Färberröte* gab den Stoffen ein *Krapprot* von starker Leuchtkraft. Außer dem **Palais des Rois de Majorque* (13./14. Jh.) – Perpignan war von 1278–1344 Hauptstadt des selbständigen *Königreichs Mallorca* – in der Zitadelle, liegen die Sehenswürdigkeiten nahe zusammen: **Le Castillet*, ein schönes Festungstor aus Backstein (1370); die *Loge de Mer* (1397), Sitz des mittelalterlichen Handelsgerichts und der Börse; die **Cathédrale Saint-Jean* (14./15. Jh.), ein schönes Werk südfranzösicher Gotik mit berühmten **Flügelaltären*, vor allem dem **Marienaltar* (1500) in der rechten Absidiole; und das *Schnitzkruzifix* **Dévot Christ*, das im

14. Jh. aus Deutschland nach Perpignan kam, in der *Chapelle du Christ*. Von Perpignan nimmt unsere R 34 ihren Ausgang, die vom Mittelmeer zum Atlantik nach Bayonne führt (s. S. 305).

Von Perpignan kann man auf zwei Straßen nach Spanien weiterfahren (außer der Autobahn A 9).

Die erste ist die N 9, die genau nach Süden führt. Sie wird bei *Bains du Boulou* (s. S. 310) von der „Pyrenäenstraße", unserer R 35, gekreuzt (über ihre Bedeutung als Entlastungsstraße bei stark befahrener N 9 s. S. 310) und erreicht die spanische Grenze nach 31 km bei *Le Perthus*, von wo es noch 162 km nach Barcelona sind.

Die zweite ist die N 114, die nach Südosten durch das Roussillon führt und sich dabei immer mehr dem Meer nähert. *Elne* (5700 Einw.), das einen der schönsten ***Kreuzgänge* Frankreichs besitzt (12.–14. Jh.), liegt nur noch 5 km vom Meer ab, *Argèles*, wo die Ebene zu Ende geht und die Felsenküste der *Côte Vermeille*, der Küste aus „vergoldetem Silber", beginnt, liegt nur noch 2 km entfernt vom Meer.

Die N 114 führt nun als **Corniche de la Côte Vermeille* kurvenreich und in stetigem Auf und Ab 30 km an der Küste hin – zunächst nach

Collioure (2800 Einw.) mit seinem malerischen ***Alten Hafen* – ein Lieblingsaufenthalt der „Fauves" genannten Maler *Derain*, *Braque*, *Matisse*.

Dann unterhalb des 1550 von Karl V. erbauten *Fort Saint-Elme* vorbei nach

Port-Vendres (6000 Einw.), das einen lebhaften Schiffsverkehr mit *Algier* und *Oran* unterhält, mit ganz modernem Seebahnhof (Gare maritime).

Nun schneidet die N 114 das für seine *Aussicht* auf die Côte Vermeille berühmte *Cap Béar* ab und führt nach

Banyuls-sur-Mer (5000 Einw.), dem südlichsten Seebad und Winterkurort Frankreichs. Auf der nahen *Ile Grosse* steht ein **Denkmal* für die Gefallenen des 1. Weltkriegs von *Aristide Maillol* – der große Bildhauer wurde 1861 in Banyuls geboren und ist dort 1944 einem Unfall erlegen.

Nach einem Aussichtspunkt, von dem aus man die spanische Küste überblickt, endet die N 114 im Grenzort

Cerbère (2500 Einw.) gegenüber dem spanischen Grenzort *Port Bou*, von dem es 25 km nach *Cadaqués* sind, dem nördlichsten Badeort der *Costa Brava*. In *Cerbère* nimmt die „*Pyrenäenstraße*", unsere R 35, ihren Anfang, die in *Hendaye*, dem Grenzübergang nach Spanien am Atlantik, endet.

Route 21: Paris–Lyon–Marseille (779 km)

Diese Route ist als Verbindung der Hauptstadt mit Lyon und Marseille und als Verknüpfung der Ile de France mit Burgund und der Provence der wichtigste Straßenzug des Landes. Einander mehrmals überschneidend und auf manchen Abschnitten eng nebeneinander laufend, ziehen zwei Straßen nach Süden – der Zug der Nationalstraßen N 5, 6, 7 und die Autoroute du Sud (A 6 bis Lyon, A 7 bis Marseille).

1. über die Autoroute du Sud

Die *Autobahn Paris-Lyon* A 6 (450 km) und die *Autobahn Lyon–Marseille* A 7 (312 km) sind seit Herbst 1970 durchgehend befahrbar. Damit ist eine durchgehende Schnellstraße von Lille bis Marseille (1008 km) geschaffen. Mit Ausnahme einiger Abschnitte in der Nähe der großen Städte sind die Autoroutes gebührenpflichtig (s.S. 18).

2. über die Nationalstraßen N 5, 6, 7

Der erste Abschnitt reicht von *Paris* bis *Sens* (116 km). Man verläßt Paris durch den *Bois de Vincennes* und fährt auf der N 5 über *Villeneuve-Saint-Georges* am Südoststrand von Groß-Paris nach *Melun*. Die N 5 führt nun durch den *Wald von Fontainebleau* zur gleichnamigen *Stadt* (20000 Einw.) und unmittelbar an dem berühmten

****Schloß Fontainebleau** (s.S. 71) vorbei, um am *Carrefour de l'Obélisque* links nach Osten abzubiegen; dem Lauf der *Yonne* folgend erreicht sie nach 116 km

Sens (28000 Einw.) mit einer der frühesten (1130–60) gotischen **Kathedralen* (s. S. 127). In Sens wird unsere Nord-Süd-Route von unserer Ost-West-Route 27 (Nancy-Nantes s. S. 258) gekreuzt.

Der zweite Abschnitt reicht von *Sens* bis *Saulieu* (148 km) und führt wie der ihm folgende *durch Burgund*. In Sens verläßt man die N 5, die nach Dijon (s.S. 93) führt, und fährt auf der N 6 weiter an der Yonne aufwärts über *Joigny* nach *Auxerre*, wobei man 7 km nördlich von Auxerre die Autoroute du Sud bei ihrer Ausfahrt „Auxerre Nord" überquert – bis hierher verläuft sie westlich der N 5/6.

Auxerre (45000 Einw.) besitzt in der *Cathédrale Saint-Etienne* und der Abteikirche *Saint-Germain* bedeutende Baudenkmäler, die in Teilen bis ins 9. Jh. zurückreichen; Sie finden ihre Schilderung im Zuge unserer Ost-West-Route 28 (Nancy–La Rochelle s.S. 263), die man hier kreuzt, auf Seite 265.

20 km südlich von Auxerre verläßt die N 6 das Tal der Yonne und führt nun in dem schönen **Tal der Cure* aufwärts zwischen Wäldern und Weinbergen. 18 km südlich von *Vermenton* kommt eine *Straßengabel*: links führt die N 6 in 10 km nach *Avallon*, rechts bietet die N 151

Plan S. 220

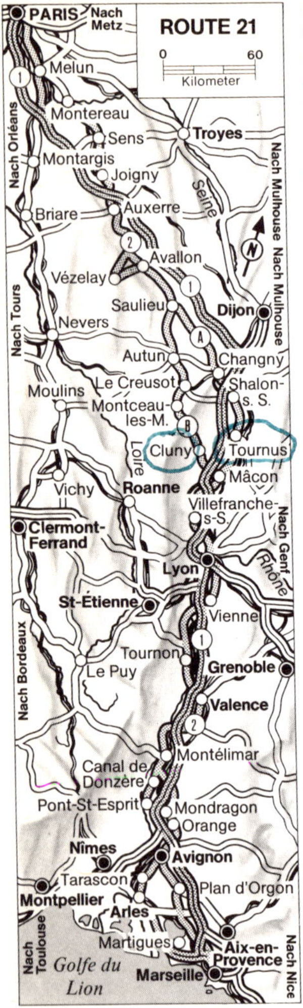

Gelegenheit zu dem sehr lohnenden

Umweg über Vézelay (13 km mehr).

Vézelay (700 Einw.), auf einem Hügel mit weiter **Aussicht* gelegen, war im Mittelalter einer der großen *Wallfahrtsorte*: hierher wurden im 11. Jh. aus Furcht vor Einfällen der Sarazenen aus *Saintes-Maries-de-la-Mer* (s. S. 229) in der Provence die *Reliquien der Maria Magdalena* gebracht; hier predigte der heilige *Bernhard von Clairvaux* 1142 den *Zweiten Kreuzzug*. Als eine der größten Klosterkirchen Frankreichs entstand die ***Basilique de la Madeleine* (11./12. Jh.), deren Langhaus (120 m) mit den berühmten **Kapitellen* romanisch und deren Chor frühgotisch ist. Die N 457 führt dann nach 13 km zur N 6 zurück, bei

Avallon (11000 Einw.), einer 100 m hoch über der Schlucht des *Cousin* gelegenen Stadt mit der Kirche *Saint-Lazare* in burgundisch romanischem Stil. Durch Bauernland führt die N 6 dann nach 39 km zu dem hübsch auf einem Hügel gelegenen, als Sommerfrische beliebten

Saulieu (4000 Einw.).

In *Saulieu* ist die Wahl zwischen zwei Strecken nach *Mâcon* zu treffen: a) auf der N 6 über Chalon-sur-Saône nach Mâcon 144 km oder b) auf der N 80 über Le Creusot und Cluny nach Mâcon 148 km – beide Strecken haben ihre Reize.

a) Von Saulieu über Chalon-sur-Saône nach Mâcon (144 km)

Die N 6 führt zunächst durch die schöne Landschaft des *Plateau du Morvan* in 28 km nach *Arnay-*

le-Duc. 27 km weiter liegt über *La Rochepot* das malerische **Château de la Rochepot* (15. Jh.); hier wird die N 6 von unserer Ost-West-Route 29 (s. S. 272) gekreuzt. Durch das berühmte *Weinbaugebiet* um *Puligny* (links) und *Chassagne-Montrachet* führt die N 6 dann nach *Chalon-sur-Saône*, das sie umgeht.

Chalon-sur-Saône (63500 Einw.) ist eine *Industriestadt* mit einem Zweigwerk von Schneider-Creusot (s. rechts), ein bedeutender *Binnenhafen* an der Mündung des Canal du Centre in die Saône und *Haupthandelsplatz für Burgunder-Weine*. Von hier ab laufen die N 6 und die Autobahn eng nebeneinander her. 29 km weiter südlich liegt im *Tal der Saône*

Tournus (8000 Einw.). Bedeutendster Rest eines der großen Klöster Frankreichs ist die *Église **Saint-Philibert* (10./11. Jh.) im großartig-schmucklosen, ganz auf „Versenkung ohne Ablenkung" gerichteten Stil der frühen Romanik; ihr Schiff mit den hohen Säulenpfeilern ist sehr eindrucksvoll.

Stets zwischen der *Saône* und den von Weinbergen bedeckten Abhängen der *Monts du Mâconnais* verlaufend, führt die N 6 nach

Mâcon (46000 Einw.), der ersten Stadt, in der der Süden spürbar und sichtbar wird.

b) Von Saulieu über Le Creusot und Cluny nach Mâcon (148 km)

Auch diese Strecke führt zunächst schön und abwechslungsreich über das *Bergland Morvan*. Nach 17 km erreicht die N 80 das Tal des *Ternin* aus dem Becken de Flußgebiet der Lo erste größere Stadt

Autun (25000 Einw. Blüte erlebte das römische *Augustodunum* durch die Gunst der Lage an der großen Militär- und Handelsstraße Lyon-Boulogne, wie Reste eines *Amphitheaters* für 15000 Zuschauer und die **Porte Saint-André*, eines von zwei erhaltenen Stadttoren mit zwei großen Bogen für Wagen und zwei kleinen für Fußgänger, bezeugen. Die zweite Blüte im Mittelalter führte ein Sohn der Stadt herbei: *Nilacos Rolin* – der Begründer des berühmten ***Hôtel-Dieu* in *Beaune* (s. S. 271) – brachte es zum Kanzler der Herzöge von Burgund und einer seiner Söhne zum Bischof von Autun (welches Amt übrigens dreieinhalb Jh. später auch *Talleyrand* hatte); unter ihnen wurde die *Stadtbefestigung* vollendet, das *Hôtel Rolin* erbaut, in dem jetzt das **Musée Rolin* prachtvolle Werke mittelalterlicher Kunst zeigt, und der **Cathédrale Saint-Lazare* (12. Jh.) der Glockenturm und die spätgotischen Kapellen angefügt. Das **„*Jüngste Gericht*" von *Gislebert* (12. Jh.) im Bogenfeld des Mittelportals ist ein hervorragendes Werk romanischer Bildhauerkunst.

26 km weiter eröffnet sich eine ganz andere Welt – die N 80 führt nahe (4 km) an einem bedeutenden Sitz der europäischen *Schwerindustrie* vorbei, an

Le Creusot (39000 Einw.) – was Krupp-Essen für Deutschland war, ist Schneider-Creusot für Frankreich. 13 km südlich folgt

…dustriestadt *Blancy* und, … schon mit ihr zusammengewachsen,

Montceau-les-Mines (30500 Einw.), eine Kohlenbergwerkstadt mit einem bemerkenswerten *Gefallenen-Denkmal* (1930) von *Bourdelle*.

12 km südöstlich führt die N 80 am *Mont-Saint-Vincent* (2 km) vorbei, einer Wasserscheide zwischen Atlantik und Mittelmeer mit sehr weiter **Aussicht*, nach

Cluny (4800 Einw.). Von der 910 gegründeten *Benediktinerabtei*, von der die große Erneuerung des Mönchtums im 11. Jahrhundert durch die *Cluniazenser* ausging, sind nur Bruchstücke erhalten. Trotzdem gibt der von der 1088–1130 erbauten Abteikirche, die bis zum Bau der Peterskirche in Rom die größte der Christenheit war, allein stehen gebliebene **südliche Kreuzarm des Querschiffs* mit seinen 33 m Höhe und dem darüber bis 62 m aufsteigenden „Weihwasser"-Turm „*Clocher de l'Eau-Bénite*" eine Vorstellung von der Macht Clunys in seiner Blütezeit. Das Mutterkloster hatte 1450 Filialen, die über das ganze Abendland verstreut waren; über 10000 Mönche folgten seiner strengen Regel; Cluny war mächtiger als der Papst, den es durch Ratgeber leitete, und seine Schule war so berühmt, daß man sie „Licht der Welt" nannte. Die Kirche muß vor ihrem Abbruch ab 1790 – das „alte Gemäuer" verfiel der Spitzhacke, um zum Bau eines Staatsgestüts für die Remonten der Revolutionsheere zu dienen – einem wahren Gebirge aus Absidiolenkuppeln, Schiffsfirsten und Turmspitzen geglichen haben. Voll Wehmut betrachtet man im *Farinier*, dem erhaltenen Mehlspeicher aus dem 13. Jh., 10 ***Kapitelle* des 12. Jh. als letzte Reste unwiderbringlich verlorener Schönheit und Größe.

Südlich von Cluny durchzieht die N 80 das *Hügelland des Mâconnais* und mündet in die N 79, die von dem kleinen Paßübergang *Col du Bois-Clair* einen schönen **Blick* auf das *Saône-Tal* und über die *Ebene der Bresse* auf den fernen *Jura* bietet, um dann nach *Mâcon* abzusteigen.

Der vierte Streckenabschnitt reicht von *Mâcon* bis *Lyon* (68 km). Eng ineinander verschlungen ziehen die N 6 und die Autobahn A 6 auf dem *westlichen Saône-Ufer* abwärts, ständig von der *Hügelkette des Mâconnais* mit seinen Rebgärten begleitet. Die Weine nördlich und südlich von *La Croisée-Belleville* tragen den berühmten Namen „*Beaujolais*". Südlich der Industriestadt *Villefranche* schneiden die N 6 und die A 6 einen Bogen der Saône ab und treffen erst wieder bei der Einfahrt nach

***Lyon** (mit Vororten knapp 1,2 Mill. Einw.) auf den Fluß. Die Beschreibung dieser Stadt ist auf Seite 80 zu finden. In Lyon wird unsere Nord-Süd-Route von unseren Ost-West-Routen R 30 (Belfort-Bordeaux s. S. 277) und R 31 (Genf-Bayonne s. S. 284) gekreuzt.

Der nächste Abschnitt reicht von *Lyon* bis *Montélimar* (145 km). Nebeneinander ziehen die Autobahn A 7 und die Nationalstraße N 7 am *linken Ufer der Rhône*, von der man wenig zu sehen bekommt, nach Süden. Die Fahrt durch das breite Talbecken, das im Osten durch Ausläufer der *Alpen* und im Westen durch Ausläufer des Massif Central, genauer gesagt, der *Cevennen*, begrenzt wird, verläuft ziemlich eintönig. Zunächst wird eine Landschaft mit auffällig vielen *Maulbeerbäumen* durchquert – sie dienen der im 15. Jh. eingeführten *Seidenraupenzucht* für die Seidenindustrie in Lyon (s. S. 86). Nach 28 km kommt

***Vienne** (33000 Einw.). Aus römischer Zeit hat sich der anmutige **Tempel des Augustus und der Livia* (25 v. Chr.) erhalten. Im Mittelalter war er eine Kirche, während der Revolution diente er als „Tempel der Vernunft". Außerdem gibt es Reste eines großen *Amphitheaters*. Die in ein sehenswertes **Lapidarium* verwandelte *Kirche *Saint-Pierre* ist eine der ältesten Frankreichs (6.–9. Jh.), die schöne romanische Kirche *Saint-Maurice* stammt aus dem 12./13. Jh.

55 km weiter südlich liegt unter den berühmten *Weinbergen der L'Hermitage*

Tain-L'Hermitage (5700 Einw.) und ihm gegenüber

Tournon (9800 Einw.) auf dem rechten Rhône-Ufer – die beiden Orte wurden 1826 durch die erste Hängebrücke der Welt verbunden. 10 km weiter südlich überquert die N 7 die von Grenoble herkommende *Isère* auf einer Brücke, auf der ein *Denkmal* an den *45. Breitengrad* erinnert; im Ausschnitt des Isère-Tals sieht man verschiedene *Alpengipfel der Dauphiné* (s. S. 232). 5 km weiter liegt 120 m über der Rhône das aus der römischen Kolonie *Valentia* gewachsene

Valence (100000 Einw.), Hauptstadt des 1493 von Ludwig XII. für den Sohn des Papstes *Alexander VI., Cesare Borgia*, errichteten *Herzogtums Valentinois* – den Titel trägt jetzt *Fürst Rainier III. von Monaco* (s. S. 253). Ein anderer Papst, *Pius VI.*, liegt in der romanischen *Cathédrale Saint-Apollinaire* begraben; er starb 1799 in Valence als Gefangener.

In Valence wird die N 7 von unserer Ost-West-Route 32 (Genf–Bayonne s. S. 290) gekreuzt.

Südlich Valence nimmt die Landschaft immer stärker mittelmeerischen Charakter an; die Höhen werden kahl. Bei *Loriol-sur-Drôme* tritt man in die Provence ein. Links am Hang taucht das malerische Dorf **Mirmande* auf, rechts in der Rhône liegt die *Staustufe Baix*, eine der 22, die in den großen Fluß eingebaut wurden, um Kraftstrom zu gewinnen, einen Großschiffahrtsweg zu schaffen und den fruchtbaren Boden des Talbeckens zu bewässern. 13 km weiter liegt

***Montélimar** (30000 Einw.). Die alte provençalische Stadt wurde weltberühmt durch ihren Nougat, dessen Herstellung aus Mandeln und Honig im 16. Jh. begann. Sehenswert ist im Osten der Stadt die *Burg Adhémar*.

Der nächste Abschnitt reicht von *Montélimar* bis *Avignon* (81 km) und bietet Eindrücke verschiedenster Art. 7 km südlich von Montélimar liegt das drittgrößte der *Rhône-Kraftwerke*, die *Usine H. Poincaré*; es wird von einem 14 km langen Kanal gespeist, der das Wasser der bei *Rochemaure* (nordwestlich von Montélimar) gestauten Rhône heranführt; seine Jahresleistung beträgt 1670 Millionen kWh. 4 km südwestlich davon verengt sich die Rhône zu einem 3 km langen und an seiner schmalsten Stelle 300 m breiten *Défilé*, das von den Flußschiffern gefürchtet und plastisch „*Robinet de Donzère*" – „Wasserhahn" – genannt wurde. Hier wird nun die Rhône in einen 28 km langen, 145 m breiten und 10 m tiefen ***Kanal* geleitet. An ihm entstand das riesige Kraftwerk **Usine A. Blondel*, dessen Maschinensaal allein 182 m lang ist, mit einer Jahresleistung von 2,1 Milliarden kWh. Oberhalb dieses Wasserkraftwerks liegt das *Centre d'énergie atomique*. Südlich der Ortschaft Mondragon mündet der Kanal wieder in die Rhône.

Inzwischen haben N 7 und A 7 bei *Bollène* die N 94 gekreuzt. Diese *Kreuzung* „*La Croisière*" ist für Reisende wichtig, die nach *Nîmes* wollen – sie überqueren hier die *Rhône* und fahren vom Brückenkopfort *Pont Saint-Esprit* auf der N 86 über *Pont du Gard* (s.S. 227) nach *Nîmes* (s. S. 228) – wenn sie nicht die neue Autobahn Nîmes–Narbonne (A 9) nehmen wollen. Der fast 1000 m lange **Pont Saint-Esprit* ist eine berühmte Brücke – 18 ihrer 25 Bogen stammen noch von der 1265–1309 durch die Brüderschaft „*Frères Pontifes*" (s.S. 226) erbauten Brücke. In Pont Saint-Esprit, dem Ort am Brükkenkopf des rechten Rhône-Ufers, kann man den

Abstecher nach Aven d'Orgnac (24 km)

machen: die N 101 führt durch die waldigen Ausläufer der Cevennen zu einer der großartigsten *Tropfsteinhöhlen* Frankreichs mit riesigen „Sälen" voller Stalagmiten. Auch die ***Gorges des Ardeches* (47 km lang) sind sehr sehenswert.

Bevor man noch, südlich Mondragon, nach Orange kommt, sieht man im Süden einen 100 m hohen weißen *Schornstein*; er gehört zum *Atomkraftwerk Marcoule*, das einen ***Belvédère-exposition* geschaffen hat: von einer Terrasse kann man die Anlagen überblicken und sich in zwei Sälen über die Arbeitsweise des Werks informieren.

***Orange** (30000 Einw.) wurde aus der römischen Stadt *Arausio*

Triumphbogen in Orange

zum Sitz von Grafen, denen die Nachwelt zwei Königshäuser verdankt: sie begründeten im 16. Jh. das Herrscherhaus *Oranien-Nassau*, dem eine *englische Dynastie* entsprang, und das heute noch in den *Niederlanden* regiert. In römischer Zeit hatte Orange etwa viermal soviele Einwohner wie heute. Zwei Bauten haben sich in erstaunlicher Vollkommenheit erhalten: der zwar verwitterte und seiner Quadriga beraubte, aber noch alle Schmuckreliefs deutlich erkennen lassende ***Arc de Triomphe*, der nach dem Sieg Caesars 49 v. Chr. errichtet wurde, an der Einfahrt von Norden her. Und das ***Théâtre antique*, das besterhaltene in ganz Europa – seine *Fassade* steht noch in voller Ausdehnung (103 m lang und 38 m hoch) und die $3^1/_2$ m hohe *Statue des Augustus* steht noch (oder wieder) in ihrer Nische. An der Innenwand, vor der die Szene spielte, fehlt nur die Dekoration aus Säulen und Statuen und – das gewaltige Segeldach, das dieses Theater für 7000 Besucher schattenspendend überspannte. Es dient heute noch seinem Zweck: vor seinen am Hang aufsteigenden Stufenreihen finden *sommerliche Festspiele* statt.

Abstecher nach Châteauneuf-du-Pape (5,5 km)

9 km südlich von Orange führt von der N 7 die D 92 nach Südosten zu dem allen Weintrinkern bekannten Ort *Châteauneuf-du-Pape*. Vom Schloß der Päpste, das in den Religionskriegen zerstört wurde, steht nur noch ein hoher *Turm*; aber die berühmten *Weinberge* sind noch da und die schöne **Aussicht* auf das *Rhônetal* und die Stadt der Päpste,

****Avignon** (100000 Einw.); ihre gewaltige Burg gehört zu den großen Sehenswürdigkeiten Frankreichs. Papst *Clemens V.*, vordem Bischof von Bordeaux, verlegte den Heiligen Stuhl 1305 nach Avignon; nicht freiwillig, obwohl er das von Parteikämpfen zerrissene Rom gerne verließ,

Papstpalast in Avignon

sondern unter dem Druck *Philipps des Schönen*. Die „*Babylonische Gefangenschaft*" der Kirche dauerte bis 1377: Sieben Päpste waren sich derweil gefolgt, alle Franzosen. In dieser Zeit entstand die Stadtburg, das berühmte ***Palais du Pape*, als Festung in der Festung – Avignon besitzt noch heute seine Umwallung, die **Remparts*. Der ältere Teil (*Palais Vieux*) entstand unter *Benedikt XII.* (1334–42) und spiegelt die mönchische Strenge dieses allem Luxus abholden Mannes wieder; der jüngere Teil *Palais Nouveau* entstand unter *Clemens VI.* (1342–52), einem Kunstfreund und Verschwender – so sind denn Architektur und Dekoration repräsentativ und reich. Noch einmal zogen Päpste hier ein – Gegenpäpste während des *Schismas*, der großen Kirchenspaltung von 1378–1411. Danach wurde die Stadt von Päpstlichen Legaten verwaltet – erst 1791 kam sie zu Frankreich.

Das Äußere des gotischen Palastes gleicht mit seinem 50 m hohen, fensterarmen Mauern und seinen wuchtigen Türmen einer herrischen und abweisenden Burg. In seinem labyrinthischen, jeden Mobiliars beraubten Inneren – der Palast diente von 1808–1906 als Kaserne – mit seinen Sälen, Zimmerfluchten, Gängen und Kapellen sind die bemerkenswertesten Räume: der *„*Saal der Wortwechsel*" (Salle des Contredites), der als kleiner, und der zweischiffige **Große Audienzsaal*, der als großer Gerichtssal diente; und vor allem die ***Chapelle Clémentine*, die päpstliche Kapelle.

Neben dem Palast liegt die durch spätere Einbauten beeinträchtigte romanische **Cathédrale Notre-Dame-des-Doms* (12. Jh.) und noch weiter der Rhône zu der *Rocher-des-Doms* mit einem Garten, von dem man einen **Tiefblick* auf die berühmte Brücke **Pont d'Avignon* hat, die eigentlich *Pont Saint-Bénézet* heißt und seit 1669 nur noch zur Hälfte steht: 900 m lang, wurde sie 1177–88 von der Bruderschaft „*Frères Pontifes*" erbaut.

Der letzte Abschnitt reicht von *Avignon* bis *Marseille* (95 km). Nach 11 km trifft die N 7 wieder auf die Autoroute du Sud, die Avignon rechts in weitem Bogen umging, und nebeneinander überqueren sie nun die *Durance* – die N 7 auf der 512 m langen, 14bogigen **Pont de Bonpas* (1953). An der Straßenkreuzung *Plan d'Orgon* kann man nach rechts auf die N 99, zu einem Abstecher (22 km) in die Ruinenstadt ***Les Baux* (s. S. 231) abbiegen. Nach dem Durance-Durchbruch bei *Orgon* gabelt sich die N 7 bei *Sénas:* im linken Strang führt sie als N 7 weiter über *Aix-en-Provence* (s. R 33 S. 299) an die *Riviera*; im rechten Strang führt sie als N 538 parallel zur Autobahn nach

Salon-de-Provence (40000 Einw.). In der schönen provençalisch-gotischen Kirche **Saint-Laurent* (14./15. Jh.) liegt das Grabmal des berühmten Arztes und Astrologen *Nostradamus* (1503–66); in der Stadtmitte das **Château de l'Emperi* (13./15. Jh.) der Erzbischöfe von Arles. Von Salon fährt man auf der N 113 weiter, die von Nîmes über Arles herankommt. Bei *Vitrolles* am Ostrand des *Étang de Berre* (s. S. 78) lohnt es sich, den „*Rocher*" zu besteigen (75 Stufen) mit weiter **Aussicht* auf eine Landschaft, die sich von Jahr zu Jahr mehr in eine der großen Industrielandschaften Europas verwandelt. Von Vitrolles sind es noch 20 km zwischen Hügelketten hindurch nach

Marseille (mit Vororten 1 Mill. Einw.). Die Beschreibung dieser Stadt und ihrer Sehenswürdigkeiten findet man auf den Seiten 75 bis 79.

Umweg über Arles nach Marseille (37 km mehr)

Man fährt in 40 km von Avignon auf der N 570 nach Süden über *Tarascon* mit der imposanten **Burg des Königs René* (s. S. 231) nach der für die Provence besonders typischen Stadt **Arles* (s. S. 230). Von dort führt die N 113 nach Osten zu einer Straßengabel, wo man den rechten Arm, die N 568, wählt – sie zieht durch die eindrucksvolle Steinwüste *_Plaine de la Crau_ ans Meer, das man am _Golfe de Fos_ erreicht. 11 km weiter liegt _Martigues_, das sich aus einem von vielen Malern geliebten Fischerstädtchen zu einem Fischerei- und Industriehafen mit schon 30000 Einwohnern entwickelt hat. Längs des _Étang de Berre_ geht es dann über die _Halbinsel Estaque_ (s.S. 79) nach _Marseille_ (s.S. 75).

Route 22: Rundfahrt durch die Provence (186 km)
(mit allen Umwegen und Abstechern 295 km)

Diese Fahrt führt durch das Herzstück der berühmten Landschaft Provence. Dieser Raum wird von _Avignon_ und _Pont du Gard_ im Norden, von _Aigues-Mortes_ und _La Grande-Motte_ im Westen, von der _Camargue_ im Süden und von _Les Baux_ im Osten begrenzt. Hier häufen sich – jeweils nur wenige Kilometer voneinander entfernt – die **_Sehenswürdigkeiten_. Die Route ist so angelegt, daß man sie in Teilstücken einer selbstgewählten Fahrstrecke einfügen und, verzichtet man auf Umwege, verkürzen kann.

Unsere Fahrt führt von _Avignon_ (s.S. 225) zunächst nach Westen. Man fährt über die _Rhône-Brücke_ am 32 m hohen *_Tour de Philippe le Bel_ vorbei, den Philipp der Schöne 1307 zur Beherrschung des *_Pont d' Avignon_ (s.S. 226) errichten ließ, nach

Villeneuve-lès-Avignon (10000 Einw.), dessen mächtiges *_Fort Saint-André_ (14. Jh.) der Grenzsicherung diente: der Herrschaftsbereich der französischen Könige endete damals an der Rhône. *_La Chartreuse du Val de Bénediction_ ist ein 1356 gegründetes _Kartäuserkloster_, das einmal große Bedeutung besaß, nun aber halb in Ruinen liegt.

Von _Villeneuve-lès-Avignon_ führt die N 100 nach 25 km zu einer Meisterleistung antiker Bautechnik, dem **_Pont du Gard_. Dieser um 15 v. Chr. erbaute _Aquädukt_ ist das am besten erhaltene römische Bauwerk überhaupt. Mit drei übereinanderliegenden, aus behauenen Steinblöcken gefügten Bogenreihen, überspannt er – 48 m hoch und 277 m lang – das tiefeingeschnittene _Tal des Gard_ im Zuge der 41 km langen Wasserleitung, die damals Quellwasser aus Uzès nach Nîmes brachte. In der Wasserführung kann man heute den Aquädukt überschreiten und auf einer dem ersten Stockwerk 1747 angefügten Brücke zurückkehren.

Von _Pont du Gard_ kann man entweder auf der N 86, die von Pont Saint-Esprit (s.S. 224) herführt, in 20 km _direkt nach Nîmes_ fahren oder aber den

Umweg über Uzès (18 km mehr) wählen. Dazu fährt man auf der N 581 13 km bis Uzès

Farbplan S. 202

(6000 Einw.) und findet in dem altertümlichen Städtchen den eleganten romanischen Glockenturm ***Tour Fenestrelle* – den einzigen runden Frankreichs – aus dem 12. Jh. und das mittelalterliche Feudalschloß der Herzöge von Uzès, die ***Duché* (12., 14., 16. Jh.). Auf der landschaftlich reizvollen N 579 erreicht man dann nach 25 km

***Nîmes** (140000 Einw.). Diese lebensprühende alte Stadt – die Gallier gründeten die Siedlung am Ursprungsort einer *heiligen Quelle*, die Römer brachten die Stadt *Nemausus* zu hoher Blüte –

Nîmes: Amphitheater

hat eine sehr günstige Verkehrslage an der einzigen durch Ebenen führenden Straße von Südfrankreich nach Südwestfrankreich – so ist sie Ausgangspunkt der 243 km langen *Autobahn*, die nach Nordosten Anschluß an die Rhônetal-Autobahn hat, nach Südwesten nach Perpignan und nach Nordwesten nach Toulouse führt, von wo sie ab 1981 weiter nach Bordeaux führen wird.

Unter den *Sehenswürdigkeiten* von Nîmes ragen drei hervor:

Nahe der Stadtmitte liegt das ovale *Amphitheater* **„*Arènes*". Unter den 70 römischen Arenen, die bis in unsere Zeit erhalten blieben, steht sie der Größe nach zwar nur an 20., dem Erhaltungszustand nach aber an 1. Stelle. Ihre Maße sind: 133:101 m; sie konnte 21000 Besucher fassen. Alle 60 Bogen der Umgänge in zwei Geschossen sind erhalten, ebenso der reichgeschmückte Haupteingang im Nordwesten. Die Westgoten machten die Arena zu einer Burg, was sie auch im Mittelalter blieb; später wohnten 2000 Menschen darin. Heute finden in ihr Theateraufführungen und Stierkämpfe auf provençalische Art statt.

Von der Arena führt der *Boulevard Victor Hugo* zur *Place de la Comédie*, auf der die ***Maison Carrée* steht, ein wohlerhaltener kleiner (26:15:17 m) römischer *Podiumstempel* (20–12 v. Chr.) mit korinthischen Säulen; in ihm ist ein sehenswertes **Antikenmuseum* mit prächtigen Fundstücken untergebracht.

Von hier führt der *Boulevard Alphonse Daudet* zum reizenden *Quai de la Fontaine*, dem Anfang des **Jardin de la Fontaine* – hier ist die einst heilige Quelle in die Gartenarchitektur des 18. Jh. gefaßt.

Von *Nîmes* kann man unter Verzicht auf den Besuch von Aigues-Mortes und der Camargue auf der N 113 direkt bis *Arles* fahren (31 km).

Unsere Provencefahrt führt von *Nîmes* nach *Südwesten*. Man fährt auf der Autobahn oder au der N 13 20 km und biegt dann links auf die N 579 ein, über die man nach 15 km eine der interessantesten Städte Frankreichs erreicht, das mittelalterliche

****Aigues-Mortes** (4700 Einw.). Die „Stadt der toten Wasser" (Aquae mortuae) erhob sich unter *Ludwig IX. dem Heiligen* aus dem Sumpfboden als befestigter Sammelplatz für den 7. Kreuzzug. 1248 legten 38 in Genua gecharterte Schiffe direkt unter seinen Mauern an, um das Heer der Kreuzfahrer aufzunehmen. Inzwischen ist der Hafen längst versandet. Durch die Lage in einem toten Winkel blieb die *mittelalterliche Seefestung* völlig unberührt – ein von 8–10 m hohen **Mauern*, hinter denen die niedrigen Häuser unsichtbar bleiben, umschlossenes Rechteck von 500:300 m. 14 *Türme* flankieren die Tore. Der Donjon **Tour de Constance* bildet eine Festung für sich – seine Mauern haben eine Stärke von 6 Metern; jahrhundertelang diente er als *Staatsgefängnis*: die unbeugsame Protestantin Marie Durand verbrachte 38 Jahre ihres Lebens in diesem Turm.

Abstecher nach Le Grau-du-Roi und La Grande-Motte (15 km)

Von *Aigues-Mortes* kann man in 8 km über einen *Damm* zwischen *Lagunen* und dem *Rhône-Kanal* zu dem hübschen kleinen Fischerhafen und Seebad **Le Grau-du-Roi* fahren. 7 km nordwestlich stehen die an altmexikanische Bauten erinnernden *Pyramidenhäuser*, mit denen *La Grande-Motte* zu einem Ferienzentrum ausgebaut wurde – die nördlichste der fünf „*Stationen*". Der Hafen von La Grande-Motte bietet 1000 Booten und Jachten Platz. Weitere 2400 Anlageplätze befinden sich in den Häfen Port-Camargue (südöstlich von La Grande-Motte und südlich von Le Grau-du-Roi) und *Carnon* (westlich von La Grande-Motte).

Das Ferienzentrum La Grande-Motte• verfügt über zahlreiche Eigentums- und Ferienwohnungen (vorwiegend in Appartementhäusern) sowie noch vorerst in kleinerem Umfang über Hotels.

Von *Aigues-Mortes* fährt man durch das Schwemmland der in zwei Hauptarmen sich ins Meer ergießenden Rhône – die **Camargue.* Salzgewinnung, Reisanbau und die Zucht von Pferden und Stieren ernähren die 10000 Bewohner des 56000 ha großen Rhône-Deltas. Über die Straßen D 58 (18 km), D 38 B (6 km) und die N 570 (12 km) erreicht man die mit 37600 ha größte Landgemeinde Frankreichs

***Saintes-Maries-de-la-Mer** (2500 Einw.) mit der berühmten, von Zinnen und Pechnasen starrenden, im Inneren mit einem Brunnen (für den Fall der Belagerung) ausgerüsteten **Wehrkirche.* Sie ist *Wallfahrtsort*, vor allem der *Zigeuner*, die die *heilige Sara* verehren – als Dienerin begleitete sie die drei Marien (*Maria Jakobäa*, die Schwester der Muttergottes, *Maria Salome*, die Mutter der Apostel Jakobus und Johannes, und *Maria Magdalena*, die Büßerin), als sie der Legende nach im Jahre 45 hier an Land stiegen. Die Reliquien der beiden ersten Marien befinden sich in einer Kapelle über

 Farbplan S. 202

der Apsis, die von Sara in der Krypta – die Reliquien der Maria Magdalena, der „*Marie Madeleine*“, wurden nach Vézelay (s. S. 220) verbracht.

Auch bei Saintes-Maries-de-la-Mer ist ein neues *Touristenzentrum* entstanden.

Zur 40 km-Fahrt nach *Arles* benutzt man für die ersten 11 km die D 85 A, die am *Parc Zoologique* entlangführt, einem *Naturpark* mit Flamingos und allen sonstigen Vögeln der Camargue, dann die N 570. Bei *Albaron* sollte man über die D 37 den

Umweg über Saint-Gilles (13 km mehr)

machen: von der im 8. Jh. vom heiligen *Ägidius = Saint-Gilles* gegründeten Abtei ist noch die romanische Kirche aus dem 12. Jh. erhalten, mit einer großartigen reichgeschmückten ***Fassade* von hohem kunstgeschichtlichem Rang. Von hier führt die N 572 nach

***Arles** (51000 Einw.). Nicht nur Künstler wie *van Gogh*, der hier von 1888–90 lebte und malte, oder *Georges Bizet*, der die Suite „*L'Arlésienne*“ komponierte, empfanden diese Stadt als die *Verkörperung provençalischen Wesens*. Als Kolonie von Marseille von Griechen gegründet, war sie *zweimal Hauptstadt*: um 400, als die *Verwaltung Galliens* vom barbarenbedrohten *Lyon* nach *Arles* verlegt wurde, und im 9.–11. Jh. als *Sitz des burgundischen Königreichs Arelat*; später wurde es politisch von *Aix*, wirtschaftlich von *Marseille* überflügelt. Aus der Antike haben sich in Arles bewahrt: Die ***Arena*, in Form und Größe eine Zwillingsschwester der Arena von Nîmes, aber nicht ganz so gut erhalten – das oberste Stockwerk, die Attika,

Saint-Trophime: Portal

fehlt. In noch stärkerem Maße wurde das **Théâtre antique* als Steinbruch benutzt; immerhin sind die noch stehenden Bogen und Säulen eindrucks- und stimmungsvoll genug, um als Rahmen festlicher Spiele zu dienen. Am Südostrand der Stadt liegt die **Allee der Sarkophage „Les Alyscamps“* als imposanter Rest eines großer römischen und später christlichen Begräbnisplatzes. Diese drei Überbleibsel aus der Antike werden ergänzt durch das **Musée d'art païen*. Außer diesen heidnischen Steinmuseum mi bedeutenden Sarkophagen, Sta tuen und Mosaiken besitzt Arle auch ein christliches Steinmuse um im **Musée d'art Chrétie* mit Sarkophagen aus der Früh zeit des Christentums und Zu gang zu den unterirdische

Galerien, den **Kryptoportiken* aus römischer Zeit. Ein drittes Museum nahebei ist das von *Fréderic Mistral* (1830–1914), dem berühmten provençalischen Dichter, begründete **Museon Arlaten*, ein besonders farbiges *Heimatmuseum*. Schließlich ist bemerkenswert die Kirche **Saint-Trophime* mit dem herrlichen ***Portal* und dem schönsten ***Kreuzgang* der Provence, der aus zwei romanischen (12. Jh.) und zwei gotischen (14. Jh.) Säulenumgängen besteht.

Von Arles kann man direkt in 17 km nach Norden auf der N 570 nach *Tarascon* fahren oder den sehr lohnenden

Umweg über **Les Baux (28 km mehr)

wählen. Dazu fährt man von Arles nordöstlich auf den Straßen D 17 und D 78 F (18 km) an den Resten der Abtei (12. Jh.) *Montmajour* (**Krypta* der Kirche Notre-Dame, ***Kreuzgang*, **Turm*, *Chapelle Sainte-Croix*) vorbei und später an Ruinen eines Aquädukts und an der Windmühle „*Moulin de Daudet*“, die der Erzähler *Alphonse Daudet* (1840–97) als inspirierenden Arbeitsraum benutzte, zu der großen Sehenswürdigkeit

***Les Baux**, einer *Ruinenstadt* aus dem Mittelalter in beherrschender *Lage* auf einem schroffen Felsgipfel der grellweißen *Alpilles*, die die Seealpen als letzten Ausläufer an die untere Rhône vorschieben. Der Aufstieg auf das Vorgebirge durch die Ruinen der Häuser und Türme zum zerfallenen *Donjon* (12. Jh.) auf der höchsten Spitze mit sehr weitem Rundblick gehört zu den bleibenden Reiseerlebnissen, zumal wenn der *Mistral* weht, der durch das Rhône-Tal herabkommende Fallwind. Les Baux war seit dem 11. Jh. ein Sitz mächtiger Feudalherren und im 13. Jh. ein berühmter „*Liebeshof*“, an dem Wettsingen der Minnesänger, der *Troubadours*, stattfanden. Später wurde es zu einem Bollwerk des Protestantismus, bis Ludwig XIII. die Burg und die Mauern schleifen ließ; seitdem verfiel auch die Stadt, die einmal 6000 Einwohner hatte und nun nur noch 400 zählt. Les Baux gab übrigens dem 1822 in seiner Nähe entdeckten Rohstoff für die Aluminiumerzeugung seinen Namen, dem – *Bauxit*. Von Les Baux fährt man auf der D 27 6 km nach Norden, bis man auf die N 99 stößt und, links auf sie einbiegend, 13 km westlich

Tarascon (11 000 Einw.) erreicht. Sie ist durch *Daudets* (s. links) Erzählung vom Aufschneider „*Tartarin de Tarascon*“ bekannt; das ***Château du Roi René* ist eine herrliche *Burg* (12.–15. Jh.) *am Ufer der Rhône*, mit 48 m hohen Mauern und Rundtürmen. Von Tarascon kehrt man auf der N 570 in 23 km nach *Avignon* (s. S. 225), dem Ausgangsort unserer Provence-Rundfahrt, zurück.

Route 23: Genf–Grenoble–Nice (Nizza) (464/496 km)

Diese Route führt durch *Savoyen* und die *Dauphiné* in die *Provence* und an die *Riviera* und erfordert trotz ihres alpinen Charakters keine Paßfahrten wie auf der weiter östlich verlaufenden Route des Grandes-Alpes, unserer R 24. Ausgangspunkt ist Genf (Anfahrt über Basel oder Zürich, dann über Bern und Lausanne – großenteils Autobahn – nach Genf).

Der erste Abschnitt reicht von *Genf* bis *Chambéry* (90 km). Man verläßt Genf über die *Arve-Brücke* und überschreitet nach 8 km die Grenze. Der erste landschaftliche Höhepunkt kommt nach 29 km bei

***Ponts de la Caille,** wo die 147 m tiefe Schlucht von der Hängebrücke *Charles-Albert* (1838) und vom *Nouveau Pont* (1928), einer Stahlbetonbrücke mit einem Bogen von 137 m Spannweite, überbrückt wird. Kurz danach eröffnet sich eine herrliche **Aussicht* auf den *See von Annecy*. 13 km weiter südlich liegt

***Annecy** (448 m; 60000 Einw.). Die altertümliche Stadt am Nordende des Sees wird beherrscht von dem turmbewehrten **Schloß* (12./14. Jh.), zu dessen Füßen das hübsche *Palais de l'Isle* (15. Jh.) auf einer Insel des Seeabflusses *Thiou* liegt. Zum See hin erstrecken sich Parkanlagen mit *Theater* und *Casino* bis zum *Strandbad*. Annecy hat auch zwei Heilige: den Humanisten und Bußprediger *Franz von Sales* (1576–1622) und die Gründerin des Ordens der Salesianerinnen, *Johanna von Chantal* (1572–1641); der Wallfahrt zu ihnen dient die hochgelegene *Basilique de la Visitation* (20. Jh.) mit schöner **Aussicht*.

Man kann zu Schiff oder mit dem Wagen eine *Rundfahrt* um den schönen, von Bergwiesen und Weinbergen umgebenen ***Lac d'Annecy* machen (39 km), sollte aber jedenfalls durch die hundertjährige *Platanenallee *Avenue d'Albigny* auf der N 509 nach ***Talloires* fahren (13 km), einer in ein Luxus-Hotel mit berühmter Küche verwandelte Abtei in herrlicher ***Lage*. Man kommt dabei durch den Ort *Veyrier*, von dem eine *Seilbahn* auf den *Mont Veyrier* (1291 m) führt mit umfassenden ***Rundblick* – Der Lac d'Annecy gehört zu den schönsten Ferienlandschaften Frankreichs. 32 Kilometer östlich liegt der mondäne Skiort *La Clusaz*.

Von *Annecy* führt die N 201 mit schönen Rückblicken über eine Hochebene nach 33 km zu dem berühmten Heilbad.

***Aix-les-Bains** (258 m; 24000 Einw.). Mittelpunkt der Stadt ist der 9 m hohe *Ehrenbogen des Campanus* (3./4. Jh.), ihm gegenüber liegt die stattliche Fassade der Staatlichen Bäder *Thermes nationaux*, deren Nordteil 1857

64 und deren Südteil 1932–34 erbaut wurde; sie schließen Reste von römischen Bädern und Thermalgrotten ein. Nördlich der Kuranlagen liegt das **Musée du Docteur-Faure* mit einer beachtenswerten Sammlung von Impressionisten. Casino und Theater fehlen ebensowenig wie jede Art Wassersportmöglichkeit auf dem 3 km entfernten

****Lac du Bourget,** der etwas größer ist als der Lac d'Annecy, ihm aber an Charme nachsteht. An seinem Westufer erhebt sich die **Abbaye royale de Hautecombe* (16. u. 19. Jh.), deren Kirche ebenso mit Dekorationen aller Art überladen ist wie mit 300 Statuen und 43 Grabmälern von Mitgliedern des Hauses Savoyen.

Von *Aix-les-Bains* fährt man 14 km auf der N 491 nach

Chambéry (270 m; 60000 Einw.). Die alte Hauptstadt von Savoyen kann sich als Wiege des italienischen Königshauses bezeichnen. Die Grafen von Savoyen wurden 1101 Reichsgrafen und 1416 Herzöge; 1418 verlegten sie ihren Sitz nach dem oberitalienischen Piemont, 1720 wurden sie Könige von Sardinien und 1861 Könige von Italien. Als Dank für Waffenhilfe überließen sie Savoyen (und Nizza) 1860 Frankreich, was durch eine Volksabstimmung bekräftigt wurde. Die große Zeit Chambérys fällt unter *drei Grafen*, die alle den Vornamen *Amadeus* trugen: Amédée VI. (1343–83), VII. (1383–91) und VIII. (1391–1434) – dieser letzte ist die merkwürdigste Figur: Er wird vom Reichsgrafen zum Herzog erhoben, dankt plötzlich ab, wird Mönch; das Konzil zu Basel wählt ihn zum Gegenpapst unter dem Namen *Felix V.;* nach 10 Jahren vergeblichen Kampfes legt er die Tiara ab und wird wieder schlichter Mönch – man nennt ihn *duc-pape* und später *duc-érémite.*

Außer dem malerischen **Château*, dessen Kern aus dem 13. Jh. stammt, mit der schönen gotischen **Sainte-Chapelle* (15. Jh.), hat Chambéry die eigenartige Sehenswürdigkeit der *Fontaine des Éléphants*, eines 1838 errichteten Brunnens mit vier großen Elefanten zur Erinnerung an den General *de Boigne*, der einen Teil seines in Ostindien erworbenen Vermögens seiner Vaterstadt vermachte.

Der zweite Abschnitt reicht von *Chambéry* bis *Grenoble* (57/64 km). Dafür bieten sich an: die direkte Straße über den Kurort *Challes-les-Eaux* in das breite Tal der Isère, deren Lauf man auf dem rechten Ufer (N 90) bis Grenoble folgt, die landschaftlich schönere, aber ihrer Kurven und Steigungen wegen langsamere Straße N 512 über den *Gebirgsstock der Chartreuse* und die Autobahn. Von Chambéry (270 m) fährt man zunächst in Windungen aufwärts zum *Tunnel du Pas de la Fosse* (867 m) mit schönem Rückblick und weiter zum *Col du Granier* (1164 m) mit weiter **Aussicht* bis zum Mont-Blanc. Die N 512 senkt sich nun durch die *Gorges d'Entremont* bis *Saint-Pierre d'Entremont* (644 m), wo man von Savoyen in den Dauphiné übertritt, um erneut den *Col de Cucheron* (1140 m) zu erklettern und nach *Saint-Pierre-de-Chartreuse* (888 m) abzusteigen. Von hier kann man den

Abstecher zum Kloster Grande-Chartreuse (5 km)

machen, dem in der Einöde des „*Désert*“ (977 m) gelegenen, 1085 vom heiligen Bruno gegründeten *Mutterkloster der Kartäuser*, dessen Besichtigung nicht gestattet ist; der gegenwärtige Bau stammt aus dem 12. Jh., nachdem das ursprüngliche, etwas weiter nördlich gelegene Kloster 1132 durch einen Felssturz zerstört worden war.

Von *Saint-Pierre* führt die N 512 auf den *Col de Porte* (1325 m), von dem aus man auf einer Stichstraße von 4 km einen **Aussichtsplatz* (1654 m) am Hang des *Charmant-Som* erreicht. Dann senkt sich die Straße und führt unterhalb des befestigten *Mont-Saint-Eynard* (1359 m) vorbei nach

Grenoble (214 m; 350000 Einw.), der alten Hauptstadt der *Dauphiné*. Die Bezeichnung der Landschaft kommt vom Beinamen Delphinus (franz. Dauphin), den sich die Grafen von Albon zulegten; als 1394 die Dauphiné durch Kauf an die französische Krone kam, wurde sie zur Apanage des jeweiligen Kronprinzen, der weiterhin das Delphin-Wappen und den Titel „Dauphin“ führte. Die herrlich im *Tal der Isère* gelegene, aber an bedeutenden alten Bauwerken arme Stadt, hat sich durch die Ausrichtung der *Olympischen Winterspiele 1968* zu einer modernen Großstadt entwickelt.

Sehenswert sind das neue **Rathaus* und das architektonisch kühne, überdachte **Stade de Glace*, die Eis-Sporthalle für 12000 Zuschauer. Sehr beachtenswert ist auch das **Musée des Beaux-Arts*, eines der reichsten Provinzmuseen Frankreichs – der Sammlung alter Meister, unter denen vier Hauptwerke des Spaniers *Zurbarán* hervorragen, wurde schon 1919 eine **Galerie d'art moderne et contemporain* angeschlossen, was einen mutigen Schritt zur Anerkennung zeitgenössischer Kunst bedeutete. In der Umgebung haben sich durch die Olympischen Winterspiele zahlreiche Wintersportorte entwikkelt wie *Chamrousse* (1650 m) oder *Alpe d'Huez* (1860 m), alle mit großzügiger Ausstattung.

Der nächste Abschnitt reicht von *Grenoble* bis *Sisteron* (143/151 km). Auch hier bieten sich 2 Strecken an: a) die *Route des Préalpes*, die bis 1930 *Route d'Hiver* (Winterstraße) hieß, über den *Col de la Croix-Haute*. Seit der Entwicklung starker Schneepflüge und -fräsen hat sie ihre alte Bedeutung als immer offene Straße völlig verloren zugunsten der b) *Route Napoléon*, die weiter östlich über *Gap* verläuft und, näher dem Hochgebirge, mehr alpinen Charakter hat, ohne daß auf ihr hohe Pässe zu überwinden wären.

a) Über die Route des Préalpes von Grenoble nach Sisteron (143 km).

Man verläßt *Grenoble* (214 m) nach Süden und fährt bei *Le Pont-de-Claix*, wo neben der modernen Brücke noch die alte von 1611 (46 m Spannweite) steht über den *Drac*. Nach *Monestier-de-Clermont* (889 m) führt die N 75 am *Mont-Aiguille* (2097 m) vorbei, der einem riesigen, auf Kante gestellten Dominostein

Genf
Annemasse
Nantua
St-Julien
Bonneville
Cluses
Martigny
SCHWEIZ
Chamonix
Annecy
Sallanches
Flumet
Mégève
23
Lac du Bourget
Lac d'Annecy
Courmayeur
Aix-les-Bains
Albertville
Bourg-St-Maurice
Aosta
Isère
Chambery
Challes les Eaux
C. du Granier
24
Moutiers
Col de l'Iseran 2769
Val d'Isere
Chartreuse
Lanslebourg
St-Michel-de-Maurienne
ITALIEN
Valloire
Grenoble
C. du Galibier 2556
Susa
Vizille
C. du Lautaret 2058
Turin (Torino)
Laffrey
La Mure
Briançon
Corps
C. d'Izoard 2360
Pinerolo
Po
Drac
Château-Queyras
Durance
A
B
Guillestre
Chorges
St-Paul
Gap
Col de Vars
Col de Larche 1991
Tallard
Serres
Barcellonnette
Cuneo
Vinadio
C. de la Cayolle 2326
Colmars
Sisteron
24
C. de Valberg 1669
Digne
Verdon
Château-Arnoux
Guillaumes
Beuil
Col de Lombarde 2350
N
St-Andre-les-Alpes
Gorges de Daluis
23
Nach Savona
Barrême
Entrevaux
Puget-Théniers
Durance
Castellane
B
Ventimiglia
Monte Carlo
A
Menton
Nizza
Grasse
Antibes
Cannes
Nach Marseille
UTEN
UND 24
30
lometer

Die großartigste mittelalterliche Befestigungsanlage Europas ist die von einem 1500 Meter langen Mauerring umgürtete Burg von Carcassonne.

»Sur le Pont d'Avignon, l'on y dans …« heißt es in dem französische Kinderlied über die zerstörte Rhôn Brücke in der Papststadt Avigno

gleicht. Die ständig ansteigende Straße erreicht schließlich den *Col de la Croix-Haute* (1179 m), eine Klimascheide – hinter dem Paß nimmt die Landschaft südländisch-provençalischen Charakter an. Beim Abstieg eröffnen sich schöne Blicke auf die eng zusammengedrängten Häuser von *Serres* (672 m). Dem *Buëch* folgend kommt man ins *Tal der Durance*, wo sich kurz vor *Sisteron* die N 75 mit der N 85 (Route Napoléon) vereinigt.

) Über die Route Napoléon von Grenoble nach Sisteron (151 km).

Kaiserliche Adler mit entfalteten Flügeln säumen die Strecke, die Napoleon I. in umgekehrter Richtung von 1.–7. März 1815 zurücklegte, nachdem er sein Exil auf der Insel Elba verlassen hatte und in *Golfe-Juan* gelandet war. Jeder Widerstand, den die Regierung aufbot, schmolz vor einem bloßen Erscheinen dahin – am dramatischsten bei dem berühmten „*Rencontre de Laffrey*“. Diesen Ort erreicht man von *Grenoble* über *Le-Pont-de-Claix* und *Vizille* (Abstecher zum mondänen Skiort *Les Deux Alpes*) nach 25 km.

Östlich des Dorfes *Laffrey* (910 m; 250 Einw.) liegt am Nordufer des Sees die Wiese, auf der ein Bataillon aufgestellt war, das Napoleon und seinen wenigen Getreuen den Weg nach Grenoble versperren sollte. Napoleon ging allein darauf zu, die Soldaten gehorchten dem Schießbefehl nicht, sondern liefen zu ihm über. Am Abend war Napoleon in Grenoble. Ein Reiterstandbild erinnert an die historische Szene. Die N 85 führt nun an kleinen Seen vorbei über *La Mure* nach *Corps*, wo man einen Abstecher (4 km) zur 126 m hohen Talsperre ***Barrage du Sautet*** machen kann. Die Straße führt weiter im *Tal des Drac* aufwärts und übersteigt den *Col Bayard* (1246 m), eine Klimascheide – um *Gap* (743 m; 25500 Einw.) stehen schon die kahlen Berge des Mittelmeerraums. Von Gap empfiehlt sich ein Abstecher (28 km bis Savines) zu dem größten Stausee Europas, dem *Serre-Ponçon*, der eine Wasserfläche von 36 Quadratkilometern hat.

Das wie ein Pfropfen im hier schluchtartig verengten *Durance-Tal* sitzende **Sisteron* (482 m; 8000 Einw.) ist die erste provençalische Stadt. Hier steht auf einem 200 m hohen Kalkfelsen die Kapelle Notre-Dame-du-Roc; sie wird von einer Zitadelle überragt.

Der nächste Streckenabschnitt reicht von *Sisteron* bis *Cannes* oder *Nice* (174/191 km). Zunächst folgt die N 85 noch bis *Château-Arnoux* dem *Tal der Durance*, einem der großen Flußtäler der Seealpen, in dem die N 96 nach Aix-en-Provence und Marseille weiterführt. Die *Route Napoléon* aber und die sich hier mit ihr deckende *Route des Préalpes* biegen nach Osten ab in das *Tal der Bléone*, an dessen Eingang *Schloß Malijai* liegt und dem sie bis *Digne* (608 m; 17000 Einw.) folgen. Man verläßt die alte Stadt, das römische „*Diana*“, nach Süden und wechselt in das *Tal der Asse* über bis zur Straßengabel in *Barrême* (720 m), wo die Wahl des Zielorts Cannes oder Nice über die Art der Weiterfahrt entscheidet.

a) Über Castellane und Grasse nach Cannes (105 km).

Die *Route Napoléon* führt durch schöne Landschaften über den *Col de Leques* (1146 m) auf einer streckenweise in die Felsen gehauenen Straße nach *Castellane* (723 m; 1300 Einw.) am *Verdon*. Von Castellane kann man über die ***Corniche Sublime* eine 123-km-Rundfahrt um die großartigen ***Gorges du Verdon*, die bis 700 m tief eingeschnittenen Schluchten des Verdon machen, die vielen als die schönste Schlucht in ganz Europa gilt; die mit vielen Aussichtskanzeln ausgestattete Panoramastraße ist ein technisches Meisterwerk, das in der **Artuby-Brücke* gipfelt, die in einem einzigen Bogen von 110 m Spannweite eine 180 m tiefe Schlucht überbrückt.

***Gorges du Verdon*, die bis 700 m tief eingeschnittenen Schluchten des Verdon machen, die vielen als die schönste Schlucht in ganz Europa gilt; die mit vielen Aussichtskanzeln ausgestattete Panoramastraße ist ein technisches Meisterwerk, das in der **Artuby-Brücke* gipfelt, die in einem einzigen Bogen von 110 m Spannweite eine 180 m tiefe Schlucht überbrückt.

Bei der Weiterfahrt auf der N 85 ist noch der *Col de Luens* (1054 m) zu passieren, bis man schließlich vom *Pas de la Faye* (980 m) den ersten **Blick auf das Mittelmeer* und die Küstengebirge *Estérel* und *Maures* hat; dann steigt die Route Napoléon in Kehren ab nach

Grasse (333 m; 39000 Einw.), das mitten in Orangenhainen und Blumenfeldern liegt – vor allem seine Rosenfelder liefern

Grasse: Kathedrale

allem seine Rosenfelder liefer das Rosenöl, einen Grundsto der Parfüm-Herstellung. Ma kann einige Parfümerien besich tigen.

Die am Südhang des *Roquev gnon* geschützt gelegene Stad die noch viel vom Charakter de 18. Jahrhunderts bewahrt ha wird als Winterkurort viel be sucht. Von der Anlage *Cou Honoré-Cresp* hat man eir schöne **Aussicht* auf die Lan schaft um Grasse und das Me zwischen Golfe-Juan und Estér (s. S. 248/249); nahebei liegt d *Musée Fragonard* mit vielen E innerungen an den in Grasse g borenen Rokokomaler (1732 1806). Sehenswert ist der Bl menmarkt an der *Place a Aires*.

Von Grasse führt die N 567 17 km südöstlich nach *Cann* (s. S. 248) oder die N 85 östlic nach *Cagnes-sur-Mer* (s. S. 250

b) Über Pont de Cians nach Ni (122 km)

Die *Route des Préalpes*, die v Grenoble bis Sisteron westli der Route Napoléon führt, v läuft ab Barrême in einem östlich weit ausholenden Bogen. Bei *Saint-André-les-Alpes* läuft die N 207 an einer vom aufgestauten Verdon gespeisten Reihe von reizvollen Seen entlang, dann steigt sie durch die Schlucht **Clue de Vergons* zum *Col de Toutes Aures* (1124 m) auf und senkt sich durch die **Rouaine-Schlucht* mit ihren farbigen Kalksteinwänden nach der kleinen wohlerhaltenen Festungsstadt *Entrevaux* im *Var-Tal.*

6 km vorher mündet links die N 202 ein – es lohnt, auf ihr 14 km nordwärts zu fahren, um die 6 km lange Schlucht ***Gorges de Daluis* aus schokoladebraunen bis rosafarbenen Schiefer zu sehen, die der *Var* in seinem Oberlauf bis 400 m tief gegraben hat. Von nun an fährt man im *Tal des Var* entlang, dessen Schönheit sich ständig steigert: zunächst über *Puget-Théniers* nach *Pont de Cians,* wo die aus den ***Gorges du Cians* (s. S. 244) herkommende *Route des Grandes-Alpes* einmündet; dann bis *Pont de la Mescla*, wo das Var-Tal aus der bisherigen West-Ost-Richtung scharf nach Süden umbiegt – von hier führt die N 205 im *Tinée-Tal* aufwärts zu den Wintersportplätzen *Valberg* (s. S. 244; 86 km von Nice) und *Auron* 1608 m; 97 km von Nice), wo man bis tief in das Frühjahr hinein skilaufen (und nachmittags bei 16° im Meer baden) kann.

Durch die romantische *Vesubie-Schlucht* kommt man zum *Col de Turini* (1607 m), bekannt als Wintersportgebiet ebenso wie wegen der berühmten Rallye de Monaco, die diesen Paß von Lucéram her (mehr als 100 Kehren) zu überwinden hat, als Wendepunkt für ihre Winterfahrt. Es sind mehrere Straßenzüge über das Turinigebiet vorhanden, so daß man stets Rundfahrten machen kann. Sehr zu empfehlen ist auch die Fahrt nach **Madonne d'Utelle* (1174 m), mit großartigem Rundblick über die Seealpen bis zum Meer.

Südlich von Pont de la Mescla verengt sich das Var-Tal zum *Défilé du Chaudan*, um sich ab *Saint-Martin-du-Var* endgültig zu erweitern – die N 205 wird nun gerade und schnell und die letzten 12 km vor Nice ist sie gar als Autobahn ausgebaut. Kurz vor der *Mündung des Var* in die *Baie des Anges* sieht man am gegenüberliegenden Ufer das Fischerdörfchen Saint-Laurent-du-Var, im provençalischen Stil restauriert, das an der Var-Mündung einen Badestrand besitzt. Dann biegt man vor dem Flughafen links ab und fährt über die berühmte **Promenade des Anglais* in *Nice* ein (s. S. 251).

Route 24: Genf/Chamonix–Nice (680 km) (**Route des Grandes-Alpes)

Als Ausgangsorte der *Route dès Grandes-Alpes* gelten *Evian-les-Bains* am Genfer See und *Chamonix*. Die Straßen von beiden Orten (und von *Genf*) vereinigen sich in *Le Fayet*, aber der eigentliche Beginn der Route des Grandes-Alpes liegt erst in *Bourg-Saint-Maurice*. Diese *Hochalpenstraße* sollte nur erst vom Frühsommer ab von passionierten, bergerfahrenen und ausdauernden Autofahrern gewählt werden.

a) Von Evian-les-Bains (und Genf) nach Le Fayet (91 km)

Evian-les-Bains (374 m; 6000 Einw.) ist ein eleganter *Bade- und Luftkurort* am Südufer des *Genfer Sees* mit der berühmten Promenade **Quai Baron-de-Blonay* vor dem Kasino und den Trinkhallen. Von *Evian*, das *Lausanne* gegenüber liegt, fährt man zunächst 9 km in Richtung Genf am Seeufer entlang nach

Thonon-les-Bains (430 m; 27000 Einw.), der auf einer 60 m hohen Terrasse über dem See gelegenen alten Hauptstadt der Landschaft *Chablais*. Hier beginnt die N 202, der man im wesentlichen bis Nice folgt; sie führt die *Dranse* aufwärts durch hübsche Engpässe – besonders interessant ist das **Défilé des Tinés*, wo die Straße den riesigen Geröllhaufen eines Bergsturzes in einem Tunnel unterfährt. Nun steigt die Straße (vorbei am mondänen Skiort *Morzine*) zu dem aufblühenden Wintersportort *Les Gets* (1172 m) auf und senkt sich dann über *Taninges* in das *Tal der Arve*, das man bei *Cluses* (485 m) erreicht (68 km von Evian). In Cluses kommt auch die von Genf das Arve-Tal heraufziehende Straße nach 42 km an. Die N 202 zieht nun weiter das Arve-Tal aufwärts, bis es sich bei

Sallanches (554 m; 8200 Einw.) zu einem ebenen Becken erweitert: im Talausschnitt steht der **Montblanc*. In Sallanches befindet sich ein kleiner Flugplatz, von dem aus Flüge auf den Montblanc unternommen werden.

Abstecher auf das *Plateau d'Assy (12 km)

Über das typisch savoyardische *Passy* und eine Serpentinenstraße erreicht man den herrlich gelegenen Luftkurort **Assy* (1000 m) mit der großen Sehenswürdigkeit der Kirche ***Notre-Dame-de-Toute-Grâce* – Unsere liebe Frau voller Gnaden. An der von dem Architekten *Novarina* 1950 errichteten Bergkirche sind die berühmtesten Künstler der Jahrhundertmitte beteiligt. *Léger* schuf das leuchtende Fassadenmosaik, *Lurçat* den großartigen Bildteppich für die Apsis; *Chagall* schmückte die Taufkapelle; von *Matisse* und *Bonnard* sind die Seitenaltäre, von *Rouault* die dunkel-glühenden Fenster; der umstrittene gesichtslose Kruzifixus stammt von *Germaine Richier*. Schließ lich führt die Straße zu dem 1368 m hoch in einem Waldkessel gelegenen *Lac Vert.*

Von Sallanches führt die R 202 zu dem Doppelkurort *Le Fayet – Saint-Gervais* (576–807 m; 4900 Einw.).

b) Von Chamonix nach Le Fayet (20 km)

Chamonix (1037 m; 9000 Einw.: von *Martigny* im Schweizer Rhône-Tal über den großartig ausgebauten *Col de la Forclaz* (1530 m) in 42 km zu erreichen) ist ein weltbekannter Luftkurort und Wintersportplatz, seit am 8. 8. 1786 die *Erstbesteigung des Montblanc* (4807 m) gelang, und wurde in großzügiger Weise ausgebaut, als 1924 hier die *ersten Olympischen Winterspiele* – mit allen Disziplinen – ausgerichtet wurden. Chamonix, das längst Nachbarorte wie *Argentières* oder *Les Bossons* in seine Region einbezogen hat, liegt in einem von der Arve durchflossenen **Hochtal*, in das die *Gletscher* vom Montblanc-Massiv herunterreichen – besonders eindrucksvoll das **Mer de Glace* und der **Glacier des Bossons*, der vom 4465 m hohen *Mont Maudit*, dem „verfluchten Berg" herunterströmt. In seiner Nähe führen Serpentinen zum Nord-Portal des *Montblanc-Tunnels*, der in 1300 m Höhe unter dem Montblanc-Massiv hindurchführt und nach 11,6 km den italienischen Ort *Courmayeur im oberen Aosta-Tal* erreicht. Chamonix, das sich gern als „Hauptstadt des Wintersports" bezeichnet, ist in der Tat ein riesiger „Verschiebebahnhof" mit zehn Schwebebahnen, fünf Sesselliften, 19 Schlepp-liften und einer Zahnradbahn.

Ein großes Erlebnis ist die ***Fahrt mit der kühnsten und steilsten Seilbahn Europas*, die in zwei Etappen zur ***Aiguille du Midi* (3842 m) hinaufführt und von dort mit einer Gondelbahn weiter über das *Vallée Blanche*, den riesigen Montblanc-Gletscher, zur *Pointe Helbronner* (3452 m); von dieser hochalpinen französisch-italienischen Grenzstation kann man mit der

Montblanc-Massiv über Chamonix

Seilbahn nach Courmayeur hinunterfahren.

Von *Chamonix* fährt man 20 km über *Les Houches* Arve-abwärts nach *Le Fayet.*

Das Teilstück der Route des Grandes-Alpes von *Le Fayet* nach *Bourg-Saint-Maurice* (99 km) wird völlig vom Montblanc beherrscht, dessen Massiv man – solange die Paßstraße über den *Col du Bonhomme*, die die „Route“ beträchtlich verkürzen wird, nicht fertig ausgebaut ist – in einem riesigen Bogen durch Wildflußtäler umfährt. Erst geht es nach Südwesten durch **Megève* (1100 m), einen der größten und vornehmsten Wintersportorte der französischen Alpen, dann durch die tiefeingeschnittenen Schluchten der *Gorges d'Arly* nach *Ugine* mit großen Werken der elektro-chemischen Industrie. 8 km weiter Arly-abwärts liegt die 1845, als Ersatz für das gegenüberliegende, zu eng gewordene und schwer zugängliche *Conflans*, planmäßig geschaffene Stadt

Albertville (345 m; 19000 Einw.), am Westeingang der *Tarentaise*, wie das 90 km lange Tal der oberen Isère genannt wird. Hier führt die N 90 aufwärts, nun in südöstlicher Richtung, nach

Moûtiers (480 m; 5000 Einw.) in einem Becken, das mit Hochspannungsleitungen geradezu übersponnen ist – sie leiten den Strom von den ringsum gelegenen Stausee-Kraftwerken zum Rhône-Tal. Von Moûtiers aus sind die weiter südöstlich gelegenen Wintersportorte *Méribel* (1600 m) nach 18 km und *Courchevel* (1850 m) nach 24 km zu erreichen. Dem Tal der Isère aufwärts folgend, biegt nun die N 90 nach Nordosten zurück, bis

Bourg-Saint-Maurice (813 m; 6000 Einw.), wo man erneut auf die N 202 stößt. Hier beginnt die eigentliche Route des Grandes-Alpes: man läßt die Serpentinenstraße, die zum *Kleinen Sankt Bernhard* hinauf und über ihn nach Italien führt, links liegen und macht sich an die 49 km lange Auffahrt zum

***Col de l'Iseran**, der mit 2769 m der zweithöchste der großen Alpenpässe ist und das Stilfser Joch noch um 14 m übertrifft. 23 km vor der Paßhöhe kommt man an der **Barrage de Tignes* vorbei, der mit 160 m zweithöchsten Staumauer Europas, einem Bauwerk von großer Eleganz, über das die Straße zum Wintersportort *Lac de Tignes* (5 km, 2100 m) führt. Die Straße zum Col de l'Iseran führt dann am Stausee entlang, in dem ein Dorf mit 101 Häusern und zwei Weiler liegen, zu dem berühmten Wintersportort **Val d'Isère* (1840 m, 2000 Einw.); hier beginnen die letzten 16 km zur Paßhöhe mit einer geradezu unheimlich sich auftürmenden Serpentinenwand, die aber unerwartet zügig zu befahren sind.

Vom Col de l'Iseran mit seinem herrlichen **Rundblick* auf die Gletscher und Firnfelder der umliegenden Dreitausender und seiner stimmungsvollen **Bergkirche* steigt die N 202 nun 33 km lang ab nach

Lanslebourg (1399 m; 1000 Einw.), wo nach Süden die Straße über den *Mont Cenis* nach Italien abzweigt. Von hier fährt man auf der N 6 im *Tal des Arc*

abwärts, das die *Maurienne* genannt wird, an *Avrieux* (hier befindet sich ein *Windkanal* für Flugforschung mit 24 m Durchmesser) und der Industriestadt *Modane* vorbei zum nur noch 711 m hoch gelegenen Städtchen

Saint-Michel-de-Maurienne. Hier beginnt die nächste, 34 km lange Auffahrt auf den Paß, der fast alljährlich die längste und schwerste Bergprüfung der Radrundfahrt „*Tour de France*" darstellt: den ***Col du Galibier* (2556 m), den man über den *Col du Télégraphe* (1570 m) und den Wintersportort *Valloire* (1430 m) erreicht. Der Scheitel des Galibier, der als der schönste Paß der Alpen gilt, wird in einem 363 m langen *Tunnel* durchfahren, in dem man die Grenze zwischen *Savoyen* und der *Dauphiné* überschreitet. Am Nordeingang rückblickend sieht man noch einmal den *Montblanc*, vom Südeingang aus schaut man in das gewaltige *Meije-Massiv*. Hat man auf der 35 km langen Abfahrt auch noch den *Col du Lautaret* (2058 m) überschritten, so bemerkt man deutlich, daß man von den Nordalpen in die Südalpen übergewechselt ist: die der Sonne ausgesetzten Bergseiten bleiben jetzt kahl, an die Stelle tiefgrüner Tannen treten hellgrüne Lärchen, die Häuser zeigen den Baustil des „Midi". Den Charakter einer südlichen Stadt hat auch

Briançon (11 000 Einw.), das sich rühmt, mit seinen 1326 m *die höchstgelegene Stadt Europas* zu sein. Die von einem zweifachen Mauergürtel umgebene alte Festung hat steile enge Gassen, von denen die **Grand' Rue* mit ihren Treppenstufen und dem in der Mitte dahinplätschernden Bächlein „*Gargouille*" besonders malerisch ist.

Hier beginnt die 21 km lange Auffahrt auf den *Col d'Izoard* (2360 m), der vor allem nach Nordwesten zurück eine prächtige **Aussicht* bietet. Eine Naturschönheit ersten Ranges aber ist die gleich südlich des Passes gelegene **„*Casse Déserte*" – aus steilen, gelb und rötlich leuchtenden Geröllhängen ragen *Felspyramiden* und *Felsnadeln* hoch: eine Landschaft von großer Einsamkeit und Wildheit. Dann setzt die Abfahrt über eine lange, aber modern ausgebaute Serpentinenstrecke ein, zu der 1000 m tiefer gelegenen, von Vauban erbauten Festung **Château-Queyras* (1384 m). Nochmals 350 m tiefer, kommt man nach einer interessanten Tunnelstrekke durch die **Schluchten des Guil*, die ein Stück Korsika in der Dauphiné darstellen, zu dem Städtchen *Guillestre* (1000 m; 1500 Einw.), wo man nur 4 km vom Tal der Durance mit der großen Straße Briançon-Gap entfernt ist. Die N 202 aber zieht in einem 19 km langen Anstieg sofort wieder hoch zum **Col de Vars* (2111 m), der einzigen Verbindung innerhalb des Hochgebirges zwischen der *Dauphiné* und der *Provence*. Man durchfährt *Sainte-Marie-de-Vars* (1658 m), das sich aus einem unbekannten Bergdörfchen in wenigen Jahren zu einem weithin bekannten Wintersportort entwickelt hat, und kommt knapp vor der Paßhöhe zu einem riesigen modernen Skihotel, das das alte Schutzhaus „Refuge Napoléon" erdrückt. Die 30 km lange Abfahrt führt durch Lärchenwälder, die schon in 2000 m Höhe beginnen, zu dem bereits ganz provençalischen

Barcelonnette (1133 m; 3400 Einw.). Von hier führt die N 202 in einem 30 km langen Aufstieg durch die *Gorges du Bachelard* auf den **Col de la Cayolle* (2326 m), an dessen Südseite der *Var* entspringt; seinem Lauf folgt man 33 km bis zu dem Dorf *Guillaumes* (820 m; 600 Einw.).

Abstecher in die *Gorges de Daluis (6 km)

Gleich südlich von Guillaumes verengt sich das Var-Tal zu einer 6 km langen *Schlucht* aus *vielfarbigen Schieferwänden*, bald schokoladenbraun, bald rosa – in Tunnels und engen Kurven werden die *Gorges de Daluis* von der N 202 durchzogen, der man weiter folgen kann (s. S. 238).

Interessanter aber ist, die 6 km nach Guillaumes zurückzufahren und dort die D 28 einzuschlagen. Sie führt zunächst nach Osten über einen letzten Paß, den **Col de Valberg* (1669 m); die Paßhöhe hat sich zu einem auch architektonisch reizvollen Wintersportplatz entwickelt. Die Abfahrt führt zu dem tiefer gelegenen Wintersportort *Beuil* (1450 m), wo sich die D 28 nach Süden wendet – in die ***Gorges du Cians* – die Straße führt auf dem Grund der Schlucht knapp neben dem Wildwasser dahin und die senkrechten, ja überhängenden Wände treten so nahe zusammen, daß man kaum mehr Himmel sieht.

Bei *Pont de Cians* (s.S. 238) mündet die D 28 in das *Var-Tal* und vereinigt sich mit der *Route des Préalpes* (s.S. 238), deren weiteren Verlauf über *Pont de la Mescla* und *Saint-Martin-du-Var* bis *Nice* Sie auf der Seite 239 beschrieben finden.

Die Route des Grandes-Alpes ist etwa 680 km lang und beansprucht, je nach der Wetterlage, zwei bis drei Tage.

Route 25: Toulon–Cannes–Menton (311 km) (Die Küstenstraße der franz. Riviera)

Unter der ***Französischen Riviera* versteht man den Küstenstreifen des Mittelmeers, der sich in einer Länge von rund 200 km von *Hyères* bei Toulon bis *Menton* an der italienischen Grenze erstreckt; die Franzosen fassen den Begriff der „*Côte d'Azur*" enger – die „Blaue Küste" reicht für sie nur von *Saint-Raphaël* bis *Menton*. Schönheit der Landschaft in Gliederung und Besiedelung, ein sommers und winters gleich angenehmes Klima und der unbeschwerte Lebensstil haben die französische Riviera zu einer der berühmtesten Erholungslandschaften der Welt gemacht. Wer von Südwesten nach Nordosten an dieser Küste entlangfährt, erlebt eine großartige Steigerung nicht nur der landschaftlichen Schönheit, sondern auch des Lebengefühls. Die wichtigsten *Anfahrtstrecken* zur französischen Riviera sind:

die *Autoroute du Sud* von *Lyon* über *Avignon* nach *Marseille* oder *Aix-en-Provence* (s. R 21 S. 219), die *Route des Préalpes* oder die *Route Napoléon* von *Grenoble* nach *Cannes* und *Nice* (s. R 23 S. 232) und die *Küstenstraße* entlang der *Riviera di Ponente* von *Genua* nach *Menton.*

Die französische Riviera ist durch drei Gebirgszüge vor kalten Winden geschützt: im westlichen Teil durch das 60 km lange Massiv der *Monts des Maures*, im mittleren Teil durch das 20 km lange *Esterel-Gebirge*, im östlichen Teil durch die steil zum Meer abfallenden, nur einem schmalen Küstenstreifen Raum lassenden Ausläufer der *Seealpen.*

Ganz im Südwesten der französischen Riviera liegt als ältester ihrer Kurorte *Hyères*, das man von *Marseille* über *Toulon* erreicht. Die 90 km lange Straße verläuft östlich Marseille in einigem Abstand von der durch tief eingeschnittene Buchten, die *Calanques* (s. S. 78), zerrissenen Küste; an der Straße liegen der kleine Hafen *Cassis*, wo ein beliebter Weißwein wächst, *La Ciotat* mit seinen großen Werften und dem malerischen Fischerhafen, die Sandstrände *La Ciotat-Plage* und *Les Lecques*, und der gepflegte Badeort *Bandol*, dessen Promenade mit Palmen, Eukalyptusbäumen und Mimosen bepflanzt ist. Dann kommt man in das Einzugsgebiet des größten *Kriegshafens* Frankreichs, der Basis seiner Mittelmeerflotte, des von Arsenalen starrenden

Toulon (190000 Einw.). Der Hafen hat eine berühmte, durch vorspringende Halbinseln nach allen Seiten geschützte *Reede*, die aus der inneren *Petite Rade* und der äußeren *Grande Rade* besteht und ringsum von *Forts* aus den Zeiten Colberts, Vaubans und Napoleons umgeben ist. In römischer Zeit war es als *Telo Martius* bekannt, durch die Herstellung des zunächst nur dem Kaiser vorbehaltenen *Purpurs* aus dem Saft der Stachelschnecken. Ende des 16. Jahrhunderts wird Toulon *Kriegshafen* – der Dienst auf seinen Galeeren ist eine gefürchtete

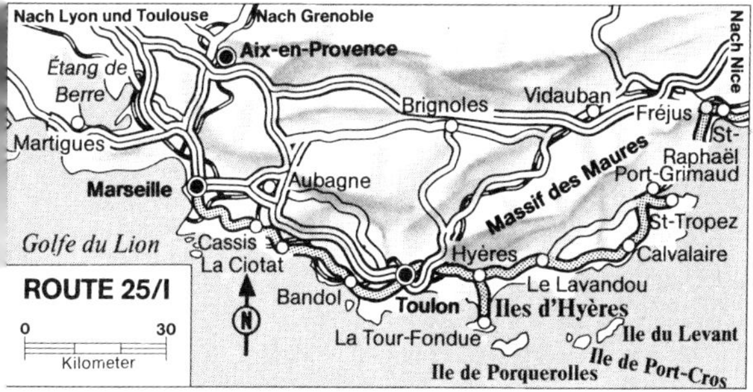

ROUTE 25/I

Strafe. 1793 erwirbt der energische Artillerie-Hauptmann *Bonaparte* hier ersten Kriegsruhm. 1942 versenkt sich die französische Kriegsflotte auf der Reede mit 60 Schiffen vor drohendem deutschen Zugriff. Durch den Verlust der nordafrikanischen Flottenstützpunkte hat Toulon für Frankreich an seestrategischer Bedeutung noch gewonnen.

Verläßt man das von der Kriegsmarine geprägte Toulon nach Osten, so beginnt 18 km weiter die große Ferienlandschaft der französischen Riviera bei

***Hyères** (40000 Einw.), das aus einer malerischen Altstadt und einer von Palmenalleen durchzogenen Neustadt besteht. Dank ihres besonders milden Klimas ist die Stadt seit dem 18. Jahrhundert Winterkurort.

Abstecher zu den *Iles d'Hyères

Man fährt von Hyères 5 km ans Meer nach *Hyères-Plage* oder weitere 7 km zu dem kleinen Hafen *La Tour-Fondue* auf der schmalen *Halbinsel von Giens;* von beiden Orten kann man zur **Ile de Porquerolles* übersetzen, der mit 8 km Länge und 2 km Breite größten der *Hyèrischen Inseln*, mit schönen Sandstränden an der Nordküste, Kiefernwäldern im Inneren und einer 150 m hohen felsigen Steilküste, deren Leuchtturm den südlichsten Punkt der französischen Riviera markiert. Sehr ähnlich und zum Naturschutzgebiet erklärt ist die Nachbarinsel **Ile de Port-Cros* mit üppiger subtropischer Vegetation. Die dritte Insel ist die langgestreckte felsige **Ile du Levant*, eines der ersten (1931) *Centre des Naturistes*, der Nudisten-Kolonie *Héliopolis*.

An den großen *Salinen* von Hyères vorbei zieht die N 98 nun abseits der Küste in 22 km zum Seebad

Le Lavandou (3800 Einw.), das seinen Namen von dem ringsum auf den Hügeln wachsenden Lavendel hat. Hier beginnt die 25 km lange **Corniche des Maures*, die aussichtsreiche Küstenstraße N 559, an der eine ganze Reihe von Badeorten mit schönen Sandstränden liegt, darunter **Cavalière* mit dem schönsten Strand der Maures, **Le Rayol*, das erst 1925 in einem stufenweise zum Meer absteigenden Park angelegt wurde und *Cavalaire*. Nun wendet sich die N 559 nach Norden und führt, die große Halbinsel des *Camarat* abschneidend, zum **Golfe de Saint-Tropez*, an dem 5 km rechts ab

***Saint-Tropez** (7000 Einw.) liegt. Die alte provençalische Stadt

Hafen von Saint-Tropez

hat sich zum *mondänsten Seebad der ganzen Riviera* entwickelt. Der Bummel zur Aperitiv-Stunde spielt sich auf den *Hafen-Quais* ab, an denen zwischen Fischerbooten die kostbaren Yachten vertäut liegen. Besonders schöne Blicke auf Saint-Tropez hat man von der *Môle Jean-Réveille* und von der hochgelegenen *Citadelle* (16./17. Jh.). Die Strände *Plage des Salins*, *Plage de Tahiti* und *Plage de Pampelonne* liegen 4–6 km entfernt am offenen Meer mit Blick auf *Cap Camarat*. Berühmt ist das 1955 in der ehemaligen *Verkündigungskapelle* eingerichtete ***Musée de l'Annonciade*, ein Museum moderner Kunst, in dem alle bedeutenden französischen oder in Frankreich lebenden Maler unseres Jahrhunderts mit hervorragenden Werken vertreten sind – darunter auch *Paul Signac* (1863–1935) der Saint-Tropez um 1890 „entdeckte" und Freunde wie *Bonnard* und *Matisse* nachzog.

Eine völlig neue Stadt ist in den letzten Jahren im westlichen Winkel des *Golfes von Saint-Tropez* an der Mündung des Flüßchens *Giscle* entstanden:

***Port Grimaud.** Sie ist als provençalische Lagunenstadt erbaut; die äußerlich im Stil der ligurischen Küstenstädtchen gehaltenen, innen aber mit allem Raffinement moderner Wohntechnik ausgestatteten Häuser stehen auf künstlichen Landzungen, damit kein Haus ohne privaten Anlegeplatz für ein Motorboot oder eine Segeljacht bleibt – die Besichtigung der *Cité lacustre*, der Pfahlbaustadt, ist lohnend.

Der nächste Abschnitt der **Küstenstraße* – N 98 – reicht vom *Golfe de Saint-Tropez* zum *Golfe de Fréjus* und führt 29 km schön und aussichtsreich an den Ostausläufern des *Massif des Maures* entlang; an bedeutenden Badeorten gibt es hier nur **Sainte-Maxime* und *Saint-Aygulf*. Man sollte nun nicht, der N 98 folgend, nach Saint-Raphaël fahren, ohne den

Abstecher nach Fréjus (2 km) gemacht zu haben, einer sehenswerten alten Stadt.

***Fréjus** (31000 Einw.) war als *Forum Julii* ein bedeutender römischer Hafen und Etappenort

Fréjus: Kreuzgang

an der Straße von Italien nach Spanien, der späteren *Via Aurelia*. Die Stadt, deren Ausdehnung etwa das Doppelte der heutigen betrug, hatte eine Arena für 9000 Zuschauer, ein Theater, einen Aquädukt, vor allem aber ein 22 ha großes Hafenbecken mit 2 km langen Kais, das durch einen 500 m langen und 30 m breiten Kanal mit dem Meer verbunden war. Als die Römer abzogen, begannen Hafen und

Kanal zu versanden; Ende des 18. Jh. wurden sie zugeschüttet.

Aus dem Mittelalter hat sich Fréjus die *Kathedrale* (13. Jh.) bewahrt, deren Portal geschnitzte **Türflügel* aus der Renaissance (um 1530) besitzt; berühmt ist die achteckige **Taufkapelle* aus dem 5. Jh., die zu den ältesten Sakralbauten Frankreichs gehört, und der bezaubernde **Kreuzgang* aus dem 13. Jahrhundert. Im Dezember 1959 wurde Fréjus zum Schauplatz einer Katastrophe: den durch den *Bruch* der 10 km nördlich gelegenen *Talsperre* von Malpasset freigewordenen Wassermassen fielen mehr als 400 Menschen zum Opfer.

*

In Saint-Raphaël, am *Anfang der Côte d'Azur*, beginnt auch die herrliche 33 km lange Küstenstraße ***Corniche de l'Estérel* oder *Corniche d'Or*, die zuweilen hoch über dem Meer hinführt; ihren besonderen Reiz erhält sie durch den Farbgegensatz der roten Porphyr-Felsen zum Grün der Strandkiefern und Tiefblau der Buchten. Der weitaus größte und bekannteste Ort dieses Küstenabschnittes bis Cannes ist

Saint-Raphaël (22000 Einw.) mit seinem schönen Sandstrand. Hier landete 1799 der *General Bonaparte* nach seinem ägyptischen Feldzug, von hier fuhr 1814 *Kaiser Napoleon I.* in die Verbannung nach Elba. Interessant ist die **Templer-Kirche* (12. Jh.) in der Altstadt mit ihrem Wachtturm – sie diente als befestigte Zuflucht bei Überfällen von Seeräubern.

An der *Corniche* folgen: der kleine Badeort *Boulouris*, die blauen *Porphyr-Brüche* des *Cap du Dramont*, das kleine Bad *Agay* mit einer Gedenktafel für den Dichter *Antoine de Saint-Exupéry*, der über diesen Ort fliegend am 31. 7. 44 ein letztes Mal gesichtet wurde, das bezaubernd gelegene **Anthéor*; dann **Cap Roux*, mit seinen roten Porphyrfelsen einer der schönsten Punkte der Corniche; *Le Trayas*, das sich an den Berghängen hinaufzieht; *Miramar* mit **Aussicht vom Col de l'Esquillon* auf den Golfe de Napoule und Cannes; *Théoule-sur-Mer* an den letzten Abhängen des Esterel und schließlich *La Napoule* mit drei Sandstränden und einem *Schloß* aus dem 14. Jh., das der amerikanische Bildhauer *Henry Clews* wiederherstellte und zu einem *Museum* seiner Werke machte. Jenseits der *Siagne-Mündung* liegt dann ****Cannes** (71000 Einw.). Die zweitgrößte Stadt der Côte d'Azur verdankt ihren Aufstieg dem englischen *Lord Brougham*, der 1834 der Cholera wegen nicht nach dem gewohnten Nice konnte und deshalb in Cannes blieb, damals ein Fischerhafen mit 4000 Einwohnern; er verbrachte fortan 34 Winter dort und machte Cannes zum bevorzugten Wintersitz der britischen Hocharistokratie. Zum Sommerbadeort mit zwei ausgedehnten Sandstränden wurde Cannes erst nach dem Zweiten Weltkrieg. Vornehmlicher Schauplatz des Lebens ist die berühmte **Croisette*, die sich als breiter palmenbestandener *Ufer-Boulevard* vom *Hafen*, an dem das *Casino Municipal*, das Winter-Casino, stand, bis zum *Cap de la Croisette* mit dem *Palm Beach Casino* hinzieht, in dem im Sommer gespielt wird.

Etwa in der Mitte der Croisette, die im Süden von der Plage, im Norden von Luxushotels und Apartmenthäusern begleitet wird, liegt das 1949 errichtete **Palais des Festivals*, in jedem Frühjahr Schauplatz der *Internationalen Filmfestspiele*. Südöstlich im Meer liegen die **Lerinischen Inseln: Sainte-Marguerite* mit einem *Fort* aus dem 17. Jh., *Saint-Honorat* mit einer im 5. Jh. begründeten **Klosterburg*.

Abstecher nach Super-Cannes und *Vallauris (Rundfahrt 20 km)

Eine Autostraße führt auf den auch mit einer Seilbahn erreichbaren 233 m hohen Hügel mit dem *Aussichtsturm* „Tour Observatoire de Super-Cannes", von dem man einen unvergleichlichen ***Rundblick* hat. Von hier sind es nur 4 km nach der alten provençalischen Töpferstadt **Vallauris*, die weltbekannt wurde, als *Pablo Picasso* um 1950 dort eine keramische Werkstatt einrichtete; auf dem Hauptplatz steht seine Plastik *„*Mann mit Hammel*", in der Krypta der Kapelle sind 125 qm mit seinem Werk *„*Krieg und Frieden*" (1952–59) bedeckt. An die 100 *Töpfereien* veranstalten kleine Ausstellungen.

In Cannes mündet die „Route Napoléon", unsere R 23, s. S. 232.

Cap de la Croisette abschneidend, gelangt man von *Cannes* an den *Golfe-Juan*, wo Napoleon 1815 bei seiner Rückkehr aus dem Exil auf Elba landete. An das *Städtchen Golfe-Juan* schließt sich das langgestreckte *Seebad Juan-les-Pins* mit großem Sandstrand an; es verdankt seinen Aufstieg seit 1926 dem reichen Amerikaner *Frank Jay Gould*, der hier „investierte".

Umweg über Cap d'Antibes (11 km)

Die Rundfahrt um das Kap, das zu den schönsten der Côte d' Azur gehört, führt zum Luxus-Hotel *„du Cap"* mit dem berühmten Restaurant **Eden-Roc* und dem „***Felsenbad*" an der Südspitze, zum herrlichen **Botanischen Garten Jardin Thuret* und zur **Chapelle de la Garoupe* (78 m) mit prachtvollem ***Aus-*

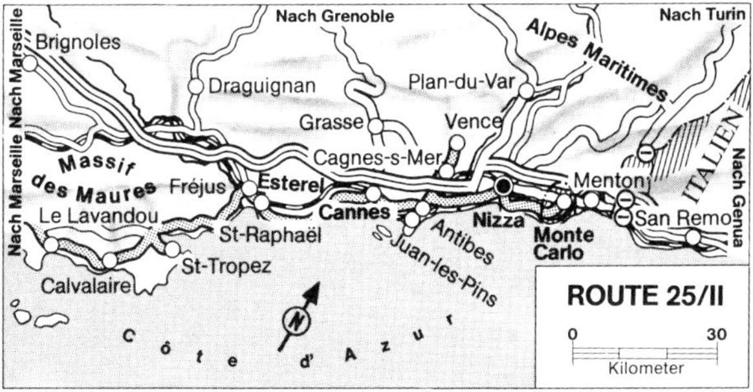

blick auf *Nice* und die oft schneebedeckten Gipfel der *Seealpen.*

Nördlich vom Cap d'Antibes liegt am Anfang der weitgeschwungenen **Engelsbucht* „Baie des Anges" das alte

Antibes (60000 Einw.). Die von Griechen um 350 v. Chr. gegründete Hafenstadt *Antipolis* (die Stadt gegenüber – von Nice) besitzt eine große Sehenswürdigkeit: das im alten *Schloß der Grimaldi* (16. Jh.) untergebrachte ***Musée Grimaldi* mit einer einzigartigen Kollektion von Werken des spanischen Künstlers *Pablo Picasso* (1881–1973).

Eisenbahn, Autobahn, die N 7 und die küstennächste D 41 laufen nun dicht nebeneinander nach Norden um die Engelsbucht. *Freunde moderner Kunst* sollten bei *La Braque* die nach links abzweigende Straße zum

Abstecher nach Biot (3 km)

benutzen, wo noch vor dem malerisch gelegenen Ort *Biot* das 1960 eröffnete **Musée Fernand Léger* liegt: der eigenwillige,

Biot: Léger-Museum

mit einem 45 m langen und 9 m hohen Keramikmosaik geschmückte Bau ist ausschließlich dem Schaffen dieses Künstlers (1881–1955) gewidmet.

5 km weiter in Richtung Nice zweigt wiederum eine Straße nach links ab zu dem sehr lohnenden

Abstecher nach Cagnes-sur-Mer und Vence (10 km):

Cagnes-sur-Mer (30000 Einw.) hat eine malerische Altstadt, die vom **Château Grimaldi* überragt wird: die Burg aus dem 14. Jh. wurde um 1620 zu einem prächtigen Schloß umgebaut; heute enthält es ein *„*Museum des Olivenbaums*", das dem Ölbaum und seiner Frucht, der Olive, gewidmet ist, und wechselnde **Ausstellungen* von Künstlern, die hier oben lebten und arbeiteten wie Marc Chagall. Ebenso sehenswert ist das **Musée Renoir* – der gichtgeplagte Maler kaufte 1907 ein Grundstück, um dessen uralte Olivenbäume zu retten, und ließ sich 1908 ein einfaches Haus darauf erbauen, in dem er bis zu seinem Tode (1919) jeden Winter verbrachte; sein Atelier ist originalgetreu erhalten. 4 km weiter nördlich liegt

***Saint-Paul-de-Vence** (1600 Einw.) auf einem Hügel. Die ungemein malerische Stadt hat sich ihre alten **Festungsmauern* aus dem 16. Jh. erhalten. Zu ihren Füßen liegt die 1964 eröffnete **Fondation Maeght.* Schon der Gebäudekomplex dieses von den Pariser Kunsthändlern *Marguerite und Aimé Maeght* mit dem Architekten *José Luis Sert* geschaffenen Kunstzentrums ist mit seinen nach oben gewölbten

Wannendächern ungewöhnlich. Bedeutende Künstler trugen zu seiner Ausstattung bei: *Braque* schuf die Glasfenster in der Kapelle und zusammen mit *Miró* Brunnen, *Chagall und Miró* steuerten Mosaiken bei, *Giacometti* Statuen, *Calder St*abiles. In *Jahresausstellungen* versucht die Stiftung, einen Überblick über den jeweiligen Stand der modernen Kunst zu geben.

Noch einmal 4 km weiter liegt das malerische

***Vence** (12000 Einw.) mit der berühmten ***Rosenkranzkapelle (Chapelle du Rosaire)* des Dominikanerklosters, die 1950 von dem hochbetagten *Henri Matisse* (1869–1954) gestaltet und in wunderbarer Schlichtheit (bloßen, von der Vorstellungskraft mit Inhalt zu füllenden Umrißlinien) ausgemalt wurde.

*

Über *Cros-de-Cagnes* und die 360 m lange *Var-Brücke* fährt man am Flughafen vorbei zum Hauptort der französischen Riviera und sechstgrößten Stadt Frankreichs

Nice (Nizza; 400000 Einw.). Die Einfahrt erfolgt über die berühmte, 1820 geschaffene und 1939 auf 40 m verbreiterte Ufer-Prachtstraße **Promenade des Anglais*, die sich im *Quai des États-Unis* bis zum *Château* genannten Hügel fortsetzt – an die Stelle der 1706 gesprengten Festung trat eine schöne Parkanlage.

Nice wurde von Griechen um 350 v. Chr. als *Nikaia* gegründet, hieß in römischer Zeit Nicaea, woraus Nizza wurde, das zunächst zur Grafschaft Provence und seit 1388 zur Grafschaft Savoyen gehörte; erst 1860 kam es zu Frankreich (vgl. S. 46) und heißt seitdem *Nice*. Mit seiner steinigen *Plage* ist es als Seebad verhältnismäßig unbedeutend, als *Ferienzentrum*, *Winteraufenthalt* oder gar *Alterssitz* aber der Traum von Millionen. Nice ist berühmt für seine Feste, für seine Blumenschlachten, vor allem aber für seinen zehn Tage dauernden **Karneval*, dessen Höhepunkt ein Wagenzug bildet, der mit riesigen Masken und grotesken Figuren durch die Straßen fährt.

Mittelpunkt der Stadt ist die *Place Masséna*, die nach dem hier geborenen Marschall (1758–1817) benannt ist; nordöstlich davon liegt das *Casino Municipal* mit einem 1100-Platz-Theater, einem 2000-Platz-Varieté, einem Groß-Kino und den Spielsälen im ersten Stock. Im Südwesten liegt die Parkanlage *Jardin Albert I.* mit einem Freilichttheater für 5000 Zuschauer, die sich auf die *Promenade des Anglais* öffnet. Östlich davon erstreckt sich die malerische *Altstadt* mit dem **Blumenmarkt* am *Cours Saleya* und der *Place Pierre-Gautier*, auf der im Winter Gemüsemarkt gehalten wird. *Römische Reste* finden sich im hochgelegenen nördlichen Vorort *Cimiez*; dort liegt auch ein **Matisse-Museum* und das bedeutendste moderne Museum, die *Musée Marc Chagall*.

In Nice enden die „Route des Préalpes". (s. R 23 S. 232) und die „Route des Grandes-Alpes" (s. R. 24. S 240).

Bei der Weiterfahrt von Nice nach Menton hat man die Wahl

zwischen *drei Straßen*, die übereinander an den mehr oder minder steil zum Meer abfallenden Hängen der Seealpen-Ausläufer entlangführen:

Die ***Grande Corniche* (31 km) ist die oberste; sie verläuft mit herrlichen Ausblicken fast immer oberhalb des besiedelten Raums und ermöglicht daher schnelle Fahrt. Ihre Beschreibung finden Sie auf S. 297. Die zweite Straße ist die **Moyenne Corniche* (28 km), die auf halber Höhe führt. An der Küste entlang läuft die

***Corniche du Littoral** (30 km), die durch alle Küstenorte führt und zum gründlichen Kennenlernen dieses wohl schönsten Abschnitts der Côte d'Azur daher besonders geeignet ist. Man verläßt *Nice* über den *Boulevard Carnot* am Ende des Hafens und fährt um den *Mont-Boron* herum in 6 km nach

***Villefranche-sur-Mer** (7500 Einw.), das sich terrassenförmig um ***eine der schönsten Buchten des Mittelmeers* aufbaut; seine *Altstadt* hat sich den Charakter des 18. Jh. bewahrt, außer der *Zitadelle* (1560) sollte man die Chapelle de Saint-Pierre, die *„*Fischerkapelle*" am Hafen besuchen, die 1957 von *Jean Cocteau* ausgemalt wurde. Dann empfiehlt sich der

Umweg über Cap-Ferrat (10 km)

Gleich hinter dem schmalen Hals der Halbinsel liegt das *Musé Ile de France* mit einer sehenswerten **Kunstsammlung*. Dann folgt die **Villa des Cèdres*, die früher dem Belgierkönig Leopold II. gehörte und deren Park in einen prachtvollen *Botanischen Garten* umgewandelt wurde. Unweit davon das *Vivarium du Cap-Ferrat*, ein zoologischer Garten mit Schimpansenschule. Vom Leuchtturm der *Südspitze* hat man einen **Blick*, der nach Osten bis *Bordighera*, nach Westen bis zum *Esterel-Gebirge* reicht. An der Ostspitze, der *Pointe de Saint-Hospice*, erhebt sich außer einem *Wachtturm* (17. Jh.) eine 11 m hohe *Bronze-Madonna*. Der Hauptort der Halbinsel, *Saint-Jean-Cap-Ferrat* ist schon fast zusammengewachsen mit

Beaulieu-sur-Mer (4500 Einw.), dem geschütztesten Ort der Küste mit üppiger subtropischer *Vegetation* und der einem altgriechischen Wohnhaus nachgebildeten *Villa Kerylos*. Dann führt die Corniche du Littoral um das farbige **Cap Roux* herum: in 380 m Höhe sieht man die eng zusammengedrängten Häuser von

****Èze** (1800 Einw.). Die Auffahrt lohnt nicht nur wegen der

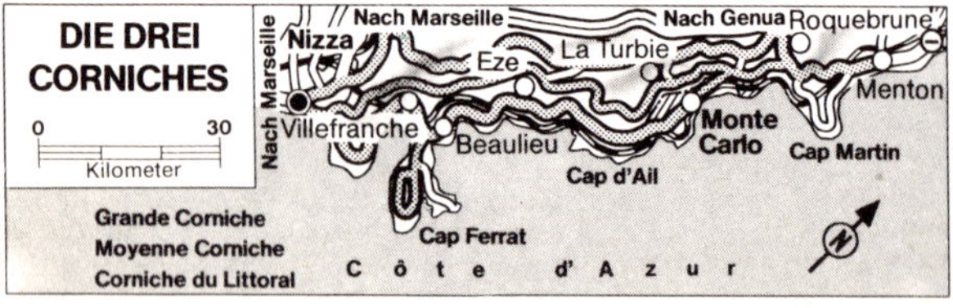

einzigartigen *Lage* dieses wie ein Raubvogelhorst auf hohem Felsen liegenden, ein mittelalterliches **Stadtbild* bietenden Ortes mit der **Kapelle der weißen Büßer* (14. Jh.), sondern vor allem wegen des ***Jardin Exotique*, der sich mit seinen Blüten-Strauch- und Kakteenwundern bis zur 427 m hoch gelegenen Burgruine hinaufzieht.

An der Küste folgt *Cap d'Ail*, ein Kurort an den Abhängen des *Tête de Chien*, des Hundekopfes, und 4 km danach der nach der Vatikanstadt zweitkleinste Staat Europas, das unabhängige, aber in Zollunion mit Frankreich lebende *Fürstentum **Monaco.*

****Monaco,** das konstitutionelle Fürstentum der aus Genua stammenden Familie *Grimaldi*, ist seit 1338 unabhängig. Der Schöpfer des gegenwärtigen Monaco war Fürst *Charles III.* (1856–89), der 1861 die kleinen Städte Menton und Roquebrune an Napoleon III. für 4 Millionen Goldfranken verkaufte und damit die monegassische Fremdenindustrie aufbaute; regierender Fürst ist seit 1956 der mit der amerikanischen Filmschauspielerin Grace Kelly – jetzt Fürstin Gracia Patricia – verheiratete *Rainier III.*

Der 189 ha umfassende Kleinstaat umfaßt die auf einem Felsvorsprung liegende Stadt *Monaco*, das Hafengebiet *La Condamine* und die Fremdenstadt – von den 24500 Einwohnern haben nur etwa 4500 die monegassische Staatsangehörigkeit – *Monte Carlo*. Die Hauptsehenswürdigkeiten sind: In **Monaco* das **Fürstenschloß*, (14.–17. Jh.) mit einem schönen *Ehrenhof* und der berühmten (täglich 11.55 Uhr) *Wachablösung;* das von *Fürst Albert I.*, der Amateur-Meeresforscher war, 1906 be-

Monte Carlo

gründete **Ozeanographische Museum* mit einem der größten Aquarien Europas; und der **Exotische* Garten in den Felsen an der Südwestgrenze. In *Monte Carlo* das weltberühmte **Spielkasino*, dessen Bau 1878 *Charles Garnier*, der Erbauer der Pariser Oper, begann, und seine **Terrassen über dem Meer*; der *Monte-Carlo-Sporting-Club;* und das luxuriöse, schon auf französischem Boden liegende Bad **Monte Carlo Beach.* Mit seinem Apartement-Hochhäusern und den wie Rampen an den Abhängen hochführenden Straßen, auf denen alljährlich das Autorennen um den *Großen Preis von Monte Carlo* stattfindet, ist Monaco ein großes Reiseerlebnis – die Zahl seiner Gäste im Jahr beträgt rund 3 Millionen.

Von Monte Carlo führt die Küstenstraße, *Cap Martin* mit seinen vornehmen Ruhesitzen rechts liegen lassend, zum letzten Ort der französischen Riviera,

***Menton** (27000 Einw.). Der vielbesuchte, durch einen Halbkreis gezackter Berge besonders geschützte Sommer- und Winterkurort liegt entlang der schönen **Promenade George V*, in deren Verlängerung man zur *Hafenmole* gelangt: Von ihrem Ende hat man einen herrlichen **Blick* auf die Altstadt und die Berge; nahe ihrem Anfang ist in einem Fort aus dem 17. Jh. das **Cocteau-Museum* mit interessanten Werken dieses vielseitigen Künstlers untergebracht, der 1957 auch den **Trauungssaal des Rathauses* gestaltete und mit Motiven aus der Orpheus-Sage ausmalte. In der Altstadt liegt der originelle *Alte Friedhof*, dessen vier Terrassen jeweils einer Religion vorbehalten sind.

2 km östlich führt die Straße über die französisch-italienische Grenze nach Ventimiglia, Bordighera, San Remo und endlich nach Genua.

Route 26: Korsika

Die zivilisierte und domestizierte Landschaft der Riviera wiederholt sich im 180 km südlich gelegenen Korsika als weithin unberührte großartige Wildlandschaft. Die nach Sizilien, Sardinien und Zypern viertgrößte Insel des Mittelmeers ist ein einziges Bergmassiv mit nur wenigen Schwemmebenen von Flüssen; 51 seiner Gipfel sind höher als 2000 m, acht davon höher als 2500 m, der höchste, der *Monte Cinto*, ragt 2707 auf. Die Insel ist mit ausgedehnten Kiefern-, Buchen-, Eichen- und vor allem Edelkastanienwäldern bedeckt, soweit sie nicht mit Maquis, dem französischen Gegenstück zur italienischen Macchia, überzogen ist. In der Zeit seiner Blüte von Mitte April bis Mitte Juni, die mit noch schneebedeckten Gipfeln Korsikas schönste Reisezeit ist, hüllt sich das Land in Wohlgeruch, von dem Napoleon sagte: „Mit geschlossenen Augen würde ich Korsika an seinem Duft erkennen.“ Forst- und Landwirtschaft ernähren die 220000 Bewohner, von denen sich ein Drittel in den zwei Städten Ajaccio und Bastia zusammendrängt.

Korsische Geschichte ist jahrtausendelang italienische Geschichte und in den 500 Jahren von 1284 bis 1768 ausschließlich genuesische Geschichte – eine Geschichte der Ausbeutung des Landes und der Unterdrückung seiner Bewohner. Als die Korsen 1729 mit Aufständen beginnen und in *Pascale Paoli* den großen Führer finden, werden die Genuesen ihrer müde und verkaufen die Insel 1768 an Frankreich; seitdem teilt Korsika die Geschichte Frankreichs. 1975 führen korsische Autonomisten eine Teilung in zwei Départements herbei: *Corse du Sud*, dessen Hauptstadt Ajaccio geblieben ist, und *Haute Corse*, dessen Hauptstadt Bastia wurde. Korsika ist von Italien (Haupthafen *Livorno*) leichter zu erreichen als von Frankreich (Haupthäfen *Nice* und *Marseille*), woran allerdings der dichte Flugverkehr mit dem Mutterland

Wachtturm auf Korsika

viel geändert hat. Die Insel hat nur zwei größere Städte: die politische Hauptstadt *Ajaccio* an der Westküste und die wirtschaftliche Hauptstadt *Bastia* an der Nordostküste; die größten der kleinen Städte sind *Corte* in der Mitte des Nordteils der Insel und *Porto-Vecchio* an der Südostküste mit rund 6000 Einwohnern. Die touristische Erschließung hat viel zur Entwicklung beigetragen: Korsika hat herrliche Badebuchten, ist mit seiner zerklüfteten Küste vor allem im Norden und Nordwesten ideal für den Unterwassersport und im Inneren ein Dorado für Bergsteiger, Sportfischer und Jäger.

Ajaccio (41000 Einw.). 1492 von den Genuesen gegründet, ist seit 1975 Hauptstadt des Departements Corse du Sud und steht auch heute noch ganz im Zeichen seines großen Sohnes Napoleon: In der *Rue Bonaparte* liegt sein **Geburtshaus* (15. 8. 1769), auf dem *Stadtplatz* steht sein *Reiterstandbild*, das ihn, umgeben von seinen vier Brüdern, als römischen Kaiser zeigt, an der *Place Giraud* führt eine Treppe zu einer erst 1938 aufgestellten *Napoleon-Statue*, die *Hauptstraße* der Stadt ist der nach Norden führende *Cours Napoléon*, die *Kathedrale* zeigt sein *Taufbecken*, das *Rathaus* ein *Napoleon-Museum*, die *Chapelle Impériale des Palais Fesch* (Kardinal Fesch war ein Onkel Napoleons) das *Elterngrab*. Ein schöner Ausflug (12 km) führt zur **Punta de la Parata:* von der *Tour de la Parata*, einem der rund 90 genuesischen Wachttürme, die die Küste Korsikas gegen die bis ins 18. Jahrhundert andauernden Einfälle nordafrikanischer Seeräuber säumten und als malerische Relikte heute noch säumen, hat man eine herrliche ***Aussicht* auf den *Golf von Ajaccio* und die rötlichen **Iles Sanguinaires*, die letzten Spitzen eines im Meer versunkenen Vorgebirges.

Die wichtigste, gut ausgebaute Straße Korsikas führt

Von Ajaccio nach Bastia (153 km) quer durch den Nordteil der Insel. Man verläßt Ajaccio über den *Cours Napoléon* und steigt auf der N 193 im *Gravone-Tal* langsam auf. Das Tal verengt sich, der Aufstieg wird steiler; bei dem zwischen Kastanienwäldern liegenden Sommerkurort *Bocognano* ist man schon 640 m hoch, 10 km weiter am *Col de Vizzavona* 1161 m. Die Straße führt nun durch den großen, für seine Schönheit berühmten ***Wald von Vizzavona* (Buchen und Laricio-Kiefern) zu dem Kurort *Vizzavona* (906 m), von dem aus man in fünf Stunden den *Monte d'Oro* (2391 m) mit grandiosem ***Fernblick* ersteigen kann. Die N 193 führt nun im Tal des *Vecchio* abwärts über *Venaco* (560 m) nach

***Corte** (396 m; 6000 Einw.), das in der von hohen Bergen umgebenen Talmulde des *Tavignano* liegt und von einer auf einem fast senkrecht abstürzenden, wildgezackten Felsgrat (500 m) erbauten, höchst malerischen **Zitadelle* beherrscht wird.

Von Corte, das mit Standbildern und einem historischen Museum die Erinnerung an die Freiheitskämpfe des 18. Jh. pflegt, kann man einen *Abstecher* (11 km) in die schöne Talschlucht **Gorges de la Réstonica* bis zum *Pont de Tragone* (950 m) machen und von dort zum *Melo-See* (1996 m) und zum *Monte Rotondo* (2625 m) aufsteigen.

Über den *Col de San Quilico* (539 m) führt die N 193 in das **Tal des Golo*, dem sie über *Ponte-Leccia* (195 m) bis *Casamozza* (42 m) folgt. Von der dort beginnenden, 20 km langen Geraden durch die *Ebene von Biguglia* zweigt 3 km hinter Casamozza rechts eine 5,5 km lange Straße nach **La Canonica* ab, der schönsten romanischen Kirche (1119) der Insel.

Bastia (50000 Einw.) ist die Hauptstadt des Départements „Haute Corse" und wirtschaftliches Zentrum Korsikas; sie besitzt einen malerischen **Alten Hafen*, über dem die *Zitadelle* liegt – sie entstand aus der Burg *Bastiglia*, die die Genuesen zum Schutz der von ihnen 1380 gegründeten Stadt anlegten und die ihr den Namen gab. Am *Neuen Hafen* liegt die langgestreckte *Place Saint-Nicolas* mit Palmen und Platanen als Mittelpunkt der Hafenstadt, die der italienischen Insel *Elba* genau gegenüberliegt. Der schönste *Ausflug* von Bastia führt zum ***Cap Corse*.

**Rundfahrt um Cap Corse (123 km)

Das 40 km lange und 12 bis 15 km breite Cap Corse ist die nach Norden ins Meer hinausragende Verlängerung der Hauptgebirgskette Korsikas; im *Monte Stello* erhebt sie sich bis 1305 m. Die Rundfahrt führt von Bastia auf der N 198 an der wenig gegliederten Ostküste der Halbinsel Cap Corse nach Norden; reich mit Wein, Oliven und Obst bebaute Sturzbachtäler öffnen sich zu kleinen Marinen, deren Felsen gute Jagdgründe für die Unterwasserfischerei sind. Bei *Macinaggio* biegt die N 198 nach Westen und erreicht am *Col de la Serra* (362 m) einen ***Aussichtspunkt*, von dem aus man die Westküste, *Cap Corse* und die Inseln *Elba* und *Capraia* überblickt. An der zerklüfteten, buchtenreichen Westküste ist die N 198 als ***Corniche* hoch über dem Meer geführt. Die außerordentlich schöne Fahrt führt zum *Col de San Bernardino*, wo man auf die von Bastia kommende N 199 stößt und auf ihr 5 km bis Saint-Florent fährt, um dort auf die N 843 abzubiegen; sie führt zum *Col de San Stefano* (349 m), von dem man durch den **Engpaß von Lancone* zur Küstenstraße N 193 (s links) abfährt und auf ihr nach *Bastia* zurückkehrt.

Von Bastia über Calvi nach Ajaccio (256 km)

Man verläßt Bastia nach Westen auf der N 199 über den *Col de Teghime* (548 m) und fährt nach *Saint-Florent*, das auf einer Landzunge am schönen *Golfe de Saint-Florent* liegt (23 km). Dann zieht die Straße durch den wüstenhaften *Désert des Agriates* zum **Col de Lavezzo* (312 m) mit schönem Blick und von dort zum Meer hinunter, dessen Küste man bis

L'Ile Rousse (2500 Einw.) folgt, das sich zu einem beliebten Seebad und Winterkurort entwickelt hat. Von hier führt die N 199 am Küstensaum der fruchtbaren Landschaft *Balagne* in 24 km nach

Calvi (3600 Einw.), dem Frankreich nächstliegenden Hafen Korsikas und dessen Hauptstadt in genuesischer Zeit, woran noch die schöne **Zitadelle* der Oberstadt erinnert. Seine günstige Verkehrslage (Calvi besitzt neben Ajaccio und Bastia den dritten Flugplatz der Insel) und sein Sandstrand haben ihm die Entwicklung zum *Seebad* ermöglicht.

Von Calvi, das an der Nordwestspitze der Insel liegt, führt nun die N 199 durch einsame Gegenden meist am Meer entlang zum *Golfe de Galeria*, dann im Hinterland aufsteigend bis zum *Col de Palmarella* (374 m). 10 km weiter hat man vom *Col de la Croix* (272 m) eine prächtige ***Aussicht* auf den *Golfe de Girolata* und den *Golf von Porto*, der mit seinen roten Felsen als der schönste Korsikas gilt und zu dem die N 199 kurvenreich hinunterführt nach

Porto, dem dritten *Seebad* der Nordwestküste, und ihrem landschaftlich reizvollsten. Hier sollte man den

Abstecher nach *Spelunca (10 km)

machen, der am *Fluß Porto* in den wilden Talkessel *Spelunca* führt mit seinen säulen- und kegelförmig hochragenden farbigen Felsen. Von hier kann man über das typisch korsische Dorf *Ota* nach Porto zurückkehren oder die Fahrt (11 km) bis *Evisa* (645 m), einer herrlich in Kastanienwäldern liegenden Sommerfrische, oder gar bis zum *Col de Vergio*, dem mit 1464 m höchsten Straßenpaß Korsikas (33 km von Porto), fortsetzen.

Südwestlich von Porto nimmt die N 199 für 2 km Corniche-Charakter an und führt über dem Meer mitten durch das zerklüftete Chaos roter Felsen, das man *Calanche* oder ***Les Calanques* nennt – eine der schönsten Landschaften Korsikas. Diese Strecke endet in dem kleinen, schön über dem Golf von Porto gelegenen, von Künstlern bevorzugten Ort *Piana*.

Die N 199 führt nun vom Meer weg auf den *Col de Lava* (498 m) mit schönem (vor allem in Abendbeleuchtung) **Rückblick auf die Calanche*, dann durch die *Ebene des Flusses Lomberlaccio* ans Meer zurück nach *Cargèse*, einer Siedlung von Griechen, die 1676 auf der Flucht vor den Türken nach Korsika kamen. Von hier läuft die N 199 am *Golf von Sagone* entlang und endlich über ein Vorgebirge nach *Ajaccio*.

Von Ajaccio nach Bonifacio (139 km)

Die Fahrt zur *Südspitze Korsikas* führt abseits des Meeres auf der

N 196 durch das Landesinnere und beginnt mit dem 30 km langen Aufstieg zum *Col Saint-Georges* (747 m). Dann überquert sie das breite Tal des *Taravo* und führt über *Petreto* nach *Olmeto* (360 m), das inmitten von Olivenhainen über dem *Golf von Valinco* liegt, der mit dem kleinen Langustenfischerhafen

Propriano (2800 Einw.) und seinem Sandstrand zu einem sich schnell entwickelnden Ferienzentrum geworden ist. Sein südöstliches Hinterland bildet die für Korsika besonders charakteristische Landschaft *Sartenais*, durch die die N 196, durch riesige graue Felsen in Kehren ansteigend, zu dem aus dunklem Granit erbauten, noch ganz mittelalterlich wirkenden

Sartène (305 m; 6000 Einw.) ansteigt, dem Schauplatz der einzigartigen Karfreitagsprozession „*Catenacciu*". Von hier führt die N 196 durch von Maquis bedeckte Hügelketten und sumpfige Strandgebiete nach

Bonifacio (2600 Einw.). Seine Altstadt liegt auf einer schmalen, 60 m hohen und 1500 m langen Felsrippe, die sich zwischen der fjordartigen Bucht und dem Meer vorschiebt. In dieser Lage konnte Bonifacio, durch starke Wälle und eine Zitadelle geschützt, lange Belagerungen aushalten, wenn man auf dem wasserlosen Felsen – jeden Regentropfen auffing; diesem Zweck dienen selbst die Strebepfeiler der Kirchen; sie sind als Zuleitungen zu den Zisternen ausgebildet. Von der *Zitadelle*, in der auch Napoleon als junger Artillerie-Offizier vorübergehend Dienst tat, führt ein Treppenweg von 192 Stufen zum Meer hinunter, die *Escalier du Roi d'Aragon* – König Alfons I. von Aragonien ließ sie 1420 bei einer vergeblichen Belagerung in den Fels hauen; danach diente sie als willkommener Schlupfweg zur Versorgung der Zitadelle vom Meer her. Bonifacio südlich gegenüber liegt, nur durch eine 11,5 km breite Meerenge getrennt, *Santa Teresa* an der *Nordspitze Sardiniens.*

*

Von Bonifacio kann man über das an der Ostküste liegende *Porto Vecchio* (6000 Einw.) quer über den Südteil Korsikas nach *Ajaccio* zurückfahren oder auf einer landschaftlich sehr schönen Straße durch die Mitte der Insel nach *Corte* oder – am wenigsten zu empfehlen – durch die öden Sumpfgebiete der Ostküste direkt nach *Bastia*.

Route 27: Nancy–Loire–Nantes/La Baule (741 km)

Der Ausgangspunkt dieser Route, die durch Lothringen und die Champagne an die Loire und dann an ihr entlang durch einen der schönsten Teile Frankreichs bis zur atlantischen Küste führt und neben der Straße über Paris-Rennes auch den besten *Anfahrtweg zur Bretagne* darstellt ist *Nancy*, die alte Hauptstadt

Lothringens. Da diese Route viele unserer vorausgegangenen Routen kreuzt, müssen wir Ihnen häufig zumuten, unseren Verweisungen folgend nachzublättern.

Nancy ist von der Bundesrepublik auf zwei großen Straßen zu erreichen:

a) von Saarbrücken nach Nancy (108 km)

Man fährt von *Saarbrücken*, der Kopfstation der Autobahn, über die Grenze in 18 km nach *Sarreguemines* (Saargemünd; 27000 Einw.) und von dort auf der N 74 über das lothringische Plateau und die Städte *Morhange* (5200 Einw.) und *Château-Salins* (2800 Einw.) nach *Nancy*.

b) von Straßburg nach Nancy (149 km)

Diese Anfahrt über *Saverne* (Zabern), *Sarrebourg* und *Lunéville* haben wir im Zuge unserer R 4 a (Straßburg-Paris) auf den Seiten 108 bis 111 ausführlich beschrieben.

Nancy (250000 Einw.), das auf einer Schnellstraße südlich umfahren werden kann, lohnt eine Besichtigung, zumal seine Hauptsehenswürdigkeiten auf engem Raum zusammenliegen (s. S. 109).

Der erste Abschnitt reicht von *Nancy* bis *Troyes* (187 km). Man fährt zunächst auf der N 4, der großen Straße nach Paris, 18 km in langen Geraden durch Wald nach der alten Bischofsstadt und Festung

Toul (16000 Einw.); die Moselstadt besitzt in der **Fassade* der *Cathédrale Saint-Etienne* und im **Kreuzgang* der Kirche *Saint-Gengoult* zwei herrliche Kunstwerke der Gotik.

Bei Toul zweigt man von der N 4 nach links auf die D 960 ab (man fährt auf ihr bis zur Loire). Sie führt zunächst an den Südausläufern der *Côtes de Meuse* entlang und überquert dann die Meuse (Maas) bei

Vaucouleurs (3000 Einw.), dessen verfallenes **Schloß Baudricourt* – nur die Kapelle wurde 1929 wieder aufgebaut – eine wichtige Rolle im Leben der *Jungfrau von Orléans* spielte. Bei *Houdelaincourt* kreuzt man unsere R 4 c (Mulhouse-Paris s. S. 113). Allmählich verliert die Landschaft ihre Strenge und wird milder – man kommt aus *Lothringen* in die *südliche Champagne*. Bei *Joinville* überquert man die *Marne* und fährt durch Wald nach *Wassy-sur-Blaise* (3400 Einw.), wo mit dem „Gemetzel von Wassy“ am 1. März 1562 die „Religionskriege“ begannen. 14 km weiter liegt *Montier-en-*

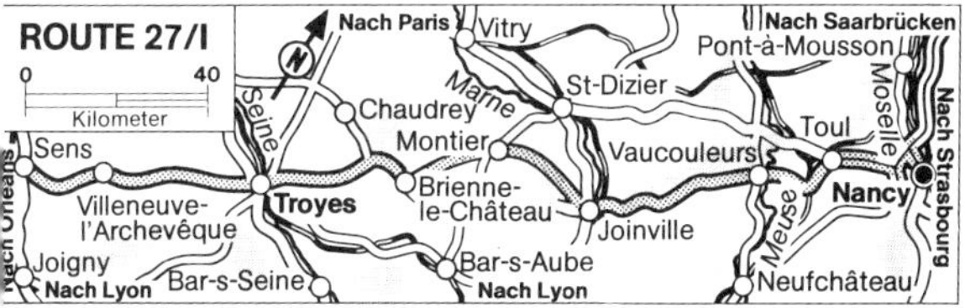

Der (2100 Einw.) mit einer romanischen **Kirche*, die in Teilen bis ins 10. Jh. zurückgeht. Durch eine Ebene mit vielen Teichen gelangt man, das Hügelland hinter sich lassend, nach

Brienne-le-Château (4200 Einw.). Das hübsche **Schloß* wurde 1770–78 erbaut. Man fährt nun durch die *Champagne Humide*, den wasserreichen Teil dieser Landschaft, bis man bei *Piney* mit seinem malerischen Markthallen die trockene *Champagne Sèche* erreicht. 20 km weiter liegt

***Troyes** (82 000 Einw.) an der *Seine* (s. S. 124). Hier wird die N 60 von einem Zweig unserer R 5 (Belfort–Paris s.S. 121) gekreuzt.

Der zweite Abschnitt reicht von *Troyes* bis *Châteauneuf-sur-Loire* (162 km). Man fährt auf der N 60 weiter westsüdwestlich am Nordrand der Hügelkette *Forêt d' Othe* nach *Fontvannes*, in dessen Nähe die *Vanne* entspringt, deren Tal man bis *Sens* folgt.

***Sens-sur-Yonne** (30 000 Einw.) besitzt in der **Cathédrale Saint-Étienne* eine der frühesten gotischen Kirchen Frankreichs; eine Beschreibung der Stadt finden Sie auf Seite 127 im Zuge unserer R 5 (Belfort–Paris s.S. 121), die mit ihrem über Dijon führenden Zweig hier die N 60 kreuzt.

Man verläßt Sens über die *Yonne* und kommt, nachdem man die *Autoroute du Sud* (Paris–Marseille) überquert hat, zu dem historisch bedeutsamen

Courtenay (2500 Einw.); aus diesem Ort, der einmal Sitz mächtiger Lehnherren war, kamen im 13. Jh. drei Kaiser des Lateinischen Kaiserreichs, das die Kreuzfahrer in Byzanz (früher Konstantinopel, heute Istanbul) errichteten. Der nächste größere Ort ist

Montargis (55000 Einw.; s. S. 200, wo man unsere Route 19 (Paris–Carcassonne s. S. 200) und unsere Route 20 (Paris–Perpignan s. S. 210) kreuzt.

Von *Montargis* führt die N 60 über *Bellegarde-du-Loiret*, dessen romanische *Kirche* eine schöne **Fassade* zeigt, in den ausgedehnten *Wald von Orléans*; aus ihm heraustretend findet man sich an der *Loire* in

Châteauneuf-sur-Loire (5500 Einw.), von dessen *Schloß* aus dem 17. Jh. nur noch vier Pavillons und der *Park* mit berühmten *Rhododendron*-Bäumen erhalten ist. Hier findet man Anschluß an unsere R 14 (Loire-Schlösser um Orléans s. S. 169);

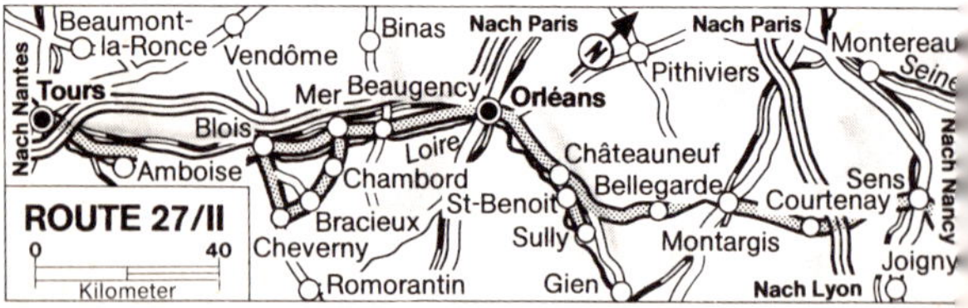

in deren Zug finden Sie auch auf Seite 171 den

Abstecher nach *Saint-Benoît und *Sully (18 km)

beschrieben, der zu einer der schönsten frühromanischen **Kirchen* Frankreichs (1067–1208) und zu dem mächtigen **Burgschloß Sullys* führt, des großen Ministers und Freundes Heinrichs IV.

Der dritte Abschnitt reicht von *Châteauneuf* bis *Tours* (139 km) und führt auf der N 152 ständig am rechten, nördlichen Ufer der Loire entlang. 25 km westnordwestlich von Châteauneuf liegt am nördlichsten Punkt, den die Loire bei ihrem Lauf erreicht,

Orléans (210000 Einw., s. S. 170). Hier wird die N 152 von unserer Nord-Süd-Route 18 (Paris–Toulouse s. S. 192) gekreuzt; weiter ist die Stadt Mittelpunkt unserer R 14, die in zwei Schleifen zu den Loire-Schlössern im Umkreis von Orléans führt.

Von Orléans verläuft die N 152 in 56 km meist in einigem Abstand zum Loire-Ufer nach Blois. In *Beaugency* sieht man eine malerische *alte Loire-Brükke* mit einem mächtigen **Wehrturm* aus dem 11. Jh.. 8 km weiter liegt, schräg gegenüber dem *Atomkraftwerk* auf der anderen Flußseite, *Château d'Avaray* mit schönen **Gärten* über der Loire. Bei dem Ort *Mer* (38 km von *Orléans*) sollte man den Umweg über *zwei der schönsten Schlösser* machen, die es im Raum der Loire gibt:

Umweg über **Chambord und **Cheverny (23 km mehr)

Man zweigt in Mer von der N 152 links ab auf die D 112, die die Loire überschreitet und durch den *Wald von Chambord* zum größten und großartigsten aller Loire-Schlösser führt. Eine ausführliche Beschreibung von ***Schloß Chambord* finden Sie auf Seite 173.

Dann fährt man durch den riesigen *Wildpark* 8 km nach Süden bis *Bracieux*, wo man von der D 112 nach rechts auf die D 102 abbiegt und auf ihr in 9 km zum ***Schloß Cheverny* (s. S. 173) gelangt. Von dort führt die N 765 in nordwestlicher Richtung nach 13 km nach *Blois*, das man von *Mer*, dem Ausgangsort des Umwegs, über die N 152 nach 18 km erreicht.

***Blois** (50000 Einw.) besitzt als Hauptsehenswürdigkeit ein historisch und kunstgeschichtlich bedeutsames **Schloß* mit einem berühmten ***Treppenturm* – s. S. 172.

Von Blois ab führt die N 152 eng am Nordufer der Loire entlang.

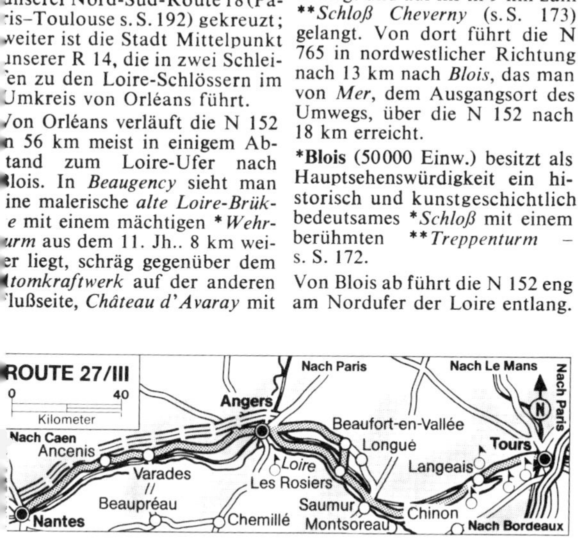

Bei km 16 (ab Blois) sieht man hoch auf dem Hang des Südufers das prächtige Schloß

**Chaumont, dessen Beschreibung Sie auf S. 172 finden. Man kann nun über die Brücke zurück und weiter auf der Hauptstraße N 152 in 18 km bis zum Brückenkopf von Ort und **Schloß _Amboise_ fahren oder den sehr lohnenden Umweg über das Schloß Chenonceaux machen:

Umweg über **Chenonceaux nach **Amboise (24 km mehr)

Man fährt von _Chaumont_ durch den _Bois de Sudais_ 18 km nach Süden bis _Montrichard am Cher_ und biegt dort nach rechts auf die N 76 ein, die in 10 km Cher-abwärts zu dem herrlichen **_Schloß Chenonceaux_ führt, das quer über den Fluß gebaut ist – seine Schilderung finden Sie auf Seite 176. Von dort fährt man 5 km weiter Cher-abwärts bis _La Croix-en-Touraine_, wo man auf die D 31 nach Norden abbiegt und durch den _Forêt d' Amboise_ mit der 40 m hohen *_Pagode von Chanteloup_ (1775–78) Ort und **_Schloß Amboise_ (s.S. 175) erreicht. Dann überquert man die _Loire_ und findet sich wieder auf der N 152.

Man fährt nun auf ihr weiter nach Westen über

Vouvray (3000 Einw.), das einen der bekanntesten Weißweine der Touraine hervorbringt, nach

Tours (250000 Einw.), der interessanten Hauptstadt der Landschaft _Touraine_ (s. S. 175). In Tours wird unsere Ost-West-Route von unserer Nord-Süd-Route 16 (Paris–La Rochelle-Royan s.S. 181) und R 17 (Paris-Bordeaux–Biarritz s. S. 188) gekreuzt; weiter ist die Stadt Mittelpunkt unserer R 15, die in zwei Schleifen zu den Loire-Schlössern im Umkreis von Tours führt.

Der vierte Abschnitt reicht von _Tours_ bis _Angers_ (108 km). Man kann auf der N 152 über _Luynes_ mit seinem stolzen, von vier dicken Rundtürmen flankierten *_Schloß_ in 23 km direkt nach _Langeais_ mit seinem prächtigen **_Schloß_ (s.S. 177) fahren oder den zwei weitere sehr schöne Schlösser einschließenden

Umweg über **Villandry und **Azay-le-Rideau (15 km mehr)

machen. Dazu fährt man, am Südrand von Tours nach links auf die D 7 abbiegend, 18 km nach *_Schloß Villandry_, das vor allem wegen seiner einzigartigen **_Renaissance-Gärten_ berühmt ist (s. S. 180). Dann fährt man noch 3 km auf der D 7 nach Westen und biegt dann auf die D 39 nach Süden ab; auf ihr erreicht man in 8 km **_Schloß Azay-le-Rideau_, das auf einer _Insel in der Indre_ liegt (s.S. 179). Von Azay führt die D 57 in 1[illegible] km nach

Langeais (3900 Einw.), dessen **_Schloß_ mitten im Städtchen liegt (s.S. 177).

Die N 152 hält sich weiter eng am rechten Loire-Ufer. Auf dem linken sieht man *_Schloß Ussé_ (s.S. 179) und 10 km weiter das 1960 als erstes in Betrieb genommene *_Atomkraftwerk Avoine-Chinon_ mit seiner Hohlkugel von 54 m Durchmesser. 4 km im Hinterland des rechten Loire-Ufers liegt das interessante Städtchen _Bourgueil_, das für seinen _Rotwein_ bekannt ist. 9 km weiter stromabwärts mündet die *Vienne* in die Loire, die kurz danach nahe dem für seinen *Weißwein* bekannten *Montsoreau* (auf dem linken Ufer) von einer 700 m langen *Stahlbrücke* überspannt wird. 11 km weiter stromabwärts liegt auf dem linken Ufer

***Saumur** (36000 Einw.) mit seinem hochgelegenen *Schloß* (s. S. 178).

Die N 152 folgt weiter dem rechten Loire-Ufer über *Saint-Martin* und *Saint-Clément* bis

Les Rosiers (1700 Einw.). Von hier kann man auf der N 152 weiter an der Loire in 30 km nach *Angers* fahren oder, abseits der Loire, auf dem

Umweg über Beaufort-en-Vallée nach Angers (8 km mehr):

Man fährt von *Les Rosiers* auf der D 59 von der Loire weg 11 km nach Norden bis *Beaufort-en-Vallée* (3500 Einw.) im Anjou-Tal, das von *Burgruinen* aus dem 14./15. Jh. überragt ist und einen hübschen **Renaissance-Glockenturm* besitzt. Von dort führt die D 4 nach Westen; bei *Mazé* kann man (1,5 km) zum *Schloß Montgeoffroy* (18. Jh.) fahren, das sehenswert ist, weil in ihm das *vollständige Mobiliar aus der Zeit Ludwigs XVI.* erhalten blieb – jedes Möbelstück steht noch an dem Platz, für den es geschaffen wurde.

***Angers** (143000 Einw.), die alte Hauptstadt der mächtigen Grafen von *Anjou*, hat in seiner gewaltigen, mit 17 dicken Türmen bestückten ***Burg* (1228–38) eine große Sehenswürdigkeit, zumal in ihr die berühmte ***Bildteppich-Folge der Apokalypse* (14. Jh.; 168 m lang, 5 m hoch) in einer eigens dafür gebauten Glashalle ausgestellt ist (s.S. 167).

Der letzte Abschnitt reicht von *Angers* bis *La Baule* (166 km) und führt über das in der Mündung der Loire gelegene *Nantes*. Von Angers nach Nantes führen zwei Straßen: Sie finden sie im Zuge unserer R 13 (Paris–Nantes), in die unsere Route bei Angers einmündet, auf Seite 167 beschrieben, ebenso die große Hafenstadt *Nantes* auf Seite 168 und die Beschreibung der Weiterfahrt zu dem mit Royan und Biarritz größten Seebad der französischen Atlantikküste, *La Baule* (s.S. 169).

Von Nantes führt die N 165 in 155 km nordwestlich nach *Quimperlé*, wo man Anschluß an unsere R 12 c findet – also Gelegenheit zu einer *Rundfahrt durch die Bretagne* (s. R 12 a–c S. 153 ff.) hat.

Route 28: Nancy–Bourges–La Rochelle (716 km)

Nancy (250000 Einw.), die alte Hauptstadt Lothringens, finden Sie im Zuge unserer R 4 a (Straßburg–Paris) auf Seite 109 beschrieben. Sie ist hier Ausgangspunkt einer Fahrt quer durch Frankreich, die abseits der großen Verkehrsströme von Lothringen durch Nordburgund in die Landschaft Berry und von dort durch Poitou an die atlantische Küste führt. Da diese Strecke viele unserer vorausgehenden Routen kreuzt, müssen wir Ihnen häufig zumuten, unseren Verweisungen folgend nachzublättern.

Der erste Abschnitt reicht von *Nancy* bis *Chaumont* (115 km). Man fährt zunächst durch lothringisches Land nach Südwesten, durch Täler und über bewaldete Plateaus in das Tal der *Maas* nach (D 974 und N 74)

Neufchâteau (10000 Einw., s. S. 116), wo man unsere R 4c (Mulhouse–Paris, s. S. 113) kreuzt.

Man fährt dann auf der N 65 weiter über eine bewaldete Hochebene nach *Liffol-le-Grand*, wo man Lothringen verläßt und in die Landschaft *Bassigny* eintritt. In *Andelot* am Rognon findet man eine schöne **Kirche* aus dem 12. Jahrhundert. Dann überquert man die *Marne* und kommt nach

Chaumont-en-Bassigny (30000 Einw., s. S. 124), wo man einen Zweig unserer R 5 (Belfort–Paris s.S. 121) kreuzt.

Der zweite Abschnitt reicht von *Chaumont* bis *Auxerre* (141 km). Die N 65 führt durch Wälder, überquert die *Aube* und die *Ource* und kreuzt schließlich die junge *Seine* bei dem Städtchen

Châtillon (8000 Einw.). Sein Museum birgt einen Schatz – den **„*Schatz von Vix*", der in einem Frauengrab aus dem 6. Jh. v. Chr. gefunden wurde; neben den Schmuckstücken ist vor allem eine riesige (1,64 m hohe, 1,45 m weite, 4 Zentner schwere) **Bronze-Vase* interessant mit einem umlaufenden *Relief-Fries*.

Nun zieht die N 65 genau nach Westen, erst über eine Hochfläche, dann durch Wald nach

Tanlay mit einem großartigen **Schloß* (s. S. 127). 8,5 km weiter auf der N 65, die in die N 5 mündet, liegt

Tonnerre (5900 Einw.), wo man den anderen Zweig unserer R 5 kreuzt und den weiten **Krankensaal* des Hospitals sehen sollte (s. S. 126).

Von Tonnerre führt die N 65 in das *Weinland* um

Chablis (2200 Einw.), das einen trockenen, leichten Weißwein hervorbringt, der mit Vorzug zu Austern getrunken wird. Der Höhepunkt des Weinbaus um Chablis liegt allerdings schon etwas zurück – im 16. Jahrhundert. Seitdem wird Chablis „L

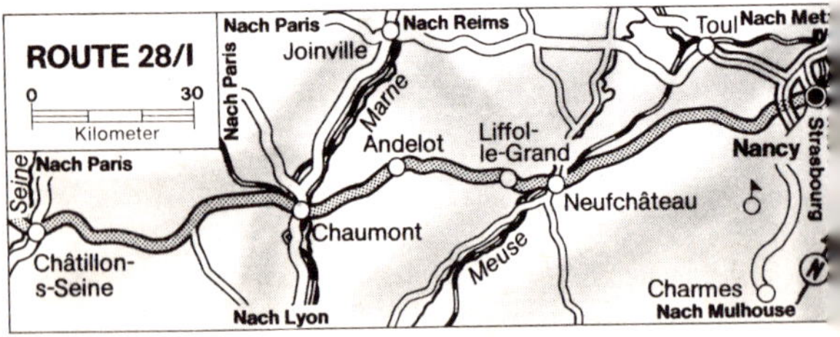

Porte d'Or de la Bourgogne", die *Goldene Pforte nach Burgund* genannt. Bemerkenswert ist die **Martinskirche* aus dem 12. Jh.

Westlich Chablis kreuzt die N 65 die Autoroute du Sud (Paris–Marseille) und in

Auxerre (45000 Einw.) unsere Nord-Süd-Route 21 (Paris–Marseille). Die Hauptstadt von Nord-Burgund hat eine bedeutende gotische **Kathedrale* (13.–16. Jh.), deren schöne **Fassade* mit drei **Portalen* insofern eigenartig ist, als dem ausgeführten Turm ein ganz niedriger Stumpf gegenübersteht; im Inneren gilt der ***Chor* mit Umgang (13. Jh.) als eine der feinsten Schöpfungen der Gotik, wozu die herrlichen **Glasmalereien* der Medaillons (13. Jh.) noch beitragen; in der romanischen, von der früheren Kirche stammenden *Gruft* sind **Fresken* aus dem 11.–13. Jh. erhalten.

Nördlich von *Saint-Etienne* liegt die Abtei *Saint-Germain* mit einem 49 m hohen romanisch-burgundischen **Glockenturm* und der Kirche, unter der zwei **Krypten* aus dem 9. Jh. in ihrer Größe den Eindruck einer eigenen unterirdischen Kirche erwecken; in ihnen liegt das Gewölbe, in dem der in Auxerre geborene heilige *Germanus* nach seinem Tod in Ravenna im 5. Jh. beigesetzt wurde; die Kostbarkeit der Krypten aber sind die ***Fresken* aus dem 9. Jh., die erst 1927 unter der Übermalung entdeckt wurden und zu den ältesten in Frankreich zählen.

Der dritte Abschnitt reicht von *Auxerre* bis *Bourges* (140 km). Die Fahrt auf der N 65 führt durch eine schöne Landschaft aus dem Tal der *Yonne* in das Tal der *Ouanne*, das man bei dem Städtchen

Toucy (3000 Einw.) überquert. Chor und Nordmauer seiner **Kirche* (16. Jh.) bestehen aus dem alten Gemäuer und zwei Türmen der Burg (12. Jh.). Hier wurde der große Lexikograph *Pierre Larousse* (1817–75) geboren, dessen 15bändiges Wörterbuch noch heute vorbildlich ist. Nun führt die N 65 in zwei langen Geraden in 21 km über ein bewaldetes Plateau nach Saint-Fargeau – *schöner* ist die 6 km längere Fahrt auf der N 455 bis *Saint-Sauveur*, der Heimat der Schriftstellerin *Colette*, und dann auf der D 85 am *Loing* entlang, wobei man den überströmenden Reichtum der Landschaft *Puysance* an Bächen, Flüssen, Teichen und Seen kennenlernt.

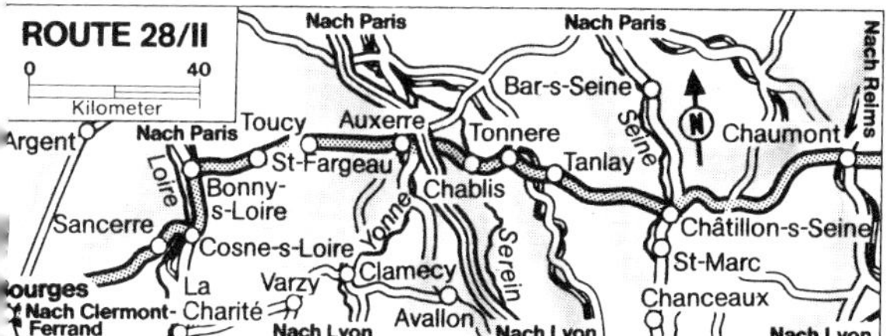

Saint-Fargeau (1900 Einw.) hat ein schönes **Schloß*, das vom 10. Jh. bis zur Renaissance aus- und umgebaut wurde; seine Gräben und der Teich im Park werden von einem Bach gespeist, der 3 km südöstlich den See **Reservoir de Bourdon* bildet.

Die N 65 führt nun durch den *Bois du Parc* in das *Tal der Loire*, wo sie bei *Bonny-sur-Loire* in die N 7 mündet. Auf ihr fährt man 19 km flußaufwärts, geht bei *Cosne-sur-Loire* auf das andere Ufer und folgt ihm auf der N 455 über *Saint-Satur* bis

Sancerre (2700 Einw.). Das Städtchen liegt auf einem von Weingärten bedeckten Hügel mit herrlichem **Ausblick*; schön ist der Wachtturm **Tour des Fiefs* (15. Jh.). Die N 455 zieht nun von der Loire weg am Südhang der *Hügel des Sancerrois* in 45 km nach

***Bourges** (83000 Einw.) mit seiner berühmten gotischen ***Kathedrale*, die eine der ganz großen Kirchen Frankreichs ist, und mit dem **Hôtel Jacques-Coeur*, das zu den schönsten weltlichen Bauten der Gotik zählt. Eine Schilderung von Bourges finden Sie auf Seite 200 im Zuge unserer Nord-Süd-Route 19 (Paris–Carcassonne).

Der vierte Abschnitt reicht von *Bourges* bis *Saint Savin* (142 km) und ist kunstgeschichtlich besonders interessant. Man fährt auf der N 151 weiter nach Südosten, wo man bei *Saint-Florent* den *Cher* überschreitet und in zwei langen Geraden über das eintönige *Hochplateau des Berry* fährt. In *Charost* findet man die romanische *„*Rote Kirche*“, die ihren Namen von dem eisenhaltigen Stein hat, aus dem sie erbaut wurde; beachtenswert sind die Skulpturen am *rechten Seitenportal.*

Issoudun (17000 Einw.) hat zwei Zeugen seiner bis in gallische Zeiten zurückreichenden Vergangenheit: den 33 m hohen Rundturm **Tour Blanche*, der nach der Gemahlin Ludwigs VIII. und Mutter Ludwigs IX. des Heiligen benannt ist; er wurde mit 4 m starken Mauern von Richard Löwenherz im 12. Jh. erbaut. Und das alte, in ein Museum umgewandelte **Hôtel-Dieu* mit seinem *Krankensaal*, der *Kapelle* mit zwei schönen **Stammbäumen Jesu* (16. Jh.) und zwei köstlichen, völlig eingerichteten Apotheken aus dem 17./18. Jh. und von 1830. Dann führt die N 151 in 27 km nach

Châteauroux (56000 Einw.), einer Industriestadt, in der auch

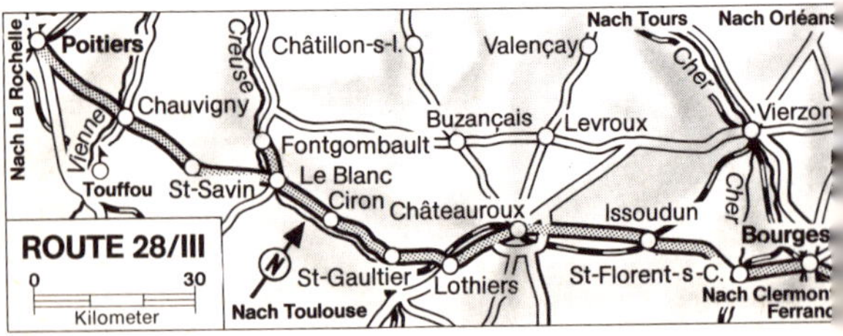

ein großer Teil der französischen Zigaretten hergestellt wird. Neben dem **Château Raoul* (15. Jh.), das jetzt Sitz der Präfektur Indre ist, und dem als letztem Rest einer Abtei 2 km nördlich im Vorort *Déols* stehenden schönen **Glockenturm* sollte man das **Musée Bertrand* besuchen – General Bertrand, der hier zur Welt kam und auch hier starb, war der „Treueste der Treuen" Napoleons; er begleitete ihn nach Elba und auch nach Sankt Helena; das Museum bewahrt viele Erinnerungsstücke an den Kaiser. In Châteauroux wird unsere Route von unserer Nord-Süd-Route 18 (Paris-Toulouse s. S. 192) gekreuzt.

Man fährt nun 15 km auf der N 20 nach Süden bis *Lothiers*, dann auf der rechts abzweigenden, sich hier fortsetzenden N 151 15 km nach

Saint-Gaultier (2400 Einw.) an der *Creuse* mit einer romanischen **Kirche* aus dem 11. Jahrhundert. 14 km weiter im schönen Tal der Creuse findet man in

Ciron eine *Totenleuchte* aus dem 12. Jh. und das **Château de Romefort*, eine mächtige Burg aus dem 14. Jh. mit vielen Rundtürmen und einem viereckigen Wachtturm, der aus dem 12. Jh. stammt. Weitere 14 km im Tal der Creuse folgt

Le Blanc (7400 Einw.), das „*Tor zum Poitou*". Hier lohnt eine kunstgeschichtliche Exkursion:

Abstecher nach Fontgombault (8 km)

Man fährt auf der N 70 an der nach Nordwesten abbiegenden Creuse entlang, die von Kalksteinfelsen eingefaßt ist. In ihrem Grotten ließen sich im 11. Jh. Eremiten nieder, aus deren Gemeinschaft eine berühmte Benediktinerabtei hervorging. Als ihr Rest blieb die 1091–1141 erbaute, 82 m lange **Kirche*, eines der schönsten romanischen Bauwerke in Mittelfrankreich; das **Schiff* in seiner schlichten Feierlichkeit, vor allem aber der mit Seitenchören und 14 kleinen Apsiden reichgestaltete **Chor* ist höchst eindrucksvoll.

Von *Le Blanc* fährt man auf der N 151 in 18 km nach

Saint-Savin (1500 Einw.) an der *Gartempe*, dessen romanische ***Abteikirche* eines der großen Kunstdenkmäler Frankreichs ist. Den schönsten **Blick* auf die Abtei hat man vom *Pont-Vieux*, der gotischen Brücke aus dem 13. Jahrhundert. Die Kirche überrascht zunächst durch ihre Größe: das Schiff mißt 76 m, das Querschiff 31 m, der Glockenturm steigt 77 m auf. Im Langhaus steht man überwältigt vor den in Frankreich einzigartigen ***Wandmalereien* aus dem 11. und 12. Jh., die als breites Band in 15 m Höhe zu beiden Seiten über den Bogenreihen entlanglaufen; manche sind zerstört, aber der erhaltene Rest bedeckt noch 412 qm; in großer Zartheit und Ausdruckskraft stellen sie Szenen dar, die dem 1. und 2. Buch Moses entnommen sind. Die ***Fresken in der Krypta* haben sich, gegen Lichteinfall geschützt, noch besser erhalten, wenn auch einige durch Überschwemmungen der Gartempe beschädigt und durch Kerzenrauch geschwärzt sind.

Der letzte Abschnitt reicht von *Saint-Savin* bis *La Rochelle* (178 km) und führt durch die

Landschaft *Poitou*. Zunächst fährt man auf der N 151 19 km nach

Chauvigny (9000 Einw.) an der *Vienne*. Das Vorgebirge, zu dessen Füßen die hübsche Kleinstadt liegt, trägt *Ruinen* von nicht weniger als 5 Burgen, darunter den wuchtigen **Donjon* (11. Jh.) des *Château baronnial*, die *Wälle* des *Château d'Harcourt* (12./15. Jh.) und den *Wachtturm* (11. Jh.) des *Château de Gouzon*. In der *Oberstadt* liegt die bedeutende romanische Kirche **Saint-Pierre* (11./12. Jh.); bemerkenswert ist von außen ihre besonders schön geformte **Apsis*, im Inneren der Chor mit seinen **Kapitellen*.

Von Chauvigny kann man einen sehr hübschen

Abstecher zum *Château du Touffou (8 km)

machen, wohin man auf einer kleinen Straße am *linken* Ufer der malerischen Vienne gelangt. Das ockerfarbene **Schloß* steigt in Terrassen über dem Fluß auf. Seine beiden Donjons stammen aus dem 11. und 12. Jh., ebenso die eleganten Türmchen über den Stützmauern; die vier dicken Rundtürme wurden im 14. Jh. hinzugefügt; die Renaissance-Teile entstanden um 1560 – trotz der Verschiedenheit der Stile fügt sich alles zu einer harmonischen Einheit zusammen.

Die N 151 überquert die *Vienne* und führt 23 km schnurgerade auf Poitiers zu, in das man rechts des neuen Universitätsviertels einfährt.

Poitiers (92000 Einw.), das fünf sehenswerte frühromanische Kirchen besitzt, findet man auf Seite 181 beschrieben. Hier kreuzt unsere Ost-West-Route unsere Nord-Süd-Route 17 (Paris–Biarritz s. S. 188) und mündet in unsere Route 16 (La Rochelle–Royan).

Sie finden daher die Weiterfahrt von *Poitiers* über *Niort* nach *La Rochelle* auf den Seiten 182/183 beschrieben und die geschichtlich als einer der Hauptstützpunkte der Hugenotten so bedeutende Seefestung La Rochelle (78000 Einw.) mit ihren malerischen Türmen am Hafen auf Seite 183.

Von *La Rochelle* kann man zu dem großen Atlantik-Seebad *Royan* (s. S. 187) weiterfahren und von dort nach *Bordeaux* (s. S. 84).

Route 29: Belfort–Dijon–Royan (792 km)

Diese Route führt durch die Franche-Comté und durch Burgund mit seiner alten Hauptstadt Dijon und den interessanteressanten Städten Beaune und Autun; dann durch den Bourbonnais und die Landschaft Berry nach Poitou – sie führt also durch die Mitte Frankreichs auf einer Strecke, die abseits der großen Verkehrsströme liegt.

Der erste Abschnitt reicht von *Belfort* bis *Dijon* (175 km).

Belfort (65000 Einw.), das von der Abfahrt *Müllheim* der Ober

OUTE 26

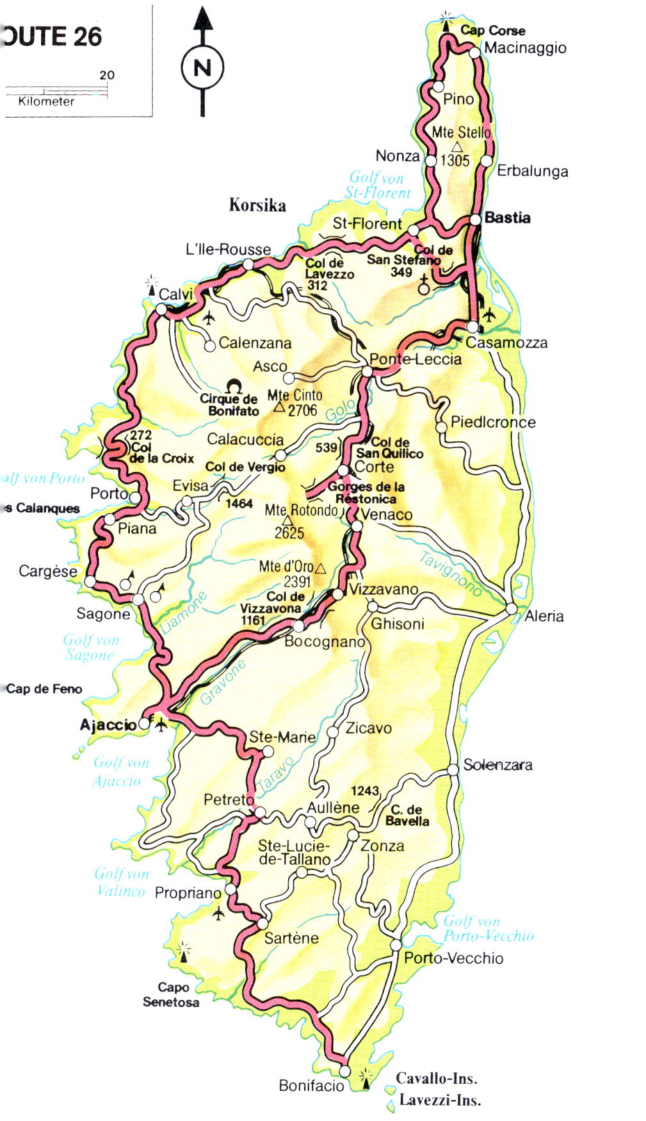

20
Kilometer
N
Korsika
Cap Corse
Macinaggio
Pino
Mte Stello
1305
Nonza
Erbalunga
Golf von St-Florent
Bastia
St-Florent
Col de San Stefano
349
L'Ile-Rousse
Col de Lavezzo
312
Calvi
Calenzana
Casamozza
Asco
Ponte-Leccia
Cirque de Bonifato
Mte Cinto
2706
Golo
Piedicronce
Calacuccia
539
Col de San Quilico
272
Col de la Croix
Col de Vergio
Corte
Golf von Porto
Evisa
Gorges de la Restonica
Porto
1464
Calanques
Mte Rotondo
2625
Venaco
Piana
Mte d'Oro
2391
Tavignano
Cargèse
Col de Vizzavona
1161
Vizzavano
Sagone
Ghisoni
Aleria
Liamone
Bocognano
Golf von Sagone
Gravone
Cap de Feno
Ajaccio
Ste-Marie
Zicavo
Golf von Ajaccio
Taravo
Solenzara
1243
Petreto
Aullène
C. de Bavella
Ste-Lucie-de-Tallano
Zonza
Golf von Valinco
Propriano
Sartène
Golf von Porto-Vecchio
Porto-Vecchio
Capo Senetosa
Bonifacio
Cavallo-Ins.
Lavezzi-Ins.

Die südlichste Stadt Frankreichs liegt auf der felsigen Südspitze Korsikas. Die alte Seefestung Bonifacio hat viele Stürme und Angriffe überlebt.

Auf den weißen Felsen der Alpilles in der Provence steht die Ruinenstadt Les Baux. Sie war einst glanzvoller Liebeshof der Troubadours

rhein-Autobahn über *Mulhouse* in 69 km, von *Basel* über *Altkirch* in 65 km erreichbar ist, finden Sie im Zuge unserer R 5 auf S. 121 beschrieben. Dort sind auch auf S. 121/122 die ersten 87 km dieser Route skizziert, die bis *Combeaufontaine* führen; an dieser Straße (20 km von Belfort) liegt das Städtchen *Ronchamp* mit der 1955 von Le Corbusier erbauten ***Wallfahrtskirche Notre-Dame-du-Haut* (s. S. 121).

In Combeaufontaine verläßt man die N 19, der man bisher in Richtung Paris folgte, und wendet sich auf der N 70 nach Südwesten. Über *Gray* (9000 Einw.) an der *Saône* erreicht man nach 88 km

****Dijon** (157000 Einw.), das als Hauptstadt des spätmittelalterlichen Herzogtums Burgund eine der bedeutendsten Kunststädte Frankreichs ist; s. S. 93.

Der nächste Abschnitt reicht von *Dijon* bis *Autun* (87 km); in ihm folgen einander alle paar Kilometer sehenswerte Städte und für ihren Wein bekannte Dörfer.

Verläßt man Dijon auf der N 74 nach Südwesten, so sollte man nicht diese stark befahrene Hauptstraße wählen, sondern die westlich neben ihr herführende, nur 2 km längere „Weinstraße" D 122, die den stolzen Namen *„*Route des Grands Crus*" (Straße der großartigen Wachstümer) trägt und zahlreiche Weindörfer der Côte d'Or berührt, der „Goldküste" des Burgunders (s. S. 97). Ab *Nuits-Saint-Georges*, der südlichen Endstation der Côte d'Or, fährt man auf der N 74 über *Aloxe-Corton*, wo der zweite Teil des Weinlandes, die **Côtes de Beaune*, beginnt, 16 km nach dem burgundischen Kleinod

***Beaune** (21000 Einw.). Die große Sehenswürdigkeit dieser Stadt ist unter vielen mittelalterlichen Bauten das berühmte „Hospiz der Armen und Gebrechlichen", das ***Hôtel-Dieu*. Der heute noch seinem Zweck dienende mächtige Bau wurde von *Nicolas Rolin*, dem Kanzler der Herzöge von Burgund (vgl. auch Autun S. 221), von 1443 bis 1445 errichtet und konnte ein halbes Jahrtausend völlig unversehrt überstehen. Um den **Innenhof* läuft eine hölzerne Galerie unter dem hohen, mit vielen Erkern geschmückten und mit buntglasierten Ziegeln gedeckten Dach. Man sieht den

52 m langen ***Krankensaal* mit seinem kräftig bemalten Dekkengewölbe und die von ihm nur durch ein Gitter getrennte ***Kapelle*, die ***Apotheke*, und, wenn

Beaune: Hôtel-Dieu

man nachmittags kommt, auch die ***Küche* mit ihren Kupferkesseln, dem Bratspieß und dem riesigen Rauchfang; und in der *Salle du Roi* das berühmte ****Polyptychon*, den mehrflügeligen Altar des *Rogier van der Weyden:* „Das jüngste Gericht" (1443). – Nahe der romanisch-burgundischen Kirche ***Notre-Dame* (12. Jh.) steht in der *Rue d'Enfer*, der „Höllgasse", das Hôtel des Ducs de Bourgogne (14./16. Jh.), in dem ein interessantes ***Burgunderweinmuseum* untergebracht ist.

Gleich bei der Ausfahrt aus Beaune nach Südwesten, wo man die rechts wegführende N 73 wählt, liegen an der Straße die drei weltbekannten Weindörfer *Pommard*, *Volnay* und *Auxey-Duresses* und nur wenig südöstlich davon *Meursault* und *Puligny-Montrachet*, von dessen Wein der Kenner *Alexandre Dumas* hingerissen sagte, „er müsse auf den Knien getrunken werden und entblößten Hauptes".

Dann zieht die N 73 von den großen Weinlagen weg nach *La Rochepot* mit seinem vieltürmigen schönen ***Schloß*, kreuzt die N 6 (Paris–Lyon) und führt über *Nolay* nach Westen. Kurz hinter dem Dörfchen *La Drée* zweigt rechts die D 26 ab zum ***Château de Sully* (4,5 km), einem mit Wassergräben umgebenen Renaissance-Schloß (16. Jh.). 16 km weiter kreuzt die N 73 in

***Autun** (25000 Einw., s. S. 221) unsere Nord-Süd-Route 21 (Paris–Marseille).

Der dritte Abschnitt reicht von *Autun* bis *Montluçon* (172 km) und führt aus dem Hügelland Burgund zu den Nordabhängen des Massif Central. Man verläßt Autun über die *Arroux-Brücke* und gelangt auf der N 73 über ein welliges Hochland, in dessen Mitte das Städtchen *Lucy* liegt, zum Oberlauf der *Somme*, deren Tal man abwärts fährt bis

Bourbon-Lancy (6500 Einw.), einem *Thermalbad* mit fünf ergiebigen heißen Quellen; nahe der Stelle, wo die N 73 im Ort rechtwinklig nach Westen abbiegt, bilden ein Fachwerkhaus aus dem 16. Jh., ein Brunnen und der Uhrturm eine besonders ***hübsche Baugruppe*. 3 km westlich überquert man die junge *Loire* auf einer schönen Brücke (1932) und fährt durch das Flachland des Bourbonnais über *Chevagnes* nach

Moulins (29000 Einw.), wo man unsere Nord-Süd-Route 20 (Paris–Perpignan) kreuzt; die Hauptstadt des heute „*Bourbonnais*“ genannten Herzogtums von Bourbon, das Franz I. für die Krone einzog, finden Sie auf S. 211 beschrieben.

Man fährt nun auf der N 145 weiter, überquert den *Allier* und folgt dem Tal der *Queune*. Rechts der Straße liegt, eine alte Propstei von Cluny (s. S. 222),

Souvigny (3800 Einw.) mit der bedeutenden Kirche **Saint-Pierre* (11./15. Jh.); ihren Ruhm bilden die **Grabmäler* der Herzöge von Bourbon: *Louis' II.* in der *Alten* und *Charles' I.* in der **Neuen Kapelle*; im Untergeschoß befindet sich der kunstgeschichtlich wichtige **Calendrier de Souvigny* (12. Jh.), eine achteckige Säule mit den Tierkreiszeichen, den ländlichen Arbeiten der jeweiligen Monate und Fabeltieren.

Die N 145 führt nun weiter Queune-aufwärts auf die Hochebene des Bourbonnais, auf der in 500 m Höhe *Le Montet* und *Montmarault* liegen. Schließlich hat man eine schöne Abfahrt in das Tal des *Cher* nach

Montluçon (60 000 Einw.), wo man unsere Nord-Süd-Route 19 (Paris–Carcassonne s. S. 204) kreuzt.

Der vierte Abschnitt reicht von *Montluçon* bis *Limoges* (148 km). Man hat die Wahl zwischen zwei Strecken:

a) über Guéret nach Limoges (148 km)

Die N 145 steigt langsam zum Südende des Hochplateaus von *Berry* an und weiter zur Granithochebene *Marche*, die vom Tal der *Creuse* durchschnitten wird. Nach 65 km ziemlich eintöniger Fahrt kommt man nach

Guéret (436 m; 16000 Einw.), dem Hauptort der einstigen *Grafschaft Marche*. Die Stadt besitzt im **Hôtel de Moneyroux* ein liebenswürdiges Gegenstück zu dem berühmten Hôtel Jacques-Cœur in Bourges (s. S. 200); seine beiden Flügel wurden im 15. und 16. Jh. in später Gotik erbaut. Das **Museé municipal* gibt einen schönen Überblick über das Kunsthandwerk zweier Nachbarstädte: *7 *Email-Reliquiare* aus dem 83 km südwestlich gelegenen *Limoges* (s. S. 193) und eine Kollektion von **Wandteppichen* aus dem nur 42

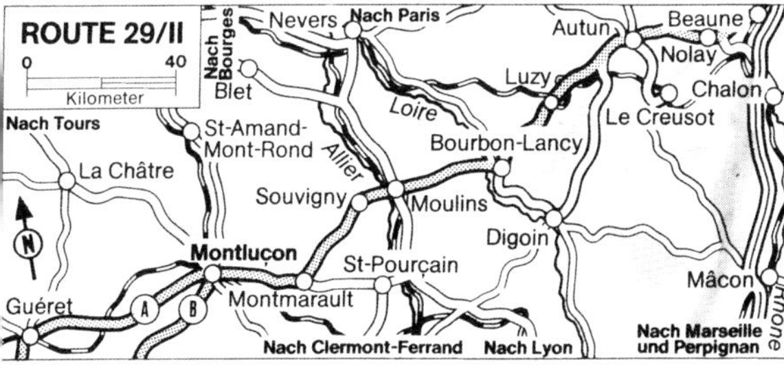

km südöstlich gelegenen *Aubusson* sind besonders kostbar.

b) über Aubusson nach Limoges (151 km)

Die N 693 führt in einigem Abstand von *Cher*, vom Stauwerk *Rochebut* und von dem Thermalbad *Evaux-les-Bains* im Tal der *Tardes* aufwärts und dann ins Tal der *Creuse* absteigend zur Teppichwirkerstadt

Aubusson (7000 Einw.). Im 15. Jh. brachte eine *Gräfin de la Marche* die Kunst der Bildwirkerei aus Flandern in die Stadt; sie gedieh so sehr, daß ihr *Colbert* den Status einer *Manufacture Royale* gab. Zweimal erlitt Aubusson schwere Rückschläge: durch die Abwanderung der Hugenotten (17. Jh.) und durch die Einführung der Papiertapete (19. Jh.). In unserem Jahrhundert gewann der Name Aubusson neuen Glanz, vor allem durch die modernen Entwürfe des großen Bildkünstlers *Jean Lurçat*. Im *Rathaus* finden sommerliche Ausstellungen statt, bei denen auch die Technik der Bildwirkerei demonstriert wird, und im *Maison du Vieux Tapissier* aus dem 15. Jh. ist ein *Bildwirkermuseum* eingerichtet.

Die Straße von *Guéret* (N 140) und die von *Aubusson* (N 141) nach Limoges treffen in *Bourganeuf* zusammen, von wo man auf der N 141 über die sich nach Westen abflachende Hochebene nach

Saint-Léonard-de-Noblat (360 m; 6000 Einw.) fährt. Die Stadt besitzt das Musterbeispiel eines romanischen **Glockenturms* in der Bauart des Limousin. Die N 141 senkt sich nun, um die *Vienne* auf dem *Pont de Noblat* (18. Jh.) zu überschreiten, steigt noch einmal an, um eine große Schleife der Vienne abzuschneiden, und überquert den Fluß ein zweites Mal bei der Einfahrt nach

Limoges (195000 Einw.). Die zur „Stadt der Porzellanfabriken" gewordene alte Hauptstadt des *Limousin* finden Sie im Zuge unserer Nord-Süd-Route 18 (Paris–Toulouse), die unsere Route hier kreuzt, auf Seite 193 beschrieben.

Der fünfte Abschnitt reicht von *Limoges* bis *Angoulême* (104 km). Man fährt auf der N 141 über die Hochebene rechts der Vienne. Bei km 19 führt rechts die D 9 ab zu dem (8 km) Dorf *Oradour-sur-Glane*, das 1944 von deutscher SS grausam zerstört wurde; seine Ruinen werden als *Mahnmal* bewahrt, der Ort wurde in der Nachbarschaft neu erbaut. Dann führt die N 141 wieder an die Vienne zu der für

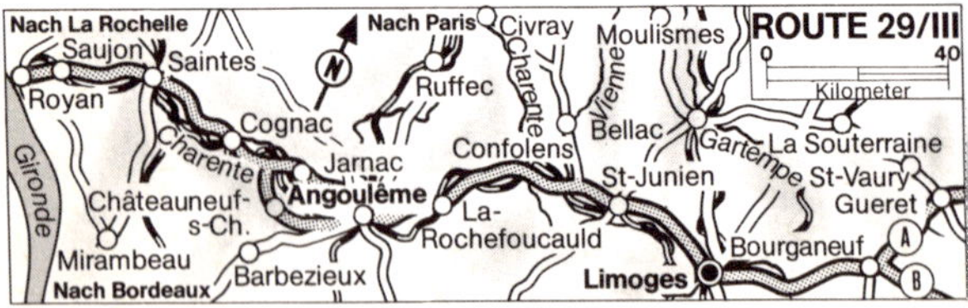

ihre Handschuhe bekannten *Gerberstadt*

Saint-Junien (11400 Einw.) mit einer bedeutenden **Kirche* (11./13. Jh.) im romanischen Stil des Limousin und dem reichskulptierten **Grabmal des hl. Junien* (12. Jh.). Über die Vienne führt noch eine Brücke aus dem 13. Jh. mit der spätgotischen *Chapelle Notre-Dame-du-Pont* (15. Jh.).

10 km westlich liegt bei Rouillac das **Château de Rochebrune* (11./13./16. Jh.), von Gräben umgeben und von vier Rundtürmen flankiert; 6 km weiter folgt *Chabanais*. Man kann aber auch von Saint-Junien den Umweg (5 km mehr) nach Süden über *Rochechouart* machen, von dessen hochgelegenem **Schloß* (13./18. Jh.) man einen herrlichen **Blick* auf die Berge des Limousin hat, und von dort über *Chassenon* mit den Resten der gallo-römischen Stadt *Cassino Magus* nach Chabanais fahren.

Die N 141 zieht weiter nach Südwesten und tritt aus der Landschaft *Limousin* in die Landschaft *Charente* über; gab dem Limousin die Stadt Limoges den Namen, so ist nun Namensgeber der beherrschende Fluß. Über *Chasseneuil* fährt man nach

La Rochefoucauld (3800 Einw.) mit einem **Schloß*, das Stammsitz eines berühmten Adelsgeschlechts ist und einen **Renaissance-Innenhof* mit dreistöckigen Galerien besitzt. Dann zieht die N 141 durch den großen *Wald von Braconne* nach

***Angoulême** (95000 Einw.), wo man unsere Nord-Süd-Route 17 (Paris–Biarritz) kreuzt; die Beschreibung dieser Hauptstadt der Charente finden Sie auf S. 188.

Der letzte Abschnitt reicht von *Angoulême* bis *Royan* an der Atlantikküste (106 km). Erstes Etappenziel ist die Cognac-Stadt *Cognac*, die man auf *zwei Straßen* links und rechts der Charente erreichen kann.

a) Über Jarnac nach Cognac (42 km)

Man überquert die Charente auf der Brücke von *Saint-Cybard* und fährt mit schönen Rückblicken auf Angoulême auf der N 141 über *Fléac* (0,5 km links, mit dreikuppeliger Kirche aus dem 12. Jh.) und *Hiersac* nach *Jarnac* (4600 Einw.), wo man noch einmal die Charente überquert; dann führt die N 141 durch das Weinbaugebiet „*Grande Champagne*“, dessen Weine zu dem berühmten Branntwein *Cognac* gebrannt werden.

b) Über Châteauneuf-sur-Charente nach Cognac (46 km)

Man verläßt Angoulême nach Südwesten auf der N 10 und biegt am Stadtende rechts ab auf die N 699. Sie führt erst nach *Saint-Michel* mit einer interessanten achteckigen romanischen **Kirche* (12. Jh.), dann, stets nahe der Charente, nach *Châteauneuf* (3400 Einw.) mit der Kirche **Saint-Pierre* im romanischen Stil des Poitou; von dort benutzt man die D 10, die 10 km vor Cognac in die N 141 mündet.

Cognac (23000 Einw.) bietet Gelegenheit zur Besichtigung der Kellereien mehrerer weltberühmter Marken wie *Hennessy*, *Martell* oder *Otard*, dessen Kellerei im ehemaligen *Schloß der Valois* liegt, in dem 1494 *Franz I.* geboren wurde. Nahe dem Schloß blieb noch ein befestigtes *Tor* erhalten, das mit einem *Turm* aus dem 13. Jh. und der *Fontaine François I.* eine hübsche Baugruppe bildet.

Die N 141 überquert die *Charente* auf dem *Pont de Cognac* und führt abseits des Flusses nach Westen. Hübscher ist die 5 km westlich Cognac nach links abzweigende D 24 zu befahren, die aussichtsreich am rechten Ufer der Charente entlangführt.

***Saintes** (30000 Einw.) hat sich viele Erinnerungen an seine antike und mittelalterliche Vergangenheit bewahrt. Die ansehnlichsten sind: die **Arena* (1. Jh.) für 20000 Zuschauer (126:102 m), in der heute noch sommerliche Theateraufführungen stattfinden, und der **Arc Romain*, der sich ursprünglich über der 1842 abgebrochenen Römerbrücke erhob. Unter den Kirchen: *Saint-Eutrope* (12. Jh.), deren Schiff 1803 der Anlage der Esplanade weichen mußte; als Schiff dient jetzt der Chor; die schöne romanische **Krypta* enthält das Grab von Saint-Eutrope, des ersten Bischofs von Saintes (3. Jh.). Dann die *Cathédrale Saint-Pierre* mit dem **Glockenturm* (15. Jh.). Vor allem aber die sorgfältig restaurierte **Église Sainte-Marie-des-Dames*, die Kirche der „*Damen-Abtei*", deren Äbtissin stets dem französischen Hochadel angehörte und den Titel „Madame de Saintes" führte; bemerkenswert ist die **Fassade* mit dem **Portal* und der mächtige **Glockenturm* (11./12. Jh.).

Von Saintes führt die N 150 in 37 km über den Kurort *Saujon* nach

***Royan** (20000 Einw.), dem nach La Baule (s. S. 169) und Biarritz (s. S. 191) größtem Seebad an der französischen Atlantikküste (s.S. 187). In Royan findet man Anschluß an unsere R 16 (Paris–La Rochelle-Royan) s. S. 182.

Route 30: Belfort–Lyon–Bordeaux (849 km)

Diese Route führt am Westrand des Jura nach Lyon, dann durch den Nordteil des Massif Central zu den Vulkanruinen der Monts Dore in der Auvergne und durch die Landschaft Périgord nach Bordeaux unweit der atlantischen Küste.

***Belfort** (65000 Einw.) ist auch Ausgangspunkt unserer Route 5 (Belfort–Paris); eine Beschreibung der alten *Festungsstadt* an der *Burgundischen Pforte*, der Senke zwischen den Vogesen und dem Jura, finden Sie daher auf der Seite 121.

Der erste Abschnitt unserer R 30 reicht von *Belfort* bis *Poligny* (148 km). Man verläßt Belfort nach Südwesten und fährt über *Héricourt* 34 km nach *L'Isle-sur-le-Doubs* (3300 Einw.), wo man in das sanfte *Tal des Doubs* eintritt, das man entlangfährt bis

***Besançon** (140000 Einw.). Heute eine bedeutende *Industriestadt* vor allem für Uhren und Kunstseide, war es früher eine bedeutende *Festung*. Es liegt nämlich auf einer fast völlig vom Doubs umflossenen Landzunge, deren Zugang durch die mächtige, von Vauban erbaute, 118 m über dem Fluß aufragende *Zitadelle* blokkiert wird. Im Altertum bereits war die Stadt unter dem Namen *Vesontio* dank ihrer strategischen Lage ein wichtiger Militärstützpunkt, im Mittelalter *Hauptort* der Freigrafschaft Burgund, der *Franche-Comté*, und später unter dem Namen *Bisanz* freie Reichsstadt. 1674 ließ *Richelieu* sie für Frankreich erobern.

Hauptachse der Stadt ist seit 2000 Jahren die *Grande Rue*, die von der damals einzigen Brücke über den Doubs zur Kathedrale am Fuß der Zitadelle läuft. An ihr liegen der Renaissance-Palast (1534–47) des **Palais Granvelle* mit einem historischen Museum, das *Geburtshaus* (Nr. 140) des Dichters *Victor Hugo* (1802–85), der *Square Archéologique Castan* mit Resten eines römischen Theaters, der altersgeschwärzte römische Bogen der **Porte Noire* und schließlich die **Cathédrale Saint-Jean* mit einem auf romanischen Bogen (12. Jh.) errichteten gotischen Schiff (13. Jh.), dem berühmten Gemälde des *Fra Bartolommeo* *„Thronende Madonna mit Heiligen" (1518) und einer *astronomischen Uhr* (1857–60).

Von *Besançon* fährt man auf der N 83 an den Westausläufern des Jura entlang 38 km nach Süden, bis zur Kreuzung mit der N 72 (Dijon–Lausanne) bei *Mouchard*. Dort kann man den

Abstecher nach Salins-les-Bains (9 km)

machen. Aus der schon in römischer Zeit bedeutenden Salzstadt wurde ein *Solbad*, das sich 3 km lang im engen und malerischen Tal der Furieuse erstreckt.

9 km südlich der Kreuzung bei Mouchard liegt an der N 83 das

für seine *Weine* bekannte Städtchen

Arbois (4500 Einw.). Der berühmteste Weinberg ist die *Vigne de Pasteur* – der große, im nahen Dole geborene Gelehrte *Louis Pasteur* (1822–89) wuchs in Arbois auf und verbrachte dort stets seine Ferien; so besitzt Arbois ein kleines *Pasteur-Museum.* Von hier kann man einen kurzen und lohnenden

Abstecher zu den *Reculées des Planches (5 km)

machen. *Reculées* sind in den Westrand des ersten Jura-Plateaus eingeschnittene Kesseltäler. Man findet die **Große Quelle der Cuisance*, die in der **Grotte des Planches* entspringt, und 1 km südlich das wie ein Hufeisen geformte Kesseltal **Cirque du Fer à Cheval.*

10 km weiter liegt das Städtchen *Poligny* (4800 Einw.), dessen *Weine* denen von Arbois nicht nachstehen.

Der nächste Abschnitt reicht von *Poligny* bis *Lyon* (150 km). Die N 83 verläuft weiter durch die letzten Ausläufer des Jura durch Weindörfer bis

Lons-le-Saunier (25000 Einw.) mit der malerischen, von Laubengängen gesäumten *Rue de Commerce*, in deren Nr. 24 im Jahre 1760 *Rouget de Lisle* geboren wurde, der Schöpfer des zur französischen Nationalhymne gewordenen Liedes „*Marseillaise*". Hier kann man einen letzten Abstecher in den Jura machen, von dem sich die N 83 bald abwendet.

Abstecher nach Cirque de Baume (12 km)

Man findet in diesem sich verzweigenden Kesseltal mit hohen Felswänden die **Grotte de Baume* mit „Sälen", die bis zu 80 m hoch sind, und den herrlichen Aussichtspunkt **Belvédère des Roches de Baume.*

Da die Straße nun ganz in der Ebene verläuft und ab *Coligny* vom Jura weg durch die frucht-

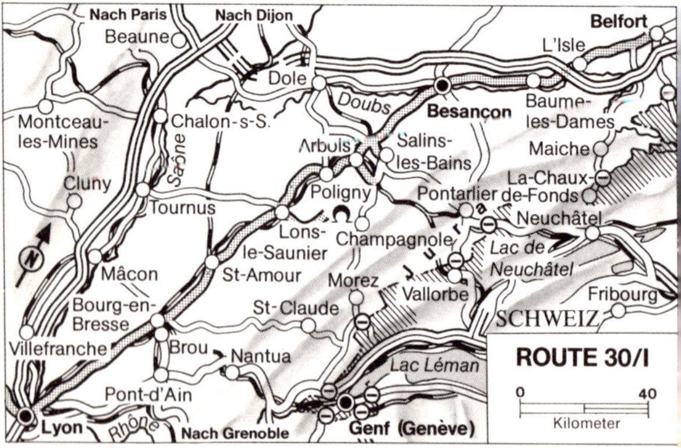

bare *Ebene der Bresse* zieht, ist man bald in

***Bourg-en-Bresse** (50000 Einw.), das in seinem Vorort *Brou* eine der großen Sehenswürdigkeiten Frankreichs zeigt: die ***Église de Brou* (sie liegt nur 500 m links der N 83 an der nach Grenoble führenden N 75). Die kathedralengroße Kirche in reichster Spätgotik wurde mit einem Kloster als Grabkirche für einen einzigen Mann erbaut: für *Philibert II.*, genannt „*le Beau*", Herzog von Savoyen, von seiner untröstlich um ihn trauernden jungen Frau *Margareta von Österreich*, Tochter des Kaisers Maximilian. Von den Niederlanden aus, deren Regentin sie seit 1509 ist, treibt sie den Kirchenbau voran und entsendet flämische Künstler: 1513 wird mit dem Bau von Brou begonnen, 1532 steht er vollendet – Margareta, die 1530 stirbt, hat ihn nie gesehen. Aber sie liegt dort begraben, mit *Philibert dem Schönen* und seiner Mutter *Marguerite de Bourbon.*

In dem durch einen prächtigen **Lettner* abgeschlossenen, ganz den 74 Mönchen und den 3 Toten vorbehaltenem Chor stehen die drei auf das üppigste verzierten ***Grabmäler*, (dasjenige Philiberts freistehend in der Mitte) – in ihrer Art nur übertroffen von den Grabmälern der Herzöge von Burgund in Dijon (s.S. 95).

Die N 83 zieht nun in langen Geraden durch die Ebene, über die zahllose kleine Seen und Teiche verstreut sind; bei *Rillieux*, wo man zum *Rhône-Tal* absteigt, hat man einen weiten *Blick* auf die Alpen. 10 km weiter ist man in

***Lyon** (mit Vororten knapp 1,1 Mill. Einw.). Die Beschreibung dieser Stadt findet man auf den Seiten 80 bis 83.

Der nächste Abschnitt reicht von *Lyon* bis *Clermont-Ferrand* (178 km); er führt in das *Massif Central.* Man verläßt Lyon nach Westen über die *Saône* und den Vorort *Tassin-la-demi-Lune* und fährt zunächst auf der N 7 in 26 km nach *L'Arbresle.* Dort biegt man nach links auf die N 496 ab, die im *Brévenne-Tal* aufwärts führt; über *Saint-Bel* und (N 89) *Sainte-Foy-l'Argentière* steigt man zum *Col du Bief* an, der die Stromgebiete der *Rhône* und der Loire trennt und einen schönen Blick auf die Landschaft *Forez* bietet. Von hier fährt man nach *Feurs* (6200 Einw.) hinunter, wo man die *Loire* überquert; im Vordergrund liegen die *Monts du Forez.* Bei *Saint-Etienne-le-Molard* kann man den kleinen

Abstecher zum *Château de la Bastie d'Urfe (1,5 km)

machen. Das *Schloß* wurde Mitte des 16. Jh. im Renaissance-Stil umgebaut; hübsch ist die mit farbigen Kieseln und Muscheln ausgelegte **Grotte.*

Bei *Boën-sur-Lignon* steigt die Straße bis 765 m an, erst im Lignon-Tal, dann im schönen **Tal des Anzon* und führt dann im *Tal der Durolle* abwärts nach

Thiers (436 m; 18 000 Einw.; s.S. 212), wo man unsere Nord-Süd-Route 20 (Paris-Perpignan) kreuzt.

Nun liegen die *Dômes-Berge* vor uns. Man überquert die *Dore* und fährt auf der Ebene *La Limagne* nach

Lezoux (4100 Einw.), einer alten Töpferstadt mit einem kleinen Museum gallo-römischer Keramik-Funde.

Abstecher zum *Château de Ravel (6 km)

Im Süden von Lezoux findet man eine Kirche (13. Jh.) und ein Schloß mit Teilen aus dem 13., 17. und 18. Jh., dessen **Inneres* mit seinem alten Mobiliar ebenso schön ist wie der **Blick* auf die Kette der Dômes von der Terrasse aus.

Bei *Pont du Château* (3700 Einw.) überquert man den *Allier*; im Süden des Städtchens tritt Asphalt aus zahlreichen Spalten zutage. 14 km weiter liegt

Clermont-Ferrand (400 m; 170000 Einw.), wo man unsere Nord-Süd-Route 19 (Paris–Carcassonne) kreuzt. Sie finden die Stadt auf S. 204 beschrieben.

Der nächste Abschnitt reicht von *Clermont-Ferrand* bis *Brive* (176 km). Er führt zunächst in eine der großartigsten Landschaften Frankreichs, in das Gebiet der ***Monts-Dômes* mit seinen eigenartigen Vulkankegeln. Man fährt von Clermont-Ferrand (400 m) über *La Baraque* (783 m) auf der N 141 A oder über den eleganten Kurort **Royat* mit der interessanten romanischen **Kirchenfestung Saint-Leger* und die D 68 zur Straßenkreuzung *La Font-de-l'Arbre* (9 km).

Abstecher zum **Puy de Dôme (6 km)

Von der Kreuzung führt eine *Privatstraße* (Gebühr) auf den längst erloschenen Vulkan *Puy de Dôme*, der mit 1465 m die rund 60 anderen Vulkane der Monts Dômes überragt. Vom *Gipfelplateau*, das in römischer Zeit einen großen *Merkurtempel* trug, hat man einen weiten ***Rundblick* nach allen Seiten, vor allem aber in die Krater der Nachbarvulkane.

Von *La Font-de-l'Arbre* steigt die N 141 A weiter an bis zum *Col de la Moréno* (1065 m), der zwischen zwei bewaldeten Vulkanbergen hindurchführt. Die schöne Abfahrt endet an der Straßenkreuzung *Les Quatre-Routes*, von der ab man wieder der N 89 folgt. Sie führt nach *Rochefort-*

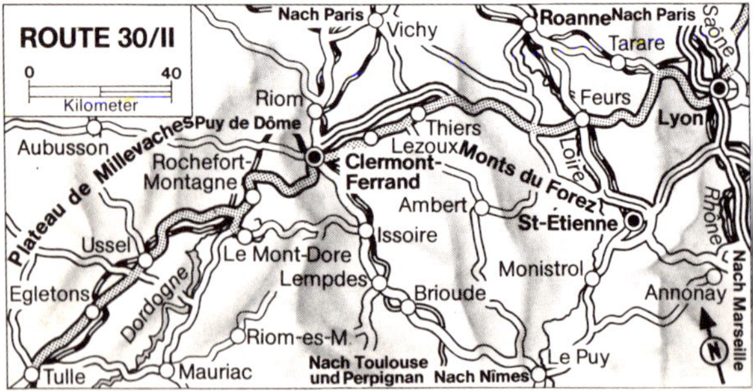

Montagne (850 m), das am Fuß eines der erloschenen Vulkane liegt und von dem aus man den sehr lohnenden

Abstecher nach *Le Mont-Dore (19 km)

machen sollte. Diese besonders schöne Fahrt führt zunächst zum *Col de Guéry* mit **Blick* auf die beiden hohen Felsen *Roches Tuilière et Sanadoire*, dann zum **Lac de Guéry* (1250 m) und schließlich zum Sommerkurort und Wintersportplatz **Le Mont-Dore* (1055 m). Zur Krönung der Fahrt kann man mit einer Seilbahn auf den beherrschenden Berg des Massif Central, den **Puy de Sancy* (1886 m) fahren – er bietet einen sehr weiten ***Rundblick*.

Die N 89 führt dann über *Laqueuille* mit schönen Rückblicken auf die Dômes auf eine Hochfläche, die man als „*Dach des Limousin*" bezeichnet: das *Plateau de Millevaches*, das mit seinen 1000 m zu rauh und karg ist, um als Weideland zu dienen; hier wird seit 1860 der Wald wieder aufgeforstet, der in den Religionskriegen niedergebrannt wurde und sich seither nicht erholte. Dann senkt sich die Straße nach

Ussel (631 m; 9000 Einw.), auf dessen *Place Voltaire* ein 1,87 m hoher *Adler aus Granit* steht, der in einem benachbarten Römerlager gefunden wurde.

Die N 89 zieht weiter über die Hochfläche nach Südwesten. In *Egletons* kann man einen Abstecher (7 km) zu den **Ruinen des Château de Ventadour* machen, das einst eine mächtige Burg war und eine berühmte Pflegestätte des Minnesangs – hier wurde einer der zartesten und leidenschaftlichsten Troubadours geboren: *Bernard de Ventadour*. 5 km weiter liegt *Rosiers-d'Egletons*; in dem nahen (3 km) *Château de Maumont* wurden zwei der in Avignon (s. S. 225) residierenden Päpste geboren: *Clemens VI.* (1342–52) und sein Neffe *Gregor XI.* (1370–77), der letzte französische Papst. 17 km weiter auf der N 89 zweigt in dem Weiler *La Bitarelle* nach links eine Straße ab zu den schönsten **Wasserfällen* Mittelfrankreichs.

Abstecher nach *Gimel (3 km)

Das Dörfchen (600 Einw.) birgt in seiner *Kirche* eine der schönsten *Emailarbeiten* aus *Limoges* (s. S. 193), die *„*Steinigung des hl. Étienne*". Vom *Parc Vuillier* aus sieht man die drei **Wasserfälle* mit einer Gesamthöhe von 132 m; *La Grande Cascade* (45 m), *La Redole* (27 m), *La Queue du Cheval* (60 m). 10 km weiter liegt im Talgrund der *Corrèze* die durch ihre Waffenfabrik bekannte Stadt

Tulle (23 000 Einw.). In ihrer mittelalterlichen Altstadt „*de l'Enclos*" besitzt sie einen schönen 75 m hohen **Glockenturm* (14. Jh.) und das **Maison de Loyac* (15. Jh.) mit reichverzierter Fassade.

Man fährt nun durch das gewundene reizvolle *Tal der Corrèze* in 29 km nach

Brive (55000 Einw.). Sehenswert sind die romanische Kirche **Saint-Martin* (11. Jh.), das **Musée Ernest Rupin* mit vielseitig interessanter Sammlung und der schöne Renaissance-

Bau des **Hôtel de Labenche*. In Brive wird unsere Ost-West-Route von unserer Nord-Süd-Route 18 (s. S. 194) gekreuzt.

Der fünfte Abschnitt reicht von *Brive* bis *Bordeaux* (193 km); sein Höhepunkt ist die ***Grotte de Lascaux* mit den vorgeschichtlichen Höhlenmalereien.

Die N 89 führt von Brive im Tal Vézère abwärts bis *Terrasson-la-Villedieu* mit einer malerischen Brücke aus dem 12. Jahrhundert. Hier beginnt das *Trüffelland des Périgord.* Die Ernte der kartoffelgroßen, schwarzen Pilze findet in den Wintermonaten statt; da ihr Geruch sehr schwach ist, läßt man sie von Schweinen und Hunden aufspüren. In guten Jahren beträgt die Ernte in Périgord 150 t – gegenüber 10000 t Nüssen im gleichen Raum.

6 km Vézère-abwärts liegt *Le Lardin-Saint-Lazare*, von wo aus man einen Abstecher zu der weltberühmten *Grotte de Lascaux* machen kann – wenn man sich dort mit Dia-Vorführungen begnügt: um die einzigartigen *Höhlenmalereien*, die bis in die letzte Eiszeit zurückreichen, vor dem Verfall zu schützen, sah man sich 1963 gezwungen, die Höhle für den öffentlichen Besuch zu schließen; vor ihrem Eingang finden ununterbrochen Farbdia-Vorführungen statt.

Umweg über die Grotte de Lascaux (17 km mehr)

Man fährt 11 km auf der N 704 nach Süden bis *Montignac* und von dort auf einer 2,5 km langen Stichstraße zum Eingang der erst 1940 durch Zufall entdeckten *Grotte de Lascaux*, deren „Säle“ mit großflächigen Darstellungen von Stieren, Hirschen und Pferden bedeckt sind. – Das eigentliche Zentrum der Vorgeschichtsforschung in diesem höhlenreichen Gebiet ist das 24 km südlich von Montignac an der N 706 gelegene Dorf *Les Eyzies-de-Tayac*. Auf der Fahrt dorthin kommt man durch die Dörfer *Le Moustier* und *Tursac* mit seiner *Magdalenengrotte;* beide haben aufgrund der hier gemachten Funde vorgeschichtlichen Kulturstufen den Namen gegeben. In Les Eyzies findet man außer der Tropfsteinhöhle **Grotte du Grand Roc* in der Burg das interessante **Musée national de Préhistoire*. – Auf der Rückfahrt von Montignac zur N 89 kann man die links wegführende D 67 bis *Thenon* benutzen und so 13 km sparen. Durch bewaldetes Hügelland führt die N 89 in das *Tal des Manoire* und dort abwärts nach

Périgueux (86 m; 42000 Einw.). Die Hauptstadt des Périgord ist zusammengewachsen aus der römischen Stadt *Vesone* im Westen und dem mittelalter-

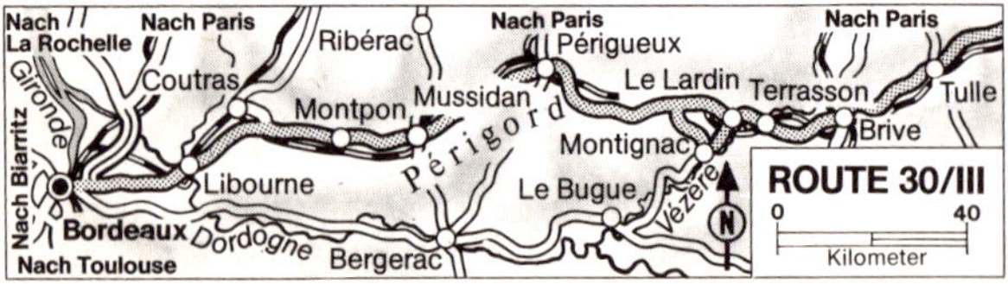

lichen *Puy-Saint-Front* im Osten. Die von einem romanischen Glockenturm, fünf Kuppeln und 17 Glockentürmchen überragte * *Cathédrale Saint-Front* (12. Jh.) bietet einen geradezu orientalischen Anblick – die 17 Türmchen hat ihr die Restaurierung im 19. Jh. aufgesetzt; beachtenswert sind ferner das **Musée Périgord* mit interessanten vorgeschichtlichen und antiken Sammlungen, die Reste der Arena auf dem elliptischen Platz **Arènes Romaines* und der 27 m hohe *Tour de Vésone*, ursprünglich Cella eines Tempels.

Die N 89 folgt nun dem Lauf des *Isle* über *Mussidan* und *Montpon-sur-l'Isle* nach Westen und biegt dann südlich von Coutras nach Südwesten zu der Stadt

Libourne (15 m; 24000 Einw.) an der Mündung des Isle in die Dordogne, mit einer weiten, von Arkaden, den „Couverts", umgebenen **Grande Place* mit dem *Rathaus* (16. Jh.). Von hier kann man einen

Abstecher nach *Saint-Émilion (7 km)

machen, einem für seine *Weine* berühmten Städtchen (3500 Einw.), das sich viel Mittelalterliches bewahrt hat und in der in die Felsen gehöhlten, großen (40:20:16 m) Kirche **Église Monolithe* eine besondere Sehenswürdigkeit besitzt (s. S. 87).

Von *Libourne* fährt man über die *Dordogne* und durch das Weinbaugebiet **Entre-deux-Mers*; es liegt in dem spitzen Winkel, den die *Dordogne* und die *Garonne* vor ihrer Vereinigung zur *Gironde* bilden, und hat seinen Namen daher, daß sich Ebbe und Flut des noch 100 km entfernten Atlantik in letzten Wasserstandsschwankungen bis hierher auswirken. Die 31 km lange Fahrt führt nach

****Bordeaux** (mit Vororten 560000 Einw.) – die Beschreibung dieser großen und schönen Hafenstadt finden Sie auf den Seiten 84–88; die Beschreibung des Seebades *Arcachon* und der sich südlich anschließenden *Küste der Landes* bis *Bayonne* und der *baskischen Küste* bis zur spanischen Grenze im Zuge unserer R 17 (Paris–Biarritz) auf den Seiten 190–192.

Route 31: Genf–Le Puy–Bayonne (906 km)

Diese Route führt erst durch den *Jura* nach *Lyon*, durchquert dann das *Massif Central* auf einer besonders reizvollen Strecke durch den Südteil der Landschaft *Auvergne* und führt schließlich quer durch *Aquitanien* an den *Golf von Biskaya*. Naturschönheiten überwiegen auf dieser Route die kulturellen Sehenswürdigkeiten. Höhepunkte sind Lyon, Le Puy, die Monts du Cantal und das Tal des Lot.

Man verläßt *Genf* nach Westnordwesten und überschreitet am Centre Europeén de Recherches Nucléaires, der Europäischen Zentrale für Atomforschung, halb auf schweizer, halb auf französischem Boden, vorüber, die Grenze bei *Saint-Genis-Pouilly*. Nach 18 km auf der N 84 erreicht man die vom Genfer See herkommende *Rhône* beim Engpaß **Défilé de l'Ecluse*, der vom *Fort de l'Ecluse* (letzter Umbau 1824) gesperrt wird. Nach 10 km aussichtsreicher Fahrt kann man kurz vor der Industriestadt *Bellegarde-sur-Valserine* einen Abstecher zu einem Meisterwerk der Technik machen.

Abstecher zur *Barrage de Génissiat (14 km)

Man fährt über die D 25–D 72 A –N 491 zu dem nach der Usine A. Blondel bei Donzère nahe Montélimar (s. S. 223) zweitgrößten *Wasserkraftwerk* Frankreichs mit einer Jahresleistung von 1,7 Milliarden kWh. Ein Staudamm (103 m hoch, 140 m lang, an der Basis 100 m breit) – **Barrage de Génissiat* – staut die Rhône zu einem See von 23 km Länge.

Die N 84 führt nordwestlich von Bellegarde an zwei Seen entlang, dem **Lac de Sylans* und dem 3 km langen **Lac de Nantua*, der von 500 m hoch ansteigenden Berghängen umgeben ist. Am Westende des Sees biegt die N 84 nach Süden ab, während die N 79 geradeaus weiterführt nach Bourg-en-Bresse (37 km) mit der berühmten Kirche Brou (s. S. 279). Über eine Hochebene (600 m) führt nun die N 84 über *Labalme* und *Poncin*, um dann nach *Pont-d'Ain* (240 m) abzusteigen. 22 km weiter südwestlich empfiehlt sich bei *Meximieux* der reizvolle

Abstecher nach *Pérouges (1 km)

In dem Städtchen (500 Einw.) blieb die Zeit im 16. Jh. stehen. Besonders hübsch ist das Stadttor **Porte d'En Haut*, die sich anschließende **Rue du Prince* und die entzückende **Place du Tilleul*.

Von Meximieux führt die N 84 wieder an die Rhône, auf die sie bei *Miribel* (32 m hohe Beton-Madonna) stößt. 8,5 km weiter fährt man ein in

Lyon (mit Vororten 1,2 Mill. Einw.). Die Beschreibung dieser Stadt findet man auf den Seiten 80 bis 83.

Der nächste Abschnitt reicht von *Lyon* bis *Le Puy* (134 km). Bis

Saint-Étienne benutzt man die *Autoroute du Sud*, die man bei der Ausfahrt *Chasse Givors* verläßt; man überquert die *Rhône* und kommt hinter der Industriestadt *Givors* auf die *Autobahn* A 47, die bis *Saint-Chamond* und von dort als Straße mit getrennten Fahrbahnen nach Saint-Étienne führt.

Saint-Étienne (517 m ; 300 000 Einw.) ist, seit im 16. Jh. die Ausbeutung seiner Kohlen- und Eisenerzgruben begann, eine ständig wachsende *Industriestadt* im Süden der *Monts du Lyonnais* und Mittelpunkt eines Industriegebiets, das erst hinter *Firminy* (26 000 Einw.) mit seinen Kohlengruben und Stahlwerken zu Ende geht.

Durch welliges Gelände steigt die N 88, der man ab Saint-Chamond folgt, allmählich in das *Massif Central* an: *Monistrol* mit **Tiefblick* auf das *Loire-Tal* liegt 604 m hoch, *Yssingeaux*, zu dem man nach der Durchfahrt der *Schlucht des Lignon* kommt, schon 860 m; den höchsten Punkt erreicht die N 88 am *Col du Pertuis* mit 1026 m. Dann

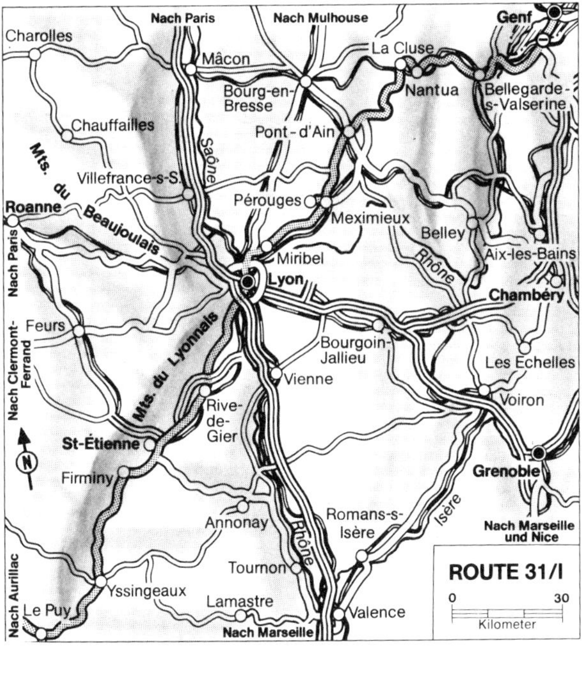

senkt sich die Straße langsam zur *Loire*, die man überquert: 5 km weiter ist man in

Le Puy (625 m; 32 000 Einw.). Hier wird unsere Route von unserer Nord-Süd-Route 20 (Paris–Perpignan s. S. 210) gekreuzt; die

Le Puy

Beschreibung von Le Puy mit seinem einzigartigen, von hochaufragenden Felsen bestimmten ***Stadtbild* finden Sie auf S. 213.

Der nächste Abschnitt reicht von *Le Puy* bis *Aurillac* (167 km). Man fährt von Le Puy auf der N 590 nach Westen und steigt zu einem über 1000 m hoch gelegenen Plateau an, der *Planèze du Velay*. Über *Siaugues* fährt man nach *Langeac* (500 m; 5000 Einw.), wozu man in das *Tal des Allier* absteigen und den Fluß überqueren muß. Hinter Langeac geht es sofort wieder aufwärts nach *Pinols* (1015 m) und dann an den nördlichen Ausläufern der *Montagne de la Margeride* entlang durch den *Forêt de Margeride* nach

Saint-Flour (900 m; 9000 Einw.); das altertümliche Städtchen liegt auf einem 100 m steil zum Fluß *Lander* abfallenden Plateau. Hier wird unsere Route von unserer Nord-Süd-Route 19 (Paris–Carcassonne s. S. 200) gekreuzt.

Von *Saint-Flour* führt die N 126 in 25 km über eine Hochfläche nach *Murat* (910 m; 2800 Einw.), wo man in das bis Aurillac reichende Gebiet der **Monts du Cantal* eintritt; sie bilden den Kern des *Massif Central* und stellen mit der Vulkan-Ruine *Plomb du Cantal* seine, nach dem nördlich gelegenen Puy de Sancy (1886 m; s. S. 281) mit 1858 m zweithöchste Erhebung; die Landschaft mit den aus der Hochfläche ragenden Bergkegeln ist außerordentlich schön.

Die N 126 führt 12 km im engen *Tal der Alagnon* durch Tannenwald aufwärts in die Berge um

Le Lioran (1150 m), Sommerfrische und Wintersportplatz der Haut-Auvergne. Von hier kann man den **Plomb du Cantal* besteigen, entweder in vierstündigem Fußmarsch oder mit dem Wagen (3 km), dann 3/4 stündiger Fußmarsch bis zur Seilbahnstation. Der **Rundblick* aus 1858 m Höhe ist großartig.

Hinter Le Lioran tritt die N 126 in einen *Tunnel* von 1,4 km Länge ein, der 1839 gebaut wurde und lange der längste Straßentunnel Frankreichs war. Beim Austritt findet man eine völlig veränderte Landschaft: ein heiteres grünes Tal mit dem für seine Forellenzucht berühmten Ort *Thiézac*, dem Wasserfall *Cascade de la Roucole* und dem Flußdurchbruch **Pas de Cère*, dem hübschen Städtchen *Vic* und zwei *Burgen* (15./16. Jh.). Die Abfahrt im *Tal der Cère*, die bereits zum Einzugsgebiet der Garonne gehört, endet in

Aurillac (622 m; 31000 Einw.), der Hauptstadt der *Haut-Auvergne*.

Der nächste Abschnitt reicht von *Aurillac* bis *Cahors* (137 km). Die N 122 durchquert das Tal der Cère und danach eine Hochfläche, bis sie westlich des Dorfes Maurs das *Tal des Célé* erreicht; durch Kastanienwälder und Weinberge – die ersten Vorboten des Midi – fährt man hinunter nach

Figeac (214 m; 10500 Einw.). Außer der romanisch-gotischen Kirche **Saint-Sauveur* (12./13. Jh.) und dem **Hôtel de la Monnaie* (13. Jh.) steht hier das Geburtshaus des berühmten Ägyptologen *J.-F. Champollion* (1790–1832), dem als erstem die Entzifferung der Hieroglyphen gelang.

Zur Weiterfahrt hat man die Wahl zwischen drei Straßen. Die erste führt über die Hochfläche *Causse de Gramat* und erreicht *Cahors* über die D 13 (bis Grèzes) und die N 653 (70 km). Die beiden anderen schlängeln sich in gleicher Länge (rund 100 km) durch zwei gleichschöne Flußtäler:

a) durch das *Lot-Tal nach Cahors

Man fährt von Figeac 7 km nach Südosten bis zu dem altertüm-

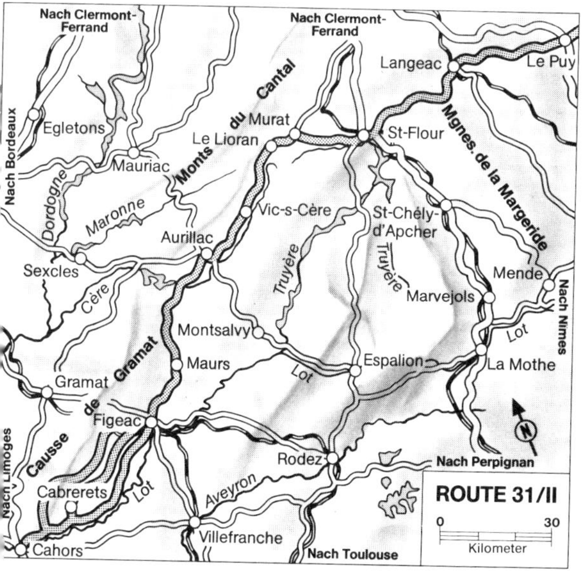

 Plan S. 289

lichen Städtchen *Capdenac* am *Lot* und folgt dann dem gewundenen Lauf des Flusses zwischen malerischen Felswänden. Die schönsten Stellen sind: *Saint-Pierre-Toirac* mit einer befestigten Kirche; *Larroque-Toirac* mit einer mittelalterlichen Burg; Schloß *Cénevières* (13./16. Jh.) und vor allem das in einer Schlucht über dem Fluß gelegene Dorf **Saint-Cirq-Lapopie* mit einer Burgruine.

b) durch das *Célé-Tal nach Cahors

Man fährt von Figeac bis zum *Château Ceint-d'Eau* (14./16. Jh.) und weiter nach *Espagnac*; dann folgt man dem Lauf des jungen, aber ständig wachsenden *Célé* in einem Tal, das dem des Lot ähnelt. In ihm liegen die schönsten Stellen erst kurz vor der Mündung des Célé in den Lot nahe dem oben erwähnten Dorf Saint-Cirq-Lapopie: **Cabrerets* mit den Ruinen zweier Burgen und die **Grotte du Pech-Merle* mit vorgeschichtlichen Zeichnungen und Malereien.

Cahors (22000 Einw.) liegt in einer Flußschlinge des Lot, über den noch die mit 3 Türmen befestigte Brücke **Pont Valentré* (14. Jh.) führt; da hier unsere Nord-Süd-Route 18 (Paris–Toulouse) kreuzt, finden Sie die Ortsbeschreibung auf Seite 196.

Der nächste Abschnitt reicht von *Cahors* bis *Agen* (114 km); er führt durch den Westteil der Landschaften *Quercy* und *Agenais*.

Man fährt auf der N 111 7 km nach *Mercuès* mit einem **Schloß* (13./ und 17. Jh.), das in ein Luxus-Hotel umgewandelt wurde. Dann entfernt sich die N 111 für 17 km vom Lot; man fährt daher auf einer kleinen, am linken Lot-Ufer entlang führenden Straße, um **Luzech* (1300 Einw.) zu sehen, einen altertümlichen Ort, der auf einer sehr schmalen, aber langen, vom Lot umflossenen Landzunge liegt. Bei *Castelfranc* kommt man wieder auf die N 111, die nun, manche Flußschleifen abschneidend, am Lot verläuft. 1 km vor *Fumel* führt rechts eine Straße ab:

Abstecher zum *Château de Bonaguil (8 km)

Bonaguil ist eine der großartigsten Burgruinen Frankreichs. Zu einer Zeit, da sich sonst überall die Burgen in Schlösser verwandelten, entstand hier aus einer Burg des 13. Jh. ab 1477 in 40jähriger Bauzeit eine neue großmächtige **Burg* mit doppeltem Verteidigungsring – erst die französische Revolution trug sie teilweise ab; trotzdem sind ihre Reste sehr eindrucksvoll.

Über *Fumel* gelangt man nach *Saint-Sylvestre*, wo der kleine Abstecher (2 km) nach **Penne d'Agenais* lohnt mit den *Ruinen einer Burg* und der *Wallfahrtskirche Notre-Dame-de-Peyragude*, von der man einen herrlichen **Rundblick* hat. 8 km weiter liegt

Villeneuve-sur-Lot (25 000 Einw.), das 1235 planmäßig als befestigte Stadt angelegt wurde aus dieser Zeit sind die *Stadttore* erhalten, die von Lauben den Cornières, umgebene *Place Lafayette* und der *Pont-Vieux* über den Lot.

Hier verläßt man die bisherig Westrichtung und fährt nac

Süden; über die N 21 erreicht man nach 29 km

Agen (37500 Einw.) an der *Garonne*. Die Stadt liegt inmitten eines fruchtbaren Hügellandes, das überwiegend mit Pflaumenbäumen gepflanzt ist – 6500 ha liefern 12500 t Pflaumen, die teils frisch, vor allem aber als die berühmten **Backpflaumen von Agen* auf den Markt kommen. Das in zwei Adelshäuser aus dem 14. Jh. untergebrachte **Museum* enthält als wertvollstes Stück die ***Venus du Mas*, eine griechische Marmorstatue, die 1876 von einem Bauern auf seinem Feld bei Mas ausgepflügt wurde, und eine reiche spanische Sammlung – der Stifter war Botschafter in Madrid. Beachtenswert sind auch die *Cathédrale Saint-Caprais* (11./12. Jh.) und der 500 m lange **Pont-Canal*, auf dem der Garonne-Seitenkanal über 23 Bögen den Fluß überschreitet. Der letzte Abschnitt reicht von *Agen* bis *Bayonne* (207 km); er führt bei Mont-de-Marson aus dem Hügelland in die waldbestandene Ebene der *Landes*, wo lange Geraden eine zügige Fahrt erlauben. Zunächst allerdings fährt man durch stark welliges Gelände auf der N 656 südwestlich 30 km nach *Nérac* (7500 Einw.) mit einem **Schloß* von 1580, das König *Heinrich IV.* während der Religionskriege als Hauptquartier diente, und einer gotischen Brücke über die Baise. Dann auf der N 656 weiter am Rand der Hügel, die die *Landes* (s. S. 190) nach Südosten begrenzen, in 37 km nach *Gabarett* (1500 Einw.), aus dessen Weinen der berühmte Branntwein ***Armagnac* hergestellt wird, und zum Heilbad *Barbotan*. Von hier führt die N 626 in die *Landes* hinaus, wo sie bei *Saint Justin* auf die N 133 stößt, die zur Stadt

Mont-de-Marsan (30000 Einw.) führt; hier findet man die ersten

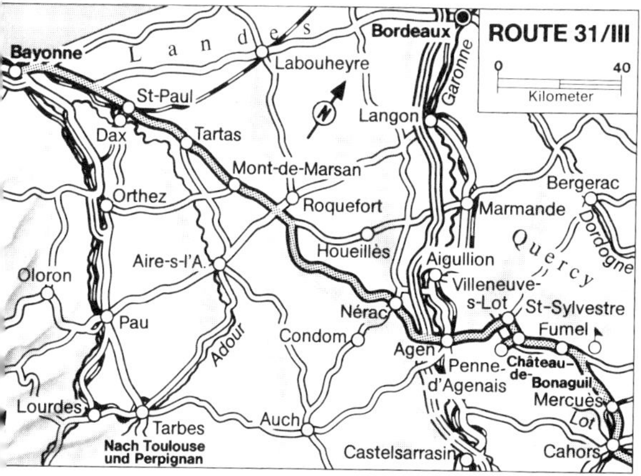

freiwachsenden Palmen, Magnolien und Lorbeerbäume und – die erste Stierkampfarena; zudem die moderne Kirche *Saint-Vincent-de-Paul* (1963).

Nach 27 km auf langen Geraden der N 132 mündet unsere Route bei *Tartas* in unsere Ost-West-Route 32 (Genf–Bayonne) – Sie finden die Beschreibung der restlichen Strecke bis *Bayonne*, mit dem Abstecher zu dem Thermalbad *Dax*, auf den Seiten 295/296, die Beschreibung von *Bayonne* und der sich ihm im Süden anschließenden *baskischen Küste* auf den Seiten 190 bis 192.

Route 32: Genf–Toulouse–Bayonne (999 km)

Diese Route durch die alpinen Landschaften von *Savoyen* und der *Dauphiné* führt durch das Bergland des *Massif Central* über *Albi* und *Toulouse* in die südwestfranzösischen Landschaften *Gascogne* und *Guyenne* und endet an der *baskischen Küste* des Atlantik. Sie zeigt auf einer den Hauptverkehrsströmen abliegenden Strecke vor allem Naturschönheiten Frankreichs, darunter die berühmten ***Tarnschluchten*.

Der erste Abschnitt führt von *Genf* zu dem herrlichen Alpensee *Lac d'Annecy*, dann zu dem bedeutenden Heilbad *Aix-les-Bains* und über *Chambéry*, die alte Hauptstadt Savoyens, nach *Grenoble*, der alten Hauptstadt der Dauphiné und dem Schauplatz der Olympischen Winterspiele 1968. Die Beschreibung dieser 150 km langen Strecke finden Sie im Zuge unserer Nord-Süd-Route 23 (Genf–Nice) auf den Seiten 232 bis 234.

Der zweite Abschnitt reicht von *Grenoble* bis *Valence* (94 km), wobei man zwischen zwei Straßen wählen kann:

a) durch das Isère-Tal nach Valence (100 km)

Die ersten 12 km dieser großen Straße sind als Autobahn ausgebaut, die in die N 85 und ab *Moirans* in die N 92 übergeht. Man fährt am *rechten Ufer* der *Isère* entlang durch eine fruchtbare Schwemmebene über *Tullins*, wo die besten Nüsse Frankreichs herkommen, und *Saint-Marcellin* mit Schloßruinen aus dem 13. Jh. nach *Romans* (43000 Einw.) mit der romanischen **Kirche Saint-Bernard*; über den jenseits der Isère liegenden Vorort *Bourg-de-Péage*, der seinen Namen der Maut (péage) verdankt, die man früher für das Passieren der Isère-Brücke erhob, gelangt man auf einer 18 km langen Geraden nach

Valence, das Sie im Zuge unserer Nord-Süd-Route 21 auf Seite 223 beschrieben finden.

b) über den Vercors nach Valence (101 km)

Diese landschaftlich sehr reizvolle Strecke führt über den Gebirgsstock *Vercors*, der in seinem Charakter dem nördlich gelegenen Gebirgsstock *Char treuse* (vgl. R 23 S. 233) ähnelt. Man fährt aus *Grenoble* nach Westen über den *Cours Vallier* und die *Drac-Brücke* zur N 531, die 7 km nördlich bei *Sassenage* nach Westen ins Gebirge abbiegt und durch die hübschen **Gorges d'Engins* zum Luftkurort und Wintersportplatz *Villard de Lans* (1030 m; 5000 Einw.) hinaufführt. Nun führt die N 531, in den Fels gehauen und durch Straßentunnels nach Westen durch die Schluchten **Gorges de la Bourne*, um sich dann durch einige Talbecken über *Pont-en-Royans* (225 m; 1200 Einw.), ein beiderseits der Bourne-Schlucht liegendes Dorf, nach *Saint-Nazaire* (175 m) in das *Isère-Tal* zu senken; hier fließt die Bourne aus einer Felswand des Vercors, und etwas weiter liegt die 1958 erbaute *Isère-Talsperre Saint-*

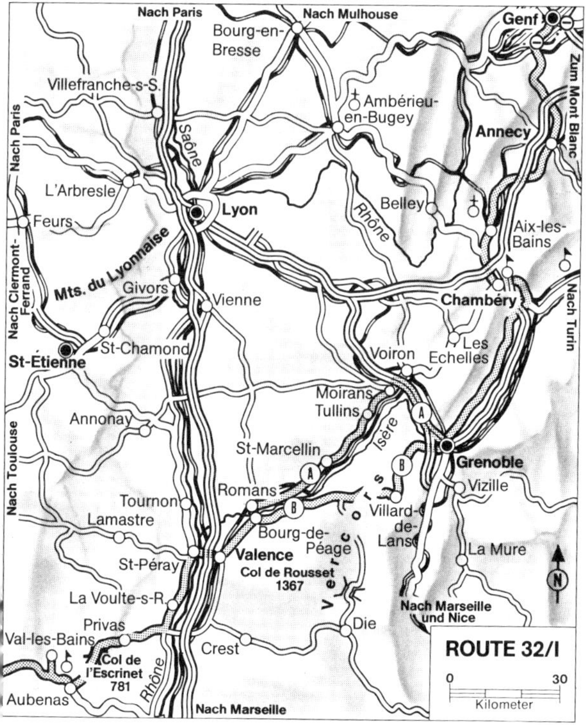

Hilaire. Die N 531 führt nun am *linken Ufer der Isère* nach *Bourg-de-Péage*, wo sie in die unter a) beschriebene Strecke einmündet und ihr bis *Valence* folgt.

In *Valence* überquert man die Rhône und fährt nach links abbiegend angesichts der Ruinen des **Château de Crussol* über die N 533 A auf die N 86, die *rechtsseitige Rhône-Uferstraße;* ihr folgt man nach Süden über *La Voulte-sur-Rhône* bis *Le Pouzin* (25 km von Valence), wo

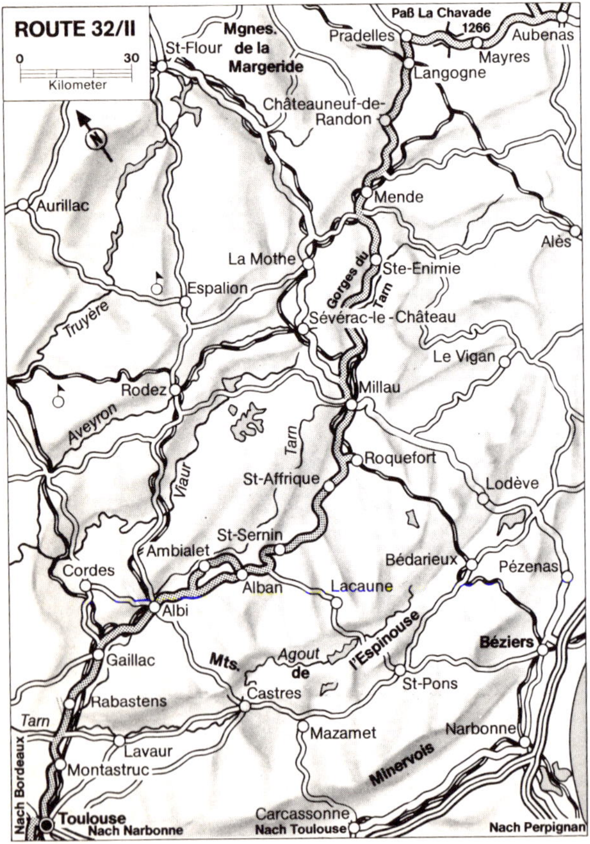

man rechts auf die N 104 abbiegend das Rhône-Tal verläßt.

Der nächste Abschnitt, der in das *Massif Central* führt, reicht bis *Langogne* (111 km). Die N 104 führt von Le Pouzin im *Tal der Ouvèze* aufwärts nach *Privas*, wo der Aufstieg in die **Cevennen*, den besonders markanten Südostteil des Massif Central, beginnt – vom *Col de l'Escrinet* (787 m) hat man einen weiten **Rück- und Vorblick*. Bei der Abfahrt von diesem Paß sieht man rechts im Talausschnitt der *Boulogne* die schönen Ruinen des **Château de Boulogne* (15./16. Jh.) und kommt in das Tal der *Ardèche* nach

Aubenas (308 m; 13500 Einw.). An diesem Straßenknotenpunkt wechselt man von der N 104 auf die N 102, die 40 km lang im Tal der Ardèche bis zu ihrer Quelle aufwärts führt. Nach 5 km zweigt bei *Labégude* eine Straße in den Kurort

Vals-les-Bains (250 m; 4500 Einw.) ab, der sich in einem engen Tal beiderseits der von 7 Brücken überspannten *Volane* erstreckt; seine bekannteste Mineralwasserquelle ist die *Source Saint-Jean*.

Der charakteristische Baum dieser Gegend ist die Edelkastanie; besonders gut gedeiht sie auf den Terrassen von *Pont-de-Labeaume*. Am Kurort *Neyrac-les-Bains* (385 m) vorbei geht es nach *Thueyts* (420 m) und *Mayres* (531 m), wo die Straße stärker anzusteigen und die bis dahin südlich wirkende Landschaft rauher zu werden beginnt. Schließlich erreicht man, nahe den *Quellen der Ardèche*, den Paß *La Chavade* (1266 m), wo man aus dem Flußgebiet der *Rhône* in das der *Loire* übertritt. Man bleibt nun auf der *Basalt-Hochebene*, wählt bei *Lanarce* die *rechte* N 102 A, kommt an dem berühmten Wirtshaus *Peyrebeille* vorüber, dessen Wirtsleute ihre Gäste im Schlaf zu ermorden pflegten und dafür 1833 vor ihrer Haustür mit dem Fallbeil hingerichtet wurden, und erreicht eine Straßenkreuzung, wo es geradeaus in 33 km nach *Le Puy* (s.S. 213) geht, unsere Route aber in spitzem Winkel nach Südwesten zurückbiegt und über das altertümliche *Pradelles*, nun auf der N 106, in 9 km das Städtchen

Langogne (911 m; 4800 Einw.) am *Allier* erreicht; es besitzt eine romanische **Kirche*, der im 15. Jh. eine gotische Fassade vorgesetzt wurde.

Der nächste Abschnitt reicht von *Langogne* bis *Millau* (135 km). Die N 500 führt in 21 km nach *Châteauneuf-de-Randon*, wo sie in die von Le Puy herkommende N 88 und damit in unsere Nord-Süd-Route 20 (Pa-

Gorges du Tarn

ris–Perpignan s.S. 210) einmündet und ihr zunächst bis *Mende* (29 km) und dann durch die ****Gorges du Tarn**, eine der ganz großen Naturschönheiten Frankreichs, bis *Millau* (85 km) folgt.

Keller in Roquefort

Eine ausführliche Beschreibung von Mende und den Gorges du Tarn finden Sie im Zuge unserer R 20 auf den Seiten 214/215.

Der nächste Abschnitt reicht von *Millau* bis *Albi* (113 km). Unsere Route verläßt in Millau die Strecke unserer R 20, mit der sie sich 114 km lang deckte, und führt auf der N 592 nach Südwesten in 17 km bis *Saint-Rome-de Cernon*, von wo man auf der N 99 weiterfährt. Nach 4 km führt eine Abzweigung zum

Abstecher nach *Roquefort-sur-Soulzon (3 km)

In diesem, dem Namen nach weltbekannten Ort (630 m; 1100 Einw.), kann man die mächtigen **Felsgewölbe* besichtigen, in denen der berühmte **Roquefort-Käse* reift (vgl. auch S. 216).

Die N 99 führt von der Abzweigung in 10 km nach

Saint-Affrique (325 m; 9000 Einw.) mit gotischer Brücke, moderner Kirche und dem einer Ruine gleichenden Felsen **Rocher de Caylus*.

Die N 99 führt nun auf Hochebenen nach Westen über *Saint-Sernin*, *Alban* und *Villefranche d'Albigeois* nach *Albi*. Bei *Alban* kann man den reizvollen

Umweg über *Ambialet [8 km mehr)

machen, indem man rechts abbiegend auf der D 53 in 12 km zum *Tarn* hinunterfährt und seinen Lauf am linken Ufer begleitet. Man kommt so nach **Ambialet*, einem Dorf in einer so engen Tarn-Schleife, daß die Breite der Zufahrt-Landenge nur 25 m beträgt; am Kamm der Landzunge reihen sich eine *Burgruine*, eine romanische *Kirche*, ein *Turm* und ein altes **Kloster* aneinander. Von hier fährt man noch 6 km tarnabwärts bis *Fabas*, wo man über die D 77 in 4 km wieder die N 99 bei *Foncouverte* erreicht.

***Albi** (51000 Einw.) mit seiner großartigen *Kirchenfestung Sainte-Cécile* und seinem **Toulouse-Lautrec-Museum* finden Sie im Zuge unserer Nord-Süd-Route 19 (Paris–Carcassonne s.S. 200) auf S. 208 beschrieben.

Unsere Ost-West-Route führt von *Albi* weiter nach Südwesten – nach *Toulouse* (78 km). Die Fahrt geht nun auf der N 88 zügig durch die Ebene, die sich hier sehr breit zwischen den Ausläufern des *Massif Central* und den *Pyrenäen* erstreckt. Sie folgt zunächst dem *Tarn* über *Gaillac* (10700 Einw.), das für seinen prickelnden **Schaumwein* berühmt ist, und das interessante *Rabastens* (4200 Einw.) mit der schönen **Kirche Notre-Dame-du-Bourg* (13./14. Jh.), dann durch welliges Land nach

***Toulouse** (400000 Einw.). Die Beschreibung der viertgrößten Stadt Frankreichs und des wirtschaftlichen und kulturellen Mittelpunkts des französischen Südens finden Sie im Zuge unserer Nord-Süd-Route 18 (Paris–Toulouse) auf Seite 197.

Von Toulouse nach Bayonne kann man auf zwei Straßen fahren, von denen die erste größer und schneller, wenn auch um 15 km länger ist.

a) über Tarbes und Pau nach Bayonne (294 km)

Man fährt von Toulouse auf der N 20 und dann auf der N 125 am *linken Ufer der Garonne* nach Südwesten. Bis *Muret* (20 km) hat die Straße getrennte Fahrbahnen, aber auch dann bleibt sie eben und schnell – eine ihrer Geraden ist 25 km lang. In *Saint-Martory* (70 km von Toulouse) mündet die N 125 in die N 117, die von *Perpignan* herkommt und die Leitlinie unserer Ost-West-Route 34 (Perpignan–Bayonne) ist: Sie finden die Beschreibung der Strecke über *Tarbes – Umweg über Lourdes – Pau* bis *Bayonne* auf den Seiten 308/309.

b) über Auch und Aire nach Bayonne (279 km)

Man verläßt Toulouse nach Westen über den *Pont-Neuf* und fährt auf der N 124 durch leicht welliges Gelände zunächst nach *l'Isle-Jourdain* (1300 Einw.) auf dem rechten *Save-Ufer*; seiner *Kirche* von 1785 dient der Turm des ehemaligen Schlosses (15. Jh.) als *Glockenturm*. 19 km weiter folgt *Gimont* an der *Gimone*, nach weiteren 25 km das im Herzen der *Gascogne* gelegene

Auch (25000 Einw.). Den Ruhm seiner schönen Kathedrale *Sainte-Marie* (1489–1597) machen die **Glasmalereien* (1513), vor allem aber das herrliche ***Renaissance-Chorgestühl* (1520–29) aus, das von manchen Kennern neben das der Kathedrale von Amiens (s.S. 134) gestellt wird.

Durch Hügelland, von dessen Kuppen man weite **Ausblicke* hat, führt die N 124 über eine ganze Reihe von Nebenflüssen der Garonne, bis sie bei *Aire* den *Adour* erreicht, der nordwestlich von Bayonne in den Atlantik fließt. Die N 124 folgt seinem Lauf am rechten Ufer über *Grenade* bis *Saint-Sever*, das auf dem linken Ufer liegt, um sich dann etwas vom Fluß zu entfernen und am Südrand des riesigen *Forêt Landaise*, der **Wälder der Landes* (s.S. 190), über *Tartas* nach *Saint-Paul-lès-Dax* zu führen.

Abstecher nach Dax (2 km)

Dax (12 m; 21000 Einw.) ist ein bedeutendes *Thermalbad*, dem das milde Klima eine ganzjährige Saison erlaubt. Von Saint-Paul führt eine 2 km lange Gerade über die Adour-Brücke auf die *Place Thiers*, in deren Hintergrund die von Arkaden umgebene **Fontaine Chaude* steht: in ihr Becken ergießen sich täglich 2,4 Millionen l schwefelsauren Quellwassers von 64°. Außer der *Cathédrale Notre-Dame* (1656–1719), in deren *Innerem* das gotische **Portal* einer früheren Kirche aus dem 13. Jh. aufgestellt ist, hat Dax als die alte Römerstadt *Aquae Tartellicae* bedeutende Reste der gallo-römischen *Stadtmauer* mit mächtigen Türmen bewahrt.

15 km weiter mündet die N 124 bei *Saint-Geours-de-Maremne* in die von Paris über Bordeaux kommende N 10, die Leitlinie unserer Nord-Süd-Route 17 (s. S. 188), und führt in 25 km nach *Bayonne*, das Sie, wie auch die *baskische Küste*, auf den Seiten 190–192 beschrieben finden.

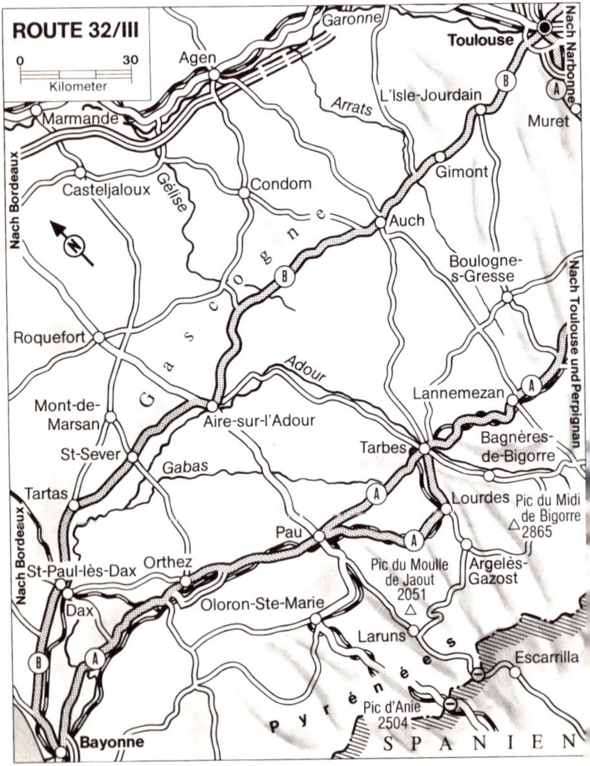

Route 33: Menton–Narbonne–Toulouse (620 km)

Diese Ost-West-Route durch Süd- und Südwestfrankreich führt auf schnellen Straßen durch historisch und landschaftlich interessante Gegenden von den *Seealpen* zu den *Pyrenäen* und hält sich stets nahe der *Mittelmeerküste.* Sie beginnt bei dem nordöstlichsten Ort der französischen Riviera, Menton, wo die von Genua über Savona, Alassio, Imperia, San Remo, Bordighera und Ventimiglia an der Riviera di Ponente entlangführende schnelle Straße die französische Grenze überschreitet. Man kann dabei die italienische *Autostrada A 10,* die sich in der französischen *Autoroute A 8* fortsetzt, benutzen; diese tunnelreiche Strecke umgeht die Stadt *Menton* in der Höhe und mündet westlich *Roquebrune* in die *Grande Corniche* N 7. Oder man fährt, von *Ventimiglia* kommend, auf der Küstenstraße durch

***Menton** (s. R. 25 S. 254) hindurch und die eigentliche Auffahrt zur ***Grande Corniche* hinauf. Dabei läßt man das malerische, in 300 m Höhe gelegene, von einer schönen **Burg* (12./13. Jh.) überragte **Roquebrune* rechts liegen und erreicht bei *Le Vistaéro* einen der großartigsten Aussichtspunkte der *Côte d'Azur* mit (auch und vor allem nachts) unvergleichlichem ***Tiefblick* auf Monte Carlo, die Küste und das Meer. Die Grande Corniche steigt weiter an bis

La Turbie (484 m; 1800 Einw.), das genau über Monte Carlo liegt. Das Dorf wird beherrscht von der prächtigen Ruine des *„*Trophée des Alpes*", eines im Jahr 5 v. Chr. zur Erinnerung an die Unterwerfung der Ligurer errichteten gewaltigen *Siegesdenkmals*, des einzigen erhaltenen seiner Art; eindrucksvolle Reste des Sockels (38 m im Quadrat) und der Säulenreihe

La Turbie: Trophée des Alpes

darauf haben die Sprengung des im Mittelalter zur Festung verwandelten Monuments durch die Franzosen (1705) überdauert. An kupferfarbenen Steilwänden entlang zieht nun die bereits unter Napoleon I. angelegte, hoch über allen Siedlungen dahinführende ***Panoramastraße* bis zur Höhe von 541 m, um sich dann über *Col d'Èze* (508 m) mit Tiefblick auf *Èze* (s.S. 252) allmählich zu senken nach (31 km)

Nice (Nizza; s. R 25 S. 251). Hier endet auch die von *Turin* über den Col de Tende herkommende Straße, die *Route des Grandes-Alpes*, die wir in unserer R 24 (s.S. 240), und die *Route des Préalpes*, die wir in unserer R 23 (s.S. 232) beschrieben haben.

Bei der Ausfahrt aus *Nice* nach Westen erreicht man jenseits des *Var* ein neues Teilstück der *Autoroute* A 8, das in 59 km bis *Fréjus* führt. Diese Autobahn verläuft durch das *Hinterland* der Küste, nördlich von *Cannes*, wo man die *Route Napoléon* (s.R 23 S. 232) überkreuzt; sie führt nördlich des *Massif de l'Esterel* vorbei und 11 km südlich von *Draguignan* nördlich des *Massif des Maures* weiter. Die Fahrt führt durch fruchtbare Ebenen mit Weinbergen, Olivenwäldern und Obstbaumhainen, wobei die Erde allmählich eine rötliche Färbung annimmt; sie verstärkt sich vor

Brignoles (1100 Einw.), dem Zentrum der französischen *Bauxit*-Gewinnung (vgl. Les Baux S. 231); im Museum steht der **Sarkophag von Gayole* aus dem 2. Jh., das älteste christliche Denkmal Galliens.

An der Straßengabelung 13 km westlich von Brignoles muß man sich entscheiden, ob man über *Marseille* oder über *Aix-en-Provence* nach Arles fahren will. Bis zu diesem Punkt hat man von Menton 161 km zurückgelegt.

a) über Marseille nach Arles (129/133 km)

Die links abzweigende D 1 geht nach 10 km in der N 560 auf, die bei *Aubagne* auf das fertige Autobahn-Teilstück stößt, auf dem man in 22 km nach

Marseille (s. S. 75) fährt. Von hier bieten sich zwei Möglichkeiten: Entweder benutzt man die *Autoroute du Sud* A 7 bis zur Ausfahrt *Salon-de-Provence* (48 km) und fährt von dort auf der N 113 in 40 km nach Arles (s. S. 299); oder man wählt die

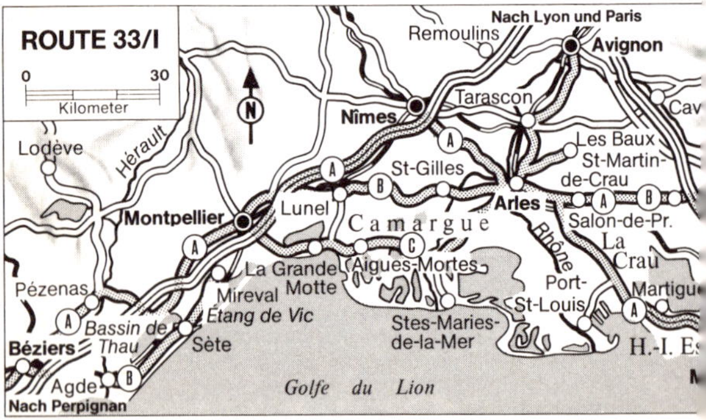

landschaftlich interessantere Straße N 568 über die *Halbinsel Estaque* (s. S. 79) und durch die Steinwüste *La Crau* (s. S. 227), die in 80 km nach *Arles* führt.

b) über Aix-en-Provence nach Arles (132 km)

Man folgt (rechts) weiter der N 7 und kommt nach 6 km zu dem Ort *Saint-Maximin* (3500 Einw.) mit einer **Kirche*, die ein schönes Beispiel nordfranzösischer Gotik in der Provence ist. Die N 7 führt nun durch das von Bergen umstandene weite *Tal des Arc*, das sich später verengt, nach (44 km)

Aix-en-Provence (120 000 Einw.), in der Welt bekannt durch seine sommerlichen Musikfestspiele. Die Stadt galt jahrhundertelang als die nach Paris zweitschönste Frankreichs. Sie wurde von den Römern an den heute noch sprudelnden warmen Heilquellen als *Aquae Sextiae* 123 v. Chr. gegründet und war bis ins 4. Jahrhundert Hauptstadt der Provinz *Gallia Narbonensis*. Im 12. und 13. Jh. war sie *Sitz der Grafen von Provence*, die hier glänzenden Hof hielten. Ein Jahr nach dem Tode des „guten Königs" René (vgl. S. 231) kam sie an Frankreich. Politisch und wirtschaftlich wurde Aix von Marseille weit überflügelt, kulturell blieb es die Hauptstadt der Provence.

Die Hauptstraße von Aix ist die von schönen *Häusern* des 17. und 18. Jh. gesäumte, mit vier *Brunnen* geschmückte **Platanenallee Cours Mirabeau*. Südlich davon liegt die hübsche **Fontaine des Quatre Dauphins* (1667), das ganz der Provence gewidmete **Musée Paul Arbaud* und das **Musée Granet*, eines der bedeutendsten Provinzmuseen Frankreichs, mit einzigartigen **keltisch-ligurischen Skulpturen*, die aus vorrömischer Zeit stammen und die ältesten Dokumente gallischer Kunst sind. Nördlich der Platanenallee liegen die reizende **Place d'Albertas*, das **Rathaus* (1658) mit der berühmten **Bibliothèque Méjanes*, der *Uhrturm* (16. Jh.), der erzbischöfliche Palast *Archevêché*, in dessen

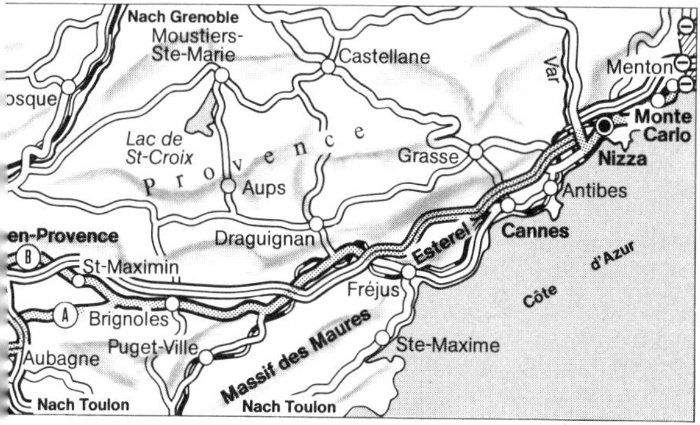

**Hof* die großen Konzerte veranstaltet werden und in dessem ersten Stock das **Musée des Tapisseries* 19 herrliche Gobelins (17./18. Jh.) aus Beauvais

Aix-en-Provence: Cours Mirabeau

zeigt, und die **Cathédrale Saint-Sauveur*, in der sich alle Stilarten vom 5. bis zum 16. Jahrhundert finden – berühmt sind ihre 15 flämischen *Bildteppiche* von 1511 und das Triptychon *„*Der brennende Dornbusch*" von *Nicolas Froment* (1475). Im Norden der Stadt liegt das *Atelier* des in Aix geborenen und gestorbenen Malers *Paul Cézanne* (1839–1906).

Von Aix fährt man noch 13 km auf der N 7 nach Nordwesten, biegt bei *Saint-Cannat* nach links auf die N 572 ab und kreuzt die Autoroute du Sud und unsere R 21 (Paris–Marseille) bei *Salon-de-Provence* (s. S. 226); dann fährt man in einer 25 km langen Geraden über den Nordteil der Schotterebene *La Crau* nach *Saint-Martin-de-Crau* und weiter auf der N 113 in 15 km nach **Arles* (s. S. 230), wo man Anschluß an unsere R 22 (Provence-Rundfahrt s. S. 227) findet.

Von **Arles*, wo sich Abstecher nach der Ruinenstadt ***Les Baux* (s. S. 231), zur Burg des Königs René nach **Tarascon* (s. S. 231) und nach ***Avignon* mit seinem großartigen Papstpalast (s. S. 225) anbieten, kann man auf drei Straßen nach Montpellier fahren:

a) über Nîmes nach Montpellier (84 km)

Diese Strecke ist die dem Fahrweg nach längste, der Fahrzeit nach kürzeste. Man fährt auf der N 113 31 km nordwestlich nach ***Nîmes* mit seinen berühmten römischen Baudenkmälern (s. S. 228) und von dort auf der Autobahn A 9 53 km bis südwestlich von Montpellier, das man auf diese Weise südlich umgeht.

b) über Lunel nach Montpellier (73 km)

Diese kürzeste, aber am wenigsten interessante Strecke führt auf der N 572 durch den schon fast ganz trockengelegten Nordteil der Camargue über *Saint-Gilles* (s. S. 230) in 49 km nach *Lunel* und von dort auf der N 113 in 24 km nach *Montpellier*.

c) durch die Camargue nach Montpellier (78 km)

Für diese landschaftlich besonders reizvolle Strecke verläßt man Arles über die N 570 nach Südwesten und fährt durch das Sumpfland des Rhône-Deltas, die **Camargue* (s. S. 229). 28 km von Arles biegt man nach rechts von der N 570, die nach **Saintes-Maries-de-la-Mer* (s. S. 22

weiterführt, nach Westen auf die D 58 ab, auf der man in 18 km die mittelalterliche Seefestung ****Aigues-Mortes*** (s. S.

In der Camargue

229) erreicht. Von dort fährt man über die D 62 an dem Ferienzentrum **La Grande-Motte* (s. S. 229) mit seinen an altmexikanische Bauten erinnernden Pyramidenhäusern vorbei über eine *Nehrung*, 32 km, nach

Montpellier (250 000 Einw.). Es st die Hauptstadt der Region Languedoc-Roussillon und entstand im 10. Jh. als eine Siedung von Gewürzhändlern auf einem der Seeräuberplage wegen vom Meer abliegenden Hügel: *Mons pistillarius*. Aus dem Vorderen Orient brachten seine Kaufleute byzantinisches und arabisches Wissen mit – so entstand schon 1221 eine „*Universitas medicorum*", an der im 16. Jh. *Rabelais* seinen Doktorgrad erwarb. Erdbeben, Überschwemmungen und Seuchen quälten die Stadt, bis man beschloß, eine Kerze zu stiften – so lang wie die Stadtmauer: 3888 m; findige Köpfe lösten das Problem, indem sie die dünne Kerze auf einen Zylinder aufrollten und im Tempo ihres Abbrennens wieder langsam abrollten. Heute ist Montpellier eine blühende Handelsstadt, vor allem mit Weinen des Languedoc, und eine der berühmten Universitätsstädte Frankreichs.

Neben vielen prächtigen **Adels- und Kaufmannspalästen*, dem sehenswerten Kunstmuseum **Musée Fabre* und der *Cathédrale Saint-Pierre*, die als einzige der Kirchenzerstörung während der Religionskriege entging, ist die Hauptsehenswürdigkeit die **Promenade du Peyrou* (1689–1776) auf der Hügelkrone mit zwei übereinanderliegenden *Terrassen*, einem eleganten sechseckigen *Wasserturm* und einem 22 m hohen langen Aquädukt. Der *Jardin des Plantes* (1593) war der erste Botanische Garten Frankreichs.

Wieder bieten sich zur Weiterfahrt zwei Straßen an:

a) außer der Autobahn A 9, die bis zur spanischen Grenze führt, die N 113, die durch das Binnenland 49 km weit nach *Pézenas* (s. S. 216) führt, wo sie unsere Nord-Süd-Route 20 (Paris–Perpignan s. S. 210) aufnimmt und von dort in 23 km nach *Béziers* (s. S. 216) führt.

b) die N 108, die nur um 2 km länger, aber viel interessanter ist, weil sie ans Meer und an ihm entlang führt. Bei *Mireval* erreicht sie die Lagune *Étang de Vic*, das *Meer* bei der unter Ludwig XIV. angelegten, von Kanälen durchschnittenen Hafenstadt

Sète (46 000 Einw.). Auf dem die Stadt überragenden **Mont*

Saint-Clair (186 m) liegt der berühmte „*Friedhof am Meer*“, den der in Sète geborene Dichter *Paul Valéry* (1871–1945) besang, der hier auch begraben liegt.

Die N 108 führt nun über eine 1 km breite und 12 km lange **Nehrung* zwischen dem Meer und dem großen Strandsee *Bassin de Thau* mit Austernparks nach

Agde (12000 Einw.) am Beginn des auch „*Canal des Deux-Mers*“ genannten „*Canal du Midi*“, der das Mittelmeer mit dem Atlantik verbindet. Sehr sehenswert ist die als *Festung* mit 3 m starken, fensterlosen Mauern und einem 35 m hohen Wachtturm gebaute **Cathédrale Saint-Étienne*. Am 5 km südöstlich abliegenden *Cap d'Agde* befindet sich eines der großen Ferienzentren der „Zweiten Riviera“. Von Agde führt die N 112 in 22 km nach *Béziers* (s. S. 216).

Bei der Weiterfahrt auf der N 113, die bis Narbonne zugleich N 9 ist, überquert man die **Schleusentreppe Ecluses de Fonséranes* des Canal du Midi und ist bereits nach 27 km in *Narbonne* (s. S. 217). Zwischen den beiden Städten liegt an der Küste eine neuerliche Großbaustelle des Tourismus: An der Mündung der Aude entsteht das Ferienzentrum „*Embouchure de l'Aude*“ als eine Stadt mit einem *Hochhäuser-Kern*, der rings von „*Hügeldörfern*“ umgeben ist; eine *Ladenbrücke* über die l'Aude soll eine moderne Version des Florentiner Ponte Vecchio werden.

Von Narbonne führt die N 113 vom Meer weg nach Westen in die breite Senke zwischen dem *Massif Central* und den *Pyrenäen* nach ***Carcassonne* (s. S. 209), wo man auf unsere Nord-Süd-Route 19 (s. S. 200) stößt. Auch die Weiterfahrt nach Toulouse (93 km), auf der die N 113 stets neben dem Canal du Midi herführt, bietet wenig Interessantes; 48 km nach Carcassonne überschreitet man fast unmerklich den *Col de Nauroze* (190 m), die *Wasserscheide* zwischen Mittelmeer und Atlantik – ein *Obelisk* erinnert an den Erbauer des Kanals, Riquet de Bonrepaux (gest. 1680). In *Villefranche-de-Lauragais* lohnt ein Blick auf die **Kirchenfassade* die in eine Glockenwand ausläuft; auch die Kirche von *Villenouvelle* (6 km weiter) hat eine interessante *Fassade*. Dann fährt man durch die *Grande*

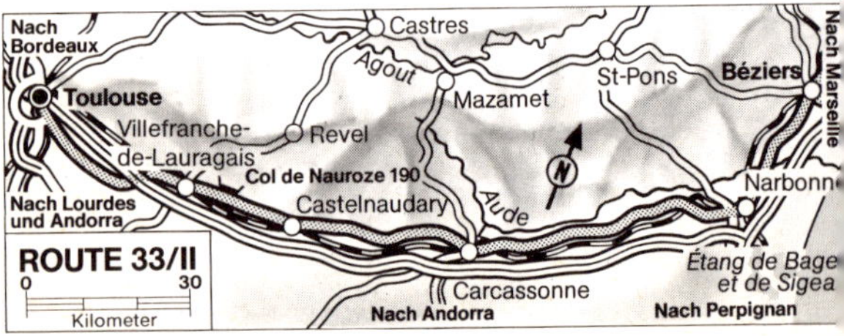

An der Côte d'Azur reihen sich die Buchten aneinander. Und in jeder liegt ein Badeort, darunter berühmte wie St-Tropez, Cannes und Menton.

Wo die französischen Hochalpen in die Seealpen übergehen, öffnen sich alle Häuser der Bergdörfer sonnenhungrig dem Licht der Provence.

Nahe der italienischen Grenze wird die französische Reviera zu einem schmalen Streifen zwischen den Ausläufern der Alpen und dem Meer.

Ein Dorf in den Cevennen: Wei geht der Blick im Massif Central übe eine milde Landschaft aus Blau unc Grün, aus Steingrau und Ziegelrot

Rue-Saint-Michel in **Toulouse* ein, wo man auf unsere Nord-Süd-Route 18 (Paris-Toulouse s. S. 192) trifft. Die Beschreibung von Toulouse finden Sie auf den Seiten 197 bis 199.

Route 34: Perpignan–Bayonne (457 km)

Diese Route, die an ihrem Beginn in *Perpignan* an unsere R 20 (s. S. 210) und an ihrem Ende in *Bayonne* an unsere R 17 (s. S. 188), R 31 (s. S. 284) und R 32 (s. S. 290) anschließt, stellt die kürzeste Verbindung zwischen dem Mittelmeer und dem Atlantik dar. An den Nordabhängen der *Ost-, Zentral- und West-Pyrenäen* entlangführend, ist sie landschaftlich schön, entbehrt aber so interessanter Städte wie Carcassonne oder Toulouse. Die Orientierung ist einfach: Man folgt der Nationalstraße N 117.

Der Ausgangsort *Perpignan* (24 m; s. S. 217), die alte Hauptstadt der Landschaft *Roussillon*, liegt, 13 km westlich des Bade- und Villenvororts *Canet-Plage* am Mittelmeer, inmitten einer fruchtbaren Ebene. Durch sie führt die N 117 24 km bis *Estagel*, wo sie in das *Maury-Tal* eintritt und ab *Saint-Paul-de-Fenouillet* (262 m) im *Boulzane-Tal* zwischen Weinbergen und Hainen von Ölbäumen und Zypressen weiter aufwärts zieht. Dann steigt sie zum *Col Camperié* (517 m) an und senkt sich in das *Tal der Aude*, das bald den großartigen Engpaß **Défilé de Pierre-Lys* bildet; die N 117 führt in Galerien und Tunnels durch ihn hindurch und verläßt ihn durch das „*Trou du Curé*“, das „*Pfaffenloch*“. 7 km weiter liegt hübsch in einem Waldberg-Talbecken das Städtchen

Quillan (290 m; 6000 Einw.), in dem die N 117 unsere Nord-Süd-Route 19 (Paris-Carcassonne-Bourg Madame s. S. 200) kreuzt. Abschnitt-Länge: 74 km.

Der nächste Abschnitt (63 km) reicht von *Quillan* nach *Foix*. Die N 117 führt zunächst über den *Col du Portel* (600 m), die Wasserscheide zwischen Mittelmeer und Atlantik, nach *Puivert* (485 m) mit einer weithin sichtbaren **Burgruine* (12./14. Jh.), um erneut auf den *Col de Babourade* (647 m) anzusteigen, von dem man einen herrlichen **Blick nach Süden* hat. In *Bélesta* (494 m) empfiehlt sich der

Umweg über Montségur (15 km mehr)

Man fährt erst auf der D 5 nach Süden, dann auf der D 9 nach Westen zur Burgruine **Montségur*, die ein Nationaldenkmal ist und wie ein Adlerhorst in 1207 m Höhe liegt. Sie war die *letzte Zufluchtstätte der Albigenser* (vgl. S. 208); 1244 wurde sie von dem vom Papst aufgebotenen Kreuzheer nach sechsmonatiger Belagerung gebrochen; ihre 205 Verteidiger wurden lebendig verbrannt – man zeigt die Stelle

„prat des crémats". Über die D 9 trifft man in *Lavelanet* wieder auf die N 117, die bei *Nalzen* nochmals über einen kleinen Paß (633 m) und dann in das *Tal der Ariège* führt und dort auf unsere Nord-Süd-Route 18 (s. S. 192) stößt. Auf der N 20 fährt man im Ariège-Tal abwärts (talaufwärts geht es nach Andorra s. S. 312) nach

Foix (380 m; s. S. 199).

Der nächste Abschnitt reicht bis *Saint-Martory* (75 km). Die N 117 überquert mehrere kleine Täler bis sie in *Saint-Girons* (390 m; 9000 Einw.) in das große Tal des Flusses *Salat* mündet. Ein kleiner Abstecher (2,5 km) führt zu dem nordnordöstlich gelegenen Dörfchen **Montjoie*, das sich seine Mauern und die befestigte Kirchenfassade aus dem 14. Jahrhundert bewahrte. Auf der N 117 weiterfahrend, kommt man schon nach 2 km zu dem Städtchen *Saint-Lizier* mit einem reizenden **Kreuzgang* aus dem 12. Jh. Man fährt nun weiter im Salat-Tal abwärts am Solbad *Salies de Salat* vorbei und über die *Garonne* nach

Saint-Martory (283 m; 1000 Einw.), wo rechts eine Straße

abzweigt, die in 70 km nach *Toulouse* führt.

Der vierte Abschnitt reicht bis *Tarbes* (85 km). Man folgt dem Lauf der Garonne auf einer Terrasse über dem Talgrund. In *Saint-Gaudens* (405 m) mit einer interessanten **Kirche* (11./12. Jh.) hat man von dem talbeherrschenden *Boulevard Jean-Bepmale* mit dem *Denkmal* der drei aus den Pyrenäen stammenden Marschälle *Foch*, *Joffre* und *Gallieni* einen prachtvollen ***Blick* auf die Pyrenäen-Ketten mit einer Sichtweite bis 180 km; ebenso von dem 14 km weiter an der N 117 gelegenen Städtchen *Montréjeau* (460 m), von dem aus man einen

Abstecher nach Saint-Bertrand-de-Comminges (9 km)

machen kann. Heute zu einem Dörfchen von 324 Seelen zusammengeschrumpft, war es in römischer Zeit eine große Stadt, in die 37 n. Chr. weltbekannte Leute aus Jerusalem verbannt wurden: der Tetrarch *Herodes Antipas* und seine Frau *Herodias*, die Mutter jener Salome, die Johannes den Täufer um seinen Kopf brachte. Auf den Resten der in der Völkerwanderung untergegangenen Römer-

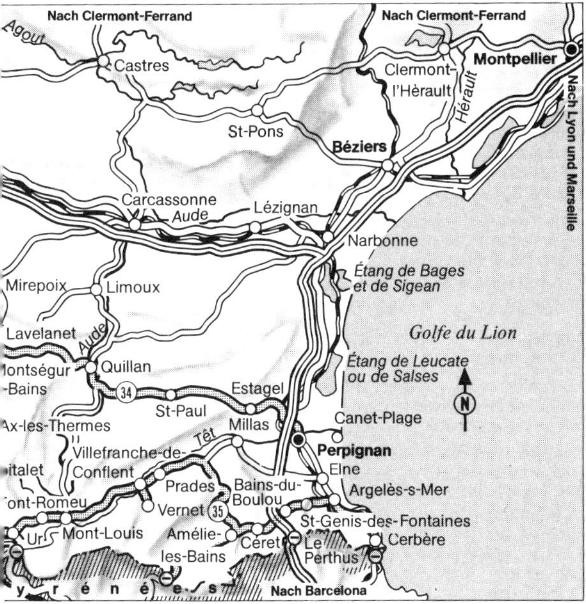

stadt begründete der heilige *Bertrand* Anfang des 12. Jahrhunderts ein *Kloster*, von dem ein schöner romanischer **Kreuzgang* und die teils romanische, teils gotische **Kirche* erhalten sind; besonders beachtenswert sind die herrlichen ***Schnitzereien* im Chor aus dem 16. Jahrhundert und die Apostelsäule.

Die N 117 führt nun auf die Hochebene von *Lannemezan* (610 m) mit Blick nach Süden auf die Pyrenäen und nach Norden auf die hübsche Landschaft der *Gascogne*, und senkt sich dann in die Ebene nach

Tarbes (320 m; 60000 Einw.). Die alte Hauptstadt der Grafschaft *Bigorre* ist heute der Hauptmarkt der fruchtbaren Ebene, eine lebhafte Industriestadt (Maschinen- und Flugzeugbau) und der Mittelpunkt des Fremdenverkehrs in den Pyrenäen; sie ist die Geburtsstadt des Dichters *Théophile Gautier* (1811–72) und des *Marschalls Foch* (1851–1929).

Von *Tarbes* kann man in langen Geraden auf der N 117 in 39 km *direkt nach Pau* fahren oder den Umweg über den weltberühmten *Wallfahrtsort Lourdes* machen.

Umweg über *Lourdes nach Pau (21 km mehr):

Man fährt von Tarbes auf der N 21 nach Südwesten und erreicht nach 20 km

Lourdes, wo 1858 *Bernadette Soubirous* ihre Visionen hatte und die *Quelle* grub, deren Wasser zu Wunderheilungen führte; Bernadette wurde 1925 selig und 1933 heilig gesprochen. Lourdes entwickelte sich zum größten katholischen Wallfahrtsort der Neuzeit – 2 Millionen Pilger im Jahr.

Die von der schönen **Burg* (13.–17. Jh.), die auch das sehenswerte

Lourdes

**Musée Pyrénéen* enthält, überragte Stadt mit 19000 Einwohnern steht völlig im Dienst der Wallfahrten und der Krankenfürsorge. Die **Cité religieuse* liegt jenseits des Flusses *Gave de Pau:* Die weite *Esplanade des Processions*, über die die berühmten abendlichen *Lichterprozessionen* ziehen und unter der die 20000 Gläubige fassende (200 : 80 m) *Basilique souterraine Saint-Pie X* (1958) liegt, mündet auf den *Rosenkranzplatz*, wo die Krankensegnungen stattfinden. Von diesem Platz führen Rampen zur *Basilique du Rosaire* (1867), die 5000 Gläubige faßt; unter der rechten Rampe liegen die *Erscheinungsgrotte* und die von der wundertätigen Quelle gespeisten Badebecken. Im Süden erhebt sich der *Kalvarienberg*, auf den man über den *Kreuzweg* gelangt. Dem rechten Ufer des Gave de Pau folgend, kommt man auf der N 637 über die kleine Wallfahrtstätte *Bétharram* (gascognisch „Schöner Zweig") nach

Pau (270 m; 135000 Einw.). Die alte Hauptstadt des *Béarn* wird von einem **Schloß* beherrscht, in dem der spätere König *Henri IV.* 1553 zur Welt kam – nach Landesbrauch wurden die Lippen des Neugeborenen mit einer Knoblauchzehe bestrichen und mit ein paar Tropfen Wein befeuchtet. Die zweite Sehenswürdigkeit ist der 1,8 km lange *Boulevard des Pyrénées* auf einer Terrasse über dem Gave de Pau mit herrlichem **Blick* auf die Berge.

Der letzte Abschnitt reicht von *Pau* bis *Bayonne* (106 km). Die N 117 verläuft am rechten Ufer des *Gave de Pau.* Nach 25 km fährt man durch die ausgedehnten, seit den erfolgreichen Bohrungen von 1951 entstandenen Anlagen des *Erdgaswerks* **Lacq,** eines der bedeutendsten Europas. Seine *Methangasproduktion* (4,5 Millarden cbm jährlich bei Reserven, die auf 200 Milliarden cbm geschätzt werden) deckt einen großen Teil des französischen Bedarfs, der beim Reinigungsprozeß anfallende *Schwefel* mehr als den Gesamtbedarf Frankreichs. Das von Lacq ausstrahlende Netz von Rohrleitungen ist 4000 km lang.

16 km weiter folgt die malerische Stadt *Orthez* mit der befestigten Brücke **Pont-Vieux* (13./14. Jh.). Von hier führt die N 117 nach *Peyrehorade* am Zusammenfluß des *Gave de Pau* mit dem *Gave d'Oloron*, überragt von den Ruinen des **Château d'Aspremont.* Dann überschreitet man den Fluß *Adour* und fährt durch Hügelland nach *Bayonne* (s. S. 190), von wo es noch 8 km nach *Biarritz* (s. S. 191) am Atlantik sind.

Route 35: Cerbère–Hendaye „Die Pyrenäenstraße" (737 km)

Die *Pyrenäenstraße* führt von dem französisch-spanischen Grenzort *Cerbère am Mittelmeer* zu dem franz.-span. Grenzort *Hendaye am Atlantik* stets durch und über Berge. Die Straße, die nicht zusammenhängend ausgebaut ist und darum zuweilen nach Norden in das Pyrenäenvorland ausweichen muß, gehört zu den größten landschaftlichen Erlebnissen, die man in Frankreich haben kann. Man folgt im allgemeinen dem Zug der N 618 und benötigt angesichts der vielen Kurven, Anstiege und Abfahrten und der in den 737 km nicht enthaltenen Abstechern zu einer genußvollen Fahrt drei bis vier Tage.

Von *Cerbère* (s. S. 218) fährt man zunächst an der *Côte Vermeille* (s. R 20 S. 210) auf der N 114 in 30 km nach *Argelès*, wo die N 618 beginnt. Noch in der Ebene des Roussillon liegt

Saint-Genis-des-Fontaines – der **Türsturz des Kirchenportals* gilt als die älteste romanische Skulptur Frankreichs.

Bei *Bains du Boulou* wird die N 618 auf 2 km Länge von der N 9 aufgenommen, die von *Perpignan* zum Grenzübergang *Le Perthus* führt (s. R 20 S. 218), um gleich wieder nach Westen abzubiegen zu der kleinen Stadt

Céret (171 m; 6000 Einw.). Sie bringt Mitte April die ersten reifen Kirschen auf die Märkte Frankreichs, hat ein Gefallenendenkmal von *Maillol*, besitzt in der **Teufelsbrücke* ein erstaunliches Beispiel für die Technik der Brückenbauer im 14. Jahrhundert (sie überspannt den Tech in einem 45 m weiten Bogen) und wurde, zusammen mit *Collioure* an der Küste (s. S. 218), durch die sich in beiden Orten gerne aufhaltenden „Avantgardisten" das „*Mekka des Kubismus*" – sein **Musée d'Art moderne* enthält Werke nahezu aller großen Künstler unseres Jahrhunderts. 8 km weiter liegt

Amélie-les-Bains (243 m; 4000 Einw.), ein vielbesuchtes Thermalbad. – Von hier führt eine Straße (N 115) im Tal des Tech über *Arles-sur-Tech* mit einem interessanten **Kloster* (11./12. Jh.) und die malerische alte Festungsstadt *Prats-de-Mollo* zum *Col d'Ares*, über dessen Paßhöhe (1513 m) die französisch-spanische Grenze verläuft; über Ripoll und Vich kann man dann nach Barcelona abfahren – der Umweg lohnt sich, wenn die große Straße über *Le Perthus* (s. S. 218) in der Urlaubszeit stark befahren ist. Oberhalb von *Arles-sur-Tech* entstehen zwei neue Wintersportgebiete. Seit 1972 gibt es dort eine Seilbahn, zwölf Lifte

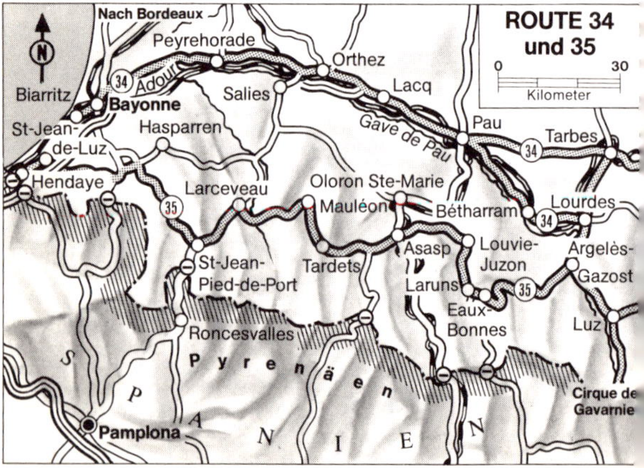

und rund 5000 Fremdenbetten.

Die N 618 biegt bei *Amélie-les-Bains* nach Nordosten zurück und führt bei dem interessanten katalanischen Dorf *Palalda* in Serpentinen auf den **Col Xatard* (752 m), von dem man an klaren Tagen das *Mittelmeer* sehen kann, und zum **Col de Fourtou* (646 m) mit weitem Blick über das *Roussillon.* Beim Abstieg durch die Schluchten des *Boulès* führt links die D 84 in 5 km zur **Prieuré de Serrabonne* hoch mit einer romanischen Kirche (11./12. Jh.) – die ***Empore* und deren bildnerischer Schmuck sind Meisterwerke katalanischer Kunst. Schließlich mündet die N 618 in die von Perpignan herführende N 116, auf der man links weiterfährt nach

Prades (340 m; 6400 Einw.), das weltbekannt wurde als Exilort des berühmten spanischen Cellisten *Pablo Casals* (geb. 1876) und durch die von ihm ins Leben gerufenen *Festivals de musique.*

Die N 116 führt nun im *Tal des Tet*, das den Namen „*Conflent*" trägt, ständig aufwärts über das noch von seiner Vaubanschen Befestigung umgebene *Villefranche-de-Conflent*, wo man einen Abstecher (6 km) zu dem schön unter dem *Mont Canigou* gelegenen Bad **Vernet-les-Bains* machen kann, und durch den Engpaß des *Defilé des Graus* zu dem quellenreichen (42, davon eine mit 81°) Heilbad *Thuès-les-Bains* und endlich zu dem heute als *Luftkurort und Wintersportplatz* (mit zahlreichen Aufstiegshilfen) blühenden

Mont-Louis (1600 m; 800 Einw.). Früher war der noch von seinen Wällen umgebene und von einer Zitadelle beherrschte Ort eine wichtige *Sperrfestung* an den Zugängen zum *Languedoc* und zum *Roussillon* von Spanien aus. Die Pyrenäenstraße verläßt hier die N 116, die zum Grenzort Bourg-Madame (s. S. 199) weiterführt und dort auf die N 20 stößt, und führt auf der N 618 weiter, die über den Luftkurort *Superbolquère* zur **Ermitage de Font-Romeu* (1824 m) ansteigt. Diese Wallfahrtsstätte mit Namen „Pilgerquelle" hat eine reizend dekorierte **Kapelle* (18. Jh.) und einen *Kalvarienberg* (1875 m) mit herrlichem **Rundblick.* 1 km weiter liegt der elegante Luftkurort und gut ausgerüstete Wintersportplatz **Font-Romeu* (1800 m). Das Klima ist hier so trocken und sonnig, daß die N 618 „solana" – die sonnige – heißt und das benachbarte (3,5 km) Dörfchen *Odeillo* zum Standort eines zukunftweisenden Experiments auf dem Gebiet der "Helio-Chemie" gewählt wurde: seit Sommer 1969 arbeitet hier ein *„*Sonnenofen*" mit 54 m Durchmesser, in dem 62 schwenkbare Spiegel installiert sind – durch bloße Sonnenbestrahlung werden Temperaturen bis 3000° C erzielt.

Die N 618 führt nun in Windungen abwärts, durchquert das **Chaos granitique de Targassonne* mit seinen Granitblöcken und stößt bei dem Ort *Ur* (1206 m) auf die N 20 (s. R 18 S. 199).

Auf ihr führt nun die Pyrenäenstraße im *Tal des Carol* aufwärts und übersteigt schließlich den *Col de Puymorens* (1915 m). 3 km an der Nordrampe dieses Passes abwärts kommt man an

 Plan S. 306/307

eine Straßengabel: links geht es nach *Andorra*, rechts führt die Pyrenäenstraße nach *l'Hospitalet*.

Abstecher nach Andorra (36 km)
Der Zwergstaat *Andorra* (453 qkm; 27000 Einw.) – offiziell heißt es auf Katalanisch „Valls d'Andorra", auf Französisch „Les Vallées d'Andorre" und auf Spanisch „Principado de Andorra" – steht unter der gemeinsamen Oberhoheit des französischen Staatsoberhaupts und des spanischen Bischofs von Urgel.

Andorra

Seine Unabhängigkeit war durch die Lage in schwer zugänglichen Tälern des Hochgebirges gesichert. Seine Bürger leben steuerfrei. – Man fährt auf der N 20 B im *Ariège-Tal* aufwärts zum *Pas de la Case* (2085 m), wo man die Grenze überschreitet und wo sich der Sendeturm von Radio Andorra erhebt. Die Straße steigt nun bis *Port d'Envalira* (2409 m) an, mit **Blick* auf *Andorra* und den *Cirque dels Pessons*, einen Kessel mit vielen kleinen Seen, und führt dann durch das *Tal der Valira del Orient* und den wilden *Engpaß von Encamp* (1300 m) zum Schwefelbad *Las Escaldas* (1100 m) und zur „Hauptstadt" **Andorra la Vella* (1029 m; 5000 Einw.), wo sich neben dörflichen Häusern, darunter dem Regierungssitz *Casa de la Vall*, Firmen- und Hotel-Hochhäuser erheben.

Nach der Rückkehr auf diesem einzigen Zufahrtsweg von Norden, führt die N 20 über *l'Hospitalet* (1436 m) ständig im *Ariège-Tal* abwärts über *Ax-les-Thermes* (s. R 18 S. 199) bis

Tarascon-sur-Ariège, wo die N 20 nach Foix (s. S. 199) weiterführt, die Pyrenäenstraße aber auf der hier wieder einsetzenden N 618 nach Westen führt.

Abstecher nach Niaux (4 km)

Südwestlich von Tarascon liegt an der D 8 die **Grotte de Niaux* mit vorgeschichtlichen *Tiermalereien.*

Die N 618 zieht nun in das Vorland der Pyrenäen hinaus über den *Col de Port* (1249 m) und erreicht nach 58 km *Saint-Girons* (s. R 34 S. 306). Von dort läuft sie weiter nach Westen, im *Tal des Lez* aufwärts zum **Col de Portet d'Aspet* (1069 m) mit weitem Ausblick. Die Abfahrt führt ins *Tal der Garonne*, die man auf dem *Pont de Chaum* überquert, um nun auf der N 125 nach Süden durch das schöne **Vallée de Luchon* nach *Bagnères-de-Luchon*, kurz

***Luchon** (630 m; 3900 Einw.) zu fahren, dem elegantesten Thermalbad der Pyrenäen, das sich im 18 km entfernten, über eine Straße und eine elektrische Bergbahn erreichbaren *Superbagnères* (1804 m) auch einen gut ausgerüsteten Wintersportort geschaffen hat. Luchon besitzt 68 Quellen, darunter die Quelle *Lepape* mit dem radioaktivsten Wasser der Welt. An der Hauptstraße *Allées d'Etigny* liegen ein sehenswertes *Heimatmuseum* (Musée du Pays de Luchon), der *Bahnhof* für Superbagnères und das *Thermalbad* mit dem hübschen *Parc des Quinconces.*

In Luchon hat man die größere Hälfte der Pyrenäenstraße absolviert und bis dahin 394 km zurückgelegt. Auf den ersten Höhepunkt im Gebiet um Mont-Louis folgt nun der zweite im Gebiet um den Col du Tourmalet, in dem sich die landschaftliche Schönheit noch steigert.

Die N 618 führt von Luchon zunächst nach *Saint-Aventin* mit einer interessanten **Kirche* aus dem 11. Jh. und einer *Abzweigung* (5 km) in das malerische **Vallée d'Oueil* zu dem großartigen **Aussichtspunkt Kiosque de Mayrègne* (1120 m); dann steigt sie mit ersten Gletscherblicken zum **Col de Peyresourde* (1563 m) auf. Die Abfahrt führt nach *Arreau* (704 m). Südlich davon führt ein 3 km langer Straßentunnel nach dem spanischen Bielsa und nach Huesca. Nun kommt ein erneuter Anstieg zum **Col d'Aspin* (1489 m) mit weitem Ausblick. Die Abfahrt führt an dem Marmorbruch *Carrière de Marbre de Campan* vorbei nach *Sainte-Marie-de-Campan* (857 m), wo die N 618 in einer Haarnadelkurve nach Süden zurückbiegt; hier beginnt der Aufstieg zu dem von der Radrundfahrt „Tour de France" als eine ihrer schwersten Prüfungen bekannten *Col du Tourmalet*, dem höchsten Pyrenäenpaß. Dabei kommt man in 1800 m Höhe zu dem bedeutenden Wintersportplatz *La Mongie* (Seilbahn auf den Pic du Midi de Bigorre, s. unten); danach steigt die N 618 weiter steil an und erreicht schließlich durch eine großartige einsame Landschaft den

***Col du Tourmalet** (2114 m). Von hier sollte man unbedingt auf der 5,5 km langen Privatstraße (Gebühr) nach *Les Laquets* (2650 m) hinauffahren und von dort mit einer Seilbahn in zwei Minuten (Fußweg 30 Min.) zum ***Gipfel des Pic du Midi de Bigorre* (2865 m) – zum *weitesten Rundblick* über die *Pyrenäen* und die *Gascogne.* Auf dem Gipfel steht der 85 m hohe *Fernsehturm,* der große Teile Südwestfrankreichs versorgt, knapp unter dem Gipfel liegt das seit 1880 bestehende, auf das modernste ausgerüstete **Observatoire et Institut de Physique du Globe* (geophysikalisches Observatorium und Institut), eines der bedeutendsten seiner Art.

Die Abfahrt führt über *Barèges* (1219 m), Heilbad und Wintersportplatz mit Seilbahn zum *Pic d'Ayré* bis 2060 m, hinunter nach *Luz* (711 m; 1300 Einw.), das eine **Wehrkirche* (12./14. Jh.) besitzt und mit *Saint-Sauveur-les-Bains* (737 m) einen Doppelort bildet. Hier sollte man sich das großartigste Landschaftsbild, das die Pyrenäen zu bieten haben, nicht entgehen lassen:

Abstecher zum **Cirque de Gavarnie (20 km)

Durch die wilden Landschaften der *Gorge de Saint-Sauveur* und des *Chaos de Coumély*, des Felstrümmerfeldes eines Erdbebens im 6. Jahrhundert, und am

Wasserkraftwerk Pragnères vorbei führt die N 21 (letzte Strecke zu Fuß oder auf Reitesel) in den grandiosen Felsenkessel ***Cirque de Gavarnie* (1670 m) mit seinen hohen Wänden und den schneebedeckten Gipfeln der Dreitausender, die ihn umstehen; an die 30 Wasserfälle stürzen in ihn hinein, von denen die **Grande Cascade* mit 422 m freiem Fall der höchste Wasserfall Europas ist.

Die Pyrenäenstraße führt von *Luz* auf der N 21 durch die *Gorge de Luz* abwärts nach dem Kurort *Argelès-Gazost* (460 m; 3800 m).

Abstecher nach Lourdes (13 km)

Die Beschreibung dieses berühmten *Wallfahrtsortes* finden Sie im Zug unserer R 34 auf Seite 308.

Von *Argelès-Gazost* führt die hier wieder einsetzende N 618 in 30 km langem Anstieg zum **Col d'Aubisque* (1710 m), wobei sie als *Corniche* hoch über dem Felsenkessel *Cirque du Litor* geführt ist. Die schöne Abfahrt über den Wintersportort *Gourette* (1400 m), mit Seilbahn auf den *Pic de Ger*, und über das Heilbad *Eaux-Bonnes* endet in *Laruns* (530 m) im **Vallée d'Ossau*. Die N 618 folgt diesem schönen Tal, das bereits Teil der Landschaft *Béarn* ist, nach Norden bis *Louvie-Juzon* (412 m), wo sie wieder nach Westen abbiegt und durch den schönen *Bois du Bager* nach *Asasp* (279 m) führt.

In *Asasp* wird die Pyrenäenstraße von der N 134 gekreuzt, die eine wichtige Verbindung zwischen Frankreich und Spanien darstellt: sie führt in 47 km nach Süden durch das *Vallée d'Aspe* (s. links) zu dem von den Römern *summus portus* genannten Paß *Col du Somport* (1631 m), über den die Grenze verläuft und über den 732 die Araber in Frankreich einbrachen, die erst bei *Poitiers* (s. S. 181) von *Karl Martell* zum Stehen gebracht wurden.

Die N 618 verläuft von *Asasp* über *Tardets*, wo man aus dem *Béarn* in das Baskenland *Navarra* eintritt, nach *Mauléon* (141 m; 5000 Einw.), dann über den *Col d'Osquich* (390 m) nach

Saint-Jean-Pied-de-Port (162 m; 1900 Einw.). Eine Zitadelle und die befestigte Oberstadt erinnern an die Bedeutung des Ortes als *Sperrfestung:* sie liegt am Fuß (pied) des *Passes von Roncesvalles* (29 km südlich), auf dem der Paladin Karls des Großen, *Roland*, als Führer der Nachhut im Kampf gegen die Basken fiel.

Die Pyrenäenstraße führt nun nach Nordwesten an baskischen Dörfern, die ein wenig von der Straße abliegen, wie *Bidarray*, *Louhossoa* und *Itxassou*, vorbei nach dem Bad *Cambo* (70 m; 4700 Einw.). In *Espelette* kann man einen *Abstecher* (5,5 km) zu dem besonders typischen Baskendorf *Ainhoa* (124 m) mit vielen Häusern aus dem 17. Jh. machen. Die N 618 führt nun über *Saint-Pée-sur-Nivelle* (30 m) zum Atlantik, den sie bei *Saint-Jean-de-Luz* erreicht; eine Beschreibung dieses Ortes und der Weiterfahrt zum Grenzort *Hendaye* finden Sie auf den Seiten 191/192. Der zweite, westliche Teil der Pyrenäenstraße von *Luchon* bis *Hendaye* umfaßt 343 km.

Kurzfassung der Pyrenäenstraße

Man kann die Fahrt beträchtlich – auf 584 km – *verkürzen*, wenn man sich auf die *Höhepunkte* beschränkt, die dieser Straßenzug, der in seiner Art ein Gegenstück zur Route des Grandes-Alpes (s. S. 240) darstellt, zu bieten hat. Man fährt dann auf folgender Route:

Von Argèles auf der N 114 in 7 km nach Elne (s. S. 218);

Von Elne auf der N 612 und N 615 in 35 km nach Millas;

Von Millas auf der N 116 in 26 km nach Prades (s. S. 311).

Von Prades fährt man auf der Pyrenäenstraße, wie auf den Seiten 311–314 beschrieben, bis Argelès-Gazost (348 km ohne Abstecher);

Von Argelès-Gazost auf der N 21 in 13 km nach Lourdes (s. S. 308);

Von Lourdes auf der N 637 in 40 km nach Pau (s. S. 309);

Von Pau auf der in unserer R 34 beschriebenen Strecke (s. S. 309) auf der N 117 in 105 km nach Bayonne-Biarritz.

Die Ersparnis beträgt mehr als 153 km, denn sie erlaubt auch viel schnellere Fahrt auf der Anfahrt bis Prades und auf der Strecke ab Lourdes.

GASTRONOMISCHER REISEFÜHRER

Man kann es nicht leugnen: Es ist etwas Besonderes an der französischen Küche. Wer nach Frankreich fährt, gleichviel in welche Gegend, denkt bestimmt auch an „gut essen und trinken". Und nicht umsonst geht jeder Hotelfachmann oder Koch, der es weiterbringen will, nach Frankreich, um dort eine Zeitlang die Feinheiten der „grande cuisine" kennenzulernen.

Im folgenden Kapitel wird aufgeführt, in welcher Landschaft Frankreichs man was ißt und trinkt; denn bekanntlich schmeckt alles an Ort und Stelle am besten, – sei es der Käse, der Wein oder andere Spezialitäten. Natürlich können hier nur Anhaltspunkte, Tips, Anregungen gegeben werden. Jeder macht seine Erfahrungen letzten Endes selbst, aber es wäre schade, wenn der Frankreich-Besucher etwa aus Unkenntnis gerade die besonders guten Gerichte oder Getränke „seiner" Ferienlandschaft nicht ausprobieren könnte, weil er darauf nicht vorbereitet war. Man sollte nicht glauben, daß es nur in vornehm aussehenden Restaurants bestes Essen gäbe, – oftmals sind es gerade die kleinen, von außen her gar nicht so einladend wirkenden Gaststätten, in denen man die wahre Küche des Landes bekommt. Am besten verläßt man sich auf den Rat der Einheimischen, sie geben dem Touristen bestimmt gute Hinweise.

Paris und Ile de France

Zwar gibt es in der Küche von Paris und der Paris umgebenden Landschaft, der fruchtbaren Ile de France, keine spezifischen Gerichte und doch wurde hier die „grande cuisine" geboren. Die Hofköche der französischen Könige entwickelten das Kochen zur wahren Kunst, obwohl der bedeutendste Küchenmeister des 20. Jahrhunderts, Escoffier, einmal gesagt hat: „Das Wichtigste ist, nichts zu komplizieren!" Scheinbar aufwendige Gerichte werden oftmals mit einfachen Mitteln hergestellt, doch immer werden erstklassige Zutaten verwendet. Alles, was in den französischen Provinzen angebaut, gezüchtet und geerntet wird, kommt täglich in Riesenmengen nach Paris. In den dortigen Restaurants werden Gemüse, Salat, Obst, Fische, Wild, Fleisch und Geflügel nach alten Rezepten – zumeist sogar nach solchen, die aus ländlichen Gegenden stammen und seit Generationen überliefert worden sind – zu vollendetsten Gerichten verarbeitet. Daneben findet man in Paris natürlich auch die internationalen Spezialitäten-Restaurants, wie sie heute in jeder Großstadt anzutreffen sind.

Man sollte sich, wie die Franzosen, beim Morgenfrühstück

zurückhalten; denn sonst wird man das umfangreiche Menü niemals richtig genießen können. Am besten schließt man sich der Sitte der Franzosen an und setzt sich bei schönem Wetter an einen der auf die Straße gestellten Tische, wie etwa in Paris im großen „Café de la Paix" – neben der Oper – und nimmt vor der Hauptmahlzeit, mittags oder abends, einen entspannenden *Apéritif* zu sich (Pernod, Dubonnet, Suze, St. Raphael, Byrrh oder andere). Eine Kaffeemahlzeit in unserem Sinne kennt man in Frankreich nicht, und doch zeichnen sich gerade die Pariser Konditorerzeugnisse durch die große Auswahl und Feinheit ihrer Qualität aus. Meist werden die Kuchen und Törtchen als Dessert serviert, aber es bleibt dem jeweiligen Geschmack oder Appetit überlassen, ob man sich zu einer Tasse Kaffee ein *Choux à la crème* (Schlagrahm-Törtchen), *Mille-Feuilles* (Blätterteigkuchen) oder die international bekannten *Petits Fours* (kleines Süßgebäck) bestellen will. Auf jeden Fall sollte man die *Crêpes Suzette* versuchen, die in Paris erfundene Vollendung der kleinen hauchdünnen Eierpfannkuchen, die mit *Cointreau* oder *Grand Marnier* flambiert und dann heiß serviert werden.

Man wähle zunächst eine Suppe, etwa die *Parisienne*, eine Gemüse-Kartoffel-Lauchsuppe mit geschnittenen Karotten, die den Namen der Stadt trägt. Die *Matelote* (eine Fischsuppe nach Matrosenart) soll übrigens ihre Geburtsstätte in der Paris umgebenden Landschaft haben. Matrosen sollen sie in der Seine-Gegend erstmalig zubereitet haben: zur Hälfte Süßwasser- und Meeresfische, viele Zwiebeln und Pilze. Nicht zu vergessen die *Soupe à l'oignon*, die gratinierte Zwiebelsuppe, die ihre Entstehung der Pariser Kochkunst verdankt.

Der fette Boden in den Flußniederungen der Ile de France und ein gutes Klima bewirken, daß hier alles bestens gedeiht. Diese guten Erzeugnisse werden hier zu Gerichten „komponiert", die inzwischen weltbekannte Namen haben, wie das *Bœuf miroton* (Rindfleischragout), die *Tournedos Rossini*, *Veau sauté Marengo* (geschmortes Kalbfleisch, die Sauce mit Weißwein, und nicht mit Wasser aufgefüllt) oder das *Gibelotte de lapin*, das Wildkaninchen-Frikassée in Weinsauce. Auch die *Sauce Béarnaise* ist in Paris entstanden, und nicht in der kleinen Provinz Béarn nahe den Pyrenäen. Die guten Saucen machen überhaupt einen großen Teil der guten französischen Küche aus. Fleisch kann einfach gekocht werden, aber die Sauce muß ein gewisses „Etwas" hineinbringen!

Es ist für den Feinschmecker vielleicht ein wenig enttäuschend, daß es nicht viel mehr ausgesprochen Pariser Gerichte gibt, aber: In Paris gibt es von allem, was man in der Provinz ißt, das Beste, das Edelste, und hier wird es – fast könnte man sagen „historisch" – verkocht.

Zu jeder Mahlzeit steht dem Gast die ganze Skala der französischen Weine zur Verfügung. Man probiert neben dem Weißwein (*vin blanc*) und dem Rotwein (*vin rouge*) auch den frischen, rosafarbenen *vin rosé*.

Gerade in Paris hat sich übrigens seit dem letzten Krieg das Bier (*bière*) mehr und mehr durchgesetzt, zumal im Elsaß, aber auch in Nordfrankreich, beste Biersorten gebraut werden.

Fast nie fehlt das Tafelwasser (*eau minérale*) auf dem Tisch. Man trinkt es „gegen den Durst", den Wein hingegen „für den Gaumen".

Man nehme sich viel Zeit zum Essen; es wird in Frankreich zelebriert und keinesfalls hinuntergeschlungen.

Nordfrankreich-Pikardie

Die Mahlzeiten sind reichlich und kräftig; denn der Appetit kommt bei der frischen Meeresluft von allein und ist oft beträchtlich. Eine fast deftig zu nennende Kost wird hier geboten, und wenn man in einem französischen Kochbuch die Rezepte nachliest, meint man, es gäbe hier oben nur vielköpfige Familien. Man kann die Zutaten dieser Spezialgerichte kaum auf ein Normalmaß reduzieren. Zu dem hier berühmten Eintopf, dem *Hochepot*, gehören allein vier oder fünf Fleischsorten – und nicht wenig von jeder Art –, dazu dann noch Kohl oder Rüben, Kartoffeln, Bauernwürste und selbstverständlich viel Fett und gute Gewürze. Dieses köstliche Gericht, das nach alten Rezepten nirgends sonstwo so wohlschmeckend zubereitet wird, sollte man unbedingt aus dem glasierten Tontopf essen. Die *Bouillabaisse de la Manche*, die Fischsuppe des Ärmelkanals, wird ähnlich wie die südfranzösische Bouillabaisse zubereitet, eben nur mit den Fischen und Krustentieren des Ärmelkanals. Man kocht sie – auf eine besondere Art „sprudelnd" – mit vielen Gewürzen. Natürlich findet man auch Langusten- und Hummerspezialitäten, besonders in Badeorten wie Le Touquet (Kenner empfehlen hier den „Flavio-Club de la Fôret"). Eine Probe wert sind auch die auf verschiedenste Art zubereiteten Heringe – diese gibt es vor allem im französischen Flandern. Dort ist auch die *carbonade de bœuf à la flamande* zu Hause, ein sehr schmackhafter Rindfleischeintopf. Arras ist durch seine Kaldaunenwürstchen *Andouillettes* bekannt. Man setzt sie mit Genever flambiert vor, und wer eine etwaige Abneigung gegen Innereien hat, kann sie mit dieser Köstlichkeit loswerden. Wildschweinfleisch (*sanglier*) in Marinade oder Wildkaninchen mit Backpflaumen (*Lapin aux pruneaux*) sind weitere Spezialgerichte.

Falls man durch Compiègne kommt, wird man als Feinschmecker Gefallen finden an der *Cassolette d'escargots à l'anis*, ein Weinbergschneckengericht aus der Räucherpfanne, mit Anis gewürzt. In Amiens versteht man sich besonders gut auf die Zubereitung guter Entenpasteten. Die sogenannte *Sauce Soubise* aus der Pikardie, eine tüchtig durchgekochte Zwiebelcrème, ist ebenfalls einen Versuch wert.

Zum üppigen Essen trinkt man hier viel Bier. Weinanbau gibt es wegen des rauhen Klimas nicht.

Käsespezialitäten: Der *Gris de Lille*, der *Dauphin*, der *Rollet* und der *Vieux Lille* als bekannteste Sorten.

Normandie

Zu den Erzeugnissen einer äußerst fruchtbaren Landschaft kommt ein besonders reichhaltiger Fischfang und eine traditionelle Muschel- und Austernzucht. Berühmt sind die Rinderrassen, ebenso die Marschlämmer. *Pré-salé* (vorgesalzen) nennt man das Fleisch von Hammeln und Lämmern, die auf den saftigen Wiesen mit ihren salzhaltigen Gräsern geweidet haben. Hier soll man die *gigot de pré-salé* essen, die es übrigens besonders gut in der Bucht von Mont-Saint-Michel gibt. Nirgends findet man so gute Butter und Milch, vor allem so fetten Rahm, wie hier. Ständig wird man daran erinnert, wenn man eines der köstlichen Gerichte mit Rahmsauce ißt.

Vom „Land der Apfelbäume" zeugen der Apfelwein (*cidre*) und der vorzügliche Apfelschnaps, der *Calvados*. Nicht umsonst spricht man vom „trou normand", dem normannischen Loch: Man macht eine Essenspause und nimmt erst einmal einen Schnaps, eben den Calvados, zu sich, ehe man sich dem Essensgenuß weiter hingibt.

Neben dem Calvados sei noch der *Bénedictine*, der goldfarbene Likör aus Fécamp, erwähnt.

Überall bekommt man Hummerspezialitäten. In Caen z. B. die *Demoiselles de Caen à la Normande* (demoiselles sind kleine Hummer), in der Bucht von Mont-Saint-Michel den *Homard grillé et flambé* und im Restaurant „Central" in St-Malo besonders erlesene Hummer- und Fischgerichte – oftmals mit der schon erwähnten Rahmsauce. Hier ist besonders die *Sole Normande*, die Seezunge nach normannischer Art, hervorzuheben, eine Komposition aus Seezungenfilets, Muscheln und Austern, Krabben und Champignons mit einer köstlichen Rahmsauce. Rouen und Caen haben Entenspezialitäten auf der Karte, so den *Canard au sang*, die Ente im Blut. Die gegrillten Entenstücke werden mit einer Sauce gegessen, die aus dem Blut des durchgepreßten Entenrumpfes und den Innereien gerührt und flambiert wird. Die *Tripes à la mode de Caen* (Kutteln oder Kaldaunen) – mit einer Backzeit von mindestens zwölf Stunden – und die *Andouille de Vire* (Kaldaunenwurst) sind kräftige, speziell normannische Mahlzeiten. Austern (*huîtres*) und Muscheln – hier besonders die *prairies* – haben einen vorzüglichen, ganz leicht jodhaltigen Geschmack.

Drei Käsesorten nehmen einen bedeutenden Platz auf der Käseplatte ein: der *Camembert*, der *Pont l'Évêque* und der *Livarot*. Daneben noch viele andere fettreiche Sorten wie der *Neufchâtel* und die kleinen doppel- und dreifachfetten Weichkäse.

Bretagne

Das Meer und die damit verbundene Fischerei spielen hier eine bedeutende Rolle. Der Hafen von Douarnenez ist einer der wichtigsten Sardinenhäfen Frankreichs. Eine ähnliche Stellung nimmt der Hafen von Audierne als Langusten-Hafen ein. Cancale, Riec-sur-Belon und Belon sind führende Austernzuchtplätze. In großen Mengen werden *Belon-Austern* (*huîtres*) ausgeführt. Ihr feiner, leicht jodhaltiger Geschmack entzückt die Austernkenner. Viele weitere Schalentiere bilden die Grundlage regionaler Gerichte, hierunter besonders die *Demoiselles*, die kleinen Hummer. Man versuche auch einmal die *Pfahlmuscheln* in Le Vivier-sur-Mer, den *Homard à l'Armoricaine* oder die Hummerspezialität des Restaurants „L'Espadon" in La Baule: *Homard à la nage*.

Auch die schwarzen Uferschnekken sollte man nicht verachten, ebensowenig den Hecht in schaumiger Buttersauce, der als *brochet au beurre blanc* oder *nantais* besonders gut in Nantes serviert wird.

Eine kulinarische Besonderheit ist die gut gewürzte Fischsuppe der Bretagne, die *Cotriade*. Ebenso sollte man die *Soles à la bretonne* (Seezungen) probieren. Sie werden gehäutet und mit leicht gesalzener Butter (*demisel*) gefüllt, bevor sie kurz gebraten werden. Wie schon im Abschnitt „Normandie" erwähnt, hat auch hier alles einen leicht salzigen, daher besonderen Geschmack: das Schlachtfleisch, aber auch die Gemüse, die in der salzhaltigen Luft wachsen.

Gute Wurstspezialitäten bekommt man in diesem Land mit bester Fleischerzeugung an jedem Ort. Hier seien die *Rillettes* aus feingehacktem Schweinefleisch erwähnt, die Kuttelwurst von Guéméné und Auray, die geräucherten Kuttelwürste (*Andouilles*) von Quimperlé, die weißen Bratwürste von Rennes, der Schinken von Morlaix und die vielen Wildkaninchen- und Wildschweinpasteten.

Alle Fischgerichte werden mit einem Schuß Apfelwein (*cidre*) oder auch *Muscadet* (leichter, spritziger Weißwein, von dem man allein 22 Sorten kennt) zubereitet. Diese beiden Getränke begleiten auch jede Mahlzeit in der Bretagne. Kein Markttag ohne den cidre oder auch den reinen Apfelsaft, den *jus de pommes* und dazu die *Galettes* und die *Crêpes*. Beide sind ganz dünne Eierpfannkuchen, die – mit Süßem oder Salzigem gefüllt – heiß verzehrt werden. Weitere Gebäckspezialitäten: der *Far*, ein Kuchen aus gesüßtem Weizen, mit Backpflaumen oder Rosinen gefüllt. Die *Craquelins*, eine Art Bauernfladen, ißt man gern zum ersten Frühstück.

Käse: der *Port du Salut*, der *Trappiste* von *Campénéac* und der Käse von *Sainte-Anne-d'Auray*. – Frisch oder als Konserve weltberühmt sind die Erdbeeren (*Fraises*) von Plougastel.

Val de Loire

Herzstücke dieser Landschaft sind die Touraine, auch „Garten der Nation" genannt, und Anjou, die Gegend um Angers. Man übertreibt nicht, wenn man sagt, die Küche der Loire-Lande ist französische Küche im besten Sinn mit allen ihren Vorzügen.
Zur Abwechslung seien erst einmal die *Weine* genannt. Hier stehen natürlich die Loireweine an erster Stelle. Allen voran der Vouvray mit seiner schönen Goldfarbe und der Weißwein von Montlouis, von Sancerre und Pouilly, von Saumur, aus der Umgebung von Angers und Nantes. Die Rotweine von Beaugency und Mesland, von Chinon, Bourgueil und Cham-

pigny sind auch über die Grenzen des Val de Loire hinaus berühmt, und nicht zuletzt auch die fruchtig-lebhaften Rosé-Weine des Anjou, die sogenannten guten „Sommerweine".

Charakteristisch für die Küche der Touraine sind der *carpe marinière*, der gefüllte Karpfen, die Krebse nach Vouvrayer Art, die *tripes au Vouvray* (Kutteln mit einer Vouvray-Sauce). Auch die Kuttelwürstchen von Tours sind bekannt, die *alose grillée* (geröstete Alse oder Maifisch), die *fèves à la Tourangelle* (Bohnen nach Tourainer Art), die Dörrpflaumen von Huismes, die *rillettes de campagne* (feingehackte Schweinepastete vom Lande) oder die *rillettes d'oie et rillons*, feingehacktes Gänsefleisch und Grieben (Grammeln). Die berühmte *Matelote*, ein ragoutartiges Fischgericht in Weinsauce, oft mit Aal, bleiben dem Besucher in ebenso guter Erinnerung wie die *beurre blanc*, die geschlagene Buttersauce. Falls man zur Spargelzeit im Lande ist, soll man die edle Spargelsorte *Reine des Asperges* aus der Gegend um Chambord probieren. Typisch für die Küche der Touraine sind: reichlich Rahm, viel Butter, kleine Schalotten, Estragon, Muskatnuß und frischer Weinessig. Eine Spezialität: Backpflaumen, in Vouvraywein eingemacht, und mit einer Marzipanmasse gefüllt. Ebenso ist die Quittenpaste, die *Cotignac*, einen Versuch wert. Zum Abschluß der Mahlzeit: Ziegenkäse, den man in Ligueil und Sainte-Maure bestens zubereitet.

Die Gegend um Angers, das Anjou genannt, ist wegen der „Farce aus dem Anjou" bekannt. Da gibt es die gefüllten Fische aller Art (*poissons farcis*), die gefüllte Blutwurst, *gognes* genannt. Überhaupt sind diese Bauernwürste zu rühmen. Die *Boudins blancs et noirs* (Leber- und Blutwürste), und dazu in reichlich Butter angerichteter Grünkohl oder die Grünkohlsuppe (*soupe aux piochons*), das Hühnerfrikassée nach der Art von Anjou mit Rahm und einer Sauce aus weißem Anjou-Wein und die beliebte Vorspeise *Rillons* (Würfel von frischem Schweinebauch, die ausgelassen und zum Wein genossen werden) sind weitere Spezialitäten, dazu schmeckt der Salat mit *Gruyère* sehr gut. Als Abschluß einer Mahlzeit ißt man den Käse von *Chouzé* und vielleicht noch ein Stück des guten Zwetschgenkuchens, der im Anjou besonders schmackhaft ist. Die Krönung ist aber der in Angers geborene Orangenlikör, der *Cointreau*. Dagegen verblassen sogar die ausgezeichneten Branntweine.

Im Orléanais kann man Wildgerichte verschiedenster Zubereitung genießen. Berühmt ist der Kapaun aus dem *Gâtinais*. Aber auch die Krammetsvogelpasteten von Gien und das gebratene Huhn aus Bellegarde – alles mit Loirewein zubereitet – sind lukullische Höhepunkte. Das *poulet au sang* (Huhn im eigenen Blut) mag nicht jedermanns Geschmack sein (in der Normandie wurde schon eine ähnliche Enten-Spezialität genannt), aber der Tourist sollte doch nicht davor zurückscheuen, es einmal zu probieren. Weitere Köstlichkeiten sind die *Geflügel-*

Rillettes aus Montargis und die *Andouilles* aus Jargeau und Vendôme, die Ochsenschenkel aus Beauceronne. Als Käseabschluß sei der *frinot* von Olivet empfohlen.

Für diejenigen, die Süßes lieben, seien noch der Honig aus dem Gâtinais und die Pralinen aus Montargis erwähnt.

Den Aal auf Matrosenart (*matelote*) bekommt man besonders gut in der Sologne und dem Berry (mit der Hauptstadt Bourges). Dort gibt es auch den Hecht auf Quincy-Art, die Schweinskeule mit Pistazien (*gigue de porc frais*). Sollte die Reise nach Bourges gehen, so esse man im Restaurant „Le Jacques-Cœur" das *Poulet en barbouille*, das „verwirrte Huhn", eine wahre Delikatesse. Zum Schluß probiere man noch den Ziegenkäse von Chavignol, *Crottins* genannt.

Aus dem Berry, Nivernais und Bourbonnais sei noch der *Carpe au vin rouge*, der Karpfen in Rotwein, erwähnt und die *Terrine Berrichonne*; sie besteht aus Kaninchen-, Kalb- und Schweinefleisch sowie Schinken.

Die lukullischen Genüsse des Pays Nantais wurden schon im Abschnitt „Bretagne", dem Grenzgebiet des Val de Loire, erwähnt.

Im Blésois (Hauptstadt Blois) und im Vendômois gibt es ähnliche Gerichte wie in allen anderen Gegenden des Loiretales, wenn man sich nicht gerade zu einer Spezialität von Blois, der Lerchenpastete, entschließen will, oder zu einer *carbonade*, – hier eine Komposition aus Schweinefleisch und Schweineblut. Auf jeden Fall sollte man aber den Käse von Vendôme und Villebaron probieren.

In der Maine gibt es wieder viele Wildpasteten und *rillettes* (feingehackte Fleischsorten), außerdem die gebratene *Poularde* mit Trüffelfüllung. Empfehlenswert ist der Ziegenkäse aus dem Trappistenkloster bei Entrammes und die berühmte Apfelsorte der Maine, die *Reinetten*.

Poitou-Charentes

Hier muß man unbedingt mit den Getränken beginnen; denn die Gegend um den Ort Cognac ist durch den gleichnamigen Weinbrand von Weltruf bekannt. Er ist das naturreine Endergebnis destillierter Charentes-Weine, das in Eichenfässern lagern und altern muß, ehe der bernsteinfarbene Cognac zum Trinken freigegeben wird. Die berühmten, gesetzlich geschützten Wachstumsgebiete sind: *Grande Champagne*, *Petite Champagne*, *Fins Bois*, *Bons Bois*, *Bois ordinaires et communs*.

Ein berühmter Wein ist de *Pineau des Charentes*, der mi frischem Rebensaft und Cognac Weinbränden nach alten Regeln hergestellt wird. Kalt servier und mit kohlesäurehaltigem Mineralwasser vermengt, ergibt e auch einen guten Apéritif.

Die Fischsuppe *La Chaudré* (am besten in der Bucht vo La Rochelle) ist eine Spezialitä ebenso das mit Rahm zubereitete Muschelgericht *La Mouclade*. Solide Hausmannskost wi *Petit salé aux choux* (ein Kohlgericht mit Pökelfleisch), Geflügel und Kalbsohren nach de Art von Poitevin bereichern d

Speisekarte ebenso wie die Austern mit Trüffelpastete, die einem hier vorgesetzt werden. Der *Chabichou*, ein kleiner Ziegenkäse – wie ein Kohlstrunk aussehend – ist ein ebenso beliebter Käseabschluß jeder Mahlzeit wie die anderen Käsesorten *Chef-Boutonne*, *La Mothe*, *Saint-Héray* und viele andere.

Auch Zuckerbäcker und Konditoren haben Spezialitäten aufzuweisen: die *Nougatines* von Poitiers sind köstlich, aber auch kalorienreich.

Limousin

Das Limousin liefert nicht nur die Eichenfässer für den soeben erwähnten Cognac, es ist auch die Heimat der bekannten Rinderrasse, der *race bouvine Limousine*, und das bedeutet beste Fleischqualität. Nicht nur Rinder werden in diesem großen Viehzuchtgebiet aufgezogen, auch Schweine und Schafe gedeihen in der Landschaft um Limoges. Die Lammkeule (*gigot*) aus Montmorillon und der Schinken (*jambon*) von Saint-Mathieu werden von Feinschmeckern besonders geschätzt. Die Steinpilze (*cèpes*) des Limousin gehören zu den besten Steinpilzen Frankreichs. Die typische Suppe ist *La Bréjaude*, d. h. eine Suppe mit Speck und Kohl, garniert mit frischem Roggenbrot. Getrüffelte Fleischpasteten mit Teigkruste haben einen guten Ruf, und der *lièvre en chabessal* ist ein beliebtes Hasengericht. Neben dem Kohl, der überall in der Küche verwendet wird, sind es die Eßkastanien, die man vielen Gerichten beigibt.

Ein typisches Gebäck ist der *clafoutis*. Das ist ein runder, tortenähnlicher Kuchen aus einem leichten Teig, der mit sehr dunklen schwarzen Kirschen durchsetzt wird. Die Spezialität aus Aubusson: *noisettes Aubussonaises* (leichte Haselnußkuchen). Fette Weiden geben guten Käse, obwohl die Käsesorten des Limousin nicht so bekannt sind wie die anderer Landschaften. Erwähnenswert sind noch die wohlschmeckenden Fruchtliköre, hierunter besonders der *Framboise des Orgues*, ein Himbeerlikör.

Aquitaine

Auf Seite 37 kann man nachlesen, welche verschiedenen Landschaften dieses große Gebiet umfaßt. Entsprechend vielfältig ist auch die Küche. Landschaftliche Gegensätze bedingen abwechslungsreiche, vielfältige Speisekarten: Man ißt im Tal der Dordogne, im Périgord, anderes als an der „Silberküste“, im Béarn oder Baskenland anders als im Médoc. In diesem Abschnitt soll der Versuch gemacht werden, sich durch alle Gegenden stichprobenartig „hindurch zu essen“ und dabei die speziellen Weine und auch Weinbrände zu berücksichtigen. Als erstes sei die Landschaft genannt, die den Bordeaux-Wein hervorbringt, das Bordelais. Es würde zu weit führen, sich auch nur im entferntesten aller Weinsorten anzunehmen, daher sind nur die fünf großen Wachstümer erwähnt: der weiße *Château Yquem*, die vier roten Château-Weine von *Haut-Brion*, *Lafite-Rothschild*, *La-Tour* und *Margaux*. Unter den sieben Weinbaugebieten sind die bekanntesten: die *Médocs* (gehaltvolle Rotweine), die *Graves* (schwere Weißweine), die *St. Emilion*, die ihre Güte nach frühestens fünf Jahren erreichen, die *Sauternes* und der *Barsac* sowie die *Entre-Deux-Mers* (trockene, schwere Weißweine). Beim Probieren muß man daran denken, daß mit diesen Weinen auch gekocht wird. Die *Sauce bordelaise* mit ihren dreizehn Zutaten ist international berühmt geworden. Zu Weltruhm brachte es auch das *Entrecôte Bordelaise*. Die Steinpilze (*cèpes*) finden in vielen Wildbret- und Fischgerichten Verwendung, und die Austernzucht von *Arcachon* bewirkte es, daß die Verwertung der Meeresfrüchte originelle Rezepte geschaffen hat, darunter Austern mit gegrillten (oder gebratenen) Würstchen. *Armagnac* ist ein Destillat aus edlen Weinen, das in dieser Gegend, der Gascogne, hergestellt wird. Man schließt meistens die Mahlzeit mit diesem Getränk ab. Er wird aber auch für die Herstellung verschiedener Spezialitäten verwendet, darunter die weltberühmten Backpflaumen von Armagnac. Wild- und Geflügelgerichte werden vielfach mit Trüffeln dieser Gegend zubereitet. Es ist eine Landschaft, in der es alles, und das in bester Qualität, gibt, von den Forellen aus dem Adour bis zu den Kälbern aus Ténarèze. Schlemmer nennen es ein wahres Schlaraffenland.

Wer einmal im Béarn und im Baskenland war, kennt die *Pipérade* (ein Omelette aus Eiern, Tomaten und Paprika), weiß den *Izarra*, den Berglikör der Pyrenäen, und die *Aubergines farcies*, die gefüllten Auberginen, zu schätzen. Der Schinken aus Bayonne ist auch über die Landesgrenzen hinaus weitbekannt, ebenso die köstliche Gänseleberpastete dieser Region. Das *Poulet Basque* (baskisches Hühnchen) mit Paprika, Champignons, Bayonner Schinken und Weißwein ist eine Spezialität. Ein Eintopf besonderer Art ist die *Garbure*, das Gericht aus Gänse- oder Entenkeule, Kohl, Kartoffeln, weißen Bohnen und Wachsbohnen, Knoblauch und vielen Gewürzen. Dazu trinkt man einen *Jurançon* oder *Portet*, die Weißweine des Jurançon. Ziegenkäse ist hier besonders beliebt und gut, daneben der große, runde Pyrenäenkäse. Im Périgord beherrscht die getrüffelte Gänseleberpastete die Vorspeisenkarte, aber auch die *Truffes sous la cendre* (Trüffel in der Asche) werden jedem, der gerne gut ißt, schmecken. Kleine Schafsmilchkäse, *cabecous*, werden nach dem Essen serviert. Das Essen selbst besteht aus vorzüglichen Fleisch- und Fischgerichten, aber auch feinen Wild- und Geflügelspeisen. Der *Montbazillac* ist ein süßer Weißwein aus der Gegend um Cahors kommt hingegen ein sehr guter Rotwein. Eine ausgefallene Kuchenart, die mit frischem Ziegenkäse hergestellt wird, ist der *Tourteau Fromager*.

Midi-Pyrénées

Hier ist die Speisekarte ähnlich wie im benachbarten Aquitanien. Das Dreieck der Midi-Pyrénées wird von Roquefort, Lourdes und der Grenze zu Andorra gebildet, also ein Gebiet der Pyrenäen mit ihren Ausläufern.

Zuerst wird diesmal der Käse genannt. Der *Roquefort* wird aus der Milch von Schafen hergestellt, die die „Causses" genannten Kalkplateaus abweiden. Er reift in riesigen, in den Fels gehauenen Pfeilergewölben heran und ist so begehrt wie das Fleisch der Causses-Lämmer. Daneben gibt es den *Pyrenäenkäse* mit der schwarzen Rinde, und dem eigenwilligen Geschmack.

Wie in Aquitanien, so gibt es auch hier „einfach alles": Gänse, Enten, Truthähne und Schweine werden besonders in der Gegend um Toulouse herum gezüchtet. Die Toulouser Würstchen, nach traditionellen Rezepten hergestellt, haben einen guten Ruf, und man kann hier auch delikateste Pökelerzeugnisse genießen. Noch wegen einer weiteren Spezialität ist Toulouse bekannt: die *violettes de Toulouse*, die „kristallisierten (kandierten) Veilchen", ein Produkt der Zuckerwarenindustrie, werden hier in großen Mengen gefertigt.

Champagne-Ardennen

Die Champagne ist in der Welt durch ihre Weine, durch den Champagner bekannt. Die wichtigsten Kellereien sind in Reims, Châlons-sur-Marne, Bar-sur-Aube und Épernay. Die tief unter der Erdoberfläche angelegten Sektkellereien kann man besichtigen. Vor dem Essen reicht man als *Apéritif* einen *Ratafia* (eine Mischung aus Branntwein und Süßwein), – als Abschluß der Mahlzeit einen kräftigen Fruchtbranntwein aus den Ardennen.

Das Essen der Champagne wird oft als einfach und ungekünstelt bezeichnet, doch ist es eine ganz ausgezeichnete, delikate Küche. Da gibt es den Schinken aus Reims in Kruste (*Jambon de Reims en croûte*) oder die vielen Gerichte, die „à la Sainte-Menehould" in ihrer Bezeichnung tragen, wie etwa die *Pieds de porc à la Sainte-Menehould* (Schweinsfüße) oder die *Boudin blanc* (Weißwurst) von Rethel, die *pâté de pigeons en croûte* – die Taubenpastete – von Reims, sowie die vielen Gerichte mit Schnecken, Krustentieren, Geflügel und Wild. Auf der Käseplatte findet man den *Coulomniers*, den *Boursault*, den betont viereckig geformten *Maroilles* und die *boulettes d'Avesnes*, einen fettreichen Käse in Birnenform.

Für den, der Süßes liebt, seien die Biskuits und das Marzipan aus Reims genannt.

Alsace (Elsaß)

Das Elsaß ist von alters her ein Gebiet für Feinschmecker. Zunächst die Vorspeisen: Allen voran steht die berühmte (Straßburger) Gänseleberpastete. Ferner sind nennenswert die *quenelles de foie* (längliche Leberklößchen), die Geflügel-Blätterteigpastete mit dem schönen Namen *Vol-au-vent de volaille*, die *Aniswurst* aus Sélestat.

Fast auf jeder Speisekarte und an jedem Tag ist das *Choucroûte garnie* zu finden, das Elsässische Sauerkraut mit reichen Fleisch- und Wurstbeilagen, aber auch der *Coq au Riesling* oder *Poulet de grain à la Wantzenau*, das Masthühnchen in Rieslingsauce bzw. das Küken aus Wantzenau, einem Straßburger Vorort. Ein Spezialgericht ist die *Baecke-*

offe, ein Eintopf aus Schweine-, Rind- und Hammelfleisch, mit Weißwein übergossen, im Backofen – möglichst einer Bäckerei – zubereitet. Hasenpfeffer, Fasan auf Sauerkraut (das immer echtes Weinkraut ist), bekommt man überall vorgesetzt. Probierenswert ist auch der *Zwiebelkuchen* mit einem Schoppen Wein oder aber auch die elsässische Apfeltorte und der Gugelhupf, der *Kougelhupf* (Napfkuchen mit Rosinen), besonders gut – statt mit Kaffee – mit Wein genossen.

Es gibt wohl an die 130 bis 140 Weinsorten im Elsaß. Den guten Ruf der elsässischen Weine haben die Weißweine begründet, obwohl es auch einige recht gute Rotweine gibt. Es sind immer herbe, frische und aromatische Weine. Bekannte Rebensorten, nach denen die Weine ihren Namen bekommen haben: Sylvaner, Riesling, Traminer, Gewürztraminer, Muscat, Pinot und Tokayer. Weine, die aus verschiedenen Klasseweinen geschnitten sind, heißen Edelzwicker.

Gerade im Elsaß trinkt man aber auch gern Bier; hier gibt es viele alte Brauereien, die beste Biere brauen.

Der berühmte, etwas scharfe *Munster-Käse* wird gern mit gehackten Zwiebeln, Kümmel und Bauernbrot gereicht, und dazu paßt natürlich besser ein Glas Bier als Wein.

Wer schärfere Getränke liebt, mag sich an die Obstschnäpse halten, den *Framboise* (Himbeergeist), den *Kirsch* oder den *Quetsche* (das Zwetschgenwasser). Alles – Weine und Obstschnäpse – erinnert hier etwas an Baden, an den Schwarzwald. Der Honig (*miel*) hat ein besonders gutes Aroma, vor allem der Tannenhonig, der Kenner begeistert. Früchte in Sirup und Konfitüre werden hier mit großer Sorgfalt hergestellt und schmecken wie „selbstgemacht".

Lorraine (Lothringen)

Hier gibt es viele Gerichte, die den Zusatz *lorraine* in ihrer Bezeichnung haben: Die *Quiche Lorraine*, eine herzhafte Torte mit Eiern, Speck und Rahm, die – im Ofen gebacken – noch warm, zumeist als Vorspeise, serviert wird. Ferner das sehr nahrhafte Hauptgericht, die *Potée Lorraine*, ein Fleischtopf mit Speck und in Schweineschmalz geschmorten Gemüsen. Das Spanferkel in Gelee (*cochon de lait en gelée*) sollte man ebenso versuchen wie das Rebhuhn mit Kohl (*perdrix aux choux à la lorraine*). Den Mosel-Hecht bereitet man als *matelote de brochet au vin rosé*, also als Ragout in Rosé zu, man ißt dazu in Butter geröstete Weißbrotschnitten.

Für Schneckenliebhaber gibt es eine besonders feine Schneckensorte, die *Petits-Gris* (die kleinen Grauen). Wenn man während des Aufenthaltes in Lothringen nicht zu einem Schneckenessen kommt, kann man sich Konserven mit Schneckenhäuschen mitnehmen und so das Versäumte zu Hause nachholen.

Feine Metzer Wurstwaren sind weitbekannt, und als spezielle Käsesorten wird hier etwas Besonderes geboten: der *Thionville* (gekochter Käse) oder der *Matton* (Käse zum Kochen).

An der Mosel wachsen gute Reben, doch ist das Anbaugebiet nicht sehr groß, so daß die Weine als Raritäten zu bezeichnen sind. Die feinen „grauen" Weine haben einen frischen, etwas säuerlichen Geschmack. In Pagny-sur-Moselle und Thiaucourt trifft man außerdem noch gut zu lagernde Rotweine (*Pinot*) an. Gut sind die Fruchtbranntweine Lothringens, die bekömmlichen Schnäpse mit herrlichem Fruchtgeschmack. Ihnen ebenbürtig sind aber auch die Lothringer Biere, – das *Champigneulles* ist weit verbreitet und bekannt. Lothringer lieben Süßigkeiten, und dieser Produktionszweig ist daher ganz besonders ausgeprägt, angefangen bei den zu Familienfesten traditionell gereichten Zuckermandeln (*dragées*) aus Verdun bis zu den Makronen aus Nancy. Dann gibt es noch die Nonnenbrötchen (*nonnettes*) aus dem arkadenreichen Remiremont oder die *chatterie*, eine Nascherei aus der Bilderbogenstadt Epinal. Berühmt ist die Johannisbeerkonfitüre aus Bar-le-Duc. Sie enthält die ganzen Beeren, aus denen die Körner entfernt wurden. Nicht zu vergessen sind die herrlichen Metzer Erdbeeren, zur richtigen Jahreszeit schmekken sie frisch, als *Fraises Cristallisées*, kandierte Erdbeeren, das ganze Jahr über gut. Im Herbst sollte man unbedingt die *tarte aux Quetsches*, die Zwetschgentorte, kosten.

Bourgogne

Die Küche Burgunds hat weitgehend zum Ruhm der französischen Kochkunst beigetragen, und viele Gerichte der burgundischen Küche werden mit gutem Burgunderwein zubereitet. Der Wein gehört hier zur Küche wie jedes andere Gewürz oder Kraut, er wird dabei aber nicht etwa nur vierteltassenweise, sondern nach Flascheninhalt bemessen.

Zu den Höhepunkten der Gastronomie dieses Landstrichs gehören der Burgunderschinken, dann das *Bœuf Bourguignon*, die Krönung aller Rindfleischtöpfe, Geflügel und Käse aus der Bresse, Senf aus Dijon, und vor allem die Burgunderweine, die man von Dijon bis Chagny findet, neben den Hochzüchtungen der Côte-de-Nuits und der Côte-de-Beaune. Nur die bedeutendsten Sorten können wir hier nennen: *Chambertin*, *Vougeot*, *Musigny*, *Corton*, *Pommard*, *Beaune*. *Meursault*, *Montrachet*, *Mercurey*, *Givry* und viele andere. Beaune ist das Zentrum des Weinhandels. Es steht sozusagen auf einem Irrgarten von Kellern, in denen wertvollste Kreszenzen der Welt lagern.

Das Essen wird gern mit dem traditionellen Apéritif aus Dijon eingeleitet, der aus weißem Burgunder und schwarzem Johannisbeerlikör (*cassis*) besteht. Neben diesem beliebten Likör gibt es übrigens noch viele bekannte Sorten, etwa *Prunelle*, (Schlehe) aus Dornecy oder *Noisette* (Nuß) aus Terrier.

Man sagt, die Speisekarte Burgunds weise die größte Auswahl an vorzüglichen Gerichten auf, die man in Frankreich nur haben kann. Außer den oben erwähnten Speisen seien noch einige wenige genannt: Die *Potée bourguignonne* (Burgunder Eintopf), das mit Senf zubereitete Kaninchen (*Lapin à la moutarde*), die Schnecken nach Burgunder Art (*Escargots de Bourgogne*), warme Schnepfenpasteten (*Pâté chaud de bécasses au foie gras*), *Omelette nivernaise* (Eierpfannkuchen mit Schinken, Sauerampfer und Schnittlauch), die *Pouchouse* oder *Pauchouse*: ein Fischragout aus mehreren Flußfischarten und vor allem *jambon persillé à la bourguignonne*, den Schinken in mit reichlich Petersilie gewürztem Aspik. Eine weitere Delikatesse ist der Schinken in Wein-Rahm-Sauce, *saubiquet*. Mit einer Senf-Weinsauce wird auch das Steak aus *Morvan* zubereitet. In Burgund wird übrigens die berühmte Rinderrasse *Charolais* gezüchtet.

Einige Käsesorten des Landes sind in der Käseplatte als *petits bourgognes* vereinigt. Der *Toucy* (Ziegenkäse) und der *Epoisses* (Kuhmilchkäse) seien besonders hervorgehoben.

Süßspeisen und Gebäck gibt es in guter, großer Auswahl: Sehr zu empfehlen sind die *fruits au cassis*, Früchte mit schwarzem Johannisbeerlikör, und – hauptsächlich im Nivernais – die *flamusse*, ein Bauernkirschkuchen. Ein guter Honig trägt zur Pfefferkuchenfabrikation, vor allem in Dijon, bei. Bekannt sind die *nonnettes de Dijon* (kleine, runde Pfefferkuchen) und die *pains d'épice au miel* (Honigpfefferkuchen). Daneben gibt es ein gutes, leichtes Gebäck, die *Madeleines de Commercy* und die Konfitüren von *Gevrey-Chambertin*. Ein Marzipangebäck aus Decize sind die *galettes massepinées*, das Mandelgebäck *croquets d'amandes* kommt aus Donzy.

Hier eine spezielle Empfehlung, was man in Burgund zu den verschiedenen Gerichten trinken sollte: einen weißen *Macon* zu den Vorspeisen, den weißen *Pouilly* oder *Chablis* zu Austern, weißen *Meursault* oder *Montrachet* zu Fisch, roten *Beaujolais* oder *Savigny* zu den warmen Vorspeisen, roten *Volnay* oder *Beaune* zu Geflügel, roten *Nuits* oder *Pommard* zu Fleisch und Wild und einen *Clos de Vougeot*, *Romanée* oder *Chambertin zum* Käse.

Auvergne

Alte Familienrezepte, meist ländlichen Ursprungs, sind für den guten Ruf der Küche in der *Auvergne* verantwortlich. Hier werden stärkste Esser satt. Man denke nur an die *Potée Auvergnate*, auch *Soupe aux choux* genannt. Sie ist keine harmlose Kohlsuppe, wie man schlicht übersetzen könnte, denn die Liste der Zutaten ist lang: ein großer, fester Kohlkopf, gepökelte Schweinefüße, fetter und magerer Speck, viel Schweineschmalz, weiße Rüben, ein gefülltes Huhn, eine Kalbshaxe und ein Rumpsteak. Alles läßt man zusammen vier bis fünf Stunden auf Holzfeuer langsam durchkochen.

Viel Fleisch von bester Qualität, das ist die Devise in der Auvergne. Daneben gibt es Wild, Geflügel, Fische, Gemüse und Früchte in Hülle und Fülle. Auf keiner Speisekarte fehlt das Masthähnchen in Weinsauce, *Coq au vin*, und sogar Lachse (Salme) werden in den fließenden Gewässern der Auvergne gefangen und erfreuen die Feinschmecker. Erwähnenswert sind außerdem die kleinen Erbsen (*petits pois*) von Planèze und die grünen Linsen (*lentilles vertes*) von Le Puy, dazu viele Morchel- und Trüffelspeisen.

Die Käseplatte ist reich bestückt. Es gibt etwa fünfzehn verschiedene Käsesorten, die in der Auvergne hergestellt werden, z. B. den *Cantal*, den *Saint-Nectaire*, den *Gaperon* und den *Bleu d'Auvergne*.

Weinanbaugebiete befinden sich in der Umgebung von Clermont-Ferrand und in der Limagne-Ebene. Die Weißweine von Saint-Pourcain-sur-Sioule sind herb, aber „anschmiegsam", die Rosé-Weine frisch und fruchtig. Auch die leichten Rotweine von Chanturgues, Corent und Chateaugay werden sehr geschätzt.

Berühmte Erzeugnisse der Feinbäckereien und Konditoreien sind die Fruchtpasten der Auvergne, der kandierte Engelwurz (*Angélique confite*), die Zuckerwaren von Vichy, der Kastanienkuchen (*gâteau de la châtaigneraie*), die Schokoladen aus Royat und die *Dragées* von Aigueperse.

Franche-Comté

Die „Freigrafschaft" wird häufig auch „Le Jura" genannt, weil sie vom Juragebirge durchzogen wird. Sie ist das Land der Forellen – die *truite bleue* (Forelle blau) wird nirgends wohlschmekkender serviert – und das Land der Krebse – der Auflauf aus winzigen Krebsschwänzen, *gratin de queues d'écrevisses*, ist berühmt.

Das Nationalgericht ist hier die *Gaudes*, die Suppe aus Maismehl mit Rindfleisch und Speck. Das *Fondue*, ein Gericht aus geschmolzenem Käse, das man hauptsächlich aus der Schweiz, aber auch aus den französischen Alpen (Savoyen) kennt, ist hier nicht weniger beliebt. Daneben gibt es Backhähnchen mit Wein aus Château-Chalon, Masthühnchen in Rahm, die *Chaudronnée de lièvre au vin d'Arbois* (Hasenpfeffer mit Arbois-Wein, in kleinen Kesseln zubereitet) und *Féchuna* (gefüllter Kohl aus Montbéliard). Die Würstchen von Morteau – kurz auch *jésu* genannt – werden aus Schweinefleisch, mit Anis gewürzt, zubereitet. Ein kleiner Holzpflock am Ende der Wurst soll daran erinnern, daß sie über einem Feuer von Wacholder- und Tannenholz geräuchert wurde.

Fleisch- und Wurstwaren sind überall ausgezeichnet; die Bergbauern verstehen sich im übrigen von jeher gut auf das Räuchern von Schweinefleisch.

Käse spielt eine große Rolle: der *Gruyère Le Comté* ist die berühmteste Käsesorte dieser Gegend, ferner die sehr kräftige Käseart *Cancoillotte* (mit Eiern und Knoblauch verarbeitet), der *Vacherin*, der *Géromé*, der *Bleu de Gex*, der ebenfalls blaue Gebirgskäse *Septmoncel*, der *Morbier* und der *Carré de l'Est*.

Die Arbois-Weine werden mit den besten Burgunder- und Bordeaux-Weinen fast in einem Atem genannt. Die berühmtesten Weine sind hier die *Vins de Paille* (Strohweine). Sie werden aus Trauben gewonnen, deren Reife man auf Stroh zwei bis drei Monate verzögert hat. Als Schaumwein sei der gute *Étoile* genannt. Eine Besonderheit ist der *Vin Jaune*, der gelbe Wein, dessen berühmteste Sorte der *Château-Chalon* ist; er wird aus fast trockenen Trauben gekeltert.

Von den Weinen nun zum Likör und zum Branntwein: Der Tannenlikör wird im Gebiet von Pontarlier aus den Knospen der Tannen hergestellt. Man präsentiert ihn in einer besonders originellen Holzflasche. Der regionale Branntwein zeichnet sich durch einen Geschmack natürlicher Früchte aus. Er wird meist in kleineren Familienbetrieben produziert. Daneben gibt es den Kirsch, den Mirabellen- und Prünellen-Schnaps und – da es ein Bergland ist – den Enzian (*gentiane*).

Vallée du Rhône

Überschneidungen mit der Aufzählung von Speisen und Getränken der angrenzenden Gebiete wie Burgund, Dauphiné und der Franche-Comté könnten sich hier leicht ergeben. Falls also in diesem Kapitel etwa das Geflügel aus Bresse oder einige Weinsorten fehlen, wird auf den Abschnitt Bourgogne auf Seite 327 verwiesen.

Zweifellos ist auch Lyon ebenfalls eine Metropole französischer Kochkunst. Eine bevorzugte geographische Lage, Handel mit allen umgebenden Provinzen und traditionsreiche Rezeptüberlieferung in den Familien haben eine reichhaltige Speisekarte geschaffen. Die *Bisque d'écrevisses* (Krebssuppe) und das *Gratin de queues d'écrevisses* (gratinierte Krebsschwänze) sind nur zwei der vielen Zubereitungsarten von Krebsen. Die Lyoner Salatschüssel (*Saladier Lyonnais*) ist berühmt; sie besteht nicht etwa aus verschiedenen Salatsorten, sondern aus kaltem, gekochten Hammelfuß, gebratener Geflügelleber, hartgekochten Eiern, Heringsfilets und vielen Kräutern. Das alles wird mit der *vinaigrette* (der bekannten Salatsauce aus Essig und Öl, zerdrücktem Eigelb, Salz, Pfeffer, etwas Senf und Schnittlauch) überzogen. Das *Ramequin* (Käsesoufflé) und *la poularde demideuil* (Huhn in Halbtrauer) ißt man in Lyon besonders gut. Viele Hechtrezepte wandern von Generation zu Generation weiter und werden in jeder noch verbessert. Was es aber nicht in Lyon gibt, das ist die in Süddeutschland käufliche „Lyoner Wurst". Jeder Südfranzose belächelt diese Bezeichnung; denn seine getrüffelte Cervelatwurst steht in Güte und Geschmack weit über dieser süddeutschen Kochwurst. Die echte Wurst aus Lyon kann man übrigens auch in einem Brioche-Teig warm zubereiten (*Cervelas truffé en brioche*).

Auch im Rhônetal gibt es gute Kartoffel- und Nudelspeisen z. B. *les pommes de terre à la lyonnaise*, die allerdings ein kalorienreiches Gericht sind.

Die Weine aus dem Beaujolais wurden schon im Abschnitt „Burgund" erwähnt, doch muß ein *Macon* unbedingt hier genannt werden, denn bald hinter Lyon beginnt im Norden das große Weinbaugebiet. Ganz speziell zum Tal der Rhône gehören aber die Weine der *Côte du Rhône*, im Süden von Lyon, nach Vienne zu, – hier seien die

Côte-Brune und die *Côte-Blonde* genannt. Nahe Valences gibt es den roten *Cornas*, den Schaumwein von *Saint-Peray* und an der Drôme den delikaten *Clairette de Die*. Wenig bekannt sind die Weißweine aus *Condrieu*. Sie eignen sich nicht zum Export, man muß sie an Ort und Stelle, wenige Kilometer von Lyon entfernt, genießen. Unter diesen Weinen ist der *Château-Grillet* die Krönung. Leider ist der Weinberg nur klein, doch kann man ihn zu den Spitzenweißweinen Frankreichs rechnen.

Savoie-Dauphiné

Die abwechslungsreiche Landschaft der beiden Provinzen Savoie und Dauphiné liefert der Küche die besten und verschiedenartigsten Zutaten, die man sich vorstellen kann. Dichte Wälder, saftige Almen, klare Bergseen und Weingärten in bester Lage tragen dazu bei, daß die Kost besonders frisch und herzhaft, die Weine angenehm im Geschmack und zum Teil lange lagerfähig sind.

Es ist sicher kein Zufall, daß allein in der wohl romantischsten aller Buchten des Lac d'Annecy, in Talloires, eines der berühmtesten französischen Restaurants liegt: die „Auberge du Père Bise", und daß es allein in diesem Erholungsort außerdem noch drei weitere Restaurants mit einer besonders guten Küche gibt.

Als Spezialität sei das *Gratin* hervorgehoben. Zu diesem Auflauf aus Kartoffeln und Rahm gehört unbedingt der gute *Gruyère* aus Savoyen. Der Gipfel aller Gratins ist wohl das *Gratin de queues d'écrevisses*, gratinierte Krebsschwänze in einer Art Béchamel-Sauce.

Fischliebhaber kommen ebenfalls auf ihre Kosten: Es gibt sehr viele größere und kleinere Seen, und so ist die Speisekarte reich an Fischgerichten: Forellen, Soufflets von Hecht mit Krebsschwänzen, Saiblinge aus dem Lac d'Annecy. Auch die Fischsuppe, die man am Lac Léman, dem Genfer See, bekommt, ist köstlich.

Wild und Geflügel sind in jeder Form vertreten, und Rezepte gibt es so viele, daß man nicht alle Speisen nennen kann. Erwähnt werden soll aber das Geflügelfrikassee mit Whisky, wie es in der alten Abbaye von Talloires serviert wird. Eine weitere Spezialität der Dauphiné sind: Wachteln auf Pilzhaschée.

Die Käseplatte ist hier, in den Alpen, ganz besonders reichhaltig und gut: *Le Beaufort*, ein klassischer Emmentaler, der *Reblochon* aus dem Aravis-Massiv, die wohlschmeckenden Ziegenkäse, die *Tomes* oder der *Petit St. Marcellin*, ehemals ein reiner Ziegenkäse, jetzt aus einem Gemisch von Kuh- und Ziegenmilch hergestellt. Weitere Sorten sind *Abondance*, *Vacherin*, *Beaumont*, *Persillé des Aravis* und der *Chevrotin des Bauges*.

Bekannte Weingewächse sind *Roussette*, *Crépy*, *Seyssel*, *Ripaille*, *Ayse*, *Bossey*, *Marignan*, der *Malvoisie de Lasseraz*, der *Princens* und der *Saint-Jean-de-la-Porte*.

Wegen der guten und reichlichen Obsternte gibt es auch hier qualitativ hochwertige Schnäpse, z. B. den „Kirsch" aus Vogelkirschen, also Wildkirschen, –

ein stark alkoholartiges Getränk für Kenner.

Languedoc-Roussillon

Es ist das Land, das einerseits von den Cevennen, andererseits vom Mittelmeer (Golfe du Lion) begrenzt wird und das im Westen an Spanien, im Osten an die Provence grenzt. Abwechslungsreich wie seine verschiedenartigen Landschaften ist also auch seine Speisekarte.

Der berühmte *Cassoulet* (ein Eintopf aus weißen Bohnen, Gänse- und Entenfleisch, Schweine-, Hammel- und Rindfleisch, Wurst, Gänsefett und viele Suppengemüse) ist im Languedoc beheimatet. Die Schweinefleischspezialitäten (*jambonettes*) der Ardèche sind berühmt: den guten Geschmack erhält hier das Fleisch durch die Fütterung der Schweine mit Eicheln und Kastanien.

Wo viele Wälder sind, gibt es viele Pilze, dementsprechend auch viele Zubereitungsarten, etwa in Teig überbacken oder mit einer delikaten Rahmsauce.

In den Flüssen des Berglandes gibt es Krebse, und so kommen Krebsgerichte hier sehr oft auf den Tisch, seien es die *quenelles* (längliche Klößchen) mit Krebsfleisch vermengt oder auch aus Mehl und Eiern zubereitet und darüber eine Krebssoße oder die *bisque*, die rötliche Krebssuppe.

Im Roussillon dagegen ist das Langustenragout eine Delikatesse, dem die Muscheln (*moules*) aus dem Bassin de Thau nicht nachstehen: Sie werden gebraten, gefüllt, gekocht oder mit einer pikanten Sauce zubereitet.

Der *Pelardon des Cévennes* (ein Ziegenkäse) ist nur eine der vielen Käsesorten dieses Gebietes, die meist aus Ziegenmilch bereitet werden.

Von den Weinen seien der *Muscat* de Frontignan, ein gehaltvoller Süßwein, und der Spitzenwein *Blanquette* von Limoux hervorgehoben. Ebenso der *Clairette des Languedocs*, der goldfarbige Weißwein aus dem Département Herault, der auch als Grundlage für die Herstellung von Vermouth dient. Im übrigen trinkt man hier die in der Ardèche wachsenden *Côte-du-Rhône-Weine*, ebenso die *Roussillons des Aspres* und die *Corbières-du-Roussillon*.

So bekannt wie der Cassoulet von Castelnaudary sind auch die glasierten Maronen aus dieser Stadt. Die Kastanienmarmelade ist ebenfalls eine Spezialität der Gegend, die reich an Kastanienwäldern ist.

Die südliche Sonne verleiht dem Obst ein besonderes Aroma, man denke nur an die Kirschen von Plargues und von Remoulins, an die Tafeltrauben von den frühesten bis zu den spätesten Sorten. Die Ebene von Roussillon vereinigt fast die gesamte französische Aprikosenproduktion auf sich.

Provence und Riviera - Côte d'Azur

Diese Gebiete werden in einem Abschnitt zusammen behandelt, denn die Überschneidungen sind zu groß. Die Küche dieser Landschaften ist fast dieselbe, abgesehen von einigen regionalen Spezialgerichten.

So ißt man die *Bouillabaisse* in der Provence wie an der Côte d'Azur gleichermaßen gut. Diese berühmte Fischsuppe (ihr „Geburtsort" soll Marseille sein) muß aus mindestens drei Fischsorten des Mittelmeeres bestehen, es sind aber oft bis zu zwölf Arten enthalten. Die Fische müssen frisch vom Fang in den Kochtopf kommen, nicht etwa auf dem Umweg über den Kühlschrank. Viele Fischnamen sind ıns völlig unbekannt, etwa die *ascasse*, *saintpierre*, *baudroie*, *zalinette*, *girelle*, *rongres* und andere; den *loup* (Seewolf) kennt nan schon eher. Außerdem commen Krabben, oft auch Langustenfleisch, Seespinnen inein, und dann wird das Ganze mit Salz, Pfeffer, Zwiebeln, afran, Knoblauch, Thymian, Lorbeer, Salbei, Fenchel, Orangenschale und evtl. Weißwein oder Kognak gewürzt. Oft werden aber die festen Bestandteile vie Fische und Schalentiere, nur nit einer *Aioli*, der berühmten Knoblauchmayonnaise, serviert, o daß der Begriff „Suppe" igentlich nicht mehr paßt.

ischesser kommen hier auf ıre Kosten. Abgesehen von der ben erwähnten Bouillabaisse rwarten sie noch unzählige anere kulinarische Genüsse, die us Fischen, Krusten- und Schantieren zubereitet werden. Jede amilie, jedes Restaurant hat ine eigenen Rezepte, – hier was mehr Knoblauch, dort ıehr Safran; Muskat, Fenchel, stragon, Thymian, Lorbeerlätter geben einen immer wieer etwas anderen Geschmack.

a brandade de morue ist ein rovenzalisches Stockfischgeicht (der Fisch wird zerstoßen ıd in Olivenöl getränkt). *Le get de roche* gilt als Feinschmeckergericht; es handelt sich hierbei um gerösteten Rötling mit Fenchel. Der *Loup grillé* (Seewolf, gegrillt) wird mit Fenchel besonders in der Gegend von Nizza serviert. Die berühmte *Salade Niçoise* wird nicht nur in Nizza, sondern genauso in der ganzen Provence geboten. Dieser Salat ist eine erfrischende Mischung aus Tomaten- und Radieschenscheiben, Eier- und Kartoffelstücken, Paprikastreifen, Kapern, Oliven, Gurken, Knoblauchzehen und viel Essig, Öl, Salz, Pfeffer und Petersilie.

Unentbehrlich sind dabei die Anchovisfilets. Als Vorspeise gibt es oft grüne oder schwarze, mit Rosmarin gewürzte Oliven. *La tapenade* ist eine pikante Vorspeise, die aus gestampften, im eigenen Öl eingelegten Oliven, Kapern und Senf besteht. *La poutargue de Martigues* ist der provenzalische Kaviar (Rogen der Seebarbe) - Der provenzalische Gemüseeintopf, die *Ratatouille*, setzt sich aus Tomaten, Paprikaschoten, Kürbisgurken (*courgettes*), Auberginen, Zwiebeln, Knoblauch, Öl, Salz und Pfeffer zusammen. Eine Mahlzeit, die man sowohl als Gemüse zum Fleisch, aber auch – besonders, falls gratiniert – als Einzelgericht oder Zwischengericht verzehren kann. Die auch in anderen Gegenden Frankreichs bekannte Zwiebeltorte wird hier als *Pissaladière* serviert: Es kommen Sardellenfilets, Tomatenstücke und Oliven darauf, so daß sie eher einer Art Pizza gleicht. Das *Pa(i)n Bagnat* ist ein aufgeschnittenes, öldurchtränktes, gefülltes und wieder zusammengeklapptes und gepreßtes Weißbrot. Als Füllung: Tomaten, Artischocken, Pilze, Sellerie, Oliven, Sardellen. Touristen schätzen besonders die mit viel Basilikum gewürzte Gemüsesuppe, die *Pistou.* Die *sardines farcies*, gefüllte Sardinen, die *soupions à la Niçoise* (kleine gebackene Tintenfische) sind so beliebt wie die Wurstspezialitäten von Arles oder die Krammetsvogelpastete in Genever (Wacholderschnaps), die man in den wildreichen Gebieten von Ventoux, Forcalquier und Valensole antrifft. Eine besondere Spezialität von Marseille sind *pieds et paquets* (Füße und Pakete): Hammelinnereien werden zu Paketen zusammengeschnürt und stundenlang – oft die ganze Nacht hindurch – langsam gekocht ud gut gewürzt.

Alles Obst und Gemüse ist wegen des südlichen Klimas erstklassig, man denke nur an die Kirschen und Feigen von *Solliès-Pont* und die Birnen, Äpfel und Pfirsiche aus *Fréjus*, an die Erdbeeren aus *Baudinard* oder die Melonen aus *Cavaillon.*

Der provenzalische, nach Lavendel duftende Honig oder der Rosmarin- bzw. Thymian-Honig, besonders aus den Gebieten von Gap und Castellane, ist so schmackhaft wie die *massepains aux pignons*, Marzipan mit Piniennüssen in Hörnchenform. Auch das aus Mandeln und Honig hergestellte Nougat und die Mandeltörtchen aus Aix-en-Provence sind eines Versuchs wert.

Zwei Kuchenspezialitäten der Französischen Riviera: *Tourta de Bléa* (Mürbeteigkuchen mit Rosinen und Zwiebeln) und die *Tourte de courge*, die berühmte Kürbistorte.

An Käsen gibt es die *Brousses de la Vésubie* (frische Schafskäse), die ausgezeichneten kleinen Ziegenkäse von Sospel, vor allem aber den Käse aus Banon (in Weinblätter gehüllt und mit Mark angefeuchtet, daher für den Export gut geeignet).

Die Weine von Bandol sind berühmt, ebenso die Weißweine die der Clairette und der Ugn entstammen, und die so fein und geschmeidig sind, daß man sie mit den „Gelben Weinen" des Jura verwechseln könnte. Man trinkt auch hier noch die Weine *Côtes du Rhône* von Vaucluse Es sind hier auch so berühmte Roséweine wie der *Tavel* oder der *Rosé* von Porquerolles zu finden, und nördlich von Avignon gibt es den *Châteauneuf-du-Pape* mit seiner starken Blum und reichem Saft, in Cassi einen bekannten Weißwein. Die besten Weine der Grafschaft Nizza wachsen in Bellet, und zwar weiße, rote und Rosés.

La Corse

Die Korsen sind sehr stolz au ihre eigenständige Küche, di spürbar von Frankreich, Italier Spanien und Nordafrika beeir flußt ist. Eine wesentliche Roll bei der Zubereitung spielen Ge würze und Kräuter der Insel Majoran, Thymian, Basilikum Fenchel, Rosmarin, Knoblauch Myrte, Wacholder, Salbei u. a

Als Vorspeise werden viel frische Fische und Krustentier serviert: Austern (*huîtres*), See igel (*oursins*), Zwergmuschel (*bigorneaux*), Krabben (*Crabe.* und andere Meeresfrüchte. Eir besondere Spezialität ist die *Langouste à la Corse*. Statt mit Mayonnaise wird sie mit einer Sauce aus Olivenöl, Weinessig, Salz, Pfeffer und der braunen Flüssigkeit aus dem Innern der Languste serviert.

Die korsischen Wurstwaren gehören zu den besten der Welt. Hauptsächlich werden sie aus Schweinefleisch hergestellt, und da die im Freien aufwachsenden Schweine sich fast ausschließlich von Kastanien und Eicheln ernähren, gibt das ihrem Fleisch einen besonderen Geschmack. Geräucherte Schweineschulter (*coppa*), geräuchertes Schweinefilet (*lanzu*) und Schweinsleberwürste (*figatelli*) sind – neben rohem Schinken und Rauchwürsten – besonders beliebt.

Außer guten Suppen, die oft den italienischen ähnlich sind (die *Suppa Corsa* ähnelt z. B. der italienischen Minestrone, hat aber wegen der verwendeten beonderen Kräuter und Gewürze inen unvergleichlichen Gechmack) , gibt es als besondere Spezialitäten: Amselpasteten *pâtés de merle*) oder Drosselasteten, sie werden mit Myrte ewürzt. Nicht jeder wird sie nögen, aber sie gehören zu Korika ebenso wie gewürztes Wildchwein in Wein- und Kastanienauce, Schnepfen und Ringelauben in pikanter Wildsauce.

n den großen Hotels werden die peisen meist auf französische rt zubereitet. Oftmals findet ıan auf den Speisekarten aber uch Gerichte in korsischer chreibweise, z. B.: *Formaiu di orcu* (Sülze aus Schweinskopf) der *Bastelle*, einem Gericht aus auch, Kohl, Petersilie und Borretsch, in Öl gedämpft und dann in Brotteig eingebacken. Das Zickleinragout heißt auf Korsisch: *Cabrettu a l'Istrettu.* Unter *Rifreda* versteht man Leber und Lunge vom Lamm oder Zicklein mit einer scharfen Sauce (zuweilen auch am Spieß gebraten). Am berühmtesten ist aber *Stuffatu:* Gebratenes Zicklein, Lamm- oder Amselfleisch mit Nudeln, Zwiebeln und geriebenem Käse.

Tripettes sind Tierinnereien und *Bianchetti* kleine Fische, paniert und in Öl ausgebacken. Das geräucherte Ziegenfilet heißt *Migisca*, das gewürzte Schmorfleisch in Öl mit Paprika nennt sich *Pivarunata.*

Und dann die berühmten korsischen Eintöpfe: Da gibt es den *Tianu di Cignale*, den Eintopf aus geröstetem Wildschweinragout mit einem Zusatz von Zwiebeln, Knoblauch und Kartoffeln oder das Eintopfgericht mit Lammfleisch, den *Tianu d'Agnellu. Tianu di Fave ist* ein Schweinsragout mit weißen Bohnen als Eintopf, und *Tianu di Pisi* ein Eintopfgericht mit frischen grünen Erbsen, Karotten, Zwiebeln und gerösteten Speckwürfeln.

Da gibt es ferner das korsische Gericht *Fritelle:* Omeletteig aus Kastanienmehl (mit oder ohne Zucker) mit frischem Käse (*fritelli di Gaju frescu*) oder mit Wurst (*fritelli di Salciccia*), in Öl gebacken. Oder: *I Sangui:* Das ist Blutwurst, mit feingehacktem Kohl, Zwiebeln, Knoblauch, Speckwürfeln und Rosinen zubereitet.

Alle Speisen sind durchweg

kräftig gewürzt und werden fast ausnahmslos mit Olivenöl (nur auf besonderes Verlangen mit Butter) zubereitet. Die italienischen Namen der korsischen Speisekarte erinnern an die Küche Sardiniens und des italienischen Festlandes.

Die mannigfaltigen Käsesorten Korsikas sind berühmt. So wird z. B. der bekannte *Roquefort* zum großen Teil aus korsischem Käse hergestellt, nicht nur aus der Milch von Causses-Schafen. Käse ist also auch ein wichtiger Exportartikel der Insel. Die besten Sorten kommen von Fastelicaccia, Niolo, Coscione und Venaco. Es gibt einen frischen, quarkähnlichen Weißkäse, der eine absolute korsische Spezialität ist, den *Brocciu*. Man füllt ihn gern in Krapfen aus Kastanienmehl und backt diese in Öl; man ißt ihn auch gern zu frischem Obst oder zu getrockneten Feigen. Die harten Käsesorten Korsikas haben alle einen eigenartigen Nußgeschmack. Weißkäse wird gern in pfefferminzgewürztem Omelett gegessen oder als Weißkäsetörtchen, *Embrocciata* genannt.

Viele Käsesorten werden aus Ziegen- und Schafsmilch hergestellt. Der Käse aus *Ponte Leccia* ist besonders scharf.

Wenn man keine besondere Sorte, sondern eben die lokalen Käsearten versuchen will, so bestellt man: *Formaiu frescu* (frischer Käse), *Formaiu in Cerbella* (Streichkäse), *Formaiu Maccu* (abgelagerter, sehr stark gewürzter Ziegenkäse) oder eben den oben schon erwähnten *Brocciu*.

Als Nachtisch bekommt man fast überall Kuchen oder Törtchen, die mit Quark zubereitet sind. *Cacavelli* ist das typische korsische Ostergebäck, das aus einem einfachen Semmelteig (*canestroni*) besteht, in den zur Verzierung ganze Eier eingebacken sind. *Fiadonu* ist eine Torte, deren Teig mit Rum, Schnaps oder Zitronensaft getränkt ist. Sie hat oft eine Quarkfüllung. Einfaches Gebäck in verschiedenen Formen und Größen nennt man *canestrelli* oder *canestroni*.

Der Apéritif vor dem Essen ist hier der *pastis*, der aus verschiedenen Kräutern und aus Anis hergestellt wird. Man trinkt ihn zumeist mit Eiswasser, oft auch mit einem Schuß Mandel- oder Minzesirup. Unter den einheimischen Likören oder Schnäpsen ist der *Cédratine* am bekanntesten. Er wird aus der Zedratfrucht (einer Zitronenart) zubereitet. Beliebt ist auch der aus der gleichnamigen Pflanze erzeugte *Myrte*. Die aus Weintrauben gebrannte *Aquavita* hat einen Alkoholgehalt von 60 bis 65 Prozent.

Durch Klima und Bodenbeschaffenheit begünstigt, erzeugt Korsika hervorragende Weinsorten. Die Weißweine sind im allgemeinen blumig, kräftig, aber nicht sehr schwer. Die Rotweine zeichnen sich durch ihre Feinheit, reine Blume und schöne Farbe aus, sie sind meist mild. Die Rosé-Weine kann man schon im ersten Jahr trinken.

Berühmt sind die Süßweine aus Muskateller- und Malvasiertrauben, sie werden hauptsächlich am Cap Corse angebaut.

SPEZIELLE PRAKTISCHE HINWEISE

In diesem Kapitel werden Hinweise für touristisch wichtige Orte Frankreichs gegeben. Die Ortsnamen sind alphabetisch geordnet. Die Angaben über Informationsstellen (*Inf.*), Fernverkehrsverbindungen, Stadt- und Nahverkehr, Hotels, Jugendherbergen, Campingplätze, Bergbahnen etc. sind für große und kleine Orte nach einem einheitlichen Prinzip gegliedert. Bei einigen größeren Städten findet man die Angaben jeweils unter einer besonderen Überschrift, während bei den übrigen Orten lediglich die Zeichen verwendet werden, die auf Seite sechs bereits erklärt worden sind. Um lästiges Suchen zu vermeiden, wird der Zeichenschlüssel untenstehend wiederholt.

Zeichenerklärung

✈ Flugverbindungen
🚂 Eisenbahnverbindungen
🚌 Autobusverbindungen
⛴ Schiffsverbindungen
🚡 Bergbahnen

🏨***: Sehr komfortables Hotel
🏨**: Hotel mit gutem Komfort
🏨*: Hotel mit mittlerem Komfort (s. auch S. 28)

⛺ Jugendherbergen ⛺ Campingplätze

ABBEVILLE (Picardie) F-80100

Inf.: Syndicat d'Initiative, pl. Libération.

🚂 Paris, Amiens.

🚌 Dompierre-s.-A. Fort-Mahon, St-Pol.-s.-T., Hesdin.

🏨 „France"; „Relais Vauban". 🏨 „Le Chalet". – ⛺.

Motel: 🏨 „Relais de L'Europe".

AGDE (Languedoc–Roussillon) F-34300

Inf.: Syndicat d'Initiative, Arcades Hôtel de Ville.

🚂 Bordeaux, Lyon, Nice, Toulouse.

🚌 Béziers-Marseillan, Le Cap d'Agde, Pinet.

🏨 „Sablotel"; „Voile d'Or".

🏨 „Saint-Clair". – ⛺ (FKK).

AGEN (Aquitaine) F-47000

Inf.: Syndicat d'Initiative, Maison du Tourisme.

🚂 Auch, Bordeaux, Narbonne, Périgueux, Toulouse.

🚌 Condom, Nérac, Villeneuve-s.-Lot.

„Périgord“; „Provence“. – „Jasmin-Terminus“; „Régina“; „Quercy“.

„Aquitaine“; „Continental“.

⛺ Rue Léon-Lagrange. – ⛺.

AIGUES-MORTES (Languedoc-Roussillon) F-30220

Inf.: Syndicat d'Initiative, Tour Gardette.

Nîmes, Le Grau-du-Roi.

„Des Remparts“; „Saint-Louis“.

„Bellavista“; „Golfe“; „Ideal“. – „Aria Marina“.

„Gardette“; „Provence“.

AIRVAULT

(Poitou/Charentes) F-79600

Niort–Saumur–Paris.

„Auberge du Vieux Relais“.

AIX-EN-PROVENCE

(Prov. – Côte d'Azur) F-13100

Inf.: Office du Tourisme, pl. du Général de Gaulle.

Marseille.

„Le Pigonnet“; „Roy René“; „Thermes Sextius“; „Paul Cézanne“; „Manoir“; u.a.

„France“; „Moulin“; „St.-Victoire“; „Moderne“. – „Opéra“; „Pax“; „Saint-Louis“.

⛺ Quartier du Jas Bouffan, Avenue Marcel Pagnol.

AIX-LES-BAINS (Savoie) F-73100

Inf.: Syndicat d'Initiative, pl. M.-Mollard.

✈ Paris, Genf, Toulouse, Nice, Marseille u.a.

Genf, Grenoble, Paris u.a.

Genf, Grenoble, Lyon, Côte-d'Azur, Annecy.

„Albion“; „Cloche“; „International Rivollier“; „Manoir“; „Bristol“.

„Métropole“; „Parc“; „Paix“; „Azur“. – „Cottage“; „Palma“; „Cecil“. – ⛺.

AJACCIO (Corse) F-2000

Inf.: Syndicat d'Initiative, Hôtel de Ville, av. Serafini. – *Air-France-Stadtbüro:* 3, bd Roi-Jérôme.

Air-Transport: Aéroport de Campo dell'Oro. – *Compagnie G. Transatlantique:* quai L'Herminer.

✈ Marseille, Nice, Paris, Toulon, Nimes (im Sommer).

Regelmäßiger Linienverkehr auf der Insel.

Genua, Marseille, Nice, Porto Torres, Toulon u.a.

„Castel Vecchio“; „Fesch“; „Costa“. – „Bellavista“; „Golfe“; „Ideal“. – „Aria Marina“; „Bonaparte“. – ⛺.

ALBERTVILLE (Savoie) F-73200

Inf.: Syndicat d'Initiative, pl. Gare.

Bourg-St-M. – St-Pierre – Chambéry.

Annecy, Arèches, Bourg-St-Maurice, Crest-Voland, Megève, Les Saisies.

„Berjann“; „Million“.

„Costaroche“. – „Etoile“.

ALBI (Midi-Pyrénées), F-8100(

Inf.: Syndicat d'Initiative, 19, pl Ste-Cécile.

Toulouse–Rodez. Mon tauban, Millau, St-Affrique.

„Chiffre“; „Hostellerie du Grand Saint-Antoine“; „Grand Hôtel du Vigan“. – „George V“; „Orléans“. „Rochegude“; „Lyonnais“. – .

ALENÇON (Normandie) F-61000

Inf.: Syndicat d'Initiative, 60, Grande-Rue.

Tours–Rouen. La Ferté–Mace, L'Aigle, Domfront, Le Mans, Nogent, Tinchebray.

„Grand Cerf“. – „Gare“; „France“. – „Grand St-Michel“; „Normandie“; „Industrie“. – .

ALPE D'HUEZ (Savoie) F-38750

Inf.: „Office de Tourisme“.

Höhenflughafen. – nächster Bahnhof Grenoble. – Grenoble. – 3 Kabinenseilbahnen, 9 Gondel- bzw. Sesselbahnen, 31 Skilifte.

„Menandière“; „Castillan“; „Grandes Rousses“; „Hermitage“; „Petit Prince“; „Cimes“; „Christina“.

„Chaix“; „Alpazur“; „La Dauphinoise“; „Eclose“; „Floride“.

„Refuge“; „Vieux Logis“; „Étendard“; „Herpie“. – .

AMBERT (Auvergne) F-63600

Inf.: Syndicat d'Initiative.

Arlau–Vichy. Clermont–Ferrand.

„Livradois“. – „Gare“; „Terminus“.

AMBOISE (Loire) F-37400

Inf.: Syndicat d'Initiative, Quai Général de Gaulle.

Tours–Paris.

„Chanteloup“; „Bellevue“. „Lion d'Or“. – .

AMÉLIE-LES-BAINS (Languedoc-Roussillon) F-66110

Inf.: Office Municipal du Tourisme et Thermalisme, 16, Avenue du Vallespir.

Perpignan.

„Catalogne“; „Thermes Pujade“. – „Castel Émeraude“; „Martinets“. – „Central“; „Fin Gourmet“; „France“. – .

AMIENS (Picardie) F-80000

Inf.: Syndicat d'Initiative, rue Jean-Catelas.

Paris–Calais, Laon, Lille u. a.

zahlreiche Linienbusse in die Umgebung.

„Carlton-Belfort“; „Univers“.

„Spatial“; „Paix“.

„Normandie“; „Est“; „Rallye“; „Renaissance“.

„Camp de l'Étang St-Pierre“, près bd de Beauville.

ANCENIS (Pays de la Loire) F-44150

Nantes–Paris.

„Hôtel des Voyageurs“. – „Restaurant-Hôtel La Chaumière“. – .

ANDLAU (Alsace) F-67140

Barr–Le Hohwald.

„Kastelberg“. – „Canon“.

ANDORRA LA VELLA (Andorre)

Inf.: Syndicat d'Initiative, pl. Prince Benlloch.

L'Hospitalet.

„Parc Hôtel“; „Andorra

Palace". ⌂⌂ „Celler d'En Toni"; „Eden Roc"; „Mirador"; „Montserrat"; „Meritxell".

⌂ „Les Arcades"; „Cassany"; „Consul"; „Enclar"; „Sant Jordi"; „Pyrénées-Hôtel". – ⛺.

ANGERS (Loire) F-4900

Inf.: Office de Tourisme, pl. de la Gare.

🚆 Paris, Nantes, Tours. 🚌 Zahlreiche Buslinien in die Umgebung.

⌂⌂⌂ „Anjou". – ⌂⌂ „France"; „Progrès"; „Univers"; „Boule d'Or". – ⌂ „Belle Rive"; „Continental"; „Mairie"; „Regina". ⛺.

ANGOULÊME
(Poitou/Charentes) F-16000

Inf.: Syndicat d'Initiative, Place de l'Hôtel de Ville.

🚆 Bordeaux, Dax, Hendaye, Royan u.a.

🚌 Bordeaux, Matha, Mussidan, Perigueux.

⌂⌂⌂ „Epi d'Or"; „Trois Piliers".

⌂⌂ „Terminus"; „Valois"; „Palais"; „Orléans". – ⌂ „Flore"; „Gasté"; „De la Bourse". – ⛺.

△ Île de Bourgines, 90 Betten.

ANNECY (Savoie) F-74000

Inf.: Syndicat d'Initiative, pl. Hôtel-de-Ville. *Reisebüro:* Wagon-Lits u.a.

🚆 Paris–St-Gervais, Nice, Grenoble.

🚌 Zahlreiche Linienbusse in die Umgebung.

⛴ Duingt. 🚡 Seilschwebebahn Mont Veyrier.

⌂⌂⌂ „Splendid"; „Abbaye"; „Des Tresoms et de la Forêt"; „Carlton".

⌂⌂ „Du Parc"; „Parmelan"; „Mont-Blanc"; „Jeanne d'Arc".

⌂ „Super Panorama"; „Chantilly"; „Savoyard"; „Relais de Neiges".

△ „La grande Jeanne", Route du Semnoz. – ⛺.

ANTIBES
(Prov. – Côte d'Azur) F-06600

Inf.: Syndicat d'Initiative, pl. du G. de Gaulle.

🚆 Cannes, Marseille, Nice, Paris.

⌂⌂⌂ „Josse". – ⌂⌂ „Cascade"; „Postillon". – ⌂ „Aigues Marines"; „La Méditerranée"; „Modern-Hôtel"; „Toulouse"; „Tout va Bien" u.a.. – ⛺.

ARBOIS (Franche-Comté) F-39600

Inf.: Syndicat d'Initiative, Hôtel de Ville.

🚆 Besançon. 🚌 Besançon.

⌂⌂ „Des Messageries"; „Paris"; „Poste". – ⛺.

ARCACHON (Gironde) F-33120

Inf.: Office de Tourisme, Quinconce de la Gare.

🚆 Bordeaux. 🚌 Pilat-Plage, Cazaux-Lac.

⌂⌂⌂ „Grand Hôtel Richelieu"; „Falaise"; „Vagues"; „Arc Hôtel". – ⌂⌂ „Gascogne"; „Marinette"; „Menton"; „Nautic". – ⌂ „De Bordeaux"; „Tivoli"; „St-Christaud"; „Riviéra"; „Etchea"; „Soleil Levant". – ⛺.

ARGELES-GAZOST (Midi-Pyrénées) F-65400

Lourdes–Pierrefitte-N.

Arrens.

„Le Miramont"; „Primerose"; „Soleil Levant"; „Des Pyrénées". – „Régina"; „Centre"; „Le Balaïtous". –.

ARGENTIÈRE (Savoie) F-74400

Vallorcine–St-Gervais.

Chamonix–Le Tour. 2 Seilbahnen, 1 Gondelbahn, 2 Schlepplifte.

„Bellevue"; „Couronne"; „Dahu"; „Carrier". – „Savoie".

ARGENTON-SUR-CREUSE (Centre) F-36200

Inf.: Syndicat d'Initiative, Ancien Hôtel de Scévole.

Paris–Toulouse. – Poitiers, La Chatre, Eguzon, Lignac.

„Manoir de Boisvillers".

„De France". –.

ARLANC (Auvergne) F-63220

Vichy. – „De la Gare".

ARLES (Prov. – Côte d'Azur) F-13200

Inf.: Syndicat d'Initiative, 35, Place de la Republique.

Marseille, Avignon, Miramas, Tarascon, Toulouse.

Lunel, Nîmes, S.-de-Girand, Les Stes-Maries-de-la-Mer, Port-St. Louis-du-Rhône, Salon, Marseille.

„Jules César"; „Forum"; „Mireille". – „Gauguin"; „Terminus"; „Poste"; „Lamartine". –. – 4.

ARROMANCHES-LES-BAINS (Normandie) F-14117

Inf.: Syndicat d'Initiative, pl. 6 Juin.

Bayeux–Courseulles.

„Marine"; „Normandie". – „Camp Municipal".

ASSY (Haute Savoie) F-74480

Inf.: Syndicat d'Initiative, Maison communale.

St-Gervais–Guebriant.

„Cottage"; „Family"; „Sabaudia". –.

AUBENAS (Rhône-Loire) F-07200

Inf.: Syndicat d'Initiative, pl. Airette.

Le Puy, Alès, Montélimar, Valence, Avignon, Thueyts, Langogne, Vals le Bain. – „Cévenol", „Dôme"; „Résidence".

AUBUSSON (Limousin) F-23200

Inf.: Syndicat d'Initiative, pl. J. Lurçat.

Ussel–Busseau.

„De France". „Lion d'Or"; „Du Chapitre"; „Moderne".

AUCH (Midi-Pyrénées) F-32000

Inf.: Syndicat d'Initiative, Maison du Tourisme.

Agen, Toulouse. – Mirande, Montauban, Riscle, Tarbes u.a.

„France Mapotel". – „Poste"; „Lion d'Or"; „Central". – „Modern".

AUDIERNE (Bretagne) F-29113

Inf.: Syndicat d'Initiative, Place de la Liberté.

Pointe du Raz–Brest, Quimper, Douarnenez.

„Goyen". – „Cornouailles"; „Plage". – „Capistes"; „Dunes"; „Roi Gradlon".

AURILLAC (Auvergne) F-15000

Inf.: Syndicat d'Initiative, Pl. du Square.

Bort-les-Orgues, Capdenac, Libourne. Couques, Le Brezon, Ste-Geneviève-s.-Arg., Maurice.

„La Thomasse".

„Map Bordeaux"; „Univers"; „Square"; „Terminus"; „Voyageurs". – „Beauséjour"; „Commerce". –

AUTUN (Bourgogne) F-71400

Inf.: Syndicat d'Initiative, 3, av. Charles de Gaulle.

Chalon s. Saône, Paris, Vierzon. Chalons s. S., Château Chinon, Montceau-l.-M.

„St-Louis et Poste"; „Vieux Moulin". – „Arcades"; „Moderne et Tête Noire". – „Commerce"; „France". –

AUXERRE (Bourgogne) F-89000

Inf.: Syndicat d'Initiative, Quai de la République.

Laroche–Autun. Gien, St-Florentin-V., Montargis.

„Maxime"; „Fontaine"; „Cygne". „Morin"; „Poste".

„Terrain Municipal".

AVALLON (Bourgogne) F-89200

Inf.: Syndicat d'Initiative, 24 pl. Vauban.

Paris–Autun. Ravières, Dijon, Vézelay.

„Poste"; „Hostellerie du Moulin des Ruats"; „Chapeau Rouge". – „Manoir du Morvan". – „Paris". –

AVIGNON (Prov.-Côte d'Azur) F-84000

Inf.: Syndicat d'Initiative, 41, cours Jean-Jaurès.

Dijon, Lyon, Marseille, Nice, Paris, Toulon, Ventimiglia + internationale Anschlüsse.

Europabus: Paris–Antwerpen; zahlreiche Linienbusse in die Umgebung.

„D'Europe"; „Bristol"; „Regina"; „Norotel". – „Mistral"; u.a. – „Splendid".

Les Aubes, Ile de la Barthelasse; Saint-Roch 33. –

AX-LES-THERMES (Midi-Pyrénées) F- 09110

Inf.: Syndicat d'Initiative, 2, av. Delcassé.

Toulouse. 1 Seilbahn, 5 Gondel- bzw. Sesselbahnen und Sprungschanze.

„Royal Thermal". – „France"; „Moderne"; „Roy René"; „Terminus". – „Parc"; „Carrière".

AZAY-LE-RIDEAU (Centre) F-37190

Inf.: Syndicat d'Initiative, pl République.

Tours–Chinon.

„De Biencourt".

BACCARAT (Lorraine-Vosges Alsace) F-54120

Nancy–Sélestat–Colmar.

Badonviller.

„Renaissance". – 5 km.

BALLON D'ALSACE (Vosges

Nächste Bahnstation St Maurice. St-Maurice.

„Tourtet"; „Saint de la Truite"; „La Chaumière". –

⚠ Ballon d'Alsace par Giromagny.

BANDOL
(Prov.-Côte d'Azur) F-83150

Inf.: Syndicat d'Initiative, Allées Vivien.

🚆 Marseille, Toulon.

🚌 Marseille, Toulon.

🏨 „Ile Rousse"; „Athena". –

🏨 „Baie"; „Galets"; „Golf". –

🏠 „Bel Ombre"; „Coin d'Azur"; „Ermitage"; „Mer".

BANYULS-SUR-MER
(Pyr.-Or.) F-66650

Inf.: Syndicat d'Initiative, Hôtel de Ville.

🚆 Paris–Port Bou.

🏨 „Le Cataln". – 🏨 „Les Elmes". – 🏠 „Bon Accueil"; „Manoir"; „Pergolá". – ⛺.

BARBIZON (Paris et Région Parisienne) F-77630

🚌 Arbonne, Melun.

🏨 „Bas-Bréau"; „Auberge de la Dague". – 🏨 „Angelus"; „Clé d'Or"; „Alquettes".

BARCELONNETTE
(Alpes du Sud) F-04400

Inf.: Syndicat d'Initiative.

🚌 Digne, Gap, Larche.

🚡 Sauze: (4 km) 10 Schlepplifte; Pra-Loup: (8,5 km) 2 Seilbahnen + 15 Schlepplifte.

🏨 „Grand Hôtel"; „Alpes". – ⛺.

BARENTIN (Normandie)
F-76360

🚆 Rouen, Le Havre.

🚌 Rouen, Fécamp, Veulettes, St-Valery-en-Caux, Yvetot, Dieppe, Veules-les-Roses, Le Havre u.a.

🏠 „Grand St-Pierre".

BARFLEUR (Normandie)
F-50760

Inf.: Syndicat d'Initiative, 60 rue St-Thomas.

🚌 Cherbourg–Valognes.

🏠 „Phare"; „Moderne". – ⛺.

BAR-LE-DUC (Lorraine)
F-55000

Inf.: Syndicat d'Initiative, Mairie.

🚆 Frankfurt, München, Wien, Luxembourg, Nancy, Metz, Strasbourg u.a.

🚌 St. Dizier, Ligny, Sommeilles, Verdun.

🏨 „Grand Hôtel R. de Metz et du Commerce".
🏠 „Terminus"; „Exelmans".

BAR-SUR-AUBE (Champagne-Ardennes) F-10200

Inf.: Syndicat d'Initiative, 42, rue d'Aube.

🚆 Paris, Chaumont–Troyes.

🚗 Chaumont–Troyes.

🏨 „Commerce"; „Pomme d'Or".

BASTIA (Corse) F-20200

Inf.: Syndicat d'Initiative, 35, bd Paoli. *AIR FRANCE:* 6, Émile-Sari. *Comp. G. Transatlantik:* Hôtel de la Chambre et Commerce.

✈ Marseille, Paris, im Sommer Wagenbeförderung nach Nice und Nîmes.

🚌 Regelmäßiger Linienverkehr auf der ganzen Insel.

⛴ Marseille, Nice, Toulon, Livorno, Genua, Porto, Torres, Portoferreio, Piombino, Viareggio u.a.

🏨 „Île-de Beauté". – 🏨 „Bonaparte"; „Voyageurs"; „Central"; „Napoléon". – 🏨 „Univers"; „Riviera"; „Europe" u.a. – ⛺.

BATZ-SUR-MER (Pays de la Loire) F-44740

🚆 Tours–Paris–Le Croisic.

🏨 „Le Lichen". – 🏨 „Le Calme Logis". – ⛺.

BAYEUX (Normandie) F-14400

Inf.: Office de Tourisme, 1, rue Cuisiniers.

🚆 Paris–Cherbourg.

🚌 Courseulles, Grandcamp-les Bains, Isigny.

🏨 „Pacary"; „Lion d'Or". – 🏨 „Gare".

BAYONNE (Aquitaine) F-64100

Inf.: Syndicat d'Initiative, pl. de la Liberté.

🚆 Dax, Lourdes, Madrid, Paris, Toulouse u.a. 🚌 Biarritz, Anglet, St-Jean-de-Luz, Ustaritz.

🏨 „Capagorry". – 🏨 „Des Basses-Pyrénées"; „Bordeaux"; „Côte Basque"; „Loustau". – 🏨 „San Miguel".

⛺ „La Cheneraie".

BEAUGENCY (Rhône-Loire) F-45190

Inf.: Syndicat d'Initiative, rue Nationale.

🏨 „Maille d'Or". – 🏨 „Abbaye". ⛺.

BEAUNE (Côte d'Or) F-21200

Inf.: Syndicat d'Initiative, Hôtel Dieu (Vis-a-Vis).

🚆 Dijon, Lyon.

🚌 Autun, Dijon, Saulieu.

🏨 „La Cloche"; „Poste"; „Le Cep". – 🏨 „Le Home"; „Marché". – 🏨 „Château de Challanges". – ⛺.

BEAUVAIS (Paris) F-60000

Inf.: Syndicat d'Initiative, 6, rue Malherbe.

✈ Ashford, East Midland-Skyways.

🚆 Paris, Creil, Le Tréport.

🚌 Le Crocq, Ansauvillers, Breteuil, Compiègne, Formerie, Gisors.

🏨 „Palais". – 🏨 „Bristol"; „Cygne"; „Croix d'Or". – ⛺.

BELFORT (Vosges) F-90000

Inf.: Syndicat d'Initiative, pl. Dr.-Corbis (Pavillon du Tourisme).

🚆 Basel, Mailand, Wien, Zürich, Nancy, Paris u.a.

🚌 zahlreiche Linienbusse in die Umgebung.

🏨 „L'Europe"; „Grand Hotel du Lyon"; „Mercure". – 🏨 „Europe"; „Modern Hotel"; „Paris". – 🏨 „Astoria"; „Chalet".

BELLE-ÎLE (Bretagne) F-56000

Inf.: Syndicat d'Initiative.

⛴ Quiberon–Le Palais.

BERCK-PLAGE (Nord-Pas-de-Calais) F-62600

Inf.: Syndicat d'Initiative, Esplanade Parmentier (Saison).

🚌 Etaples, Lille, Rang-du-Fliers.

„Comme chez soi“. – „Christen“; „Medicis“. – 10 Plätze.

BERGUES-SAINT-WINOC (Nord – Pas-de-Calais) F-59380

Inf.: Syndicat d'Initiative, Beffroi, Pl. République.

Dunkerque. Bollezede, Dunkerque, Oost-C.

„Tonnelier“. – .

BESANÇON (Franche-Comté) F-25000

Inf.: Syndicat d'Initiative, Place de la 1er Armée Française.

Belfort, Lyon, Paris, Strasbourg u.a.

Europabus: Luxembourg–Brüssel–Ostende; zahlreiche Linienbusse in die Umgebung.

„Frantel“; „Europe et Poste“. – „Foch“; „Paris“; ‚Nouvel-Hôtel“; „Nord“; ‚Gambetta“; „Franc-Comtois“. „Régina“; „Moderne“. – .

EUIL (Riv.-Côte d'Azur) -06470

Nice, Valberg.

„Edelweiss“; „Millou“; l'Escapade“; „Tremplin“; Bellevue“.

ÉZIERS (Languedoc-Roussil- on) F-34500

nf.: Syndicat d'Initiative, allées . Riquet 26.

Bordeaux, Marseille, Lyon .a. Lacanne-l.B., Cruzy, odève, Marseillan, Valras.

„Lou Tamarou“; „Europe“; mperator“; „Midi“.

„Splendid“.

„Excelsior“; „Roussillon“; Terminus“. – .

BIARRITZ (Aquitaine) F-64200

Inf.: Syndicat d'Initiative, cité Administrative.

Paris, London und Lourdes im Sommer.

Bordeaux, Madrid, Paris u.a. Bayonne u.a.

Luxus: „Eurotel“; „Palais“. – „Plaza“; „Régina et Golf“; „Chiberta“. – „Fleurs“; „Océan“; „Monguillot“; „Central“; „Port Vieux“. – „Anjou“; „Bijou“; „Palym“; „Roses“. – .

BIOT (Riv. – Côte d'Azur) F-06410

Inf.: Syndicat d'Initiative, à la Mairie.

Cannes, Nice.

„Relais du Bois Fleuri“.

BLOIS (Val de Loire-Centre) F-41000

Inf.: Syndicat d'Initiative, 3, du Jean-Laigret.

Paris–Royan. Zahlreiche Linienbusse in die Umgebung.

„Novotel“. – „Château“; „Gare et Terminus“; „Grand Hôtel de Blois“. – „Anne de Bretagne“; „Croix Blanche“; „Medicis“; „Saint-Nicolas“.

Les Grouets. – .

BONIFACIO (Corse) F-20212

Inf.: Syndicat d'Initiative 17, Quai Comparetti.

Regelmäßiger Linienverkehr auf der ganzen Insel.

Santa Teresa, La Maddalena.

„Solemare“.

„Centre Nautique“; „Caravelle“; „Centre Nautique“. –

„Etrangers"; „Golfe"; „Maora"; „Pergola". –

BORDEAUX (Aquitaine) F-33000

Inf.: Syndicat d'Initiative, 12 cours du 30-Juillet. *AIR FRANCE:* 29, rue Esprit-des-Lois. *AIR INTER:* Allees de Tourny.

Marseille, Nantes, Paris, Tours; im Sommer: Algier, Barcelona, Clermont-F., Las Palmas, London, Lyon, Rabat, Sta. Cruz de Tenerife, Toulouse.

Paris, Verkehrsknotenpunkt der in- und ausländischen Verbindungen.

Autobusverbindungen in die ganze Umgebung.

Weltschiffshafen.

„Lutétia"; „Nice"; „Balzac"; „Tour"; „St.-François" u.v.a. – „Cheval-Blanc"; „Printemps";„Charcot";„Montaigne"; „Lion d'Or"; „Trianon". – . – .

BORT-LES-ORGUES (Limousin) F-19110

Inf.: Syndicat d'Initiative, au barrage.

Aurillac, Neussargues.

Meymac.

„Central". – „Barrage"; „Val"; „Bourdoux".

BOULOGNE-SUR-MER (Nord – Pas-de-Calais) F-62200

Inf.: Syndicat d'Initiative, Hall gare maritime und pl. F. Sauvage.

Paris–Calais, Arras. St-Omer, Douvres, Calais.

„Marmin". – „Alexandre"; „Ibis". – „Arts"; „Belle vue". – .

BOULOU (Languedoc-Rousillon) F-66160

Inf.: Syndicat d'Initiative, Mairie.

Perpignan.

„Sources"; „Grillon d'Or". – „Canigou"; „Pyrénées".

BOURBON-LANCY (Bourgogne) F-71140

Inf.: Syndicat d'Initiative, place d'Aligre.

Gilby s. L.–Cercy-l.-Tour, Moulins-s.-Allier, Montceau-les-M. – .

„Grand-Hôtel". – „Raymond"; „Le Roseraie"; „Thermes". – „Centre"; „Pavillon"; „Pont de Loire"; „Saint-Léger".

BOURG-DE-PEAGE (Rhône Loire) F-26300

Inf.: Syndicat d'Initiative, pl J.-Nadi (á Romans-s-J.).

Valence-Vassieux, Romans, Tournon.

„Au N'Importe' où". – „Gilibert". – .

BOURG-EN-BRESSE (Rhône Loire) F-010000

Inf.: Syndicat d'Initiative, 1, p P. Goujon.

Genf, Chambéry, Dijon Lyon, Paris. Chalon s. S Arinthod, Lons-le-S., Lyon Villefranche.

„Le Logis de Brou"; „France". – „Mail"; „Negosiants – „Genéve"; „Midi"; „Parc" „Sporting".

BOURGES (Val de Loire-Centre) F-18000
Inf.: Syndicat d'Initiative, 14, place E. Dolet.
Paris, Montluçon, Vierzon.
St-Amand, Corne, Gien, Issoudun, La Charité, Moulins, Nançay, Sancoins.
„d'Angleterre". – „Le Berry"; „Les Tilleuls". – „Agriculture"; „Etape"; „Moderne"; „Normandie"; „Paris"; „Saint-Jean".
Rue Henri Sellier. – .

BOURG-MADAME (Languedoc-Roussillon) F-66800
Inf.: Syndicat d'Initiative, Mairie.
La Tour-d. Car., Perpignan.
„Hostellerie Cerdane".

BOURG-SAINT-MAURICE
(Savoie) F-73700
Inf.: Syndicat d'Initiative, place de la Gare.
Höhenflugplatz.
Genf, Aix-les-Bains, Chambéry u.a. – Albertville, Lac de Tignes, La Rosière. – 3 Gondelbahnen, 7 Schlepplifte.
„Le Vallée-de-l'Arc". – „Bon Repos"; „Petit Auberge"; „Centre". – .

BRESSUIRE
(Poitou/Charentes) F-79300
Inf.: Syndicat d'Initiative, Mairie.
Clisson, Paris, Poitiers.
Niort, Angers.
„Moderne"; „Des Trois Marchands"; „De France".

BREST (Bretagne) F-29200
Inf.: Syndicat d'Initiative, pl. de la Liberté. *AIR INTER:* Aéroport Guipavos.
Paris.
Bordeaux, Lyon, Paris, Quimper. Argenton, Brignogan, Camaret s. M., Châteauneuf-du-Faou, Guisseny, Le Frêt, Le Huelgoat, Lilia, Lampaul-Plouarzel, Pointe du Raz, Quelern, Ouessant, Roscoff u.a.
„Branellec et Moderne"; „Continental"; „Voyageurs". – „France"; „Vauban". – „De l'Avenue"; „Escargot"; „Pasteur"; „Rade"; „Voltaire"; „Comédia"; „Saint-Louis"; „Siam"; „Magenta".
„Queliverzan Angle", rue Galliéni und rue Gaston Ramon. – .

BRIANÇON (Prov. – Côte d'Azur – Alpes du Sud) F-05100
Inf.: Syndicat d'Initiative, 45, av. République.
Marseille. – Cesana, Clavière, Grenoble, Le Monetier, Refuge. – .
„Vauban". – „Paris"; „Montbrison"; „Mont Prorel". „Barbizon"; „Chaussee"; „Gare".

BRIARE (Rhône-Loire)
F-45250
Inf.: Syndicat d'Initiative, pl. Église.
Saincaize-Gien.
„Canal". – „Cerf".

BRIE-COMTE-ROBERT
(Paris et Région Parisienne)
F-77170
Melun–Tournan, Paris, Chaumes.
„Grace de Dieu".

BRIENNE-LE-CHÂTEAU
(Champagne) F-10500
Inf.: Syndicat d'Initiative, Hôtel de Ville.

Vitry-le-François, Troyes-St-Dizier.

„Croix Blanche".

BRIGNOLES
(Prov. – Côte d'Azur) F-83170

Toulon, Cotignac, Carnoules, Marseille.

„Château". – „Fabre de Piffard"; „Provence".

BRIVE-LA-GAILLARDE
(Limousin) F-19100

Inf.: Syndicat d'Initiative, 14, rue Hôtel de Ville.

Paris, Périgueux, Toulouse u.a.

Benayes, Pompadour, St-Cere, Tulle u.a.

„Truffe Noire". – „Hostellerie du Chapon Fin"; „La Crémaillère"; „Terminus". – „Plaisance"; „Saint-Antoine"; „Chêne Vert".

Parc Monjauze. – .

CABOURG (Normandie) F-14390

Inf.: Syndicat d'Initiative, Jardins du Casino.

Lisieux. Caen–Honfleur.

„Grand Hôtel"; „Chat Botté". – „Paris". – „Champagne"; „Oie Qui Fume".

CADILLAC (Aquitaine) F-33410

Inf.: Syndicat d'Initiative, château des Ducs d'Épernon.

Bordeaux, Langon.

„Commerce".

CAEN (Normandie) F-14000

Inf.: Syndicat d'Initiative, pl. St-Pierre.

Argentan, Cherbourg, Flers, Le Mans, Paris.

Argentan, Courseulles, L'Evêque, Fougères, Honfleur, Lion-s.-M., Vers.-M.

„Malherbe"; „Moderne".

„Métropole"; „Place Royale"; „Bristol". – „Centre"; „Escale"; „Havre"; „Saint-Jean"; „Bernières". – .

CAGNES-SUR-MER
(Riv.-Côte d'Azur) F-06800

Inf.: Syndicat d'Initiative, 26, av. A.-Renoir.

Cannes, Marseille, Nice.

Grasse, Nice, Vence.

„Motel l'Horizon". – „Motel Bagatelle"; „Savouruin". – „Auberge Franc-Comtoise"; „Gélinotte"; „Golfe". – .

CAHORS (Midi-Pyr.) F-46000

Inf.: Syndicat d'Initiative, place A.-Briand.

Brive-la-G., Capdenac, Monsempron, Toulouse–Paris

St-Cère, Belmontet, Labastide-M. Lanzerte, Marminiac

„Chartreuse". – „Aquitaine"; „Mon Auberge". – „Gare"; „Marine".

CALAIS (Nord – Pas-de-Calais) F-62100

Inf.: Syndicat d'Initiative, 12, bd. Clemenceau.

Basel, Dunkerque, Lille, Paris u.a. Boulogne, La Panne, St. Pols-s. T. Dover u.a.

„Meurice". – „George V"; „Bellevue"; „Sauvage". „Victor Hugo"; „Pacific" u.a.

.

CALVI (Corse) F-20260

Inf.: Syndicat d'Initiative, place de la Gare. *AIR INTER:* Flughafen, *Comp. G. Transatlantique:* quai A.-Landry.

✈ Nice, Marseille und Nîmes im Sommer mit Wagenbeförderung.

🚌 Linienverkehr auf der Insel.

⛴ Calvi, Marseille, Nice u.a.

⌂⌂⌂ „Grand-Hôtel"; „Palm Beach"; „L'Abbaye". – ⌂⌂ „Aria Maria"; „Balanea"; „Caravelle"; „Christoph-Colomb"; „Corsica"; „Cyrene". – ⌂ „Bon Acceuil"; „Centre"; „Soleil Levant"; „Il Tramento". – ⛺.

CAMBRAI (Nord – Pas-de-Calais) F-59400

Inf.: Syndicat d'Initiative, 17, mail St-Martin.

🚆 Dijon, Paris, Lille-Reims.

🚌 Mehrere Linienbusse in die Umgebung.

⌂⌂⌂ „Beatus". – ⌂⌂ „France"; „Motel Château des Vignes". – ⌂ „Commerce"; „Continental".

CANCALE (Bretagne) F-35260

🚌 St-Malo.

⌂⌂ „Pointe du Grouin". – ⌂ „Plage"; „Bellevue"; „Europe"; „Phare"; „Émeraude".

⛺ „Camping Pointe du Grouin"; Richtung Paramé.

CANNES (Côte d'Azur) F-06400

Inf.: Office de Tourisme, Kongreß-Palast, la Croisette.

🚆 Frankfurt u.a. internationale Verbindungen, Lyon, Nice.

🚌 Paris, Brüssel, Amsterdam, Genf, Genua, San Remo, Luceram–Peira Cava, Beuil-Valberg, Avignon, Vence, Allos, Tende-la-Brigne, Monaco, Grasse, Saint Raphaël, Mongins, Vallauris, Valbonne u.a.

⌂⌂⌂ (Luxus) „Carlton"; „Majestic"; „Martinez"; „Miramar"; „Grand Hôtel". – ⌂⌂⌂ „Beau Site"; „Régina"; „Méditerranée"; „Savoy"; „Suisse"; + ca. 20 weitere Hotels. ⌂⌂ „Bristol"; „Belle Plage"; „Olympia"; „L'Embassy"; „Cheval Blanc" u.v.a. – ⌂ „Florian"; „Forella"; „Mignon"; „Nord"; „Pyrénée"; „Roses"; „Voyageurs"; u.v.a. – ⛺.

CAP CORSE (Corse)

🚌 Linienverkehr auf der ganzen Insel

⌂ ca. 30 Hotels in der Umgebung von Bastia und Cap Corse.

CAP D'ANTIBES (Nord – Pas-de-Calais) F-62250

Inf.: Syndicat d'Initiative, 12, pl. G.-de-Gaulle.

🚆 Genua–Mailand–Wien, San Remo, Ventimiglia, Marseille–Paris u.a.

⌂⌂⌂ (Luxus) „Cap d'Antibes"; „Residence du Cap"; „Bouée"; „Gardiole"; „Levant et Plage"; „Petit Miramar". – ⌂⌂ „Beau Sité"; „Helvetia". – ⌂ „Château Fleuri"; „Grand Vatel"; „Val Fleuri". – ⛺ 11 Plätze.

CAP-FERRAT (Côte d'Azur) F-06230

Inf.: Office Municipal de Tourisme; av. Denis Semeria, in St-Jean-Cap-Ferrat.

🚆 nächster Bahnhof Beaulieu s. M.

⌂⌂⌂ (Luxus) „La Voile d'Or".

„Belle Aurore“; „Oursin“. – „Bagatelle“; „Clair Logis“. – „Bastide“; „Brise Marine“; „Dauphin“; „Fregate“; „Santa Monica“.

CAP GRIS-NEZ
(Nord – Pas-de-Calais)

„Mauves“; „Framzelle“.

CARCASSONNE
(Lang.-Roussillon) F-33121

Inf.: Syndicat d'Initiative, bd Camille-Pelletan.

Bordeaux, Marseille, Toulouse u.a. – *Europabus:* Toulouse–Barcelona; Foix, Mazamet, Pamiers, Tuchan.

„Cité“; „Terminus“; „Montsegur“; „Donjon“; „Logis de Trencavel“. – „Bristol“; „Central“; „Royal“. – „Poste“. – △.

△ Rue du Vicomte Trencavel.

CARENTAN (Normandie) F-50500

Inf.: Syndicat d'Initiative, pl. Valnoble.

Caen, Carteret, Cherbourg–Paris.

Carteret, Coutances, Cherbourg–St. Lo.

„Commerce“; „Normande“.

CARRY-LE-ROUET
(Prov. – Côte d'Azur) F-13620

Inf.: Syndicat d'Initiative, Mairie.

Marseille – Avignon.

Marseille – Carro.

„Beauséjour“. – „Carry“; „Tuilière“. – △.

CASSEL (Normandie) F-59670

Arras – Dunkerque.

„Hôtel de Ville“.

CASSIS
(Prov. – Côte d'Azur) F-13260

Marseille, Toulon.

„Jardin du Campanile“; „Rade“. – „Vieux Moulins“.

CASTRES (Midi-Pyr.) F-81100

Inf.: Syndicat d'Initiative, pl. Alsace-Lorraine.

St-Pons-Toulouse.

Brassac, Castelnandary.

„Grand-Hotel“; „Cheval Blanc“. – △.

CAUDEBEC-EN-CAUX
(Normandie) F-76490

Inf.: Syndicat d'Initiative, Mairie.

Yvetot, Rouen, Le Havre.

„Marine“; „Manoir de Rétival“. – „Normandie“.

„Cheval Blanc“.

CERBÈRE (Languedoc-Roussillon) F-66290

Inf.: Syndicat d'Initiative, Mairie (im Sommer).

Barcelona, Genf, Lyon, Narbonne, Paris, Strasbourg.

„Le Belvedere du Rayon Vert.“ – △.

CÉRET (Lang. – Rouss.) F-66400

Inf.: Syndicat d'Initiative, rue Clemenceau.

Perpignan.

„Les Arcades“.

CERNAY (Lorraine-Vosges-Alsace) F-68700

Inf.: Syndicat d'Initiative, Journal l'Alsace, 12, rue Thann.

Mulhouse–Kruth.

Sewen, Guebwiller.

„Host. Alsace“; „Trois Rois“. – △.

CHABLIS (Bourgogne) F-89800

Laroche-M. – L'Isle-s.-Serein.

„Étoile".

CHÂLONS-SUR-MARNE (Champagne) F-51000

Inf.: Syndicat d'Initiative, 2 bis, Boulevard Godart.

Innsbruck, München, Wien, Bukarest, Dijon, Lille, Paris, Strasbourg u.a.

Château-Thierry, Ambonnay, Epernay, Troyes.

„D'Angleterre". – „Haute Mère Dieu"; „Pot d'Étain"; „Pasteur". – „Central"; „Jolly"; „Du Renard"; „De la Clochette".

Rue Kellermann. –

CHALON-SUR-SAÔNE (Bourgogne) F-71100

Inf.: Syndicat d'Initiative, square Chabas.

Cluny, Lyon, Mâcon, Marseille, Paris u.a.

mehrere Liniendienste in die Umgebung.

„Royal"; „St-Régis".

„Central"; „Europe"; „Vend-de Bourgogne"; „Saint-Jean". – „Rive Gauche"; „Gloriette"; „Le Neptune"; „Le Régal".

Rue d'Amsterdam.

CHAMBÉRY (Savoie) F-73000

Inf.: Syndicat d'Initiative, place Monge.

Ajaccio, Grenoble, Paris.

Genf, Grenoble, Lyon, Paris.

Zahlreiche Buslinien in die Umgebung. –

„Novotel"; „Princes".

„Croix Blanche"; „Aux Pervenches"; „Lion d'Or".

„Home Savoyard"; „Bon Accueil"; „Vieux Logis".

CHAMBORD (Val de Loire – Centre) F-41250

Blois.

„Saint-Michel".

CHAMONIX (Savoie) F-74400

Inf.: Office de Tourisme, pl. Église.

Genf, Vallorcine–St. Gervais. Milan, Genf, Annecy, Les Houches, Megève, Grenoble, Le Tour.

2 Zahnradbahnen, 12 Großkabinenbahnen, 10 Gondel- oder Kleinkabinenbahnen, 109 Lifte.

„Alpina"; „Carlton"; „La Sapinière". – „Richemond"; „Gentianes"; „Univers". – „Phalenes"; „Le Dome"; „Eden"; „Varappe"; „Corzolet".

„Les Pélérins". –

CHANTILLY (Picardie) F-60500

Inf.: Syndicat d'Initiative, av. M. Joffre.

Amiens, Compiègne, Paris–Creil, Senlis.

Orly-la-Ville.

„Angleterre".

CHARLEVILLE-MÉZIÈRES (Champagne) F-08000

Inf.: Syndicat d'Initiative, Hôtel de la Prefecture.

Mailand, Luxembourg, Koblenz, Paris, Reims, Rom.

Charleville, Hirson, Rethel.

„Cleves". – „Paris"; „Relais du Square". – „Gare";

„Du Lion d'Or".

CHARTRES (Normandie) F-2800

Inf.: Syndicat d'Initiative, Cloître Notre-Dame.

Le Mans, Nantes, Paris, Saumur u.a.

Rouen, Châteaudun, Dreux, Orléans u.a.

„Du Grand Monarque".

„Jehan de Beauce"; „De l'Ouest"; „De Paris". – „Métropole". – △ 23, av. Neigre.

CHÂTEAUDUN (Normandie) F-28200

Inf.: Syndicat d'Initiative, 2, r. Toufaire.

Paris–Tours. Chartres, Orléans.

„Beauce"; „Armorial".

△ Avenue des Martineaux.

CHÂTEAUNEUF-DU-PAPE (Prov.–Côte d'Azur) F-84230

Inf.: Syndicat d'Initiative, pl. Porteil.

nächster Bahnhof Orange.

„Host. du Château des Fines Roches".

CHÂTEAUNEUF-SUR-LOIRE (Rhône–Loire) F-45110

Orléans.

„Hôtel du Centre". – △.

CHÂTEAUROUX (Prov.–Côte d'Azur–Alpes du Sud) F-05380

Inf.: Syndicat d'Initiative, gare routière.

Montluçon, Paris–Toulouse, Tours u.a.

Blois, Chabris, Gueret, Moulins, Tournon St. M. – △.

„De France". – „Du Parc". – „Voltaire"; „Raspail".

CHÂTEAU-THIERRY (Picardie) F-02400

Paris–Nancy. Châlons-s.-M. La Ferté, Marigny, Montmirail, Soissons.

„Ile de France".

CHÂTILLON-COLIGNY (Val de Loire–Centre) F-45230

„Le Coligny".

CHAUDES-AIGUES (Auvergne) F-15110

Laguiole-St-Flour.

„Bouillons d'Or"; u.a.

„Chaumière"; „Résidence".

CHAUMONT (Champagne) F-52000

Inf.: Syndicat d'Initiative, Hôtel de la Préfecture.

Dijon, Paris, Troyes u.a.

Bourbonne-les-B. Chatillon, Langres, Troyes.

„Terminus Reine". „Le Grand Val". „Du Sud"; „Le Royal"; „Étoile d'Or".

△ 11, rue Decres. – △.

CHAUVIGNY (Poitou–Charentes) F-86300

Argenton–Paris.

„Lion d'Or"; „Chalet Fleuri".

CHENONCEAUX (Val de Loire–Centre) F-37150

Vierzon–Tours.

„Bon Laboureur".

CHERBOURG (Normandie) F-50100

Inf.: Office de Tourisme, 2, quai Alexandre III.

Paris, Coutances. Au-

derville, St-Lo, Valognes. Weltschiffshafen.
„Sofitel". – „Louvre". „Caligny"; „Renaissance"; „Moderna"; „Centre" u.a.
109, av. de Paris.

CHINON (Val de Loire–Centre) F-37500
Inf.: Syndicat d'Initiative, pl. H. de Ville.
Tours. Richelieu. –
„De la Boule d'Or"; „Host. Gargantua". – „Diderot"; „Point du Jour"; „De France".

CIRON (Val de Loire–Centre) F-36300
„Chaussée".

CIRQUE DE GAVARNIE (Midi–Pyr.) F-65120
Pierrefitte.
„Voyageurs"; „Astazou".

CLÈRES (Normandie) F-76690
Rouen, Dieppe.
Rouen.
„Cheval Noir"; „Chalet Hôtel du Parc".

CLERMONT-FERRAND (Auvergne) F-63000
Inf.: Office Municipal du Tourisme; 69, Gergovia.
AIR INTER, alle 69, bd Gergovia.
Bordeaux, Lyon, Paris, Toulouse, Genf, Ashford im Sommer.
Lyon, Bordeaux, Nîmes, Paris, Toulouse, Nancy, Marseille. – Ambert, Le Puy, Vichy, Le Mont Doré, Moulins, Aubusson.
„Colbert"; „Galliéni"; „Arverne".
„Excelsior"; „Bristol".
„Fleury"; „Splendid Terminus"; „Gare"; „Foch"; „Ravel" u.v.a.
55, av. de l'Urss, „Auberge du Cheval Blanc". –

COGNAC (Poitou/Charentes) F-16100
Inf.: Syndicat d'Initiative, pl. François Ier.
Paris–Royan. Bordeaux.
„François Ier".
„Moderne"; „Étape". – „Cheval Blanc".

COL DE L'ISERAN (Savoie) F-73150
Modane et Bourg St. M.
„Iseran".

COL DE PUYMORENS (Languedoc–Roussillon) F-66800
Porté–Puymorens.
7 Schlepplifte.
„G. H. Dol"; „Cathérine".

COL DE VALBERG (Côte d'Azur) F-06470
Inf.: Syndicat d'Initiative, sur la place.
Nice.
„Adrech de Lagas".
„Grand-Hôtel"; „Hollywood"; „Chalet Suisse"; „Le Castellan". – „La Clé des Champs".

COL DE VARS (Prov.–Côte d'Azur–Alpes du Sud) F-05560
Montauphin. – 27 Schlepplifte.
Zahlreiche Hotels in der Umgebung (, ,).

COL DU BONHOMME (Diedolshauser Paß; H.-Rhin) F-68860
Mulhouse–Colmar–St-Dié.

„Relais Vosges-Alsace".

COLLIOURE (Languedoc-Roussillon) F-66190

Inf.: Syndicat d'Initiative, bd Camille-P.

Cerbère-Narbonne. –.

„Madeloc"; „Frégate". –

„Bon Port"; „Templiers". –

„Casa Pairal"; „Majorque".

COLMAR (Lorraine-Vosges-Alsace) F-68000

Inf.: Syndicat d'Initiative, 4, rue d'Unterlinden.

Lyon, Luxembourg, Mainz, Metzeral, Brüssel-Basel-Mailand. Epinal St-Dié, Labaroche, Orbey, Marckolsheim.

„G. H. Terminus-Bristol"; „Du Champ de Mars"; „Parc".–

„Majestic"; „Fecht"; „Motel Azur". – „Du Centre"; „Europe"; „Rapp".

7, rue St. Niklaas. –.

COMBEAUFONTAINE (Franche-Comté) F-70120

Gray-Vesoul.

„Du Balcon".

COMPIÈGNE (Picardie) F-60200

Inf.: Syndicat d'Initiative, pl. H.-de-Ville.

Paris, Skandinavien-Express Kopenhagen-Stockholm, Brüssel-Antwerpen, Amiens.

Zahlreiche Linienbusse in die Umgebung.

„Harley". – „Flandre"; „Nord". – „Impérial"; „Solferino".

6, rue Pasteur.

CONCARNEAU (Bretagne) F-29100

Rosporden. Quimper-Lorient, Quimperle.

„La Belle Étoile".

„Grand Hotel". – „La Bonne Auberge"; „Du Commerce"; „Antlantic"; „Sables".

Place de la Croix.

CONTREXEVILLE (Vosges) F-88140

Inf.: Syndicat d'Initiative, parc de l'Établ.

Clermont-Metz, Nancy-Langres.

„Du Parc"; „Des Sources". –

„Beauséjour"; „Des Bains"; „Dessey".

CORDES (Midi-Pyr.) F-81170

Inf.: Syndicatd'Initiative, Mairie.

Vindrac-C. –. –.

„Du Grand Écuyer".

„Host. du Vieux Cordes".

CORTE (Corse) F-20250

Inf.: Syndicat d'Initiative, cours Paolie. „Compagnie G. Transatlantique", av. Calizi.

Linienverkehr auf der ganzen Insel.

„De la Paix"; „Sampiero". –

„Poste".

COULON (Poitou-Charentes) F-79270

Fontenay, Niort.

„Central". –.

COURCHEVEL (Savoie) F-73120

Höhenflugplatz. – Montiers-S. – 1 Großkabinenbahn, 9 Gondel- bzw. Sesselbahnen, 41 Schlepplifte.

⌂⌂⌂ „Carlina"; „Floride"; „Le Chamois"; „Caravelle"; „Savoy". – ⌂⌂ „L'Aiglon"; „Isba"; „Potinière"; „Roc"; „Saint-Tropez". – ⌂ „Chenets"; „Chalet du Vah".

DAX (Aquitaine) F-40100
Inf.: Syndicat d'Initiative, pl. Thiers.
🚆 Bordeaux, Irún, Paris u.a.
🚌 Leon, Mimizan u.a.
⌂⌂⌂ „Splendid"; „Régina"; „Le Tarbelli". – ⌂⌂ „Des Baignots"; „Des Thermes"; „Miradour"; „Paix". – ⌂ „De la Néhé"; „Peyroux"; „Beau Soleil"; „Des Pins".

DEAUVILLE (Normandie) F-14800
Inf.: Office de Tourisme, Hôtel de Ville, rue V. Hugo. *AIR FRANCE:* rue du G. Léclerc.
✈ Paris. 🚆 Lisieux. 🚌 Caen–Le Havre.
⌂⌂⌂ „Royal"; „Normandy". – ⌂⌂ „Océan"; „La Fresnaye"; „Patio". – ⌂ „Les Sports"; „Les Prairies". – ⛺.

DIEPPE (Normandie) F-76200
Inf.: Office de Tourisme, Bd. Général de Gaulle.
🚆 Paris, Rouen. 🚌 Le Havre, Le Tréport, Rouen, St-Valéry-en-Caux. ⛴ England.
⌂⌂⌂ „La Présidence"; „L'Univers"; „Aguado". – ⌂⌂ „Windsor"; „Du Rhin". – ⌂ „Richmond"; „Parisien".
△ Rue Louis-Fromager. – ⛺.

DIGNE-LES-BAINS (Alpes du Sud) F-04000
Inf.: Syndicat d'Initiative, 2, bd V. Hugo.
🚆 St. Auban. 🚌 Avignon, Barcelonnette, Genf–Nice.
⌂⌂⌂ „Le Grand Paris". – ⌂⌂ „De Bourgogne"; „Mistre"; „Le Coin Fleuri"; „Central"; „Thermal". – ⌂ „Du Tourisme"; „Tivoli"; „Julia"; „Du Petit-Saint-Jean".
△ Terrain de camping municipal, quartier du Bourg. – ⛺.

DIJON (Bourgogne) F-21000
Inf.: Office de Tourisme, place Darcy.
✈ Paris. 🚆 Bern, Luxembourg, Lyon, Mailand, Metz, Nancy, Paris.
🚌 Zahlreiche Linienbusse.
⌂⌂⌂ „Morot et Geneve"; „Europe"; „Jura"; „Mapotel Central". – ⌂⌂ „Nord"; „Ducs"; „Montchapet"; „Jacquemart"; „St. Bernard"; „Thurot"; „Les Rosiers". – ⌂ „Provence"; „La Lorraine" u.v.a. – △ 1, bd Champollion, 160 B. – ⛺.

DINARD (Bretagne) F-35800
Inf.: Syndicat d'Initiative, 5, rue du Maréchal-Leclerc.
🚆 Rennes. – 🚌 St-Brieuc, St-Malo, Rennes.
⌂⌂⌂ „Le Grand H."; „La Roche Corneille"; „Dinard".
⌂⌂ „Émeraude-Plage"; „Des Bains"; „Des Dunes"; „Balmoral"; „Mont St-Michel" u.v.a.
⌂ „De la Plage"; „Jacques Cartier"; „De la Paix"; „Des Arcades"; „Beauséjour"; „Armoric". – ⛺.

DIVES-SUR-MER (Normandie) F-14160
🚆 Lisieux. – 🚌 Caen–Honfleur.
⌂ „De la Gare".

DOMRÉMY-LA-PUCELLE (Vogesen) F-88300
🚌 Neufchâteau–Toul.
⌂ „Basilique“.

DORMANS (Champagne–Ardennes) F-51700
🚆 Château-Th., Épernay.
🚌 Château-Th.–Châlons.
⌂ „La Table Sourdet“; „Demoncy“. – ⛺.

DOUARNENEZ (Bretagne) F-29100
Inf.: Syndicat d'Initiative, rue D.-Mével.
🚆 Quimper. 🚌 Brest–Pointe du Raz. – ⛺.
⌂⌂ „De France“; „Bretagne“.
⌂ „Des Halles“.

DREUX (Val de Loire–Centre) F-28100
Inf.: Syndicat d'Initiative, 4, rue P.-Chartraine.
🚆 Bueil, Chartres, Granville, Paris.
🚌 Evreux, Maintenon.
⌂⌂ „Bec Fin“. – △ 19, rue Pastre.

DUCLAIR (Normandie) F-76480
🚆 Le Mans, Rouen. 🚌 Le Havre, Paris, Rouen u.a.
⌂ „Poste de France“. – ⛺.

DUNKERQUE (Nord – Pas-de-Calais) F-59140
Inf.: Syndicat d'Initiative, Hôtel de Ville.
🚆 Calais, Metz, Paris, Strasbourg u.a.
🚌 Bollezeele, Calais, Hondschoote, Oost-Cappel.
⛴ England u.a.
⌂⌂⌂ „Borel“. – ⌂⌂ „Select“. – ⌂ „Terminus“ u.v.a.
△ Digue des Alliés.

ENTRAYGUES (Midi-Pyr.) F-12140
Inf.: Syndicat d'Initiative, Tour de Ville.
🚌 Rodez.
⌂⌂ „De la Truyère“.

ÉPERNAY (Champagne) F-51202
Inf.: Syndicat d'Initiative, pl. Thiers.
🚆 Paris, Reims, Strasbourg, München–Wien.
🚌 Châlons-s.-M., Reims, Romilly, Sézanne, Troyes u.a.
⌂⌂⌂ „Des Berceaux“; „De Champagne“. – ⌂ „Du Chapon Fin“; „De la Cloche“.
△ 13, rue du Dr. Calmette, 35 Betten. – ⛺.

EPINAL (Vosges) F-88000
Inf.: Syndicat d'Initiative, 13, rue de la Comédie, 2, rue F. Blaudez.
🚆 Belfort, Chaumont, Nancy, Remiremont, Strasbourg.
🚌 Charmes, Colmar, Jussey, Lure, Les Bains, Le Val-d'Ajol, Raon, Thann.
⌂⌂⌂ „Relais Ducs Lorraine“. – ⌂⌂ „Central Hotel“; „Résidence“. – ⌂ „Bristol“; „Commerce“.

ÉTAPLES (Nord–Pas-de Calais) F-22680
🚆 Boulogne, Arras. 🚌 Le Touquet, Berck-Plage.
⌂ „Terrasse“.

ÉTRETAT (Normandie) F-76790
Inf.: Syndicat d'Initiative, Hôtel de Ville.

Bréauté-Beuzeville, Le Havre, Fécamp, Dieppe.
„Dormy-House". – „Falaises". – „L'Escale"; „Welcome"; „Normandie". –

EU (Normandie) F-76260

Inf.: Syndicat d'Initiative, pl. Carnot.

Abbeville, Paris. Dieppe, Le Tréport, Neufchâteau, Rouen.
„Le Relais".

ÉVIAN-LES-BAINS (Savoie) F-74500

Inf.: Office du Tourisme, Place d'Allinges.

Genf, Paris, Lyon, Marseille. – Europabus, Turin, Genf, Chamonix.

Lausanne, Genf, Montreaux.

(Luxus) „Royal"; „La Verniaz et ses Chalets".
„Bellevue"; „Plage". – „Bon Séjour"; „Continental"; „Crimson"; „Cygnes"; „France"; „Savoy". – „Léman" u. v. a.

EVREUX (Normandie) F-27000

Inf. Syndicat d'Initiative, 35, r. Dr.-Oursel.

Cherbourg–Paris, l'Aigle.
Dreux, Elbeuf, Gisors, Honfleur, Nouancourt, Verneuil.

„Grand Cerf"; „Normandy". – „De la Biche"; „Le Lisieux"; „Paris".

ÈZE-BORD-DE-MER (Riviera–Côte d'Azur) F-06360

(Luxus) „Cap-Estel".

. Bananeraie". – „Mimosa-Cottage".

ÈZE-VILLAGE (Riviera–Côte d'Azur) F-06360

„Chèvre d'Or". – „L'Hermitage"; „Le Golf". – „Aub. des deux corniches"; „Des Touristes". *Motel:* „Cap Roux". –

FÉCAMP (Normandie) F-76400

Inf.: Syndicat d'Initiative, pl. Bellet.

Le Havre. – Dieppe, Etretat, Le Havre, Rouen.
„Poste"; „Angleterre".
„Cauchy et Chariot d'Or".
Côte de la Vierge.

FERTÉ-BERNARD, LA (Pays de la Loire) F-72400

Inf.: Syndicat d'Initiative, Mairie.

Paris–Le Mans.
„Perdrix"; „Saint-Jean".

FIGEAC (Midi-Pyrénées) F-46100

Inf.: Syndicat d'Initiative, H. de la Monnaie.

Toulouse, Aurillac.

„Des Carmes"; „Moderne". –
„Croix Blanches".

FIXIN (Bourgogne) F-21220

„Chez Jeannette".

FOIX (Midi-Pyr.) F-09000

Inf.: Syndicat d'Initiative, rue Delcassé.

Toulouse. – Blassac, St-Girons, Toulouse.
„La Barbacane". – „Moderne".

FONTAINEBLEAU (Paris et Région Parisienne) F-77300

Inf.: Syndicat d'Initiative, 38, rue Grande.

Paris–Laroche, Montargis, Nevers, Saincaize.

„Napoléon"; „Mapotel Aigle Noir". – „Carpe d'Or"; „Chancellerie"; „Île de France". – „Neuville".

FONTENAY-LE-COMTE (Languedoc–Roussillon) F-85200

„Europe"; „Fontarabie".

FONTEVRAULT (Pays de la Loire) F-49590

Saumur, Loudun.

„Croix Blanche".

FONT-ROMEU (Languedoc–Roussillon) F-66120

Inf.: Office de Tourisme, av. E. Brousse.

Villefranche-V.–La Tour-d.-C.

Ermitage, Quillan, La Tour-d.-C.

„Soleil d'Or". – „Cara Sol"; „Carlit"; „Ermitage". – „Castel-Négro"; „Villa-Saint-Paul"; „Régina".

FORBACH (Lorraine) F-57600

Inf.: Syndicat d'Initiative, 48, av. St-Rémy.

Frankfurt, Metz, Saarbrücken u.a. – Sarreguemines u.a.

„Berg".

FOUGÈRES (Bretagne) F-35300

Vitre. – Caen, St-Malo, Rennes.

„Des Voyageurs". – „Moderne"; „Du Commerce"; „Flaubert"; „Chapon Fin".

11, rue du Beaumanoir.

FOURAS (Poitou–Charentes) F-17450

Rochefort, La Rochelle–St-Palais-s.-M.

Ile d'Aix.

„Bains". – „Roseraie.

FRÉJUS (Prov.-Côte d'Azur) F-83600

Inf.: Syndicat d'Initiative, Place Calvini.

Cannes, Marseille. St-Raphaël, Toulon.

„Residence Colombier". – „Azur" u.v.a. – . – .

FUMAY (Champagne) F-08170

Charleville-Mézières, Givel.

„Des Roches". – „Lion".

GAILLAC (Midi-Pyr.) F-81600

Inf.: Syndicat d'Initiative, pl. Libération.

Toulouse–Rodez.

„L'Occitan"; „Commerce".

GÉRARDMER (Vosges) F-88400

Bruyères. Épinal, Bruyères, Colmar.

„Beau Rivage"; „Grand Hôtel Bragard". – „Des Bains"; „De la Jamagne". – „Interlaken"; „Sapins"; „Vallée".

GIEN (Val de Loire–Centre) F-45500

Inf.: Syndicat d'Initiative, rue Anne-de-Beaujeu.

Paris–Nevers. – Zahlreiche Linienbusse. – .

„Hôtel du Rivage". „Terminus".

GIROMAGNY (Franche-Comté) F-90200

Inf.: Syndicat d'Initiative, Mairie.

🚌 Belfort–Auxelles.

⌂ „Le Soleil", „La Sapinière".

GIVET (Champagne) F-08600

Inf.: Syndicat d'Initiative, Mairie.

🚆 Charleville–Mézières.

⌂ „Univers".

GRAND BALLON F-88760 (Lorraine–Vosges–Alsace)

🚆 Moosch–Lautenbach–Guebwiller. – 🚡 Schlepplift.

⌂ „Grand Ballon".

GRANDCAMP-LES-BAINS (Normandie) F-14450

🚌 Bayeux. – ⌂ „La Grandcopaise". – ⛺.

GRASSE (Riv.-Côte d'Azur) F-06130

Inf.: Syndicat d'Initiative, pl. de la Foux.

🚌 Cannes, Draguignan, Nice, St-Auban.

⌂⌂⌂ „Le Régent". – ⌂⌂ „Bellevue". – ⌂ „Terrasse"; „Vauban"; „Mon Repos". – ⛺.

GRAVELOTTE (Lorraine) F-57130

⌂ „Le Gai Relais".

GRAY (Franche-Comté) F-70100

Inf.: Syndicat d'Initiative, Chambre de Commerce.

🚆 Troyes, Culmont–Chalindrey, Vesoul.

🚌 Dijon, Besançon, Vesoul.

⌂ „Bellevue"; „Europe". – ⛺.

GRENOBLE (Alpes–Dauphiné) F-38023

Inf.: Comité Regional de Tourisme, 7 rue Félix-Poulat. *AIR FRANCE:* 4, pl. Victor-Hugo.

✈ Chambery, Nice, Paris, Metz.

🚆 Paris, Lyon. – 🚌 Alpe-d'Huez, Chamrousse, Les Deux Alpes, Col de Porte, Alpe du Grand-Serre.

⌂⌂⌂ „Park Sofitel"; „Alpotel P.L.M."; „Angleterre"; „Savoie". – ⌂⌂ „Bristol"; „Gloria"; „Splendid"; „Stendhal"; „Gambetta"; „Trianon". – ⌂ „Bastille"; „Clé d'or"; „Lakanal".

⛺ Avenue du Gresivaudan (Echirolles).

GUÉRANDE (Pays de la Loire) F-44350

⌂ „Rocmaria"; „Floralies".

GUÉRET (Limousin) F-23000

Inf.: Syndicat d'Initiative, av. Ch. de Gaulle.

🚆 Bordeaux, Lyon, Genf.

⌂⌂ „Auclair". – ⌂ „Bon Coin".

GUILLAUMES (Riv.-Côte d'Azur) F-06470

Inf.: Syndicat d'Initiative, Mairie.

🚌 Nice.

⌂⌂ „Relais H.".

GUILLESTRE (Provence–Côte d'Azur–Alpes du Sud) F-05600

Inf.: Syndicat d'Initiative, Mairie + pl. Ste-Cathérine.

🚌 Montdauphin–Abries.

⌂⌂ „Chalet Alpin". – ⌂ „Imbert".

⛺ „Camp Municipal"; „La Rochette".

GUINGAMP (Bretagne) F-22200

Brest–Paris, Carhaix u. a.

Morlaix, St-Quay–Portrieux.

„Hermine“. – „Avenue“.

GUISE (Picardie) F-02120

St. Quentin, Laon-Le Careau, Hirson.

„Guise“.

HAM (Picardie) F-80400

Amiens–Laon. – St-Quentin, Noyon.
„France“.

HARFLEUR (Normandie) F-76700

Paris, Rouen, Le Havre.
Le Havre, Rouen, Dieppe.
„Bellevue“.

HAUT KOENIGSBOURG (Lorraine–Vosges–Alsace) F-67590

Sélestat.

„Haut-Koenigsbourg“.

HENDAYE (Aquitaine) F-64700

Inf.: Syndicat d'Initiative, rue des Aubépines, Hendaye-Plage.
Madrid, Bordeaux–Paris.
Segelboothafen.
„De Paris“. – „Central“.

„Boca“; „Francois“.

HONFLEUR (Normandie) F-14600

Inf.: Syndicat d'Initiative, 35, cours Fossés.
Lisieux. Evreux, Caen.
„Ferme St-Siméon“.
„Belvedere“; „Cheval Blanc“. –

HOULGATE (Normandie) F-14510

Inf.: Syndicat d'Initiative, rue d'Axbridge.
Lisieux–Dives–Cabourg.
Caen–Honfleur–Le Havre.
„Du Chemin-de-Fer“. – „Bar Normand“; „Plage“.

HYÈRES (Prov.–Côte d'Azur) F-83400

Inf.: Syndicat d'Initiative, place Georges-Clemenceau.

Toulon, St-Raphaël.

„Bona“; „Vieille Auberge St-Nicolas“. – „Central“; „Mozart“; „Suisse“. – „Bel Azur“; „La Frégate“; „Lido“; „Poste“.

ÎLE DE BRÉHAT (Bretagne) F-22870

Inselverkehr.
„Bellevue“; „Des Rocs“.

ILE D'OLÉRON (Poitou-Charentes) F-17000

LA BRÉE-LES-BAINS:

Saintes–St-Denis-d'Oléron.

14 Plätze auf der Insel.

ILE D'OUESSANT F-29242 (Bertagne)

Brest.
„Duchesse Anne“; „Du Fromeur“; „Roch'Armor“.

ÎLE ROUSSE (Corse) F-20220

Linienverkehr auf der ganzen Insel.
„La Pietra“. – „Splendid“. – „Bergerie“ u. a. –

ISIGNY-SUR-MER (Normandie) F-14230

Bayeux.
„France“.

ISSOIRE (Auvergne) F-63500
Paris–Nîmes. – „Florida“. – „Le Pariou“; „Tourisme“; „Terminus“; „Parc“.

ISSOUDUN (Val de Loire-Centre) F-36100
Inf.: Syndicat d'Initiative, Mairie.
Paris–Toulouse.
Bourges.
„France et Commerce“.

JOSSELIN (Bretagne) F-56120
Vannes, Pontivy, Redon.
„Du Château“; „Du Commerce“.

JUAN-LES-PINS
(Riv.-Côte d'Azur) F-06610
Inf.: Syndicat d'Initiative, bd Charles-Guillaumont.
Nice, Cannes, Marseille.
L „Belles Rives“; „Hélios“. –
„Juana“; „Parc“; „Astoria“. – „Alexandra“; „Colbert“; „Eden“; „Juan Beach“. –
„Aldo“; „Ideal“; „Impérial“; „Pacific“; „Paprika“ u.v.a.

JUMIEGES (Normandie)
F-76118
Ducleire, Rouen.
„Des Ruines“.

KAYSERSBERG (Lorraine-Vosges-Alsace) F-68240
Inf.: Syndicat d'Initiative, rue G.-de-Gaulle.
Colmar–St-Dié, Orbey.
„Des Remparts“. – „Château“; „Arbre Vert“. – .

LA BAULE (Pays de la Loire)
F-44504
Tours–Paris.
„L'Hermitage“; „Castel Marie-Louise“; „Royal“; „Christina“; „Les Pléiades“; „Flepen“. – „Concorde“; „Le Welcome“; „Des Dunes“ u.a.
„Beau Rivage“; „Du Parc“; „Violetta“; „Ty Gwenn“. – .

LACANAU-OCÉAN
(Aquitaine) F-33163
Inf.: Syndicat d'Initiative, pl. de la gare.
Bordeaux. – .
„L'Étoile d'Argent“. – „De la Côte d'Argent“; „Commerce“.

LAC BLANC/LAC NOIR
(Lorraine-Vosges-Alsace)
F-68370
Colmar. Schilift. – Unterkunft in Orbey.

LAC D'ANNECY (s. S. 340).
Annecy–Duingt. Unterkunft siehe Annecy. – .

LAC DE LONGEMER
(Lorraine-Vosges-Alsace)
F-88400
„Lac de Longemer“. – .

LAC DE TIGNES (Savoie)
F-73320
Höhenflugplatz.
Bourg St. Maurice.
11 Gondel- bzw. Sessellifte, 28 Schlepplifte.
„Le Ski d'Or“; „Curling“. –
„Le Terril Blanc“; „Alpaka“; „Gentiana“. – „Lavachey“.

LAC DU BOURGET (Savoie)
F-73370
Inf.: Syndicat d'Initiative, pl. parking.
Chambé y.
„La Cérisaie“; „De la Plage“.
„Beaurivage“; „Savoy“. – .

LA CHAISE-DIEU (Auvergne)
F-43160
Inf.: Syndicat d'Initiative, pl. Mairie.

Vichy–Darsac. Le Puy.
„Au Tremblant"; „Terminus et Monastère". – „Lion d'Or".

LA CIOTAT
(Prov.–Côte d'Azur) F-13600

Inf.: Syndicat d'Initiative, Vieux Port.

Toulon, Marseille.

Ceyreste, Marseille, Bandol.

„Ciotel"; „King". – „La Rotonde"; „Sable d'Or"; „Croix de Malte"; „Provence Plage". – „Beau Rivage"; „Gare".

LA CLUSAZ (Savoie) F-74220

Inf.: Office de Tourisme, Maison de Savoie.

nächster Bahnhof Annecy.

Annecy–La Clusaz.

2 Seilbahnen, 4 Sessellifte, 28 Schlepplifte.

„Beauregard"; „Carlina"; „Panorama"; „Vieux Chalet". – „Christiania"; „Nouvel"; „Les Sapins"; „Beaulieu"; „Confins"; „Le Gotty". – „Le Bon Skieur"; „Beau-Site"; „Saint-Joseph"; „Candia".

„Chalet"; „Marcoret".

LACQ (Aquitaine) F-64170

Bayonne, Pau. – „Reflets-des-Torches".

LAFFREY (Alpes–Dauphiné) F-38220

Grenoble.

„Hôtel du Grand Lac"; „Des Lacs"; „Humblot"; „Parc".

LA LATTE (Bretagne) F-22240

„Belle-Vue".

LANGEAIS (Val de Loire–Centre) F-37130

Inf.: Syndicat d'Initiative, 12, r. Gambetta.

Tours–Angers.

„Hosten"; „Duchesse Anne".

LANGOGNE (Languedoc–Roussillon) F-48300

Nîmes–Paris. Le Puy, Aubenas.

„Voyageurs". – „Gaillard".

LANGRES (Champagne) F-52200

Inf.: Syndicat d'Initiative, 1 pl. des États-Unis. – Dijon, Reims, Nancy. Chaumont.

„Du Lion d'Or"; „Du Cheval Blanc"; „Grand Hôtel de l'Europe"; „Grange au Prieur".

„De la Poste"; „Les Moulins".

LANNION (Bretagne) F-22300

Pleumeur. – Morlaix, Paimpol, Trégastel, Ile Grande, Trebourden.

„Bretagne"; „Terminus".

6, rue du 73e Territorial.

LANSLEBOURG (Savoie) F-73480

Inf.: Syndicat d'Initiative, Mairie.

Modane. 3 Gondellifte, 11 Schlepplifte.

„Alpazur"; „Relais des 2 Cols". – „Le Roc Noir"; „Les Marmottes".

Hameau-des-Champs.

LAON (Aisne) F-02000

Inf.: Syndicat d'Initiative, pl. Parvis.

Amiens, Chaumont, Dijon, Hirson, Liart, Lille, Paris, Reims u.a. – Chauny, Le Cateau, Montcornet, St. Quentin, Reims

„Angleterre". – „Commerce".

LA ROCHEFOUCAULD
(Poitou-Charentes) F-16110
Limoges–Angoulême.
„La Vieille Auberge". – „De France".

LA ROCHELLE
(Poitou/Charentes) F-17000
Inf.: Syndicat d'Initiative, 10, rue Fleur'Au (Touristenpavillon).
Paris, Bordeaux u.a.
St-Palais-sur-Mer.
„France-Angleterre"; „Champlain"; „Les Brises". – „Tour de Nesles"; „Du Commerce"; „François Ier". – „Du Béarn"; „Atlantic-Hôtel"; „Centre".

LA TURBIE
(Riv. – Côte d'Azur) F-06630
Monaco, Nice, Peille.
„Césarée"; „France".

LAVAL (Pays de la Loire)
F-53000
Inf.: Syndicat d'Initiative, pl. 11 Novembre.
Caen, Paris–Brest. Fougères, Gorron, Sable u.a.
„Impérial"; „De l'Ouest"; „De Paris"; „De la Poste".
„Le Zeff"; „Moderne"; „Saint-Pierre". –

LE BLANC (Val de Loire–Centre) F-36300
Inf.: Syndicat d'Initiative, Hôtel de Ville.
Châtellerault, Poitiers–Argentan, Port-de-P., Piles, Châteauroux–Merigny.
„Promenade".

LE CREUSOT (Bourgogne)
F-71200
Inf.: Syndicat d'Initiative, bd H.-P.-Schneider.
Chalon s. S., Nevers.
Montceau–Chalon-s.-S., Autun.
„Moderne"; „Voyageurs".

LE CROISIC (Pays de la Loire)
F-44490
Inf.: Syndicatd'Initiative,pl.gare.
Tours, Paris.
„Masson"; „Nids". – „Tréhic"; „Les Jonchères".

LE CROTOY (Picardie)
F-80550
Inf.: Syndicat d'Initiative, 25, Promenade und Mairie.
Novelles. – „Paris". –

LE FAYET-ST-GERVAIS
(H.-Savoie) F-74170
Inf.: Syndicat d'Initiative, av. gare.
Paris, Lyon. Guebriant, Megève, Annecy–Chamonix, Glacier de Bionnassay, 20 Seilbahnen.
„La Chaumière". – „L'Abbaye"; „Les Deux Gares".

LE GRAU-DE-ROI (Languedoc–Roussillon) F-30240
Inf.: Syndicat d'Initiative, quai Colbert.
Nîmes. – Montpellier.
„Splendide"; „De la Plage".
„Saint-Louis". –

LE HAVRE (Normandie)
F-76600
Inf.: Syndicat d'Initiative, pl. Hôtel-de-ville.
Paris. – Fécamp, Paris, Rouen. – Fécamp, Rouen, Caen. – Weltschiffshafen.
„De Bordeaux". – „Gambetta"; „Astrid"; „Bauza"; „Richelieu"; „Celtic". – „Alma"; „Palais"; „Ile de France" u.v.a.

LE LAVANDOU (Prov.-Côte d'Azur) F-83980

Inf.: Syndicat d'Initiative, Annexe de la Mairie.

Toulon, St-Raphaël.

Iles d'Hyères.

„Résidence Beach"; „Calanque"; „L'Espadon". – „Beau Rivage"; „La Petite Bòheme". – „California"; „Rabelais"; „Terminus".

LE LIORAN (Auvergne) F-15300

Neussargues–Capdenac–Toulouse.

1 Seilbahn und 8 Schlepplifte.

„Grand Hôtel du Cerf".

LE MANS (Pays de la Loire) F-72000

Inf.: Syndicat d'Initiative, pl. de la République.

Nantes, Paris, Tours u.a.

Zahlreiche Linienbusse in die Umgebung.

„Concorde"; „Moderne".

„Central"; „De l'Escale"; „De l'Étoile"; „De Rennes"; „Du Saumon".

„Maine-Atlantique"; „De Suède"; „Du Pélican".

LE MARKSTEIN (Lorraine–Vosges–Alsace) F-68610

„Wolf". – „Bellevue".

LE MONT-DORÉ (Auvergne) F-63240

Inf.: Syndicat d'Initiative.

Laqueuille. – Clermont-F. – 2 Seilschwebebahnen, 1 Standseilbahn und 18 Schlepplifte.

„Carlina"; „Panorama". – „Buron"; „Cascades"; „Louvre"; „Nouvel". – „Continental"; „Parc"; „Royal"; „Terminus".

LEON (Aquitaine) F-40550

Inf.: Syndicat d'Initiative, Mairie.

Dax, Bayonne. – „Du Lac".

LE PERTHUS (Languedoc–Roussillon) F-66480

Perpignan. – „Cours".

LE POULIGUEN (Pays de la Loire) F-44510

Inf.: Syndicat d'Initiative, Port Sterwitz.

Le Croisic–Paris.

„Orée du Bois". – „Beau Rivage"; „Neptune"; „Moderne".

LE PUY-EN-VELAY (Auvergne) F-43000

Inf.: Office de Tourisme, pl. du Breuil.

Clermont, Lyon, St-Étienne u.a.

Annonay, Aubenas, Duniers, Vichy, Craponne, Langeac, Langogne, Monastier, St-Chély, St-Étienne.

„Christel"; „Régina"; „Bristol". – „Cygne". – „Grand Cerf"; „La Verveine"; „Val Vert".

Terrain Bouthezard.

LE RAYOL (Prov.–Côte d'Azur) F-83240

Toulon–St-Raphaël.

„Bailli de Suffren".

LES BAUX-EN-PROV. (Prov.–Côte d'Azur) F-13520

Nächster Bahnhof Maussane.

„Oustaù de Baumanière"; „Cabro d'Or". – „Mas d'Aigret".

LES BOSSONS (Savoie) F-74400

St-Gervais–Vallorcine–Martigny.

Unterkunft siehe Chamonix.

LES DEUX-ALPES (Alpes–Dauphiné) F-38860

Grenoble. – 5 Kabinenseilbahnen, 10 Gondel- bzw. Sesselbahnen, 28 Schlepplifte.

„Les Marmottes"; „Clarina"; „L'Adret". – „Mélèzes"; „Le Chamois". – „Pied Moutet"; „Des Neiges".

LES EYZIES-DE-TAYAC (Aquitaine) F-24620

Inf.: Syndicat d'Initiative, pl. de la Mairie.

Périgueux–Agen.

„Centenaire"; „Cro Magnon". – „Les Glycines"; „Centre". – „Perigord". – .

LES ROSIERS (Pays de la Loire) F-49350

Angers–Tours.

„Val de Loire".

LES TROIS ÉPIS (Lorraine–Vosges–Roussillon) F-68410

Colmar–Labaroche.

„Grand-Hôtel"; „Marchal".

„Croix d'Or".

LE TOUQUET-PARIS-PLAGE (Pas-de-Calais) F-62520

Inf.: Syndicat d'Initiative, Hôtel de Ville.

London, Lydd (im Sommer Autotransport), Southend (im Sommer Autotransport).

Étaples.

„Westminster"; „La Chaumière"; „Manoir"; „Côte d'Opale". – „D'Artois"; „Nouvel Hôtel"; „Saint-Christophe"; „Windsor"; „De la Plage". – „Touquet"; „Chalet"; „La Ruche". – .

LE TRÉPORT (Normandie) F-76470

Inf.: Syndicat d'Initiative, Esplanade Plage.

Paris Nord, Abbeville u.a.

Dieppe, Rouen. – Kalvarienberg. – „Picardie". – „Charmettes"; „Le Petit-Trianon". – 25, av. des Canadiens. – .

LEZOUX (Auvergne) F-63190

Clermont-F.–St-Étienne.

„Voyageurs". „Du Marché".

LIBOURNE (Aquitaine) F-33500

Inf.: Syndicat d'Initiative, pl. Hotel de Ville.

Bordeaux, Paris u.a.

Bordeaux, Rauzan u.a.

„Loubat". – „Orient"; „France"; „Moulin Blanc".

LILLE (Nord) F-59000

Inf.: Syndicat d'Initiative, pl. Rihour.

AIR FRANCE: 8/10, rue Jean-Roisin, *AIR INTER:* 10, rue Anatole-France.

Barcelona (im Sommer), London (im Sommer), Palma (im Sommer), Paris.

Paris, Basel, Brüssel, Calais u.a. – Berck-Plage, Boulogne, Béthune, Condecourt, St. Omer.

„Bellevue"; „Carlton"; „Royal-Concorde". – „Monte Carlo"; „Paix"; „Nord-Motel".

LILLEBONNE (Normandie) F-76170

🚌 Rouen, Mairie.

⌂ „France". – △.

LIMOGES (Limousin) F-87000

Inf.: Syndicat d'Initiative, bd Fleurus.

🚂 Brive, Bordeaux, Lyon, München, Paris. – 🚌 Zahlreiche Busse in die Umgebung.

⌂⌂⌂ „Frantel"; „Luk Mapotel". – ⌂⌂ „Faisan"; „Europe"; „Claridge". – ⌂ „Le Relais Lamartine".

LISIEUX (Normandie) F-14100

Inf.: Syndicat d'Initiative, 11, rue Alençon.

🚂 Tours–Rouen, Paris–Cherbourg, Dives–Cabourg.

🚌 Orbec, Vimoutier.

⌂⌂⌂ „De la Place". – ⌂⌂ „Bretagne"; „Coup d'Or"; „Espérance"; „Paix"; „Terrasse". – ⌂ „Avenue"; „Gare"; „Lisieux"; „Ouest"; „Rond-Point"; „Saint-Louis"; „Saint-Michel"; „Sport".

LOCHES (Val de Loire–Centre) F-37600 .

Inf.: Syndicat d'Initiative, pl. Marne.

🚂 Tours.

⌂ „Château"; „France".

LOCRONAN (Bretagne) F-29136

🚌 Brest–Pointe du Raz, Quimper–Camaret.

⌂⌂ „Au Fer à Cheval".

LODÈVE (Languedoc–Roussillon) F-34700

Inf.: Syndicat d'Initiative, 17, bd Liberté.

🚌 Montpellier–St-Affrique, Beziers.

⌂⌂ „Croix Blanche"; „Nord".

LONGWY (Lorraine) F-54400

Inf.: Syndicat d'Initiative, gare routière.

🚂 Paris–Luxembourg, Nancy.

🚌 Villerupt–Micheville, Metz.

⌂⌂ „Parc". – ⌂ „La Pinsonette".

LOUDUN (Limousin) F-86200

Inf.: Syndicat d'Initiative, Mairie.

🚂 Thonats–Climon, Chatellerault. 🚌 Saumur, Poitiers.

⌂⌂ „Roue d'Or".

LOURDES (Midi-Pyr.) F-65100

Inf.: Syndicat d'Initiative, pl Église-Paroissiale. *AIR INTER.* Grand Hotel de la Grotte.

✈ Im Sommer: Barcelona, Biarritz, Brüssel, Dublin, Nice, Paris.

🚂 Paris–Pierrefitte, Genf-Hendaye, Toulouse, Marseille u.a.

🚌 Arrens, Bagneres + zahlreiche weitere Linienbusse in di[e] Umgebung.

⌂⌂⌂ „Grand Hôtel de la Grotte"; „Gallia et Londres"; „Ambassadeurs". – ⌂⌂ „Golgotha"; „Christina"; „Florence"; „Lutétia"; „Beau Site"; „Concorde"; „Corona".

⌂ „De Paris"; „Mirella"; „Majestic"; „Donjon"; „Basilique"; „Miramont". – △. – △.

LUCHON (Midi-Pyr.) F-3111[0]

Inf.: Syndicat d'Initiative, 18 allée Étigny.

🚂 Montrejeau-S. P.

⌂⌂⌂ „Poste et Golf"; „Corneille". – ⌂⌂ „Bains"; „Bea

Site"; „Bon Accueil"; „Canton"; „Royal"; „Etigny". – ⌂ „Henri Sors"; „Paix"; „Dardenne"; „Deux Nations".

LUNÉVILLE (Lorraine) F-54300

Inf.: Syndicat d'Initiative, pl. St-Rhemy.

🚆 Sarrebourg–Nancy, St. Dié, Bruyères.

🏨 „Europe"; „Voltaire". – ⌂ „Central et des Vosges"; „Cheval Gris".

LUSIGNAN (Limousin) F-86600

Inf.: Syndicat d'Initiative, pl. Halles.

🚆 Poitiers–La Rochelle.

🚌 Poitiers–St. Sauvant.

⌂ „Laurier Vert".

LUYNES (Val de Loire–Centre) F-37320

🏨 „Château Beauvois".

LUZECH (Midi-Pyrenées) F-46140

Inf.: Syndicat d'Initiative, pl. Canal.

🚆 Cahors. – ⌂ „Tour".

LUZ-SAINT-SAUVEUR (Midi-Pyr.) F-65120

Inf.: Syndicat d'Initiative, rue Barèges. – 🚌 Barèges.

🏨 „Europe". – ⌂ „L'Ardiden"; „Remparts".

LYON (Alpes du Sud) F-69000

Inf.: Syndicat d'Initiative, Pavillon du Tourisme, pl. Bellecour.

Reisebüros: „Agence Française de Tourisme", 75, rue de la République, „Wagon-Lits-Cook", pl. Le Viste. – *Schifffahrtslinien:* Passagierbüro, 6, place des Terreaux. – *Fluggesellschaften: Air France:* 10, quai Jules-Courmont. *Lufthansa:* 129, rue Servient, Tour Crédit Lyonnais.

Verkehrsverbindungen:

✈ Bron, Lille, Marseille, Mulhouse, Nancy, Nantes, Nice, Paris. Nur im Sommer: Ajaccio, Algier, Bordeaux, Casablanca, Clermont-F., London, Mailand, Toulon, Toulouse, Tours, Tunis, Zürich, Poitiers, Reims, Strasbourg.

🚆 Nationale und intern. Verbindungen in alle Richtungen.

🚌 Ambérieu, Annecy, Bourg, Cours, Dolomien, Montbrison, Yenne.

Unterkunft:

🏨 „Sofitel"; „Carlton"; „Étrangers"; „Grand Hôtel des Beaux-Arts".

🏨 „Montblanc"; „Axotel"; „Angleterre"; „Dubost"; „Bayard".

⌂ „Liberty"; „Genève"; „Flandres" u.v.a.

⛺ Venissieux, 51, rue Roger-Salengro. – ⛺.

MÂCON (Bourgogne) F-71000

Inf.: Syndicat d'Initiative, av. de Lattre-de-Tassigny.

🚆 Genf, Paris, Ventimiglia u.a.

🚌 Paray-le Monial, Marcigny, Fleurville, Montceau, Pont de Vaux.

🏨 „Frantel"; Motel „La Vieille Ferme". – 🏨 „Bellevue"; „Terminus"; „Champs-Élysées". – ⌂ „La Savoie".

⛺ „Camp Municipal".

MAGNY-EN-VEXIN (Paris et Région Parisienne) F-95420

Inf.: Syndicat d'Initiative, Mairie.

🚌 Chars, Les Mureaux.

⌂ „G. H. Cerf"; „Cheval-Blanc".

MANTES-LA-JOLIE (Paris et Région Parisienne) F-78200

Inf.: Syndicat d'Initiative, 5, Place Jean XXII.

🚆 Caen, Cherbourg, Le Havre, Lisieux, Paris, Plaisir-Grignon, Rouen.

⌂⌂ „Glycines". – ⌂ „Acacios"; „Commerce".

△ 1, quai de la Vaucouleurs.

MARANS
(Poitou-Charentes) F-17230

🚆 La Rochelle–La Roche s. Yon.

⌂ „Pavillon Bleu".

MARENNES
(Poitou-Charentes) F-17320

Inf.: Syndicat d'Initiative, place Verdun.

🚆 Rochefort–Le Chapus.

🚌 Saintes–St-Denis-d'Ol, Rochefort–Le Chapus.

⌂ „Commerce et Poste".

△ bd de la Mer. – △.

MARLENHEIM (Alsace)
F-67520

🚆 Saverne. 🚌 Saverne, Strasbourg.

⌂⌂ „Cerf". – ⌂ „Host. Reeb".

MARMOUTIER (Alsace)
F-67440

🚆 Saverne, Molsheim.

🚌 Saverne, Molsheim.

⌂ „Deux Clefs".

MARSEILLE
(Prov. – Côte d'Azur) F-13000

Inf.: Office de Tourisme, 4–6 La Canebière.

✈ Algier, Casablanca, Dakar, Djibouti, Genf, London (im Sommer), Mailand, Oran, Palma (im Sommer), Rabat, Rom, Tunis, Mexiko. – Ajaccio, Bastia, Bordeaux und Calvi im Sommer, Constantine, Lyon, Nice, Paris.

🚆 Barcelona, Brüssel, Genf, Rom usw.; Bordeaux, Nice, Paris, Strasbourg u. a.

🚌 Arles, Miramas, Carro, Martigues, Aix-en-Provence, Port-de-Bouc, Bandol, Barjols, Draguignan, Avignon, Turin.

⛴ Ajaccio, Algier, Oran, Tunis, Casablanca, Dakar, Pointe Noire.

⌂⌂⌂L „Petit Nice"; Corniche. – ⌂⌂ „Arbois", 47, bd Ch.-Nédelec; „Concorde-Prado", 11, av. Mazargues; „Bristol", 16, la Canebière. – ⌂⌂ „Bellevue", 34, quai du Port; „Estèrel", 124, route de Paradis; „Européen", 115–117, route de Paradis; „De la Poste", 2, route Colbert. – ⌂ „Azur-Hôtel", 34, cours Devilliers; „Du Caire", 12, route Beauvau, u. v. a.

△ av. Bois-Luzy; „Bonneveine", 47, av. J. Vidal.

MARTIGUES
(Prov. – Côte d'Azur) F-13500

Inf.: Syndicat d'Initiative, Musée du Vieux.

🚆 Avignon, Marseille. –

🚌 Aix-en-Provence, Marseille

⌂⌂⌂ „Eden". – ⌂⌂ „Lido".

MAUBEUGE (Nord) F-59600

Inf.: Syndicat d'Initiative, pl. d H.-de-Ville.

🚆 Amsterdam, Berlin, Brüssel

Kopenhagen, Stockholm, Paris.
Valenciennes, Avesnes, Bettiguies, Mons.

„Mercure". – „Grand Hotel". – „De Provence".

MAURIAC (Auvergne) F-15200
Aurillac. – Aurillac, Riom-ès-Mont.
„Écu de France".
„Central"; „Voyageurs".

MAZAMET (Midi-Pyr.) F-81200
Inf.: Syndicat d'Initiative, rue Georges-Tournier.
St-Pons–Toulouse. – Carcassonne.
„Le Grand Balcon". – „Les Comtes"; „Boulevard".

MEAUX (Paris et Région Parisienne) F-77100
Inf.: Syndicat d'Initiative, 2, rue Notre-Dame.
Paris–Château Th., Reims.
Crépy en Valois, Coulommiers, Dammartin. –
„Sirène". – „De la Place".

MEGÈVE (Savoie) F-74120
Inf.: Syndicat d'Initiative, pl. Église. Reisebüro Wagon-Lits.
Nächste Bahnstation Sallanches. Albertville, Genf, Annecy–Chamonix, Sallanches, St-Gervais.
2 Seilschwebebahnen, 4 Gondel- bzw. Sesselbahnen, 30 Schlepplifte.
(Luxus) „Mont d'Arbois"; „Mont-Blanc". – „Du Parc"; „Peupliers"; „Coin du Feu". – „Le Nid du Mage"; „Le Cottage"; „Week-End"; „Les Sapins"; „Le Megevan"; „Fleur des Alpes"; „Les Roseaux"; „Neiges". – „Mon Ideal"; „Les Fougères"; „Sylvana"; „Les Primevères"; „Croix de Savoie". –

MENDE
(Lang./Rouss.) F-4800
Inf.: Syndicat d'Initiative, 16, bd Soubeyran.
La Bastide–Marvejols.
„Lion d'Or". – „France"; „Pont Roupt"; „Paris". –

MENTON
(Riv.-Côte d'Azur) F-06503
Inf.: Syndicat d'Initiative, av. Boyer.
Ventimiglia, Metz.
Europabus Nice–Brüssel.
„Napoléon"; „Chambord"; „Parc"; „Viking". – „Aiglon"; „Carlton"; „Globe"; „Londres" u.v.a. – „Claridge"; „Magenta"; „New York"; „France"; „Richelieu"; „Welcome"; „Windsor" u.v.a.
Plateau St-Michel. –

MERCUES (Midi-Pyr.) F-46000
Cahors. Cahors–Marminiac.
„Château de Mercues".

MERVENT
(Poitou-Charentes) F-85200
„Auberge de la Forêt".

METZ (Lorraine) F-57000
Inf.: Syndicat d'Initiative, porte Serpenoise.
Basel, Amsterdam, Brüssel, Luxembourg, Rom, Nancy, Paris. u.a. Zahlreiche Busfahrten in die Umgebung.
„Royal"; „Carlton"; „Crinouc". – „Le Globe"; „Moderne"; „Bristol"; „Cecil"; „Ga-

re"; „Foch"; „Métropole". – „Pergola"; „Terminus".

MILLAU (Midi-Pyr.) F-12100
Inf.: Syndicat d'Initiative, 1, av. Merle.
Paris–Béziers. – Zahlreiche Busse in die Umgebung.
„International". – „Commerce"; „Moderne". – „Mon Hôtel"; „Royal"; „Vallée".

MIRECOURT (Vosges) F-88500
Chaumont, Épinal, Nancy.
Charmes.
„Gare".

MONACO (Prov.-Côte d'Azur) F-06420
Inf.: Syndicat d'Initiative, 2a, bd Moulins.
Inf.: Direction de Tourisme et des Congrès de la Principauté de Monaco; 2a, bd des Moulins.
Lyon, Marseille, Nice, Paris, Strasbourg.
La Turbie.
„Hôtel de Paris", Place du Casino, Monte-Carlo; „Hôtel Métropole", Av. de la Madone, Monte-Carlo; „Old Beach Hôtel", Route du Beach, Monte-Carlo. – „Hôtel de Berne", 21, rue du Portier, Monte-Carlo; „Résidence de Moulins", 27, bd des Moulins, Monte-Carlo; „Terminus", Av. Prince Pierre, Monaco. – „Cosmopolite", 4, rue de la Turbie; „De L'Étoile, 4, rue des Oliviers, Monte-Carlo; „De France", 6, rue de la Turbie, Monaco; „Helvetia", 1bis, rue Grimaldi, Monaco; „De la Poste", 5, rue des Oliviers, Monte-Carlo.

MONTAUBAN (Midi-Pyr.) F-82000
Inf.: Syndicat d'Initiative, Hôtel de ville.
Bordeaux, Paris, Port Bou, Toulouse.
Albi, Auch u.a.
„Ingres". – „Midi"; „Le Bristol"; „Orsay"; „Prince Noir". – „Commerce"; „Poste"; „Le Sélect". – .

MONTBARD (Bourgogne) F-21500
Inf.: Syndicat d'Initiative, rue Carnot.
Dijon, Paris.
„Gare"; „Écu"; „Côte d'Or".

MONTBAZON (Loire) F-37250
Tours–Loches. Tours–Richelieu.
„Château d'Artigny". – .

MONTCEAU-LES-MINES (Bourgogne) F-71300
Inf.: Syndicat d'Initiative, pl. H.-de-Ville.
Chagny, Clermont-F., Paris.
„Commerce". – „La Bourgogne". – „Lac"; „L'Epoque".

MONT-DE-MARSAN (Aquitaine) F-40000
Inf.: Syndicat d'Initiative, Chambre de Commerce.
Morceux–Tarbes. Bordeaux, Dax, Hagetmau, Langon, Marmande, Pau.
„Bois Fleuri". – „Richelieu"; „Du Sablar". – „Le Midou"; „Pyrenées".

MONTÉLIMAR (Rhône-Loire) F-26200
Inf.: Maison du Tourisme, Allées Champs-de-Mars.
Marseille–Lyon–Paris, Nice–Marseille–Dijon.
Valreas, Valence, Lafarge, Aubenas, Valvigneres, Privas, Saon, Avignon, Nyons; Europabus Paris–Nice.
„Relais de l'Empereur"; „Euromotel". – „Sphinx"; „Dauphiné-Provence"; „Beau Soleil". – „Pierre"; „Le Céven-

nol"; „Croix d'Or"; „Genève"; „Saint-Gaucher". – .

MONT-LOUIS (Lang./Roussillon) F-66210

Inf.: Syndicat d'Initiative, Mairie.

Perpignan.

„De France".

MONTLUÇON (Auvergne) F-03100

München, Bordeaux, Paris, Aurillac, Châteauroux, Bourges, Clermont-F. u.a.

Commentry, Moulins, St Gervais-d'Auv., Vichy.

„Château St-Jean". – „Terminus". – „Faisan"; „Gare"; „Écu"; „Celtic".

Moulin de Nerdre.

MONTMÉDY (Lorraine) F-55600

Inf.: Syndicat d'Initiative, Mairie.

Longuyon–Sedan, Dunkerque–Basel u.a.

Stenay, Verdun, Virton.

„Monaco".

MONTPELLIER (Lang./Roussillon) F-34000

Château Thierry, Paris.

„Du Vert-Galant".

MONTPELLIER (Hérault) F-34000

Inf.: Syndicat d'Initiative, pl. Comèdie.

Marseille, Nîmes, Genf, Toulouse u.a. – St Jean du Gard, Palaves-les-Flots, Le Grau-du-Roi, St-Affrique, Sète.

„Métropole"; „France"; „Eden". – „Comédie"; „Mistral"; „Paris"; „Edouard VII"; „Angleterre". – „Nova"; „Stade". – .

MONTRÉJEAU (Midi-Pyrenées) F-31210

Inf.: Syndicat d'Initiative, pl. Valentin-Abeille.

Luchon, Pau, Toulouse.

„Lecler". – .

MONTREUIL-SUR-MER (Nord – Pas-de-Calais) F-62170

Inf.: Syndicat d'Initiative, pl. Darnétal.

Boulogne. – Lille-Berck-Plage.

„Chez Edouard". – „Bellevue".

„La Hulotte", Citadelle.

MONT-SAINT-MICHEL (Normandie) F-50116

Inf.: Syndicat d'Initiative, corps de garde des Bourgeois.

Pontorson, Granville.

„Mère Poulard"; „Digue". „Du Guesclin"; „Motel". „Vieille Auberge"; „Mouton Blanc".

MORLAIX (Bretagne) F-29210

Carhaix, Brest–Paris, Roscoff. – Carantec, Carhaix, Guingamp, Lannion, Quimper.

„Europe". – „Trégor".

3, route de Paris. – .

MORZINE (Savoie) F-74110

Inf.: Syndicat d'Initiative, pl. Crusaz.

Cluses, Thonon, Les Gets.

3 Kabinenbahnen, 7 Freiluft-Gondelbahnen, 27 Schlepplifte.

„Parador de St-Alban"; „Le Carlina"; „De Savoie". – „La Renardière"; „Régina"; „Perle des Alpes"; „Le Concorde"; „Château"; „L'Equipe"; „Sporting". – „La Rocaille"; „L'Aubergade"; „Floralp"; „Rond-Point"; „Alpina"; „Rhodos"; „Les Gourmets".

. – .

MOULINS (Auvergne) F-03000

Clermont-F., Montluçon,

Paray-le-M., Paris. – 🚌 Bourges, Bourbon, Châteauroux, Clermont-F., Le Donjon, Montluçon.

⌂⌂⌂ „Paris“.

⌂⌂ „De l'Allier“; „Parc“; „Moderne“.

⌂ „Agriculture“; „Le Français“; „Danguin“; „Le Chalet“.

MOUTIERS (Savoie) F-73600

🚆 Chambéry–Bourg-St M.

🚌 Pralognan, Courchevel, Albertville–Bourg-St-M., Meribel, St-Martin-de-B., Le Villard-du-Planay, Pralognan.

⌂⌂ „Ibis“.

⌂ „Aub. de Savoie“.

MULHOUSE (Lorraine-Vosges-Alsace) F-68100

Inf.: Office de Tourisme, 9, av. Foch. *AIR INTER:* Aéroport Saint-Louis.

✈ Lyon, Mailand, Paris.

🚆 Amsterdam, Basel, Brüssel, Luxembourg, Mailand, Rom, Wien, Zürich, Belfort, Paris, Strasbourg u.a.

🚌 Altkirch, Bellemagny, Belfort, Leymen, Sewen, St-Dié, Thann.

⌂⌂⌂ „Frantel“; „Novotel“; „Bourse“; „Europe“; „Mercure“; „Bristol“. – ⌂⌂ „National“; „Strasbourg“; „Paris“. – ⌂ „Paon d'Or“; „Schoenberg“; „Taverne“.

△ 7, rue de l'Illberg. – ⛺.

MUNSTER (Lorraine-Vosges-Alsace) F-68140

Inf.: Syndicat d'Initiative, pl. de la Salle des Fête.

🚆 Colmar–Metzeral.

🚌 Epinal–Colmar.

⌂⌂ „De la Cigogne“; „Central“. – ⌂ „Schlucht“; „Bellevue“; „Vosges“.

MUROL (Auvergne) F-63790

🚌 Clermont-F.

⌂⌂ „Pins“; „Parc“. – ⌂ „Paris“; „Tartaret“; „Le Château“; „Voyageurs“. – ⛺.

NANCY (Lorraine) F-54000

Inf.: Syndicat d'Initiative, 14, place Stanislas. *AIR INTER:* Aéroport Essey.

✈ Epinal, Lyon, Paris.

🚆 München, Wien, Metz, Paris, Strasbourg. – 🚌 Conthil, Thezey, Verdun, Toul.

⌂⌂⌂ „Grand Hôtel Concorde“; „L'Europe“.

⌂⌂ „Albert Ier“; „Carnot“; „De la Poste“.

⌂ „Beaux-Arts“; „De l'Académie“.

NANTES (Bretagne) F-44000

Inf.: Syndicat d'Initiative, Palais de la Bourse. *AIR FRANCE:* pl. Neptun. *AIR INTER:* 15, rue Lapérouse.

✈ Bordeaux, Lyon, La Rochelle, Marseille, Paris.

🚆 Bordeaux, Lyon, Paris u.a.

🚌 Cholet, Les Herbiers, Prefailles, Redon, St Brévin.

⌂⌂⌂ „Sofitel“; „Frantel“; „France“; „Astoria“; „Bourgogne“. – ⌂⌂ „G.H. Graslin“; „G.H. de Paris“; „Trois Marchands“ u.a. – ⌂ „Bourse“; „Du Grand Monarque“; „Santeuil“; „Le Longchamp“; „Océan“; „Trianon“ u.v.a. – ⛺.

NARBONNE (Lang./Rouss.) F-11100

Inf.: Syndicat d'Initiative, 2, rue Jean-Jaurès (Palais des Archevêques).

🚘 Bordeaux, Cerbère, Marseille u.a. – 🚌 La Caunette, Monthoumet, Sigean, Maillac, St-Pierre-s.-M. Neviau.
🏨 „Languedoc"; „La Résidence". – 🏨 „Fin Gourmet"; „Midi"; „France"; „Lion d'Or". – 🏠 „De Paris".

NEMOURS (Paris et Région Parisienne) F-77140

Inf.: Syndicat d'Initiative, 15, rue Paris.

🚘 Montargis–Moret.

🏨 „Euromotel". – 🏨 „Écu de France". – 🏠 „Saint Pierre"; „Prieuré".

NÉRAC (Aquitaine) F-47600
Inf.: Syndicat d'Initiative, Mairie.
🚌 Langon, Agen, Mont de Marson.
🏨 „Du Château". 🏠 „D'Albret".

NÉRIS-LES-BAINS (Auvergne) F-03310

🚌 Montluçon–Vichy, Commentry.

🏨 „Parc des Rivalles"; „De la Source"; „Dumoulin". – 🏠 „Du Casino"; „Central Hôtel"; „Centre"; „Du Rhône"; „Splendid".

NEUFCHÂTEAU (Lorraine-Vosges-Alsace) F-88300
🚌 Bar-le-Duc, Mirecourt, Chaumont, Dijon, Nancy, Pagny, Toul.
🏨 „Saint-Christophe". – ⛺.

NEVERS (Bourgogne) F-58000
Inf.: Syndicat d'Initiative, 3, rue des Remparts.
🚘 Besançon, Clermont-F.–Paris, Vierzon.
🚌 Clamecy, Cercy-la T., Château–Chinon, Saulieu.
🏨 „Magdalena". – 🏨 „Molière"; „Terminus"; „Sainte-Marie"; „Moderne"; „Clèves". – 🏠 „Morvan"; „Thermidor"; „Villa du Parc". – ⛺.

NICE (Riv.–Côte d'Azur) F-06000

Inf.: Office de Tourisme: 5, avenue Gustave V. *AIR FRANCE + AIR INTER:* 7, av. Gustave V. *Lufthansa:* Aéroport Côte d'Azur.

✈ Ajaccio, Bastia, Calvi, Lourdes (im Sommer), Lyon, Marseille (im Sommer), Nîmes, Olbia, Paris, Algier, Amsterdam, Athen, Barcelona, Brüssel, Casablanca, Kopenhagen, Dakar, Lissabon, London, Luxembourg, Mailand (i. Sommer), New York, Rom, Tunis (i. Sommer), Zürich.

🚘 Autoreisezüge in Richtung Norden, Paris u.a.

🚌 Lyon, Paris, Grenoble, Briançon, Marseille, Monaco–Menton, Saint-Martin–Vésubie, Grasse, Grande-Corniche–Monte-Carlo; in die Skandinavischen Hauptstädte, Schweiz, Rom u.a.

⛴ Korsika.

🏨 „Negresco", 37, promenade des Anglais; „Plaza", 12, av. de Verdun; „Atlantic", 12, bd Victor-Hugo. – 🏨 „Carnot", 8, bd Carnot; „Miron", 4, rue Miron; „Paris-Nice", 58, rue de France; „De Mulhouse", 9, rue Chauvain. – 🏠 „Monclar", 29, bd Magnan; „Sporting", 24, rue de L'Hôtel-des-Postes. „Pension Gilbert", 14, rue Pértinax; „Notre-Dame", 22, rue de Russie; „Panoramic", 107, bd Bischoffsheim.

⛺ Route Forestière du Mont Alban. – ⛺.

NÎMES (Lang./Rouss.) F-30000
Inf.: Syndicat d'Initiative, 6, rue Auguste.
Clermont-F., Lyon, Toulouse, Marseille u.a.
Tarascon, Sommières, St Gilles, Arles, Avignon, Camargue.
L „Imperator"; „Cheval Blanc"; „Midi". – „Amphithéâtre"; „Carrière"; „Empire"; „Louvre". – „Central"; „Dauphine"; „Doré"; „Forum"; „Menant"; „Modern"; „Royal"; „Temple".
Chemin de la Cigale. – .

NIORT (P. Charentes) F-79000
Inf.: Syndicat d'Initiative, place Poste.
Paris, Saintes, La Rochelle u.a.
Couture-d'Argen, Angers, Sauze–Vaussais u.a.
„De la Brèche". – „Parc"; „Grand Hotel Terminus"; „Paris"; „Central" u.a. – „Europe" u.a. – .

NOGENT-LE-ROTROU
(Val de Loire–Centre) F-28400
Inf.: Syndicat d'Initiative, 22, place St Pol.
Paris–Le Mans. Alençon. – „Dauphin"; „Lion d'Or".

NOYON (Picardie) F-60400
Inf.: Syndicat d'Initiative, pl. A.-Briand.
Paris–St-Quentin. Blerancourt, Ham, Compiegne.
„Le Grillon". – „St-Éloi".

OBERNAI (Alsace) F-67210
Strasbourg–Sélestat.
Strasbourg.
„Grand Hôtel"; „Parc". –
„Cloche"; „Diligence". –

OLIVET (Val de Loire–Centre) F-45160

OLIVET (Loire) F-45160
Inf.: Syndicat d'Initiative, rue Beauvoir. – Orléans.
„Beauvoir". – „Château de Bel-Air"; „Forêt". – .

OMAHA-BEACH (Normandie) F-14170
„Casino".

ORANGE
(Prov.–Côte d'Azur) F-84100
Avignon, Lyon. Zahlreiche Busse in die Umgebung.
„Arène"; „Euromotel". –
„Princes"; „Boscotel". –

ORLÉANS (Val de Loire–Centre) F-45000
Inf.: Syndicat d'Initiative, pl. Albert-Ier.
Bordeaux, Paris, Toulouse, Tours u.a.
Zahlreiche Linienbusse in die Umgebung.
„Arcades"; „Les Cèdres"; „Terminus"; „D'Orléans".
„Central"; „Marguerite"; „Saint-Martin"; „Du Commerce". – „Trévise"; „Des Carmes"; „Claude"; „Le Berry"; „Touring".

ORTHEZ (Aquitaine) F-64300
Inf.: Syndicat d'Initiative, pl. d'Armes.
Bayonne–Pau. Amou.
„Château des Trois Poètes".

PAIMPOL (Bretagne) F-22500
Inf.: Syndicat d'Initiative, pl. République.
Guingamp. Pontrieux, Pointe de l'Arcouest, St Brieuc, Lannion.

🏨 „Brenner". – 🏠 „Goëlo"; „Marne".

PARIS (Paris et Région Parisienne) F-75000

Autobusse

Paris ist von einem Autobusnetz mit 55 Stadtlinien und 134 Vorortlinien durchzogen. Die grün gestrichenen Haltestellen (*points d'arrét*) erkennt man an den gelbroten, runden Schildern, auf denen Nummern und Richtung angegeben sind. Da es sich bei den Haltestellen nur um Bedarfshaltestellen handelt, muß man dem Autobusfahrer ein Zeichen geben.

Im Nachtverkehr verbinden Autobusse die Place du Châtelet mit den Stadtgrenzen. Die Abfahrten am Châtelet erfolgen stündlich von 1.30 bis 5.30 Uhr, in umgekehrter Richtung von 1 bis 5 Uhr.

Auskunftsstellen

Le Bureau d'Accueil de l'Office de Tourisme de Paris: 127, avenue des Champs Elysées (täglich geöffnet 9–22 Uhr).

Bureau Gare de l'Est: Place du 11-Novembre 1945 (geöffnet täglich außer sonntags 7–13 und 17–23 Uhr).

Aérogare des Invalides: Esplanade des Invalides (geöffnet werktags 9–22, sonntags 10.30 bis 13.30 und 15.30–19.30 Uhr).

Bureau Gare de Lyon: Schalterhalle des Bahnhofs (geöffnet täglich außer sonntags 6.30–12.30 und 17–23 Uhr).

C. I. P. Porte Maillot: (täglich geöffnet außer sonntags 10–20 Uhr).

Bureau Gare du Nord: Schalterhalle des Bahnhofs bzw. 18, rue de Dunkerque (geöffnet täglich außer sonntags 8.30–22 Uhr).

Ferner erhält man Auskünfte durch die Verkehrsbüros in den drei Flughäfen.

Fremdenführer

Deutschsprechende Fremdenführerinnen vermittelt das „Bureau Officiel des Guides-Interprètes", 83, rue Taitbout (Tel. 874-14-08).

Fundbüro

Das Fundbüro (Bureau des Objets trouvés), 36, rue des Morillons (15e), hat montags bis freitags von 8.30 bis 17, donnerstags bis 20 Uhr geöffnet (Tel. 250-81-00), Metro: Convention, Linie 12.

Geldwechsel

Mo. bis Fr. 9–12 und 14–16, vor Feiertagen nur bis 12 Uhr geöffnet. Wechselstuben, die täglich bis spät abends geöffnet haben, findet man in den drei Flughäfen und am Aérogare des Invalides (17.30–23 Uhr) sowie in den Bahnhöfen Austerlitz (7.30–23.30), Est (7.45–22 Uhr), Lyon (6.30–23 Uhr) und St Lazare (6–22 Uhr), ferner in der Fremdenverkehrsstelle OTP; 127, Champs-Élysées (9–24 Uhr) und im Centre International CIP, Porte Maillot (7–23 Uhr).

Métro

Die Untergrundbahn (*Métropolitain*), kurz *Le Métro* genannt, ist mit ihrem über 175 km langen Schienennetz das billigste und zugleich schnellste Pariser Verkehrsmittel. Die 13 Linien verbinden zusammen mit den drei Linien der R.E.R. 341 Stationen mit 124 Umsteigemöglichkeiten. Die einzelnen Linien und die Fahrtrichtung

(„Direction“) werden immer nach der Endstation bezeichnet.

Die ersten Züge der Métro fahren morgens um 5.30 Uhr an den Anfangsstationen ab. Nachts kommen die letzten Züge um 1.15 Uhr auf den Endstationen an. In der Innenstadt ruht also der Verkehr der Métro von etwa 0.45 bis 6 Uhr.

Postämter

Grundsätzlich sind die Postämter montags bis freitags von 8–10 und samstags von 8–12 Uhr geöffnet. Sonn- und feiertags haben folgende Postämter geöffnet:
49, rue La Boëtie
103, rue de Grenelle (7e)
8, place de la Bourse (1er)
Hauptpostamt: 48–52, rue du Louvre (1er).

Seine-Boote

Empfehlenswert sind Fahrten mit den Seine-Booten (Bateaux-Mouches), die zwischen einer und zweieinhalb Stunden dauern.

Stadtrundfahrten

Bei Zeitmangel ist es empfehlenswert, sich einer der vielen Stadtrundfahrten anzuschließen; solche veranstalten u. a. folgende Büros:
Cityrama-Rapid Pullman: 4, place des Pyramides (1er; Tel. 260-30-14) und 21, rue de la Paix (2e; Tel. 073-60-20).

Paris-Vision: 5, rue d'Alger.
Paris-Excursions: 1, rue Auber (9e).

S.N.C.F. (Französische Staatsbahnen): 36, rue de Léningrad (8e) und in der Informationsstelle; 127, avenue des Champs Élysées (8e; Tel.: 720-12-80).

Unterkunft:

(Luxus) „Inter-Continental“, 3, rue Castiglione; „Ritz“, 15, pl. Vendôme; „Sheraton-Paris“, 19, route R.-Mouchotte; „Madeleine Palace“, 8, rue Cambon; „Lotti“, 7, rue Castiglione.

„Normandie“, 3, rue de la Banque; „Louvre-Concorde“, place André Malraux; „Vendôme“, 1, pl. Vendôme; „Cambon“, 3, rue Cambon; „De France et Choiseul“, 239–241, rue Saint-Honoré; „Molière“, 21, rue Molière.

„Calais“, 5, rue des Capucines; „Duminy“, 3, rue du Mont-Thabor; „Ducs de Bourgogne“, 19, rue du Pont-Neuf; „Washington-Opera“, 50, rue de Richelieu.

„Du Loiret“, 5, rue des Bons-Enfants. – Einfachere Hotels: „Richelieu-Mazarin“, 51, rue de Richelieu; „Mary-Hotel“ 32, rue Sainte-Anne; „Palais“, 2, quai de la Mégisserie; „St-Roch“, 25, rue St-Roch.

„Choisy-le-Roi“, Avenue de Villeneuve-Saint-Georges (Métro: Charenton Écols dann Bus). „Suresnes“, Place de la Paix, Cité Jardins-Suresnes (Paris-St-Lazare).

PÉRIGUEUX (Aquitaine)
F-24000

Inf.: Syndicat d'Initiative, SI Avenue d'Aquitaine.

Bordeaux, Agen u. a.

St Yrielx, Riberac, Bordeaux, Angoulême.

„Domino“. – „Boule d'Or“. – „De France“; „Du Lion d'Or“; „Régina“; „Univers“; „Charentes“. –

PÉRONNE (Picardie) F-80200
🚌 Montdidier – Chaulnes – Cambrai.
🏨 „Host. des Remparts".

PÉROUGES (Rhône-Loire) F-01800
🏨🏨 „Hostellerie Vieux Pérouges".

PERPIGNAN (Lang./Roussillon) F-66000
🚆 Narbonne, Port Bou, Le Tour-de-Carol. 🚌 Europabus Toulouse–Barcelona; Quillan, La Preste-les-B., Le Perthus, Le Barcarès, St-Cyprien, Fourques, Thuir.
🏨🏨 „De la Loge"; „France"; „Catalogne". – 🏨 „Parc Hôtel"; „Régina"; „Victoria"; „Christina"; „Lisbonne"; „Paris-Barcelone". – 🏠 „Mermoz"; „Le Helder"; „Moderne"; „Midi".
⛺ Parc de la Pépinière. – ⛺.

PEYREHORADE (Aquitaine) F-40300
🚆 Bayonne, Pau. – 🚌 Dax.
🏠 „Central"; „Mimi".

PÉZENAS (Lang./Rouss.) F-34120
🚌 Agde, Béziers-Lodève.
🏨 „Genieys". – 🏠 „Grand Hôtel Molière". – ⛺.

PHALSBOURG (Lorraine) F-57370
🚌 Saverne, Strasbourg–Sarrebourg.
🏠 „Eckmann-Chatrian".
⛺ Château d'Einartzhausen. – ⛺.

PILAT-PLAGE (Aquitaine) F-33115
🚌 Arcachon.
🏨 „Haïtza"; „Brisants".
🏠 „Oyana"; „Corniche". – 🏠 „Sablonney". – ⛺.

PLEYBEN (Bretagne) F-29212
🚆 Carhaix–Châteaulin.
🚌 Quimper–Morlaix.
🏠 „Aub. du Poisson Blanc".

PLOËRMEL (Bretagne) F-56800
Inf.: Syndicat d'Initiative, pl. Lamennais u. 16, bd Foch.
🚆 Rennes–La Brohiniere – Ploërmel. 🚌 Rennes–Vannes, Questembert, Pontivy–Redon, La Trinité-Prohoët.
🏠 „Commerce"; „Saint-Marc".

PLOGOFF (Bretagne) F-29151
🚌 Brest, Quimper, Douarnenez.
🏠 „Relais de l'Atlantique"; „Ker Moor"; Baie des Trepasses".

PLOMBIÈRES-LES-BAINS (Vosges) F-88370
Inf.: Syndicat d'Initiative, 16, rue Stanislas (Rathaus).
🚆 Paris. 🚌 Épinal–Le Vas d'Ajol, Aillevillers, Vesoul-Remiremont.
🏨🏨 „Beauséjour"; „Grand Hôtel". – 🏨 „Abbesses"; „Bains"; „La Fontaine Stanislas". – 🏠 „Alsace"; „Central"; „Commerce"; „Maison Blanche"; „Riviera"; „Sources".

POINTE DU GROUIN (I.-et. V.) F-35260
🏨 „Pointe du Grouin".

POITIERS (Poitou/Char.) F-86000
Inf.: Syndicat d'Initiative, pl. du G.-Leclerc et Gare.
🚆 Bordeaux, Limoges, Paris u.a. – 🚌 Argenton, Charroux, Confolens, Loudun, Parthenay, St-Cauvant.

⌂⌂⌂ „France"; „Royal-Poitou". ⌂⌂ „Europe"; „Régina". – ⌂ „Chapon Fin".
△ rue de la Jeunesse Bellejouanne. – ⛺.

POIX (Picardie) F-80290
🚂 Lille–Amiens–Rouen.
🚌 Amiens–Aumale.
⌂ „Au Cardinal"; „Poste".

POLIGNY (Franche-Comté) F-39800
🚂 Besançon–Lyon. – 🚌 Besançon, Dole.
⌂⌂ „Host. des Monts de Vaux"; „De Paris". – ⌂ „Auberge de la Vallée Heureuse"; „Chamilles"; „Nouvel Hôtel".

POMPADOUR (Limousin) F-19230
🚂 Brive–Limoges. 🚌 Brive, Limoges. – ⌂ „Hippodrome".

PONT-AVEN (Bretagne) F-29123
🚌 Quimper–Lorient, Quimperlé. – ⌂ „Vieux Calvaire".

PONT DU GARD (Lang./Rouss.) F-30210
⌂⌂⌂ „Le Vieux Moulin". – ⌂⌂ „Aub. Blanche". – ⛺.

PONTIVY (Bretagne) F-56300
🚂 Aurac, St Brieuc. 🚌 Lorient, Mur de Bretagne, Quimperlé, Redon, Vannes.
⌂⌂ „Martin"; „Napoléon". – ⌂ „Robic". – △ 15, rue de Général Quinivet.

PONT-L'ÉVÊQUE (Normandie) F-14130
🚂 Lisieux–Honfleur, Trouville, Dives–Cabourg. 🚌 Caen.
⌂⌂ „Lion d'Or".

PONTOISE (Paris et Région Parisienne) F-95300
Inf.: Syndicat d'Initiative, 6, pl. Petit-Martroy.
🚂 Creil, Dieppe, Gisors, Paris.
🚌 Les Mureaux, St Germain.
⌂ „Coq Hardi"; „Pontoise"; „Rotonde Fleuri".

PONT-SAINT-ESPRIT (Lang./Rouss.) F-30130
Inf.: Syndicat d'Initiative, pl. Pasteur.
🚂 Lyon–Nîmes. – 🚌 Avignon, Arles, Ardèche, Montélimar, Orange, Nîmes.
⌂⌂ „Commerce". – ⌂ „Europe". – ⛺.

PORNICHET (Bretagne) F-44380
🚂 Nantes, Paris.
⌂⌂ „Sud Bretagne"; „Fleurs de Thé"; „Charmettes". – ⌂ „Family"; „Des Flots"; „Au Bon Coin"; „Katyna"; „Normandy"; „De France"; „Regent".

PORT GRIMAUD (Provence–Côte d'Azur–Alpes du Sud) F-83360

PORTO (Corse) F-20150
🚌 Linienverkehr auf der ganzen Insel.
⌂⌂⌂ „Kallisté". – ⌂⌂ „Cyrnea"; „Idéal-Hôtel"; „Monte Rosso". – ⌂ „Beauséjour"; „Bellavista"; „Golfe". – ⛺.

PORTO-VECCHIO (Corse) F-20210
🚌 Linienverkehr auf der ganzen Insel. – ⛴ Inselverkehr.
⌂⌂⌂ „Cala di Verde". – ⌂⌂ „Les Roches Blanches"; „Chez Franco"; „L'Aiglon"; „Les Hameaux de Palombaggia". – ⌂ „Da Mama". – ⛺.

PORT-VENDRES (Languedoc-Roussillon) F-66660
Inf.: Syndicat d'Initiative, quai Joly. – Cerbère, Perpignan.
„Cie du Midi". – „La Résidence"; „Saint Elme"; „Les Tamarins". – „Des Albères"; „Castallane".

PRADES (Auvergne) F-43300
Marseille–Nîmes–Clermont F.–Paris.
„Du Vieux Moulin".

PROPRIANO (Corse) F-20110
Linienverkehr auf der gan-
„Arena Bianca"; „Roc e Mare"; „Valinco". – „Claridge"; „Lido"; „Soleil"; „Ollandini".

PUY DE DÔME (Auvergne) F-63130
„Le Dôme".

QUIBERON (Bretagne) F-56170
Auray. – Le Palais (Belle Ile).
„Sofitel"; „Diététique". – „Hoche"; „Bellevue"; „Europa"; „De la Mer"; „Idéal". – „Gare"; „Océan"; „Men er Vro".
„Les filets bleus", 45, rue du Roch-Priol. – .

QUILLAN (Lang./Rouss.) F-11500
Carcassonne. – Font-Romeu, Belcaire, Perpignan.
„La Chaumière". – „Cartier". – „Terminus".

QUIMPER (Bretagne) F-29000
Inf.: Syndicat d'Initiative, 3, rue du Roi-Gradlon.
Brest, Bordeaux, Douarnenez, Lyon, Paris.
St-Brieuc, Morlaix, Lorient, Camaret, Pointe du Raz, Beg-Meil, St-Guenole u.a.
„Griffon". – „De la Tour d'Auvergne"; „Gradlon"; „Hôtel Moderne"; „Le Transvaal".
„Celtic"; „Douves"; „Poste"; „Terminus".
6, avenue des Oiseaux, Bois de l'Ancien Séminare. – .

QUIMPERLÉ (Bretagne) F-29130
Quimper, Paris. – Quimper, Le Pouldu.
„L'Hermitage". – „L'Europe"; „Moderne"; „Robin".

RABASTENS (Midi-Pyr.) F-81800
Inf.: Syndicat d'Initiative, pl. St-Michel.
Toulouse–Rodez.
„Du Pré Vert". – „Poste".

RAMBOUILLET (Paris et Région Parisienne) F-78120
Paris. – Ablis, Dourdan, Limours, Montfort, St-Remy.
„St-Charles". – „Relays du Château". – .

REIMS (Champagne) F-51100
Inf.: Office de Tourisme, 3, bd de la Paix.
Dijon, Épernay, Lille, Paris u.a. Épernay, Laon, Rethel, St-Menehould, Soissons, Vouziers, Charleville-Mézières.
„Bristol"; „Paix". – „Du Nord"; „Univers"; „Grand Hôtel Continental"; „Welcome"; „Cecyl".
„Des Arcades"; „Jeanne d'Arc"; „Libergier"; „Monopole"; „D'Alsace".
„Parc Leo Lagrange".

RENNES (Bretagne) F-35000
Inf.: Syndicat d'Initiative, pl. de la République.

Brest, Paris, Quimper, St-Malo. – Dinan, Dinard, Guer, Fougères, Angers, Loudeac, Mont St-Michel, Redon, Paramé, St-Malo u.a.
„Novotel“; „Duguesclin“; „Frantel“; „Président“.
„Bretagne“; „Garden“; „Astrid“; „Angélina“; „Sévigné“. – „Nemours“; „De Paris“; „D'Angleterre“; „Beaumont“.
40, rue Montaigne.

RETHEL (Champagne) F-08 300
Reims–Paris. – Challerange, Charleville, Reims.
„Moderne“; „Au Sanglier des Ardennes“.

REVIN (Ardennes) F-08 500
Givet–Charleville–Méz.
Charleville–Méz, Rocroi.
„Terminus“.

RIBEAUVILLÉ (Alsace) F-68 150
Inf.: Syndicat d'Initiative, 1, Grand-Rue.
Mulhouse–Sélestat, Strasbourg–Basel.

RIOM (Auvergne) F-63 200
Châtel–Guyon, Clermont-F.
Châtel–Guyon, Clermont-F., Vichy.
„Du Square“. – „La Caravelle“; „De Lyon“.
„St-Vincent“; „Pépinière“. – „Vosges“; „De Nancy“. –.

RIQUEWIHR (Alsace) F-68 340
„Host. du Moulin“. –.

ROCAMADOUR (Midi-Pyrénées) F-46 350
Paris–Rodez.
„Ascenseur“; „Beau Site et Notre-Dame“. – „Sainte-Marie“; „Panoramic“; „Le Bellevue“. – „Des Voyageurs“.

ROCHEFORT-SUR-MER (Poitou-Charentes) F-17 300
Bordeaux, Nantes, Paris.
Fouras, Le Chapus, La Rochelle, Port-des-Barques.
„Colbert“; „Du Grand Bacha“. –.

RODEZ (Midi-Pyr.) F-12 000
Toulouse u.a. – Millau, St-Affrique, Albi u.a.
„Parc“. – „Moderne“; „Concorde“. – „Avenue“; „Beauséjour“; „Soulie“.

ROMANS-SUR-ISÈRE (Rhône–Loire) F-26 100
Inf.: Syndicat d'Initiative, pl. J.-Nadi.
Valence–Grenoble, Paris.
Beaurepaire, Le Grand-Serre, Grenoble, Vercors, Tournon–Bourg-de-Péage, Valence, Vassieux.
„Magdaleine“; „Négociants“; „Des Ors“. – „Central“; „Terminus“; „Valence“.

RONCHAMP (Franche-Comté) F–70 250
Belfort–Culmont-Chal.
Belfort–Remiremont, Vesoul.
„Le Ronchamp“. – „Pomme d'Or“.

ROQUEBRUNE-CAP-MARTIN (Prov. – Côte d'Azur) F-06 190
Inf.: Syndicat d'Initiative, Hôte de Ville (Rathaus).
L „Vistaëro“; „Alexandra“. – „Victoria et Plage“.
„Princessias“; „Regency“.
„Westminster“. –.

ROQUEFORT-SUR-SOULZON (Midi-Pyrénées) F-12250
🚌 Tournemire–St-Affrique.
🏨🏨🏨 „Grand-Hôtel".

ROSCOFF (Bretagne) F-29211
🚆 Morlaix. – 🚌 Brest.
🏨🏨🏨 „Régina". – 🏨🏨 „Talabardon"; „Bellevue". – 🏨 „Arcades"; „Angleterre"; „Centre".

ROSHEIM (Alsace) F-67560
🚆 Strasbourg–Sélestat.
🚌 Ottrott.
🏨 „Auberge du Cerf".

ROUBAIX (Nord–Pas-de-Calais) F-59100
Inf.: Syndicat d'Initiative, bd Grand' Rue.
🚆 Antwerpen, Paris.
🏨🏨🏨 „Grand Hôtel". – 🏨 „Centre"; „De la Gare".

ROUEN (Normandie) F-76000
Inf.: Office de Tourisme, 25, pl. Cathédrale.
🚆 Amiens, Dieppe, Le Havre, Le Mans, Paris. – 🚌 Paris, Dieppe, Le Tréport, Fécamp, Le Havre, Deauville, Caen, Lisieux, Chartres, Gournay, Neufchâtel, Aumale.
🏨🏨🏨 „Frantel"; „Dieppe". – 🏨🏨 „Bordeaux"; „Normandie"; „Solférino"; „Bristol"; „Régina"; „Astris". – 🏨 „Arcades"; „Chapeau Rouge"; „Escargot"; „De la Gare"; „Mini-Hôtel"; „Moderne"; „Napoléon"; „Préfecture"; „Tour de Beurre"; u.v.a.

ROYAN (Poitou–Charentes) F-17200
Inf.: Syndicat d'Initiative, place de la Poste.
🚆 Saintes, Paris u.a. 🚌 La Rochelle, Saintes, St-Palais–Meschers, Pointe de Grave.
🏨🏨🏨 „Domino"; „De France"; „Family"; „De l'Hermitage". – 🏨🏨 „Continental"; „Residence du Parc". – 🏨 „Chez Claude"; „Le Girondin"; „Du Tigre"; „Astoria"; „La Coupole"; „Stadium"; „Snack du Casino".

ROZAY-EN-BRIE (Paris et Région Parisienne) F-77540
🚆 Bordeaux, Clermont-F., Paris.
🏨🏨🏨 „Régina"; „Métropole".
🏨🏨 „Parc Majestic"; „Belle Meunière"; „Richelieu". – 🏨 „Royal"; „Cottage"; „Castel"; „Paix"; „Chalet Camille"; „Ste-Eugénie"; „Pépinière"; „Victoria".

ROZAY-EN-BRIE (Seine-et-Marne) F-77540
🚌 Coulommiers–Melun.
🏨 „La Chaumière".

SAINT-AFFRIQUE (Midi-Pyr.) F-12400
🚌 Albi, Millau, Montpellier, Rodez.
🏨🏨 „Moderne et Gare"; „Majestic". – 🏨 „France".

SAINT-AMAND-MONT-ROND (Val de Loire–Centre) F-18200
Inf.: Syndicat d'Initiative, place de la République.
🚆 Bourges, Montluçon, Paris.
🚌 Bourges, Châteauroux, Moulins, Montluçon.
🏨🏨 „Poste". – 🏨 „Central".

SAINT-BENOÎT (Champagne – Ardennes) F-10600

Orléans.

„Labrador".

SAINT BRIEUC (Bretagne) F-22000

Auray, Brest-Paris, Rennes.

Dinan, Dinard, Lannion, Mauron, Paimpol, Quimper.

„Le Griffon". – „Au Pignon Pointu"; „Mon Hôtel". – „Champ de Mars"; „Tout va Bien"; „Celtic"; „Beaufeuillage"; „Parc"; „L'Arrivée".

Δ rue Alphonse Daudet. – Δ.

SAINT-DENIS (Paris et Région Parisienne) F-93200

„Grand Cerf". – „Poste".

SAINT-DIÉ (Vosges) F-88100

Inf.: Syndicat d'Initiative, 31, rue Thiers.

Nancy–Sélestat, Épinal, Strasbourg.

Plaintaing, Raon – L'Étape.

„Du Parc"; „Du Globe". – „Le Tétras"; „Moderne"; „Vosges"; „Voyageurs"; „Montcalm".

SAINT-DIZIER (Champagne) F-52100

Inf.: Syndicat d'Initiative, Pavillon du Jard.

Reims, Dijon. Troyes, Doulevant-les-Ch., Commercy, Bar-le-Duc.

„Le Gambetta". – „Le Picardy"; „Gare et Voyageurs"; „Commerce".

Δ rue des Capucines.

SAINTE-MAXIME-SUR-MER (Prov. – Côte d'Azur) F-83640

Inf.: Syndicat d'Initiative, Av. de la IVe-République.

St-Raphaël, Toulon.

„Beau Site"; „Chardon Bleu"; „Le Calidianus"; „Croisette". – „L'Ensoleillé"; „Royal Bon Repos"; „Grand Hôtel"; „Les Palmiers". – „Lou Paouvadou"; „La Plage". – Δ.

SAINTE-MENEHOULD (Champagne – Ardennes) F-51800

Inf.: Syndicat d'Initiative, pl. G.-Leclerc.

Châlons-s.-M. – Amagne–Revigny, Reims, Verdun, Chalons.

„St-Nicolas". – „Cheval Rouge".

SAINT ÉMILION (Aquitaine) F-33330.

Inf.: Syndicat d'Initiative, pl. du Clocher.

Libourne–Bergerac.

Bordeaux–Libourne.

„Host. de Plaisance".

SAINTES-MARIES-DE-LA-MER (Prov. – Côte d'Azur) F-13460

Inf.: Syndicat d'Initiative, av. van Gogh.

Arles.

„Des Amphores". – „Bellevue". – „Brise de Mer".

SAINT-ÉTIENNE-DE-TINÉE (Prov. – Côte d'Azur) F-06660

„Issautier". „Beauséjour"; „Alpes"; „Pinatelle"; „Stéphanois"; „Les Amis".

SAINT-FLORENTIN (Bourgogne) F-89600

Inf.: Syndicat d'Initiative, rue Terrasse.

Troyes, Dijon, Lyon.

Auxerre, Troyes.

„Est“; „Tilleuls“; „Gde. Chaumière“. –

SAINT-FLOUR (Auvergne) F-15100

Paris. – Laguiol. – .
„L'Étape“. – „Europe“; „La Bonne Table“; „Voyageurs“; „Du Parc et Terminus“; „Saint-Jacques“. – „De France“; „Du Nord“.

SAINT-GAUDENS (Midi-Pyr.) F-31800

Inf.: Syndicat d'Initiative, bd J.-Bepmale.
Toulouse–Tarbes.
Boussens.
„Esplanade“. – „Richelieu“. – .

SAINT-GAULTIER (Val de Loire–Centre) F-36800

Argenton–Poitiers. – „Promenade“.

SAINT-GERMAIN-EN-LAYE (Paris et Région Parisienne) F-78100

Inf.: Syndicat d'Initiative, 1, pl. André-Malraux.
Paris. – Versailles, Maisons-Laf., Pontoise, Poissy.
„Henry IV“. – „Grand Cerf“.

SAINT-GILLES-CROIX-DE-VIE (Poitou–Charentes) F-85800

Chagny–Nevers. – „Embruns“. – „Voyageurs“; „Neptune“.

SAINT-JEAN-DE-LUZ (Aquitaine) F-64500

Inf.: Syndicat d'Initiative, pl. M.-Foch.
Paris–Irun–Madrid.
Socoa, Sare, Hasparren.
„Moderne“; „Madison“; „Guernica“; „Chantaco“. – „Louis XIV“; „Plage“; „Le Petit Trianon“; „Agur“; „Sangomar“; „Continental“; „Argentina“; „Artherbéa“. – „Jardin“; „Tocki Ona“. – .

SAINT-JEAN-PIED-DE-PORT (Aquitaine) F-64220

Inf.: Syndicat d'Initiative, Maison Mansard.
St-Étienne–St-Palais.
„Continental“. – „Central“; „Pyrénées“.
„Ramuntcho“; „Etche Ona“; „De la Paix“.

SAINT JULIEN-EN-BORN (Aquitaine) F-40170

Dax–Mimizan.
„Pré Fleuri“.

SAINT JUNIEN (Limousin) F-87200

Inf.: Syndicat d'Initiative, pl. Champ-de-Foire.
Limoges–Angoulême.
St Yrieix.
„Concorde“. – „Le Corot“; „Lion d'Or“; „Moderne“.
„Le Chatelard“.

SAINT-LAURENT-DU-VAR (Prov. – Côte d'Azur) F-06700

„Le Gabien“; „Plage“.

SAINT-LÉONARD-DE-NOBLAT (Limousin) F-87400

Ussel–Limoges. Limoges.
„Moderne“; „Du Grand Saint-Léonard“. – .

SAINT-MAIXENT-L'ÉCOLE (Poitou/Charentes) F-79400

„Cheval Blanc“.

SAINT MALO (Bretagne) F-35400

Rennes, Dol. Cancale, Dinard, Fougères, Rennes u.a.
„Central“. – „Thermes“; „Bristol Union“; „Alba“; „Courtoisville“; „Grotte aux

Fées". – ⌂ „Brochet"; „Suffren"; „Moderne"; „Le Croiseur"; „Ambassadeurs"; „Voyageurs"; „Annick".

△ 37, av. du Père Umbricht. – ⛺.

SAINT-MAURICE-SUR-MOSELLE (Vosges) F-88 560

Inf.: Syndicat d'Initiative, pl. Mairie.

🚂 Épinal–Bussang. 🚌 Épinal, Thann.

⌂⌂ „Host. Relais des Ballons".

⌂ „De France"; „Du Commerce". – ⛺.

SAINT-MAXIMIN
(Prov. – Côte d'Azur) F-83 470

🚌 Marseille, Toulon.

⌂ „France".

SAINT-MICHEL-DE-MAURIENNE (Savoie) F-73 140

🚌 Valloire. – ⌂⌂ „Savoy".

⌂ „Galibier".

SAINT-NAZAIRE
(Loire) F-44 600

Inf.: Syndicat d'Initiative, pl. de Blancho.

🚌 Rochefort.

⌂⌂ „Bretagne"; „Dauphin"; „Au Bon Accueil". – ⌂ „La Renaissance"; „Le Guérandais".

SAINT-NECTAIRE
(Auvergne) F-63 710

🚌 Clermont-F.

⌂⌂ „Le Savoy"; „La Paix".

⌂ „Bellevue"; „Moderne"; „Ermitage"; „Régina".

SAINT-NICOLAS-DE-PORT
(Lorraine) F-54 210

⌂ „A la Tête d'Or".

SAINT-PALAIS-SUR-MER
(Poitou/Charentes) F-17 420

Inf.: Syndicat d'Initiative, av. de la Grande Côte.

🚌 Meschers, La Rochelle.

⌂⌂⌂ „Le Cordouan". – ⌂⌂ „Primavera"; „Plage". – ⌂ „La Corniche"; „Océan"; „Paix".

SAINT-PAUL-DE-VENCE
(Prov. – Côte d'Azur) F-06 570

🚂 nächste Bahnstation Vence.

⌂⌂⌂ „Mas d'Artigny". – ⌂⌂ „Les Remparts".

SAINT-POL-DE-LÉON
(Bretagne) F-29 250

🚂 Morlaix–Roscoff.

🚌 Brest–Roscoff. – ⛺.

⌂ „Voyageurs"; „France"; „Du Cheval-Blanc".

SAINT-QUENTIN (Picardie) F-02 100

🚂 Quévy, Aulnoye u.a.

🚌 Cambrai, Guise, Hendicourt, Villers u.a.

⌂⌂⌂ „Grand Hôtel". – ⌂⌂ „France et Angleterre"; „Carillon"; „Paix". – ⌂ „Terminus".

SAINT-RAPHAËL
(Prov. – Côte d'Azur) F-83 700

Inf.: Syndicat d'Initiative, square Gallieni.

🚂 Toulon–Marseille–Nice.

🚌 Europabus Paris–Nice; Toulon, Fayence.

⌂⌂⌂ „Valescure"; „Plage et Mediterranée"; „Continental"; „Beauséjour". – ⌂⌂ „Europe et Gare"; „France"; „Par Santa Lucia"; „Vieux Port"; „Le Prado"; „Select Hôtel"; „Le Jean-Bart"; „La Bonne Auberge"; „Les Chênes"; „Les Amandiers". – ⛺.

SAINT-TROPEZ
(Prov. – Côte d'Azur) F-83 990

Inf.: Syndicat d'Initiative, Quai J.-Jaurès.

St Raphaël, Toulon.
L „Byblos"; „Résidence de la Pinède"; „Yaca". – „La Méditerranée"; „Coste"; „Lou Cagnard". – „Frégate"; „Laetitia"; „Roman" u.v.a. – .

SAINT-VAAST-LA-HOUGUE (Normandie) F-50550
Cherbourg, Valognes.
„France e Fuchsias". – .

SALINS-LES-BAINS (Franche-Comté) F-39110
Inf.: Syndicat d'Initiative, Bürgermeisteramt.
Mouchard. – Besançon.
„Ermitage". – „Messageries"; „Deux Forts"; „De la Barbarine".

SALLANCHES (Savoie) F-74700
St-Gervais–Lyon–Paris.
Genf–Megève, Annecy–Chamonix, Cordon, Guebrian.
„Les Sorbiers"; „Saint-Jacques"; „Ibis"; „Beauséjour"; „Host. Le Chesery". – „La Crémaillère". – .

SALON-DE-PROVENCE (Prov.-Côte d'Azur) F-13300
Avignon, Marseille. – Arles, Marseille, Avignon.
„D'Angleterre"; „Roi René"; „Vendôme". – „Le Paris"; „Terminus". – .

SANCERRE (Val de Loire-Centre) F-18300
Bourges. – „Rempart".

SARREBOURG (Lorraine) F-57400
Inf.: Syndicat d'Initiative, 13, avenue France.
München, Wien, Rom, Basel, Amsterdam, Brüssel, Paris, Metz u.a. Saverne, Sarreguemines, Dabo, Dralingen.
„De France". – „Martin"; „Mathis"; „Saint-Hubert".

SARTÈNE (Corse) F-20100
Linienverkehr auf der ganzen Insel.
„Les Roches".
„Fior di Riba".

SAULIEU (Bourgogne) F-21210
Inf.: Syndicat d'Initiative, 38, rue Marché.
La Roche-Autun. – Europabus: Paris–Lyon, Dijon, Beaune, Nevers, Semur.
„Côte d'Or". – „Poste". – „Quatre Vents"; „Au Petit Marguery"; „Bourgogne". – .

SAUMUR (Pays de la Loire) F-49400
Inf.: Syndicat d'Initiative, 27, rue Beaurepaire.
Paris, Tours, Angers u.a.
Cholet, Fontevrault, Loudun.
„Budan". – „Roi René"; „Londres"; „Terminus". – „Croix Verte"; „Cristal"; „Bretagne"; „Central"; „Volney".
„Camping Municipal".
Île d'Offard.

SAVERNE (Alsace) F-67700
Inf.: Syndicat d'Initiative, Grand-Rue (Rathaus)
München, Wien, Rom, Basel, Brüssel, Paris, Sarrebourg, Strasbourg. – Drulingen, Molsheim, Sarrebourg, Sarre Union u.a.
„Geiswiller"; „Bœuf Noir"; „Chez Jean"; „Fischer".
„National". – .

SÉLESTAT (Alsace) F-67600
Inf.: Syndicat d'Initiative, pl. République.
Basel, Mulhouse, Metz, Nancy, Strasbourg u.a.
Ville, Sundhouse, Markkolsheim, Haut-Koenigsb. u.a.
„Vaillant". – „Auberge de l'Ill".
Stade municipal. – .

SENLIS (Picardie) F-60300
Inf.: Syndicat d'Initiative, pl. Gare.
Chantilly. Creil, Crepy.
„St-Eloi"; „Nord".

SENS (Bourgogne) F-89100
Inf.: Syndicat d'Initiative, pl. Jaurès.
Paris–Marseille, La Roche-M. – Montargis, Troyes.
„Paris et Poste". – „Résidence"; „Croix Blanche". – „Bourgogne"; „Deux Ponts"; „Gare". – .

SÈTE (Lang./Rouss.) F-34200
Inf.: Syndicat d'Initiative, Palais Consulaire.
Marseille, Narbonne, Nîmes, Toulouse. – Montpellier.
„Grand Hôtel"; „L'Impérial". – „Les Algues"; „La Conga"; „Régina"; „Le Bosphore"; „Brise-Lames"; „Le Triton". – „Le Floride"; „Le Venise".
3 Campingplätze. – Villa Salis, rue du G.-Revest.

SISTERON (Prov.–Côte d'Azur–Alpes du Sud) F-04200
St-Auban.
„Du Cours". – „Touring Napoléon"; „Sélect"; „Citadelle". – „Arcades". – .

SOISSONS (Picardie) F-02200
Inf.: Syndicat d'Initiative, av. Leclerc.
Paris–Hirson. – Zahlreiche Linienbusse in die Umgebung.
„Picardie". – „Lion Rouge"; „Rallye". – „Marine".

SOMBERNON (Bourgogne) F-21540
Dijon-Avallon, Arnay-le-Duc, Saulieu. – „Le Sombernon". – „Bellevue".

SOUILLAC (Midi-Pyrénées) F-46200
Inf.: Syndicat d'Initiative, av. Malvy.
Toulouse. – Sarlat.
„Ambassadeurs"; „Host. de la Roseraie"; „Le Quercy"; „Périgord". – „La Cascade"; „Vieille Auberge". – .

SOULAC-SUR-MER (Aquitaine) F-33780
Inf.: Syndicat d'Initiative, place Marché.
Bordeaux.
„Des Pins". – „Gare"; „Michelet"; „Ranch". – .

STRASBOURG (Lorraine-Vosges-Alsace) F-67000
Inf.: Pont de l'Europe und place de la Gare. *Air France:* 11, rue du Vieux-Marché-aux-Vins.
Air Inter: 14, rue des Orphelins, und 4, rue des Francs-Bourgeois.
Mailand, London.
Innsbruck, Rom, Calais, Brüssel, Basel, München, Frankfurt, Barcelona, Genf, Paris u.a.
Ottrott. Truchtersheim, Westhoffen, Marckolsheim, Bitche, Sarrebourg, St-Odile.

„Sofistel", 4, pl. Saint-Pierre-le-Jeune; „Grand Hôtel", 12, pl. de la Gare; „Novotel", Quai Kléber.
„De Bruxelles", 13, rue Kuhn; „Eden", 6, rue Obernai; „Union", 8, quai Kellermann; „Astoria", 70, rue Rosheim.
„De la Couronne", 26, faubourg de Saverne; „Gare", 15, petite-rue de la Course.
9, rue de L'Auberge de Jeunesse.

SULLY-SUR-LOIRE (Val de Loire–Centre) F-45600
Inf.: Syndicat d'Initiative, rue Déportés.
Orleans. „Host. Grand Sully". – „De la Poste".

TALLOIRES (Savoie) F-74290
Annecy–Chamonix.
„Le Cottage". – „Les Grillons"; „Villa des Fleurs"; „Host. du Vivier". – „Les Dents de Lanfon"; „Villa Tranquille".
4 Campingplätze am Lac d'Annecy.

TALMONT (Poitou–Charentes) F-85440
Luçon u.a. – „Rest. Aub. de la Boule d'Or".

TANCARVILLE (Normandie) F-76430
Port-Jérôme, Le Havre, Honfleur, Deauville, Caen.
„Marine".

TANLAY (Bourgogne) F-89430
Dijon. – „Cheval Blanc".

TARASCON (Prov.–Côte d'Azur) F-13150
Inf.: Syndicat d'Initiative, pl. du Colonel-Berrurier. Avignon, Marseille. – Cavaillon.
„Terminus". – 31, boulevard Gambetta.

TARBES (Midi-Pyr.) F-65000
Paris, Toulouse u.a.
Auch, Pau, Bagnères.
„Le Foch".
„Henri IV"; „Croix Blanche"; „Excelsior". – „Pyrénées"; „Sully"; „Marne".
Quai de l'Adour. –

THANN (Alsace) F-68800
Inf.: Syndicat d'Initiative, 6, pl. Joffre.
Mulhouse–Kruth. Epinal, Mulhouse.
„Parc". – „Moschenross"; „Ours Blanc".

THIERS (Auvergne) F-63300
Clermont-F., St-Etienne.
„Aigle d'Or"; „Nouvel Hôtel"; „Du Nord".

THIONVILLE (Lorraine) F-57100
Inf.: Syndicat d'Initiative, Hôtel de Ville.
Basel, Rom, Brüssel, Amsterdam, Nancy, Metz u.a.
Algrange, Fontoy, Mondorff.
„L'Horizon". – „Parc"; „Central"; „Beffroi"; „Aux Portes de France". – „De l'Industrie"; „Windsor"; „Central".
„Camp Municipal". „Chemin des Bains".

THONON-LES-BAINS (Savoie) F-74200
Inf.: Syndicat d'Initiative, pl. H.-de-Ville.
Evian-les-Bains–Lyon.
Evian, Genf, Annecy, St-Gingolph, Morzine, Châtel Lullin, Bellevaux. Lausanne, Genf–Saint-Gingolph.
„Savoie et Léman".
„Duché de Savoy"; „Clos

Savoyard". – ⌂ „Le Chalet"; „Genève"; „National"; „Soleil"; „Stade"; „Thonon et Terminus".

THOUARS
(Poitou/Charentes) F-79100

Inf.: Syndicat d'Initiative, rue du Dr. Verrier.

🚆 Saumur, Niort, La Foche-sur-Yon, Tours.

⌂⌂ „Cheval Blanc". – ⌂ „Le Dauphin".

TONNERRE (Bourgogne)
F-89700

🚆 Paris–Dijon. – 🚌 Troyes.

⌂⌂ „Host. Abbaye St-Michel". – ⌂ „Du Centre".

TOUCY (Bourgogne) F-89130

🚌 Auxerre–Montargis.

⌂⌂ „Ville d'Auxerre".

TOULON
(Prov.–Côte d'Azur) F-83100

Inf.: Syndicat d'Initiative, bd de Strasbourg.

AIR FRANCE:
Chambre de Commerce, Aéroport de Toulon.

✈ Ajaccio, Lyon, Paris im Sommer.

🚆 Paris, Lyon, Marseille, Nice, Cannes u.a.

🚌 St-Raphaël und Umgebung.

⛴ Korsika.

⌂⌂⌂ „Grand Hôtel". – ⌂⌂ „Amirauté"; „Moderne"; „Maritima"; „Nouvel". – ⌂ „Régent"; „Molière"; „Dauphine"; „Prémar"; „Réserve" u.a.

TOULOUSE (Midi-Pyr.)
F-31000

Inf.: Syndicat d'Initiative, Gare Matabiau (Capitole). *AIR FRANCE:* 2, bd de Strasbourg. *AIR INTER:* 15, bd Bon-Repos.

✈ Algier, Barcelona, Genf, Marseille, Oran, Palma (im Sommer), Bordeaux, Lyon, Paris, Rabat, Tours.

🚆 Nationaler und internat. Verkehrsknotenpunkt.

🚌 Europabus Barcelona.
Zahlreiche Busse in die Umgebung.

⌂⌂⌂ „Grand Hôtel", 4, pl. Liberté; „Frantel", Super Toulon.– ⌂⌂ „Europe", 7bis, rue de Chabannes; „Mer", Boulevard Michelet. – ⌂ „Terminus"; 7, bd de Tessé; „Le Galion", 11, rue des Remparts.

⛺ 125, av. Jean Rieux.

TOURCOING (Nord – Pas-de-Calais) F-59200

🚆 Paris, Antwerpen, Halluin, Dijon.

⌂⌂ „Ibis". – ⌂ „Terminus".

TOURNUS (Bourgogne)
F-71700

Inf.: Syndicat d'Initiative, rue A.-Thibaudet.

🚆 Lyon–Dijon, Paris.

⌂⌂⌂ „Le Sauvage". – ⌂⌂ „Aux Terrasses". – ⌂ „Bellevue"; „Nouvel"; „Paix"; „Sâone".

⛺ „Camp de Pas Fleury".

TOURS (Val de Loire–Centre)
F-37000

Inf.: Office de Tourisme, pl, de la Gare.

✈ Bordeaux, Bourges, Toulouse (im Sommer). Clermont-F., Lyon. – 🚆 Bordeaux, Irun, Paris u.a. – 🚌 Le Mans, Vendôme, St-Avertin, Savignes-s.-L., Richelieu u.a.

„Univers"; „Métropole"; „Le Bordeaux". – „Château Loire"; „Colbert"; „Mondial"; „De Rosny". – „De Grammont"; „Trianon"; „Idéal"; „Saint-Eloi".

Parc de Grandmont.

„Camping Municipal des Rives du Cher". –

TRÉGUIER (Bretagne) F-22220

St-Brieuc–Port Blanc, Paimpol, Larmor.

„Estuaire".

TROUVILLE (Normandie) F-14360

Inf.: Syndicat d'Initiative, pl. M.-Foch.

Lisieux–Dives, Cabourg.

„Bellevue"; „La Résidence"; „Flaubert"; „Plage"; „St-James".

„Reynita"; „Les Sablettes"; „Chatham"; „Florida". – „Maison Normande"; „Paix"; „Le Florian".

TROYES (Champagne) F-10025

Inf.: Syndicat d'Initiative, 16, bd Carnot.

Basel, Mailand, Paris, Wien, Belfort, Chaumont-Châlons-sur-Marne u.a. – Tonnere, Plancy, Vitry-le-Fr., St-Dizier, Epernay, Sens, Chatillon, Chaumont, Sens.

„Grand Hôtel"; „Poste"; „Royal". – „Thiers"; „Le Champenois"; „Splendid".

„Terrain Municipal de Camping", am Kanal du Labourat.

2, rue Jules Ferry, Rosièrs.

TULLE (Limousin) F-19000

Inf.: Syndicat d'Initiative, pl. Baluze.

Argentat, Uzerche, Vichy–Bordeaux. Limoges, Neuvic–D'Ussel, Bugeat, St Privat, Brive.

„Le Limouzi". – „La Toque Blanche". – „Saint-Martin"; „Bon Accueil".

„Camp Bourbacoup", Richtung Corrèze.

TULLINS (Alpes–Dauphiné) F-38210

Grenoble–Valence.

„Malatras".

TURCKHEIM (Lorraine–Vosges–Alsace) F-68230

Metzeral–Colmar. Epinal–Colmar.

„Deux Clefs"; „Vosges".

USSEL (Limousin) F-19200

Inf.: Syndicat d'Initiative, pl. Voltaire.

Limoges, Clermont-F., Brive u.a. Neuvic-d'Ussel, Bort–Meymac.

„Les Gravades". – „Des Messageries"; „Teillard". – Rue Pasteur.

UZERCHE (Limousin) F-19140

Inf.: Syndicat d'Initiative, rue Porte-Bécharie.

Tulle–Argentat, Paris–Toulouse. Brive, Tulle–Limoges. – „Host. Chavant"; „Ambroise".

UZÈS (Lang./Rouss.) F-30700

Nîmes–Pont-St-Esprit, Avignon–Arles.

„Terminus"; „Provençale".

VAL-D'ISERE (Savoie) F-73150

Inf.: Office du Tourisme, Immeuble Thovex.

✈ Höhenflugplatz. 🚆 nächste Bahnstation Bourg-St-Maurice. 🚌 Bourg-St-Maurice–Lac de Tignes.

🚡 3 Seilschwebebahnen, 5 Gondel- bzw. Sessellifte, 44 Schlepplifte.

⌂⌂⌂ „Solaise"; „Christiana". – ⌂⌂ „Saint-Hubert"; „De la Galise"; „La Tovière"; „Edelweiss". – ⌂ „Tapia".

VALENÇAY (Val de Loire–Centre) F-36600

Inf.: Syndicat d'Initiative, rue Nationale.

🚆 Salbris–Ecuelle. 🚌 Châteauroux, Chabris, Blois.

⌂⌂⌂ „Espagne".

VALENCE (Rhône–Loire) F-26000

Inf.: Maison du Tourisme, pl. Gén.-Leclerc.

✈ Flugplatz Chabeuil, 7 km südöstlich. – 🚆 Paris. – ⌂⌂⌂ „Novotel". – ⌂⌂ „Continental"; „Du St-Jacques"; „Voyageurs". – ⌂ „Splendid" u. v. a.

VALENCIENNES (Nord–Pas-de-Calais) F-59300

Inf.: Syndicat d'Initiative, rue Askièvre.

🚆 Paris, Nancy, Calais, Lille, Maubeuge, Basel u. a. – 🚌 Bry, Caudry, Le Quesnoy, Maubeuge, Mons, Rombies.

⌂⌂⌂ „Novotel"; „Grand-Hôtel". – ⌂⌂ „Bristol"; „Modern Hôtel"; „Notre-Dame". – ⌂ „Beaujolais"; „Franco-Belge".

VALLAURIS (Riv.–Côte d'Azur) F-06350

🚌 Cannes, Golfe Juan.

⌂ „Des Sports".

VALS-LES-BAINS (Rhône–Loire) F-07600

Inf.: Syndicat d'Initiative, 12, av. Farincourt.

🚌 Aubenas, Valence, Lalerade, Arles, Avignon, Laviolle, La Souche.

⌂⌂⌂ „Grand Hôtel des Bains"; „Vivarais". – ⌂⌂ „Europe"; „Lyon"; „Touring". – ⌂ „Saint-Jean"; „Mouyon"; „Du Stade". ⛺ „Camping Municipal".

VAUCOULEURS (Lorraine–Vosges–Alsace) F-55140

⌂ „Jeanne d'Arc"; „Poste".

VENCE (Riv.-Côte d'Azur) F-06140

Inf.: Syndicat d'Initiative, 1, pl. Gd.-Jardin. 🚌 Grasse, Nice.

⌂⌂⌂ (Luxus) „Château du Domaine St-Martin". ⌂⌂ „Florida"; „Le Provence"; „Régina"; „Auberge des Seigneurs". – ⌂ „La Closerie".

VENDÔME (Val de Loire–Centre) F-41100

Inf.: Syndicat d'Initiative, pl. St-Martin.

🚆 Paris–Tours. – 🚌 Blois–Pont-de-Braye, Tours.

⌂⌂ „G. H. St-Georges". – ⌂ „Château".

VERDUN (Lorraine) F-55100

Inf.: Syndicat d'Initiative, place de la Nation.

🚆 Thionville–Châlons-s.-M.

⌂⌂⌂ „Bellevue". – ⌂⌂ „Coq Hardi"; „Montaulbain"; „St-

Paul". – „Franc-Comtois"; „De Paris".

„Camping des Breuils".

VERSAILLES (Paris et Région Parisienne) F-78000

Inf.: Syndicat d'Initiative, 7, rue Réservoirs.

Paris. Arpajon, Menlan, St-Germain, St-Remy.

„Trianon". – „Eden".

VESOUL (Franche-Comté) F-70000

Inf.: Syndicat d'Initiative, 12, place de la Gare.

Belfort, Gray.

„Nord". – „Bonne Auberge". – „Europe et Terminus"; „Du Point Central". – 1, rue Petitclerc.

VÉZELAY (Bourgogne) F-89450

Bazoches-Sermizelles-Vézelay, Avallon.

„Poste et Lion d'Or". – „Relais du Morvan"; „Cheval Blanc".

VICHY (Auvergne) F-03200

Inf.: Office de Tourisme et de Thermalisme, 19, rue Parc.

Clermont-F.-Metz, Bordeaux, Paris, Dorsac. Montluçon, St-Just-en-Ch., Clermont-F., Chantelle.

„Des Ambassadeurs", 1, rue du Parc; „Cecil", 13, bd de Russie; „Des Lilas", 35, av. Victoria. – „Beauparlant", 31, rue de Paris; „Castel Flor", 32, rue Jean-Jaurès. – „Antilles", 16, rue Desbrest; „Beau Site", 9, av. Aristide-Briand u.v.a.

VIENNE (Alpes-Dauphiné) F-38200

Inf.: Syndicat d'Initiative, 3, cours Brillier.

Strasbourg-Avignon-Nice.

„Résidence de la Pyramide". „Nord". – „Poste". – „De la Gare"; „De l'Union"; „De Provence"; „Le Relais".

VIERZON (Val de Loire-Centre) F-18100

Inf.: Syndicat d'Initiative, pl. Gabriel-Péri.

Paris, Tours, Toulouse u.a.

Châteauroux, Blois.

„Continental". – „Les Marronniers"; „La Promenade"; „Berry-Nord"; „Rotonde".

Place de la République.

VIGNORY (Champagne) F-52320

St-Dizier, Chaumont.

„Étoile".

VILLANDRY (Val de Loire-Centre) F-37300

„Cheval Rouge".

VILLEFRANCHE-SUR-MER (Riv.-Côte d'Azur) F-06230

Inf.: Syndicat d'Initiative, sq. F.-Binon. Nice, Ventimiglia.

„Versailles"; „Welcome"; „Saint-Estève"; „Le Vauban".

„La Flore"; „Provençal"; „La Darse". – „Riviera".

VILLENEUVE-LES-AVIGNON (Languedoc-Roussillon) F-30400

Inf.: Syndicat d'Initiative, Mairie.

Lyon-Nîmes. Avignon.

„Le Prieuré"; „La Magnaneraie". – „L'Atelier"; „Cèdres"; „Coya". – „Du Canard".

VILLENEUVE-SUR-LOT (Aquitaine) F-47300

Inf.: Syndicat d'Initiative, Théâtre Georges Leygues.

Bergerac, Agen, Penne, Tonnenis.

„Mapotel Le Parc".

„Le Glacier".

„Terminus"; „Tortoni".

„Camp Municipal du Roy".

VILLERS-COTTERÊTS (Picardie) F-02600

Paris–Laon. – Compiegne, Soissons.

„Régent". – „Commerce".

VITRÉ (Bretagne) F-35500

Fougères, Rennes, Paris.

Martigue, Ferch.

„Petit Billot". – „Chêne Vert".

VITRY-LE-FRANÇOIS (Champagne) F-51300

Inf.: Syndicat d'Initiative, rue Arquebuse.

Paris, Strasbourg, Chaumont. Troyes, Brienne–Le Château, Chalons-s-M.

„Poste"; „Le Sélect"; „Cloche". – „Étoile"; „De Nancy"; „Au Bon Séjour". –

VITTEL (Lorraine-Vosges-Alsace) F-88800

Inf.: Syndicat d'Initiative, Pl. Marne. – Nancy–Langers.

„Angleterre", Rue de Chremey. – „Bellevue", 10, av. de Châtillon; „De la Provence", Av. de Châtillon. – „Select Hôtel", Rue Jeanne-d'Arc.

„Camp Municipal", Richtung They.

VIZZAVONA (Corse) F-20219

Linienverkehr auf der ganzen Insel.

„Monte d'Oro".

VOUVRAY (Val de Loire–Centre) F-37210

Tours–Blois. – Tours–Vendôme.

„Val Joli"; „Au Virage Gastronomique".

VOUZIERS (Champagne) F-08400

Revigny–Amagny–Lucquy.

Challerange–Rethel, Reims.

„Ville de Rennes". – „Deux Ponts"; „Relais des Ardennes".

WIMEREUX (Nord-Pas-de-Calais) F-62930

Inf.: Syndicat d'Initiative, pl. Albert-1er.

„Atlantic". – „Du Centre"; „Aramis". – „Olympic-Camping".

WISSANT (Nord-Pas-de-Calais) F-62179

Inf.: Syndicat d'Initiative, Agence Wissantaise. – Calais–Boulogne. – „Maris-Stella". – „Normandy"; „Bellevue".

YVETOT (Normandie) F-76190

Paris, Rouen, Le Havre.

Rouen, Fécamp, Veulettes-sur-Mer.

„Havre". – „Chemin de Fer". – Camp „Municipal".

Terrain de camping municipal.

REGISTER

Sind hinter dem Namen einer Sehenswürdigkeit etc. mehrere Seitenzahlen aufgeführt, so weist die fettgedruckte Zahl auf die Seite hin, auf der eine ausführliche Beschreibung der Sehenswürdigkeit etc. beginnt.

Polyglott-Reiseführer Bundesrepublik Deutschland

Allgäu/Bayerisch-Schwaben
Bayer. Alpen
Bayerischer Wald/Donauebene
Berlin
Bodensee/Oberschwaben
Düsseldorf
Eifel
Franken
Frankfurt/Rhein-Main-Gebiet
Hamburg
Harz/Hannover/Lüneb. Heide
Heidelberg/Nördl. Baden-Württ.
Hessen
Hunsrück
Köln
Mosel
München
Münsterland
Nordrhein-Westfalen
Nordseeküste und Inseln
Oberbayern**
Oberbayern/Ost
Oberbayern/West
Ostseeküste
Pfalz/Saarland
Rhein
Romant. Straße
Sauerland
Schwarzwald
Stuttgart/Schwäbische Alb
Weserbergland

Polyglott-Reiseführer Europa

Belgien
Brüssel
Bulgarien
DDR
Dänemark
Dänische Inseln
Jütland
Kopenhagen
England/Wales**
London**
Mittelengl./Wales
Nordengland/Lake District
Südengland
Finnland
Frankreich**
Auvergne/Limousin
Bretagne
Burgund
Elsaß u. Lothr.
Franz. Alpen
Franz. Atlantikküste
Franz. Pyrenäen
Franz. Riviera
Korsika
Languedoc/Roussillon
Nordfrankreich
Normandie
Paris**
Provence
Straßburg/Vogesen
Südfrankreich
Tal der Loire
Griechenland**
Ägäische Inseln
Athen
Griechische Inseln
Korfu/Ionische Inseln
Kreta
Mittelgriechenld.
Nordgriechenld.
Peloponnes
Rhodos
Holland/Belgien **
Holland
Amsterdam
Irland**
Island
Italien
Apulien/Kalabrien
Florenz
Gardasee
Ital. Adriaküste
Ital. Riviera
Mailand
Mittelitalien
Neapel/Capri/Ischia
Ober- und Mittelitalien**
Oberitalien/Ost
Oberitalien/West
Rom**
Sardinien
Sizilien
Süditalien**
Südtirol/Dolomiten**
Toskana
Venedig
Jugoslawien**
Istrien/Slowenien
Jugoslawische Küste und Inseln
Nord-/Mitteldalmatien
Süddalmatien/Montenegro
Liechtenstein
Malta
Norwegen**
Österreich**
Burgenland
Kärnten
Niederösterreich
Oberösterreich
Salzburg
Steiermark
Tirol
Vorarlberg
Wien**
Polen
Portugal**
Algarve
Madeira/Azoren
Rumänien
Schottland
Schweden**
Schweiz**
Nordschweiz/Zentralschweiz/Berner Oberland
Ostschweiz/Graubünden
Tessin
Westschweiz/Wallis
Zürich
Skandinavien**
Sowjetunion
Moskau/Leningrad**
Spanien**
Balearen
Costa Blanca/Valencia
Costa Brava/Barcelona/Costa Dorada
Costa del Sol/Granada
Kanar. Inseln
Gran Canaria
Teneriffa
Ibiza
Madrid/Zentralspanien
Mallorca**
Menorca
Nordspanische Atlantikküste
Südspanien
Tschechoslowakei
Prag
Ungarn
Budapest